淮海战役史料汇编 1

战役卷 上

淮海战役纪念馆 编

国家图书馆出版社

图书在版编目（CIP）数据

淮海战役史料汇编/淮海战役纪念馆编 .—北京：国家图书馆出版社，2013.4
ISBN 978-7-5013-5041-4

Ⅰ．①淮…　Ⅱ．①淮…　Ⅲ．①淮海战役（1948 ~ 1949）－史料
Ⅳ．① E297.4

中国版本图书馆 CIP 数据核字（2013）第 042368 号

书　　名　淮海战役史料汇编（全九册）
著　　者　淮海战役纪念馆　编
特约编辑　郭又陵　孙　彦
责任编辑　李　强　邓咏秋　于　浩

出　　版　国家图书馆出版社（100034 北京市西城区文津街 7 号）
　　　　　（原北京图书馆出版社）
发　　行　010-66114536，66126153，66151313，66175620
　　　　　66121706（传真），66126156（门市部）
E-mail　btsfxb@nlc.gov.cn（邮购）
Website　www.nlcpress.com →投稿中心
经　　销　新华书店
印　　刷　北京信彩瑞禾印刷厂

开　　本　787 × 1092 毫米　1/16
印　　张　245.5
版　　次　2013 年 4 月第 1 版　2013 年 4 月第 1 次印刷
字　　数　4125 千字

书　　号　ISBN 978-7-5013-5041-4
定　　价　2800.00 元

『十二五』国家重点图书出版规划项目

《淮海战役史料汇编》编纂委员会

主　　编　史孝国

副 主 编　许洪冰　陈兴洲　魏跃进　王洪波　李盼荣

编　　委（以姓氏笔画为序）

王　瑶　孙　景　张成君　张明莉　陈家辉　郑　维

赵维阁　贾　萍　郭　荐　桑世波　程　伟

编　　者

《淮海战役史料汇编·战役卷》张明莉　孙　景

《淮海战役史料汇编·支前卷》贾　萍

《淮海战役史料汇编·追忆卷》桑世波

《淮海战役史料汇编·将领卷》张成君

《淮海战役史料汇编·英烈卷》陈家辉　王　瑶

美术编辑　郭　荐

编　　务（以姓氏笔画为序）

王　洋　王　瑶　王　磊　付　红　付　明

朱　斐　许世云　许传福　孙　管　孙　澎

李宝月　李　瑶　杨　波　邱一薇　邹贝贝

张五可　张建立　张　璐　林　莉　赵秀华

侯　琰　姚春红　聂慧玲　魏天梅　魏　薇

《淮海战役史料汇编》各卷责任编辑

战役卷（上、下）	李　强
战役卷（中）	于　浩
支前卷（上、下）	邓咏秋
将领卷	郭又陵
英烈卷	孙　彦
追忆卷（上、下）	孙　彦

序

1948年秋，中国人民解放军华东、中原野战军，以气吞山河之势，在以徐州为中心的淮海大地上，与国民党军进行了一场战略决战——淮海战役。这是关系中国革命前途命运的大决战，它的胜利，连同辽沈、平津战役的胜利，从根本上动摇了国民党统治政权，为新中国的建立奠定了坚实的基础。

淮海战役的胜利是毛泽东军事思想的伟大胜利。人民军队在兵力、装备均不占优势的情况下，创造性地运用和发展毛泽东军事思想，创造了中外军事史上以少胜多的奇迹，在中国革命的历史上树立起了一座经典战役丰碑。

淮海战役的胜利是发挥集体智慧的伟大胜利。淮海战役总前委及各级指挥员坚决贯彻执行中央军委的作战方针、指示和命令，充分发挥主观能动性，依据战场的实际情况，及时提出真知灼见，达到了上下一致、高度统一。

淮海战役的胜利是充分发挥政治工作功能的伟大胜利。战役中各级指挥员深入学习中央军委的作战方针和指示，提高认识，统一思想，始终以共产党员的模范行动和战斗英模的光荣事迹激励斗志，使我军指战员始终保有顽强的斗志、必胜的信心和高昂的士气。

淮海战役的胜利是人民战争的伟大胜利。人民群众一切为了前线，一切为了胜利，不惜倾家荡产，全力以赴支援，为战役胜利提供保障，展现了人民战争波澜壮阔的宏伟场面。正如陈毅所说：淮海战役的胜利是人民群众用小车推出来的，担架抬出来的，小米喂出来的！

淮海战役的胜利是淮海战役精神的伟大胜利。战役中，各级指战员前仆后继，顽强拼搏；团结协作，密切配合；顾全大局，令行禁止；不畏艰难，勇于创新；群策群力，瓦解敌军……集中体现了一往无前、决战决胜的淮海战役精神。这是人民解放军以少胜多、以劣势装备战胜优势装备，创造世界战争史上60万战胜80

万战争奇迹的强大力量。

淮海战役纪念馆编撰的《淮海战役史料汇编》即将出版。我相信，这部五卷本 400 余万字的史料集必将为广大读者进一步学习和研究淮海战役提供丰富的资料，为建设和保卫国家，推动祖国统一，促进社会和谐发展，提供宝贵的经验和深刻的启示。

迟浩田

2011 年 10 月 23 日

前言

1949 年 1 月 10 日，经过 66 天激战的淮海战役取得了战略决战的辉煌胜利，为新中国的建立奠定了坚实的基础。60 多年过去了，这场战役依然是人们谈论的话题：淮海战役是怎么发生、发展的？为什么人民解放军 60 万能够战胜国民党军 80 万？为什么人民群众会倾家荡产去支援前线？……目前，有关淮海战役的图书种类繁多，有报告文学、专题研究、文集论著等，但以原始档案、文件、图片等还原历史的书籍却很少。作为全国规模最大，全面收藏、展示、研究淮海战役历史的纪念馆，我们自感有责任尽最大努力去还原那段气势恢宏、壮怀激烈的战争岁月。

淮海战役纪念馆始建于 1959 年，经过 50 余年的征集，目前拥有藏品 2 万余件，主要为淮海战役期间的纸、布、铁、木等质地的文物，以及历史图片、资料等，其中尤以战役期间的命令、军报、日记、地图、武器装备、支前用品等藏品弥足珍贵。这些藏品是淮海战役历史的真实见证与生动记录，是近距离了解淮海战役历史的珍贵资料，具有很高的历史价值和文物价值。

为了在“存史、资政、育人”的指导思想下给后人保存一份完整的精神财富，深入系统地挖掘本馆藏品的学术研究、社会利用价值，更好地发挥文化教育作用，本着“以利用促保护，以保护促发展”的原则，我们决定编纂出版这套《淮海战役史料汇编》。

全书共五卷九册，总计 400 余万字，近 3000 幅图片，分别为《战役卷》(上、中、下)、《支前卷》(上、下)、《将领卷》、《英烈卷》、《追忆卷》(上、下)，各卷相互关联，又自成一体。《战役卷》以历史文献、文物、照片为主要编辑内容，依时间顺序和战役进程编排，完整再现了淮海战役发生、发展、胜利的进程。《支前卷》系统展现了中国共产党领导人民支援淮海战役的伟大壮举。《将领卷》编撰了近 200 位淮海战役国共双方将领以及解放区支前领导的小传。《英烈卷》收录了 3 万余名烈士（同姓名者略）的名录，部分烈士的事迹材料及其亲友的回忆，突出反映了淮海战役烈士的英雄业绩。《追忆卷》通过国共双方战争亲历者及其亲友的回忆、编者对淮海战役烈士纪念塔（馆）等纪念地的描述，再现了当年的烽火战事，体现后人对战争的思考。

纵观整套书，《战役卷》、《支前卷》主要为文献摘录，其中绝大部分史料来源于本馆馆藏，有相当部分系首次披露。《将领卷》客观记述参战国共双方将领的生平，突出其在淮海战役中的事迹。《英烈卷》全部为馆藏原始资料，展现了人们对革命烈士的敬仰，尤其是烈士英名录，更是首次完整公布。《追忆卷》融贯国共双方亲历者的回忆、亲友的追忆与后人的思考，多层次反映战役面貌和战争本质。总之，在浩如烟海的文献中集聚最具价值的史料，配以图片，全方位、多角度地呈现淮海战役全貌，是本书的最大特色。当然，囿于馆藏史料与编者水平的限制，本书还有许多不足之处，敬请读者批评指正。

淮海战役烈士纪念塔管理局局长、党组书记
淮　海　战　役　纪　念　馆　馆　长　　史孝国

2013 年 3 月

总目录

第一册　战役卷（上）

第二册　战役卷（中）

第三册　战役卷（下）

第四册　支前卷（上）

第五册　支前卷（下）

第六册　将领卷

第七册　英烈卷

第八册　追忆卷（上）

第九册　追忆卷（下）

淮海战役史料汇编·战役卷

《战役卷》前言

《淮海战役史料汇编·战役卷》是系统地揭示淮海战役全过程的文献资料汇编，分上、中、下三册，摘录淮海战役期间的各类电文、命令、指示、总结、报道、日记以及此后陆续出版的战史、回忆录等文献资料，共计120余万字，选用图片约1800幅。

《战役卷》以淮海战役的发生、发展为叙事主体，时经事纬，将国共双方的史料交相融汇，在同一标题下以归类方式进行编排，摘编文字忠于原文，注明出处。全书总计5篇27章，内容包括：以各类命令、指示为主的“文件选编”；部队对参战情况进行总结性陈述的“战史摘要”；交战双方彼此审视、研究以及对战斗经验、教训、胜败得失反思、检讨而形成的“战术研究”；各野战军、各纵队等的报纸关于实时战况的“战地报道”；国共双方参战部队及个人写的“阵中日记”；亲历者对战役进行回顾的“征程回忆”；后人走访参战将士并对其口述进行详细笔录的“访谈实录”；史籍中记载战役经过的“史志节选”；军属及后方百姓给前线将士写的“烽火家书”；反映国民党军战役动态及状况的“徐蚌战报”；对参战部队沿革、高级将领生平予以说明的“简介”等。另外，我们还在每一篇、章之前添加了导语，以简约概括的文字介绍战役背景、经过及意义，以利读者的理解。

《战役卷》的史料来源主要为淮海战役纪念馆所藏文献，其中大量的军事、政治、后勤方面的总结，纵队报纸，日记等内容为首次披露。这些史料多为油印件、手写稿，且历经岁月侵蚀，因此常有模糊难辨、缺页少字现象，受部分作者文化水平限制，亦常有错字漏字、语句不通顺现象。我们在编纂过程中花费了大量的时间进行辨认、校对等工作，尽量尊重历史文献原貌，原语句不通顺等尽量照旧，对当时的习惯用法如“个团”（一个团）等悉依原文，仅对明显的错别字、标点错误进行了更正，并对日期、人名、地名、部队番号、数字用法等作了规范统一。

无法辨认的字，一律用□来表示；原文所遗漏的文字或编者所加的说明文字，一律用［ ］加以注明。

另外还需特别说明几点：一、为明确事件主体，部分标题由编者拟定，但正文中交战双方的敌对性称谓，未作文字上的处理。二、对表述不清之处，在知识允许的范围内作了必要的注释。编者所加注释，一律称“编者注”；引文原有的注释，一律称“原注”。三、《大众日报》等日报只著录出版时间，纵队报同时还著录期或号。四、个别文件因无法确定而未著录编写者以及编写或出版的时间。五、引用了部分淮海战役纪念馆汇编的各纵队资料，这部分资料因征集时有些未注明作者和撰稿时间，我们在著录时一律称“淮海战役纪念馆《某纵队参考资料》”。六、非本馆馆藏的部分文献，著录馆藏地。

在编写本书的过程中，我们得到了参战部队和一些老同志的大力支持和帮助，第十四集团军、第二十七集团军等捐赠了最新的军史，原华野一纵作战科科长唐棪（后更名为唐炎）、《前锋报》记者张永不顾年事已高，对当年的日记作了核校。在此，向他们表示诚挚的感谢。

《战役卷》引用的原始文献较多，虽经数次校对，然而因编者水平有限，难免有疏漏之处，敬请读者批评指正。另外，由于我们所掌握的参战部队史料不全面、不均衡，因此编写时难免有厚此薄彼之嫌，留下了遗憾，敬请谅解。

编　者

2013 年 3 月

目录

第一篇　战前形势与战役准备

第二篇　围歼黄百韬兵团　孤立徐州

（1948年11月6日—11月22日）

第一篇

战前形势与战役准备

1946 年 6 月，国民党发动全面内战，中国人民革命战争进入了解放战争时期。两年后的 1948 年，战争进入关键性的一年，国共双方分别召开“八月会议”与“九月会议”，部署第三年度军事计划。1948 年秋，随着济南战役的迅速胜利与辽沈战役的迅猛发展，中原战局逐渐转入战略决战的新阶段。

为实现中央军委 7 月间提出的“冬春夺取徐州”的计划和中共中央“九月会议”提出的第三年的作战任务，在济南战役即将结束之际，华东野战军（以下简称华野）提出举行淮海战役的建议，即第一阶段先取淮阴、淮安，吸歼徐州援敌，第二阶段攻占海州、连云港。中央军委在批准这一建议的同时，将首战目标扩大为徐州以东的国民党军黄百韬兵团。随后淮海战役的作战方针、决策、部署、准备在中央军委、华野、中原野战军（以下简称中野）之间运筹谋划，逐步完善。

在人民解放军空前规模的秋季攻势，尤其是济南战役和辽沈战役取得胜利的影响下，国民党军统帅部对徐州方面作战是撤是守犹豫不决，作战计划历经数次变更。1948 年 11 月 5 日，在人民解放军即将发动攻击之时，国民党军部署了所谓的“徐蚌会战”。

1948 年 11 月初，淮海战役拉开了帷幕。

第一章　淮海战役前的全国战局

经过两年的解放战争，人民解放军粉碎了国民党军的全面进攻和重点进攻，并打破国民党军的全面防御和分区防御。进入第三年度，经过全国各战场空前规模的秋季攻势，特别是华东的济南战役和东北的辽沈战役，战争双方的力量对比发生了根本变化，人民解放军不但在质量上早已占有优势，而且在数量上也占了优势，这是中国革命的成功已经迫近的标志，淮海战场战略决战的条件逐渐具备。

迎接淮海战役的时候，总的形势很好。东北战场取得了胜利，这对全国鼓舞很大，西北也稳住脚，中原三足鼎立。淮海战役是二野、三野联合作战，用毛主席的话说，二野三野联合作战，不只是增加一倍两倍的力量，数量变，质量变，这是一个质的变化。

摘自《邓小平文选》第三卷，人民出版社 1993 年，第 341—342 页

一、解放战争进入第三年度的形势

解放战争进入第三年度，国民党军由战争初期的 430 万人，下降到 365 万，主力分布在东北、华北、华东、中原、西北五大战场，战略上处于被动地位。人民解放军不断发展壮大，由解放战争开始时的 120 余万人，增加到 280 余万，军政素质大为提高。老解放区的土地改革基本完成，工农业生产得到恢复和发展，支援战争的人力、物力不断加强。国民党统治区内政治、经济矛盾日益加剧，民主爱国运动有了新的发展。所有这些，都为人民解放军与国民党军进行战略决战提供了必要的条件。

文件选编

人民解放军由防御转入进攻

过去一年，即中国人民解放战争的第二年，军事情况的基本特点，就是人民解放军由防御转入了进攻，国民党的反动军队则由进攻转入了防御。

过去一年中，在南线，刘邓、陈谢、陈粟三支大军在去年七、八、九三个月内先后渡过黄河、越过陇海路、进入中原以后，建立了北起陇海路、南抵长江、东抵大别山以东巢湖至徐州之线、西抵汉水以西沙市至安康之线、拥有人口3000万的中原解放区。在西线，西北解放军去年8月转入反攻，此后不但收复了延安和陕甘宁边区的绝大部分，而且解放了黄龙山区，与黄河东岸的解放区完全衔接，并一度解放了麟游山区。在东线，华东解放军山东兵团去年10月转入反攻，接着收复了山东解放区的绝大部分，肃清了济南、青岛之间的胶济线和济南、徐州间的津浦线，与运河以西的冀鲁豫解放区衔接；陇海路南，苏北兵团也收复了苏北的6座县城，并重行建立了安徽东部的解放区（江淮解放区），而且与中原解放区打通联系。

在东北，经过过去一年的秋季攻势、冬季攻势和热河方面的作战，东北和热河的97%的土地都已获得解放。在华北，除太原孤城正在围攻以外，敌人留在华北解放区中心的据点已经全部肃清，从而使晋察冀和晋冀鲁豫两大解放区获得了合并的条件，并与山东和晋绥解放区完全衔接。解放军在第二年作战中消灭敌人兵力共达152万余人，其中俘虏95.3万人，毙伤54万人，争取起义2.8万人；解放土地15.5万平方公里，人口3700万。截至今年6月底止，解放区已有面积235.5万平方公里，占全国面积24.5%；人口1.68亿，占全国人口37%。

摘自1948年8月1日新华社社论《人民解放战争两周年的总结和第三年的任务》

▲ 人民解放军晋绥、晋察冀野战部队进行了张家口保卫战以及保（定）南、保（定）北等战役。这是向保南前线开进的情景

▲ 晋察冀野战军取得清风店战役胜利，成功转入战略进攻。这是某部于清风店战役中击落的国民党军飞机

▲ 1947 年 9 月起东北人民解放军发起秋季、冬季攻势，迫使东北国民党军陷入被动局面。这是东北人民解放军占领北镇

▲ 西北野战部队在青化砭、羊马河、蟠龙战役中三战三捷，在沙家店、黄龙、延清等战役中打出威风，粉碎了国民党军重点进攻陕北的计划。这是沙家店战役中的炮兵阵地

中国共产党得到广大人民的拥护

与过去一年的伟大军事胜利同时，中国人民在政治上也取得了伟大的胜利。这个胜利包括三个主要的方面：第一，中国共产党提出了彻底消灭封建半封建土地制度的土地法大纲，按照这个土地法大纲，在大部分老的和半老的解放区领导了和完成了土地改革工作。这不但为解放区今后农业生产的发展奠定了基础，为工业生产的发展创造了条件，而且因为它符合于全国农民及其他广大人民的要求，

又为整个革命战争在全国的胜利奠定了政治基础。第二，解放军进入新区作战，并解放许多城市的结果，使中国共产党在新区工作和城市工作方面获得了丰富的经验，训练了大批的干部，因而使得共产党不独是对于农村，而且对于城市，对于工商业，也完全规定了正确的政策。而这些，乃是实现全国胜利所必不可少的政治准备和组织准备。第三，广大的中间阶层迅速地失去了对于和平改良和中间路线的幻想，转而寄希望于中国人民解放战争的彻底胜利，寄希望于中国共产党，并且敢于把这种希望公开表示出来。中国共产党对于目前时局的基本主张，特别是在今年 5 月 1 日所提出的召开没有帝国主义走狗及反动分子参加的新的政治协商会议，讨论并实现召集人民代表大会组织联合政府的主张，不但获得了劳动人民的热烈拥护，也获得了中间阶层的热烈拥护。

摘自 1948 年 8 月 1 日新华社社论《人民解放战争两周年的总结和第三年的任务》

◀ 1947 年 7 月至 9 月，中共中央书记处书记刘少奇在河北省平山县西柏坡主持召开全国土地会议

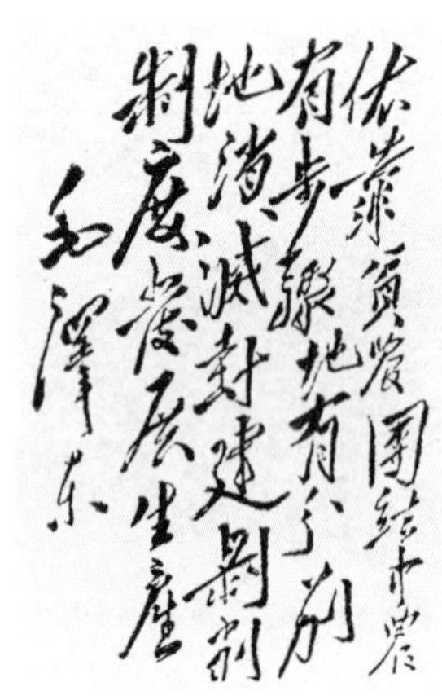

▶ 1948 年 3 月毛泽东为解放区土地改革运动总路线的题词

▲ 至 1948 年秋，在 1 亿人口的解放区消灭了封建的生产关系。土地改革运动满足了农民的土地要求，激发了群众的革命热情，有力保证了人民解放战争的胜利

▲ 翻身农民努力发展生产，支援前线，积极报名参加解放军

战史摘要

国民党军被钳制在五大战场

敌军在战争的第二年中，损失正规军和非正规军共计152万人。经过大量补充，至1948年6月底，其总兵力仍保持365万人左右，其中正规军105个整编师（军）285个旅（师）198万人，非正规军53万余人，特种兵及海、空军45万人，后方机关、学校69万人。正规军中，分布在第一线的共249个旅（师）174万人，被我军分别钳制在东北、华北、西北、中原、华东战场上，大部分只能担任战略要地和交通点、线的守备并在其附近地区作战役性机动，能够进行战略机动的兵力已寥寥无几。而且这些部队中，大多是被我歼灭后重建的，或是受过我军严重打击的，士气不高，战斗力不强。在长江中下游和巴山山脉之线以南，兰州和贺兰山山脉之线以西的后方广大地区，留置的正规军只有36个旅（师）23.8万人，大部分是新建的，战斗力很弱，且被我游击队所钳制，很难机动。

摘自《中国人民解放军战史》第三卷，军事科学出版社1987年，第231—232页

中原战局的发展变化

1948年1月至9月，在中共中央中原局统一领导下，各部队进行了整党和新式整军运动并取得了几个战役的胜利，新区发动群众实行土改的策略步骤的确定和执行，加上各军区地方武装的整顿和对敌斗争的开展，使中原各解放区迅速巩固起来。截至7月，敌正规军被我野战军和华东野战军歼灭者，达20万人以上。洛阳、开封、襄樊等敌万人和数万人守备的重要城镇被我攻克，其机动兵团亦被我削弱；同时，我又歼灭了敌人地方武装10万人，摧毁了敌十几个专署、百余个县政府和大量

的区、乡政权机构。敌人虽然还能集中一些兵力，对大别山和江汉、桐柏地区进行“扫荡”，但在淮河、汉水以北的广大地区，仅有南阳和铁路线上的郑州等少数孤立据点。敌人分区防御的体系已完全被我粉碎。我则已控制拥有3000万人口的解放区，占中原人口的2/3，建立了行署以下的各级政权，团结了广大人民，财经工作亦大为加强，中原解放区已进入巩固发展阶段。中原丰富的人力、物力、财力已大都能为我用，已完全把敌人筹集军需补充兵员和进攻我军的后方，变成了我军继续大量歼灭敌人，进一步发展革命力量的前进基地。中原野战军，自4月份集中以后，经过半年的作战和整党与新式整军运动，战斗力大大提高。随着敌我力量的消长变化，不仅运动战的规模扩大，而且还进行了襄阳城等阵地攻坚战，部队的攻坚能力亦有了提高。在这一期间，华北、东北、西北、华东各战场亦大量地歼灭了敌人，各大解放区已连成一片，更能互相配合，互相支援作战。特别是华北、华东两大解放区，已更能有力地支援中原作战。这一切，就为进一步大量歼灭敌人，解放全中原，创造了有利条件。

摘自《中国人民解放军第二野战军战史》，解放军出版社1990年，第234页

◀ 1948年7月2日—16日，中野一部及桐柏军区部队举行襄樊战役，歼灭国民党军2.1万余人，解放了汉水中段。中共中央1948年7月23日电贺襄樊大捷称“这一汉水中游的胜利，紧接着开封、睢杞两大胜利之后，对于中原战局的开展帮助甚大”

国民党政府政治经济危机日益严重

随着军事形势的每况愈下，国民党反动派在政治、经济上的危机也日益严

重。蒋介石的政治欺骗完全破产，国民党区域的广大人民反饥饿、反迫害、反独裁、反内战的爱国民主运动进一步发展。统治集团内部尔虞我诈，争权夺利，矛盾愈益加深。许多地方实力派正在酝酿反蒋倒蒋。副总统李宗仁正竭力争取美国的支持，逼蒋下野，谋划取代总统的职位。美国政府则一面继续支持国民党打内战，同时又在物色新的代表人物取代蒋介石。随着军事上的失败和军费支出的不断膨胀，国民党政府的财政经济陷入了空前的危机。至 1948 年 6 月，财政赤字累计高达法币 4345656 亿元。巨额的财政赤字带来了恶性通货膨胀和货币贬值，物价飞涨，如上海市的米价，1948 年 1 月每 100 斤为 100 万元，到 8 月，已暴涨到 4000 万元，以至工厂来不及印出当日所需要的钞票。美国驻华大使司徒雷登在给国务卿马歇尔的报告中不得不承认："局势的恶化已经进展到接近崩溃的地步。"

摘自《中国人民解放军战史》第三卷，军事科学出版社 1987 年，第 232 页

▶ 1948 年 6 月 17 日—7 月 6 日，华野在中野配合下，发起豫东（即开封、睢杞）战役，歼灭国民党军 9 万余人。豫东战役削弱了中原国民党军的有生力量，为人民解放军进一步开展中原、华东战局，歼国民党军主力于长江以北创造了条件。这是豫东战役中人民解放军某师指挥所

史志节选

国民党蒋介石集团逐渐失去美国支持

7.30（六，二四）甲、美大使司徒报告国务院，中国当局之改革以挽回现状已属绝望，任何军事建议与物质援助，无法促成统一与和平。

8.10（七，六）……乙、美大使馆向国务院建议继续加强援助国民政府，或使

中国分为联邦，国共划分地域。蒋总统本人不能改变改革，引进有能力之人。

8.12（七，八）甲、美国务卿马歇尔指示驻华大使馆，美政府无意再为中国作调人……

8.20（七，一六）……己、美使司徒雷登报告国务院，军事顾问团长巴大维之建议，每不为蒋总统所重视。

摘自《中华民国史事日志》第四册，“中央研究院”近代史研究所1985年，第776—782页

◀ 1948年4月，蒋介石不顾全国人民的强烈反对，单方面召开“行宪国民大会”。5月20日，蒋介石宣誓就职中华民国“总统”

▲“国统区”人民在饥饿线上挣扎

▲“国统区”民不聊生，穷人卖儿卖女

▲“国统区”物价飞涨，货币贬值，老百姓不得不携带大捆钞票购买日用品

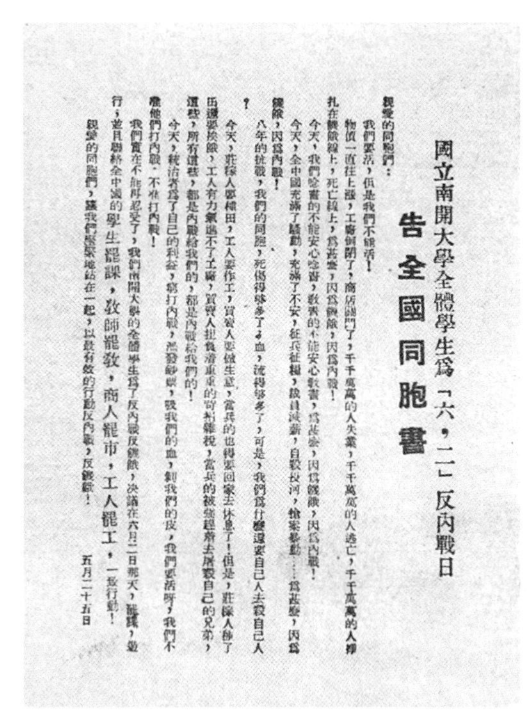

國立南開大學全體學生爲「六，二」反內戰日

告全國同胞書

親愛的同胞們：

我們要活，但是我們不能活！

物價一直往上漲，工廠倒閉了，商店關門了，千千萬萬的人失業，千千萬萬的人逃亡，千千萬萬的人掙扎在饑餓線上，死亡線上，爲甚麼，因爲饑餓，因爲內戰！

今天，我們唸書的不能安心唸書，教書的不能安心教書，爲甚麼，因爲饑餓，因爲內戰！

今天，全中國充滿了騷動，充滿了不安，征兵征糧，裁員減薪，自殺投河，搶案暴動……爲甚麼，因爲饑餓，因爲內戰！

八年的抗戰，我們的同胞，死傷得够多了，血，流得够多了，可是，我們爲什麼還要自己人去殺自己人？

今天，莊稼人要種田，工人要作工，買賣人要做生意，當兵的也得要回家去休息了！但是，莊稼人種了田還要挨餓，工人有力氣逃不了工廠，買賣人担負着重重的苛捐雜稅，當兵的被強迫着去屠殺自己的兄弟，這些，所有這些，都是內戰給我們的，都是內戰給我們的！

今天，統治者爲了自己的利益，窮打內戰，濫發鈔票，喫我們的血，剝我們的皮，我們要活呀，我們不准他們打內戰，不准打內戰！

我們實在不能再忍受了，我們南開大學的全體學生爲了反內戰反饑餓，決議在六月二日那天，罷課，遊行，並且聯絡全中國的學生罷課，教師罷教，商人罷市，工人罷工，一致行動！

親愛的同胞們，讓我們緊緊地站在一起，以最有效的行動反內戰，反饑餓！

五月二十五日

▲ 蓬勃发展的学生运动是“国统区”的“第二条战线”。此为北平学生举行“反饥饿反内战”游行示威、南京学生游行到珠江路口遭到军警镇压、天津南开学生的《为“六·二”反内战日告全国同胞书》

▲“国统区”内反饥饿反迫害运动此起彼伏。此为上海申新九厂女工与镇压罢工的国民党军警搏斗

◀ 1948 年秋，南方各游击队已发展到 3 万余人，并建立了游击根据地，威胁着国民党军的大后方，钳制了一部分正规军。此为浙南人民游击队作战胜利归来时的合影

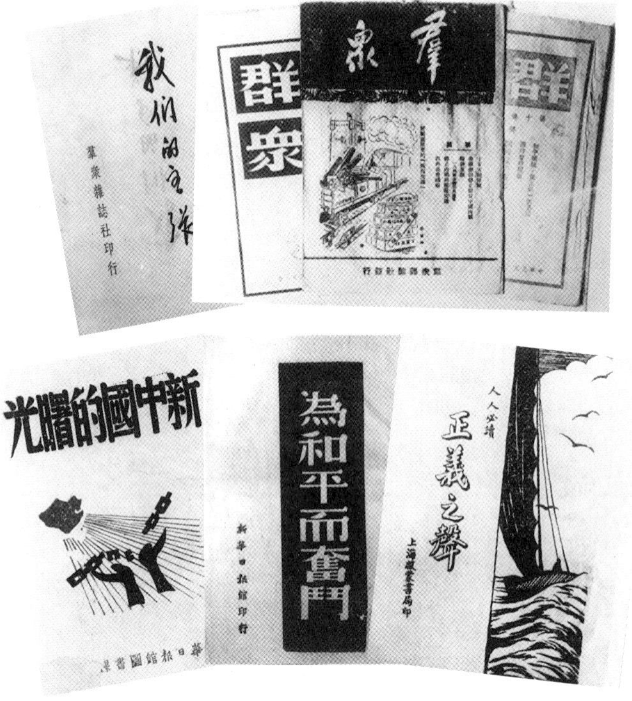

◀ 中国共产党在“国统区”内出版的部分刊物

征程回忆

解放战争最吃力的阶段过去了

豫东战役的胜利，以及当时全国其他战场上取得的胜利，大大发展了我军的战略进攻。这次战役结束后不久，即 1948 年 8 月，毛泽东同志在西柏坡接见华野特种兵纵队司令员陈锐霆同志和晋察冀军区炮兵旅长高存信同志时说：解放战争好像

爬山，现在我们已经过了山的坳子，最吃力的爬坡阶段已经过去了。为了使被接见的同志理解这句话的意思，他还以左手握拳，手背向上，用右手食指沿着弧形手背越过拳头顶端比划过去，形象地表示解放战争好比爬山，现在已经越过山的顶端了。

摘自《粟裕战争回忆录》，解放军出版社 1988 年，第 572—573 页

二、中共中央“九月会议”

▲ 中共中央九月会议会址——西柏坡中央机关食堂

为更快夺取全国胜利，中共中央于 1948 年 9 月 8 日至 13 日在河北省平山县西柏坡召开有华北、华东、中原、西北党和军队的主要负责同志参加的政治局扩大会议，史称中共中央政治局“九月会议”①。会议依据解放战争两年来特别是 1948 年上半年的作战情况，从军事、政治、经济、党的建设等方面全面检查了两年来的工作，确定了第三年的任务和方针，决定人民解放军第三年“依然全部在长江以北和华北、东北作战”。这次会议为人民解放军争取打前所未有的大歼灭战，从政治、思想、组织上作了充分准备。

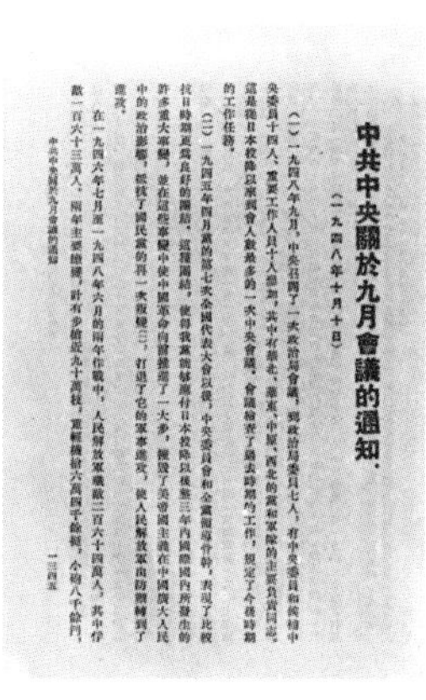

中共中央關於九月會議的通知

（一九四八年十月十日）

◀ 1948 年 10 月 10 日下发的《中共中央关于九月会议的通知》，现收录在《毛泽东选集》第四卷

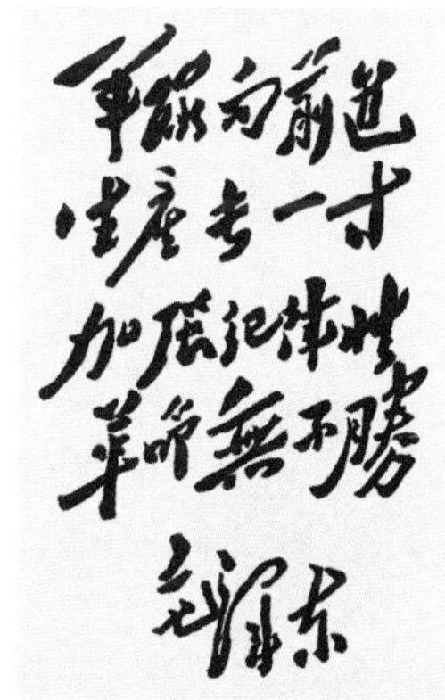

◀ 1948 年 9 月 11 日，毛泽东发出“军队向前进，生产长一寸，加强纪律性，革命无不胜”的号召，成为党和军队在一个时期内的行动指南

① 编者注：出席“九月会议”的主要政治局委员有——毛泽东、刘少奇、朱德、周恩来、任弼时、彭真、董必武，中央委员和候补中央委员有——贺龙、徐向前、聂荣臻、滕代远、曾山、薄一波、叶剑英、邓小平、饶漱石、陆定一、邓颖超、廖承志、陈伯达、刘澜涛，列席会议的重要工作人员有——罗迈、杨尚昆、胡乔木、傅钟、李涛、安子文、李克农、冯文彬、黄敬、胡耀邦。

▲ 中共中央委员会主席、书记处书记毛泽东

▲ 中共中央书记处书记、中国人民解放军总司令朱德

▲ 中共中央书记处书记刘少奇

▲ 中共中央书记处书记、中国人民解放军代理总参谋长周恩来

文件选编

“九月会议”通过的主要决议

……（三）中央会议，根据过去两年来作战的成绩和整个敌我形势，认为建设500万人民解放军，在大约5年左右的时间内（从1946年7月算起）歼敌正规军共500个旅（师）左右（平均每年100个旅左右），歼敌正规军、非正规军和特种部队共750万人左右（平均每年150万人左右），从根本上打倒国民党的反动统治，是有充分可能性的。

……为了实现这一任务，必须每年歼敌正规军100个旅（师）左右，5年共歼敌正规军500个旅（师）左右。这是解决一切问题的关键。……国民党现有全部军事力量365万人中的70%是在第一线（长江和巴山山脉之线以北，兰州和贺兰山脉之线以东，承德和长春之线以南），在其后方者（包括长江和巴山山脉之线以南，兰州和贺兰山脉之线以西）仅有大约30%。国民党现有全部正规军285个旅，198万人，其中在第一线者249个旅，174.2万人（北线99个旅，69.4万人，南线150个旅，104.8万人），在其后方者，仅有36个旅，23.8万人，并且大部分是新建立的部队，缺乏战斗力。因此中央决定人民解放军第三年仍然全部在长江以北和华北、东北作战。……

（四）……目前的形势，要求我党用最大的努力克服这些无纪律状态和无政府状态，克服地方主义和游击主义，将一切可能和必须集中的权力集中于中央和中央代表机关手里，使战争由游击战争的形式过渡到正规战争的形式。……

（五）夺取全国政权的任务，要求我党迅速地有

▲ 中共中央书记处书记任弼时

计划地训练大批的能够管理军事、政治、经济、党务、文化教育等项工作的干部。……

（六）……准备在 1949 年召集中国一切民主党派、人民团体和无党派民主人士的代表们开会，成立中华人民共和国临时中央政府。

（七）恢复和发展解放区的工业生产和农业生产，是支援战争、战胜国民党反动派的重要环节。……

（八）提高干部的理论水平，扩大党内的民主生活，成为完成上述任务的重要环节。……

摘自《中共中央关于九月会议的通知》，见《毛泽东选集》第四卷，人民出版社 1991 年，第 1345—1349 页

邓小平同志关于“九月会议”给中原局的信[①]

（1948 年 9 月 6 日）

刘陈邓李张，刘李并转任穷：

一、我们正在开会。这次会议解决问题颇多，包括军事、政治、经济各方面。毛主席在几次会议及谈话中，提出全党当前任务，仍为“军队向前进，生产长一寸，加强纪律性，革命无不胜”四句话。但强调指出提高纪律性，即克服全党严重存在的无政府无纪律状态，为保障前两任务及革命胜利之中心环节。此种精神，从最近中央对东北局的批评和几个电示可以看到。中原局及中原军区对此应迅速检讨，成立一个正式的决议报告中央，同时发给各区党委、各纵队。我的意见应包括下述内容：

（甲）我们本身对此环节的意义了解极不深刻，或只了解成为报告制度及政策的统一性，而未充分认识无政府无纪律状态给予党的损害。

（乙）中原各区无政府无纪律状态是严重存在的。一年来的游击分散情况，不能不使各地带有较多的独立性，但因此发展了无纪律状态。如各地各部队自出布告，自定政策，事前不报告、事后不请示，或报告不真实等现象，事实很多（应列举其大者）。

① 原注：这是中原局第一书记、中原野战军政委邓小平在召开“九月会议”预备会期间写给中原局的信。

（丙）中原局及中原军区对中央军委报告不够，对下面的不报告多采取原谅态度，亦即是自由主义态度。

（丁）具体规定今年内克服此种现象的办法，特别强调党内的民主。

这是个人意见，请开一次中原局正式会议（张玺、陈谢及附近纵队首长可到会讨论）作出决议，中央还拟有一个关于纪律问题的文件，待通过后即发下。再者九月份报告请按期作出。

二、军委规定中原区第三年歼敌任务为 30 个旅，7 月份已歼 5 个旅在内。依此计算，路西两兵团应担任 12 个旅以上，粟部应担任 18 个旅左右，请告各部争取完成。

三、华北、华东已决定合并，饶为第一书记。华北、华东确定今年不搞土改，而以生产为中心。中央同志意见，中原区亦应以生产为中心，联系减租减息、合理负担，请研究指示各地。

……

五、今年华北、华东确定不扩兵（确有困难），年底拟扩一部，数目尚待研究，军事问题正讨论中。

摘自《邓小平军事文集》第二卷，军事科学出版社、中央文献出版社 2004 年，第 127—128 页

中国人民解放军序列表（1948 年 9 月）

中共中央革命军事委员会

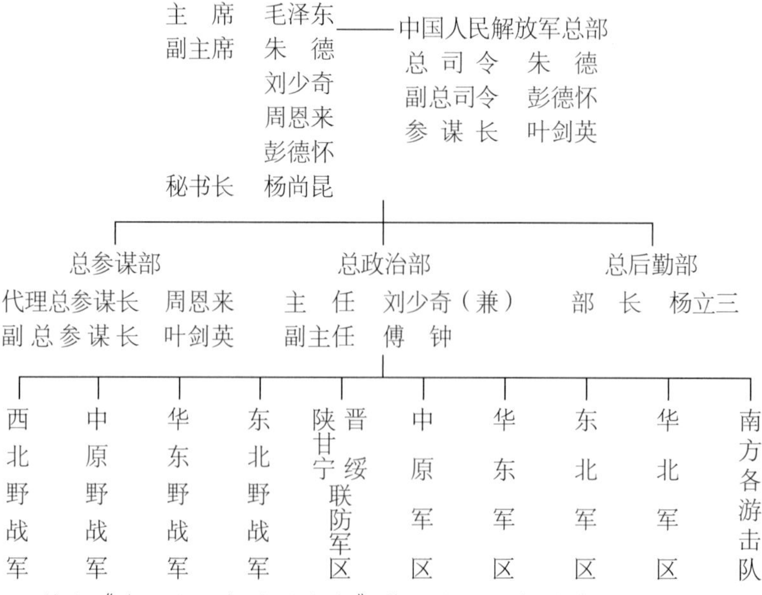

摘自《中国人民解放军战史》第三卷，军事科学出版社 1987 年，附表 38

三、秋季攻势的胜利

根据中共中央“九月会议”的指示，1948 年秋人民解放军先后发起大规模的秋季攻势。中央军委及时抓住整个战局的有利时机，因势利导，把秋季攻势迅速推向就地歼灭国民党军重兵集团的伟大战略决战。

在华东战场，济南战役的胜利开创了人民解放军夺取国民党军重兵据守大城市的先例，打通了华北与山东地区的联系，为华野下一步全军南下与中野协同作战创造了极为有利的形势。在东北战场，秋季攻势逐步发展为辽沈战役并取得胜利，推动了淮海战役规模的不断扩大。

▲ 1948 年 9 月 14 日至 10 月底，华北军区部队发起察绥战役，歼灭国民党军 2 万余人

▲ 1948 年 7 月至 10 月，西北野战军在荔北战役中歼灭国民党军 2.5 万人

▲《伟大的秋季攻势：第一辑》封面

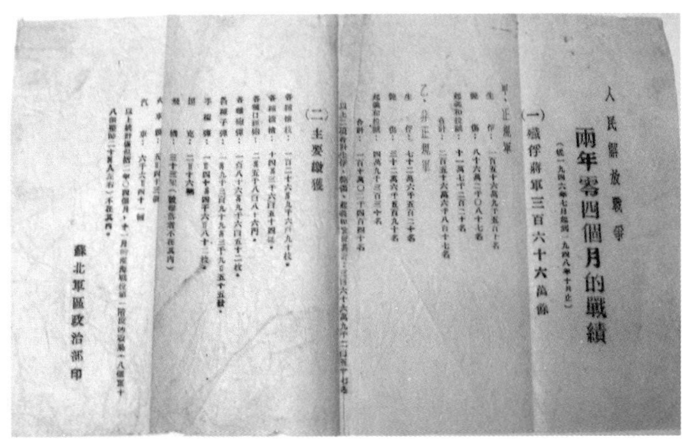

人民解放戰爭
兩年零四個月的戰績
（從一九四六年七月起到一九四八年十月止）
（一）殲俘蔣軍三百六十六萬餘
（二）主要繳獲
蘇北軍區政治部印

▲ 苏北军区政治部所印的《人民解放战争两年零四个月的战绩》

战史摘要

人民解放军秋季攻势作战概述

我华东解放军，便于1948年9月16日，举行了济南战役。这个有10余万人的兵力守备，并经过日寇占领时期以至国民党军队连年加修的近代化工事，地形又利守不利攻，人口有70万的战略重要城市，却仅仅经过解放军8天的连续攻击，即完全解放了。守敌第二绥区司令部及所属3个整编师、9个旅全部，无一漏网，绥区司令官王耀武以下6.18万人被俘。吴化文将军率整编九十六军军部及整编八十四师全部3个旅、2万人光荣起义。这样就充分证明了敌人任何防御计划，均不能挽救它的垂死命运。

1948年9月14日至10月31日，我华北解放军杨得志、罗瑞卿兵团和杨成武、李井泉兵团发动了绥察战役，于10月23日，我解放绥东广大地区后，直攻抵绥远之包头；在察北则先后解放崇礼、尚义、沽源、商都4座县城及广大地区。一个半月中共歼灭敌十六军、暂编第五军等各一部及其他部队，共2.1万人，并控制了平绥路的大部，给敌军在平绥线上防御以严重打击。

我西北野战军，于8月8日至13日，10月5日至18日及11月15日至28日，先后在陕东之澄城、合阳、蒲城地区，发动3次攻势，歼敌三十六军、三十八军、七十六军等部5.9万余人，打破了胡宗南的所谓“机动防御”计划，开辟了向西北敌军的心腹地区——渭河流域进军的基地。

1948年9月12日至11月2日，我东北野战军，举行了52天的巨大规模的辽沈战役。攻势首先由北宁路榆锦段开始，至10月1日攻克义县后，便将东北敌人与关内联系的咽喉锦州完全孤立，从10月9日至15日，完全解放锦州。守敌第六兵团，所属2个军8个师等部共10万余人，无一漏网，东北敌军副总司令兼锦州指挥所主任范汉杰、六兵团司令官卢濬泉等36名高级军官以下8万余人被俘。这个重大胜利，完全封闭了东北境内敌人陆上的退路，这就决定了东北敌人全部被歼的命运。10月17日困守长春的六十军，在军长曾泽生将军率领下，全部2.6万人起义，接着19日新七军等部3.9万余人投降，21日东北敌军另一副总司令兼长春守军司令并兼第一兵团司令官的郑洞国投诚，另1.81万在被围困中即已分批自动放下武器。于是蒋介石飞到北平亲自指挥沈阳地区之敌廖耀湘第九兵团5个军，12个师，10.1万余人，向沈阳方向逃跑，但刚到彰武、黑山地区，即被我大军截堵，又立即掉头向营口方向逃跑，复遭我堵住，于是在 10 月 28 日最后全部被我歼灭于打虎山及黑山北镇地区。兵团司令官廖耀湘以下 8.7 万余人被生俘。紧接着我大军扫荡沈阳、营口两地之残敌，至 11 月 2 日，解放上述两城。东北之敌，便全部最后彻底肃清，东北全境解放，成为人民解放战争中一个有决定性的伟大胜利。此役总计消灭敌人 33 个正规师，10 个非正规师，共 47.2 万人。

摘自第二野战军政治部编印《中国人民解放战争作战概述》，1950 年 1 月

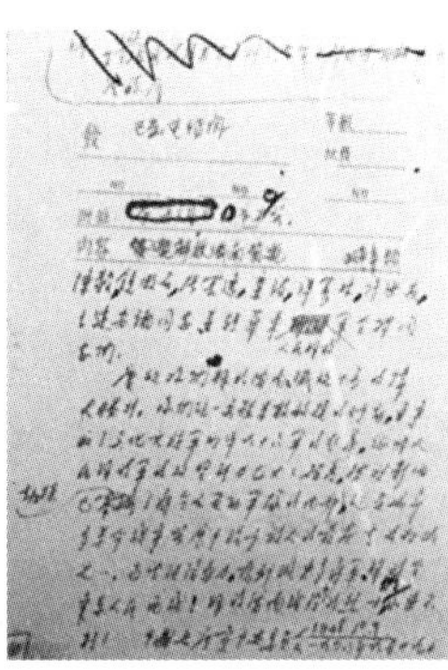

▲ 1948 年 9 月 16 日至 24 日，华野发起济南战役，歼灭国民党军 10 万余人，开创了夺取大城市的先例，打通了华北与山东地区的联系，为华野南下与中野协同作战创造了极为有利的形势，被周恩来誉为“三大战役的序幕”。图为人民解放军突破济南城墙、突击队在炮火掩护下冲入国民党军第二绥靖区司令部、周恩来起草的经毛主席修改的“电贺济南解放”电文

文件选编

中共中央电贺解放济南、歼敌十万的伟大胜利

陈毅、饶漱石、张云逸、粟裕、谭震林、许世友、王建安诸同志，并转华东人民解放军全体同志们：

庆祝你们解放济南、歼敌 10 万的伟大胜利。你们这一勇猛果敢敏捷的行动，并争取了吴化文将军所率九十六军的起义，证明人民解放军的攻坚能力已大大提高，胜利影响已动摇了蒋介石反动军队的内部，这是两年多革命战争发展中给予敌人的最严重的打击之一……

中国共产党中央委员会

1948 年 9 月 29 日

摘自《济南战役资料选》，山东人民出版社 1979 年，第 1 页

中国人民解放军总司令朱德关于攻克济南的评价

打下济南，对我们很有利，可以利用它原有的工业基础进行生产。山东交通也很便利，有铁路、运河，对今后支援大兵团作战，是一个重要的大后方。同时我们可以腾出10万余人，再加上补充几万俘虏，足以对付南面的敌人……徐州方面，我们的力量可以消灭邱清泉、黄百韬、李弥三个兵团中的任何一个兵团。

……这次打下济南缴获炸药很多，对我们有很大用处。冀中每年可产1000多万斤硝，可做炸药。炸药，敌人不敢使用，怕炸死自己，而对我们却能起很大作用，它比炮厉害得多。

摘自《朱德选集》，人民出版社1983年，第242页

▲ 1948年9月12日到11月2日，东北野战军的秋季攻势发展为战略决战性的辽沈战役，共歼灭国民党军47万余人。辽沈战役使东北野战军成为一支强大的战略预备队，东北成为支援战争的大后方。这是东北野战军在辽西原野上追歼廖耀湘兵团、攻占国民党军东北“剿总”司令部

中共中央贺辽沈战役胜利电

林彪、罗荣桓、高岗、陈云诸同志，东北人民野战军全军同志和东北全体同胞们：

热烈庆祝你们解放沈阳，全歼守敌，并从而完成解放东北全境的伟大胜利。东北是中国工业特别是重工业最大的中心，国民党反动政府在美国帝国主义积极援助下，从1945年冬季以来就曾经用极大力量来抢占东北，先后投入兵力及收编伪军、胡匪共达110万人。依靠我东北前后方全体军民团结一致，英勇奋斗，并得到我关内各解放区的胜利配合，在3年的奋战中歼灭敌人100余万，终于解放了东北九省的全部土地和3700万同胞，粉碎了中美反动派奴役东北人民并利用东北以挑拨国际战争的迷梦，奠定了在数年内解放全中国，然后将中国逐步建设为工业国家的巩固基础……

中国共产党中央委员会

1948年11月2日

摘自《辽沈战役》（上），人民出版社1988年，第77—78页

解放濟南之役威震中外
殲匪軍八萬一千
戰場起義兩萬餘

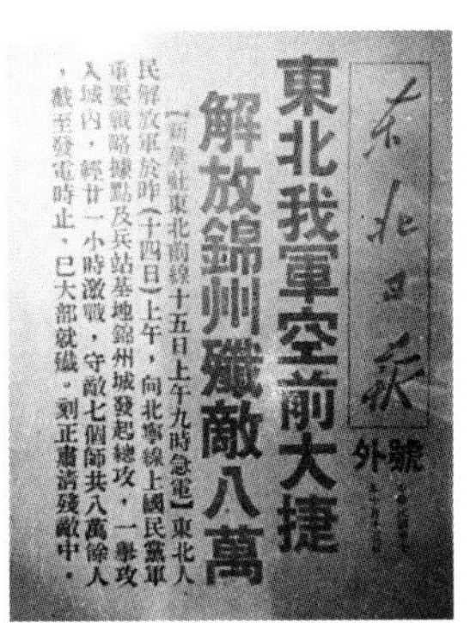

東北日報　號外

東北我軍空前大捷
解放錦州殲敵八萬

【新華社東北前線十五日上午九時急電】東北人民解放軍於昨(十四日)上午，向北寧線上國民黨軍重要戰略據點及兵站基地錦州城發起總攻，一舉攻入城內，經廿一小時激戰，守敵七個師共八萬餘人，截至發電時止，已大部就殲，刻正肅清殘敵中。

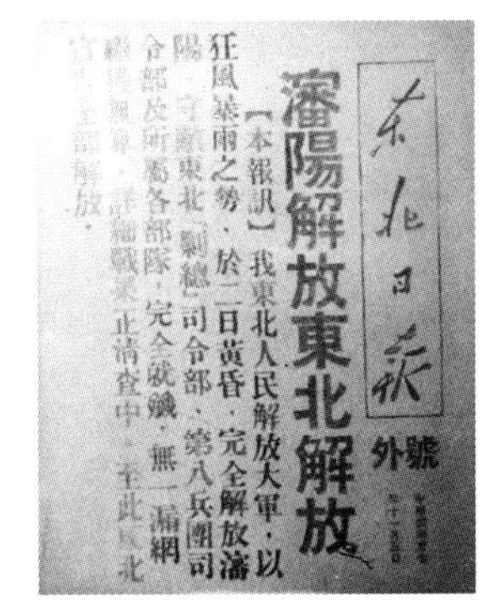

東北日報　號外

瀋陽解放東北解放

【本報訊】我東北人民解放大軍，以狂風暴雨之勢，於二日黃昏，完全解放瀋陽，守敵東北"剿總"司令部、第八兵團司令部及所屬各部隊，完全就殲，無一漏網，詳細戰果正清查中。至此東北全部解放。

東北解放戰爭大功告成
我軍解放瀋陽
東北的迅速全部解放
將加速全中國的解放

（新華社瀋陽前線二日電）東北人民解放軍今日完全解放東北最大城市瀋陽，守敵全部解決。我軍入城後，久受蔣匪壓迫的群衆夾道歡迎。城市秩序正迅速恢復中。

▲《大众日报》、《东北日报》等关于秋季攻势作战情况的报道

美帝軍事和經濟援蔣已經可恥失敗！

解放軍兩年另四個月中
殲敵七十七個美械師
佔國民黨全部美械部隊近四分之三

平津反饑餓鬥爭擴大
交通界職工紛紛罷工怠工
各大學罷教罷職人數增加

美大使館通知
華北美僑撤退

【美國新聞處南京一日電】國務院今日宣布：由於中國東北政府軍事逆轉，華北北平天津區域之美國僑民，已勸告在此交通尚屬正常之時，即行撤退。該項勸告係今晨（中國時間）由南京美大使館發出。據悉：英使館上週末亦以同樣勸告致英僑。國務院新聞官麥克特爾稱：北平區域現有美僑約六百人，天津區域約二百人。

斯大林答真理報記者

香港各民主黨派要員
聯合告海內外同胞書

境禁令
宣布取消

金圓券發行額
十五億九千餘萬圓

僞券貶值比僞幣還快幾倍
一個月跌價達八成

▲ 秋季攻势造成国民党政府经济、政治、外交形势混乱，此为相关报道。其中国民党《中央日报》1948 年 11 月 4 日社论称："近来东北战事失利，政府当局也不再讳言，而变相的物价高涨，更是每个升斗小民所切身感受到的事实。广大人民陷入恐惧情绪和生活煎逼之中。这些真真实实的情况，真实得不是少数人爱听或不爱听所能抹煞，更真实得不是任何粉饰之词所能粉饰的了"

秋季攻势使国民党军形势极速恶化

华中之共产党军队现在已到达距沪宁甚近之地区。如果我们不能阻遏这一浪

潮，中国便将失去民主。我因此不得不向阁下再作直接与迫切之呼吁。

摘自1948年11月9日蒋介石致美国总统杜鲁门的信，见《中美关系资料汇编》第一辑，世界知识出版社1957年，第901页

鉴于目前的发展，美国任何数量的军事或经济援助，都未必能够使现在的中国政府有能力重新建立，并进而保持它对全中国的控制。

摘自1948年10月美国国务卿马歇尔关于政策的检讨，见《中美关系资料汇编》第一辑，世界知识出版社1957年，第324页

战争双方力量对比发生根本变化

中国的军事形势现已进入一个新的转折点，即战争双方力量对比已经发生了根本的变化。人民解放军不但在质量上早已占有优势，而且在数量上现在也已经占有优势。这是中国革命的成功和中国和平的实现已经迫近的标志。

……经过战争第三年度的头4个月，即今年7月1日至11月2日沈阳解放时，国民党军队丧失了100万人。4个月内国民党军队的补充情形尚未查明，假定它能补充30万人，亏短数为70万人。这样国民党的全部军队包括陆海空军、正规军非正规军、作战部队和后勤机关在内，现在只有290万左右的人数。人民解放军，则由1946年6月的120万人，增至1948年6月的280万人，现在又增至300余万人。这种情况，就使国民党军队在数量上长期占有的优势，急速地转入了劣势。这是由于4个月内人民解放军在全国各个战场英勇作战的结果，而特别是南线的睢杞战役、济南战役，北线的锦州、长春、辽西、沈阳诸战役的结果……

这样，就使我们原来预计的战争进程，大为缩短。原来预计，从1946年7月起，大约需要5年左右的时间，便可能从根本上打倒国民党反动政府。现在看来，只需从现时起，再有1年左右的时间，就可能将国民党反动政府从根本上打倒了……

美帝軍事和經濟援蔣已經可恥失敗！

解放軍兩年另四個月中
殲敵七十七個美械師
佔國民黨全部美械部隊近四分之三

濟陽高級俘官漫談
最後潰敗混亂情形

◀《大众日报》11月19日所载的胜利消息："解放军两年另四个月中歼敌七十七个美械师，占国民党全部美械部队近四分之三"

摘自《毛泽东选集》第四卷，人民出版社1991年，第1360—1361页

斯大林答真理報記者

美英當前的政策，是侵略的政策，其結果只能是新戰爭鼓動者的可恥的失敗

◀《大众日报》11 月 3 日载："斯大林答《真理报》记者——美英当前的政策，是侵略的政策，其结果只能是新战争鼓动者的可耻的失败"

史志节选

蒋介石国民党政府外交失利

10.16（九，一四）……庚、美大使司徒雷登报告国务院，中国政府及蒋总统现在最不为人民所爱戴，指责之人日见加多。

10.22（九，二〇）……丙、美大使司徒雷登报告国务院，国军已完全丧失战斗意志。

10.23（九，二一）……己、美大使司徒雷登向国务院请示，如国民政府被迫他迁，是否仍然承认支持，可否建议蒋总统退休，由李宗仁或其他较有希望之领袖代之，并承认支持将来之联合政府（马歇尔答复谓不便建议蒋退休，国府若迁出南京，崩溃消灭或并入共党之联合政府时，承认与否，须视美国利益而定）。

10.29（九，二七）……甲、蒋总统答美记者 A.T.Steele，美应重视中国局势，无完整之东北即无和平之东亚，拯救亚洲工作应以中国为重心。

10.3（一〇，三）……己、杜鲁门连任美国总统，共和党杜威失败。

摘自《中华民国史事日志》第四册，"中央研究院"近代史研究所 1985 年，第 796—803 页

金圆券贬值 80%

11 月 8 日，国民政府行政院政务会议通过《修正金圆券发行办法》，撤销金圆券发行数额以 20 亿为限的规定。11 日又通过了《修正人民所有金银外币处理办法》，规定黄金、白银、外币准许人民持有，银币可以自由流通和买卖，并重新改定兑换率。

金圆券与银元的比率由 2∶1 降为 10∶1，贬值 80%；金圆券与美元的比率由 4∶1 降为 20∶1。13 日，蒋介石明令公布以上两个“办法”，等于宣告“币制改革”的彻底破产。

摘自《旧中国大博览》（1900—1949），科学普及出版社 1997 年，第 1491 页

四、国民党军“八月会议”

为扭转日趋恶化的形势，国民党军统帅部于 1948 年 8 月 3 日至 7 日在南京召开“军事检讨会议”，史称“八月会议”。会议检讨两年来的作战情况，提出新的军事战略，即“军事上于东北求稳定，在华北力求巩固，在西北阻匪扩张，在华东华中则加强进剿，一面阻匪南进，一面攻打匪的主力”。这一新战略，实质是一种全面收缩兵力、重点防御的战略，以遏制人民解放军的强大攻势。

◀ 国民党军“八月会议”会址——南京黄埔路国防部大礼堂

▲ 国民政府军事委员会委员长蒋介石

▲ 国民政府国防部部长何应钦

▲ 国民政府参谋总长顾祝同

征程回忆

国民党华中“剿总”中将副总司令兼第十四兵团司令官宋希濂的回忆
——蒋介石在南京召开的最后一次重要军事会议

会议的参加者有蒋介石、何应钦、顾祝同、白崇禧、林蔚、刘斐、萧毅肃、关麟征、周至柔、王叔铭、桂永清、郭忏、汤恩伯、范汉杰、杜聿明、宋希濂、黄维、李默庵、霍揆章、孙立人、黄百韬，以及刘峙的代表李树飞［正］、胡宗南的代表沈策，以及军长余锦源等20余人，加上国防部一些主要负责的厅长署长等，共120余人。

会议由蒋介石、何应钦、顾祝同三人轮流主持。蒋介石在会议开幕时的发言，充满了沮丧的神情，对前途完全丧失了信心。……最后，他郑重地警告大家说："现在‘共匪’势力日益强大，‘匪势’日益猖獗，大家如果再不觉悟，再不努力，到明年这个时候能不能再在这里开会都成问题。万一共党控制了中国，则吾辈将死无葬身之地。"

会议的头两天以大部分时间就1948年上半年几个较大战役的失败，进行了检讨，尤着重于西北战场的宜川战役（此役胡宗南部刘戡所指挥的5个师共3万余人被全歼）和中原战场的豫东战役（区寿年兵团6个师和黄百韬兵团一部共9万余人被全歼）。……

会议的第三天，由当时任国防部部长的何应钦作全盘军事形势的报告，这是会议期间最紧张的一幕，也是蒋介石何应钦间矛盾尖锐化的集中表现。

何应钦报告的头一段，对中国共产党所领导的人民解放军大肆诬蔑，企图把内战的责任推给中共；第二段，就悬挂了许多军事地图说明各个战场的双方态势；第三段，也是最动人心弦的一段，他毫不隐讳地公开了两年来作战损耗的数字，计：兵员的死伤、被俘、失踪总数共300余万人；步枪100万支、轻重机枪共约7万挺、山炮野炮重炮共1000余门、迫击炮小炮共1.5万余门；还有战车、装甲车、汽车以及大批的通讯器材和大量的各种弹药数字，我记不清楚了。他报告的最后一段，只是几句抽象的话，因为他提不出挽救危局的任何方案。……

会议的第五、第六两天，多为参加会议的人的发言。哪些人说了话，内容如何，我记不清楚了。但有一个总的印象，就是几乎所有发言的人，都是申诉本指挥单位处境的困难，向国防部要求增加部队，要求新成立部队的番号，要武器、要新兵、要军粮、要器材、要车辆、要弹药……总之一句话：困难、危险、叫苦。……

会议第七天也是最后的一天，由参谋总长顾祝同提出一个战略方案，大意是这样的：为巩固长江以南地区，防止共军渡江起见，应暂时停止战略性的进攻，将现在长江以北、黄河以南地区的部队，编组成为几个较强大的机动兵团，将原有的小兵团概行归并。这几个兵团应位置于徐蚌地区、信阳地区、襄樊地区，其主要任务是防止共军渡江，并相机打击共军。在长江以南地区迅速编练第二线兵团。这个方案获得了全场的一致同意……

摘自《江苏文史资料集萃》军事卷，1995 年，第 268—272 页

国民党政府国防部第三厅中将厅长郭汝瑰的回忆
——国民党军“八月会议”上蒋介石的训话

会议的最后一天（7 日）下午，蒋介石训话。内容大要是：

1. 勉励大家力行，务必要把这次会议的决议案于两个星期之内积极执行；

2. 加强政治工作；

3. 各绥区加强地方控制，保障交通安全，并加强军民合作，开展军纪竞赛；

4. 核实经理；

5. 现在国际危机存在，我戡乱胜利，则多助；否则寡助；

6. 要以智、信、仁、勇、严的“严”字来整军律己，对军队对自己不严格要求，那么一切都会落空。

摘自《郭汝瑰回忆录》，四川人民出版社 2010 年，第 210—211 页

国民党军第十二兵团中将司令官黄维的回忆
——“八月会议”国民党军确定重点防御部署

国民党军在继续遭受失败的情况下，被迫放弃全面防御而采取重点防御，企

图集中兵力固守战略要点，使解放军“啃不动”，以苟延残喘。

1948 年 8 月，国民党政府国防部在南京召开军事会议，关于重点防御的部署，曾有所研讨；关于确保华中曾有所规划和准备。其决定的措施之一，是就现有部队加以调整编配，组成若干兵团，以准备即将来临的防御战。

摘自《淮海战役亲历记（原国民党将领的回忆）》，文史资料出版社 1983 年，第 483 页

战史摘要

国民党军“八月会议”的军事决议

将作战重点置于黄河以南、长江以北地区，在这一地区内，“各绥区国军配合地方武力堵剿兼施，国军主力则编组强大之进剿兵团，捣毁匪军根据地，猛烈追剿，使成流寇，然后依后备兵团之增强，迫匪于绝地而歼灭之”。在东北地区，“彻底集中兵力，确保辽东、热河，以巩固华北”，达到钳制东北、华北人民解放军，屏障黄河以南之作战的目的。在以兰州为中心的西北地区，建立一个“独立作战地带”，在陕西“建立一骨干部队，支配战场，确保汉中，并于四川及汉中及时建立一个坚强兵团，以应陕甘之急需。”为实现上述战略方针，会议决定将长江以北、黄河以南地区合并成一个战区；东北、华北地区合并成一个战区，“各置统帅一人节制之”；在西北成立一“剿匪总部，统一指挥陕甘宁边区剿匪军事”；将整编师、旅恢复成军、师，军以 3.5 万人定编，每师恢复 3 个建制团；加强以主要城市为战略要点的守备兵力和防御工事；同时以精锐主力为骨干，组成若干个机动作战兵团，加强应援力量。妄图以此使我军对战略要点“啃不烂”，对增援兵团“吃不掉”而陷于被动。此外还确定在长江以南、西南和西北地区，迅速编练第二线部队 150 万人，并计划先编组成 50 个步兵师，10 个骑兵师。蒋介石声称，这次军事检讨会议确定的方针，是今后“剿匪成功之关键”，要求各级将领“于两星期内执行”。

摘自《中国人民解放军战史》第三卷，军事科学出版社 1987 年，第 234 页

国民党军序列表（1948年8月）

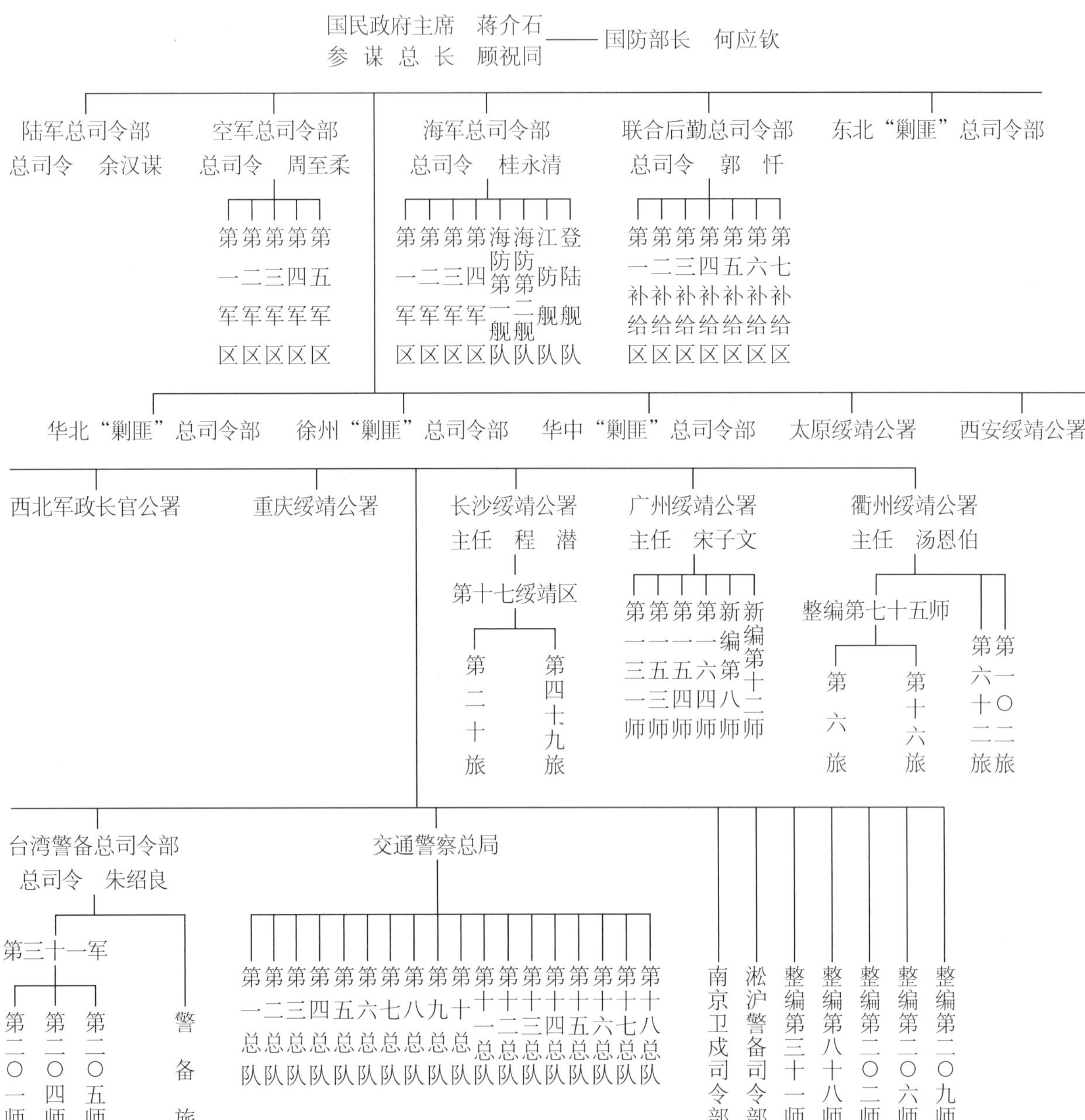

摘自《中国人民解放军战史》第三卷，军事科学出版社1987年，附表48

五、徐州国民党军进攻山东计划的破灭

济南战役的胜利，打破了国民党军南线防御体系。为摆脱被动局面，国民党

军徐州“剿总”兼前进指挥部主任杜聿明拟定了“对山东共军攻击计划”，企图乘中野、华野东西分离之际，先发制人，争取主动，击破华野一部。这一计划得到蒋介石的认可。但在即将实施时，受辽沈战役的影响，杜聿明被调往东北，进攻山东计划宣告失败。

征程回忆

徐州“剿总”中将副总司令兼前进指挥部主任杜聿明的回忆——“对山东共军攻击计划”的实施

至 1948 年 9 月底，国民党军在徐州附近的部队虽已整补完毕，济南守军却已被解放军全部围歼，可以说国民党军的“重点防御”计划已被击破……

可是这时的我……认为“要打开国民党军到处挨打被消灭的危局，必须争取主动，先发制人”。于是拟了一个“对山东共军攻击计划”，幻想集中徐州国民党部队的主力，乘解放军二野、三野东西分离之际，企图歼灭三野的一部分，以振奋国民党军士气。这个计划的主要内容如下：

（一）情况判断……

（二）方针任务及指导要领

甲、方针

在第二、三野战军东西分离之际，集结主力寻求三野之一部，一举歼灭，进而击破其主力，达到收复泰安、济南之目的。以华中我军主力在豫西方面牵制二野，以徐州我军主力向三野主动攻击。

乙、任务

1. 华中我军，以主力多方牵制二野，阻止其东进，但不与其作真面目的作战。

2. 徐州我军应以一个绥靖区守备徐州既设工事；以一个绥靖区担任徐、蚌间护路，并不断对铁路两侧进行扫荡，确保津浦路的安全；另以一个绥靖区为总预备队。

3. 徐州前进指挥部指挥 4 个兵团，以迅速奇袭之战法包围三野之一部而歼灭之，进而击破其主力，一举收复泰安、济南。置攻击重点于左侧方（约 3 个兵团）。……

我的这一计划拟定后，徐州“剿总”总司令刘峙及其参谋长李树正原则上同意对解放军采取主动攻击，但他们认为我使用的兵力过多，使总部控制部队太少，对冯治安部守徐州不放心，怕徐州出意外。经过双方激烈的争论，最后刘峙勉强同意，并决定以第十三兵团完备徐州，调出冯治安的第三绥靖区部队参加攻击。计划决定后，刘峙即令第十三兵团的一部强迫接替冯治安部徐州的防务，立即引起冯部的怀疑和不满。

大概是 9 月 30 日，我携计划到南京去，请参谋总长顾祝同核定，顾以蒋未在京，不敢决定，命我到北平请示蒋介石。我于 10 月 2 日到北平，当晚蒋介石在东城圆恩寺官邸接见。蒋听了我的报告后，并未马上决定，只说：“待研究以后再说。”

10 月 3 日，蒋再次找我谈话。他说：“徐州的计划，可以照你的计划实施，你回去同顾总长商量着办。”我说：“我已见过顾总长，总长说请委员长批准后才可以实施。”蒋当即批了“此案可行，交顾总长核办”10 个大字。我当日飞南京，4 日见了顾祝同。顾见到蒋的指示后有点踌躇不决，一再问我：“你们发动攻击，有无把握？”我向顾说：“关键在于华中黄维兵团是否能将二野牵制住。如果能牵制住的话，徐州方面打三野各纵队是有胜算把握的。”顾又问：“万一刘伯承窜过来又怎么办呢？”我介绍了计划中的各项指导要领后，又对顾说：“我们采取稳扎稳打的战法，即将主力集中，形成一个圆形态势，使敌人钻不了空子，吃不掉部队，一旦抓住敌人一部，即迅速放胆猛攻，将其包围消灭。万一敌人狡猾，主动先打撤退，我军亦不为敌人所迷惑，改变原定计划深入敌区，而是按原定计划实行‘钓鱼’战法，诱敌攻击顿挫时，再行包围消灭敌人。只有将敌人主力击破后，我军才可以继续北进，收复泰安、济南。万一在这期间二野窜到徐州附近，我军即将三野阻止于微山湖以东地区，先集中主力，协同黄维兵团击破二野后，再看情况击破三野。”顾见我谈的也有道理，尚属稳当（其实也是送死），就说：“这样的稳扎稳打是可以的，等我同白健生（即白崇禧）商量后再同你说。”

第二天（大概是 10 月 5 日），顾对我说：“白健生同意这样打，你回去照计划实行好了。”当日我返徐州向刘峙汇报，即决定将郑州第十六兵团孙元良部开往柳河附近集结。

7 日，我召集邱清泉、李弥、黄百韬等将领开会，商讨各种情况下国民党军的战法。大家对于机动出击及守备徐州的战略战术一致同意，并决定 10 月 15 日开始行动。

15 日清早，我正上车出发到前方指挥时，忽然蒋介石从南京来电，叫我不要执行这一计划，在飞机场等他一同到东北去。于是这个作战计划由于东北人民解放军发动声势浩大的辽沈战役，打乱了国民党军的战略部署而未实施。

徐州国民党军此后 21 天（至 11 月 6 日）一直停止于原来状态未动。

摘自《淮海战役亲历记（原国民党将领的回忆）》，文史资料出版社 1983 年，第 2—8 页

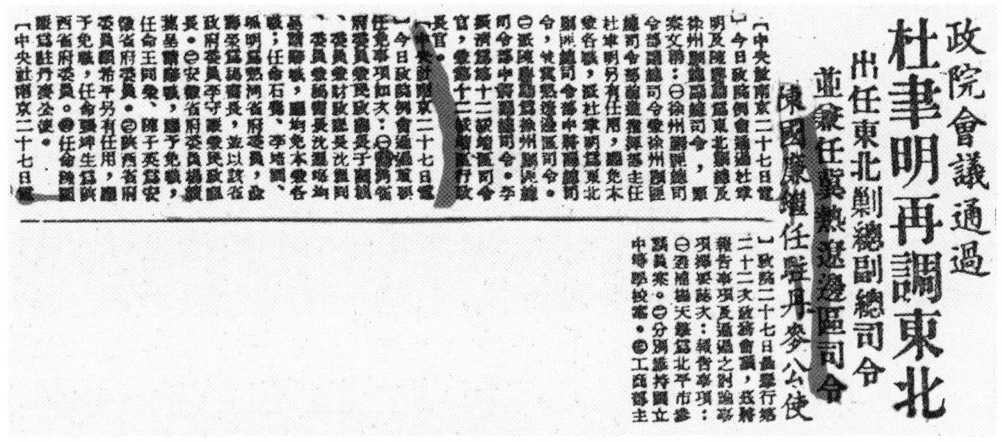

政院會議通過
杜聿明再調東北
出任東北剿總副總司令
董纂任冀熱遼邊區司令
陳國康繼任駐丹麥公使

▲《大公报》关于杜聿明出任东北“剿总”副总司令兼任冀热辽边区司令的报道

国民党徐州“剿总”前进指挥部中将副参谋长文强的回忆
——“收复济南”计划的破灭

济南解放后的徐州“剿总”，曾徘徊在两个作战方案上不能决定。第一案是北向阻止解放军南下，以佯攻济宁、收复济南为目的，采取所谓以攻为守的作战方案；另一案是南撤蚌埠，放弃徐州，扼淮河而守，加强南京外围防卫为目的的战略撤退。两个方案实施起来，究竟有多少把握，谁也没有信心。在济南有生力量被歼不久的情况下，北向可能正碰在人民解放军的钉子上，过于冒险，可能造成进退失据的危险局面，因而北向只可胜而决不可败。南撤扼淮河而守，避开徐州四战之地，所谓恃淮河天堑之险以阻敌之直捣南京城下，顾祝同一度视为上策。但蒋、何考虑到撤防而守，部署不易，若人民解放军跟踪南下，并乘机渗透于两淮苏皖之地，不但“首都”直接处于威胁之下，中原屏障尽失，武汉三镇必将陷于暴露动摇之中，由是又认为徐州之重，自古为兵家所必争，决不可自甘气馁而遽

尔放弃。两案上自国防部下至徐州“剿总”久久争辩不决。刘峙向来是无主见的，唯独杜聿明自恃兵力雄厚，乘解放军新得济南的休整间隙，采取以攻为守的战略攻势，即争取主动，出其不意地佯攻济宁，目的在“收复济南”，完全是自不量力，蒋介石终于采取了杜的方案。

当东北人民解放军揭开了辽沈战役序幕进攻锦州的前几日，杜聿明奉蒋介石命，将郑州放弃，缩短战线，西起商丘，东止连云，机动地集中邱清泉、李弥两个兵团，作北向进攻的主力部队，调孙元良兵团自蒙城、涡阳地区，星夜靠拢徐州。并又调集另一“王牌”部队黄维兵团，自驻马店附近出发，靠拢徐蚌之间，既可策应以徐州作中心攻防战，又企图隔断刘邓大军和陈粟大军的会合。黄百韬兵团则一字横陈于陇海线东段，由碾庄圩迄于海、连一线，企图随时配合邱、李两兵团，机动地向济南进攻。当部署停当之时，杜聿明曾狂妄地说：“只要刘伯承、陈毅的部队不能合流，对他们采取迅雷不及掩耳的行动，有如泰山压顶，是有八九分胜算把握的……不但可以一举收复济南，也可以严重打击尚未休整好的陈毅部队……”

1948 年 10 月 15 日，杜聿明便要参谋长舒适存率领徐州“剿总”前进指挥部的人员自徐州出发移驻商丘，打算随邱清泉兵团一道行动。除留我在徐州与“剿总”保持联络外，杜本人也已决定亲临前线指挥。邱清泉兵团当时业已按照计划行动，虽然大雨倾盆，主力部队仍向北推进，作封锁运河、黄河三角地带的部署。

却不料这一计划尚在开始执行之际，忽传东北锦州被解放军围困，蒋介石慌忙从无线电话中令杜聿明暂缓出发前线，立即到徐州机场等候。

蒋介石乘机过徐州时，停留不到十分钟，就将杜聿明叫上飞机，一同飞北平去了。一时急得刘峙喘不过气来，大嚷“光亭走了，如何是好，北进谁能做主，真是料想不到的事”。过了两天我请示刘峙，问杜走后前线指挥的问题，是坚决照原计划执行，还是有所改变。他干脆回答说：“光亭走了，谁能指挥得了前线的部队，我已经命令前线的部队停止待命，原计划暂缓执行。”接着又说：“光亭既已新任冀热辽边区总司令，不再回徐州，我正打算保荐宋荫国（即宋希濂）来接替光亭，否则，守徐州的责任重，我个人是担不起的。”

摘自《淮海战役亲历记（原国民党将领的回忆）》，文史资料出版社 1983 年，第 90—91 页

第二章　淮海战役作战方针的形成

济南战役中，慑于人民解放军强大的“打援”兵力，徐州国民党军没敢北上增援济南。为改善中原战局，孤立津浦线，华野在济南战役即将结束之际，提出举行淮海战役的建议并得到批准。随后在中央军委关于淮海战役作战方针的具体指导下，淮海战役作战部署于反复磋商中进一步完善。华野、中野两大野战军积极准备，逐渐由战役配合走向战役协同，并在战役发起之初因势利导，将淮海战役由歼灭国民党军一部扩大为“隔断徐蚌，歼灭刘峙主力”的淮海大决战。

在淮海战役正式发动前的一个多月中，毛泽东和中央军委同华东、中原两大野战军的指挥员反复磋商，认真听取他们的意见，从多种方案中进行比较选择，根据不断变化着的形势及时地调整部署，作出战略决策。因此，当战役一开始，便能成竹在胸地将既定的作战方案一步步地付诸实施，并能从容的应付各种复杂的局面。

摘自《毛泽东传（1893—1949）》（下），中央文献出版社 1996 年，第 885 页

▲ 1948 年冬，中央军委主席毛泽东和副主席兼代总参谋长周恩来在河北省平山县西柏坡运筹决战

▲ 中央军委副主席、中国人民解放军总司令朱德在西柏坡

◀ 战略决战的总指挥部——中国人民解放军总部旧址

▲ 中央军委领导人夜以继日指挥决战，这是他们使用的油灯、毛巾、碗

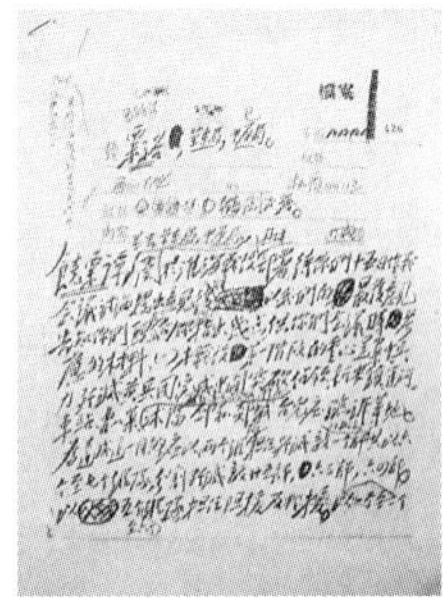
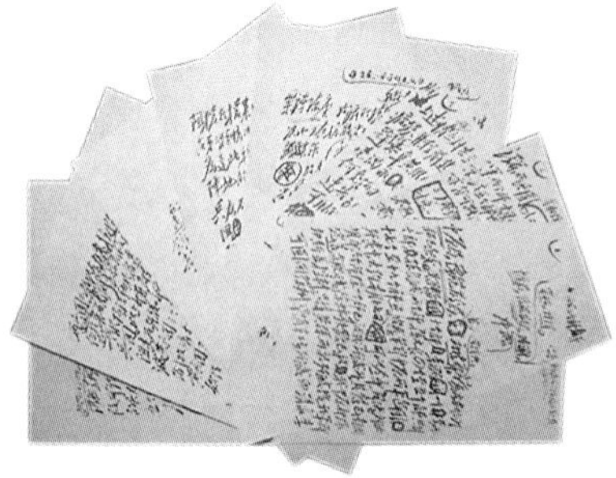

▲ 战役期间，中央军委发往淮海前线的部分电文

一、决定举行淮海战役

济南战役即将结束时，华野领导讨论下一步作战问题。1948 年 9 月 24 日晨，代司令员代政委粟裕向中央军委并华东局、中原局提出举行“淮海战役”的建议，即第一阶段先取淮阴、淮安，吸歼徐州援敌，第二阶段攻占海州、连云港。9 月 25 日，中央军委批准举行淮海战役，并将两个阶段改为三个阶段，首战目标确定为歼灭徐州以东国民党军第七兵团，同日中野同意从西线配合华野作战。

文件选编

1948 年 9 月 24 日　粟裕提出举行淮海战役的建议

在济南即将被攻克之际，华野前委判断准备增援济南的国民党军邱清泉、黄百韬、李弥兵团有极大可能停止北援，转为加强警备，以防人民解放军主力南下。

如此，则济南战役预定打援的计划便会落空。据此，1948 年 9 月 24 日晨，粟裕向中央军委、华东局、中原局报告，提出了下一步作战的 4 个设想，其中第 1 个设想为举行淮海战役，即攻占淮阴、淮安、海州地区，这一计划被史学界称为“小淮海”。

军委，并华东局，中原局：

……1. 为更好地改善中原战局，暴露津浦线，并迫使敌人退守（至少要加强）江边及津浦沿线，以减少其机动兵力，与便于我恢复江边工作，为将来渡江创造有利条件，以及便于尔后华野全军进入陇海路以南作战，能得到交通运输供应的方便，和争取华中人力、物力对战争供应的支持，建议即进行淮海战役。该战役可分为两阶段：第一阶段以苏北兵团（须加强一个纵队）攻占两淮，并乘胜收复宝应、高邮，而以全军主力位于宿迁至运河车站沿线两岸，以歼灭可能来援之敌，如敌不援或被阻，而改经浦口、长江自扬州北援，则我于两淮作战结束前后，即进行战役第二步，以 3 个纵队攻占海州、连云港，结束淮海战役，尔后全军转入休整。

2. 只进行海州作战，仅以攻占海州、新浦、连云港等地为目的，并以主力控制于新安镇、运河车站南北及峄枣线，以备战姿态进行休整。此案对部队休整（只有攻城部队须稍事休整，至昨黄昏为止，攻城部队之 6 个纵队仅伤亡 8000 余人，昨晚及今晨伤亡尚不在内，依此伤亡并不算大）更便利，但会增加今后攻占两淮的困难（敌可能增兵）。

3. 全力向南求援敌之一部而歼灭之，但在济南攻克［后］，敌人加强警惕，可能退缩，恐不易求战。

4. 全军即进入休整，如此对部队有好处，但易失去适宜作战之秋凉气候，和济南失守后加于敌人之精神压力。……

粟

敬［24 日］晨 7 时

摘自《粟裕文选》第二卷，军事科学出版社 2004 年，第 571—572 页

1948 年 9 月 25 日　中野表示全力配合华野作战

中野刘伯承、陈毅、李达接到粟裕电报后，提出准备采取分遣作战方针，分别向豫西及陇海路出击，以配合华野作战。这一决定为后来两大野战军会师淮海

并肩作战，奠定了基础。

军委并粟：

（一）……济南攻克后，我们同意乘胜进行淮海战役，以第一方案攻两淮，并吸打援敌为最好。……

（三）……拟采取分遣歼敌方针……如敌转向东北，则我亦向东向北机动均可。此一行动计划可争取在江汉歼敌一部，可保持豫西基本区，于东战场亦可配合得宜……

刘陈李

9 月 25 日午

摘自《淮海战役》，解放军出版社 1991 年，第 41—42 页

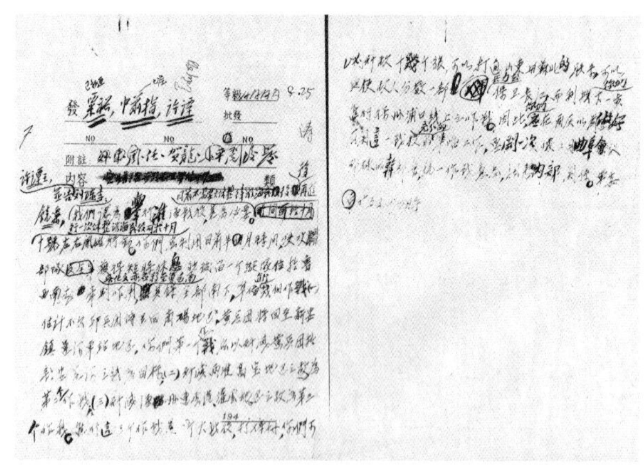

◀ 1948 年 9 月 25 日中央军委同意举行淮海战役的电文

1948 年 9 月 25 日　中央军委批准举行淮海战役

9 月 24 日早晨粟裕举行淮海战役的建议发出后，当日晚上济南解放。晚 19 时中央军委发电明确批准举行淮海战役，并根据国民党军的可能调整情况将淮海战役由两个阶段扩大为三个阶段，指出首战目标应为徐州以东的黄百韬兵团。中央军委首战目标的确定，对淮海战役的发展方向起了决定性作用。

饶粟，并告许谭王，刘陈李：

我们认为举行淮海战役，甚为必要。目前不需要大休整，待淮海战役后再进行一次休整。淮海战役可于 10 月 10 号左右开始行动。你们应利用目前半月时间，使攻济部队获得短时休息，然后留一个纵队位于鲁西南起牵制作用，吴化文亦应移至鲁西南，其余全部南下，准备进行几个作战：（一）估计不久邱兵团将退回商砀地区，黄兵团将

回至新安镇、运河车站地区，你们第一个作战应以歼灭黄兵团于新安、运河之线为目标。（二）歼灭两淮高宝地区之敌，为第二个作战。（三）歼灭海州、连云港、灌云地区之敌，为第三个作战。进行这三个作战是一个大战役。打得好，你们可以歼敌十几个旅，可以打通山东与苏北的联系，可以迫使敌人分散一部兵力去保卫长江，而利于你们下一步进行徐州、浦口线上之作战。因此，你们应在酉灰［10 月 10 日］以前做好有关这一战役的充分的准备工作，要开一次像上月曲阜会议那样的干部会，统一作战意志，调整内部关系。

军委

25 日 19 时

摘自《毛泽东军事文集》第五卷，军事科学出版社、中央文献出版社 1993 年，第 19—20 页

征程回忆

华野代司令员代政委粟裕的回忆——淮海战役提出的原因

解放战争以来，随着敌我力量的消长和战略战术的变化，我军歼灭战不断向更大规模发展是个客观规律。这种大歼灭战发展下去，势将成为同敌人的战略决战。而要进行这种大规模的决战，必须考虑时机，还要考虑战场条件和后勤供应条件。对于战场和后勤供应条件，我考虑在长江以北决战比在长江以南决战有利得多，而在长江以北决战，又以在徐蚌地区为最有利。因为徐蚌地区不仅地形宽阔，通道多，适宜于大兵团运动；而且大部地区是老解放区和半老解放区，群众条件好，背靠山东和冀鲁豫老根据地，地处华东、中原接合部，距华北也不远，能得到各方面的人力、物力支援。还可以利用蒋桂之间的矛盾，集中兵力打蒋系的徐州集团。如兵出中原，我军将处于白崇禧的武汉集团与刘峙的徐州集团之间，桂系可能参战。为此，在济南战役前，我就考虑到打下济南以后华野向何处出动？1948 年 8 月 23 日我们在上报军委的一个电报中提出："两个月以后，我们即可举全力沿运河及津浦南下，以一个兵团攻占两淮及高邮、宝应，则苏北局势即可大大开展。"当时就是想以这一作战行动为下一个作战和渡江创造条件。济南战役敌人援兵没有来，我们有必要，也有足够的力量，同敌人在江北再作大的较量。所以，

我在济南战役即将结束时，1948 年 9 月 24 日早晨向中央军委提出举行淮海战役的建议。

摘自《粟裕文选》第三卷，军事科学出版社 2004 年，第 724—726 页

华野副参谋长张震的回忆——提出淮海战役的最初设想

在我军突入济南内城时，司令部根据侦察的情况，判断徐州之敌不会再行北援。粟裕代司令员便立即同我们研究，下一仗在哪里打、怎样打的问题。他的想法是：

一、经徐州以东地区南下，在海州、连云港、两淮地区作战。其目的是削弱、孤立徐州刘峙集团，调敌出援，创造战机；打通苏北和山东的联系，取得新的“粮仓”，以支持和准备更大规模的作战；亦便于尔后从苏中南渡长江，完成中央交给我们的渡江任务。

二、经徐州以西重返中原地区，配合中原野战军逐次歼敌，将敌人打至江边各点固守，为我军渡江创造条件。

当时，多数同志倾向于出徐州以东地区。据此，粟裕同志在济南战役即将结束之时，于 1948 年 9 月 24 日向军委发电，提出：“为更好地改善中原战局……建议即进行淮海战役。”该电还提出了战役的阶段划分、兵力使用与主要歼击目标等。

这是淮海战役建议的首次提出与最初设想。

摘自《张震回忆录》（上），解放军出版社 2003 年，第 330—331 页

战地报道

什么叫“淮海战役”？

今年春天，我们在昌乐、潍县一带地区歼灭敌人，所以那次战役就叫“昌潍战役”。不久以前，我们在济南打仗，所以那次战役叫“济南战役”。这次战役，因为我们要在淮河以北、海州以西的地区歼灭敌人，所以就叫做“淮海战役”。

摘自华野十三纵《进军通讯》第 22 期 1948 年 11 月 14 日

二、淮海战役作战方针与部署的完善

为确保淮海战役作战胜利，中央军委、华野、中野紧紧围绕歼灭黄百韬兵团，钳制邱清泉、李弥等兵团的作战重心，根据战场变化不断完善作战方针与部署。中央军委从作战重心、作战阶段、攻济打援、作战时间、战役准备等方面作出一系列指导，华野数次调整部署，中野积极配合作战。经全盘谋划，围歼黄百韬兵团的战役部署更加缜密。

文件选编

1948 年 9 月 28 日　中央军委指示做好战役充分准备

考虑到一旦发起对黄百韬兵团作战，徐州附近的邱清泉、李弥兵团必将很快增援，淮海战役的规模将比济南战役、睢杞战役规模还要大，9 月 28 日中央军委指示华野等一定要做好部队休整、后勤准备工作方能开始作战，并建议战役发起时间从 10 月 10 日推迟到 20 日左右。

黄兵团调回新安镇地区业已证实。你们淮海战役第一个作战并且是最主要的作战是钳制邱李两兵团歼灭黄兵团。新安镇地区距离徐州甚近，邱李两兵团赴援甚快。这一战役必比济南战役规模要大，比睢杞战役的规模也可能要大。因此，你们必须有相当时间使攻济兵团获得休整补充，并对全军作战所需包括全部后勤工作在内有充分之准备，方能开始行动。战役时间包括打黄兵团，打东海，打两淮在内，须有一个月至一个半月，战后休整一个月，故你们须准备两个月至两个半月的粮秣用品。此次济南战役只费 10 天，战后休整似需 20 天左右，淮海战役估计为一个半月，共计两个半月左右……为顾到攻济兵团的休补，淮海战役出动时间似须推迟至酉哿［10 月 20 日］左右。

摘自《毛泽东军事文集》第五卷，军事科学出版社、中央文献出版社 1993 年，第 26—27 页

1948 年 10 月 11 日　中央军委制定淮海战役的作战方针

10 月 11 日中央军委的作战部署明确了战役各个阶段的作战重心、兵力部署、

◀ 1948 年 10 月 11 日中央军委关于《淮海战役的作战方针》的电文

作战步骤及战役结束后华野与中野协力作战的构想。其中首歼黄百韬兵团、完成中间突破、攻济打援等作战方法与指导思想，在第一阶段得到完全实现，这对以后几个阶段的作战也有重要的指导作用。

（一）本战役第一阶段的重心，是集中兵力歼灭黄百韬兵团，完成中间突破，占领新安镇、运河车站、曹八集、峄县、枣庄、临城、韩庄、沭阳、邳县、郯城、台儿庄、临沂等地。为达到这一目的，应以两个纵队担任歼灭敌一个师的办法，共以 6 个至 7 个纵队，分割歼灭敌二十五师、六十三师、六十四师。以 5 个至 6 个纵队，担任阻援和打援。以 1 个至 2 个纵队，歼灭临城、韩庄地区李弥部一个旅，并力求占领临韩，从北面威胁徐州，使邱清泉、李弥两兵团不敢以全力东援。以一个纵队，加地方兵团，位于鲁西南，侧击徐州、商丘段，以牵制邱兵团一部（孙元良 3 个师现将东进，望刘伯承、陈毅、邓小平即速部署攻击郑徐线牵制孙兵团）。以 1 个至 2 个纵队，活动于宿迁、睢宁、灵璧地区，以牵制李兵团。以上部署，即是说要用一半以上兵力，牵制、阻击和歼敌一部，以对付邱李两兵团，才能达成歼灭黄兵团 3 个师的目的。这一部署，大体如同 9 月间攻济打援的部署，否则不能达到歼灭黄兵团 3 个师的目的。第一阶段，力争在战役开始后两星期至三星期内结束。

（二）第二阶段，以大约 5 个纵队，攻歼海州、新浦、连云港、灌云地区之敌，并占领各城。估计这时，青岛之五十四师、三十二师很有可能由海运增至海、新、连地区。该地区连原有 1 个师将共有 3 个师，故我须用 5 个纵队担任攻击，而以其余兵力（主力）担任钳制邱李两兵团，仍然是 9 月间攻济打援部署的那个原则。此阶段亦须争取于两个至三个星期内完结。

（三）第三阶段，可设想在两淮方面作战。那时敌将增加一个师左右的兵力（整八师正由烟台南运），故亦须准备以 5 个纵队左右的兵力去担任攻击，而以其余主力担任打援和钳制。此阶段，大约亦须有两个至三个星期。

三个阶段大概共须有一个半月至两个月的时间。

（四）你们以 11、12 两月完成淮海战役。明年 1 月休整。3 至 7 月同刘邓协力作战，将敌打至江边各点固守。秋季你们主力大约可以举行渡江作战。

摘自《毛泽东选集》第四卷，人民出版社 1991 年，第 1351—1352 页

1948 年 10 月 12 日　华野制定分割包围歼灭黄百韬兵团的作战部署

为贯彻中央军委首歼黄百韬兵团指示，10 月 9 日华野司令部在曲阜召开第一次作战会议，分析了战争双方的态势，制定了分割包围歼灭黄百韬兵团的作战方案，拟定于 10 月 25 日前后发起战斗。10 月 12 日子时将作战方案与部署上报中央军委及华东局。同日亥时再次电报中央军委，根据部队棉衣、棉花补充等情况，建议将战役时间再迟数日，至 28 日举行。

军委并报华东局：

……第三方案，就敌黄兵团现有态势，新安镇为中心，及附近等 4 个旅（包括瓦窑、高潭沟、红花埠）3 个师部，郯城 1 个旅，运河站、赵墩 1 个旅，便于我分割而全部歼灭之。此案好处敌情已明，我可按计划实行隐蔽集结，突然动作，敌虽筑有较坚固工事，我炮火可以展开使用，后方补给便利，且以休整较久之各纵，首先打击黄兵团，较易收效；但坏处距徐州较近，运河西我不易控制，敌可利用铁道及海郑公路增援快，运沂河间陇海路以北邳县地区有水，困难展开大部队。

3. 根据上述分析，大家一致意见认为以执行第三方案为好，并拟定第三方案作战部署如下：

（一）以八纵、三纵袭占运河车站，歼灭守敌，控制运河、邳县、官湖地区，阻击沿铁路东援之敌。以九、十、十三纵位［于］兰陵西南东南地区为总预备队，威胁运河，使徐敌迟疑不敢东援。该 5 个纵队统归东兵团谭王指挥。惟九、十三两纵因攻济伤亡较大，补充新兵有日［25 日］前后才能到部队，须迟至月底始能南开，约迟一周到达。

（二）苏北兵团（二纵、十二纵）第一步进到滨海地区，补充棉衣，于战斗发起同时南下，进至新安镇以南、宿迁以东北五花顶、晓店子地区，并以一部控制宿迁，向睢宁攻势佯动，阻敌东援，并准备适时（黄兵团大部歼灭后）协同路北主力，而歼击由徐沿陇海路东援之敌，或乘胜南进进击两淮，须依黄兵团歼灭后敌援情况而定。

（三）以鲁纵截断包围郯城之敌，相机攻歼之。以一、四、六、七、十一 5 个纵队及特纵日榴野炮团（必要时出坦克 10 辆攻击），担任分割围歼七兵团主力于新安镇、瓦窑、红花埠地区。

（四）广纵接替路北防务，担任威迫与监视临城、韩庄段敌人。

（五）我们第一步移临沂以南、郯城以西指挥。

4. 如情况无大变化，拟本月 25 日前后发起战斗……

饶粟谭

酉文［10 月 12 日］子

摘自《粟裕文选》第二卷，军事科学出版社 2004 年，第 578—581 页

1948 年 10 月 14 日　中央军委进一步明确作战方针与部署

收到华野作战方案电报后，14 日中央军委从声东击西、发起时间、后勤保障等方面做出明确、具体指示，实际上是对 10 月 11 日作战方针的补充和具体说明。这样就使淮海战役作战方针一开始就建立在十分稳妥可靠的基础上，从根本上保证了取得战役胜利。

饶、粟、谭并告中原局：

……（一）你们文子电部署的缺点是将打援兵力放在正面，而不是放在侧面。……务使邱、李援敌感到威胁，不驱逐我侧面兵力，不攻占台儿庄，即无法越运河向东增援，又使徐州城内感受威胁，不得不留李部第八军驻守。

（二）韦吉[①]率一个纵队南下（不要到滨海去补棉衣，应在现地补棉衣，即从运河车站附近直下睢宁），会合留在路南[②]之十一纵，不要位于宿迁以东，而要位于睢宁地区，控制徐宿公路，从南面威胁徐州，使邱、李援敌感到如不驱逐韦吉，则无法经睢、宿东援，同时对于徐蚌线亦起威胁作用，使李部第九军不敢离开该线。

（三）以九广两纵出鲁西南，会合当地地方兵团，位于丰县、鱼台以西，虞城以北，城武以南地区，从西北威胁徐州，使孙元良部只能对付我九广两纵，而不能到徐州接替李部第八军守城。

（四）我刘邓主力一、三、四、九纵，不日开始攻击郑州，得手后以一部向东，

① 原注：韦吉，指华野苏北兵团司令员韦国清、副政治委员吉洛（姬鹏飞）。

② 原注：路南，指陇海铁路徐州至海州段以南。

威逼开封，吸引刘汝明全部、孙元良一部西顾。

（五）以上各项部署，都是为着钳制徐州各部援敌，使其第一个感觉是我军似乎有意夺取徐州，而不能确切断定我军并非夺取徐州，而是歼灭黄兵团。等到我军对黄兵团攻歼紧急而决定增援时，又发现如不解除南北两侧威胁，则很难赴援。这样就给我军以必要的时间歼灭黄兵团。至于敌人援军组成，大概只能使用邱兵团各师。李兵团似难离开徐、蚌，因为刘峙不但要对付我军对徐、蚌的威胁，而且要防备冯治安、孙良诚的可能叛变。孙元良部则可能停留在汴徐线上。

（六）以一、四、六、七、十一、鲁中等 6 个纵队再加特纵，担任歼灭黄兵团 3 个师，这是全战役的中心目标。

（七）除九广两纵应从兖、济直出丰、鱼、虞城地区外，其余各部，第一步，应全部开至临沂、梁邱、白彦、邹县之线的展开位置，并休息几天，而不应先后参差不齐。第二步，各按规定任务由该线同时前进。因此，你们不但应等候棉衣、棉花完全到手分配，而且应等候攻济各部的兵员补充，及由济南附近开到临沂、邹县之线，因此全军从临邹线向南出动之日期，应推迟至戌微［11 月5 日］至灰［10 日］之间为适宜。

（八）后勤工作准备（粮食、弹药等）及政治工作准备，力求比较完备周到……

军委

寒［14 日］丑

摘自《淮海战役》，解放军出版社 1991 年，第 59—61 页

1948 年 10 月 21 日　华野增加正面阻援兵团

根据徐州国民党军加强新安镇及徐州以东防务的情况，华野司令部于 10 月 20 日召开第 3 次作战会议。为加强运河车站南北两侧的正面阻援兵力，决定将围歼黄百韬兵团的兵力由 5 个纵队增加为 8 个纵队，将阻援部队由 1 个纵队增加为两个纵队，确定发起时间为 11 月 5 日等。10 月 21 日上报中央军委。次日中央军委复电同意。

军委，并华东局，中原局：

……据上述情况变化，我应先以一部在鲁西南暴露佯攻，迷惑敌人，调敌回顾，以便迅速实现围歼黄兵团外，必须加强运河车站，南北两侧正面阻援兵力，以保证主要突击方向成功。兹根据各纵现在位置与休补状况，预定于戌微［11 月5 日］发起战斗时间计算，提议修改部署如下：

（一）以苏北兵团全部（二、十二、王秉璋十一纵）及一、六、九纵，鲁中南纵等7个步兵纵队（20个旅），附特纵主力，担任分割围歼阿湖、阴平、高流、新安、瓦窑地区敌黄兵团（8个旅）。

（二）以四纵、八纵担负袭歼炮车、运河车站之敌九军（1至2个旅）而控制铁路两侧、运河两岸阵地，准备阻援。

（三）以十纵、七纵袭歼韩庄之敌，尔后以主力围歼贾汪之敌，后相机攻占柳泉地区。十三纵担任围歼台儿庄守敌，或仅以一部围攻清剿，以主力直攻宿羊山、汴塘地区，以便协同十纵、七纵控制贾汪、宿羊山及不老河岸阵地南伸，派小部队挺进碾庄、曹八集、大许家铁路沿线，吸调徐敌北援，策应四、八纵正面阻击作战。

（四）以三纵（因九纵尚在济南以东，不能担负提早进至鲁西南行动牵制敌人的任务）、广纵进入鲁西南地区，协同冀鲁豫两个独立旅（由三纵统一指挥），组织对鱼［台］、丰［县］、砀［山］、商［丘］地区敌人之牵制攻击，求抑留孙兵团于商［丘］、兰［封］地区，不得东西增援，策应我主力及刘邓攻郑［州］作战。

（五）为隐蔽主力行动企图，拟先以广纵、三纵，于马［21日］、养［22日］分批由汶上、泰安南开，提早向商砀段佯攻。其余主力拟暂仍集结现地待机，于有日［25日］以后再行开进……

饶粟谭

马［21日］午

摘自《粟裕文选》第二卷，军事科学出版社2004年，第587—588页

1948年10月22日　中央军委指示陈毅、邓小平攻击郑州后攻占开封或直出徐蚌线

10月22日，中央军委判断李弥兵团第九军将加入东线防堵，邱清泉兵团由商丘向砀山收缩，会增加华野围歼黄百韬兵团的压力，故指示中野主力攻占开封或直出徐蚌线，钳制各路国民党军。此指示为中野由战略配合转向战役协同作战打下基础。当日陈毅、邓小平复电同意。

陈、邓并告饶、粟、谭，中原局：

……为了保障我华野全军在淮海战役中完全胜利，请你们准备着，在攻克郑州休息数日后，迅即全军东进，相机攻占开封。或者不打开封，直出徐蚌线。不

但钳制孙元良、刘汝明，并且钳制邱李两兵团各一部。粟谭则令九广两纵现在立即开动，直出金、鱼、城、单，与陈邓协力作战。……

军委

养［22日］子

摘自《淮海战役》，解放军出版社 1991 年，第 64 页

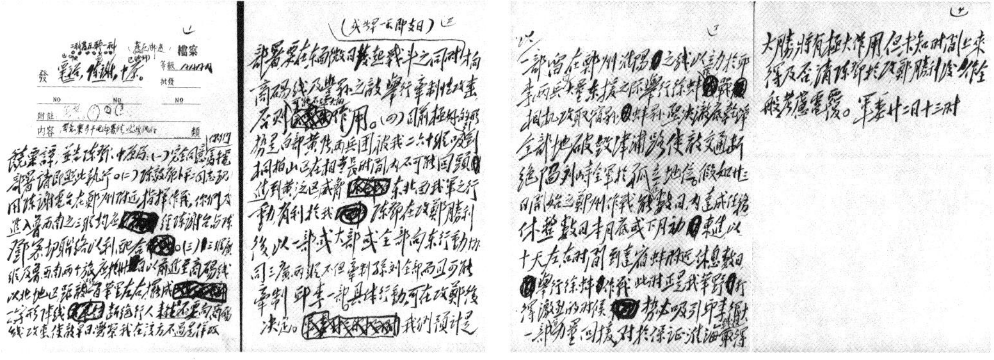

▲ 10 月 22 日中央军委回复华野 10 月 21 日部署的电文

1948 年 10 月 22 日　中央军委指示华野鲁西南部队要隐蔽作战意图

接到华野 21 日具体部署，中央军委批复“完全同意”。同时指示华野进入鲁西南的部队要隐蔽作战意图，防止国民党军意识到解放军“声东击西”的战术，会加强徐州以东的防务，或令黄百韬向徐州靠拢，增加华野围歼黄百韬兵团的困难。

饶粟谭，并告陈邓，中原局：

……三纵、广纵及鲁西南两个旅应于 30 日以前进至商砀线以北地区，距敌大约 100 华里左右，摆成一字形阵线，断绝行人来往，不要向商砀线攻击，使敌早日觉察我在该方不过是佯攻部署，要在东面微日发起战斗之同时（或者早一天即支日［4 日］），才向商砀线及丰县之敌举行牵制性攻击，否则可能不起大的作用。

军委

22 日 13 时

摘自《毛泽东军事文集》第五卷，军事科学出版社、中央文献出版社 1993 年，第 118—119 页

1948 年 10 月 23 日　中央军委指示陈毅、邓小平东进密切配合华野作战

接到陈毅、邓小平占领郑州电后，中央军委估计淮海战役最紧张的时候为开始两个星期，提出中野东进配合华野作战。

陈邓，饶粟谭：

……（三）淮海战役最紧张时间是戌微［11 月 5 日］至戌哿［11 月 20 日］约两星期左右。陈邓酉有［10 月 25 日］东进，估计月底可能攻占开封。如开封之敌东逃，则陈邓月底可能进至商丘附近，可以适时密切配合淮海作战。（四）请粟谭即令三纵、广纵及鲁西南地方兵团准于月底进至商、砀以北，并受陈邓指挥。（五）陈邓东进与三纵、广纵诸部会合后，第一个目标是歼灭孙元良兵团，第二个目标是攻占宿蚌。

军委

23 日 5 时

摘自《毛泽东军事文集》第五卷，军事科学出版社、中央文献出版社 1993 年，第 121 页

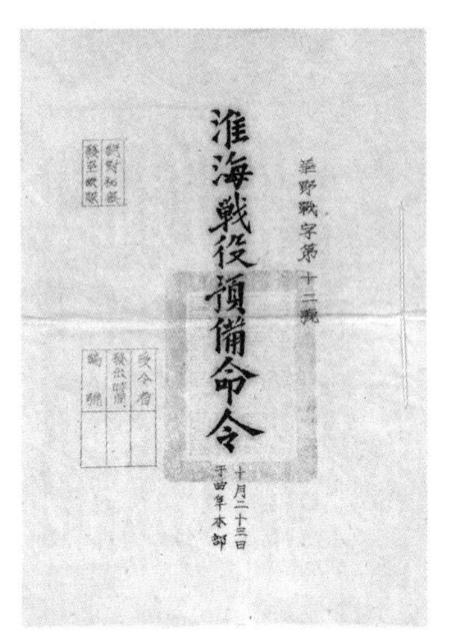

◀ 华野 1948 年 10 月 23 日发布的《淮海战役预备命令》。该命令由粟裕、谭震林、陈士榘、张震联名签发，10 月 24 日夜油印，10 月 25 日拂晓发出。命令包括分析双方的态势、目的、各部作战任务、侦察任务、各路开进时间序列路线及集结地区等，确定各纵统于 11 月 3 日自指定集结地区开进，于 5 日晚发起战斗

1948 年 10 月 26 日　中央军委指示
华野宁可推迟几天发起战斗　不要仓卒从事

鉴于黄百韬兵团增加第一〇〇军两个师的兵力，李弥、黄百韬兵团共 13 个师连接在一起，增加了华野首歼黄百韬兵团的难度，10 月 26 日中央军委再次指示华野宁可推迟几天发起战斗，不要仓卒从事。次日，中央军委再次指示华野要设想国民党军可能变化的几种情况与对付的方法。

粟谭，并告陈邓及刘邓李：

（一）……你们似只能从黄李两集团的接合部，即新安镇与运河车站之间，以两个纵队插入隔断李、黄联系，而以一个至两个纵队由台儿庄向南从北面钳制李弥，另以一个至两个纵队攻歼韩庄、贾汪、柳泉地区之敌，迫使邱兵团以一个至两个军向正北防御，再以一个纵队及广纵向丰县砀山两点攻击，迫使邱清泉一部留于该方，另以地方兵团牵制孙元良，另以韦吉一个至两个纵队从睢宿向徐州东南攻击，如此方能确保钳制邱、李，以利主力分割歼灭黄兵团。关于应当使用强力部队，而不应当使用第二等部队于主攻方面，前已电告，如此须有几天时间重新调整部署。为了确保胜利，宁可推迟几天发起战斗，不要仓卒从事。……

（三）睢杞战役后，刘峙系统中很多人对邱清泉不满，似乎黄百韬特别不满邱清泉，故要李弥靠近黄部，又将一百军从邱部归入黄部，此点亦可注意。

军委

26日3时

摘自《毛泽东军事文集》第五卷，军事科学出版社、中央文献出版社1993年，第131—132页

1948年10月28日 华野制定
牵制、阻援、打援和主攻黄百韬兵团的作战计划

10月28日华野认真研究了中央军委指示，分析了战役发起后国民党军的可能态势，认为对战役的展开没有大的影响。华野于当日从牵制、阻援、打援和主攻方面作出部署，并建议运河以西、以东分别于11月7日和8日发起战斗。

军委并报刘陈邓：

……本日与谭王共同研究，估计我各路发起攻击后，蒋匪可能依现态势固守，以达成于外围消耗我军保卫徐州之目的。其次，则将李、黄兵团集结于固守几点，互相声援策应。如发现我主力出击新（安镇）海（州）段，黄匪集结固守新安镇为核心，李弥以运河、碾庄线守备，机动甚大。因此在部署上拟不作更大变动，建议如下：

一、以三纵、广纵、冀独一、三旅出击鱼台（可能逃跑），攻占丰县、敬安镇，前锋迫近徐州西北郊。另以一部佯攻砀山，钳制邱兵团一部。以七、十纵队攻占临［城］、韩［庄］、贾汪，控制利国驿后，迫近徐州东北。以十三纵一部包围台儿庄，

其主力控制于宿羊山及其以南，并以有力一部进迫曹八集线，威胁李弥之左侧背。如七、十纵得手后，即以七纵担任从贾汪钳制，迫近徐州，正面阻敌，十纵则东移，协同十三纵对运西李弥部之作战。另以华中十一纵队沿运河右岸（西岸）猫窠向运河站（河西）赵墩线攻击。江淮军区两个旅向赵墩、碾庄线攻击，造成我南北聚歼李兵团，攻略徐州之姿态，以便我运东作战。以上各部，均于虞［7 日］晚发起战斗。

二、运东作战以歼灭黄百韬兵团为主。战斗第一步必须开辟战场，布置阻援阵地，分割敌人，使其不能集结，或靠近李兵团，或东窜新海，而便于第二步全歼黄兵团。……运东各纵统于齐［8 日］晚发起战斗……

饶粟谭

俭［28 日］戌

摘自《粟裕文选》第二卷，军事科学出版社 2004 年，第 606—608 页

1948 年 10 月 30 日　中央军委指示华野、中野应同时发起攻击

中央军委接到华野 28 日电，认为计划与部署甚好，请即照此施行。同时指示华野战斗应于 7 日或 8 日晚各处一起动作，使国民党军互相不能照顾，不能查明主攻方向。

饶粟谭，并告刘陈邓：

……分为虞［7 日］齐［8 日］两晚发起作战，是否有使黄兵团闻声警觉，于齐日白天你们尚未接近该敌时迅即收缩集结之虞，似不如同时于虞晚或齐晚各处一起动作，使各处之敌同时受攻，同时认为自己处于危险境地，互相不能照顾，要在两三天后才能查明我之主攻方向，但又因为我各部均已迫处他们面前，又已无法互相增援，尤其使黄兵团各部丧失收缩集结的必要时间，极为重要。故此役胜利建筑在两个条件上面，即是：（一）使黄李邱 3 个兵团及 3 个兵团中之各军互相不能增援。要达到这一点，除华野全军照俭［28 日］戌电部署外，陈邓方面亦请于虞日或齐日同时动作。（二）使黄兵团各军没有收缩集结之时间。要达到这一点，就应当在同一个晚上动作，不要在两个晚上先后动作……

军委

卅［30 日］寅

摘自《毛泽东军事文集》第五卷，军事科学出版社、中央文献出版社 1993 年，第 153—154 页

1948年10月31日粟裕建议请陈毅、邓小平统一指挥

10月31日粟裕由济南回到前线。鉴于中野、华野已逐渐靠拢，淮海战役规模扩大，粟裕在表示战役于8日发起的同时，建议由陈毅、邓小平统一指挥。次日中央军委复电同意，11月2日陈毅、邓小平表示“本作战我们当负责指挥，惟因通讯工具太弱，故请军委对粟谭方面多直接指挥”。

军委，并报陈邓，华东局，中原局：

……2. 淮海战役当遵令于齐晚同时发起战斗，但不知陈军长、邓政委所部能否于齐晚发起战斗，请陈邓示复。

3. 此次战役规模很大，请陈军长、邓政委统一指挥。

粟

世［31日］晨

摘自《粟裕文选》第二卷，军事科学出版社2004年，第609页

1948年10月31日　中野主力同意与华野同时发起战斗

10月31日中野一、三、四纵在太康以东地区，预计11月6日可集结永城地区。陈毅、邓小平同意8日夜与华野同时发起战斗，并提出配合华野作战的方案。

（一）我一三四等3个纵队刻在太康以北以东地区，明戌东［11月1日］继续东进，预定戌6日集结永城地区，齐日夜与华野同时开始进入战斗。九纵随后跟进，齐日可到商丘以南。

（二）根据华野部署，我们的作战方案有三：

……第二方案：如邱兵团沿路缩至黄口、徐州之线，孙兵团移至砀山、黄口之线，则我以一部协同三、广两纵队，钳制邱敌一部，其余全部歼灭孙兵团一部或大部……

（三）因华野作战计划中，未派队攻击徐蚌段，我们拟以豫皖苏部队担任之。

（四）无论哪个方案，集结永城均属便利，我们力求实现第二方案，因为不仅可能歼敌一部，也能达到钳制邱敌一部之目的……

摘自《邓小平军事文集》第二卷，军事科学出版社、中央文献出版社2004年，第138—139页

1948年11月1日　中央军委要求中野一部牵制黄维兵团东进

根据国民党黄维兵团将向徐蚌线集结的情况，11月1日中央军委指示中野要尾随黄维东进，以保障华野歼灭黄百韬兵团。随后刘伯承、邓子恢、李达与中央军委多次对牵制黄维兵团的部署计划作出调整，有力地迟滞了黄维兵团的东援。

陈邓，并告刘邓李，粟谭陈：

白崇禧以徐州陇海会战一触即发，令黄维兵团戌灰在太和、阜阳集中完毕等情。我华野戌齐［11月8日］发起战斗后，估计戌齐至戌巧［11月18日］10天内战况最为紧张，务须保障在此10天内邱兵团不能东援。但你们除对付邱孙两兵团外，还要对付黄维兵团（4个军），你们对黄维进程之估计及对策盼告。我们认为，除六纵必须立即尾黄维东进外，十纵如在南阳附近，亦宜协同二纵尾黄维东进……

军委

东［1日］亥

摘自《毛泽东军事文集》第五卷，军事科学出版社、中央文献出版社1993年，第165页

1948年11月2日　陈毅、邓小平提出攻击徐州、攻占宿县

因发现11月1日孙元良兵团两个军到永城，其六十九师似已先到宿县，刘汝明有可能放弃商丘，邱清泉可能移至徐州附近，陈毅、邓小平认为10月31日的作战方案已不适用，又提出三个新方案，中心意图是从西、南两个方向对徐州采取攻势行动，以牵制邱、刘两部，以一部兵力攻占宿县、徐州中间地区，在孙元良北援时歼其一部。

（一）如邱兵团仍在砀山、黄口地区，孙兵团已到宿县南北地区，我则以华野三纵及我们一个纵队，割断邱敌与徐州联系，并以主力攻歼邱敌一部（一团一师的歼灭），以吸引孙兵团增援，达到钳制邱孙两兵团之目的。俟孙兵团进到适当地点，如条件许可，亦可考虑先歼孙敌。另以广纵及赵健民部对付刘汝明。执行此方案的好处是能确实抓住邱敌，缺点是敌可自由抽用孙兵团，而我又不利于分兵，一面在陇海路对邱，一面又在津浦路对孙。

（二）如邱兵团已缩到徐州附近，刘汝明在砀山、黄口地区，孙兵团在宿县南北，我则以三、广两纵及赵健民部割断徐州与刘汝明联系，并积极由西向东攻击

徐州。我以一个纵队以上兵力攻占宿县、徐州中间地区，并由南向北攻击徐州，主力位于铁路西侧，吸引孙兵团北援所部歼灭之。此方案是可能打到孙兵团，吸住邱兵团一部或大部，且可直接协同东面作战，缺点是可能达不到完全钳制邱敌3个军之目的。

（三）如孙元良两个师仍在永城地区，我则于6（戌鱼）日夜直扑该敌，首先打算此着可以歼孙一部或大部，且可吸引邱敌增援，即便邱敌不来增援，我于三四日达成歼灭孙敌后，仍可直攻徐州，一部协同东面作战。

摘自《邓小平军事文集》第二卷，军事科学出版社、中央文献出版社2004年，第139—140页

1948年11月3日　刘伯承、邓子恢、李达部建议陈毅、邓小平截断徐宿间铁路

接到陈毅、邓小平11月2日午时电报，在豫西牵制黄维、张淦兵团的刘伯承、邓子恢、李达11月3日建议中野主力截断徐宿间铁路，造成会攻徐州的态势，以调动孙元良北援，便于运动中歼灭，并调动邱兵团南顾，减轻东援压力。

蒋军重兵守徐州，其补给线只一津浦路，怕我截断，故令孙元良兵团到宿县（今已全到），邱清泉、刘汝明两敌亦有如陈、邓所料之趋势。只要不是重大不利之变化，陈、邓主力似应力求首先截断徐、蚌间铁路，造成隔断孙兵团，会攻徐州之形势，亦即从我军会战重点之西南面斩断敌人中枢方法，收效极大。盖如此，则不仅孙兵团可能北援，便于我在运动中给以歼击，即邱兵团亦可能被迫南顾，减轻其东援对我之压力，对整个战役帮助较大。请陈、邓切实考虑，机断行事。

摘自《刘伯承军事文选》，中国人民解放军战士出版社1982年，第574页

1948年11月5日　中央军委指示陈毅、邓小平包围宿县

11月5日，中央军委判断孙元良兵团第九十九军已到蚌埠接防，其四十一军、四十七军估计一个军随兵团部往蒙城，另一个军留宿县；邱清泉兵团全部在砀山、徐州间及丰县；刘汝明兵团则移砀山及其以西。据此中央军委指示陈邓包围宿县，根据情况攻歼宿县或打援敌。

陈邓，并告粟陈张：

……（四）在上述情形下，第一方案，你们到永城后不停留继续东进，完成对宿县的包围，然后看情况，好打则攻歼之，如敌援甚快不好打则打援敌。估计援敌可能从北面（邱清泉一部）、西面（孙元良率一个军从蒙城）、南面（九十九军）来，亦有可能孙元良由蒙城先到蚌埠，集合两个军均由南面来。不论怎样，你们以一部位于北面阻援，以主力打西、南两面援敌是有利的，但亦有可能西、南两面都不敢来援，仅从北面来援，如此则应打北面援敌。此方案可望确定地调动邱兵团一部。第二方案，以一部破徐蚌路，以主力打蒙城，得手后大破宿蚌路……

军委

微［5日］丑

摘自《毛泽东军事文集》第五卷，军事科学出版社、中央文献出版社 1993 年，第 171—172 页

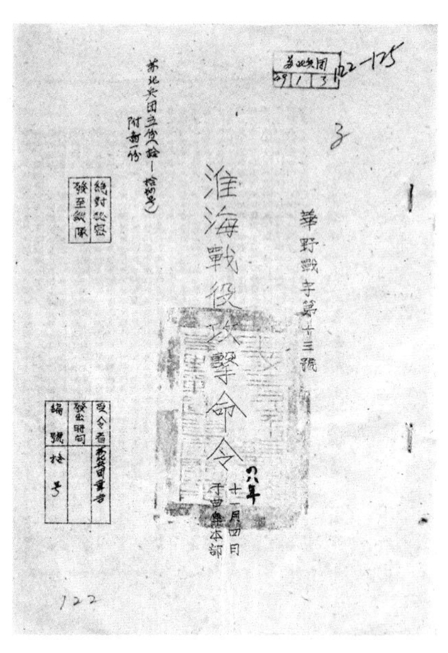

◀ 华野 1948 年 11 月 4 日发布的《淮海战役攻击命令》，规定各部于 11 月 6 日夜由集结地出击，于 8 日晚统一发起战斗

1948 年 11 月 6 日　粟裕、陈士榘等决定按已定方针发起淮海战役

11 月 6 日，根据黄百韬兵团仍集结于新安镇、阿湖、高潭沟一带，海州第四十四军有撤退至新安镇的消息，徐州以西王洪九部仍盘踞郯城等地区，贾汪何基沣、张克侠等起义更加积极等情况，粟裕、陈士榘等向中央军委提出华野按已

定方针发起淮海战役，11 月 8 日开始攻击。

军委，陈邓，并饶康张舒，刘邓李：

……淮海战役决仍按已定方针执行。为着驱逐与解决沂河以东沿岸少数土顽，便于掩护架桥和主力开进，今晚（鱼［6 日］晚）即以鲁纵围歼郯城大埠之王洪九顽部，六纵围歼马头及南北沿河岸之敌。七纵围歼峄［县］、枣［庄］之敌。十纵包围临城，逼独立旅（土顽改编的）起义（冯部之团前令其撤回控制运河桥）。三、广纵及冀鲁豫独立旅向丰［县］、砀［山］线前进，以求扫清敌外围。明晚即迫近敌人，封锁消息，齐［8 日］晚即完成分割包围，展开攻击。

三、已令淮海分区派队迫近新海，确实查明情况。如敌确已撤退，即布置接收，入城维持秩序纪律，掌握政策，并控制连云港，向海上布置警戒。另以一部，配合滨海地武及苏北兵团一部严防敌四十四军之西进，使其不能迅速与黄兵团会合配合作战。

四、我们今晨已到临沂，各纵均已全部完成展开，进入开进攻击准备位置。拟明（虞［7 日］）晚我们进至马头以北地区指挥，有何指示请告（唐［亮］留曲阜整理各项总结及前委扩大会议各项文件，及处理未决的后勤许多问题，谭［震林］随东兵团行动）。

粟陈张钟刘[①]

鱼［6 日］戌

摘自《粟裕文选》第二卷，军事科学出版社 2004 年，第 610—611 页

战术研究

淮海战役第一阶段作战方针及指导原则的特点

在作战重点方面，指出：战役第一阶段的重心，是集中兵力歼灭黄百韬兵团，完成中间突破。第二阶段攻歼海州、新浦、连云港、灌云地区之敌。第三阶段可设想在两淮方面作战。全战役大概共须一个半月至两个月的时间。

① 编者注：钟，即钟期光，时任华东野战军政治部副主任；刘，即刘瑞龙，时任华东野战军后勤部长。

在兵力部署上强调：（一）运用“攻济打援”的原则，以6至7个纵队的兵力担任主攻方向的作战，分割歼灭黄百韬所属3个军，以多于主攻方向的兵力置于阻援和钳制方向，以保障主攻方向的作战胜利。（二）钳制部队应从四面逼近徐州，造成围攻徐州的态势，使刘峙感觉我军似乎有意夺取徐州，而不能确切断定我军并非夺取徐州，而是歼灭黄百韬兵团。（三）加强对可能东援之敌的侧翼威胁，使援敌感到不驱逐我侧面兵力即无法向东增援。

在攻击时间上，要求华野、中野各部队均应在同一时间发起战斗，使各处之敌同时受攻，同时认为自己处于危险境地，互相不能照顾，又查明不了我军主攻方向，无法互相增援，尤其使黄百韬兵团各部丧失收缩集结的必要时间。

在战役指导上，指出：必须设想各种可能出现的困难情况，预筹对策。因此役比睢杞战役、济南战役规模都大，必须做好充分的准备，方能开始行动。要求华野于战前开好“统一作战意志、调整内部关系”的领导干部会议；后勤工作准备及政治工作准备，力求比较完备周到；要迅速将济南战役解放的国民党军士兵补入部队，以加强战力。

摘自《淮海战役》第一册，中共党史资料出版社1988年，第7—8页

三、淮海战役决战总方针的提出和确定

战役发起前后，全国战局和淮海战场形势进一步有利于人民解放军。辽沈战役的胜利使国共军事力量对比发生了根本变化，人民解放军在数量、质量、技术上都占有优势。中野主力占领郑州开始向徐州迫近，逐渐形成中野、华野联合作战的有利态势，为人民解放军南线进行大决战创造了条件。与此同时，徐州国民党集团有放弃徐州，撤守长江的征候。为此，中央军委、淮海战役前线指挥员因势利导，果断地将淮海战役扩大为战略大决战。

文件选编

1948年11月7日　华野提出孤立徐州　截断国民党军南撤退路

11月上旬，国民党徐州“剿总”变更部署，重要物资南运。国民党军第三绥

靖区副司令官张克侠、何基沣向粟裕等作了汇报。粟裕根据其提供的情况及从其他渠道获得的消息，判断蒋介石可能从徐州撤退，企图以淮河为第一线守备，据此提出战役发起后的三种可能变化和下一步的准备工作。

谭王并报陈邓，军委，华东局，中原局：

……乙、估计此次战斗发起后，有如下变化：

第一，冯治安部如顺利起义，则徐敌东北及以北完全暴露，邱兵团为中原各部拉住，刘峙很有可能将李弥兵团靠近徐州加强守备。

第二，如黄兵团及刘汝明为我全歼（中原军歼灭刘汝明），而邱兵团又为我分割不能收缩徐州，或能退缩徐州，只要运西我军（谭王指挥之七、十、十三纵队及苏北十一纵、江淮独立旅）能包围李兵团，以便我歼黄兵团各纵队移行运西聚歼李兵团，则可孤立徐州，我有提前夺取徐州或孤立徐州，使敌不能南撤可能。

第三，如我能完成第二步（歼李兵团）作战，则徐敌可能提早南撤，固守蚌埠、淮河线，黄维兵团集结蚌埠或退守信阳。

丙、不论如何，目前主要关键为能否全歼黄兵团，同时作下一步准备，特提出如下方案：

……第二，如中原军歼灭刘汝明部作战已经完成，则建议以主力直出津浦路徐蚌段（现在即请告豫皖苏对该段破击，淮海已告江淮破击）截断徐敌退路，使李、邱兵团不能南撤。我运东部队解决黄兵团后，即以一部加入运西歼灭李兵团，主力则协同中原军攻击徐蚌段，孤立徐州。尔后，或继续歼灭黄维兵团（可能回撤），或歼灭蚌埠之孙元良兵团（可能收缩蚌埠），或者夺徐州，当依实况再定。但孤立徐州，截断徐敌陆上退路甚为必要，这样可更有利于今后之渡江作战。……

粟陈张

虞［7日］午

摘自《粟裕文选》第二卷，军事科学出版社 2004 年，第 615—617 页

1948 年 11 月 7 日　中央军委计划歼灭黄百韬兵团后迫进徐蚌线或孤立徐州

接到华野发起扫清外围战斗的部署后，中央军委分析第一仗结束后的国民党军动向，认为如其南撤蚌埠，则华野、中野迫进徐蚌线；如不撤，则歼灭黄维、孙元良兵团，孤立徐州。

粟陈张钟刘，并告陈邓，华东局及王谭：

……（二）第一仗估计需要10天左右时间，力争歼灭黄百韬10个师（包括四十四军），李弥一个至两个师，冯治安4个师（包括可能起义者在内），刘汝明6个师（包括可能起义者在内），以上共计21个至22个师。如能达成此项任务，整个形势即将改变，你们及陈邓即有可能向徐蚌线追进，那时蒋介石可能将徐州及其附近的兵力撤至蚌埠以南。如果敌人不撤，我们即可打第二仗，歼灭黄维孙元良，使徐州之敌完全孤立起来。

摘自《毛泽东军事文集》第五卷，军事科学出版社、中央文献出版社1993年，第177页

1948年11月8日　华野明确提出抑留徐州刘峙集团

11月8日华野根据全国战局的发展，分析国民党军有采取在江北作战或撤守沿江的两种可能，据此明确提出抑留徐州刘峙集团于长江以北的建议。

军委，陈邓，并报华东局，中原局：

甲、由于近来全国各战场的不断胜利，尤其是东北的伟大胜利与完全解放，促成战局的急剧大变化。在此情况下，蒋匪有采取下述两种方针可能：

第一，以现在江北之部队再加上由葫芦岛撤退之部队，继续在江北与我周旋，以争取时间，加强其沿江及江南及华南防御。

第二，立即放弃徐蚌、信阳、两淮等地，将江北部队撤守沿江，迅速巩固江防，防我南渡，而争取时间整理其部队，以图与我分江而治，俟机反攻。

……

丙、我们不知各老解放区对战争尚能支持到如何程度，如果尚可能作较大的支持的话，则以迫使敌人实现第一方针为更有利。如果认为迫使敌人采取第一方针是对的，则我们在此次战役于歼灭黄[百韬]兵团之后，不必以主力向两淮进攻（新海敌主力已西撤），而以主力转向徐[州]固[镇]线进击，抑留敌人于徐州及其周围，尔后分别削弱与逐渐歼灭之（或歼孙[元良]兵团，或歼黄维兵团），同时以主力一部进入淮南，截断浦蚌铁道，错乱敌人部署，与孤立徐蚌各点敌人。为此，在战役第一阶段之同时，应即以一部破坏徐蚌段铁路，以阻延敌人南运……

粟张

齐[8日]辰

摘自《粟裕文选》第二卷，军事科学出版社2004年，第618—619页

1948 年 11 月 8 日　陈毅、邓小平建议华野注意判明徐州国民党军动向

8 日陈毅、邓小平根据徐州国民党军情况变化，向华野粟裕、谭震林及中央军委提出截断徐蚌，堵住其南逃退路的建议。

（二）今晨经由永城向宿县逃退之敌，确系邱兵团部队。蒋介石究竟只撤退邱刘两部，还是整个放弃徐州（包括黄李冯），不日即可判明，应加注意，你们所得情况望即告。

（三）如判明蒋贼系整个南撤，设防淮河时，如有可能，你们能派［部］队举行超越追击，迅速进至淮南路东。

摘自《邓小平军事文集》第二卷，军事科学出版社、中央文献出版社 2004 年，第 142 页

1948 年 11 月 9 日　中央军委同意截断宿蚌路歼国民党军于淮河、长江以北

收到华野、中野电报，11 月 9 日 16 时中央军委表示完全同意其所提建议，并立即调整部署命令中野迅速截断宿蚌路，华野准备歼灭南撤之国民党军。

陈邓，粟陈张，并谭王：

……（一）徐州敌有总退却模样，你们按照敌要总退却的估计，迅速部署截断敌退路以利围歼是正确的。（二）陈邓直接指挥各部，包括一、三、四、九纵应直出宿县，截断宿蚌路，四纵不应在黄口附近打邱清泉，而应迅速攻宿县，一纵在解决一八一师后，应立即去宿县。华野三、广两纵的任务是对付邱清泉，但应位于萧县地区从南面向黄口、徐州线攻击，以便与宿县我军联结。如敌向南总退却时，则集中 6 个纵队歼灭之。（三）粟陈张应令谭王集中七、十、十三纵及由南向北之十一纵，以全力向李弥兵团攻击，用迅速手段歼灭该兵团的全部或大部，控制并截断徐州至运河车站之间的铁路，运东主力则歼灭黄兵团。（四）只要以上几点办到，就能破坏敌人总退却的计划，遭我全部歼灭，并占领徐州。现在不是让敌人退至淮河以南或长江以南的问题，而是第一步（即现在举行之淮海战役）歼敌主力于淮河以北，第二步（即将来举行的江淮战役）歼敌余部于长江以北的问题……

军委

9 日 16 时

摘自《毛泽东军事文集》第五卷，军事科学出版社、中央文献出版社 1993 年，第 182—183 页

1948年11月9日　中央军委明确提出淮海战役决战总方针

接到华野齐辰电后，中央军委于11月9日21时至23时提出“应极力争取在徐州附近歼灭敌人主力”。11月23日，毛泽东将其明确概括为“隔断徐蚌歼灭刘峙主力的总方针”。

粟张，并告华东局，陈邓，中原局：

齐辰电悉。应极力争取在徐州附近歼灭敌人主力，勿使南窜。华东、华北、中原三方面应用全力保证我军的供给。

军委

佳［9日］亥

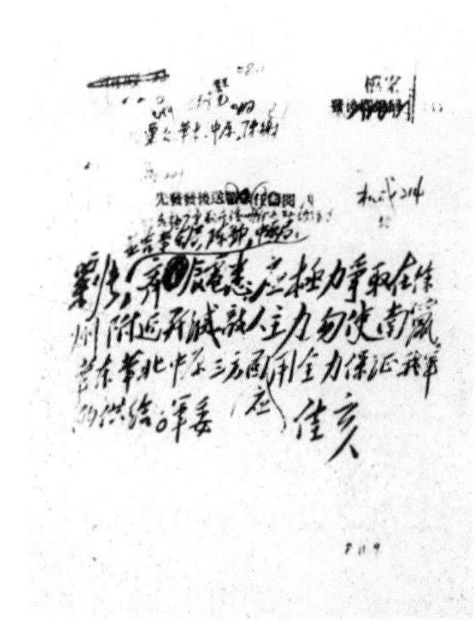

◀1948年11月9日毛泽东所拟的淮海战役决战总方针的电文

摘自《毛泽东军事文集》第五卷，军事科学出版社、中央文献出版社1993年，第184页

征程回忆

华野代司令员代政委粟裕的回忆——淮海战役演变为南线决战的原因

淮海战役演变为南线战略决战，是中央军委审时度势，不失时机作出的战略决策。

我9月24日向中央军委的建议是：战役可分为两个阶段，攻占两淮，并乘胜收复宝应、高邮，而以全军主力位于宿迁至运河车站沿线两岸，以歼灭可能来援之敌；如敌不援或被阻，即行战役第二步，以3个纵队攻占海州、连云港。中央军委在9月25日复电中指示：黄百韬兵团将回至新安镇、运河车站地区，你们第一个作战应以歼灭黄兵团于新安、运河之线为目标，歼灭两淮、高宝地区之敌为第二个作战，歼灭海州、连云港、灌云地区之敌为第三个作战。

先打黄百韬，加重了我们的任务，我们预计第一仗打黄百韬是个大仗、硬仗。

但是，这时的淮海战役计划，还只是由华野在中野的战略配合下来进行的。中央军委在10月11日指示中提到：孙元良3个师将东进，望刘伯承、陈毅、邓小平即速部署攻击郑徐线牵制孙兵团。这个指示，估计淮海战役结束“将是开辟了苏北战场，山东、苏北打成一片，邱、李两兵团固守徐蚌一线及其周围，使我难于歼击”。

这时，刘伯承同志率中野两个纵队在豫西作战，把敌人引向桐柏山区；陈毅、邓小平同志率中野主力于10月22日晚攻克郑州，24日收复开封。25日陈毅、邓小平同志向中央军委建议所部下一步不去淮南，而是集结于永城、亳州地区，无论出宿蚌线或打孙元良都更方便。中央军委同意了他们的建议，并于30日指示陈、邓进至萧县地区，对徐宿（县）、徐砀（山）两线相机行动。这样，中野、华野便将在战役上协同作战了。我于10月31日电报中央军委：“此次战役规模很大，请陈军长、邓政委统一指挥。”中央军委于11月1日复示：“整个战役统一受陈邓指挥。”这就从组织领导上明确了两大野战军在一个战场进行战役协同。这是淮海战役演变为南线决战的一个重要条件。

演变为南线决战的第二个重要条件是辽沈战役的胜利结束，没有辽沈战役的胜利，我们也不敢下那样的决心。11月2日辽沈战役胜利结束，一个多月东北野战军歼敌45万人，全国敌我力量对比发生了根本变化，我军已在全国范围内，在数量上、质量上、技术上都占优势了。

这时，当面敌情也发生了重要变化。11月7日我们得知敌四十四军已在6日撤离海州，向黄百韬兵团靠拢，我军立即进占海州、连云港。原定攻打海州已不需进行。当时东北之敌只剩下锦西葫芦岛一处。中央军委几次通知我们这处敌人的动向。海州、连云港被我攻占后，如蒋介石将该处敌人经海路南调徐州战场，也只能绕道上海、浦口，再转运到蚌埠，将失去及时支援的时机。同时，长期隐蔽在国民党军中的何基沣、张克侠两将军即将率部在台儿庄、贾汪地区起义，一旦起义成功，华野可以通过其防区迅速切断黄百韬的退路，全歼黄百韬兵团已更有把握。此外，我们又得到敌人有撤退徐州，以淮河为第一线防御之说。

有了上述这些条件和情况，我觉得淮海战役发展为南线决战的时机已经成熟。于是我们对战役发起后及下一步作战形势作了估计，我和陈士榘、张震于11月7日午时联名发电谭震林、王建安，并报中央军委、陈邓，建议中野主力直出徐蚌段，切断徐敌退路，使邱、李不能南撤；华野主力于歼灭黄百韬后，协同中野攻击徐蚌段，孤立徐州；下一步或继歼黄维兵团，或歼灭孙元良兵团，或夺取徐州。当时我们认为，不论如何发展，孤立徐州、截断徐敌陆上退路，甚为必要。

11 月 7 日夜，陈士榘同志已赴前指，我进一步就争取在长江以北与敌人决战的问题与张震同志商谈。我们多方分析后于 11 月 8 日辰时发电报告中央军委、陈邓，并报华东局、中原局。在这份电报中，我们估计了蒋介石可能采取的两种方针……接着我们分析了蒋介石若采取这两种方针对我之利弊……

我们的建议电报发出后，先收到中央军委 11 月 7 日晚的指示：第一仗如能歼敌 21 个至 22 个师（整编旅），包括可能起义者在内，整个形势即将改变，你们及陈邓即有可能向徐蚌线迫近，那时蒋介石可能将徐州及其附近的兵力撤至蚌埠以南。如果敌人不撤，我们即可打第二仗歼灭黄维、孙元良，使徐州之敌完全孤立起来。

但是，如果徐州的敌人南撤，我们怎么办？这个电报还未明确。接着收到了军委 8 日电示："虞［7 日］午电悉。估计及部署均很好。"随即又收到军委 9 日复示："齐［8 日］辰电悉。应极力争取在徐州附近歼灭敌人主力，勿使南窜。华东、华北、中原三方面应用全力保证我军的供给。"这个电报虽短，真是字字千钧。中央已下定决心将徐州之敌就地歼灭，将淮海战役变成南线决战。

摘自《粟裕文选》第三卷，军事科学出版社 2004 年，第 726—729 页

第三章 人民解放军的战役准备

根据中央军委指示，华东、中原两大野战军在军事、政治和物质保障等方面，进行了认真的准备。华野在济南战役结束后，奉命在兖州、济宁等地休整时，战役准备工作即已开始。中野则奉命先期发起郑州和豫西作战，因而基本上是边作战边准备。

▲ 华野代司令员代政委粟裕在干部大会上作战斗动员报告

▲ 华野负责人在曲阜会议上传达作战计划

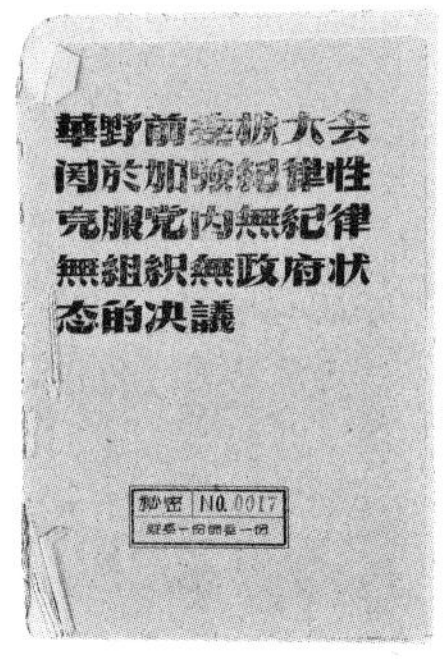

華野前委擴大会關於加強紀律性克服党內無紀律無組織無政府狀態的決議

秘密 NO.0017

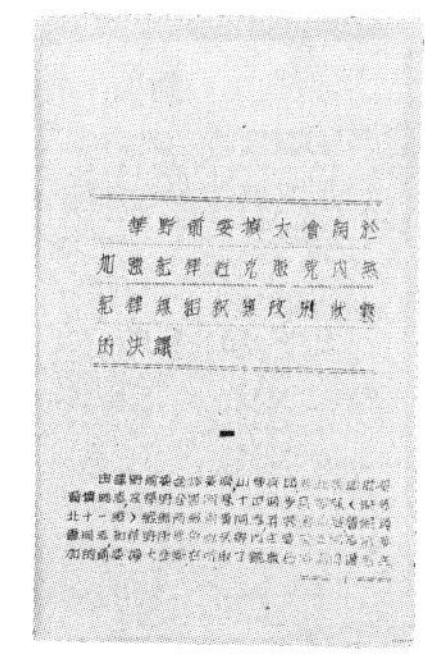

華野前委擴大會關於加強紀律性克服党內無紀律無組織無政府狀態的決議

一

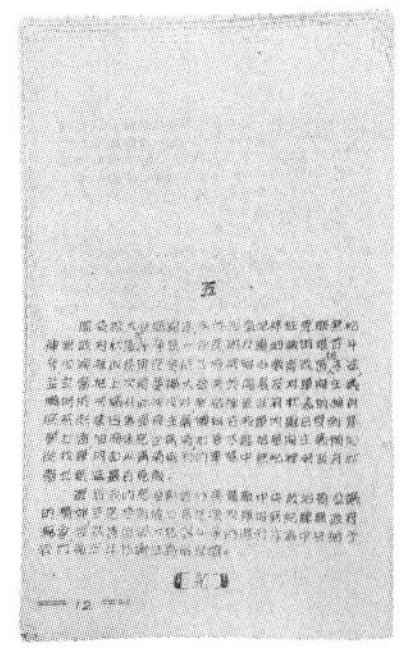

五

▲ 1948 年 10 月 6 日，中共中央电示粟裕并告饶漱石：此次会议在检讨关于无纪律无政府状态时，应做成一个决议，在会上通过，并应有一段时间专门讨论有关淮海战役的作战部署、动员工作及兵勤工作诸问题。根据中共中央指示，会议于 1948 年 10 月 23 日讨论并通过《华野前委扩大会关于加强纪律性，克服党内无纪律无组织无政府状态的决议》

一、华野曲阜会议与战前准备

根据中央军委指示，华野前委在山东曲阜召开由师以上干部参加的以加强组织纪律性为中心内容的扩大会议，并迅速向各级传达贯彻，树立了全军的大局观念，增强了内部团结。同时召开军事作战会议，深入研究作战计划，整顿战斗组织，加强战术技术训练，积极准备后勤保障，为争取战役胜利作好充分准备。

▲ 1948 年 10 月 5 日至 24 日，华野前委在山东曲阜召开师以上干部会议，贯彻中央“九月会议”精神，研究淮海战役部署，统一作战意志。图为全体与会人员合影，前排左起：谭肇之、张震、钟期光、陈士榘、粟裕、杨立三、饶漱石、谭震林、唐亮、周骏鸣

战史摘要

曲阜会议的主要内容

（曲阜）会议首先传达学习了中共中央政治局九月会议精神，研究贯彻毛泽东提出的“军队向前进，生产长一寸，加强纪律性，革命无不胜”的战略任务。参加会议的中共华东野战军前委委员和各兵团、各纵队、各师的主要负责干部，对中共中央九月会议决议进行了充分的讨论，明确地认识到中央的战略方针是引导中国人民迅速走向全国胜利的唯一正确的方针。在新的形势任务面前，只有“军队向前进”，才能更迅速地摧毁国民党的反动统治，更有力地鼓舞和援助国民党统

治区人民的反美反蒋斗争，并使老解放区获得休养生息和发展生产；只有“生产长一寸”，才能改善解放区人民生活，支援军队作战，加速战争的进程；只有“加强纪律性”，认真开展反对无纪律无政府倾向的斗争，才能保证全党全军在政治上、思想上、组织上、行动上的一致，团结一心去夺取全国革命的胜利。特别是华东野战军面临着和兄弟野战军一起，同国民党军打一场空前规模的大仗，决战在前，更需要所有参战部队具有高度的全局观念、坚强的纪律性，以保障集中统一的指挥，实现南进作战的全胜。

在提高和统一认识的基础上，会议围绕加强纪律性这个中心，联系实际，发扬民主，开展批评与自我批评。通过谈认识、摆问题、找原因、订措施的办法，一方面对过去的成绩作出恰当的评价，一方面对存在的某些无纪律无政府现象进行了严肃认真的检查。会议认为，在过去两年的战争中，华东部队在中共中央军委的正确领导下，较好地完成了作战任务，军队数量有了很大的发展，指战员的政治觉悟不断提高，部队的战斗力日益增强，特别是经过新式整军运动，进步很大。但也还存在不少问题，从会议检查和揭露的问题来看，无纪律无政府状态还是相当严重的。有的对中央规定的报告制度的重大意义认识不足，执行不认真，仍存在事先不请示，事后不报告的现象，个别的还有只报好不报坏的错误做法。有的领导同志缺乏集中统一的整体观念，从本位主义出发，对缴获的物资不按统一规定执行。部分干部盲目骄傲自满，不尊重组织，不虚心学习，接受任务叫苦。执行供给制度不严，浪费民力物力，不爱惜公物等现象仍较严重等等。到会同志认真地分析了这些问题的危害和原因，研究了改进措施，并一致通过了《关于加强纪律性，克服党内无纪律无组织无政府状态的决议》。

在随后的逐级传达贯彻中，各纵队、各师团党委也都结合本单位情况，作出了相应的决议。华东军区及所属各军区，也先后举行了党委扩大会或干部会议，深入传达贯彻中共中央九月会议决议及华东局的有关指示，开展了反对无纪律无政府状态的斗争。

以贯彻曲阜会议精神为中心的加强纪律性的教育运动，是新式整军运动的继续和深入发展，是华东野战军建军史上的重要事件。通过这次会议精神的传达和贯彻，使华东野战军全军的组织纪律性、团结协作精神、顾全大局的观念有了明显增强，政策水平也有了较大提高，从而使部队的建设又向前迈进了一大步。

摘自《中国人民解放军第三野战军战史》，解放军出版社 1996 年，第 264—266 页

华东军民的充分准备

为了争取淮海战役的胜利，华东军民在曲阜会议前后作了全面充分的准备工作。华东野战军政治部于10月13日发出《关于目前部队政治工作要点》。11月2日，政治部主任唐亮又提出注意防止和克服由于济南大捷和胜利在望而产生的轻敌等错误思想，强调加强团结，勇往直前。华东野战军司令部结合作战需要，召开了攻坚战的战术技术经验交流会，各部队普遍进行了加强纪律性的教育和打大仗的思想动员，整顿了战斗组织，加强了战前训练。在后勤保障方面，中共中央华东局于10月2日召开会议，专门研究支援淮海作战的物资筹集、运输和民工的动员、编组等问题。中共中央军委派总后勤部部长杨立三等到山东，指导战役的后勤准备。此外，中共中央华东局和华东野战军前委还进一步加强了对当面敌人的政治争取工作。

摘自《中国人民解放军第三野战军战史》，解放军出版社1996年，第271—272页

华野一纵为参加淮海战役作好充分准备

豫东战役结束后，我纵进至太康、淮阳地区休整。随后奉命参加济南战役，进至津浦线西侧石墙、马坡以南地域担任打援。济南战役结束后，又奉命开抵兖州以北白家楼地域休整。这两次休整，从各个方面为我纵参加淮海战役作好了充分的准备。

首先，通过豫东、济南两大战役胜利意义的宣传，部队胜利信心空前高涨。尤其是在传达了毛主席“军队向前进，生产长一寸，加强纪律性，革命无不胜”的号召，和华野前委曲阜会议的精神以后，全纵上下，更是深深地受到了大好形势的鼓舞。一致表示，我们一定要响应毛主席的号召，继续奋勇前进。不少同志还自觉地检查了轻敌松懈思想和家乡地域观念，决心继续前进争取更大的胜利！

其次，各师都召开了政工会议，以加强连队党支部建设为中心，总结了豫东战役政治工作的经验。通过支部工作的典型总结，强调发挥党支部在战斗中的领导作用和党员的模范作用，开展不间断的战时支部活动，保证战斗任务的完成。会后，各师团又分批集训了支委小组长，提高了连队党支部的领导水平。此时，部队立功运动的开展，较前更为广泛、深入，通过全面的报功评功，选出了大批的战斗英雄；各师又隆重地召开了庆功大会，出版了英模纪念册，并分别授予他们以华东人民英雄奖章。全纵共有7人获得一级华东人民英雄奖章，有62人获得二级华东人民英雄奖章，有185人获得三级华东人民英雄奖章。

第三，召开了营以上军、政干部会议，全面总结了豫东战役的作战经验。此次总结，既肯定了许多成功的经验，接受了若干有益的教训，也探讨了一些崭新的问题。主要有以下四点：一是通过常郎屯等战斗和班、排、连单个战例的研究，着重地解决了在突破敌前沿后，如何巩固突破口和向纵深发展的问题，并统一了连续战斗、速战速决的战术思想。二是通过火力、爆破、突击三结合和连续爆破等战术、技术的研究，对在今后战斗中如何进一步提高突爆合一的攻坚技能，引起了各级指挥员的重视。三是通过总结明确了怎样加强步兵突击力量的问题。一致认识到，步兵是最后解决战斗的力量，必须充实、加强步兵连队。因而从编制上肯定了机关必须精简、勤杂人员必须减少；营、团所属的重武器也应适当减少，补充兵员要以步兵为主，防止编制上的头重脚轻。四是进一步探讨了步炮协同的问题，为今后集中使用炮兵，打下了良好的基础。

这两次休整中的军事训练贯彻了军事总结的精神，密切结合战斗实际，取得了显著效果。例如，怎样攻打子母堡群，怎样巩固突破口，和怎样进行纵深战斗的问题，无论是指挥还是战术、技术，都在训练中得到了较好的解决。针对敌人特点而提出的小群孤胆、独立作战的战术思想，也被广大指战员所接受。其他诸如城镇攻坚、河川战斗、步炮协同、炮兵指挥等，也通过训练有了不同程度的提高。

第四，在组织编制上，根据豫东战役的经验，为了迎接更大规模的战役和连续作战的需要，采取了精简机关，减少团属迫击炮和营、连轻重机枪的配备，加强了步兵突击力量。与此同时，各师团都补充了一批新参军和新解放战士。9月下旬，胶东西海军分区第三团归我纵建制，编为第九团。自此，全纵又恢复了9个步兵团的建制。此外，为逐步培养部队的正规作风，又建立了报告、会议、供给、管理教育和检查总结等五大制度。

第五，在后勤保障工作上，根据华野后勤部“全力以赴，做好后勤工作”的指示精神，结合战役特点，进行了全面的大规模的准备工作。在地方政府“要人有人，要粮有粮”的全力支援下，大批民工抵达我纵担负战勤运输工作，支前司令部运来大批主副食品，并在我纵设立粮店和油盐蔬菜等副食品供应总站，师设立分站，配备了运输力量，随军行动。纵队的粮秣人员大部参加粮站工作，主要负责分发、结算以及粮食的前运。其他如对伤员的转运、治疗和战场补给等，都作了妥善的安排……

总之，我纵通过这两次休整，部队军政素质有了明显的提高，从政治上、思想上、组织上、物质上为迎接新的更大规模的战役，作好了准备。

摘自淮海战役纪念馆《华野一纵淮海战役史料》

华野四纵战前准备

济南战役后，为迎接今后更大的战役行动，我纵奉命北开兖州地区休整。在兖州地区半个月的休整中，部队主要学习连的村落攻坚战术及渡河、架桥技术，干部着重学习步炮协同的经验。10 月 23 日纵队召开了纵营以上干部会议，传达了中央九月会议及前委曲阜扩大会议的精神，提出了今后战役、战术指导原则，并颁发了纪律训令（战场、群众、后方纪律）。经过这一短期休整，部队求战情绪更益高涨，纷纷要求上级给予作战任务。

摘自淮海战役纪念馆《华野四纵淮海战役史料》

華野全軍在「軍隊向前進」號召下

戰前熱烈進行軍事學習

◀《大众日报》1948 年 11 月 20 日报道“华野全军在‘军队向前进’号召下，战前热烈进行军事学习”

战地报道

华野全军在“军队向前进”号召下　战前热烈进行军事学习

【淮海前线 15 日电】淮海战役前，华野全军在毛主席“军队向前进”的伟大号召下，热烈进行军事学习。各野战部队交流战术、技术经验，并在战术上开始逐渐取得一致。外线出击部队学习内线作战部队的攻坚、通讯联络、步炮协同等经验，内线作战部队则向外线出击部队学习野战、村落战、防御战、迅速应战等经验；步兵与炮兵间则研究加强协同，炮兵树立为步兵服务思想，步兵指挥员加强研究炮的性能，学习如何正确运用炮兵。全军在军事学习中联系进行克服无组织、无纪律状态，某团团长检讨了过去埋怨指挥上“匆促命令投入战斗”的思想，认识到今后必须服从整个战役要求，对战争积极负责，加强平时准备，确立连续战斗的思想。为准备南进作战，全军普遍学习攻坚和河川战斗，每个连队展开了攻坚架桥演习；各纵、团报纸上满载各种经验介绍。某团二营举行进攻水圩子的实弹演习，突击班同志跳入深 1 丈、宽 15 米之河沟，掩护架桥组同志架设浮桥，在河深踏不到底的情况下，该营炮连仅以 4 分钟时间架好长 17 米的浮桥，全营步炮协同良好，各种动作认真熟练。某炮兵部队根据炮兵要求，作宽大正面射击练习，并认真研究构筑掩体及伪装，营部并集体学习瞄准的射击指挥。在军事学习中，各部普遍展开军事民主，对各种战斗动作、战术指挥有很大改进，广大指战员并创造了许多爆破、兵器使用的新办法，更加强了胜利信心。

摘自《大众日报》1948 年 11 月 20 日

▲ 华野某部炮兵积极进行战备训练

▲ 充分发扬军事、政治、经济民主。图为某部进行沙盘作业，研究战术

▲ 战前战术演习

▲ 某部召开“诸葛亮”会，研究攻坚战术

文件选编

曲阜会议上华野全军代表研究攻坚战术

军委，华东局：

……一、此会代表：华野各兵团，除韦吉十一纵队因处苏北未到外，余 14 个纵队及渤海、鲁中纵队 16 个单位，连以上各兵种各团营级指挥员，各级参谋人员，及个别师级干部 243 人，连以下爆破、突击、战斗英模，军械工人及对于创制、改制各种武器人员 113 人，共 356 人。

会议自酉齐［10 月 8 日］正式开幕，至酉删［10 月 15 日］结束，历时 8 天。为便学习，由代表中选组学委会，在野司领导下，掌握指导。会议讨论之重点要求方向，组织大会小会讨论研究及会外访问交谈。因时间限制，各纵代表分组战术技术两个小组，大会分组战术技术两个会议进行。

大会全过程贯穿群众民主的自学方式，战术、技术中部队切须解决之各项问题，有重点的贯彻的研究解决，有关某些专门问题，临时组织各兵种之小组会议分别系统进行研究，提作大会讨论之中心研究意见。会议进行中，并密切结合图上作业，沙盘作业，实兵演习试验，反复实施（在演习迫击炮送炸药时对硝酸铵炸药性能不熟悉，曾炸毁炮 1 门，牺牲 1 人）。

二、经数日大会，有重点地广泛传播推广了各兵团攻城、攻坚战术、技术上之经验创造，各兵团均在原有基础上提高了一步；明确与提高了战术思想指导、战斗组织，使战斗组织向周密细腻、科学、准确的正规方向发展一步，发挥组织战斗的思想，打破了各兵团战术改进中保守思想，推动各级指挥员在作战指挥上向全面化提高一步，启发其克服以往指挥上的单纯性、片面性，狭隘经验，老一套的习气。惟因同时召开前委扩大会，时间仓促，该会上下思想与组织准备欠充分，未能注意组织支部保证在政治工作上配合，致使成绩收获受某些程度的限制。又因时间限制，不得不使战术、技术于合同讨论一天之后，即分开两个会议同时进行，致使战术技术结合受一定限制（虽然各纵曾组织了一定数量的干部参加，配合各该纵技术研究学习）。

三、会议讨论解决之主要问题。

甲、战术方面

（1）外围及突破敌城防主阵地城垣的战斗（主要含：攻打子母堡战斗，破坏附防御，通过宽深水濠，攻打堑底暗堡、近迫及坑道作业，组织爆破城门、登城、炮火摧开缺口等数种形式的突破战斗，巩固突破口等）。

（2）纵深街市战斗（主要含：组织打敌人反击、反冲锋，如何达成从攻防配合基础上的发展战斗，如何攻取核心据点等）。

（3）步、炮协同。

（4）防空、防炮、对空射击之战斗组织。

乙、技术方面

主要为各种火炮、自制火炮送炸药及步枪送炸药，各种火炮抵近平射小包炸药，各种爆破技术，自动火器对空射击等试验、研究、改进，结合战术运用。

丙、由野战转入村落攻坚战。

丁、步、炮协同，除步、炮共同研究指挥通信联络外，炮兵又专门研究了其本身目前新技术、战术问题，主要为：射击阵地选择构筑、防空防炮、抵近射击，并提出与步兵共同研究决议。

戊、除攻城、村落攻坚战术之外，又以范例研究了正规的防御战，以提高大兵团集中作战中钳制防御战的思想战术指导，指挥战斗组织。

己、攻坚军事教育，及固定战斗组织问题。

庚、当讨论研究每种战斗问题时，均包含下列内容：

（1）战术思想，战术指导，战斗组织，火力组织，各种火器的组织运用，队形运用。

（2）战斗指挥组织之环节。

（3）爆破、连续爆破、突击、连续突击及火力的组织结合。

（4）步炮间，步、炮、工、爆破间，部队与部队间，协同动作的指挥通信联络。

（5）敌作战、技术上特点及可能的发展。

四、上述战术技术上之经验创造，我们决分别整理文件分发部队，待后书面上报。

粟谭陈唐钟张

酉养［10月22日］

摘自《粟裕文选》第二卷，军事科学出版社2004年，第592—594页

华野四纵关于曲阜会议在营以上干部会议的传达提纲

该提纲于 1948 年 10 月 23 日在纵队营以上干部会议上传达（地点：兖州南之大马青）。

一、中央政治局“九月会议”与毛主席的报告和结论

（一）国际形势——最近国际事变证明去年 12 月毛主席和中央的估计完全正确。

（1）美苏之间不是“和”、“战”问题，而是“迟”、“早”妥协问题。

（2）美苏之间若干重大问题可能妥协，不是一切问题都妥协，也不是一切都不能妥协。

（3）各国人民对反动派的斗争并不要求形式上的一致，只有进行严重的斗争，才能得到英美法与苏联妥协的结果。

（二）战略问题。

“军队向前进，生产长一寸。加强纪律性，革命无不胜”。由游击战争过渡到正规战争，建军 × 百万，歼敌正规军 × 百个旅，× 年左右根本打倒蒋介石的国民党。

前进快慢并不重要，重要问题在于大量歼敌。第三年度计划歼敌 ×××× × 万。华野的任务是歼敌 ×× 万，第三年度已歼灭了敌军，计：7 月份 30 万，8 月份 4.5 万，9 月到现在有济南、锦州、长春三次大捷及西北大捷。

（三）政府问题。

建立无产阶级领导的以工农联盟为基础的人民民主专政；打倒帝国主义封建主义和官僚资本主义的反动专政；建立民主集中制的各级人民代表会议制度，召开各民主党派人民团体及无党派人士的政治协商会议，成立中华人民共和国的临时中央政府（革命的任务，政权的性质，政体，国体和新政协路线）。

（四）统一财政。

由华北政府财政经济委员会联合与统一华北、华东和西北的财政、经济、交通等，可能和必要的建设工作与行政工作。

（五）训练干部。

发扬党内民主，健全党的生活，加强党委领导，训练大批干部，提高理论水平，准备解放全中国所需要的各方面的干部。

（六）学习工商。

学习工业做生意，学习管理交通（邮、电、铁道……）

（七）中心环节。

加强党的纪律性，克服无政府无纪律状态，是目前工作的中心一环。

第七条是上面六条的保障。

纪律性为什么重要呢？为什么现在提出来呢？

（1）地区大，已连成一片。解放区的面积占全国1/4，人口1/3强，城市30%弱，过去游击战争要求分散，独立活动，机断专行，现在大规模的正规战争，要求统一集中。

（2）军队多，战争扩大。

（3）从历史教训中看，无纪律的必败（李自成进北京、洪秀全进南京），有铁的纪律必胜（苏联）。

（4）从社会环境来看，需要加强纪律教育。个体农民，需要组织起来，小资产阶级出身的干部，需要加强纪律教育。个人主义与地方联系成为地方主义，在军队中产生军阀主义倾向，铁托的危险应警戒。

报告制度的重要性。——不是技术问题，不仅是组织原则问题，而且是政治任务问题。“耳目”，必须反映情况。

要反对经验主义、事务主义、官僚主义，才能有好的报告。中央对报告问题的重视。华野的无纪律、无政府状态——无边，无数。

结论：（1）中央对许多问题作了严密的分析，使全党大进一步，加强团结。（2）加强国际联系，我党国际威信很高。（3）教育问题很重要，应召开全国教育会议，加强办报。不许乱出版。（4）揭发“和平阴谋”。（5）美援不足畏，有办法战胜蒋美。（6）新民主主义革命成功后，为巩固工农联盟，不但应给农民以土地，还要给他们以机器。

二、前委十月扩大会——曲阜会议

（一）曲阜会议规模、时间、经过、精神。

（二）大会的检讨，计分四大项：（1）政策方面，（2）制度方面，（3）纪律方面，（4）组织方面。

追究原因：（1）历史的，（2）社会的，（3）主观方面，（4）主要的。克服方法：（1）贯彻大会精神检讨运动，（2）建立制度，（3）克服各种不良倾向，（4）加强党委领导，开展民主与批评，（5）提倡学习。

决议案原则通过，词句交前委审查修正。

前委及各纵检讨与讨论决议案中充满了认真和自我批评精神，饶政委指示这是优良的品质、可信赖的根据、胜利的征兆。

（三）饶政委的结论。

1. 克服部队中存在着的各种不良倾向。

（1）军阀主义倾向

不研究政策，不给民主，不要批评，虽然经濮阳会议，尚待肃清。

（2）自由主义倾向——严重存在。

毛主席写的11种多少都有些，主要表现为对违反党的、人民的利益的现象，不作严肃的斗争。明哲保身，缺乏严肃的原则性，不敢严正批评，不能改进同志错误，不能加强原则的团结，特别是领导同志，不克服就不能保证反对无纪律无政府状态。

（3）官僚主义倾向。

不了解也不去了解下面情况，不从实际出发解决问题，只靠命令（主观、积极）。另一种不了解不提，对党的事情漠不关心，敷衍了事，不从群众利益出发联系群众、依靠群众、教育群众（也将一事无成）。对群众对战士困难漠不关心，如何去提高群众觉悟、文化生活……他不管，而以发命令写指示为满足，不去贯彻制度。

（4）骄傲自满。

华野被认为会打仗，但骄傲（政治水平低），骄傲是政治上盲目和幼稚的表现。

片面看问题，只见自己长处、别人缺点。举纯军事观点。

虚心学习，不可轻敌，谦逊才有利团结。

以上现象在克服中，还要努力！

2. 发扬党内民主，展开批评与自我批评。

发扬民主才能巩固与发展党，使党活跃有生气、愉快，生长新的力量，克服困难。

发扬党员品质高度积极性，克服缺点。发扬民主可培养大批干部。

向人民作报告，使人民感到革命事业是自己的，自己是主人，那力量将不可战胜。

民主原则：讨论时多数倾听少数意见，决议时少数服从多数决定。

摘自华野四纵《曲阜会议传达提纲》，1948 年 10 月 23 日

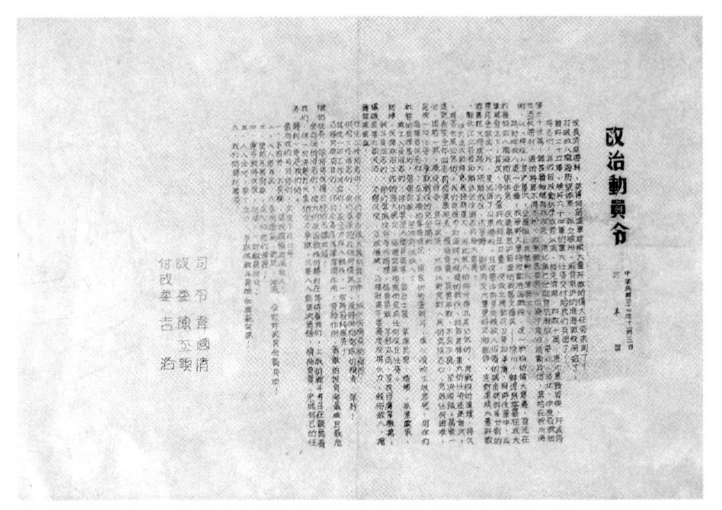

政治動員令

◀ 苏北兵团战役政治动员令

苏北兵团政治动员令

（1948 年 11 月 3 日于本部）

发展济南胜利，英勇向前进军，继续大量歼敌的伟大任务来到了！

打破敌人陇海防御体系，孤立徐州，威胁京沪的淮海战役开始了；

首歼二十五军，续歼六十四军的重大任务交付给我们兵团了！

同志们：我们自发动秋季攻势以来，首克济南，歼敌 10 万；东北连战皆捷，歼灭蒋军 30 余万，锦、长、沈相继为我攻克，东北业已全部宣告解放，华北、西北、中原各战场也迭获胜利，逼得蒋匪不得不纷纷放弃战略要点，拼凑了几个机动兵团，集结在徐州两侧，以“捍卫”京沪巢穴，企图阻止我华野大军南下。

为粉碎敌人这一企图，我华野大军特发动淮海战役，这一战役的伟大意义，首先在于摧毁敌人陇海防御体系，使匪巢京沪前面的战略支撑点——徐州、蚌埠直接暴在我大军威胁之下；其次，将大量歼敌有生力量，使敌之机动兵力更加单薄，同时使华中、山东完全连成一片，更巩固了山东胜利，且使华中许多尚被敌人占领的城市与许多分割的游击区又将成为大块解放区，使华野、刘邓两支大军，更好互相配合，这对连续大量歼敌、解放江北各省和解放全中国都有极大意义。

由于这次战役意义极为重大，因此敌人的拼命挣扎是必然的，而战役的连续、持久、艰苦也是必然的。我们兵团参加这样大规模的战役，担负这样重大的任务

还是首次，这就希望全体同志们加倍紧张起来，积极负责，英勇果敢，不屈不挠，坚决顽强，万众一心，团结一致，服从命令，严守政策纪律，以对党对人民的无限忠心，克服任何困难，完成一切任务，争取战役的完全胜利！

指挥员同志们：应正确地掌握情况，慎密地布置战斗，虚心倾听下级意见，用你们机智的指挥艺术，带领部队，坚决消灭敌人！

政工人员同志们：你们要深入动员部队，鼓励士气，掌握思想、情绪，抓紧政策、纪律，发挥政治工作的强大威力，保证部队顽强地完成任何艰巨任务。

战斗员同志们：你们要听从命令听指挥，猛勇果敢，多想办法，多捉俘虏多缴枪。爆破员要机动灵活，不惧艰险，完成爆破。各种射击手要高度发扬火力，杀伤敌人，掩护部队前进！

卫生工作同志们：你们要加强火线救护工作，减少伤病员的痛苦！

供给工作同志们：你们要保证在任何情况下，及时供给部队的粮食、弹药！

其他一切工作同志们：应全力投入战役，一切为前线服务！

各种英雄功臣们：你们应高度发挥带头作用、骨干作用，勇敢地担负起最艰巨最危险的任务，保持与发挥已往的光辉功绩！

全兵团的同志们：伟大的淮海战役的胜利在等待着我们，上级的战斗号召在鼓舞着我们，但一切决定于大家的全力争取，只要人人能坚决勇猛，积极负责，完成自己的任务，胜利一定是我们的。

最后，我们号召你们，实现下列口号：

一、不怕苦，不畏难，坚决顽强消灭敌人！

二、人人想办法，大家用脑筋、干脆、彻底、全部歼灭黄百韬兵团！

三、团结兄弟部队，虚心向他们学习！

四、遵守战时政策、纪律，一切缴获归公！

五、人人立功，事事立功，争取做战斗英雄和模范部队！

六、我们的胜利万岁！

司　令　韦国清

政　委　陈丕显

副政委　吉　洛

摘自《苏北兵团政治动员令》，1948 年 11 月 3 日

中央军委总后勤部部长杨立三在曲阜会议上的讲话

今后工作意见

一、从思想上认识后勤工作的作用及其重要性，认识后勤工作与前线胜利的不可分割性。这个问题，上面较易了解，下面难于了解。一般的对做后勤工作的，往往看作低一等，总以为“你们这些人躲在后方”。有些做后勤工作的同志也不安心于后勤工作，认为到前方才能表现自己的英勇与才能，不知后勤工作是革命的具体工作，后勤工作的胜利是前线胜利的有力基础。

二、从组织上去建立与健全各级后勤组织，配备干部。

三、领导上——首长亲自布置后勤工作，及时指挥与检查督促，最低限度也要检查、过目，这很重要。

四、以农村环境、落后的运输工具及手工业的生产方式来应付大规模的现代战争，后勤工作是有困难的。这一点应该看到。因此更好地组织后勤工作，研究后勤工作，克服困难，把工作做好。同时深入连队了解战士们的实际生活，发现问题，解决问题，关心群众生活，多想办法，这是后勤工作同志的责任。反对后勤工作中的官僚主义作风。

五、建立制度，遵守制度，贯彻制度的执行。

由于战争的胜利，局面迅速开展，过去分割的地区已连成一片，军队大量集中，军委还未得及统一规定制度。过去是各地各有一套，现在要取长补短，统一起来……一切制度是从最大多数利益，从整个利益、长远利益及人民负担、军需生产供应上的实际可能与一般的需要而规定的，也要修正，才能更合实际。

摘自《杨立三在华野前委扩大会议上关于后勤工作的讲话》，1948 年 10 月

华东军区后勤政治部关于秋季攻势中连续战役动员工作的补充指示

本部 40 天工作重点指示、一个半月工作指示、9 月 5 日的政治动员令及后勤党委会关于出版《战勤报》的决定下达以来，各部在思想上进行了传达教育动员，在组织上建立了各级党委，部分地补充调整配备了干部，开始建立起必要的工作制度，初步地完成秋季攻势中，济南战役前、中、后的战勤工作，这是基本成绩的一面。

然而更应引起我们严重注意的，在这一时期中，某些单位对上级机关的指示，

事先既不认真研究，传达以后也未很好地组织讨论，执行中的情形又未及时地按级报告，以致使其领导下的干部人员，对“全力支援战争”的总口号认识不足，中心环节掌握不牢，甚至还有不请示不报告，强调机动灵活特殊等等不良倾向。上述情形必须迅予纠正。

目前正处于解放济南的大捷之后，准备迎接行将到来的新的战役之间隙时期。这个时期是极其重要与宝贵的，所以各级政治机关，必须利用一切机会，抓紧每一间隙时间，进行必要的连续战役中的动员工作，以争取新的更伟大的胜利。本部特提出以下几点：

（一）继续贯彻政治动员令，重申以战争动员为当前中心工作，进行的方式应以通过庆祝济南大捷，召开一定的干部会议（战士中也应进行群众性的检查，但重点在干部）检查对政治动员令执行的程度。事先应有所准备，收集材料，以达到有检讨有分析有总结，对下教育对上报告。所属各单位，对济南战役前、中、后的工作检讨总结，须在本月20日前一律送交本部。

（二）必须紧紧掌握着通过战争动员结合一般工作的进行，切忌离开了一般工作而孤立地去进行战争动员，又应防止只搞一般工作忽视了战争动员的中心环节，因此各部仍应依情结合继续执行本部40天工作指示中的整顿思想（思想领导与思想教育），整理组织，建立制度，及一个半月工作指示中的各节：凡未整顿的应整顿，不彻底的应继续，未整理的要整理，未建立的须建立，已建立的要加强，须知整顿思想、整理组织、建立制度是为了达到更好地完成支援战争的政治任务，而完成这一任务又要进行上述各项的具体工作。

（三）要从思想上、组织上、工作上防止在解放济南以后，可能产生的某些松懈、麻痹、自满等现象。应作深入的思想教育（组织干部学习，进行战士教育，学习新华社社论、《大众日报》社论及本部发布的动员令与历次指示、《战勤报》中的主要文章等），尤应充分准备迎接新的规模更大的战役到来，完成比济南战役更艰巨更困难更繁重的战勤任务。

（四）各级党委、各级政治机关应将反对三种不良倾向的重点，放在纠正不研究上级指示、不做工作报告的不良作风。嗣后须建立严格的按级的报告制度，定期报告，一月一次，每于下月5号前按级呈报本部，工作执行中的情况应随时简报（布置情况、进行情况、总结），报告须有内容、有分析、有总结。

希各部接此指示后，迅速研究讨论执行为要。

并附发秋季攻势中的连续战役动员提纲，希结合研究进行深入的动员教育。

华东军区后勤政治部

摘自《华东军区后勤政治部关于秋季攻势中连续战役动员工作的补充指示》

克服困難全力支前

華東軍區後勤政治部

發佈戰勤政治動員令

並發出秋季攻勢連續動員提綱

▲ 华东军区后勤政治部发布战勤政治动员令的相关报道

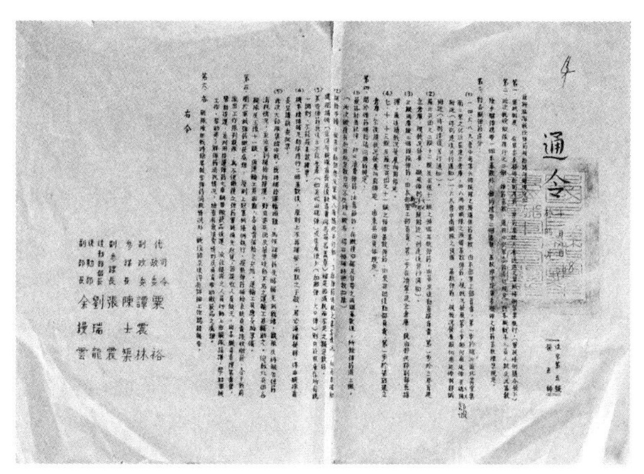

通令

▲ 华野颁发的弹药补给通令

华东军区、华野战前后勤工作部署

在济南战役全胜基础上，曲阜前委扩大会议明确地决定了我军全线南进，求先歼黄百韬兵团于新安镇地区，再相机攻占新（海）连（云港）或两淮和进入淮海区寻歼敌主力的作战方案，当时预计到参战部队的高度集中，战役进展的长期性和连续性，作战地区的水网、平原、丘陵等地形的不同性，战役过程中运动战、阵地战、追击战、阻击战与分割围歼战的相互配合的各种不同战斗手段，后勤工作部署即依此初步研究了大兵团集中一个战场与友邻部队并肩作战的情况和存在着各个地区部队不同的供给关系、标准的统一的物资补给、伤员转院、战场救护、粮弹运输、民力调集、交通修复等后勤工作，在华东局与前委指示，后方支前机关的强力支援下，首先集中力量在部队未出动前限期补给了冬衣、鞋子及部分其他装具，当时具体的后勤部署如下：

1. 弹药补给线与基数确定：

军携行轻重各两个基数，三野后司及兵团控制重二轻一基数，随部队前进，第一线屯集点。第一步预定临沂（野司直辖各纵）、梁邱（山东兵团）、邹县（十纵、广纵），尔后视战况前移。第二线由军区后司负责在三界首、临沂、梁邱、济宁四处屯集重二轻一基数，随第一线弹药跟进，计各种前后膛炮弹 20 余万发，炸药 18

万斤，各种子弹200余万发，手榴弹40万枚。第三线由军区以莒县、沂水、蒙阴、泗水为四个基数屯集点，以上前后共计为重十二轻四基数的弹药预备消耗量。

2. 运输分工：

一切物资弹药由军区后勤（并运输公司力量）前进指挥所负责担任由第三线运到第二线屯集点，华野后司将第一线屯集之零基数运到临沂、新安镇之线，视战况发展前运或向后接运。为了分工具体，后来确定三野后勤负责担任由第一线屯集点运到前方补给站（距战地不超过25—30里），各军到补给站接运到战地，而第二线弹药亦视战况发展，而向前推进。第二线（军区）屯集点与华野第一线弹药库距离亦不超过60—80里为限，这样才能前后照顾，便于随时调动运输力，适应战争随消耗随补充的要求，并可求得调度上之统一。

3. 兵站组织：

华东军区后司取消了兵站与供、卫、军械四大部的并列的组织形式，加强了以中站为主的兵站仓库（被服、药品、弹药分开存），每站配备一定的军械人员，华野兵站部（即现称运输部）亦如上述改变，使兵站与供给、军械、卫生部门的物资，在统一运输分工保管原则下协调起来。

4. 民工担架：

每纵队为担架500副（3000人）、挑子500副（500人）合成一个担运团（干杂全部3600余人）。野卫掌握机动担架1000副，前后共担架7200副（每副6人）、挑子6900副。后方伤员、粮食转送由支前机关（华支）掌握担架7500副、挑子9000副、小车13000辆。军区后勤小车2000辆，再加机动准备力量，总计当时前方第一线共担架16280副、挑子17300副、小车20910辆，共146000余人。第二线及后续民力，尚不在内。

5. 粮食布置：

华野全部及支前机关以47万人（包括已拨交到队之民工），参战民工10万人，共57万—60万人，每人每天2斤加工粮及全部马料之供给，每月需粮5200万—5400万斤。当时以鲁中南全部存粮额可供给两个月，如秋征全数缴集，则可供到3个月。在补给上，部队开进前每人携带3天粮，并在开进途中，沿途设置了粮站。战地粮食则以沂河为界，河东集中6000万斤，河西集中3000万斤，再由第二线调运战地1.5亿斤，并由支前机关与华野部队，共同组织了粮食供应站（每军设大总站，下辖三个分站随师），配备运输力量（民工、小车）随部队行动。在前后运输分工上，亦由第二线向前运到第一线随军粮站。随军总站则运到师的分站，这样保证了部队前进，粮食也随之前进的机动性。

6. 医院收容布置：

当时军区后方医院，尚有济南战役伤病员近万人，所能调前线收容者，仅 8 个院约 2 万人收容量，野卫当时尚掌握有 5 个野战医院、1 个直属医院，约 13000 人收容量。华中工委有 5 个小型医院，仅 6000 人收容量。山东兵团两个院可收 4000 人，合计以上大小 21 个医院（不算纵队的），收容量不及 5 万人，并以华野各院第一步位于临沂、滕县、济宁及沂水以西、运河以东之线，军区各后方医院位于沂水以东、陇海路以北地区。苏北医院位于陇海路南淮北地区待命，视战况发展前进，接受前线伤员，并准备野院随时随部队前进，担任前线收容，便于机动。后方各院则比较固定些，便于医治休养，并准备了包尸布 18 万方尺。

7. 供应方面：

油盐站附设随军粮站，以便结合运输力量，由各工商贸易部门抽调干部，每站经常保持 3000—5000 斤油盐，按当地市价低 10%—15% 售给部队，菜蔬则主要依靠部队就地购买，后方则尽力搜购干菜前运，柴草则就地征集兑换。

8. 交通修筑：

依据部队前进要道及后续运输线，由华支及鲁中南行署修筑半永久性的及临时性的公路。在部队出动前已修通者，半永久性的计有滋（阳）临（沂）、临（沂）青（州）、昌（乐）潍（县）、临（沂）郯（城）新（安镇）、临（沂）赣（榆）、临（沂）蒙（阴）等公路。临时性的在部队出动中正抢修者计有：临（沂）梁（邱）、临（沂）涛（ ）、兰（陵）郯（城）、梁（邱）开（ ）等公路。长途电话之架设，运河船只之调度，均由华支责成各地支前机关在战役开始时完成之。

摘自华东军区、第三野战军后勤司令部《1949 年工作报告》

二、中野战前动员与战役准备

中野在豫西宝丰会议整党整军的基础上，颁发了政治动员令和指挥工作命令，传达“九月会议”精神，加强组织纪律性教育，进一步树立了打大规模歼灭战的思想。在后勤保障方面，特别委派中野副政委邓子恢、副政委兼政治部主任张际春、参谋长李达领导中原军区、中野的后勤工作并健全各级后勤机构，增强了后勤力量。同时，中野提前发起战斗，陈毅、邓小平率中野主力第一、三、四、九纵攻克郑州，收复开封，为中野从西面威胁徐州，造成四面围攻徐州的声势及中野主力东进，参加淮海战役创造了条件；中野另一部刘伯承率第二、六纵，陕南第12旅，江汉、桐柏两军区主力一部尽力抑留白崇禧集团主力黄维、张淦两兵团于豫西南地区，保障了中野主力北上作战和华野歼灭徐州以东的黄百韬兵团的顺利进行。

◀ 1948年7月31日至8月7日，中原局、中原军区在河南宝丰召开团以上干部参加的整党和新式整军会议。图为全体与会同志合影，前排左起：李达、陈毅、张际春、刘伯承、段君毅

◀ 陈毅、刘伯承、张际春、李雪峰、李达、邓小平（左起）在河南宝丰会议时的合影

文件选编

中原军区野战军关于四个月指挥工作的命令

（1948年9月10日）

我们处在由小规模的战争转变到大规模的各兵种协同动作的运动战、攻坚战的关头，正是在新式整军反对无纪律无政府状态之后，进行中原歼敌作战，准备再向蒋管区进军的时会。我们野战军必须在战斗及其间隙中，在各级党委领导与首长集中指挥之下，在士兵委员会三大民主运动的基础上，进行下述的四个月（自

10 月到明年 1 月底）的指挥工作：

甲、作战：在各种敌情地形上进行攻城、打援、阵地战、街市战、运动战、野战中都必须在军事民主运动中检查每次战例，各兵种在协同动作中的技术、战术，如：步兵战斗队形与战斗动作，炮兵、重机枪等火力组织，工兵的爆炸、架桥（除步兵实行者外）等切实总结，及时予以提高。并如何加强旅以下的通信工作，纵队以上野战电信队的建设，以保障战斗指挥如何加强侦察、保密、防谍，使自己聪明，使敌人聋瞎，以保障战斗的胜利。

乙、后勤：在卫生兵、担架队的组织及卫生勤务上，在辎重兵运输队的组成及其输送（前送、后送）勤务上，必须加强组织工作与业务教育，不断的予以改善。使救护设施、弹药补给与生活给养（与经济民主运动结合）都获得必要的保障。反对轻视后勤的错误观点。注意管教俘虏，争取各兵种（尤其炮、工、辎）人才，保护战利品（军事书在内），不得有所耗散，并由我们照顾各部实情，酌量调剂分配。“三大纪律八项注意”尤应在战斗环境中贯彻实施之。

丙、训练：必须实行“以战教战”的办法，尤应利用战斗间隙中实行之。各兵种各业务人员必须就实战研究与练习中，提高各自的技术、战术及其他业务的技能。各该首长应该就是各该业务的教员，但必须在军事民主兵教官的总结与学习中，首先细心研究，以求精通业务，并参考所置备的图书编出教材才能做一个好教员。这里必须造成勤于研究军事学术的风气，反对只打仗不训练的错误观点。为普及经验教训起见，各级干部必须将总结和教材呈报、通报出去，并在《军政往来》上写文章。各旅团的教导队在较为安定地点进行短期两个月左右的轮训，其教育要旨亦须本此。须特提高各该业务的技能，使之胜任工作。但必须在部队中选拔政治军事优秀的战士、班排连长、指导员、支书、支委、小组长等，切实提高其政治觉悟、业务技能和管理方法，使之成为坚强骨干的“亲兵之官”，这在战争进展、部队壮大中特别重要。

丁、司令部工作：各兵团各部队首长，为要完成上述三项工作不能不进行组织、检查、研究、总结等工作，尤要借此提高与普及这些工作的效率。这里司令部的作战、通信、侦察、训练、军政、卫生和后勤等部门人员，应成为各该首长的有力助手。各该首长必须根据“少而精”的原则把这些部门人员健全起来，规定各人工作范围，使之放手工作，随时同他们研究情况，检讨工作，指导他们以工作方针步骤，定出计划深入部队检查实施。这里必须反对轻视参谋工作的观点。

戊、反官僚主义：现在我们各级干部有些是高高在上，闭户幽居，不深入所属部队，不了解实际情形以进行研究，因而也不能对所属部队进行活生生的适应机宜的指导与帮助，更不能谈到在检查中做出正确的简单明了具体扼要的总结与改善工作。这样脱离群众的官僚主义，必须各级干部痛切反省与切实纠正，才能完成这四个月指挥工作指示。

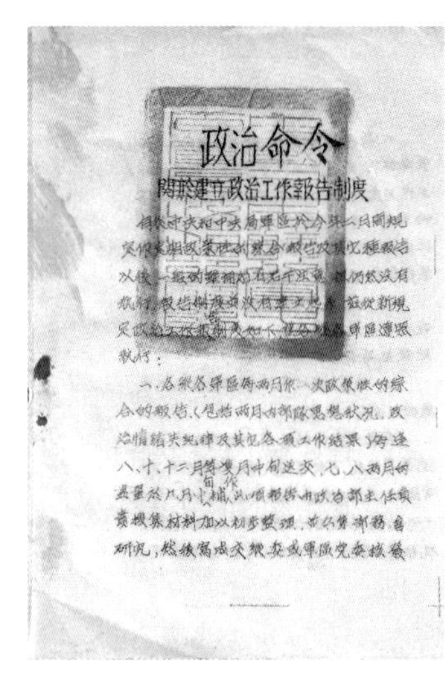
政治命令
關於建立政治工作報告制度

◀1948 年 9 月 12 日中原野战军关于建立政治工作报告制度的命令

这指示发到营为止，应由各级首长研究执行办法向连队宣布，并从各方面保障其实现。此时指挥工作报告内容，亦应以此指示为重点。

摘自《中国人民解放军第二野战军暨西南军区第三次国内革命战争战史》附件之二《资料选编》（第二卷），1962 年，第 206—207 页

中原军区关于 10、11、12 三个月政治工作要求的指示

（1948 年 9 月 29 日）

关于作战中的政治工作，详政治命令外，现根据中央和中原局指示及针对目前部队情况，规定 10 月至 12 月三个月内政治工作的要求如下，望利用行军作战的可能空隙，设法求其实现：

一、党的工作与群众工作：（一）各级党委按照中央关于党委工作指示普遍检查一次，并注意建立真正的集体领导。（二）一般支部的领导作用应有若干加强与提高，在三个月内应以团或营为单位至少召开一次有准备的书、宣、组会议，专门研究总结提高书、宣、组委的工作。（三）士兵委员会已建立的应初步总结经验并加以整理，做到一方面服从命令领导，一方面管理伙食和发动学习互助与维护纪律及向连长、政指反映战士意见。未建立的应在三个月内设法建立起来。

二、在全军党内自上而下地逐步地在各级党委内深入展开反对无纪律或无政府状态，事前不请示事后不报告，报喜不报忧，瞒上不瞒下，把本部队看成一个独立国的危险倾向的检讨和斗争，并在 11 月底以前，以纵队或军区为单位，把这

一检讨和斗争的过程及其结果以及今后如何建立请示与报告制度的规定等作出总结报告军区，以便转报中央。

三、教育：（一）干部的教育在三个月内继续学习两年战争总结和第三年战争任务社论，学习中宣部重印《左派幼稚病》第二节前言、艾思奇著《反对经验主义》、中央关于党委工作指示、中央与情报局关于南斯拉夫问题的决议、中原局“六六”关于新区工作指示、9 月发动群众贯彻减租减息政策指示及克服无纪律无政府并建立请示与报告的决定（最后两个文件接到后应摘要转发或口头传达）等八个文件，务求深入（过去只部分学了并不普遍更不深入）。（二）战士教育亦以两年战争总结、第三年战争任务为中心，其余各部自行酌量确定。

四、整党工作：整党工作自今年 1 月开始已将近一年，今后三个月内各部队除依自己的进程未深入的使其深入，已深入的继续深入，并作某些复查及调整工作外，在 12 月年底以前应将本部队一年来查整工作之经过及其结果作一总结（包括思想状况的具体分析及组织整理与执行纪律的具体计算以及经验等）。

五、各军区整理地方武装及剿匪中之政治工作应于年底作一总结报告，指出经过与方法及其经验以及今后作法等。

六、年关前后的具体情况如果允许，各部队可召开以旅（分区）或以团为单位的表扬英模的大会，以发扬战斗与工作的成绩和克服工作的缺点，提高部队工作。

七、此指示由各纵党委与军区党委召集会议讨论实施。

摘自《中国人民解放军第二野战军暨西南军区第三次国内革命战争战史》附件之二《资料选编》（第二卷），1962 年，第 279—280 页

▲ 中野某部召开干部会议，传达新区政策

▲ 中野某部召开诉苦大会，控诉国民党军罪行

▲ 中野四纵十三旅旅长陈康给排以上干部展示“徐州大会战要图”，作战斗动员报告

战史摘要

中野政治部关于淮海战役中部队主要的思想情况向中央军委的综合报告

（1949 年 2 月 21 日）

在战役开始前，由于曾经利用 8、9 两月的休整时间，进行了时事学习、民主运动及干部中的整党、政策学习；在出动前又作了比较深入、普遍的秋季作战的政治动员，部队士气和战斗情绪是高的。在动员中，着重说明秋季作战任务在于配合友邻进行大规模作战，大量歼灭中原蒋军，全部解放中原；造成把战争进一步引向国民党统治区更深远后方，更有利的形势；并特别强调地指出战役的整体性，和中央军委所指出的“战役的持久性，行动作战的连续性”，以克服部队中对于渡江存在着的恐惧心理和某些部队因大别山行动曾经遭到削弱，急于要求在比较便利的进攻战斗中首先补充本身兵员武器，以便恢复和充实战力；而对于消耗大、缴获少的钳制战，和一下子就和防御能力较强的敌人作战存在着若干抵触的情绪和思想。后来在战役开进中和战役过程中，证明因为不适当的宣传（时机过早，实际条件和理由都不充分）渡江所造成的恐惧和逃跑的现象停止了。因为大家明了当前的任务是歼灭中原蒋军，解放全部中原，渡江那是以后的事情，而安心于当前的作战。不大愿打钳制战的思想情绪，亦因服从于整体的动员下，及从积极方面讲求钳制阻击战的战术，而得到克服。结果担任了钳制任务的各纵，在钳制战中都打得很顽强，而完成了钳制敌人的任务。

摘自《中国人民解放军第二野战军暨西南军区第三次国内革命战争战史》附件之二《资料选编》（第二卷），1962 年，第 277 页

中野整训效果显著

经过领导干部的查整和连队的政治整训，广大指战员纷纷表示：领导指到哪里，我们就坚决打到哪里，一定练好本领打大胜仗，解放全中原，并准备打过长江去解放全中国。在此基础上，全军上下投入了轰轰烈烈的以加强大兵团作战和提高攻坚作战的战术、技术为重点的大练兵运动。训练中充分地贯彻了群众路线，展开了军事民主。干部战士积极出主意想办法，战术技术水平有了很大提高，步兵、炮兵、工兵的协同也有了进一步的加强，在攻坚战组织与方法上有了许多发

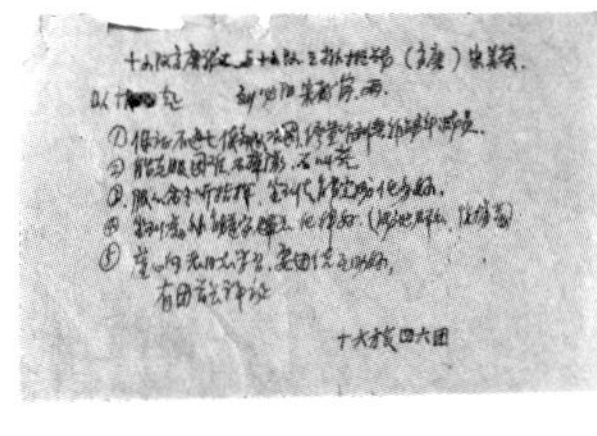

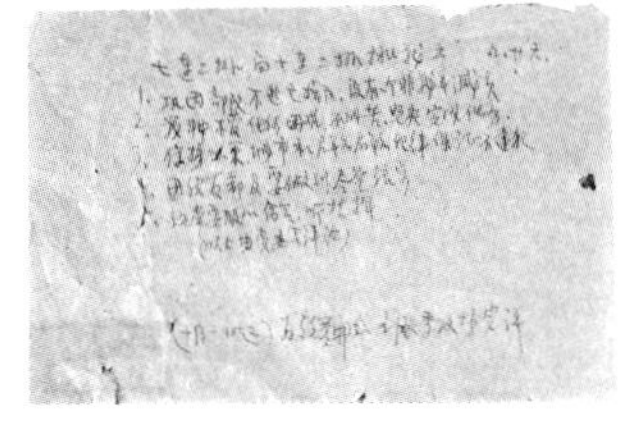

▲ 中野六纵某部的挑战书

▲ 中野某部在挺进战场的行军途中，分组开会讨论战术问题

▲ 中野战役动员会上战士们讨论如何杀敌

▲ 中野某部召开营以上干部会，交待任务，研究战斗方案

明和创造。为了弥补攻坚战中的炮火不足，干部战士广泛地学习了爆破技术，并推广了炸药抛掷筒和迫击炮送炸药等方法。中原军区司令员刘伯承、第一副司令员陈毅、参谋长李达都亲临现场观看并指导攻城演习和“飞雷”（炸药抛掷筒）的演习，对“飞雷”的创造和制作，给予了很高的评价，从而大大提高了作战能力。

摘自《中国人民解放军第二野战军战史》，解放军出版社 1990 年，第 227 页

中野战前后勤准备工作

1948 年 9 月 25 日，中央军委在决定举行淮海战役的指示中，要求充分做好准备工作。9 月 28 日，还强调指出，必须准备两个月至两个半月的粮秣用品。为此，中央军委周恩来副主席专门派总后勤部杨立三部长，协同华东野战军后勤部刘瑞龙部长和中原军区供给部刘岱峰部长筹办淮海战役的后勤准备工作。中原野战军在团以上干部会议上研究确定，在大量的粮食、弹药和军用物资已经由地方支前

机构负责运送到前线兵站的情况下，部队的主要任务是全力进行医疗救护和弹药物资供应等工作，并尽快将物资运送到前线。邓小平指示，大战迫近，现在我们面临的一个重要问题，就是尽最大力量把弹药、粮食运到前线。并指定李达参谋长协助邓子恢副政治委员，组织领导后勤和支前工作。

中原野战军在战役准备阶段主要做了以下后勤工作。

一、扩充后勤组织机构

中原野战军在淮海战役期间的后勤工作主要由中共中央中原局和中原军区负责。中共中央中原局的后勤领导机构有财政经济办事处等单位。办事处主任邓子恢，副主任刘岱峰、范醒之。中原军区的后勤机构有供给部、卫生部等领导机关和兵站、医院等保障单位。供给部长刘岱峰、副部长刘清。卫生部长齐仲桓，副部长鲁之俊、林之翰，副政治委员马琮璜。为了加强淮海战役的后勤工作，中共中央中原局和中原军区进一步增加和充实了后勤组织机构。

（一）中原支前委员会。邓子恢任主任委员，张际春任政治委员，李达任参谋长，负责组织领导中原地区党政军民的后勤和支前工作。支前委员会成立后，中共中央中原局即作出了《对徐州会战之工作布置》。要求各地党政军民必须进行如下紧急工作：

1. 要使全体人员认识此次战役的伟大意义。集中一切人力、物力、财力，争取这次决战取得完全胜利。

2. 责成中共豫皖苏分局加强支前机构与支前工作，授权支前机关全权征调粮草、民夫、担架，保证一切作战需要。

3. 责成豫皖苏行署及皖西第三、第六专署，组织强大的供应站，配合地方合作社，动员民众，供应作战部队的油、盐、猪肉、菜蔬及烟叶、纸张等生活用品。

4. 保证铁路、公路畅通，尤其是陇海铁路及通往前线之公路桥梁，必须保证畅通无阻。保证弹药及一切军用物资、伤员的前运后送。

5. 各级后勤部门，必须依照这次战役需要及城市交通状况，重新部署工作，以保证前方作战需要。

6. 各级党政军领导机关，必须征调干部，加强组织指挥，加强政治工作，并严格检查督促，保证完成任务。

7. 各地应乘人民解放军大胜、国民党军土崩瓦解、土匪特务惊慌失措的时机，加强政治瓦解工作，巩固后方。

（二）各军区后勤司令部。中原军区下辖鄂豫、皖西、豫皖苏、豫西、桐柏、江汉、陕南等 7 个军区。各军区都成立了后勤司令部或支前司令部。豫皖苏军区处于淮海战役的主要作战地区，后勤工作十分艰巨、繁重，是中原野战军主要的后勤机关和保障单位。豫皖苏军区后勤司令部由毕占云任司令员，杨一辰任政治委员。下设办公室、前方办事处和后方支前委员会。前方办事处辖兵站部前方分部、粮食部、民力部、秘书处和 5 个中站、7 个分站，负责物资前送和伤员后送工作。9 月 24 日开封解放后，豫皖苏军区供给部成立了开封被服局，开办了印染厂、裁剪厂等。10 月 18 日，中共豫皖苏分局下达了《关于加强各级后勤组织机构的决定》，规定豫皖苏军区后勤司令部为全区后勤支前工作的领导机关，设办公室，进行经常工作。并组织前方办事处随野战军行动，帮助与指导各分区后勤工作。同时，规定各分区成立后勤司令部，各县、区成立后勤指挥部，乡、自然村设后勤委员，负责担架、运输等的组织和调动。

（三）各纵队战勤指挥部（所）。中原野战军下辖第一、第二、第三、第四、第六、第九、第十一等 7 个纵队。各纵队、旅、团都由各级参谋长或副参谋长、政治部（处）主任或副主任和供给部（处）长、卫生部（处）长等组成战勤指挥部（所），负责后勤工作。

二、调整后方部署

根据淮海战役作战地区的部队部署和交通道路情况，调整了后方部署。

（一）后方机关。中原支前委员会位于郑州；中原军区后勤机关位于开封；供给部位于虞城，前方办事处设在商丘；卫生部位于亳县，前方指挥所设在白庙；中原野战军在开封设立后方司令部；豫皖苏军区后勤司令部位于槐店。

（二）兵站。中原地区共设 10 个中站，每个中站下设 2 至 3 个分站。

中原军区开设 5 个中站。2 个中站在开封待机，负责动员与组织人力物力供应前线。3 个中站分别部署在郑州、商丘、宿县，郑州兵站负责接收华北及洛阳转运来的物资，并转运到商丘、宿县兵站；商丘兵站负责向宿县兵站转运弹药等物资，并负责组织汽车、马车、三轮车等运力，直接供应西线部队；宿县兵站负责供应东线部队。辎重团分别驻在商丘、永城，负责兵站之间的人员、物资运输。

豫皖苏后勤司令部在扶沟、槐店、郸城、亳县、太和设立中站，在鄢陵、逍遥镇、周口、太康、鹿邑、坞墙、界首等设立分站。主要负责中转与前送物资。

（三）运输线。共部署三条：第一条为由漯河经周口、槐店至亳县的公路线。第二条为由许昌经扶沟、太康、柘城、鹿邑至亳县的公路线。第三条为由郑州经开封至商丘的铁路线。在每条公路运输线上设转运站、粮站、茶水站。随着战况发展和运输线不断延长，转运站、粮站、茶水站等也不断调整、转移和增设。

三、储备物资器材

淮海战役参战兵力多，作战区域广，持续时间长，战役规模大，物资储备和补充任务十分艰巨。

（一）弹药。1948 年 9 月中旬，邓小平政治委员参加在河北平山西柏坡召开的中央政治局会议返回部队路过山西长治时，指示赖际发、张贻祥：你们要认真做好兵工工作，准备打大仗，多生产手榴弹、炮弹和黑色炸药，支援前线。中原野战军根据物资来源情况，规定了弹药的储备量：战役前山炮弹每门 20—30 发；迫击炮弹每门 50—60 发；重机枪弹每挺 3000—5000 发；轻机枪每挺 1000 发；步枪弹每支 100 发，手榴弹每人 5 枚。中原军区和中原野战军的弹药库位于郑州，豫皖苏军区弹药库位于扶沟、太康、鹿邑、周口、槐店等地。弹药的补充，中原军区负责由后方运到第一、第二线囤积点，中原野战军负责由囤积点运到纵队和旅前方补给站，纵队和旅负责由前方补给站运到团营作战地区。

（二）粮食。1948 年 9 月下旬，中原野战军提出按战役参加人数 30 万人和战役持续时间 2 至 2.5 个月计算，需口粮 5400 万—6750 万斤；要求各地支前机构一面落实行军的沿途用粮，一面突击征收粮食，组织加工，作好粮食供应准备。中原支前委员会确定，中原野战军及随军民工所需粮食采用调运与就地筹措相结合的方法，按战区进行粮食筹措。以靠近战区的县市为基础，由远及近，逐步向战区调运集中。豫皖苏军区在兰封、民权、杞县、睢县、宁陵、柘城、亳县等地开设粮站，负责供应中原野战军第一、第三、第四、第九纵队；在漯河、上蔡、商水、项城、槐店等地开设粮站，负责供应中原野战军第二、第六纵队。为保证粮食供应，豫西地区从后方赶运 1000 万斤粮食到砀山；豫皖苏、苏北、江淮人民还积极筹措粮草，解决参战部队急需。萧县、永城人民三四天内，筹粮 300 多万斤，保证部队供应。

中原野战军还规定：部队行动自带 3 天给养，3 天以内缺粮由部队自己负责，3 天以上缺粮由地方负责。地方将粮食运到旅驻地附近粮站，旅以下单位的粮食由部队负责运输。

（三）副食品。部队所需的油、盐等副食品，主要由各地支前机构设立供应站负责供应。为了使部队生活不下降，规定供应站以低于市场 10%—15% 的价格卖给部队。并要求各供应站经常保存油、盐各 3000—5000 斤。蔬菜等副食品主要靠部队就地自行采购。柴草统一由地方支前机关供应。部队取用时，按规定的价格折成粮食，持团以上单位出具的领粮凭证，由当地政府依证偿还。

（四）被装。中原军区后勤部责成豫皖苏军区后勤部赶制棉衣 20 万套，棉被 10 万床，棉帽 40 万顶，袜子 40 万双和部分裹尸布。郑州解放后，中原军区供给部又制作了行军锅等炊事用品供应部队。战役准备阶段，中原野战军除第二、第三纵队未及时换发冬装外，其余各部队均发了冬装。中原军区供给部被服仓库位于临汝、宝丰，分库位于郑州、开封。豫皖苏军区后勤司令部的被服仓库位于界首，负责部队被服供应。

四、准备卫勤力量

1948 年 8 月 10 日，中原军区卫生部作出《关于对 1 万名伤员收容任务的决定》，预计重伤员可能达到伤员总数的 50% 以上，要求各医院准备 1 万张左右床位。中原军区卫生部抽调了 1 个总医院、7 个医院和 25 个医疗所，分别配置在下列地点，担负中原野战军的伤员救治任务。

后方总医院位于亳县：

第一和平医院，辖 3 个医疗所，拟收治伤员 3500—4000 名，配置在大朱庄；

第二和平医院，辖 2 个医疗所，拟收治伤员 1500—2500 名，配置在蒋营；

第二野战医院，辖 7 个医疗所，拟收治伤员 9000—10000 名，配置在魏岗；

第三野战医院，辖 3 个医疗所，拟收治伤员 6000—7000 名，配置在西段楼；

第四野战医院，辖 5 个医疗所，拟收治伤员 7500—8500 名，配置在大清宫；

第五野战医院，辖 3 个医疗所，拟收治伤员 3000—4000 名，配置在宋集；

第六野战医院，辖 2 个医疗所，拟收治伤员 2000—2500 名，配置在张庄。

为了把前方伤员迅速转运到后方医疗，中原军区在高庄、临涣集、书案店、王庄等地设立了转运总站和转运站。豫皖苏军区在段家庙、杨柳集、龙山集、桃园等地设立伤员转运站。各作战部队的伤员运送到就近的转运站，由转运站将伤员送到野战医院。由于交通条件的限制，伤员从前线转到后方，主要靠民工抬运。

转运站随着战争的发展及医院的转移不断变化。转运总站和卫生部门并吸收当地区、乡干部及担架队负责人共同组成转运委员会，随中原军区卫生部行动，使转运伤员的工作既快又好。前方伤员尽快运送到后方医院，得到及时抢救和治疗。

五、组织交通运输

交通运输是后勤工作的关键环节。中原军区、中原野战军和地方支前机构，都十分重视这一问题。战役准备阶段，邓小平、陈毅、张际春、陈赓亲临豫皖苏前线部署交通运输问题。邓小平指出：这次战役规模大、时间长，需要耗费的物资多，地委、行署和军分区要全力以赴，组织人力、物力支援前线，搞好运输。他还指示豫皖苏军区，要在永城设立总兵站，各军分区都要设立兵站，各县设立分站。要挂牌子，便于部队及群众识别及寻找。李达参谋长亲自召开“诸葛亮会”研究交通运输问题，确定集中管理、使用汽车，抢修公路；探讨如何征调、雇用群众船只，利用水路运输问题，为做好战役的交通运输工作打下了基础。

（一）设立交通运输组织机构。针对前方巨大消耗与后方运输缓慢、补给不上的矛盾，中原军区和中原野战军把建立交通运输组织机构放在十分重要的地位。1948 年 10 月 23 日，中原军区成立了“中原陇海、平汉铁路郑州联合管理委员会”，由田裕民任主任委员，下设运输、工务、总务三个业务处和徐州办事处（待解放）。

（二）抢修铁路、公路。交通运输线畅通无阻，及时把后方粮食、弹药等物资运到前方，对战争的胜负起着重要作用。国民党军为了阻止人民解放军的进攻，对交通运输线进行疯狂破坏，仅铁路就破坏了 556 公里，桥梁 85 座；给水、通信、电网、号志等设备也遭到极大的破坏。

为了保证粮弹和其他军需物资的运输，中原军区和中原野战军在地方政府和人民群众的大力支援下，组织了大规模的铁路修复工作。10 月 22 日，郑州解放。23 日，中央军委即指示中原野战军、中共中央中原局和中共中央华东局派兵保护黄河铁桥，勿使游匪及特务分子破坏；平汉、陇海两路之路轨、车站及诸项设备，均须注意保护。中共中央中原局多次指示中共各级委员会和支前机构，大力抢修铁路、公路，架设电话，保证运输和通信的畅通。中原军区司令部、政治部发布通令：“郑州、开封相继收复，西连洛阳，南通许昌、漯河，均为中原交通要道，即应修复铁路，建立交通秩序，以利运输，支援前线，大量消灭蒋匪军，并使物资交流而利工商业之发展。”通令并规定：所有军民及铁路员工，要爱护、保护铁路设备和财产；运送军队或军需物资，需向军管会或铁路管理委员会接洽，办理手续。

广大铁路员工，在沿线军民的大力支援下，全力以赴抢修铁路。商丘车站全体铁路员工提出“大干三天，保证接车”的口号。许多员工不分昼夜苦干，没有电灯提着油灯、拿着手电筒照明。在全体铁路员工的努力下，10 月 24 日，郑州至开封段铁路通车。华北军区由军政处副处长杨恬率领华北军区驻邯郸办事处（兼中央军委南线办事处）机关及所属二个兵站与汽车大队，依靠太行、冀南、冀鲁豫三个行署和军区，百万民工和筑路工人修建北起邯郸南至商丘的千里公路，充分利用解放区兴建的第一条邯郸通向涉县的战备铁路，架起了“太行山淮海大陆桥”，把太行山根据地的物资源源不断地运向淮海前线。邯郸铁路，被周恩来副主席誉为“中国历史上的一奇”。古有栈道，今有“金桥”，都为中国人民做出了历史性的贡献。

在大力修复和兴建铁路，恢复铁路运输的同时，还动员和依靠人民群众，大力开展了修复通向前方的大路、公路、水路。豫皖苏地区短时间内修筑公路 100 公里、桥梁 69 座，架设电话线 1150 公里。

（三）区分运输任务。中原军区对运输线的维护与抢修作了明确规定：公路、水路主要由驻地支前机构负责抢修与维护，铁路的维护与抢修则由铁路局负责。一线兵站至纵队的运输，由地方支前机构协同各兵站，用掌握的 1.3 万辆小车、9000 余副挑子、7500 余副担架承担；各兵站尽量雇用各城镇汽车、马车以扩充运力。二线运输由各地支前机构掌握的就地支前民工负责。弹药物资，以前送为主，从第二线弹药囤积点至第一线野战军弹药库，距离约 60 至 80 里，由军区后勤组织前送；第一线至前方补给站，由野战军后勤组织前送；补给站至旅或团，距离为 25—30 里，由纵队后勤组织前送。伤员后送，纵队以下，逐级后送与逐级前接相结合，以逐级后送为主；纵队以上，以逐级前接为主。

摘自《中国人民解放军第二野战军后勤史》（下），金盾出版社 1997 年，第 117—126 页

◀ 陈毅、邓小平率中野主力于 1948 年 10 月 22 日解放郑州，24 日收复开封，尔后向淮海战场挺进

▲ 中野收复开封，占领国民党河南省党部

▲ 为配合华野即将发起的淮海战役，刘伯承、李达率中野一部在豫西牵制华中“剿总”的黄维、张淦两兵团。图为中野六纵疾进，牵制黄维兵团

征程回忆

中野参谋长李达的回忆——攻克郑州、收复开封

中野首长召集第一、三、四、九纵队领导干部在郑州西南的宝丰县皂角树村开会，专门研究部署攻打郑州的方案。18 日，颁发了郑州作战的基本命令。杨勇、苏振华、陈锡联、阎红彦、陈赓、谢富治、秦基伟、李成芳等分率各纵进入指定地点，在华北军区十四纵及附近地方部队的配合下，准备发起郑州战役。陈毅、邓小平和张际春于 19 日下午，从皂角树出发，驰往郑州前线四纵司令部指挥。至 21 日夜，我军实施对郑州之敌的包围。22 日拂晓，郑州守敌十二绥靖区四十军一〇六师、九十九军二六八师和郑州警备司令部等万余人弃城北逃，被我九纵全歼于郑州之老鸦陈地区，生俘敌少将参谋长余辉廷。郑州宣告解放。

开封敌慑于我军之威力，24 日弃城东撤。我豫皖苏军区部队收复开封。

中央军委和毛泽东主席对解放郑州极为关注，连电嘉勉：“占领郑州甚慰。”“济南、锦州、长春解放之后，郑州又告解放，陇海、平汉两大铁路枢纽为我掌握，对于整个战局极为有利。特此祝贺。”开封收复后，中央军委指出：“中原三大名城，洛阳、郑州、开封均入人民解放军掌握，对于今后战局，极为有利。”

从打郑州开始，淮海战役即成为华野、中野两支大军共同执行的任务了。正如邓小平政委引用毛泽东主席说过的一句话：两个野战军联合在一起，就不是增加一倍力量，而是增加了好几倍的力量。

摘自《淮海战役》，解放军出版社 1991 年，第 315 页

中野参谋长李达的回忆——中野二、六等纵队豫西牵制张淦、黄维兵团

在陈（毅）、邓（小平）、张（际春）指挥中野主力发起郑州作战的同时，刘伯承司令员率中野第二、六纵队、陕南第十二旅及江汉、桐柏两军区主力，把敌张淦、黄维两兵团引向平汉路西大洪山与桐柏山区。郑州解放的当天，刘司令员、邓子恢副政委和我曾就摆脱白崇禧集团包围，抑留张淦、黄维兵团的部署问题，报告中央军委：我们已令二纵、桐柏、江汉主力于 20 日夜移至随县以南之尚家店、古城畈、三阳店地区，拟南下钟祥地区，寻歼弱敌，以拉张淦向南；令六纵于 21 日夜转移新野西南之新店、桓铺南北地区，捕歼向邓县地区之十五军部队，目的是抑留黄维在西。

10 月 22 日 13 时，中央军委电示华野："目前极好的形势是白部黄张两兵团被我二、六、十纵吸引到桐柏地区，在相当长时间内不可能回头进到黄泛区，威胁东北面我军之行动，有利于我陈邓在攻郑胜利后，以一部或大部或全部向东行动，协同三、广两纵，不但牵制孙、刘全部，而且可能牵制邱、李一部。"

此期间，当敌人分路向随县、枣阳、桐柏、唐河地区进犯时，我二十八旅随同二纵又进到随县以南地区，配合江汉军区部队于 10 月 25 日攻克应城、安陆，歼敌二十八军军部等 4000 余人，副军长顾心衡被俘，将张淦兵团吸引在大洪山区。同时，我鄂豫、桐柏军区主力结合群众，破击平汉路南段，威胁武汉；我六纵、陕南十二旅围攻在南阳以南下薛集的敌二十军一三四师，把黄维兵团拖在桐柏山区。

10 月 24 日，蒋介石令黄维兵团进至周家口地区机动。由于我中野的上述行动，该敌迟至 10 月底才得以向平汉线上集结，旋即由确山东进。

摘自《淮海战役》，解放军出版社 1991 年，第 315—316 页

第四章 国民党军部署“徐蚌会战”

徐州是国民党屏障南京确保华中的重要基地。济南战役打破了国民党军的“重点防御”体系，国民党军统帅部曾“决心放弃徐州”，因考虑到“国际影响”和“民心依归”，直到淮海战役发起前对徐州是撤是守仍动摇不定、犹豫不决。

10 月下旬，国民党军统帅部决定放弃郑州、开封等地，企图以“攻势防御”，“巩固徐州而确保之”。同时决定以国民党华中“剿匪总司令部”（以下简称华中“剿总”）白崇禧统一指挥徐州、华中部队。因白崇禧突然拒绝统一指挥，这一决定未能实现。

11 月初，国民党军统帅部制定“徐蚌会战”计划，决定以国民党华中“剿总”白崇禧两个兵团、4 个绥靖区的部队共 23 万人，防御平汉路南段及长江中游地区，钳制中野主力；将国民党徐州“剿匪总司令部”（以下简称徐州“剿总”）刘峙集团的 4 个兵团、4 个绥靖区的部队，以及位于平汉路南段的华中“剿总”第十二兵团等部共 29 个军、70 个师，连同其他部队共约 80 万人分别置于津浦路徐州至蚌埠段及其两侧地区，以攻势防御，拱卫南京、上海；并准备在必要时放弃徐州，依托淮河抗击人民解放军进攻。11 月 5 日，顾祝同在徐州召开高级军官会议，传达并部署“徐蚌会战”计划。次日，正式下发了“徐蚌会战”命令，国民党军各部开始收缩集中。

一、国民党军“徐蚌会战”作战方案的制定

在济南战役结束到淮海战役发起前的短短一个多月时间里，国民党军统帅部数次变更作战计划，从“决心放弃徐州”到“主动进攻山东”、“固守徐州”、“撤离徐州”，直到所谓的“徐蚌会战”，由于犹豫不决，朝令夕改，国民党军在人民解放军强大的进攻压力下坐失撤退时机。

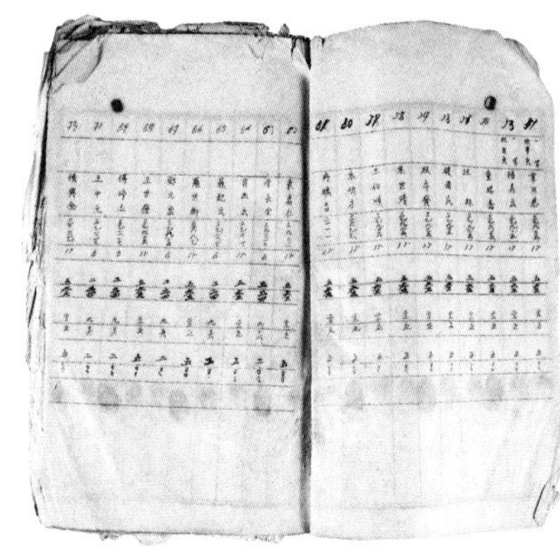

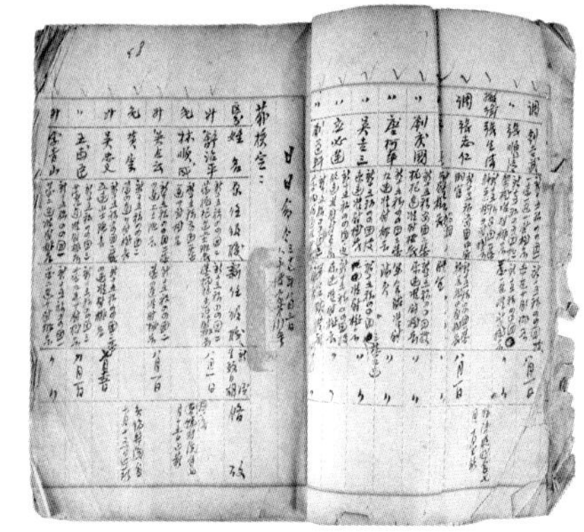

◀国民党军的部分文件

征程回忆

美国驻南京陆军军事顾问团团长巴大维的回忆
——1948 年 9 月 29 日　蒋介石试图放弃固守大城市的战略

9 月 29 日与蒋委员长会晤，于商谈各种问题时，讨论了下述诸问题：

蒋委员长对济南之战的结局深表失望，并说，该城失陷实出意料之外。他说，必须研究中国的战略与战术以及野战部队的组织与训练情形，借使在济南所犯的错误不致重复。他说，过去不惜任何牺牲以坚守强固据点或主要城市的老战略，必须改变。

摘自《中美关系资料汇编》第一辑，世界知识出版社 1957 年，第 372 页

国民党政府国防部第三厅中将厅长郭汝瑰的回忆
——1948 年 10 月 22 日　国防部决定放弃陇海线上各大城市

10 月下旬，蒋介石亲自在北平指挥辽沈战役。国防部长何应钦、参谋总长顾祝同见形势不利，而蒋介石对全国性的战略未作决策，为了妄图保持半壁河山，乃于 10 月 22 日召集刘斐、肖毅肃和我等研究中原作战计划。何、顾认为辽沈战役失败已成定局，从全国形势看，应诱导华北"剿总"以主力保持于津沽地区进行持久战，以牵制东北野战军，使解放军不能增兵黄河以南，借以改变中原地区的不利形势。这时中原地区的国民党军队由徐州"剿总"刘峙及华中"剿总"白崇禧分别掌握，相互协作很差……他（何应钦）根据中原野战军主力向禹县移动的情报，判断中原野战军即将进攻郑州，也可能协同华东野战

军向徐州“剿总”的辖区进攻，因此主张徐州“剿总”放弃陇海线上各大城市，集中兵力于徐州外围，华中“剿总”以第十二兵团所辖第二、十、十五、十八 4 个军[①]进出周家口附近，依情况策应徐州“剿总”或华中“剿总”作战。当日即作成方案，令我于 23 日送往北平向蒋介石请示。临行前顾祝同还再三向我说：“要报告总统，白健生统一指挥是暂时的，会战结束后，华中‘剿总’和徐州‘剿总’仍分区负责。”

摘自《淮海战役亲历记（原国民党将领的回忆）》，文史资料出版社 1983 年，第 51—52 页

国民党政府国防部第三厅中将厅长郭汝瑰的回忆
——1948 年 10 月 23 日　蒋介石同意徐州方面取攻势防御

我到北平向蒋介石汇报后，蒋于当午作出如下决定：

（一）徐州方面应取攻势防御，可放弃郑州、开封、兰封等城市；第四绥靖区刘汝明部应固守商丘，第四十军李振清部可由郑州退至黄河北岸，准备以后打游击[②]。

（二）华中、徐州两总部所辖部队均由白崇禧统一指挥。

（三）第二军及第十五军可归入第十二兵团序列，华中“剿总”必要时可放弃南阳，以便第十二兵团进出周家口。

（四）可令宋希濂任徐州“剿总”副总司令[③]。

我遵照顾祝同的叮嘱，向蒋介石说明叫白崇禧统一指挥只是暂时的措施。蒋说：“不要暂时指挥，就叫他统一指挥下去好了。”这当然是蒋介石敷衍白崇禧，表示对他很放心的一种姿态。

24 日，何应钦电白崇禧，告以统一指挥的决定，并以蒋介石名义下达作战指示如下（按：即蒋介石酉敬防挥电）：

徐州方面（主要几点）：

（一）应对陈毅部取攻势防御，逐次消耗共军并巩固徐州附近地区而确保之；

（二）第七（黄百韬）、十三（李弥）两兵团分别控制于阿湖、新安镇、八义

① 原注：这些番号是当时曾议论过的番号，后来，第十二兵团才由第十、十四、十八、八十五等 4 个军组成。

② 原注：22 日国防部令李振清机动作战，李部当时退出郑州，即被歼灭，蒋介石此时尚不知道。

③ 原注：10 月底蒋介石改令杜聿明继任徐州“剿总”副总司令。

集各地附近机动，截击南窜之共军，应援东海方面之战斗；

（三）第二兵团（邱清泉）应机动控制于砀山附近，依情况协同黄维兵团夹击进出于黄泛区之刘伯承部；

（四）第十六兵团（孙元良）于刘伯承主力向黄泛区窜犯时向宿县、蒙城各地附近转移，尔后控制于蚌埠机动（按：该兵团此时在柳河附近）；

（五）第三绥靖区（冯治安部）应以主力控制于运河以西地区台（儿庄）枣（庄）支线，担任守备；

（六）第四绥靖区（刘汝明部）应以主力守备商丘，一部掩护陇海铁路东段交通；

（七）徐州"剿总"应加强徐州、蚌埠、淮阴防御工事，务期坚固守备，以形成机动兵团之核心，并预为因陈毅部之南窜可能引起各种应战作准备。

华中方面：

（一）（略）

（二）第十二兵团（黄维）并指挥第二军、第十五军，应索刘（伯承）、陈（赓）等主力进剿，如刘伯承主力越过平汉路东窜，即先机推进周家口附近，适时联系邱清泉兵团夹击而歼灭之。

摘自《淮海战役亲历记（原国民党将领的回忆）》，文史资料出版社 1983 年，第 52—53 页

国民党政府国防部第三厅中将厅长郭汝瑰的回忆
——1948 年 10 月 29 日　国防部决定集中兵力于徐蚌津浦铁路两侧

10 月 29 日，何应钦于国防部召开作战会议，提出"守江必守淮"的主张。但对守淮有两种不同的意见：第一种意见，主张徐州"剿总"除以 1 至 2 个军坚守徐州外，所有陇海路上的城市完全放弃，集中所有可以集中的兵力于徐州蚌埠之间津浦铁路两侧，作攻势防御。无论解放军由平汉路、津浦路或取道苏北南下，均集中全力寻找共军决战。为了配合徐州方面的作战，华中"剿总"必须以黄维兵团向周家口进出。第二种意见：主张退淮河南岸凭河川防御。研究结果，认为退守淮河，则尔后不便于向平汉路或苏北方面机动，且共军打通陇海路后，向东西方向调动兵力，非常灵便，对我军更为不利。因此，会议采纳了第一种主张，并于当日电徐州"剿总"，必要时可令刘汝明放弃商丘。

摘自《淮海战役亲历记（原国民党将领的回忆）》，文史资料出版社 1983 年，第 53—54 页

国民党徐州“剿总”中将副总司令兼前进指挥部主任杜聿明的回忆
——1948 年 10 月 30 日　蒋介石决定集中主力于蚌埠附近守备淮河

10 月 30 日，蒋介石见东北廖耀湘兵团全军覆没，沈阳已甚混乱，危在旦夕，即慌忙飞返南京，拟了一个“徐蚌会战计划”。我回忆其主要内容如下：

（一）方针

我军为集中兵力于蚌埠附近，击破共军攻势，达成“戡乱建国”之目的，着将徐州“剿总”所属各兵团及绥靖区各部队主力移至淮河南岸蚌埠东西地区（包括临淮关、怀远、凤台间地区），占领阵地，以攻势防御击退对方之攻击，相机转为攻势，予以歼灭。

（二）任务及行动

1. 以某兵团之一部守备徐州、贾汪、掩护主力转移。

2. 各部队行动：（1）新安镇附近之第七兵团经五河、临淮关附近转进。（2）徐州附近之第十三兵团、第三绥靖区经褚兰、固镇向蚌埠转进。（3）徐州以西黄口、虞城附近之第二兵团经涡阳向怀远附近转进。（4）柳河、商丘附近之第十六兵团及第四绥靖区经蒙城向海河街、凤台间地区转进。（5）总部及直属部队经津浦路向蚌埠转进。

3. 各部队到达目的地后，应迅速占领阵地构筑工事。

（三）指导要领

1. 各部队在行动期间自派警戒搜索，掩护主力安全撤退。如遇小部队袭击，应迅速击破，继续向目的地转进。

2. 如遇共军大部队来犯，则以一部掩护主力迅速向目的地转进。

3. 徐州、贾汪守备部队在主力转进期间，如遇攻击，应利用既设工事，努力抵抗，争取时间，待主力脱离威胁后再行撤退。如我军主力撤退后对方尚无攻击行动，仍应继续守备并确保徐蚌间铁路交通[①]……

许朗轩于 11 月 3 日午后飞回南京后如何向蒋介石回报，我不了解，可是从以后淮海战役发展的经过来看，蒋当时并未毅然决然地实行这一方案。

摘自《淮海战役亲历记（原国民党将领的回忆）》，文史资料出版社 1983 年，第 8—10 页

---

① 原注：原计划对海州第九绥靖区如何指导撤退，现完全记不清；其他各兵团撤退路线等仅凭回忆，与原计划或有出入。

国民党政府国防部第三厅中将厅长郭汝瑰的回忆
——1948 年 10 月 31 日　白崇禧突然拒绝统一指挥

10 月 30 日，白崇禧由汉口到南京。当日下午 5 时，国防部开会讨论中原作战问题，白满口同意以第十二兵团转用于阜阳、太和、上蔡地区，并自动提议以第三兵团（该兵团辖第七、四十八两个军，均为广西部队）随第十二兵团进出阜阳和太和附近。但 31 日上午 10 时再次开会时，白突然变更主张，坚决不肯指挥徐州和华中两“剿总”，并且以为第二军及第十五军在形势和距离上不便归第十二兵团序列，而只同意以第十四、八十五军归入第十二兵团，即是第十二兵团指挥第十、十四、十八、八十五等 4 个军进出周家口附近机动。华中“剿总”并于当日下午 11 时下达如下命令：

（一）以徐州为中心之陇海会战有一触即发之势；

（二）黄维兵团立即东移确山，轻装开太和、阜阳地区集中，11 月 10 日集中完毕；

（三）第八十五军主力俟第三兵团先头到达随县后，即开广水，车运确山归还第十二兵团建制；

……

（六）第十四军即由南阳东移确山归还建制。

白崇禧为什么一夜之间，就改变统一指挥的原议呢？当时国防部的人们推测，这是白崇禧怕蒋介石作成圈套，准备于会战失败时委过于他。以后事态发展，才知道这与美帝国主义支持李宗仁，逼蒋下野有关，白崇禧是存心要拆蒋介石的台。

摘自《淮海战役亲历记（原国民党将领的回忆）》，文史资料出版社 1983 年，第 54 页

一週戰局
一　東北戰場
二　華北戰場
社論

◀ 1948 年 11 月 5 日国民党《中央日报》报道：“本周内各战场，除东北、华北外，其他华中方面，则比较沉寂。除了国军在苏北和鄂中、豫东继续扫荡打家劫舍的零股共匪外，所有津浦、平汉、陇海各线亦均无大战斗”，以此来稳定人心

国民党政府国防部第三厅中将厅长郭汝瑰的回忆
——1948年11月5日 顾祝同来徐部署主力向徐州收缩靠拢

由于白崇禧拒绝统一指挥，而刘峙又十分糊涂，无能指挥即将爆发的淮海会战，蒋介石（10月31日由北平回南京）乃决定于11月4日亲往徐州，后因事临时改由顾祝同去代他调整徐州部署。顾祝同偕我等于4日到徐州。5日上午顾祝同召集徐州“剿总”司令部的高级军官与邱清泉、黄百韬、李弥、孙元良等兵团司令官及可以离防到徐州的军长等，研究徐州方面的作战部署。第二兵团司令官邱清泉说华东野战军的三、八、十、十一纵队及两广纵队在鲁西，先头已到曹县、成武。第七兵团司令官黄百韬则说在郯城以北地区发现共军强大部队，可能要向该兵团进攻。会议结果，认为无论华东野战军主力何在，徐州“剿总”各兵团在陇海路上一线排列，态势不利，必须调整。于是根据“守江必守淮”的方针，决定放弃次要城市，集中兵力于徐州、蚌埠间津浦路两侧地区，作攻势防御，以巩固长江而保京沪，并决定于必要时徐州“剿总”移蚌埠指挥，徐州以一两个军坚工固守。

摘自《淮海战役亲历记（原国民党将领的回忆）》，文史资料出版社1983年，第54—55页

国民党政府国防部第三厅中将厅长郭汝瑰的回忆
——1948年11月6日 补发徐蚌会战命令 决定四十四军改由陆上撤退

当晚顾祝同返南京，6日补发正式命令如下：

（一）徐州守备部队应切实加强工事，坚固守备；

（二）第七兵团应确保运河西岸，与第一绥靖区、第三绥靖区密切联系，并在运河以西地区清剿；

（三）第二兵团以永城、砀山为中心集结，并在附近清剿；

（四）第十三兵团应集结于灵璧、泗县地区机动，并在附近清剿；

（五）第十六兵团即以蒙城为中心，进行清剿，掩护津浦路之安全；

（六）第四绥靖区移住临淮关，以原第八绥靖区为该绥靖区的辖区，原第八绥靖区着即撤销；

（七）淮阴守备应由第四军担任；

（八）海州方面从海上撤退。

顾祝同发出上述命令后，又认为在海州的第九绥靖区及第四十四军由海上撤退有许多困难，乃令各部兼程经新安镇向徐州撤退。第四十四军到达新安镇后，受第七兵团黄百韬指挥，一同退过运河。第九绥靖区人员到徐州待命。

摘自《淮海战役亲历记（原国民党将领的回忆）》，文史资料出版社 1983 年，第 55—56 页

国民党总统府少将参军、战地视察官李以勖的回忆
——蒋介石原定计划是守淮河　决定在徐州决战是被迫的

▲ 李以勖

一、原定计划是守淮河以确保京畿外围

济南解放后，在淮海方面，蒋介石决心放弃徐州，坚守淮河。他的着眼是徐州乃四战之地，易攻难守，后方联络线过长，兵员粮弹补充困难（据徐州第一补给区刘永焜司令说徐州粮食储备只有 21 天）；且蒋介石一生唯心迷信，四面楚歌垓下被围的历史故事，就是发生在徐州（古彭城）附近地区，这更使他有所避忌。蒋介石的总企图是：退守淮河确保南京外围，企图在淮河附近地区挫败解放军主力，来争取第二线战略配置的时间。

二、临时决定在徐州会战是被迫的

在淮河决战的计划已定，蒋介石最后又加改变，迟误战机，招致全军覆灭。这个问题内容很复杂。各级战场指挥官虚报敌情，谎报战绩，司空见惯。各级指挥官得到的情报不是过时了，就是不真实，使“算”与“断”非常不准确……

放弃徐州退守淮河，原定在 11 月上旬转移完毕，但蒋介石在 10 月下旬来往北平、葫芦岛、南京间，想作多方面挣扎，一面又迟疑，怕徐州之撤影响人心。11 月 1 日他认为解放军华野南下较缓，中野东移甚缓，二、三野战军是否合拢，企图不明，同时认为白崇禧从豫南方面采攻势，有可能达到牵制刘伯承东调之目的，因此 11 月 3 日仍未行动[①]。蒋介石的决心有所变更。11 月 4 日，蒋介石派参谋总长顾祝同、作战厅长郭汝瑰来徐州传达命令，决心守徐州。

摘自《淮海战役亲历记（原国民党将领的回忆）》，文史资料出版社 1983 年，第 62—63 页

① 原注：据杜聿明回忆，11 月 3 日蒋介石派许朗轩将退守淮河的计划送葫芦岛征求意见，令杜去蚌指挥。可见 11 月 3 日以前只有守淮方案，并无守淮的决心。

国民党政府国防部第三厅中将厅长郭汝瑰的回忆
——想收回挨打的架势，却被抓住了一只胳膊

顾祝同的如意算盘是以为用少数兵力固守徐州，可以使解放军不能有效利用陇海铁路东西调动军队。且主力控制于徐州、蚌埠之间，则当解放军向徐州进攻，沿平汉铁路或经苏北地区南下前，均可集中 5 个兵团寻求决战，在解放军未能击破其主力以前，便可保持淮北，因此也守住了长江。但是他改变态势的企图未能实现。由于第九绥靖区及第四十四军撤退的影响，黄百韬在新安镇迟两天才开始撤退。……国民党军想收回挨打的架势，却被解放军抓住了一只胳膊。

摘自《淮海战役亲历记（原国民党将领的回忆）》，文史资料出版社 1983 年，第 56 页

徐州“剿总”中将副总司令兼前进指挥部主任杜聿明的回忆
——徐蚌会战计划实在罕见

假如照国防部第一案决定的话，则自徐州到蚌埠间 200 多公里的铁路两侧，摆了数十万大军，既弃置徐州既设永久工事而不守（徐州那样庞大纵深的据点工事，只留一两个军，几乎等于不守），又将各兵团摆于铁路两侧毫无既设阵地的一条长形地带，形成鼠头蛇尾、到处挨打的态势。据我了解，古今中外的战史中还找不到这样一种集中会战的战略先例。在蒋介石集团中集合何应钦、顾祝同等军事首脑和萧毅肃、郭汝瑰等主管作战的高级幕僚，竟然在守江必守淮的方针下，拟出了这样一个出奇的方案（实际上是会战准备部署）！

就是这个出奇的方案，蒋介石亦未照它的计划及时实施。除 11 月 3 日令第十六兵团孙元良部（欠第九十九军）向涡阳、蒙城集结，令第九十九军及第四绥靖区刘汝明部向蚌埠、固镇集结外，对于其他各主力兵团则仍置于陇海路沿线未动。听说顾祝同曾于 11 月 4 日亲到徐州指示，是根据第一案的原则，但也未能当机立断，及时实施。这说明蒋介石集团对于徐蚌会战计划，并未作全盘考虑，对于军之“生死之道存亡之地”（古兵法语）亦未加慎重考虑，而只在人事上疑神疑鬼、勾心斗角，怕刘汝明、冯治安等将领有异心、不稳妥，急电召刘、冯二人到南京加以笼络，指使其发表反共拥蒋的通电（冯的通电我未看到，刘的通电我看到过）。

摘自《淮海战役亲历记（原国民党将领的回忆）》，文史资料出版社 1983 年，第 10—11 页

二、国民党军队的部署

淮海战役发起前，国民党军徐州“剿总”指挥的部队大部分是国民党的精锐之师，下辖第二、七、十三、十六兵团，第一、三、四、九绥靖区等部队，共约60余万人。同时，奉命准备增援徐州的国民党华中“剿总”所属的第十二兵团正在向确山、驻马店等地集结中。这些部队部署在以徐州为中心的陇海、津浦铁路沿线，即西起商丘，东至海州、连云港，北自临城、枣庄，南达淮河的广大地区。

▲ 国民党军空军地勤人员做好准备以保障作战

▲ 国民党军投入到淮海战场的美造霸王式重型运输机

▲ 国民党军运兵至徐州地区，准备徐蚌会战

◀ 国民党军散发的传单

战史摘要

国民党军战前分布

十一月初旬，“徐总”以四绥区之两个军改由永城南调蚌埠，及曾一度拟放弃东海、连云港外，其余二、七、十三、十六等兵团仍在上述位置，至5日止，其各兵团、各绥区部队分布如下：

一、商海（州）段

二兵团率七十军在黄口地区，五军在砀山地区，七十四军在丰县及以南地区，十二军（欠二三八师灵璧）在黄口以东地区，另归其指挥之一八一师（属五十五军）在商丘地区。

七兵团新安镇，二十五军阿湖地区，六十三军新安、红花埠、杨家集、南北劳沟地区，六十四军高潭沟、丁集地区，一百军在新安西北王家庄地区，一〇七军（孙良诚归七兵团指挥）在睢宁地区，另归其指挥之鲁保一旅王洪九部在郯城地区。

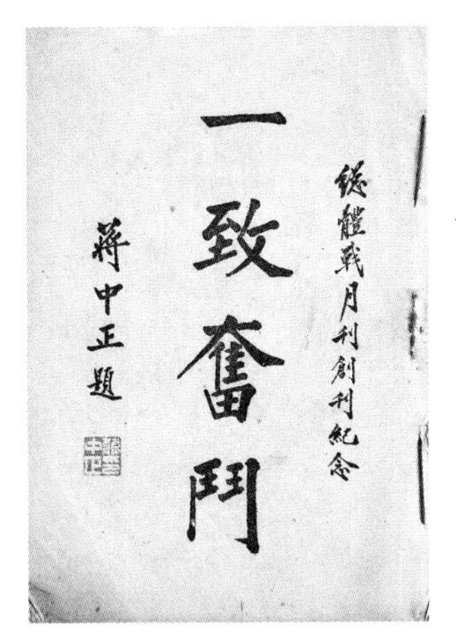

◀《总体战月刊》由南京国防部政工局编辑，分理论研究（军事、政治、经济）、经验报道和工作检讨等内容，意在激励士气，凝聚思想。图为蒋介石在该刊上的题词

十三兵团部碾庄，八军曹八集地区，九军碾庄、运河站及官湖地区。

三绥区司令部贾汪，五十九军在峄、台、邳及贾汪地区，七十七军在临城、韩庄、柳泉段及以东地区，另归“徐总”直辖之七十二军在徐州任城防。

二、徐蚌段

十六兵团率四十一、四十七军在蒙城地区，九十九军在蚌埠地区。

四绥区之五十五军（欠一八一师）、六十八军正由永城南开蚌埠中。

九十六军蚌埠、临淮关，一部五河，及淮南路守备。另宿县驻二十五军之一四八师及交警一部（徐蚌间共有交警二、九、十六等 3 个总队）。

三、十二兵团率十、十四、十八、八十五军正分向确山集结中

根据上述敌军态势判断，敌以重兵控制徐海、徐蚌两地区，除图阻我南下及图击破我攻略蚌埠，孤立徐州外，似图以优势兵力（连十二兵团共有 5 个兵团及 3 个绥区，全部计 24 个军，其中机动兵力约有 18 个军），在徐州地区与我进行会战之可能，如敌发现我在徐州东西两翼及我中野在徐蚌段发起攻势后，敌可能以二兵团由砀山东靠徐州，以屏障徐州西侧，以七、十三兵团由新安、曹八集西靠运河以西徐州以东地区，以九绥区一个军固守连海，以三绥区之两个军退守运河韩庄、台儿庄线，以十六兵团由蒙城北开宿县，以四绥区二个军（附九十六军）守备蚌埠地区。

摘自《华东野战军司令部关于淮海战役经过概述》，1949 年 1 月，见《淮海战役》，解放军出版社 1991 年，第 274—275 页

战地报道

淮海战场的国民党军

这次，所说的淮海战场，不是我们普通所说的华中六分区的淮海地区，而是指范围很广大的淮海地区。包括东自黄海边，西至河南与安徽两省的边境（也就是东从东海、海州，西到商丘），北自陇海路两侧，南达淮河（也就是北面从津浦路的临城，南到淮河边的蚌埠）。而在华中为配合淮海战役，则在直到长江边与京沪隔江相望的南通、江都、泰县、泰兴、靖江、天长、六合一带，展开进击。南北东西都纵横千余里，战场的辽阔和战役规模的巨大是空前的。

以徐州为中心的这个大淮海战场，素来是历史上兵家必争之地，因为它介于黄河、长江之间，北上就是济南，直通平津，南下就可过长江，下京沪，因此是南京的大门。掌握了徐州和淮河以北的平原，也就控制了长江以北，可以大军渡江直捣匪巢京沪。

这里有两条铁路和两条河流，构成了国民党匪帮原来的所谓“徐蚌防御体系”，这就是陇海路与津浦路及运河与淮河。

济南被我军解放后，国民党匪帮就高叫“徐州附近将有决战”，而先后将菏泽、郑州、开封等地的兵力收缩，把他所有能集中的精锐嫡系主力，都调到徐州地区，以为孤注一掷。淮海战役揭开时，国民党匪军的布置大致是这样的。

以刘峙、杜聿明两个头号战犯为首的徐州“剿总”驻守徐州中枢，集中7个兵团，即黄百韬兵团防守陇海东段作为东翼，冯治安兵团放在东北面台枣区挡头阵，邱清泉、李弥两兵团居中策应，孙元良兵团从开封逃到商丘，再逃到徐州西面和软弱的刘汝明兵团一起作为西翼，南面则是李延年兵团防守蚌埠。这样在陇海和津浦两铁路交成的十字架上，放了7个兵团，51个师的兵力。另外在睢宁有第一绥靖区孙良诚部2个师，淮阴淮安方面则有蒋匪五十一军及四军之各一个师，后来又调来豫南的黄维兵团11个师，共计集中兵力达66个师。

摘自《中国人民解放军淮海大捷纪实》，中原新华书店1949年，第22—23页

第五章　淮海前线国共两大军事阵营

淮海战役是在中央军委的直接领导下进行的。随着华东、中原两大野战军协同作战，逐渐形成了由淮海战役总前委统一指挥的前线最高领导机构。战役中人民解放军参战的有华东野战军16个纵队另1个军，中原野战军7个纵队，以及江淮、鲁中南、苏北、豫皖苏、豫西、陕南、冀鲁豫军区等部队共约60万人。而国民党军徐蚌会战前线最高指挥机构为以徐州"剿总"总司令刘峙为首的徐州"剿匪"总司令部，战役中投入的兵力先后有7个兵团，两个绥靖区部队，34个军，共约80万人。

一、人民解放军淮海前线最高指挥机构——淮海战役总前委

淮海战役总前委是在淮海战役战局的不断发展，战役规模、战区范围越打越大的情况下成立的，是跨野战军范围设立的领导机构，负责处理战役期间本地区范围内的军事、政治、经济等一切事宜。总前委的成立，对及时贯彻中央军委的战略意图，协调华东、中原两大野战军的作战行动，统筹战区党政军民全力支前，争取淮海战役的全胜，从组织上提供了保证。

◀ 1948年11月16日中央军委决定成立总前委的电文

文件选编

淮海战役人民解放军前线最高指挥机构的形成

1948年10月31日　粟裕建议请陈毅、邓小平统一指挥淮海战役

▲ 刘伯承（1892—1986），四川开县（今属重庆）人，中原军区及中原野战军司令员、总前委常委

军委，并报陈邓，华东局，中原局：

……淮海战役当遵令于齐［8日］晚同时发起战斗，但不知陈军长、邓政委所部能否于齐晚发起战斗，请陈邓示复。

3. 此次战役规模很大，请陈军长、邓政委统一指挥。

粟

世［31日］晨

摘自《粟裕文选》第二卷，军事科学出版社2004年，第609页

▲ 陈毅（1901—1972），四川乐至人，中原局第二书记、中原军区兼中野第一副司令员、华野司令员兼政治委员、总前委常委

1948年11月1日　中央军委同意陈毅、邓小平统一指挥

陈、邓、粟裕并告华东局、中原局：

（一）整个战役统一受陈邓指挥……

军委

1日17时半

摘自《淮海战役》，解放军出版社1991年，第94页

▲ 邓小平（1904—1997），四川广安人，中原局第一书记、中原军区兼中野政委、总前委常委兼书记

1948年11月2日　陈毅、邓小平同意负责指挥

军委并粟、谭、刘、邓、李：

……三、本作战我们当负责指挥，惟因通讯工具太弱，故请军委对粟谭方面多直接指挥……

陈邓

戌冬［11月2日］午

摘自《淮海战役》，解放军出版社1991年，第98页

1948年11月16日 成立总前委 统筹全局

刘、陈、邓并粟、陈、张，告谭、王、吉、华东局、中原局、豫皖苏分局、苏北工委、华北局：

……（五）中原、华东两军，必须准备在现地区作战3个月至5个月（包括休整时间在内），吃饭的人数连同俘虏在内，将近80万人左右，必须由你们会同华东局、苏北工委、中原局、豫皖苏分局、冀鲁豫区党委统筹解决。此战胜利，不但长江以北局面大定，即全国局面亦可基本上解决。望从这个观点出发，统筹一切。统筹的领导，由刘、陈、邓、粟、谭五同志组成一个总前委，可能时，开五人会议讨论重要问题，经常由刘、陈、邓三人为常委，临机处置一切，小平同志为总前委书记。

中央军委

16日18时

摘自《淮海战役》，解放军出版社1991年，第148—149页

▲ 粟裕（1907—1984），湖南会同人，华野代司令员代政委、总前委委员

▲ 谭震林（1902—1983），湖南攸县人，华野副政委兼山东兵团政委、总前委委员

▲ 刘伯承使用过的蚊帐

▲ 谭震林在淮海战役中使用的文件箱

二、淮海战役人民解放军战斗序列

淮海战役人民解放军华东军区序列表

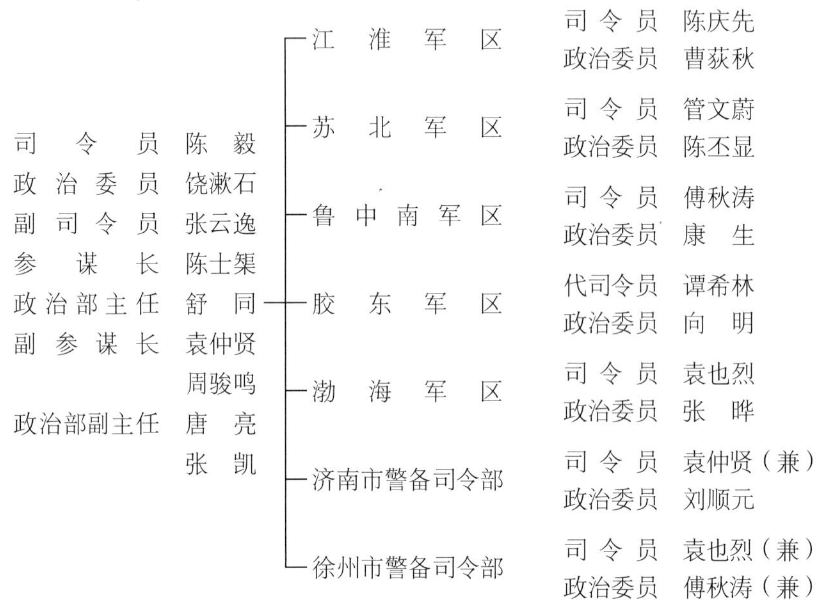

淮海战役人民解放军中原军区序列表

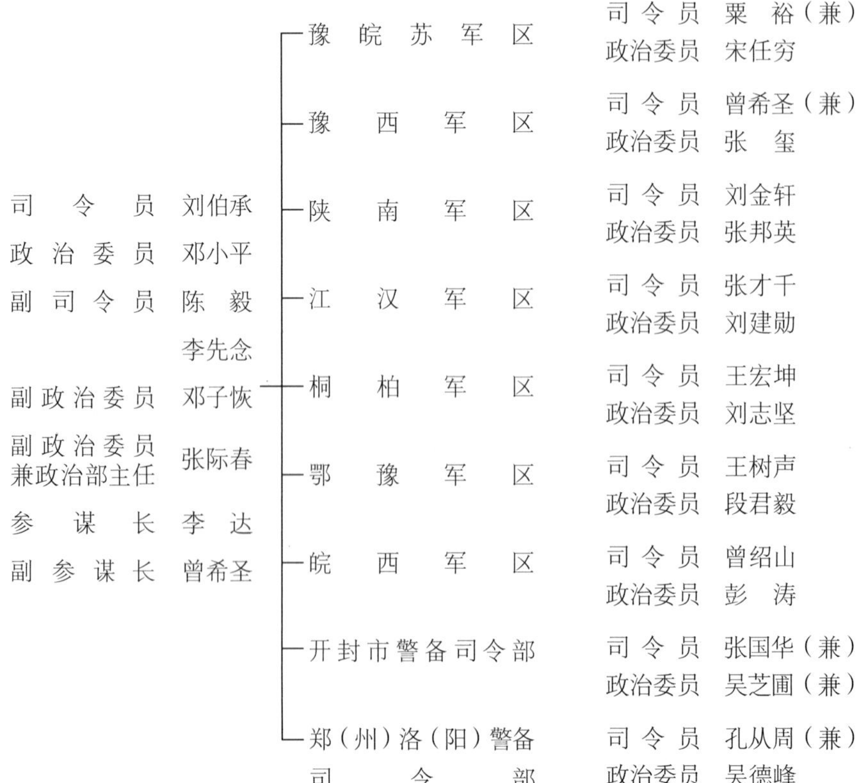

淮海战役人民解放军战斗序列表[①]

- **总前委**
  - 委员：刘伯承　陈　毅　邓小平　粟　裕　谭震林
  - 常委：刘伯承　陈　毅　邓小平
  - 书记：邓小平
  - **中原野战军**
    - 司令员　刘伯承
    - 政治委员　邓小平
    - 副司令员　陈　毅　李先念
    - 副政治委员　邓子恢
    - 副政治委员兼政治部主任　张际春
    - 参谋长　李　达
    - 副参谋长　曾希圣
    - 供给部长　刘岱峰
      - 第一纵队：第一旅　第二旅　第二十旅
        司令员　杨勇　政治委员　苏振华　副司令员　尹先炳　参谋长　潘焱
        政治部主任　王辉球
      - 第二纵队：第四旅　第六旅
        司令员　陈再道　政治委员　王维纲　副司令员　范朝利　副政治委员　钟汉华
        参谋长　王蕴瑞　政治部主任　许梦侠
      - 第三纵队：第七旅　第八旅　第九旅
        司令员　陈锡联　副司令员　郑国仲、刘昌义　副政治委员　阎红彦
      - 第四纵队：第十旅　第十一旅　第十三旅　第二十二旅
        司令员　陈赓　政治委员　谢富治　参谋长　王启明　政治部主任　刘有光
      - 第六纵队：第十六旅　第十七旅　第十八旅
        司令员　王近山　政治委员　杜义德　副司令员　韦杰　参谋长　姚继鸣
        政治部主任　李震
      - 第九纵队：第二十六旅　第二十七旅
        司令员　秦基伟　政治委员　李成芳　参谋长　何正文　政治部主任　谷景生
      - 第十一纵队：第三十一旅　第三十二旅
        司令员　王秉璋　政治委员　张霖之　参谋长　刘星　政治部主任　裴志耕
      - 豫皖苏军区：独立旅和几个地方团（由军区副司令员张国华指挥）
      - 豫西军区：独立旅
      - 陕南军区：第十二旅
  - **华东野战军**
    - 司令员兼政治委员　陈　毅
    - 代司令员 代政治委员　粟　裕
    - 副政治委员　谭震林
    - 参谋长　陈士榘
    - 政治部主任　唐　亮
    - 副参谋长　张　震
    - 政治部副主任　钟期光
    - 后勤部部长　刘瑞龙
    - 后勤部副部长　喻缦云
      - 山东兵团[②]：司令员　许世友　政治委员　谭震林（兼）　副司令员　王建安
        参谋长　李迎希　政治部主任　谢有法　副参谋长　陈铁君
      - 苏北兵团：司令员　韦国清　政治委员　陈丕显　副政治委员　吉洛（姬鹏飞）
        参谋长　覃健
      - 第一纵队：第一师　第二师　第三师
        司令员兼政治委员　叶飞　副司令员　刘飞　副政治委员　陈时夫
        第二副司令员兼参谋长　张翼翔　政治部主任　汤光恢
      - 第二纵队：第四师　第五师　第六师
        司令员　滕海清　政治委员　康志强　副司令员　朱绍清　政治部主任　邓逸凡
      - 第三纵队：第八师　第九师
        司令员　孙继先　政治委员　丁秋生　参谋长　来光祖　政治部主任　刘春
      - 第四纵队：第十师　第十一师　第十二师
        司令员　陶勇　政治委员　郭化若　副司令员　卢胜　副政治委员　刘文学
        参谋长　梅嘉生　政治部主任　韩念龙

① 原注：淮海战役人民解放军参战部队，有两个野战军，23 个纵队，1 个军，7 个三级军区部队，共计 65 个师（旅）。

② 原注：华野山东兵团和苏北兵团，战役中因战斗需要，指挥的纵队多有变化。两个兵团列出，所指挥的各纵队列入华东野战军指挥线。

—第六纵队：第十六师　第十七师　第十八师
司令员　王必成　政治委员　江渭清　副司令员　皮定钧　参谋长　赵俊
政治部主任　谢胜坤

—第七纵队：第十九师　第二十师　第二十一师
司令员　成钧　政治委员　赵启民　副司令员　詹化雨
副政治委员　黄火星　参谋长　冯文华　政治部主任　张崇文

—第八纵队：第二十二师　第二十三师
司令员　张仁初　政治委员　王一平　参谋长　陈宏　政治部主任　李耀文

—第九纵队：第二十五师　第二十六师　第二十七师
司令员　聂凤智　政治委员　刘浩天　政治部主任　仲曦东

—第十纵队：第二十八师　第二十九师
司令员　宋时轮　政治委员　刘培善　副政治委员　肖望东
参谋长　吴肃　政治部主任　陈美藻

—第十一纵队：第三十一旅　第三十二旅　第三十三旅
司令员　胡炳云　政治委员　张藩　副司令员　段焕竞
政治部主任　惠浴宇

—第十二纵队：第三十五旅　第三十六旅
司令员　谢振华　政治委员　李干辉

—第十三纵队：第三十七师　第三十八师　第三十九师
司令员　周志坚　政治委员　廖海光
副政治委员、政治部主任　陈华堂　参谋长　黎有章

—鲁中南纵队：第四十六师　第四十七师
司令员　钱钧　政治委员　傅秋涛　副司令员　万春圃
副政治委员　张雨帆　政治部主任　张雄

—渤海纵队：新七师　新十一师
司令员　袁也烈　副司令员　张震球　政治委员　周贯五

—两广纵队：辖三个团
司令员　曾生　政治委员　雷经天　副政治委员　林锵云
参谋长　姜茂生　政治部主任　杨康华

—特种兵纵队：炮一、二、三团　工兵团　骑兵团　坦克大队
司令员兼政治委员　陈锐霆　副政治委员　刘述周
参谋长　钟国楚　韩联生

—第三十五军：第一〇三师　第一〇四师　第一〇五师
军长　吴化文　政治委员　何克希

—华北冀鲁豫军区：独一旅　独三旅　由军区司令员赵健民指挥

—江淮军区：第三十四旅　独立旅　由军区副司令员饶子健指挥

—苏北军区部队

—鲁中南军区部队

摘自《淮海战役》，解放军出版社1991年，附表

淮海战役人民解放军各纵队人数统计

华东野战军		中原野战军	
一纵	25055 人	一纵	17915 人
二纵	26405 人	二纵	15521 人
三纵	27245 人	三纵	17724 人
四纵	23665 人	四纵	31695 人
六纵	26011 人	六纵	21644 人
七纵	29010 人	九纵	20775 人
八纵	26874 人	十一纵	15659 人
九纵	31091 人		
十纵	29728 人		
十一纵	25029 人		
十二纵	13086 人		
十三纵	26877 人		
渤海纵队	19185 人		
鲁中南纵队	14045 人		
两广纵队	5515 人		
特种兵纵队	11164 人		

根据《1948 年 12 月 31 日淮海战役中部队情况简报》及《中原军区 1948 年 8 月份野战军实力统计表》整理

三、国民党军徐蚌前线最高指挥机构——徐州“剿总”司令部

徐州“剿匪”总司令部，简称徐州“剿总”，前身为徐州绥靖公署，薛岳任主任。1947 年 3 月公署改为中华民国陆军总司令部徐州司令部，顾祝同任司令。1948 年 6 月，徐州司令部改组为徐州“剿总”，刘峙任总司令，有副总司令 6 人。淮海战役期间曾先后下辖 7 个主力兵团，2 个绥靖区部队，34 个军，82 个师，共 80 万人。另外驻扎在南京、蚌埠和徐州等地相当数量的空军也归徐州“剿总”直接指挥或直接通过空军指挥机关调动。1949 年 1 月 19 日，因淮海战役国民党军失败，徐州“剿总”被撤销。

▲ 刘峙　国民党徐州“剿总”总司令

▲ 杜聿明　国民党徐州“剿总”副总司令兼前进指挥部主任

▲ 孙震　国民党徐州“剿总”副总司令

▲ 刘汝明　国民党徐州“剿总”副总司令兼第八兵团司令官

▲ 冯治安　国民党徐州“剿总”副总司令兼第三绥靖区司令官

▲ 韩德勤　国民党徐州“剿总”副总司令

▲ 李延年　国民党徐州“剿总”副总司令兼第六兵团司令官

▲ 李树正　国民党徐州“剿总”参谋长

▲ 孙元良　国民党徐州“剿总”前进指挥部副主任兼第十六兵团司令官

◀ 舒适存　国民党徐州“剿总”前进指挥部参谋长兼第二兵团副司令官

◀ 文强　国民党徐州“剿总”前进指挥部副参谋长

徐州“剿匪”总司令部平面示意图
（1948年11月）

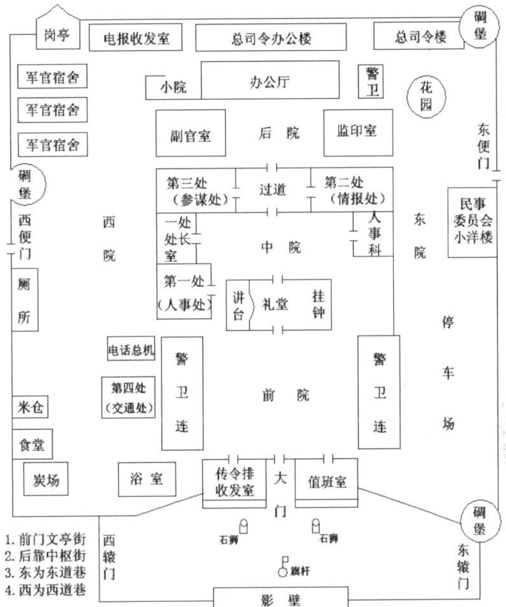

徐州剿匪总司令部大门与礼堂正面图（1948年11月底）

外墙
礼堂花棂门窗
岗
朱红色木柱
“剿总”大门格式很近似人民公园西门，云龙公园的北门，和体育场的西门、可参考不过这些建筑没有柱子。
白墙　白墙　电灯　白墙　白墙
岗　岗
围墙
向西对外　横额　北门锁钥
两条石狮
朱红色大门　黄色木泡钉
徐州剿匪总司令部　白底黑字仿宋体　直排八个字　约二米半木牌
向东对外　横额　南国屏藩
北　岗
门横额系（繁体楷书）
南国屏藩（繁体楷书）
岗
文亭街
西辕门
东辕门
文亭街
影　壁

◀ 国民党徐州“剿匪”总司令部旧址及当年司令部平面示意图。司令部坐落在徐州市文亭街，原为徐州道台衙门，抗日战争时期台儿庄战役时曾是李宗仁的指挥部，后为徐州绥靖公署、陆军总司令徐州司令部办公地址。1948年6月改为徐州“剿匪”总司令部

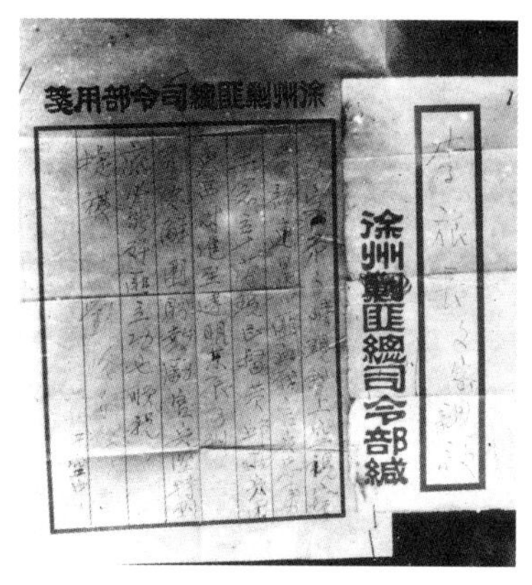

▲ 国民党徐州“剿匪”总司令部使用的信纸和信封

▲ 国民党徐州“剿总”前进指挥部旧址。前进指挥部于1948年9月成立，地位次于徐州“剿总”司令部，位于兵团、绥靖区之上

四、淮海战役国民党军战斗序列

淮海战役国民党军战斗序列表[①]

- 徐州“剿总”司令部
  - 总司令　刘　峙
  - 副总司令　杜聿明　孙　震　刘汝明　冯治安　韩德勤　李延年
  - 参谋长　李树正
  - 前进指挥部
    - 主　任　杜聿明（兼）
    - 副主任　孙元良　赵家骧（未到职）
  - 第二兵团
    - 司令官　邱清泉
    - 副司令官　舒适存　谭辅烈　王长海　高吉人
    - 第五军：第四十五师　第四十六师　第二〇〇师　军长　熊笑三
    - 第十二军：第一一二师　第二三八师　军长　舒　荣
    - 第七十军：第三十二师　第九十六师　第一三九师　军长　高吉人（兼）　邓军林
    - 第七十二军：第三十四师　第一二二师（战役中重建）　第二三三师　军长　余锦源（战役第二阶段归第二兵团建制）
    - 第七十四军：第五十一师　第五十八师　军长　邱维达
    - 骑兵第一旅
    - 新四十四师（战役中重建）
  - 第六兵团
    - 司令官　李延年（战役中新建）
    - 第三十九军：第一〇三师　第一四七师　军长　王伯勋（战役中由葫芦岛调来）
    - 第五十四军：第八师　第一九八师　第二九一师　军长　阙汉骞（战役中由葫芦岛调来）
    - 第九十六军：第一四一师　第二一二师　军长　于兆龙

---

① 原注：战役初期国民党军共5个兵团，3个绥靖区（九绥区撤销不含），共29个军，70个师；战役中连同新增加和新组建者在内，共7个兵团，两个绥靖区，34个军，82个师；战役中国民党出动飞机2957架次，动用空军未列入此表。

参 谋 长　舒适存
副参谋长　文　强

- 第九十九军：第九十二师　第九十九师
  军长　胡长青
- 第七兵团
  司 令 官　黄百韬
  副司令官　黄国梁
  唐云山
  - 第二十五军：第四十师　第一〇八师　第一四八师
    军长　陈士章
  - 第四十四军：第一五〇师　第一六二师
    军长　王泽浚（原属第九绥区）
  - 第六十三军：第一五二师　第一八六师
    军长　林　湛　陈　章
  - 第六十四军：第一五六师　第一五九师
    军长　刘镇湘
  - 第一〇〇军：第四十四师　第六十三师
    军长　周志道
- 第八兵团
  （原第四绥区）
  司 令 官　刘汝明
  副司令官　田镇南
  曹福林
  刘汝珍
  - 第五十五军：第二十九师　第七十四师　第一八一师
    军长　曹福林（兼）
  - 第六十八军：第八十一师　第一一九师　第一四三师
    军长　刘汝珍（兼）
- 第十三兵团
  司 令 官　李　弥
  副司令官　赵季平
  陈　冰
  李九思
  - 第八军：第四十二师　第一七〇师　第二三七师
    军长　李　弥（兼）　周开成
  - 第九军：第三师　第一六六师　第二五三师
    军长　黄　淑
  - 第一一五军①：第三十九师　第一八〇师
    军长　司元恺
- 第十六兵团
  司 令 官　孙元良
  副司令官　曾甦元
  - 第四十一军：第一二二师　第一二四师
    军长　胡临聪
  - 第四十七军：第一二五师　第一二七师
    军长　汪匣锋
- 第三绥靖区
  司 令 官　冯治安
  副司令官　张克侠
  何基沣
  李文田
  - 第五十九军：第三十八师　第一八〇师
    军长　刘振三
  - 第七十七军：第三十七师　第一三二师
    军长　王长海
- 第一绥靖区
  司 令 官　周　碞
  副司令官　孙良诚
  - 第四军：第五十九师　第九十师
    军长　汪作华
  - 第二十一军：第一四五师　第一四六师
    军长　王克俊
  - 第五十一军：第四十一师　第一一三师
    军长　王　炎
- 第一〇七军：第二六〇师　第二六一师
  军长　孙良诚（兼）

---

① 原注：第一一五军系战役中新建，其三十九师原属四十军，11 月间从安阳调来。第一八〇师原属五十九军，该师起义后蒋介石将番号交给第一一五军。

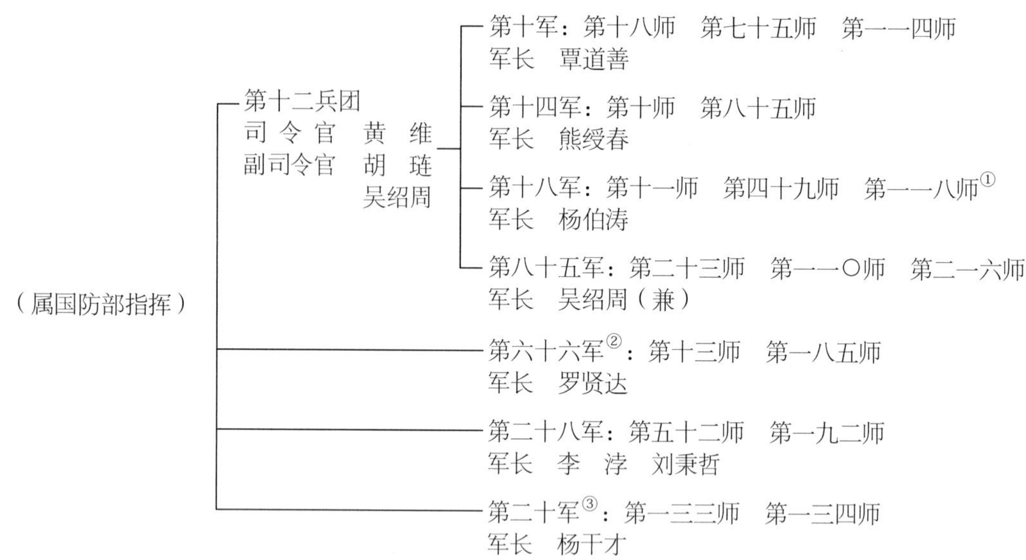

摘自《淮海战役》，解放军出版社 1991 年，附表

① 原注：第一一八师曾配属战车等部队，编成第四快速纵队，师长尹钟岳兼纵队司令。

② 原注：第六十六军原位于盱眙、五河一带，12 月 1 日调至蚌埠受李延年指挥，仍隶属国防部。

③ 原注：第二十、二十八两军原属华中“剿总”，战役中调蚌埠、滁县。

第二篇

围歼黄百韬兵团　孤立徐州

（1948 年 11 月 6 日—11 月 22 日）

1948 年 11 月 6 日，华东、中原野战军遵照中央军委“集中兵力歼灭黄兵团，完成中间突破”的战役方针，对国民党徐州“剿总”刘峙集团发起全线攻势，首战目标指向其右翼劲旅黄百韬兵团。国民党军统帅部采取“集中兵力作决战防御”部署，令黄百韬兵团由新安镇地区向徐州方向收缩。

为求歼黄百韬兵团，东线，华野主力沿陇海铁路两侧一路向西勇猛追击，苏北兵团沿宿迁、大王集一线进至徐州东南迂回拦截。北线，山东兵团争取国民党第三绥靖区部队起义后，迅速插向徐州以东大庙、曹八集地区，与位于陇海路以南的华野第十一纵队和江淮军区部队南北呼应，切断了黄百韬兵团西撤之路。各路大军人不歇脚，马不停蹄，一路猛追猛打，连续追击、截击、迂回包围，连战皆捷，于 11 月 11 日，将黄百韬兵团 4 个军包围在碾庄地区。并于窑湾地区歼灭了担任黄百韬兵团左翼掩护的第六十三军，在邢圩地区迫使国民党第一〇七军投诚。

西线，中野主力及华野一部由陇海商（丘）砀（山）线进逼徐州。在张公店地区歼灭国民党一八一师后直插津浦线徐蚌段作战。于 11 月 16 日一举攻克宿县，全歼国民党第一四八师和交警十六总队等部，控制了徐、蚌间铁路约 100 公里，切断了国民党军唯一的陆上交通补给线，牵制并阻击了黄维兵团及蚌埠国民党军的增援，完成了对徐州的战略包围，彻底孤立了徐州。

华野攻击部队在徐州以东打援部队的有力配合下，于 11 月 22 日，将黄百韬兵团全部歼灭在碾庄地区。

淮海战役第一阶段，自 11 月 6 日开始至 22 日结束，华野、中野紧密配合，协同作战，全歼黄百韬兵团，攻克宿县，切断徐（州）、蚌（埠）之间守军的联系，重创了国民党各路援军，解放城镇 30 余座，共歼灭国民党军 1 个兵团部、1 个绥靖区司令部、8 个军部（含起义、投诚部队）、18 个整师，计 17.8 万余人，使徐州国民党军完全陷入孤立，为战役顺利发展创造了极为有利的条件。

第一章　进逼徐州　包围黄百韬兵团

11 月 6 日，华东、中原两大野战军按既定作战部署，以雷霆万钧之势挺进淮海战场，向徐州东、西两面的国民党军逼近，造成在同一时间，从四面八方围攻徐州的态势。华野主力从临沂、梁邱、滕县一线向陇海路东段疾进，主要突击集团直扑新安镇、阿湖地区的黄百韬兵团。第六纵队首先于当晚歼灭马头镇守军；鲁中南纵队围攻郯城，并歼灭国民党山东省保安旅王洪九部；第四、八纵队同时占领邳县、滩上一线，先头部队向陇海线上运河铁桥挺进；山东兵团第七、十、十三纵队从临城、枣庄线，直向韩庄、万年闸、台儿庄运河线疾进，从北和东北两个方向进逼徐州，会同自宿迁地区北上的华野十一纵和江淮军区部队，切断黄百韬兵团的退路；苏北兵团率领第二、十二纵队及中野第十一纵队跨越陇海路，迅速沿宿迁、大王集向徐州东南进逼，威胁徐州并堵截黄百韬兵团。中野主力连同华野第三、两广纵队和冀鲁豫军区部队在陈毅、邓小平的统一指挥下，分别从开封地区和鲁西南单县一带向陇海路商（丘）砀（山）地区挺进，锋威直逼徐州。华野在“活捉黄百韬，全歼黄兵团”的口号鼓舞下，经过昼夜追击、截击、迂回包围，至 11 月 11 日，将黄百韬兵团包围在碾庄地区。

一、解放军各路纵队挺进战场

华野各路大军在代司令员代政委粟裕、副政委谭震林的指挥下，由鲁南地区南下，直指位于陇海线以东新安镇地区的黄百韬兵团。同时，中野司令员刘伯承指挥第二、六纵队在豫西牵制并节节阻击自豫南增援徐州的黄维兵团；政委邓小平、副司令员陈毅（兼华野司令员、政委）指挥第一、三、四、九纵队并华野第三纵队、两广纵队等部，自豫东和鲁西南一带，向商丘、砀山、丰县、沛县地区逼近，从西和西北方向威胁徐州。各路纵队挺进战场，拉开了淮海战役的序幕。

战史摘要

华野飞兵南下进逼徐州

11 月 5 日前，华东野战军各部隐蔽进入单县、邹县、滕县、费县、向城、赣榆一线。6 日，以雷霆万钧之势，从四面八方向徐州方向逼近，造成了围攻徐州的声势，而重兵所指是在陇海路东段实施中间突破，在新安镇地区围歼黄百韬兵团。6 日晚，鲁中南纵队包围郯城；第六纵队向马头镇地区国民党军发起攻击；第七纵队指向峄县、枣庄；第十纵队包围临城；第三纵队、两广纵队及冀鲁豫军区独立旅向丰县、砀山进军；苏北军区第六军分区部队逼近新浦、海州。淮海战役从此正式开始。7 日，担任围歼黄百韬兵团的部队分四路出击：第一、第六、第九、鲁中南纵队和特种兵纵队，直扑新安镇；担任阻援和截击任务的第四、第八纵队及特种兵纵队一部攻占邳县；苏北兵团的第二、第十二纵队和中原野战军第十一纵队则越陇海路对黄兵团实施迂回包围；原在宿迁、睢宁地区的第十一纵队和江淮军区部队沿运河北上，指向运河车站。同时，山东兵团指挥的第七、第十、第十三纵队，继续攻击前进，攻占了韩庄、万年闸，包围了台儿庄，从东北方向逼近徐州。第三纵队、两广纵队及冀鲁豫军区两个独立旅，在中原野战军指挥下由西北方向威胁徐州，并配合中原野战军第一纵队在张公店地区歼灭了国民党军第一八一师。中原野战军主力则进入永城地区，从西南方向威胁徐州。淮南、苏北的敌后武装，同时积极行动，配合作战。

摘自《中国人民解放军第三野战军战史》，解放军出版社 1996 年，第 274 页

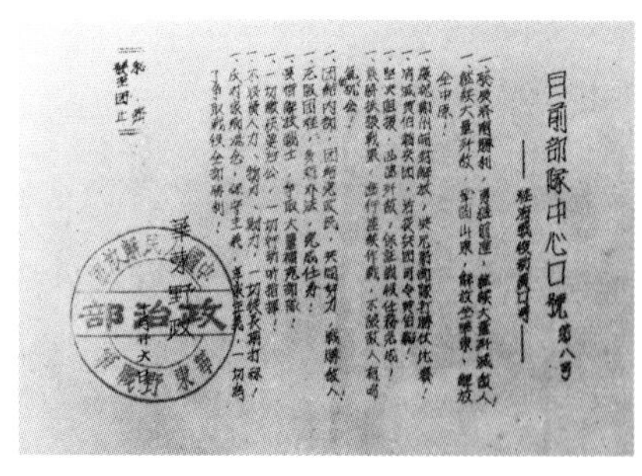
目前部隊中心口號

▲ 华野政治部于 1948 年 10 月 26 日发出淮海战役动员口号

▲ 解放军各路大军开赴淮海战场

中野迅速东进举行徐蚌线作战

中原野战军主力在郑州作战后，迅速东进，举行徐蚌线作战，斩断敌交通中

枢津浦路徐蚌段，以孤立徐州之敌。

中原野战军除仍由刘伯承、邓子恢所率各部继续钳制黄维、张淦两兵团，并派部分别担任郑州、开封之接管、警备和保护黄河铁桥的任务外，由邓小平、陈毅指挥第一、第三、第四、第九纵队于10月27日由郑州东出徐蚌线。11月5日，进至商丘东南地区，发现敌第四绥靖区部队仍位于商丘及马牧集地区，便决定乘势先歼该敌，再出徐蚌线作战。经请示中央军委同意，即以第一、第三、第四纵队以及进入鲁西南地区的华东野战军第三、两广纵队和冀鲁豫军区部队，在邓小平、陈毅统一指挥下举行汴（开封）徐（州）段作战，以歼敌第四绥靖区部队，并吸引邱清泉兵团西援，配合华东野战军作战。11月6日，华东野战军发起围攻黄百韬兵团作战，7日，中原野战军对敌第四绥靖区部队开始攻击。因该敌主力先我向蚌埠方向撤退，我第一纵队在第三纵队一部协同下，于张公店地区全歼第一八一师5000余人，俘敌第四绥靖区中将副司令兼师长米文和。此时，邱清泉兵团向徐州收缩，第四纵队于8日沿陇海路东进歼其2000余人，解放砀山，进逼徐州。自此我军控制了郑州至黄口段铁路300公里。随后，由冀鲁豫军区部队继续向徐州挺进，中原野战军主力和华东野战军第三、两广纵队即转入徐蚌线作战。

摘自《中国人民解放军第二野战军战史》，解放军出版社1990年，第242页

▲ 山东长清人民欢送解放军南下杀敌

▲ 鲁南人民欢送解放军向南挺进

▲ 临城、滕县人民欢送解放军向南挺进

文件选编

华野淮海战役攻击命令中的电话架设规定（战字第十三号命令附件）

11月4日上午8时　于曲阜本部

（甲）在战斗开始长途电话未构通前，本部在南涝沟设总机，与四纵、八纵、

六纵构通电话；在王家园子（沟汪西10里）设总机与一纵、鲁中南纵队构通电话；在桃林镇设总机与苏北兵团、九纵构通电话，特纵经临沂总机与本部构通电话。

（乙）鲁中南军区应加紧完成临沂至卞庄、兰陵峄县段，卞庄至邳县段，临沂李家庄经郯马至新安附近段及李家庄细柳庄至桃林段长途电话。力求于10日前完成上述各段长途电话，并组织各段线路巡护，如材料不足首应先完成卞庄至峄县段及李家庄、细柳庄至桃林段。

（丙）长途电话架成后本部即在峄县卞庄设总机与东兵团构通电话，在邳县设总机与四、八纵构通电话，在桃林设总机与苏北兵团及九纵构通电话，与一纵、六纵、鲁中纵构通地点视临沂新安段线路构成后再定，另行通知。

摘自《华野战字第十三号淮海战役攻击命令》，1948年11月4日

陈士榘、张震关于淮海战役医院收容任务及位置的通报（后字第三号）11月6日　于临沂

淮海战役医院收容任务及位置

A. 原西兵团所属之七院设济宁北大戴庄担任收容鲁西南之三纵、两广纵队之伤员，该院最高收容量为3000，在战斗期间行政上属野供郭部长指挥。

B. 原西兵团所属之十二院设滕县东之桑村，收容量为2000，担任收容临城、韩庄、峄县、台枣线七纵、十纵伤员；二院设万村，收容量为3000，担任台枣线十三纵伤员。以上各线之伤员由纵队到医院之转运任务由东兵团后勤部负责。两院在作战期间行动上属东兵团后勤部指挥。十三纵送万村二院之伤员经底阁之转运站（东兵团卫生部）送去。

C. 野卫率三院（碑住）四院（鲁坊）及直属院（属□一线）担任收容四、八纵之伤员，并由三院在□鹿山（收转邳县官湖等地之伤员）及连防山（收转运河炮车等地铁路线上之伤员）各设转运站一所，担任由纵队至医院之任务，收容量三院3000人，四院2500人，直属院500人，总计为5000人。

D. 原华东军区前卫设大醋庄并率西海一所机动使用，直属所收容重伤两所共收1000名，由白部长所率之第一重伤医院设小哨，收容量为1000名。第二野战医院设西八子巷，收1500名。第三野战医院设商家山子（大兴镇西北20里），收1500名。十四院设在前海营（大埠北），收容2500名，十五院设在朱樊，

收 2500 名。

以上总计为 1 万名，接收沂河以东瓦窑、新安镇、茶棚城头及阿湖一线之一、二、六、九、十一、十二、鲁中纵队之伤员。

另在大峪子（沂河东线）设一转运站，接收城头阿湖一线，二、十一、十二纵队及特纵一部伤员，送朱樊及商家山子医院，沂河东之西线转运站，第一步设东源头，而后视战况发展；第二步延伸至郯城南曹村（设站由胶东两所负责组成），接收瓦窑、新安镇及□城之一、六、九、特、鲁中纵队之伤员，送小哨及西八里巷、前后海营等医院。

E. 苏北兵团十一纵之伤员由苏北兵团卫生部自行在淮海地区设医收容。

F. 各线伤员收转分工：西线运河以西之伤员由三纵后勤部及野供郭部长直接指挥七院负责收容。西线七、十及十三纵之伤员由东兵团后勤部及东兵团卫生部负责直接指挥二及十二院收容。西线四、八纵之伤员由野卫直接负责指挥三、四院及直属院收容。东线各院全部由华东后勤部前卫白部长负责指挥收容。东西线以沂河为界，沂河以东之伤员属东线，沂河以西之伤员属西线，南线之伤员由苏北兵团负责。

上通报

参谋长　陈士榘

副参谋长　张　震

摘自《陈士榘、张震关于淮海战役医院收容任务及位置的通报》，1948 年 11 月 6 日

▲ 华野六纵告别山东父老向淮海前线进军

▲ 华野部队挺进淮海战场，沿途群众设茶水站为子弟兵解渴

为打好淮海战役第一仗，华野四纵政治部颁布政工指示要点

【本报讯】为迎接即将到来的伟大的战役任务，纵政于本月 5 日发布“淮海

战役第一仗政治工作指示要点”，指示我纵任务特点是：一、是攻击又是阻击：攻击得手，就要立即准备阻击，或在攻击同时，又要担任阻击任务。二、战场窄，路难走，华野部队空前集中，运动与展开不便。三、敌人工事较强，很多以铁轨枕木构成，据说带半永久性质。四、地处新区，粮食靠南北根据地供应，给养较困难。根据此特点要求做到：一、对任何部队要强调完成任务，强调加强纪律性，不准丝毫打折扣。二、一切要求迅速，争取时间，准备充分。三、要求强调团结，强调互助互让，强调协同运作。四、要求不怕艰苦、不怕疲劳、不怕牺牲、顽强作战、克服困难。五、要求事先在思想上作连续战斗的准备，并且要求，反对平均主义，任务分配，可能有轻有重。六、严格遵守政策纪律，尤其是俘虏政策，一切缴获归公，群众纪律。指示继指出淮海战役的重大意义为：一、扩大济南胜利，继续大量消灭敌人，争取更伟大的胜利。二、为完全解放华东，完全解放中原，创造更有利的形势与条件。三、配合全国各战场的胜利，尤其是东北的完全解放，进一步促成敌人的动摇和走向崩溃。四、和兄弟战场展开打胜仗竞赛。我们胜利的条件是：一、华野部队空前大会合、大集中，全部参加了这次战役。二、敌人士气动摇，敌人军官更动摇，尤其各地非嫡系部队的不断起义，敌人内部互不信任，互相矛盾，一天比一天更剧烈。三、后勤工作布置比较周密，准备充分，困难都可克服。四、战场南北两方都是解放区，对我有利。因此指示强调我们一定要完成任务：1. 要消灭黄兵团，必须不让敌人来增援，打好阻击战是取得胜利的保证。2. 豫东战役以后，我们很久没有打仗了，济南战役中我们是用洋锹完成任务的，这次一定要打一个漂亮仗。3. 济南战役中我们弄通了阻击战思想，学会了做工事，研究了积极的防御战战术，因此没有理由不打好这一仗。

指示着重指示，防止轻敌、防止侥幸心理，多想办法，开展军事民主。战时政治工作要求做到：边打边整，即俘即补，火线鼓动，火线入党，火线评功，火线喊话。此次战役中立功运动工作注意发动干部立功与合同立功。最后在巩固部队方面指出：一方面要在思想上反对家乡观念、保守观点、享乐主义；另一方面要加强伙食和生活管理，加强卫生保健，迅速分头突击医治病员，尽量防止非战斗减员。

摘自华野四纵《战地新闻》第 778 期 1948 年 11 月 7 日

加强纪律性，华野四纵司令部、政治部联合训令，颁布纪律注意十二条

【本报讯】郭政委[①]在全纵营以上干部中传达中央加强纪律性决议及前委、纵队委扩大会决议后，纵队司令部、政治部即根据这个精神发布联合训令，规定三项十二条注意事项。现在新的战役行动即将开始，此次战役规模空前巨大，任务复杂艰巨，因此要求高度的集中统一与顽强性，要求节省弹药，又要求做好俘虏与缴获归公政策。要求尊重政府，爱护群众，负伤送院后又要遵守院规，克服过去在医院不守规矩，打人骂人现象。部队补充俘虏后，也应据此对其进行纪律教育，现刊载训令原文如下：

（一）战场纪律：

一、坚决服从命令，积极行动，顽强作战（自告奋勇地担任艰苦任务，对上级命令不讲价钱，不打折扣，不敷衍，不拖延。积极侦察敌情，搜集情报，保持与敌接触。积极寻找机会向敌冲锋和反冲锋，积极捕捉俘虏，积极配合友邻。遇到困难不畏缩、不叫苦。遭受挫折不颓丧、不气馁。用压倒敌人的气概，克服一切战斗的、天候的、地形的困难，养成战斗中的积极性、顽强性）。

二、严守射击纪律，精确瞄准，节省弹药。

三、执行俘虏政策，不杀一人，不放一个。

四、积极打扫战场，保护物资，缴获归公（在不妨害战斗条件下，各级指挥机关都应派出经过专门教育与审查过的人员和部队，搜集敌方遗下的机要文件、武器弹药、电信器材、运输工具以及其他军用品。根据上级指令和战斗情况，或派员守卫，或护送后方，对战地内物资一律不得破坏，一律应加保护，一切缴获必须归公。听候上级根据缴获物资处理条例处理，对于敌方仓库，不经纵队批准不许擅自搬运或动用。对城市公共建设物、铁路、桥梁等亦严禁破坏）。

（二）群众纪律：

五、实行进出宣传。

六、帮助群众劳动。

---

① 编者注："郭政委"为华野四纵政治委员郭化若。

七、不拿群众财物，不打骂向导，不调戏妇女。

八、爱护耕作物，保护坟墓。

（三）后方纪律：

九、爱护担架、民夫。

十、遵守医院院规（遵守院规，尊重医生、护士，不许捣乱医院，不许打骂医院人员）。

十一、拥护地方政府（遵守政府法令和规定，原谅地方政府的困难，尊敬政府人员）。

十二、伤愈迅速归队（在院时应安心休养，听从医生吩咐，力求及早痊愈，伤愈后应自动出院归队。由负伤“后送”到归队期中，虽一时脱离原部队上级指挥，但必须保持人民解放军军人的荣誉与模范的纪律。如有破坏纪律行为，归队前、归队后均应受到检查或处罚，重则送军事法庭依法惩罚）。

摘自华野四纵《战地新闻》第778期1948年11月7日

克服一切困难完成战役任务——华野十二纵谢副司令在全纵营以上干部会上讲话

这次战役是大兵团会战，敌我双方兵力计数十万，这一战役，将使长江以北的敌我形势起着重大的变化，更有利于我们“军队向前进”。这次战役对我们是空前的，我纵过去从未参加过这样大的会战，我纵在这个大会战中将担负起部分的作战任务；这个部分任务，与整个战役以至整个战局是有血肉相关的，故我们必需以最大的决心和毅力，来决心保证这个战役任务的完成，保证这个战役意图的全部实现。为此：

首先，要求我们全体同志——特别是各级指挥员及各个军政、后勤部门工作同志们，对所受领的任务，下达的决心，要以顽强不屈的精神来保证。不打“拖拉仗”，不打“犹豫仗”，坚决顽强，是争取战斗胜利的重要关键，也是一个指挥员的珍贵品质。

其次，要克服一切困难，完成一切任务。往往为了完成任务，即要付出相当的代价——以极小的代价，来保卫全队的利益，这是积极的、革命的。尤其是在最困难的时候，我们的决心能够贯彻，能熬过最后5分钟，就能够取得胜利，任何动摇、犹豫就会遭致失败的结果。

作战时，大家要记起以下几句话：

消灭七兵团，活捉黄百韬！

克服一切困难，坚决完成任务，尤在极端紧张困难时能坚持到度过最后的5分钟就一定能胜利！

摘自华野十二纵《战号》第30期1948年11月8日

▲ 华野十二纵一〇三团长途跋涉向淮海战场挺进

▲ 华野炮兵部队准备将重炮运往前线

▲ 华野特纵骑兵以威武阵容，奔赴淮海战场

▲ 解放军坦克部队从山东南下参加淮海战役

▲ 解放军某部辎重营乘火车开赴前线

华野九纵司令部淮海战役后勤工作指示

根据华野曲阜会议的基本精神，我纵的贯彻华野此次淮海战役对后勤工作指示和要求，对我纵之后勤工作作如下之指示：

一、战役支援工作的特点

（一）战役的展开是在济南战役胜利后部队只经过短期休整和补充，即踏上胜利进军的征途，在进行了长期连续机动行军之后又立即投入战斗，因之在思想上、组织上和物质上的准备都是不充足，而这次战役将是连续的进行战斗，这使我在支援供应上不能用过去目标固定的攻坚战斗来机械的用于今天目标不固定战斗中来。

（二）我们活动和作战地区里大部为我之老地区，但在敌人的反复争夺掠劫和敌人较为密集的情况下，在人力、物力支援上有其一定程度之困难，特别是临沂以南、陇海路以北地区去年为灾区，今年夏收虽好，但为敌人掠劫不少，秋收遭水灾影响。据了解路南淮海地区水势亦大，因此作战地区之粮食就地征借已很有限，均虽有地方支前机关从很远地区挑运供给，且战役之连续更增加运输调度之困难，这点必须引起我之重视。

（三）此一地区正值今年多雨，地洼水多，除公路交通干线外，多是道路泥泞不便行走。虽然我作战位置有局部之丘陵地带，但因运输线过长，这样将增加了我后勤交通运输之困难。

（四）此次战役是大兵团作战，需我们坚决执行华野总的决定。我纵半年来是在内线在山东兵团直接领导下只有三四个纵队并肩作战，地方党政民对我积极支援，保证了每次战役的胜利，但这次因大兵团作战，部队拥挤，人力、物力消耗都较浩大，因之我们需强调高度集中，服从统一规定，照顾整体，虚心学习其他兄弟纵队连续作战的支援经验。

二、粮食工作和生活改善

（一）要求部队保证携带三天之生活给养。路上吃了，须就地粮站补上，到达作战位置后三天以内不发给养，即吃用携带之粮食。

（二）粮食运输问题，师团要研究和组织力量到纵队来领取，但纵队须根据各师驻区距离之远近把粮站之位置尽量向前靠近。

（三）要有什么吃什么，发什么领什么，不计较粮食之好坏，而以吃饱饭为原则。这点需对部队解释说明，但各部队须将较好的细粮留给伤病员食用。

（四）强调高度集中，服从统一分配，严格禁止半途截粮控粮或在驻村随便筹借，使用空白条和用粗换细、以粮换物等不正常现象。

（五）研究当地之生活条件，利用当地的饮食，炊事用具组织采买，把历次战役生活改善之方法在这次战役中求得发挥和充实。

（六）纵队由支前机关设油盐站（师不另设分站），各部队用油盐时到纵队油盐站购买。

（七）柴草（包括烧草和马草）完全由当地筹借，但必须和各区公所之借粮队密切联系交涉筹借，不得部队随便到老百姓家乱要粮草。

三、弹药补给

（一）应明确取之于敌补给自己的补给原则，须很好的组织力量进行边打边收容。今天的弹药困难是事实，即便有弹药，这样长的运输线也运送不上，因之不能单靠上级来补充。

（二）此次弹药补给方法，根据战斗任务之实需做到有重点的随时补充，不能搬运固定攻坚战斗的全部堆积于前方的供应方法，更应纠正过去弹药所重叠，逐级积压弹药之现象。

（三）弹药之运输方法要求按级向上级领取搬运和上面尽量争取往下运送，下面基本上还是采取领取、输送二者相结合的运输方法。

（四）严格执行战时弹药报告制度，以便求得了解情况，做到及时供应。

（五）缴获之械弹各单位除按编制留用外（同样需很好的报告留用数）并须准确而迅速将多余上交，以便保证行动之灵便和使各级后勤能跟得上部队之机动。

四、战斗器材之筹管使用

（一）军用器材各单位按每师三套编造预算修补之。

（二）作业器材之筹备（包括锹、门板、木杆等）原则是就作战位置划分地区就地筹借（各单位所需之具体数目，须经纵师批准，不得随便乱筹）。应严格执行筹借规定，一律使用三联单。

（三）应注意器材之收管工作，组织随时收容，尽量做到前后交替使用，将后边用不着之器材拆除用于前边，以免冻结器材而浪费民力。

（四）战前须计划有组织掌握政策的筹借，战后须做到及时发还。

（五）过去分到部队抬军用器材之担架民工，各单位务于 8 日将器材集中于各师驻地，将担架民工迅速归还纵队担架团建制，以便及时接受伤员转运之任务。

五、伤员收转与治疗

（一）保暖问题

各单位要执行去冬关于冬季作战对伤员背包处理的指示，保证每个伤员离火线后都能盖上一床被子，各级应切实检查。

各团、师、纵队之收容单位应做到一切保暖设施，如保持病室温暖，铺草铺的厚暖且软，遮门堵窗，设火炉供给足够的热饭，防风防湿，特别是伤员的血衣应行烤干或换除。

途中转运伤员，应严密盖好，利用热砖、热水袋、保温袋等给伤员保暖。

（二）组织救护工作

抢救伤员尽量用军人搬运法，以缩小目标，动作灵活，避免伤亡。

将普包工作组织好，务使从事普包的战士能善于使用各种绷带材料特别是卫生战士更应善于包扎大的炸伤及出血的伤员，火线应多量准备大敷料，以利炸伤的包扎。

对伤员止血带的使用应准确有效，已扎止血带的伤员离开火线，带应善为检查是否有效，对于既经手术处理的血管伤应求其确实有效，并注意止血带的解除。

火线上的担架员应训练其善于抬腹部负伤的伤员，如担架上设置半坐位或否琉比卧式，火线上之担架员负伤时可大量使用俘虏兵抬担架。

济南战役因敞开气胸填塞的不合适致伤员遭受额外痛苦，今后应严格注意气胸的封闭与合理化的急救以减少死亡。关于关节伤的固定，如腓骨下端折、挠骨下端折，在战场上及各治疗单位应事先进行严格的训练，并求其技术熟练，以减少痛苦及其残废。

（三）冬季防病问题

严格防备感冒，因冬天寒冷，伤员出血后最弱，因保温不佳而变成其他的并发病，特别为普通伤风又因冒寒而致的发热咳嗽，对腹部伤员最多不利。为了更好的爱护伤员，除多抢救伤员的性命外，还要严防冬季作战所可能发生的季节病。

对部队卫生要以最大的努力保证体力的健康，减少非战斗减员，如天冷时应使战士喝上姜汤或多喝些增加体热的稀饭。冒风行军应督促战士闭着口用鼻子喘气，汗后别因热闷而脱衣摘帽子等。遇水后应用力摩擦使其恢复热度，已发生冻裂脚者可发扬友爱背过，多者可涂本伙食单位之猪油，涂一层薄猪油，由于脚部这样既能隔暖，又能使脚被水湿了后不致惹起组织因冷却而发生凝结的变化——冻伤。

（四）轻伤员的收容和治疗

师、团收容半月能治愈的轻伤员，纵队则收容月内能治愈的伤员（此一工作济南战役收效不小，此次战役的轻伤员仍应如此发挥其效能）。

（五）担架使用

接受战斗任务时仍执行过去的规定，即各师原建制之担架运外，另附一个连负责由团到师之转运，并争取向纵队转运一部分，至于此次战役担架之使用计划则由担架团召集各师掌握担架之干部研究之。

以上各项望各部研究执行是要！

司令员　聂凤智

政治委员　刘浩天

副参谋长　叶　超

摘自华野九纵司令部《淮海战役后勤工作指示》，1948 年 11 月 6 日

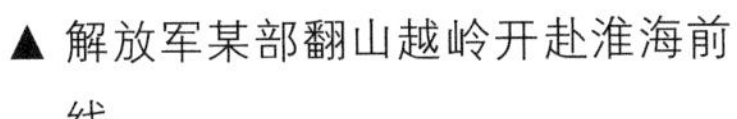

▲ 解放军某部翻山越岭开赴淮海前线

▲ 解放军某部渡河向淮海战场挺进

▲ 解放军某部战士乘火车开赴淮海战场

战地报道

向淮海前线挺进——记陇海部队某团十二连的进军

穿过平原上一个个的村庄，涉过黄汛区和一条条河流的阻拦，解放军钢铁的行列在挺进，向东方，向淮海战场。

部队早已经过深入的动员，每个人都深刻了解这次作战的意义。在出发前指导员刘捷同志向战士们发出问题："今天我们走 80 多里地，大家能不能硬过去呀？""能！"得到的是一致的坚决的回答。是的，大家的意志是坚决的一致的。我们还可以听到指导员和一个战士的谈话。指导员问："你对参加淮海大战有什么感觉？"答："很光荣。""为什么？""因为这个大战是最大的，空前的，不但要决定全中原的解放，还要决定全国革命的胜利……"

一个战士走得稍微慢了的，队伍的间隔拉宽了，另一个战士立刻提醒他："喂，脚底板要硬呀！"这个战士抢前两步跟上队，一边说："你放心吧，我一定要硬过去的！""要硬"这是每人在作战动员时表示的决心。大家的口号是：参加淮海大战要做到"三硬三比"，"三硬"是：头皮硬（意志坚定），脚底板硬，打仗硬；"三比"是：比行军互动，比团结巩固，比纪律齐整。在这个口号下，各个班与班之间，组

与组之间，个人与个人之间，都订出条件，开展了竞赛。现在到了开始实行诺言的时候，谁也不肯落后的。

三排长郭文祥一路上，给战士背背包，扛机枪。一排长郭成则帮助炊事员担油桶，一个战士有病不好淌水，他就马上把他背过河去。七班长过去在豫西行军“七十二道（水）脚不干”背病号过河是出了名的，这次冒着严寒照旧背病号淌水，绿豆楂刺破了他的脚，血流不停，他还是来回的背。指导员从旁边走过，四班战士忽然发现他也背着背包，问过之后，才知道他已给本班走在后边的一个体弱的同志背了 20 多里路了。当大家争着要把背包接过来时，指导员却坚决不肯，背着背包走到前面去了。

嘹亮的歌声飘荡在队伍的上空，没有参加唱歌的就自然地开起行军中的讨论会：“估计一下，这个仗的结果会怎样？”“自然是敌人全部被我们歼灭……”“不，我看有的要起义……”忽然从后面传过来：“往前传！胜利消息，东北解放长春！……”于是热烈的欢呼声在队伍中间沸腾起来：“庆祝东北大胜利！”“到淮海前线去打大胜仗！”“歼灭敌人解放全中原！”……

（陇海部通讯）

摘自中野政治部《淮海战役通讯集》，1949 年 1 月，第 1—2 页

◀ 中野协同华野作战，某部千里行军开赴淮海前线

中野二纵向淮海前线行进

风吹扬尘，黄叶纷飞，长空飘着几片白云，太阳的威力也已经消灭，平坦而广大的豫皖苏原野上，一支英勇健儿——人民解放军的行列在前进。骑兵在田野里奔驰，炮兵的行进嘎嘎作响，谈笑声和一阵阵欢腾雄壮的歌声，冲破了这秋末的十月的景色。

成群结队的男女老乡，都以羡慕和热爱的眼光，目不转睛地望着这支严肃而整齐、向淮海前线挺进的队伍。但，这旺盛而沸腾的士气，这紧速的步伐，使他

们绝看不出是刚刚走过中原五个解放区，在短短两个月内转战 2500 里的远征军。

披星戴月的行程，接近了淮海战场，战士们自豪地前进，议论着参加徐州会战的光荣。争取淮海战役立功的热潮，轰动着全部队。从班排连直到互助组和个人，都重新提出挑战竞赛。焦全福和杨文堂同志有信心争取挑战的胜利，在行军集合前后的短促时间，自动地演习攻击动作。梁风青、张有勤同志研究如何构筑工事。沈永堂和万长根积极互助病号拿东西，谁也想抢到自己手里来。指导员马春林抢着给炊事员扛米袋子。身上长着疮的炊事员张明华同志，不但不掉队，还挑着重掂掂的油挑子。简殿魁累得满头大汗，有点不高兴，唐少青同志便马上向他解释："参加徐州会战是最光荣的！"

八十复八十，三百多里的征途，四天走尽了。11 月 19 日下午当蒙城移近眼帘的时候，我无畏的勇士们已进入了淮海战场的前哨阵地。

（重生）

摘自中野二纵政治部《淮海一月》，1948 年 12 月，第 10 页

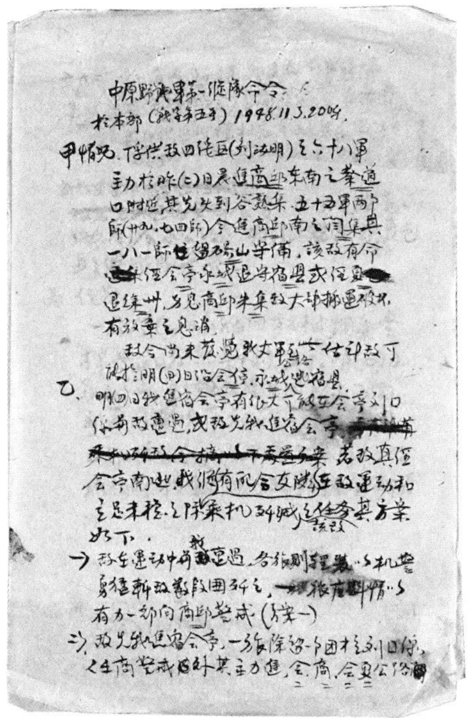

中原野战军第一纵队命令

1948.11.3.20时

▲ 中野主力向陇海铁路商丘、砀山线南侧地区挺进，进逼徐州。此为中野一纵于 1948 年 11 月 3 日 20 时下达的"战字第五号"攻打刘汝明部作战命令的草稿

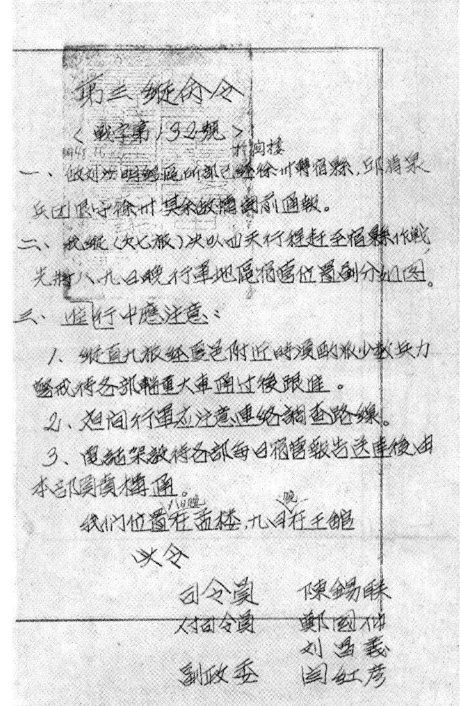

第三纵命令

此令

司令员　陈锡联

副司令员　郑国仲

刘昌义

副政委　阎红彦

▲ 中野三纵 1948 年 11 月 8 日于关楼下达的以 4 天行程赶至宿县作战的命令

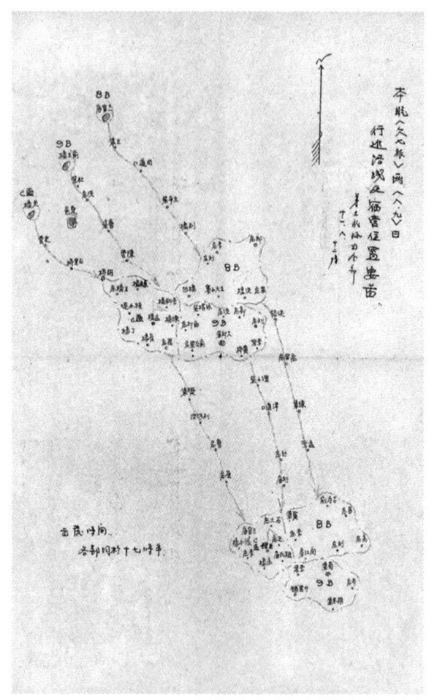

▲ 中野三纵 1948 年 11 月 8 日颁发的赶至宿县作战命令所附的行进路线及宿营位置要图

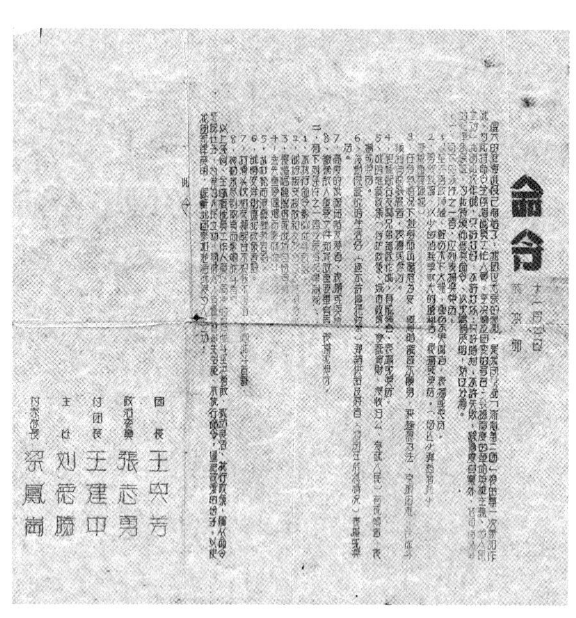

命令

政治委员 张志勇
付团长 王建中
主任 刘德胜

▲ 华野十三纵一〇九团于 1948 年 11 月 7 日颁发的对部队的奖惩命令

▲ 中野四纵向淮海战场挺进，11 月 7 日行至永城

▲ 解放军某部骑兵队向徐州前进

▲ 担任佯攻任务的华野三纵、两广纵队和冀鲁豫军区独立第一、三旅，从鲁西南地区向徐州进逼

▲ 华野三纵渡过黄泛区之新黄河向淮海战场挺进

不放过杀敌机会　华野十二纵某部五连向团首长请战

营首长并转团首长：

我们有一年多未打过仗，这次来山东配合攻济南，孬种的敌人头也不敢伸，我们又是一枪未放，真急得我们摩拳擦掌。全国各处捷音传来，眼看蒋匪兵慌马乱，这是我们大量歼敌的好机会，我们又经过了短期的军事学习和政治学习，在军事技术上、政治质量上都大大提高了一步。我们身体健康，士气旺盛，正积极地准备着待命出征，我们请求首长这次分给我们主要任务，从实战中去考验和锻炼我们。我们保证在战中开展军事民主，大家想办法克服困难，战术上做到边打边研究，勇气与技术结合，彻底完成首长给予的光荣的任务，以最大努力来回答毛主席第三年作战计划的号召，希迅速答复！祝首长身体健康！

敬胜利礼！

五连全体指战员敬上

11 月 5 日

摘自华野十二纵《战号》（火线版）第 31 期 1948 年 11 月 9 日

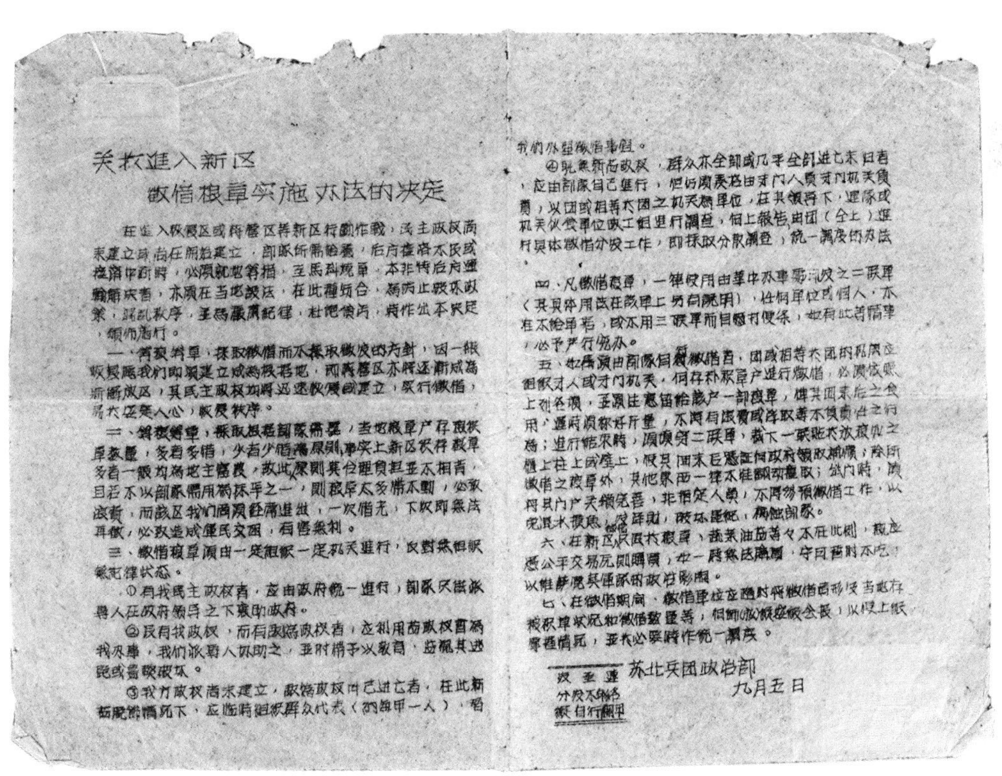

关于进入新区
征借粮草实施办法的决定

在进入敌占区或游击区等新区行动作战，民主政权尚未建立或尚在开始建立，部队所需给养，后方运济不及或接济中断时，必须就地筹措，至马料粮草，本非带后方运输解决者，亦须在当地设法，在此种场合，为防止破坏政策，扰乱秩序，违反群众纪律，杜绝偷窃，特作如下规定，须切实执行。

一、筹粮筹草，采取征借而不采取征收的方针，因一般敌占区我们即将建立成为根据地，而游击区亦将逐渐成为[illegible]区，其民主政权均将迅速恢复或建立，实行征借，易于稳定人心，恢复秩序。

二、征粮筹草，采取根据部队需要，当地粮草产存数额，多者多借，少者少借为原则，事实上新区农存粮草多者一般均为地主富农，故此原则与合理负担并不相背，且若不以部队需用为标准之一，则粮草太多带不动，必致浪费，而敌区我们尚须经常进出，一次借光，下次即无法再借，必致造成群众[illegible]，有害无利。

三、征借粮草须由一定组织一定机关进行，反对无组织无纪律状态。

①有我民主政权者，应由政府统一进行，部队只能派专人在政府领导之下协助政府。

②已有我政权，而有敌伪政权者，应利用敌政权为我服务，我们派专人协助之，并附带予以教育，防止其逃跑或暗中破坏。

③我方政权尚未建立，敌伪政权均已逃亡者，在此新区特殊情况下，应临时组织群众代表（约每甲一人），帮我们办理征借事宜。

④既无新旧政权，群众亦全部或几乎全部逃亡未归者，应由部队自己进行，但须严格由专门人员专门机关负责，以团或相等于团之机关为单位，在其领导下，组织或机关供给单位与工组进行调查，向上报告，由团（全上）进行具体征借分发工作，即采取分散调查，统一调度的办法。

四、凡征借粮草，一律使用由华中办事处印发之三联单（其具体用法在该单上另有说明），任何单位或个人，不准不给单据，或不用三联单而自写打便条，如有此等情事，必予严厉[illegible]。

五、如需要由部队自行征借者，团或相等于团的机关应组织专人或专门机关，向存补粮草户进行征借，必须依照上列各项，并须注意留给该户一部粮草，使其回来后之食用，过时须称好斤量，不准有浪费或浮报等不负责任之行为；进行借取时，须填写三联单，截下一联贴于放粮处之墙上柱上或壁上，使其回来后凭证向政府领取补偿；除所征借之粮草外，其他东西一律不准翻动拿取；出门时，须将其门户关锁完善，非指定人员，不得参预征借工作，以免混水摸鱼，[illegible]，破坏纪律，腐蚀部队。

六、在新区内征借民间粮草、蔬菜油盐等等不在此例，仍应按公平交易原则购买，[illegible]，以维护我兵团部队的政治影响。

七、在征借期间，征借单位应随时将征借情形及当地存粮草状况和征借数量等，[illegible]，以便上级掌握情况，并于必要时作统一调度。

[illegible]
苏北兵团政治部
九月五日

▲ 华野苏北兵团政治部于战前下发给连队的《关于进入新区征借粮草实施办法的决定》

华野九纵行军路程中政治工作几点具体经验

适应战士心理及时提出鼓动

领导干部必须抓紧战士在行军过程的心理（普遍关心路程远近，道路情况）。王宋团一连此次是这样组织的：支部将第一天行军 30 余人掉队，部队情绪不高作了检讨，主要因道路难走，疲劳了谁也不说一句话，没有鼓动的。第二天他们由文化干事负责根据行程及道路的情况在部队中广泛地组织与运用“士兵诗人”，根据情况作好快板诗，适时适地地及时提示。

在第一段休息的行程中，天还不黑，该营队在路上写上“同志们快进庄，村里烧的好热汤……”等口号，大家看了知道好休息了，情绪即刻活跃起来。

在继续前进要爬山时，即提示：“喝足水，吸袋烟，准备力量好爬山……”

在爬山时事前尖兵中的积极分子在山顶上喊：“咬紧牙关，握紧拳，爬过山顶是平原”及“同志们赶快上，山顶上真风凉……”但要注意要切合情况而不是欺骗。

爱惜积极分子体力　有计划使用劳力互助

部队情绪动员起来之后，体力互助便很积极，这是好现象，但易使积极分子疲劳过度，体力和精力受到影响，妨碍到达目的地的工作进行。起初应尽量的动员自己坚持，到了将到目的地或行程过半、体弱者确难坚持时，积极分子体强者将积蓄的力量进行一部分帮助，以免将体力事先浪费，到了最艰苦的时候谁也没有力量照顾谁的现象。

大小休息时都能发扬提出问题

干部必须有高度的责任心，在休息时间中，班、排将每一段行军中的模范表现予以发扬，将发生的问题以三言五语的简单明确的方法向部队提出，部队到达目的地在看防区时，政指在全连中进行简单讲话和表扬。

总之，在连续行军中，干部积极分子应根据部队的思想特点，有一点时间作一点工作，才不至使工作产生漏洞。

（石磊）

摘自华野九纵《胜利新闻》第 52 期 1948 年 10 月 31 日

华野九纵王孙团[1]五天行军艰苦互助好 政委、副团长不骑马　连长、指导员扛炮弹

【战友团站讯】王孙团在五天的行军表现了两大特点：

第一、自上而下由干部到战士为了行军的胜利发挥了高度的艰苦精神。孙政委、张副团长几天行军都没骑过牲口，让马驮政治处和参谋处的文件。三营机枪连连长指导员不但和战士一样背大衣，而且还和战士一样扛炮弹，感动的济南解放战士盛炳中说："真是官兵一致，咱再不能拿可真对不起上级啦！"许多济南战役负伤的连级干部仍一样带领部队进军，六连政指由宗林子弹皮还没取出来，腿肿得很重，不叫苦，积极动员部队。一连政指方兆修才从医院回来就出发，仍表现艰苦模范。六连孙保玉同志是归队来的，腿很痛走路一步一瘸，但他扛机枪的时间最长，别人看他太不行啦，给他换换他也不给，并说："革命是艰苦的，不吃苦怎能打倒蒋介石。"三机连最活跃，头一晚行军天黑路滑，大家互相拉拉、鼓励。三排副蒲立德一休息就把八班围成一团讲红军故事大家听。一班陈吉文见后面小陈拉了距离就唱"锯大缸""你看你怎么拉下距离？"后面班副接唱："不要硬跑大步跟！"全连一夜无一掉队的。

第二、五天的行军表现了新老团结，互相帮助精神是很好的。二连钟振芳同志把自己的鞋脱给济南解放战士王德皮穿，自己赤着脚走；九连战士衣宝皮同志自己跳到河里抬着桌子，叫大家从上面顺利过去河；三机连排长刘仁田同志战士一拉队他就帮他扛着炮弹，过河到难走的地方他一个个把全排都拉上自己才走；九连马光明同志才从医院养伤回来，伤口没好，一路帮机枪班副扛小炮。

（滕元兴、王序金、林树卫、董毅、周估、胡一连、宫茂召、谷均礼）

摘自华野九纵《胜利新闻》第 52 期 1948 年 10 月 31 日

华野四纵爱护民工部队露营

【东海一大队消息】2 日晚，我们一大三中队在牧家庄宿营，那庄有 80 户，曾给鬼子烧过，很多房子都破烂，本来我们已很难住下，而又有胶南县支前民工 750 余人住着，我们 300 余人及 100 多匹牲口毫无办法，为了团结照顾民工，只住了

① 编者注："王孙团"为华野九纵二十五师七十四团。

20 余家，大部分人马都在外面露营，大家还很高兴地谈着："民工是我们打胜仗的重要力量，应该发扬友爱团结精神，照顾他们，我们忍受些艰苦，克服困难，是光荣值得的。"

（战地通讯员　王宝山）

摘自华野四纵《战地新闻》第 788 期 1948 年 11 月 17 日

阵中日记

华野司令部作战股股长的日记

11 月 2 日　野司开始行动，由曲阜进至泗水城宿营。

11 月 3 日　进至卞桥、应山。

11 月 4 日　至平邑、地方。

11 月 5 日　至费县、申家村。

11 月 6 日　至艾山、朱陈。

11 月 7 日　至庄坞。

11 月 8 日　至马头。淮海战役已于今（8 日）晚发起。敌由新安镇往徐州方向逃窜。我各纵积极向运河车站猛插。

11 月 11 日　野司经运河车站进到陇海路南花庄指挥。

摘自秦叔瑾《战地日记》，江苏教育出版社 2006 年，第 109 页

华野一纵作战科科长的日记

10 月 26 日

（淮海战役开始第一天）

①整日阴，黄昏时冒雨出发，从白家楼经桃村车站从孔村过河，至曲阜东 30 里三角湾宿营，约 70 余里。

②地形：1. 主要是泗河，下了一天雨，河水约深一米，孔村可过。2. 三角湾在公路北 2 里多路，沿公路走就是村庄。

10 月 27 日

①本来继续走，后又令就地停止待命，重新研究部署。

②周曼天参谋昨晚无被睡，我对他们照顾不够。

10 月 28 日

①通报各部二天中工作，主要一是传达研究会材料，二是要做军事上嘉祥来之综合报告。

②晚上听刘飞、张翼翔首长谈，知道纵队级干部将相互调动。这个办法很好，可以从根本上打垮本位观念、保守观念的存在。

10 月 29 日

①东北大捷，又歼敌 12 个师。

②仍在原地未动，说部队仍可能按原定方向行动。

10 月 30 日

①情况：黄已东靠阿湖，李以李集为中心，而二〇〇师亦东来，敌人都集中到东边来了。

②任务：今日仍未动，闻基本上不变。

③从各师参谋汇报得知：部队在架桥、重机枪超越射击都有进步。一师创造了迫击炮能空射的新技术。

10 月 31 日

①情况：原知黄匪东去城头、房山、阿湖，后知昨回新安，二十五军尚在阿湖。

②任务：定 5 日我抵临南，8 日开始战斗。

③本日行动：至下桥为中心集结，行 70 余里，很疲劳。令侦察营与张科长在邵家湖汇合南下，进行战场侦察。

11 月 1 日

①晨在下桥，晚抵平邑东 5 里之毛家凹宿营。多日未行动，昨天一夜行军，今日极为疲劳，见多数同志皆如此，所走的都是 46 年初原一纵教导队北上的路，但竟印象无存，只有过泉林时看有很大的泉水，才略有印象。

②工作：1. 上午布置了二天的行动部署，及粮站。

2. 下午草写了 10 月份军事工作综合报告。

3. 心得：下围棋用到的“且看敌人如何动作”作为一切工作的起点，是很重要。

11 月 2 日

①行动：由毛家凹沿泗费公路，至十五里亭宿，长 70 里。

②工作：1. 布置了 3 号各部的营地。

2. 重新写综合报告，知道应有提纲。

……

11 月 3 日

①行动：自十五里亭至临西北 30 里之刘王家诸里，长 70 里。

②今日得报沈阳已全部解放，东北全境已无敌。

③工作：通知各部准备投入战斗。晚又重改部署发至各师。

④行军中偶得“人民军队歌”一段，记如下：

我们的队伍挺向那南方，我们的旗帜插遍了全中华。

……

11 月 4 日

①情况多变，任务来电报知暂在郯马南集结随九、六纵后参战，今日进行集结，以东西高都为中心。

②工作：1. 部署了集结位置及解决架桥、大车过河等问题。

2. 草就了要各级送呈战斗要报工作的一封信。

3. 就大家都先出发问题予以处理。

③夜行军时又得词二句：我们像黄河的水，奔向海洋。

11 月 5 日

在原地休息一天，上午布置架桥的事，并通报部队争取时间恢复疲劳，准备粮食。下午开处务会议，张副司令对此次战役思想上提出了连续性，各级司令部要组织火力和技术攻坚，对侦察、通信、联络都有明确规定。晚参加纵党委研究作战任务，提了一些意见。

11 月 6 日

上午师干研究作战部署，廖政国首长提了几个问题，对机关、部队很重要，一是要分段挖交通壕，二是运粮草，三是送伤员。下午部署当晚行动，晚从李庄过桥至朱家庄，连夜赶写战役军事工作指示，很吃力。

11 月 7 日

①情况：一百军调杨家集、程家集地区，企图增援郯马。郯马已包围，预定是今晚解决。

②行动：今日全纵过了河，纵司驻岭南头，至此全纵已进至进攻出发地。

……抓紧时间布置了战斗开始后的参谋工作。

摘自华野一纵作战科科长唐棪的日记

◀ 解放军随军记者在黄滩附近铁道旁集合，准备参加淮海战役采访

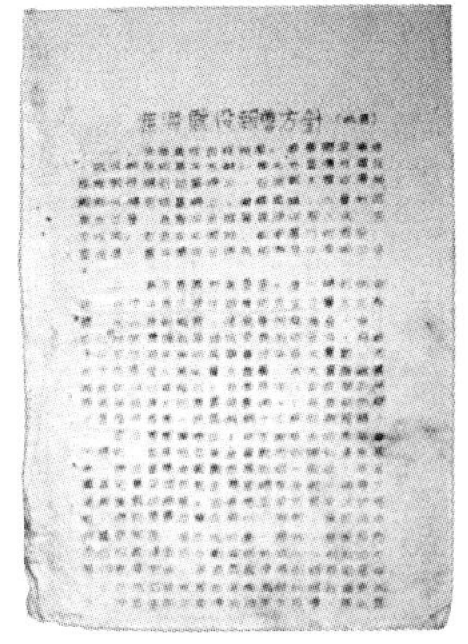

淮海战役报导方针（初稿）

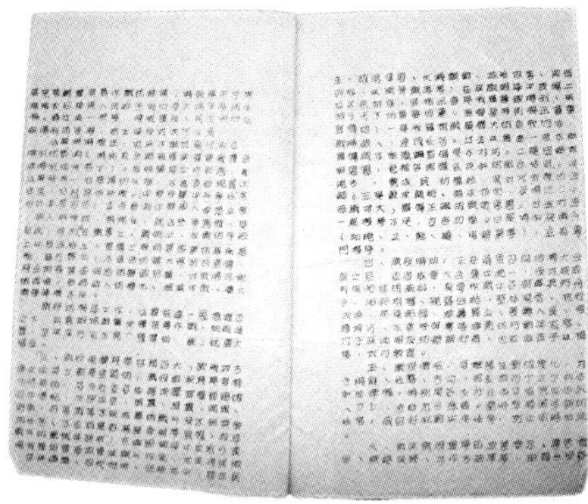

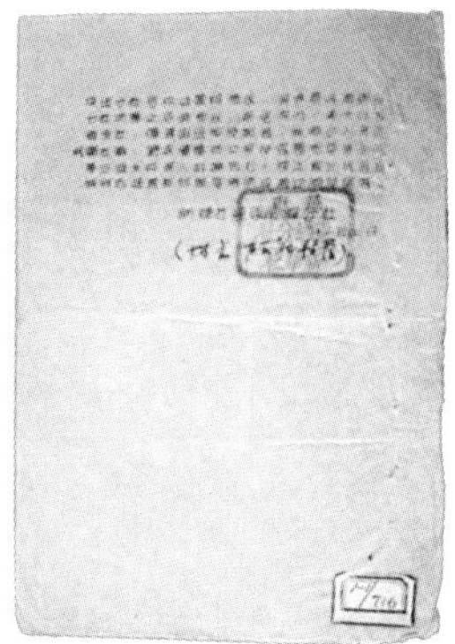

▲ 此为新华社华东前线分社于 1948 年 11 月 2 日印发的《淮海战役报道方针》。小 32 开，黑色油印。全文共分六个部分，着重强调“战役报道的基本方针，是充分宣传我军在济南战役胜利的基础上，在刘邓大军收复开封、郑州胜利的基础上，继续前进，大量歼敌有生力量，为解放全部华东及中原而努力作战。应当以此精神，组织专门报道，并把这一基本精神在所有的报道中表现出来”

战地记者的日记

11 月 2 日　晴

平邑保定庄—铜石地方—员外庄（78 里）

此去铜石 35 里，都是碎石山路，薄底鞋，暗星夜，走起来磨着脚底板疼，还是乘着白天好走。

路上庄庄扎着松柏彩门，公利庄石头墙上，三年前的石灰标语“日本已无条件投降”等，还赫然在目，鲁南山区的老根据地风光又来到了。

一口气赶到 25 里，到了小官庄，在碎石上坐下，且写上一段日记再走。

过了铜石就上了直通费县的公路，天完全昏黑下来的时候就到了今晚的营地。公路上遇见一战友，与他拉拉部队的情况。过去还算热闹的“地方”，现已冷落不堪，受到了敌人严重的残害。三过“地方”，画出了全国形势一个鲜明的图景。第一年北撤到费县，雪天过“地方”（还记得我在泥浆中把鞋带搞断了，鞋子张开大口，只好赤脚走，把脚趾都冻僵了。到了空落落的大槽坊里住下，还争着提起两个瓦罐子，到井边接连担了三四挑水，回来烧洗脚水，煮面疙瘩，又到村公所去接洽借铺草，在冰凉的泥水中来回奔波，天黑了才进房子烤雪花打湿的棉衣裤，那时又何等热情、艰苦与朝气蓬勃）。那时山东除济南、青岛、潍县外，都是解放区，双减生产，拥军优抚，地方上搞得轰轰烈烈。去年 2 月，莱芜战役前，又在泥浆中二过“地方”，那时蒋匪正对山东进行着绝灭人性疯狂的重点进攻，到处残杀抢掠，自此以后，鲁南就进入拉锯状态，直到山东大部沦陷敌手，但经过军民一年多苦斗，“地方”终于巩固地重归人民之手，而且山东除青岛外全部解放了。打开了济南府，逼走了烟台、菏泽、临沂的敌人，今天第三次路过“地方”，却正是我们浩浩荡荡向前进，向南面打出去，大踏步稳固地向蒋匪巢穴进军的“过路”。敌我力量已起了基本变化，蒋匪军大量被歼，战略要地一个接一个变成了人民城市，今天已到了敌人全部覆灭的前夜了。随路标摸进营地，儿童团正在集合起来准备到公路边欢送南征大军。在村公所里与村长拉起来，才知道他是去年 7 月，我们打开费县城，把他从牢狱中救出来的幸免人之一。我们围攻费城正急之时，那泯灭人性的白佞狱吏，接到了王匪洪九的“清狱令”，就整日的在城东北空场地，刨上了二三十个大坑，把无辜的、善良的人民，以及为人民服务的村干、指导员、农会长、村团长，甚至识字班长、妇女会长，二三十个、二三十个用刺刀逼着跳进坑内活埋，绳子捆着手，土没头没脑压下来……就这样，据那村干回忆：“六七昼夜就活埋了 260 多人，里面还有 14 个女的哪！”那时八路军如打进城迟了一步，他就“毁”啦！“给八路办事的，一概劈了！！”这是杀人魔王蒋介石和他的大小喽啰们的“杰作”，20 年来，这帮匪徒们的手上，已染上了多少人民的鲜血。

一家大门内正映出火光，甄金林房子还没分配好，秋夜好冷走进门，那大娘让我“烤烤吧！同志”。我开始发觉大娘和她的女儿都还穿着夹衣单裤，破破旧旧的。原来她们的东西都叫蒋匪军三番四次地搜走了，现在收了地瓜，还能喝点地瓜糊糊，还得掺和着地瓜秧子（叶子）吃。在门槛上，一位 13 岁的小闺女也蛮懂事地和我拉起蒋匪的罪行，和她们凄惨的生活情景来。抬头看时，屋顶透进星光，今年的淫雨把很多的房子都下毁啦！没有草，没有劳动力，修不起来。

11 月 3 日　好太阳

费县员外庄—费县城—戴家村古城子（80 里）

还是先出发。重获解放不久的费县城，经过战争的摧残，与往年比起来，这小山城已显得更冷落破旧了，很多石头垒起的房子塌着，很多房子没有了屋顶，偶尔，路边还有几家正在用石头重新垒起墙来，在修筑他的故居，只有十字街头摊贩还多，尽是卖吃食的。

1 日，东北解放军攻占沈阳，东北全部解放了。当我把这胜利消息，告诉沿着公路走着的部队同志们时，引起了一阵兴奋的欢呼："他们进步得真快。""再休息一二个月他们可进关来解放北平、天津、保定了。"战士们一路走一路兴奋地议论着。

二架敌机就在我们头上掠过，这时，公路上牲口、部队，正浩浩荡荡地行进着，敌机就像瞎子一样飞过去了，在费城附近才扫了几梭机枪。

今天路显得特别长，太阳远远落下地平线了，还离营地十六七里路，与小杨俩继续赶，又没路标，总算没摸错路，买了点豆腐、萝卜煮汤喝得蛮痛快——肚皮早就饿得咕咕叫了，腿又酸，真……

这庄二家地主跑了，群众又翻身了，全庄空院落多，12 家佃户只有几口锅。休息在卖豆腐的老大娘家里，她一面热情地接待着我们，到地里拔萝卜，洗呀切呀，一面又亲切地与我们诉起蒋匪军如何来吃她的豆腐，五六块一吃，香烟五六包一拿，都不付一个子就走了，就这样把一点血本都搞光了。蒋匪军为了住房，竟不讲情理地把她全家五六口人要赶到露天去……

11 月 4 日　晴

古城子—临沂城—东高都（东南 55 里）

四架重轰炸机，上午就来到临沂附近盘旋扫射，连续搞了好几个钟头。出发前，江部长回来说："脚痛先走的机要员给飞机打死了。就是打倒他一个，子弹打在头上。"我吃了一惊，怎么？叶林打死了？咳！是新来的机要员，我还没见过一面呢。像这偶然的死亡，使人觉得太可惜，是不应该死的竟然死了。——怪他太没有军事常识，公路边的沟沿不利用，而慌乱地在开阔地上奔跑。

夜过临沂城，城垣给蒋王匪徒修得整整齐齐的，夜幕中显得分外高厚深邃、壁垒森严。但在我们强大的攻势面前，匪徒们丢弃了苦心构筑的、流洒了千万人民血汗的深沟高城，望风而奔，我们不发一弹地就将山东解放区早先的首府解放了，使之重归人民之手。

因为没有经过战斗，城内一切完好无损，马路就显得特别宽阔起来，四五路部队浩荡地向东向南奔腾着，街头上到处闪亮着荧荧的煤油灯。——部队接连过好多天了，蒋匪与美联社惊呼道："共军已有六个强大部队密布在徐蚌，以阻止可能由南京北上的援军……共军如向徐州左翼迂回，必须克服水网、河川密布的困难……"东北的全部解放，匪徒们在惶惶地揣测着，这一支强大野战军入关后，先取平津呢？还是先下华东，加强华中的攻势？……

今晚 11 时 3 刻就到了营地，沿着公路走，一路畅行无阻。

11 月 5 日　晴

临沂东高都（城东南 15 里）

在此集结待命投入战斗，午后起床重新调整房子，忙了好一会。

浏览《人民日报》、《新民主报》、《大众日报》……从报纸中吸收丰富的精神食粮。读了赵树理的中篇小说《邪不压正》，是描述解放区农村深刻变化的一幅缩影，反映农村二个时代，敌人的统治与共产党来了之后，一直描绘到农村中最近的土改、整党、纠偏……这样复杂的经历，在作者选择的典型人物与事例中——他选择了如福贵与小二黑结婚共有的人物——农村中青年男女的婚姻恋爱问题作为引子，把问题如此生动、深刻地展示出来。这一中篇，与作者其他许多作品一样，依然保持着他明确、简洁、通俗的风格，用语很丰富，他撷取中国旧文学的精华。

《新民主报》的中篇连载《夏红秋》同样是好作品，它更适宜于青年学生读。

读了《人民前线》14 期社论《歼灭敌人机动力量，威逼徐州》与野政颁发的淮海战役的动员口号，及前分的关于这次战役报道的指示。这次战役的特点是敌人兵力集结，增援近，任务可能连续多变，阻援打援、攻坚、分割敌人都可能，如发展顺利，将与刘邓大军呼应乘胜继续扩张战果，歼灭的对象是黄百韬兵团。

今晚休息，半夜里刮起好大的西北风来。

11 月 6 日　晴　西北风

临沂东高都—杨家屯（南 30 里）

昨晚没睡好，人倦得很，工作任务还未交代，还是读报纸。

为了通过沂河浮桥，我们待命到 9 时开始行进。那浮桥是用 43 只丈余长的船只架起来的，很坚固，一直通过了二道浮桥，雄鸡乱啼时才到营地。今晚行程不过 30 里，一路上与王伯喧扯着政工指挥所的工作如何做法。

摘自华野一纵《前锋报》记者张永的日记

二、黄百韬兵团临阵西撤

为改变国民党军各兵团一线排列在陇海线上的不利态势，11 月初，蒋介石委派参谋总长顾祝同到徐州召开军长以上将领会议。会议决定以徐州为中心收缩兵力，以第二兵团集中砀山、永城地区；第三绥靖区部队退守韩庄、台儿庄线；第十三兵团向灵璧、泗县转移；第七兵团退守运河西岸；第九绥靖区部队自海上撤退；第十二兵团由确山、驻马店向阜阳、蒙城开进。后因顾虑第九绥靖区由海上撤退困难，故临时决定其司令部空运蚌埠，所辖第四十四军改归第七兵团指挥，沿陇海路西撤；并令位于新安镇地区的第七兵团原地接应第四十四军，然后一并向徐州转移。

征程回忆

国民党徐州“剿总”中将副总司令兼前进指挥部主任杜聿明回忆
——慌乱一团手足无措

到 11 月 6 日，发现解放军已发动声势浩大的淮海战役时，刘峙在徐州坐卧不安，连电告急，蒋介石始照第一案下达正式命令，令各部队开始行动。但又错误地判断解放军将先消灭海州李延年绥靖区：先令第一〇〇军星夜开海州，增加海州、连云港防务；后又令中途返回，改令李延年向徐州龟缩，并令黄百韬兵团及李弥兵团之一部在运河以东、陇海路以北掩护李延年绥靖区的撤退。另一说顾祝同顾虑到李延年部从海上撤退困难，所以临时改令黄兵团掩护撤退。不管什么原因，都说明这时解放军的声势已经吓得国民党统治集团慌乱一团，手足无措。

摘自《淮海战役亲历记（原国民党将领的回忆）》，文史资料出版社 1983 年，第 11 页

国民党总统府少将参军战地视察官李以劻回忆——侧敌行动局势异常不利

6日午当面解放军约7个纵队主力，已迫近郯城以北费县以南迄台儿庄、枣庄、峄县地区，第七兵团将侧敌行动，局势异常不利。7日黎明该兵团才开始按第一〇〇军、第六十四军、兵团部、第二十五军、第四十四军顺序向徐州前进，先头第一〇〇军之第四十四师到达八义集，即被解放军南线兵团由宿迁北进的部队阻击；其后续在运河桥要口为北线解放军先头部队阻击，于是被迫麇集于碾庄圩附近应战。该兵团之第六十三军则由新安镇向西南前进，企图在窑湾镇渡运河，7日夜被包围，强渡一部过河西，在8日同时被歼。这一序战，该兵团无法集结徐州，将为解放军先行吃掉。

摘自《淮海战役亲历记（原国民党将领的回忆）》，文史资料出版社1983年，第68页

战俘对第七兵团撤退情形的检讨

一、淮海战役前敌军态势：

济南战役后，蒋匪为应付我之向南进军，乃放弃开封、郑州等地，集中兵力于商丘、徐州之线，以邱清泉兵团为主，孙元良兵团为辅以防止我军南下中原；以李弥兵团守徐州，并推进到炮车一带；以黄百韬兵团防守陇海东段，驻扎在新安镇至阿湖之线，以防止我军南下苏皖。同时，并准备将东北守军一部撤至新海一带，以加强陇海东段之防务。其后因东北守军全部覆没，故在10月底曾命令新海四十四军及九绥区等部队秘密准备由连云港撤退。至11月3日，又改变计划，决定继续确保新海，将一〇〇军东调海州增援。11月4日，一〇〇军已从新安附近东进，并由六十四军在其侧后跟进，担任掩护。11月5日，再度变更意图，一〇〇军、六十四军返回原防……

二、敌人对情况之判断及处置：

（一）敌人最初判断我有大部队在单集、丰县一带集结，并准备南进。

（二）继又发现我有6个纵队的兵力，由曲阜、临沂南下，但估计我还不至有歼灭黄兵团之企图，以为我将超越黄兵团南攻蚌埠，孤立徐州，当时判断我总兵力为17个纵队。

（三）根据这样的判断，敌乃决定收缩兵力。徐州以西部队东撤至黄口一带，放弃商丘、砀山，徐州以东则撤出新海、新安至运河以西一线。原拟以冯治安所部两个

军防守临枣之线，李弥兵团防守台枣之线，黄兵团主力撤至八义集一带。并以六十四军防守滩上至猫儿窝一线，六十三军防守猫儿窝至窑湾一线。孙良诚一〇七军防守窑湾以南之段，沿运河一线。形成防御阵地。四十四军则西开徐州以加强防务……

另据俘二十五军部政工处长廖 ×× 供，敌在收缩至运河一线以后，还准备继续向蚌埠一带收缩，并准备放弃徐州。又一说则谓敌人准备在运河以西集中兵力，与我决战。

三、陇海东段敌撤退情形：

11 月 6 日凌晨 2 时，东海敌四十四军接到撤退命令，限在 3 小时内撤退完毕。四十四军当即行动，到上午 9 时才最后撤退完竣。九绥区所部则车运直达徐州。二十五军原在阿湖一带，6 日下午 2 时亦奉到撤退命令。4 时该军一〇八师首先行动，至 7 日上午 7 时 30 分左右，该军四十师才撤完。一〇〇军于同时奉到由高潭沟驻地撤退命令，六十四军则于 8 日开始西撤。以上各部均沿铁路两侧向西撤退。六十三军亦于 6 日奉命取道窑湾向西转进，但到 7 日下午才离开新安镇。

11 月 9 日，黄兵团各军相继拥过运河，到达碾庄附近，运河上只有一座铁路桥，据称，当时拥挤着要过河的则有军民 20 万，其中 10 万为军队，10 万为各地流亡伪政权及一部分被威胁的民众。大家争先恐后，秩序混乱，都认为要开过运河，才能安全。过河部队在桥头上架上机枪，不准其他部队过去。当时骡马、辎重、炮弹等抛弃极多。敌人掩护过河的部队中，一〇〇军四十四师的一三一团和一三二团在河东岸被歼灭；二十五军一〇八师三二四团在河东与我碰上，结果也垮了大部，团长负伤，一〇八师最后到达碾庄时只剩下一个多团兵力。六十三军取道窑湾过河，在路上被我夹击，到窑湾后未能过渡，即全军覆灭。四十四军在一路上每团都散四五百人，更因日夜兼程赶路，粮食缺乏，士兵均疲惫不堪。当时四十四军军长王泽浚即说："部队不在河东被歼，乃是幸事。"但过河后四十四军还算是比较最完整的，总计黄兵团连四十四军在内，未经决战，此时即已损失 10 个团兵力。

六十四军渡过运河后，即在滩上、猫儿窝一线展开，掩护兵团过河。9 日下午，黄兵团又集合继续西开，各部已离开碾庄一带驻地十多里，突又奉命撤回原地（当时一〇〇军在前卫，因其损失最重，改奉命开徐州整补，该军先头四十四师行至曹八集即被我围歼）。其原因为冯治安部三个半师起义，我军已占领临城、枣庄、台儿庄、贾汪，李弥兵团侧后感受威胁，已仓皇缩回徐州，陇海已为我军截断，估计我军先头部队 5 个纵队已南下，黄兵团退回徐州的通路，将在天明时被切断。

据六十四军二五六师副师长陈庆斌供称，根据兵团在撤退时受到我猛烈追击的情形判断，始发觉我军有消灭该兵团之企图。又据四十四军高俘称，9 日晚王泽浚与黄百韬商讨情况，决定：（1）将部队撤至碾庄稍事休息，利用八军在该地之既设工事，改造加强防守待援；（2）四十四军不再开徐州，改归黄兵团序列；（3）掩护六十三军撤退；（4）布置驻地，各军分工警戒。兵团部在碾庄，四十四军在南，一〇〇军在西，二十五军在北，六十四军在东，企图抵抗至邱、李兵团来援。

摘自《战俘对第七兵团被歼经过及得失检讨》

七兵团将要覆没前的逃窜画像

黄百韬在我济南战役胜利后，盘踞在陇海路之东端，日夜提心吊胆，恐怕解放大军围歼。果然解放军于 11 月初真正的兵临陇海路东段了，这时黄百韬更加惊慌失措，于 11 月 5 日命令第九绥区李延年所部于 6 日撤退东海、新浦地区。该部即于 6 日早晨由新浦地区出发向西逃窜，经房山街一天一夜没有得到休息和吃饭。7 日早到达陈头，李延年认为逃出这样远，可以休息了，谁料又接到黄百韬电：“郯城被共军突破，今晚一定经新安镇到瓦窑。”于是疲于奔命的李延年又要继续西逃。同时黄百韬并电：令六十三军于 8 日下午 3 时等其他部队过后，迅速离开新安镇，向瓦窑方向后撤。谁知六十三军没有跑到瓦窑就被我军在堰头、窑湾全歼了。而黄百韬却早于 7 日晚坐火车到碾庄车站了。

据四十四军一五〇师四五〇团上校团长杨南邨称：“8 号，一〇〇军、二十五军、六十四军向西溃退，黄昏前到达运河桥。这时部队是十分拥挤，互相争着过河逃命。黄百韬令六十四军在运河西岸作掩护其他部队过河，但由于部队的紊乱，车、马、人等互相踩踏，光桥上人被马、车踏死者不下 500 人，掉河里淹死的将近千人，只要前一个跌倒了就不能再起来，车、马就从人身上通过。”杨南邨最后悲痛地说：“我从军 20 余载，看到部队的溃退这是最惨的一次！”

中校通讯营长陆如涛笑着说：“这就叫着金命水命不要命，看谁的腿长能逃命。”四十四军军长连汽车都不能坐了，步行过桥，而“汽车将死尸掀到河里后才开过来了”。

最后，四五〇团团长杨南邨说：“国民党不行啦！士气这样低，他怎么能打仗呢？”

（纵政解训处　鲁军）

摘自华野九纵《胜利新闻》第 65 期 1948 年 11 月 21 日

简介

国民党第七兵团司令官黄百韬

黄百韬，别号焕然，50岁，河北天津人。毕业于孙传芳主办之南京教育团及陆大特三期，原为孙传芳旧部，后随徐源泉、上官云相、王金钰等投蒋，历任排、连、营、团、旅长、参谋长，亦一度任过师长。1935年考入陆大特三期毕业后，任军令部参谋，旋为鹿钟麟以同乡关系委为参谋长，随鹿至河北工作。鹿因制造国共摩擦为河北人民唾弃而去职，黄此时仍回军令部工作。1942年黄以军令部高参名义考察三战区各部参谋业务，因而得职顾祝同。适顾之参谋长邹文华腐败无能，为重庆统帅部所不满（尤以军令部为甚），黄趁机得三战区兵站总监廖起贤之推荐乃任顾之参谋长。1944年调充二十五军军长，1946年军整编成师，遂任整二十五师（军）师（军）长。

个性圆滑，健谈，作战谨慎，旧文学有修养，但处人处事仍去不掉北洋军阀派的恶习。渠原为直鲁系，已转蒋嫡顾祝同派，除以顾祝同为背景外，与鹿钟麟、张阴梧、徐永昌等均有好感。但与军校一期生有矛盾，因黄对军校出身者持骄傲自大态度，而军校一期生又以黄为直鲁余孽，不应以军长位置相予，且恶其尖刻圆滑，故彼此裂痕较深。

黄舞弊方法特多，并以贪污所得（军合作社范围很大）来维持收买干部，以特务监视干部，重于室内工作，而轻于室外工作，一般被愚弄干部反倾向于黄。身材中等，头秃上顶，衣饰不大注意，天津尾音，有胃病。

摘自华北军区解放军官教导团第一团编印《敌军高级军官初步调查》，1948年11月，第226页

黄百韬兵团

黄百韬兵团即国民党匪军徐州“剿总”所属之第七兵团，于今年6月组成，以原二十五军军长黄百韬升任兵团司令，辖二十五军、六十三军、六十四军。10月又将第二兵团之一〇〇军拨归第七兵团，共4个军8个师（按：二十五军原为3个师，其一四八师守备徐州以南津浦路上之宿县，不受七兵团指挥，但亦于11月16日我军攻克该城时被全歼）。当解放军发起淮海战役前，该兵团驻守陇海东段新安镇地区。11月6日新浦、海州国民党第九绥区及其所辖四十四军（两个师）弃

城西逃至新安镇，乃亦由黄百韬指挥。我各路大军南下，该兵团即仓皇沿陇海路西逃，企图窜往徐州，但在我军克服疲劳、饥寒、河流等困难，勇敢追击，于9日、12日先将六十三军全歼于新安镇西南之堰头镇与窑湾镇，11日歼一〇〇军之四十四师于曹八集，其余各部队被我追击时杀伤一部外，在新安镇以西以碾庄车站为中心之地区被我紧紧包围聚歼，至22日结束战斗，终将该兵团全部歼灭。除六十三军已于15日本报介绍外，其余各军介绍如下：

二十五军：

该军系由西北军、东北军、川军三个不同系统的部队编成，已完全"中央"化。现任军长陈士章，下辖四十、一〇八、一四八3个师。装备以日械为主，辅以部分美械。蒋贼发动内战后调至苏北之扬州、泰州一带，46年邵伯之战被歼一个团。47年参加重点进攻鲁中，8月南麻战役曾受我严重打击，后进犯胶东，于10月占我烟台。11月海运至浦口，适中原我军对陇海中段举行大破击，威胁徐州，该军乃匆匆北开蚌埠；12月初复调大别山区作战。48年3月调回津浦路南段整补并"扫荡"我淮南地区，5月配合整四师、整八十三师、整七十二师等部进犯盐阜地区被我杀伤近2000。6月集结两淮，经徐州开商丘，7月豫东睢杞战役被歼过半，后调陇海东段，其一四八师则驻守宿县。

六十四军：

该军为粤军旧邓龙光系，装备为蒋械配以部分美械，现任军长刘镇湘。原辖一五六、一五九两师，日寇投降后将广东税警团改编为一三一师拨归其建制。46年底，全军北调至徐州，47年参加重点进攻鲁中，历经南麻、临朐、诸城等战役，遭我重大杀伤。复于10月胶东胶河、高密两次战役被歼近5个团，残部退踞青岛整补，其一三一旅（师）调海南岛补充迄未归建，故仅两个师于今年6月青岛海运连云港，7月经海州、新安镇一度西援豫东。8月复东调新安镇一带，9月与六十三军南犯沭阳，被歼一部，即退守新安镇地区。

一〇〇军（原整八十三师）：

该军原为湘军何键旧部，已"中央"化，装备为蒋械配以部分美械，现任军长周志道。原辖十九、六十三两个师，日寇投降后调至苏北泰兴、靖江一带。46年初经整编改称八十三师，原师改旅。6月蒋贼发动全面内战，该师（军）即首在泰兴、宣家堡之役中被我歼灭一个旅（十九旅），后又在东台、盐城等地被我打击甚重。47年2月配合整七十四师（军）侵占我临沂城，3月以六十七师改编为四十四旅拨归整八十三师建制，故共辖 3 个旅。5 月进犯沂蒙山区，在临（沂）蒙（阴）路被歼两个团。今年三四月间自临沂南调淮阴，5 月初配合整七十二师东犯盐（城）阜（宁）。7 月参加豫东睢杞战役，被我杀伤 4000 余人。8 月其十九旅空运济南增援，9 月济南被歼。旋改称一〇〇军，辖四十四、六十三两个师，10 月中旬自徐州西北地区东开新安镇一带。

四十四军：

该军为川军王瓒绪旧部，军长王泽浚即王瓒绪之长子。辖一五〇、一六二两个师，为蒋械及日械装备。46 年 12 月调来苏北后，由南通经临城、阜宁而至新浦、海州驻守，属第九绥区。该军迭遭我打击，其一六二旅之四八六团今年 7 月于涟水战役全歼，6 月其一六二旅四八四团之第三营于墩上被全歼，其后又在房山街等地被歼一部。我发动淮海战役前，该军即放弃新、海，随同九绥区司令部西逃至新安镇。

（维）

摘自《大众日报》1948 年 11 月 26 日

大剛報

中華民國三十七年十一月七日

臨城地區發生戰鬥
歸綏外圍局部出擊

井郊出擊奏捷
戰事又呈沉寂

TA KANG P

◀ 1948 年 11 月 7 日《大刚报》关于“临城地区发生战斗”的报道

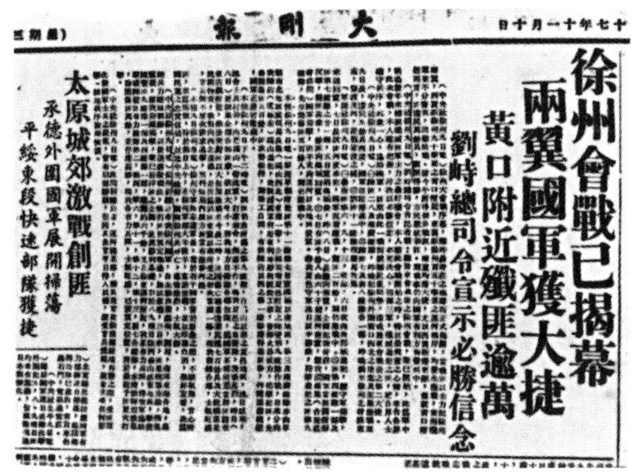

大剛報

十七年十一月十日

徐州會戰已揭幕
兩翼國軍獲大捷
黃口附近殲匪逾萬
劉峙總司令宣示必勝信念

太原城郊激戰創匪
承德外圍國軍展開掃蕩
平綏東段快速部隊獲捷

▲ 1948 年 11 月 10 日《大刚报》所载“徐州会战已揭幕，两翼国军获大捷”的报道

▲ 黄百韬兵团沿邳炮公路向西撤退，慌乱中汽车开进了河里

徐蚌战报

郯城西北发生战斗

【中央社徐州5日电】陈匪新八纵队万余人，昨由临沂李家庄窜抵郯城西北之神山，同时匪张光中部十七团、十九团，亦渡沂河向郯城西码头国军进犯，刻均发生战斗。

【中央社徐州5日电】豫西匪又有调动，陈赓四纵队，昨由南台、博望流窜鲁山附近，孔从周之第三十八军及独八旅，由内乡以北赤眉镇，窜移内乡东南镇平附近。

摘自《中央日报》1948年11月6日

临城等地战斗中

【中央社徐州6日电】陈匪一、四、六各纵队，先后分由邹县、滕县经南阳湖西窜城武以北大田集、南曾集，另部于5日晚南窜临城。刻各该地区均发生战斗，徐州临城间客车今暂停驶。又原窜鲁西之陈匪三、八、十及两广各纵队，刻仍徘徊城武、单县间。

摘自《中央日报》1948年11月7日

徐州情势安谧

【中央社徐州7日电】国军刻以徐州为中心，布置一十字架形阵地，以待共匪自来送死。徐州今日情势安謐如恒，空军不时以大编队，飞往苏鲁豫边境侦炸。市内若干非战斗单位及过境鲁豫流亡学生，均奉命南调，致车站异常拥挤，秩序仍甚良好。

摘自《中央日报》1948年11月8日

郯城、砀山发生战事

【中央社徐州8日电】徐州我防线两翼之郯城、砀山，昨今发生战事，徐北90华里之韩庄，今亦发生前哨战，国军当将犯匪击退。

摘自《中央日报》1948年11月9日

刘峙表示确有制胜把握

【中央社徐州 9 日电】此间剿总公布：运河线某部，乘其长官在徐指挥绥靖任务之际，受匪谍化装国军士兵之扰乱，曾有局部骚动，但因其长官平日待人以德，深受官兵爱戴，故并未受任何影响，该地秩序旋即恢复。

【中央社徐州 9 日电】刘峙总司令告记者称：继豫东会战后之徐州会战，业已开始，此为华中战场数年来捕捉歼灭匪军主力之最好机会。本人际此会战开始之时，特以最兴奋之心情，奉告各界，此次会战，本人确有把握，并决以必胜信念、必死决心，指挥三军，歼灭进犯之匪。望各界人士确守秩序，军众一心，协助国军，以期由此一战捩转戡乱局势，造成豫东会战后之第二大捷。

摘自《中央日报》1948 年 11 月 10 日

史志节选

国民党军大事日志

1948 年 11 月 5 日

甲、鲁南共军陈毅部进至临城、城武、郯城。

乙、商丘及海州国军分向蚌埠、徐州集中，阻共军进犯。

丙、皖北国军孙元良部收复蒙城、涡阳。

丁、华中剿匪总司令白崇禧到南京。

戊、美大使馆通告苏皖美侨撤退，美军顾问团长巴大维亦宣布南京美军眷属撤退……

11 月 6 日

甲、南京军政会议结束，决定实行战时体制……

丙、皖北国军收复阜阳……

戊、物价连日狂涨，食粮仍难购买。

己、美大使馆报告国务院，中国局势恶化，任何军事援助亦于事无补。巴大维报告陆军部，国军失利非由于武器或军火之缺乏，乃由于领导无方，昏聩无能，贪污狡诈。主撤回顾问团。

11 月 7 日

……乙、白崇禧自南京返抵武汉……

11 月 8 日

甲、徐州会战开始，共军分路攻黄口、韩庄及运河两岸。守运河（贾汪）之国军冯治安部师长何基沣、张克侠率 2 万余人投共军。

乙、津浦路南段明光以南及临淮关路轨被破坏……

11 月 9 日

甲、徐州西路第二兵团邱清泉国军败共军于黄口……

11 月 10 日

……辛、杜聿明到徐州，任副总司令……

11 月 11 日

……乙、徐州东路碾庄八义集一带激战，第七兵团黄百韬部第四十四师师长刘鹤声［声鹤］阵亡……

摘自《中华民国史事日志》第四册，“中央研究院”近代史研究所 1985 年，第 803—806 页

阵中日记

国民党军某部军官的日记

徐州　1948 年 11 月 5 日　星期五

……昨日已有总统来徐之消息。附近各军事之高级长官多集合徐州，故将星云集。第二兵团之旅长以上长官亦均来到。昨日仅由顾参谋总长训话，今日第二兵团之长官又集议军事行动，下午邱司令官请客花园饭店，热闹异常。

至下午 3 时突有部队出发之消息，故本兵团留徐州之各长官均即时返回驻地，行动之如此突危，显示情况之紧急万分也。

今日为连长老太太寿诞，各长官意见欲有所表示。经大家之同意，请老太太及其弟弟至饭馆吃寿酒。上午与谭连副至东兴楼定席，但其价之昂，出人意料之外。最低者亦在百二十元以上，改用点菜之经济办法。下午 3 时集合全体官长并用小车接老太太前往。自 3 时起直至 6 时以后方返回。总结所费共为百十五元。

至发薪时将由各官长分摊。

摘自国民党第二兵团第五军某连军官的日记

三、东克郯城打响淮海战役

郯城位于山东南部，与邳县和海州相邻，此地南距陇海路东段重镇、黄百韬兵团指挥部驻地新安镇（现为新沂市）仅约25公里，既是沟通山东和华中两大解放区南北交通的支点，也是华野主力南下作战的必经通道。11月6日晚，华野鲁中南纵队完成对郯城国民党军之包围，8日拂晓解决战斗，歼灭国民党山东省保安第一旅王洪九部3000余人。此战，为华野主力迅速达成战役展开打开了通道。

▲ 华野鲁中南纵队司令员钱钧

▲ 1948年10月19日在临沂城东建师大会上，鲁中南纵队四十七师团以上干部的合影。三排左一为在解放郯城战斗中牺牲的一四一团参谋长胡风诰

简介

华东野战军鲁中南纵队

1948年7月，由鲁中南军区基干团组成华东野战军鲁中南纵队。10月，改编为第四十六、第四十七师，共6个团1.4万人，隶属于华东野战军山东兵团。曾参

加济南战役攻坚打援作战。淮海战役时参加歼灭山东省保安旅、徐南阻击战和追击合围杜聿明集团等作战。1949 年 2 月，与济南起义的吴化文部队合编为中国人民解放军第三十五军，隶属于第三野战军第七兵团。

编者整理

战史摘要

鲁中南纵队进攻郯城

（一）部队经过济南战役后，仅进行了 10 天的休整，即奉令围歼临沂敌王洪九部以开辟淮海战役之支援战场。该敌在我整个战争形势威震下，我未赶到即进窜郯城及附近地区，作黄百韬之外围，我部队即集于临沂东坡埠带整补待命。

部队经此短期整休及四六、四七师整编就绪后，还未经很好的整理，淮海战役即将开始，仅作了此初步的战役准备工作。6 日开始战役行动，首先以我现有的两个师及军区之三个基干团歼灭郯城之敌，以利大部队的开进。

（二）我以四十七师及三个基干团，于 11 月 6 日黄昏发起了对郯城之攻击，经过了一日两夜战斗，该敌遭我严重杀伤，正企图突围。我部队于 8 日早 5 时突入城内，敌除一部突出南门为我歼灭外，余于拂晓前为我全部歼灭于城内。四十六师 6 日下午开始扫荡郯城南外围之敌，除一部逃窜外，将王洪九之保三团（缺二营）包围于于家围子，7 日晚攻击未成功，8 日黄昏全歼该敌，至此第一步任务胜利完成。

（三）郯城战斗结束后，新安镇带敌黄百韬兵团开始西撤，我奉命插至红花埠及新安镇以西地区配合六、九纵队截歼该敌。8 日晚部队即向该带开进，于 10 日早进至新安镇地区，敌已全部西进。复奉令向西追击前进，集于堰头附近。11 日我从运河车站渡河后，经占城镇继向房村、潘塘敌进军，并以一部袭击飞机场，钳制徐州敌东援。

摘自鲁中南前线指挥部《淮海战役第一段落对作战工作上几个问题的归纳（1948.11.6—11.30）》，1948 年 12 月 7 日

战地报道

“北门完全突破了！”——记突破郯城北门的诸勇士

上下两层构筑的郯城北门楼，是高约 1 丈、宽近 3 米的城墙，及从城内地下通出的深厚各 3 米的夹壁式工事环绕着，墙上自东而西开放着数百个发射孔；围墙的上层工事可俯瞰与抗拒我远距离的接近，下层夹壁式盖沟内又可封锁我工兵的近迫。夹壁外围除附有 8 尺宽 3 尺深的水壕外，与壕沟并肩相邻的是一道阔 10 余米、深二三米的大河。河面有南北直通北门的宽 5 米、长达 20 余米中段微凹的石桥，桥北尽处除设有横阻越桥的一道鹿砦、三道外围铁丝网外，自桥中段南去，还有铁栅、拒马、木门铁丝网……层层密布直到北门。此外更有馒头式的桥头大地堡，和左右与夹壁盖沟相通的两个门堡，自然构成了封锁桥头的十字形之交叉火网。惯匪王洪九曾迫令他的大小喽啰，依仗这在半年内驱使郯城及周围数万人民再次加修的一切所有防御工事，幻想阻止我解放军的胜利进军。

在“坚决突破北门，打响第一炮”的口号下，本月 7 号下午 5 点半钟，我六分区一团三连爆破排的勇士们，在我轻重火力掩护下，携带爆破工具，以迅速的动作，一气从北关接近到城门东北角 50 米左右的爆破出发地。按着事先排好的爆破顺序，第一爆破组的卞京玉、潘兆平、王甲堂三同志，各抱起一包炸药，用最低的曲身姿势前进到桥北左角的枯井边。在小潘、小卞各抱 20 斤的黄色炸药直炸门西地堡时，顶头便碰上了横贯桥头外围的一、二、三道铁丝网。为了节省手里的重包炸药，小卞曾连续跑回三次向爆破排长于纪友报告。于排长先后让一组的王甲堂、二组的张中生及董树良同志，以 10 余斤的小包炸药将一、二、三道铁丝网扫清。小卞、小潘再次上去时，又发现横阻桥中段以铁条密网着方形木架的大铁栅。“1 斤黄色炸药可顶 3 斤胶质炸药，要靠它来完成炸地堡的任务……”两人商议后，不约而同地再退回去。向排长报告后，小卞怕小包不管用，夹起一个 20 多斤的药包，向桥中段匍匐而去。当他一触到桥上的乱铁丝，刁滑的敌人立即发现目标，“乒乒乒……”的机枪子弹从小卞头上低低飞过。“只有好好保存自己，才能胜利完成任务！”小卞一想到这点，姿势更加放低了，并吃力地将身子移动到被大车压低约半米宽的凹道上，左耳着地，扁下头再继续爬进。敌人除将轻重机枪火力拼命发射外，炮弹、手榴弹……一连数十个的集中过来，弹皮“啪啪……”

的碰上铁栅、木门、桥身……有些又反击到小卞身上，触到水面爆炸的枪榴弹，铁片崩起河水，直向离水 2 米高的桥面上猛泼。“打吧！不是鱼死就是网破，只要炸药打不响，就会完成任务！”小卞同志一面考虑着，咬紧牙关继续爬进。铁栅靠近了，在他安置炸药时，忽地想起“要把炸药依在木柱上，效力才会更大！”果然，铁栅随着炸药的怪叫摔过了 10 余米的壕缘。“前面还有一道……”话没说完，接着又夹起一包，一直安放到桥南第一道铁丝网。拉弦后，他爬进桥北段的炸药坑内，炸药一响，再机动的爬到前面将地形看好后，一气跑回排长跟前：“报告！前面又发现两道障碍！”当排长发现他想再次连续爆破时，已见他来回数趟，便叫小张去炸第二道。张兆本毫不迟疑地抱起炸药，脑子里立刻泛上白天在岗上早已察看清楚的地形，在我密集火力掩护下，一个曲身小跑，直到桥中段发现敌人打出手榴弹后，才安然伏下来，等排子手榴弹响过，小张第一次完成了所给的任务。紧接着木门的爆破，落到了归队战士田洪玉同志的肩上，小田一想到自己战前为人民立功的决心并马上联想到：“这正是对自己考验的最好时机！”一把便夺过 20 斤的胶质炸药跑上去，快到木门迎头又碰上了桥南第三道铁丝网，田同志在敌人三面交织的火力下，不慌不忙地先把炸药塞进第三道铁丝网，索性将铁网猛力一掀钻了过去。等他摸到木门后，为了炸的彻底，便把炸药妥帖安置在木门中间。当炸药发出震动天地的巨响后，连木门的影子都不见了。曾经往返数次的潘兆平同志，一看扫清了炸地堡的道路，再抱起 20 斤的黄色炸药，奔门西地堡爬去。潘兆平爬近地堡一看，周围还有一道半圆形的护堡铁丝网，小潘把炸药抱紧后，不顾棉衣的撕烂，硬着头皮钻了进去。敌人一听到动静不好，手榴弹像老鸦群一样地掷出来，但对已接近到地堡的小潘，却已失掉了任何作用。小潘将炸药放到发射孔的近旁，一直看到拉火管刺刺冒火时，才急忙挣脱了铁丝的纠缠。他刚爬出五六米，半个地堡已经被炸药呼啸着高高地抛上了天空。紧跟而来的便是地堡里的哀号声。九班长赵子奎趁机抱起 50 斤的炸药，一气跑上北门，用他往常的爆破经验，将炸药塞进在西北角的结合部，刚要拉弦，一摸拉火棒不知去向，他立即搜遍全身，半点火种也没找到，敌人又开始拼命封锁了，只急得老赵头上阵阵冷汗，忽然有一个念头，使他平静下来：“桥头封锁这样紧，老子既然过来，决不能白搭一包炸药，跑回去！”连长曾叫小张冒着弹雨来联系数次，但在炮火的隔绝下相互都没发现。全连正在估计着：“九班长可能光荣牺牲了。”随着我方火力的停止，敌人也逐渐中断封锁。这时敌人从楼顶上抛下火把，以防我军的偷袭，老赵一见火光就想："反正回去也难跑出敌人的封锁网，我的任务完成了，炸死，大家也会知道是我点响的炸药！"于是就撕出袄里的棉花，引火点着了炸药导火索。当他刚躺到城墙与地堡的死角下，一阵震天的轰鸣，北门上部倾倒了。10 余分钟后，九班长开始苏醒过来，挣扎掉身上的泥土，慢慢拖着满身疼痛的沉重身子向北爬行，当他眼前一出现自己的队伍，便大声地喊着："连长！连长！北门炸倒了！地堡里的敌人和两挺轻重机枪，全葬送在里面啦！"谢连长一听，亲自前去一看，马上向大家报告："突击道路仍不够彻底！"副政指孙禁智接着向大家动员说："同志们！最后的突击道路，你们有无决心再去扫清？""为人民服务，牺牲了还该怎样！"归队战士小田慷慨地回答着。"对！干起来！"张兆本等同志也不约而同地响应了。当田洪玉抱起一包彻底扫清桥北第三道残存的铁网后，张兆本的影子接着向北门飞行过去，将突破北门的最后一包炸药拉响！在一团刺鼻的烟火里，勇士们猛然回头仰望，此时代替北门的，已不再是以往的砖石和土墙，而是那一刹间突然出现的嵌着星星的暗蓝色的天空。小张高兴得几乎忘掉了隐蔽自己，一气蹦跳到自己阵地，张开响亮的喉咙，高声喊着："报告连长，北门完全突破了。"

（本报记者　赵民）

摘自鲁中南军区《前卫报》第 8 期 1948 年 12 月 1 日

◀ 鲁中南纵队解放郯城，全歼国民党山东保安第一旅王洪九部 3000 余人。图为在此战中缴获的武器

鲁中南纵队传令嘉奖解放郯城有功部队

军区前方指挥部钱、张首长，于解放郯城后，传令嘉奖攻克郯城有功部队，并勉励为争取更大胜利而努力。嘉奖令中称："我四十七师与六分区前指部队（并

包括二十一团、军区特务团），在四十六师积极配合下，经一日两夜战斗，扫清了郯城外围敌人 20 多处据点，并于 8 日拂晓将郯城解放，全歼守敌。这是此次淮海战役开始的第一个大胜利，也是我四十七师建师后的第一个大胜利，六分区前指部队配合主力直接参战的第一个大胜利，为此特传令嘉奖各攻城有功部队。望我全体指战员，再接再励，乘胜前进，为争取更大的胜利而努力！为完成上级给予的每一个任务而努力！为彻底干脆全部歼灭华东蒋匪，解放全华东全中国而努力！”

摘自鲁中南军区《前卫报》第 8 期 1948 年 12 月 1 日

在解放郯城战斗中我军纪律严明深得群众爱戴

在解放郯城战斗中，我军纪律严明，深得群众爱戴。滨海一团三连，在战斗前指导员把《前卫报》上朱总司令报告之“一面打仗一面治天下”一段，对部队进行了反复的教育。支部里强调党员要作群众的榜样，做到以身作则、秋毫无犯。在全连进行了反复讨论，并提出：在战斗中来测验我们执行政策纪律的好坏。7 号上午，在北关挖防空洞，从一个干井里找出了一套灰布军装、两件绿色衬衣，副政指交给工作组登记，工作组觉得战斗还未开始，就把它放到一边去了，直到战斗结束没有人动。部队突进城到战斗结束休息，全连没有一个人到处乱抓一把的。三排驻地是敌人的伙房，屋里有很多面和饼，没有一个人随便拿着吃的。对缴获的物资，均登记呈报上级统一分配。通讯员小郝，拾了一双五眼胶底鞋不想交，后来又想用一双大小不一致的布底鞋换，经过说服动员后，他很高兴地交出来了。炊事员老鲁，在送饭时拾了两根皮带和一些零碎东西，经他班长的解说全交了公。伙房里给房东没了一个盆子，工作组马上找到送去，房东说：“你们真好，一点东西还找着送来，你们这样好我忘不掉，国民党那样坏我也忘不掉。”二十一团三营在逼近城西关的时候，老百姓怕战斗起来打着，都跑了。部队住的一家一个人也没有，屋里放着萝卜、煎饼等很多东西，桌上并还有 1000 多万元法币。当时同志们不但没吃屋里的东西，还把钱给他收拾起来了。第二天战斗结束部队又回去住时，房东问清了是原来住在这里的部队，很感激地说：“你们太好了，还把俺的钱给收拾起来，要是国民党军队早给俺拿去了。”九连四班在城西关休息的那家房东，有两支钢笔，全班同志马上说：“老大娘你把笔收拾起来，省得弄坏了。”在四班开饭时，老大娘再三送咸菜给吃，都被四班谢绝了，感动得老大娘说：“解放军纪律真好，是咱老百姓的队伍，要是叫那些国民党部队，不给他吃也就抢光了。”

（穆言、王方田、王怀文）

摘自鲁中南军区《前卫报》第8期1948年12月1日

华野六纵某部缴获归公范例 68个银洋交公不犹豫

五四团八连在出击郯城逃敌战中，大家都能响应一切缴获归公号召。五班长胡德胜，缴到68个银洋，当场毫不犹豫地全部交了公。张桂林拾到一只表，忙叫班长说:“我拾到一只表请交上级。”各班在出击回来后，所有缴获来的东西连破布都归公。

（译宏）

摘自华野六纵《火线报》第245期1948年11月30日

四、西战商砀威逼徐州

为配合华野围歼黄百韬兵团，中野决定举行汴（开封）徐（州）作战，割歼刘汝明部于砀山以西，调动邱清泉兵团西援。张公店战斗，是中野进入淮海战场后进行的首次歼灭战。11月7日，中野一纵在三纵等部配合下，对由商丘向徐州方向收缩的国民党第一八一师实施分割包围，集中兵力攻击其师部及师的主力，俘虏第四绥靖区中将副司令官兼师长米文和等高级将领多人，并迫令米写信，劝说被围困的一个团投降，全歼国民党军5000余人。8日，中野四纵在陇海路沿线歼灭正向徐州收缩的邱清泉兵团2000余人，解放砀山，威逼徐州。

简介

中原野战军第一纵队

中原野战军第一纵队辖第一、第二、第二十旅，约1.8万人，由南昌起义、平江起义、湘南暴动和闽西暴动等武装起义部队发展而来。1945年9月，冀鲁豫军区机关和一部主力，在河南省清丰县组成晋冀鲁豫野战军第一纵队。1947年3月，与第七纵队合编为晋冀鲁豫野战军第一纵队。1948年5月，改称中原野战军第一纵队。曾参加邯郸、张家口、宛东、豫东、郑州等战役。淮海战役时首战张公店歼灭一八一师，后参加阻击、歼灭黄维兵团等作战，共歼灭国民党军1.6万余人。1949年2月，与豫皖苏军区部队一部合编为中国人民解放军第十六军，隶属于第二野战军第五兵团。

编者整理

▲ 中野一纵司令员杨勇（后左一）、政治委员苏振华（后左三）率部首战张公店，歼灭国民党一八一师

战史摘要

中野一纵在张公店地区的战斗（1948年11月6日至8日）

迅速开进分割包围敌人

各部队于6日17时出发，经40多公里的急行军，7日2时到达指定地区。第一旅侦察分队进至马牧集；第二旅先头分队接近胡庄。得悉商丘、马牧集无敌，第一八一师已于6日晚由商丘进至张公店、张阁地区，掩护第四绥区主力东撤。在张公店及其东北之马庄、寺前头、东魏庄，张公店以东之胡楼，以南及东南之张阁、小张庄、时庄、胡庄均有敌。遂决定：第一旅由西南向东北，重点向张公店方向，第二旅由东向西、向北，重点沿胡楼、张公店方向，协力将敌分割包围，各个歼灭。

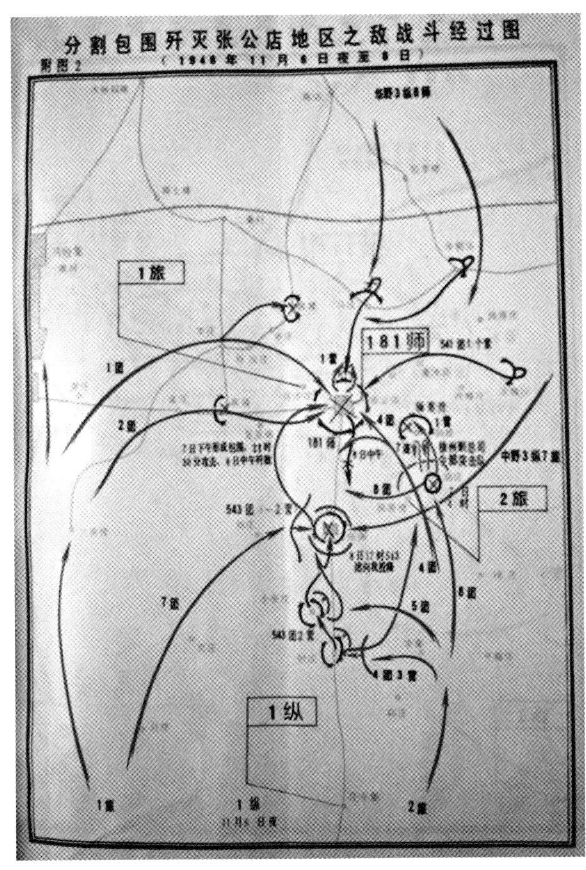

▲ 分割包围歼灭张公店地区之敌战斗经过图

纵队指挥所位花寺集。第二旅第四团进至李集后，以第三营逼近时庄，监视该敌；第八团于7日4时攻占胡庄，歼灭徐州“剿总”司令部突击队，俘敌60余名，缴获汽车3辆，随即接到胡楼村民送来敌信一封，内称：“我驻地友军鉴：南面不断打枪，究系匪军捣乱，抑与我部发生误会，望告。师部启。”该团以为敌师部在胡楼，即以第三营对其攻击，当进至村东南角时被敌发觉，敌以猛烈火力向我射击。由于该营组织战斗不严密，发起冲击后动作又不迅速、勇猛，战至天明，伤亡数十人亦未奏效。第一旅第七团向张阁之敌逼近；第二团经霍庄、高庙和玉皇庙（在高庙俘敌30余名），从西面逼近张公店；第一团一部兵力在陈楼歼敌两个排，主力经李庄、杨坡庄，从西北和西面逼近张公店。当日下午，我两个旅已从东、西两面分别逼近张公店、张阁及小张庄、时庄。同时，华东野战军第三纵队第八师，由北面越过陇海路，逼近了东魏庄、寺前头、马庄地区。至此，我军对第一八一师形成了分割、包围态势。

集中主力歼灭张公店之敌

从侦察和俘供中得悉，敌第一八一师的部署是：师部、炮兵营、搜索营及第五四一团主力位张公店；第五四一团一个营位东魏庄、寺前头、马庄地区；第五四三团位张阁、小张庄、时庄；辎重营位胡楼。纵队首长分析：敌分布在8个村庄，张公店为其要害，先攻该村之敌，摧毁其指挥机关，可动摇整个敌人，利于我速决全歼其余各点之敌。决心以一部兵力，监视张阁及其以南地区之敌。先集中主力歼灭张公店之敌，尔后再攻歼其余敌人。部署是：第一旅以第七团包围张阁之敌，主力由张公店西寨门至北寨门段向敌攻击；第二旅以第五团包围小张庄、时庄之敌，主力由张公店南寨门至东寨门段实施进攻，协同第一旅歼敌。

第一旅第一团从西寨门北侧，第二团从西寨门南侧攻击。第二旅第四团从张公店东面攻击，同时，以第八团歼灭胡楼之敌，该团完成任务后，转为旅预备队。原定7日17时30分开始攻击，因第一旅经一天压缩敌人的战斗，又歼灭了张公店外围敌警戒分队后才接近村沿，准备时间短促，后改定攻击时间为21时30分。第二旅第八团未接到推迟进攻开始时间的命令，仍按原定时间向胡楼之敌发起了攻击。突击连（第七连）因拂晓进攻该敌时受挫，第一、第三排有伤亡，仅以第二排20人组成的突击队攻击，冲击过程中又遭敌猛烈火力杀伤，未能突破。该团继以第一营进攻。经两小时激战，将胡楼之敌歼灭，俘250余人。

第一旅第一团对张公店发起攻击后，突击连（第三连）遭到暗火力点猛烈射击，掩护攻击的团火力队配置过于靠后，不能有效地压制敌人，突击连伤亡较大，进攻受挫。团令火力队向前推进，用八二迫击炮平射，摧毁敌火力点，并以第四连接替第三连主攻。第四连于迅猛的动作通过外壕，突至村沿，占领了一段寨墙，与反冲击之敌展开近战。因伤亡较大，后续梯队又未及时跟进，被迫撤回。两次进攻受挫后，团首长发现攻击点附近敌之兵力、火力较强，难以突破，决定以第二营第五连由村西北角实施攻击，并重新组织了火力和协同动作，集中全团的迫击炮、六〇炮和发射筒，支援该连战斗。第五连在团政委的直接指挥和团火力的有效支援下，由第二营营长朱怀泉、副教导员刘志德亲自率领，勇猛冲击，迅速攻占寨墙。营长和副教导员在激战中光荣牺牲。敌阵地被突破后，即以一个连的兵力，由其团长亲自督战向我反冲击。第五连的勇士们，待敌进至距我20米左右时，各种兵器一齐猛烈开火，并把一排排手榴弹准确地投向敌人，随即端着枪，高喊着“为营首长报仇”、“为牺牲的战友报仇”的口号冲入敌群，打退了敌之反冲击。此时，第二营主力从左翼进入战斗，迅速占领突破口附近的几个院落。8日零时许，第一、第三营也从第二营左、右两侧进入村内。敌集中火力向我突入部队猛烈射击，并以整连的兵力沿东西街反冲击。第一团以第二营正面抗击敌人，第一、第三营不顾敌机枪火力的封锁，从两翼迂回敌侧后，向纵深发展。

第二团在张公店西门南侧的进攻，由于事先对地形、敌情侦察较细，突击与火力、爆破之间的协同动作组织也较严密，并将支援冲击的火器，推到距村沿约50米处行抵近射击，部队发起冲击后，一举突入村内。敌依托村西南部的几个院落顽抗。该团以小群多路，穿墙破壁的战法，逐屋逐院地攻击前进。第二团首长主动与第一团取得联系，两个团合力向东发展。为增强攻击兵力，第一旅首长即令第七团第三营跑步进入村内。至8日3时，第一旅已有7个营进入村内，同敌人展开激烈的巷战。

第二旅第四团在张公店东面的攻击，因战前没有认真地侦察地形和研究敌情，致使进攻受挫。8日4时30分，第八团组织一个营从村东南角偷袭，进至村外水壕边天已快亮，难以达到预期的奇袭目的，即主动撤回。8日凌晨，因第五团对小张庄、时庄警戒封锁不严，两处敌人逃至张阁。10时，马庄、寺前头、东魏庄之敌，在华野第三纵队攻击下被迫突围，向张公店靠拢，其一部进至张公店北侧野地时，遭到第一团第一营的突然攻击，大部被歼，少数窜入张公店。至此，第一八一师除其主力依托张公店东部居民地继续顽抗外，外围只剩下张阁一个孤立据点。张公店之敌接连向第一旅反冲击，均被击退。纵队首长考虑到第一旅伤亡较大，第二旅又攻击受挫，必须进一步集中兵力，增强突击力量，才能迅速歼灭敌人。于是，主动与牛王堌集之中野第三纵队首长联系，调该纵第七旅参战，决定由该旅并指挥第二旅第五团围攻张阁，集中第一旅和第二旅主力，歼灭张公店之敌。部署是：第一旅配属临时调来的中野第九纵队一个炮兵连（该纵队还主动支援第一旅手榴弹1000枚、迫击炮弹300发），重点向敌固守之小学校实施攻击。第二旅主力由张公店东寨门向西进攻，协同第一旅歼敌。11时，部队在炮火支援下，向顽抗之敌发起总攻。第一旅除以一部兵力沿南、北村沿向东攻击外，第一团主力由西向东，第二团主力迂回至小学校南，由南向北，第七团第三营在第一、第二团主力之间进入战斗，同时对小学校内之敌师部发起冲击。第二团用炸药包炸开院墙，首先突入学校院内；第二旅第四团第十一连，乘机由东寨门突破，迅速向西攻击前进。敌顿时大乱，仓皇向张阁方向突围逃跑。在第一旅部分兵力和第二旅第四团主力的追击，以及第八团的截击下，将其全歼于张公店东南野地。敌绥区副司令兼师长米文和，被第四团生俘。

军事威逼与政治争取相结合迫使张阁之敌投降

张公店之敌被歼后，张阁守敌惊恐万分。纵队首长令第七旅和第二旅第五团，进一步向该敌进逼，并展开政治攻势，敦促敌人放下武器向我投降。敌继续顽抗，以猛烈的火力向我围逼部队射击。为迫敌投降，第五团第五连，利用敌火间隙突然对其发起攻击，攻占一处阵地，歼敌一部，余敌更加慌乱。在进行军事围逼的同时，我向米文和交代政策，说明利害，要他给第五四三团写信劝降。第一次送去的信系他人代笔，未能生效。继令米手书，并派其亲信传送。纵队首长指派第四团团长晋士林同往，向敌阐明我军政策。17 时，张阁之敌全部向我缴械投降。

摘自中国人民解放军陆军第十六军司令部编印《陆军第十六军军战例选编》，1983 年，第 79—83 页

中野三纵发起汴徐作战

为配合华野围歼黄百韬兵团作战，11 月 6 日中野首先发起汴徐作战，以 3 个纵队全力歼灭位于砀山之刘汝明绥区所属第五十五、六十八军。我纵以第七旅位刘堤圈车站以西，第八旅位于程集，第九旅进至韩桥、李庄地区。至 7 日 14 时，完成攻击部署。当面之敌畏歼东逃。第一纵队于张公店附近歼敌第一八一师师部及第五四一团。其第五四三团突围南逃至张阁地区时，被我纵配属第一纵作战的第七旅第二十一团包围。在我首次发起攻击后，敌团长何树基见大势已去，率部缴械投降。共毙敌 150 余人，俘敌 1600 余人及缴获大量武器弹药。与此同时，第八旅在刘堤圈地区俘敌 100 余人，取得了东进作战的首次胜利。

摘自《中国人民解放军晋冀鲁豫军区第三纵队、第十一军第三次国内革命战争战史》，1988 年，第 125 页

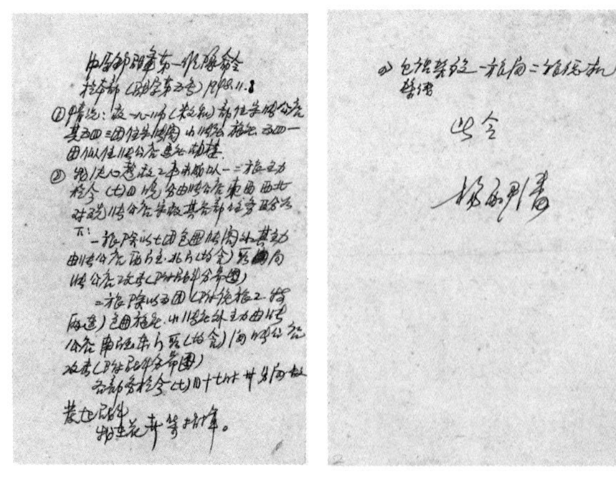

▲ 中野一纵于 1948 年 11 月 7 日发出歼灭国民党第一八一师的战字第五号命令

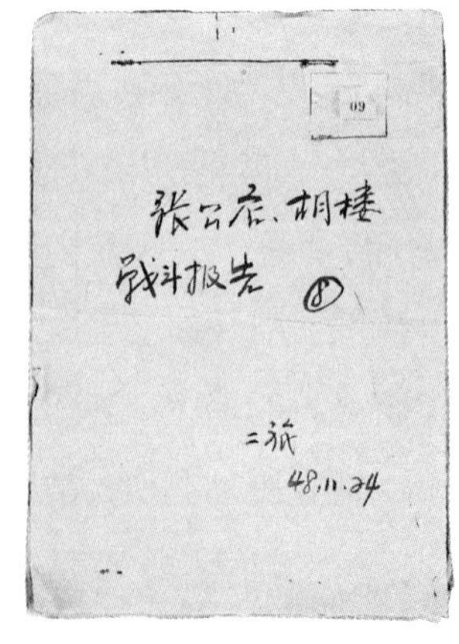

张公店、胡楼
战斗报告 ⑧
二旅
48.11.24

▲ 中野一纵二旅张公店、胡楼战斗报告

▲ 张公店战斗中，国民党第一八一师官兵从地堡里走出来向解放军投降

解放淮海地區戰役開始
我全殲商邱逃敵一師
繼收復新海臨城郯城又克碭山

加强支前爭取淮海前線更大勝利
華東支前委會改組
並已移駐前方辦公

▲ 国民党第一八一师在张公店被歼的报道

徐州西線我軍
擊潰碭山逃敵第五軍
生俘千餘又一個整營投誠

王耀武霍守義陳金城等
告國民黨官兵書

▲ 解放军在西线“击溃砀山逃敌第五军，生俘千余又一个整营投诚”的报道

中野三纵在张阁村受降经过

8 日在张公店歼灭米文和部一八一师时，其五四三团及师直一部自动向我投降，集体缴枪。兹将敌人投降与我军受降经过报告如下：

8 日上午 12 时被围在张公店内的敌一八一师师部及五四一团被全部解决时，该师被围在张阁村的五四三团即呈动摇。此时，我围攻部队冲至张阁村围墙根，向敌展开政治攻势，命令他们即刻投降缴枪。敌人于下午 2 时第一次派出一个老乡高举双手，向我前卫部队首长转达敌五四三团团长何树基（又名德齐）函，略谓：“我们准备放下武器，望贵军停止攻击。同时我们有三个要求：（一）保证官兵生命安全。（二）不侮辱我们人格。（三）掩埋死者，医治伤员。”我某部首长当即回信答复他此项要求，同时提出他们必须保证不损坏任何武器。最后命令他们迅速缴枪，不得延迟。4 时许敌人第二次派出传令兵两名向我前卫部队首长报告他们缴枪方式，即是将枪统放村内，部队成两路纵队，高举双手走出村外集合。另外要求我军后撤几十米。我某部首长首先同意他们的缴枪方式，但拒绝将部队后撤几十米。最后又一次严令他们迅速缴枪，要紧紧记住，我们部队历史上一条教训：“打一个胜仗就骄傲，一骄傲就碰钉子。”

摘自中野三纵政治部《会战纪实》第 1 辑，1948 年 11 月 24 日，第 3—4 页

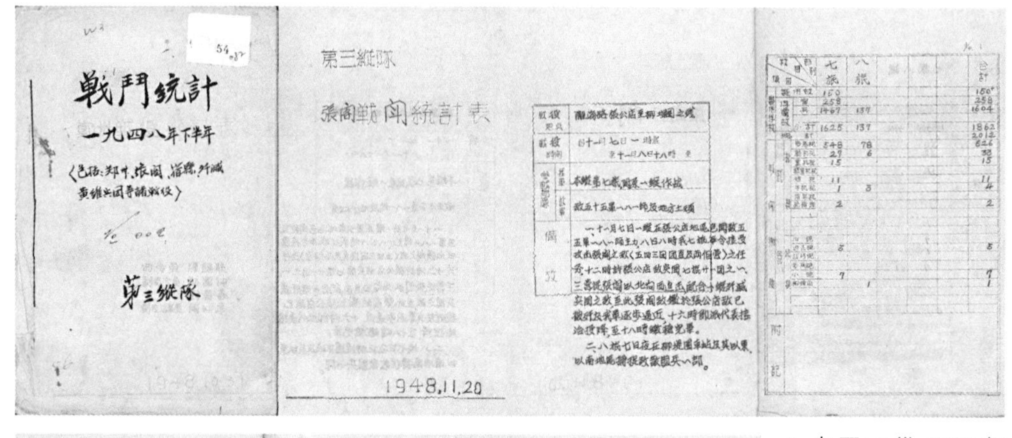

戰鬥統計
一九四八年下半年
第三縱隊

第三縱隊
張閣戰鬥統計表
1948.11.20

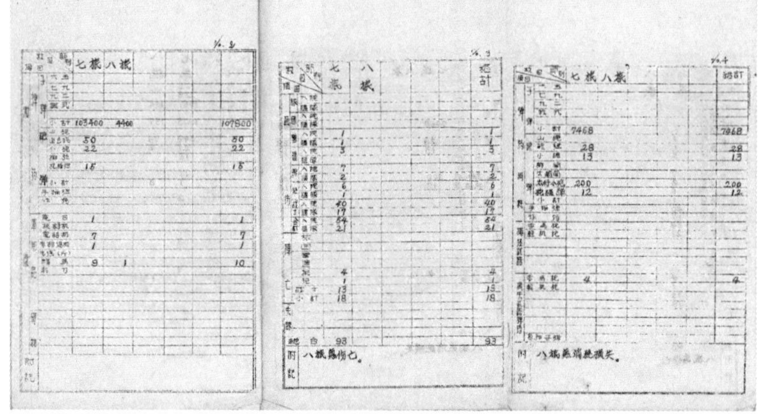

▲中野三纵 1948 年 11 月 20 日编制的张阁战斗统计表

文件选编

中野部队的模范行为

一、三纵部队在歼灭敌米文和一八一师战斗中，有如下的良好现象：敌一八一师之五四三团据守张阁以东，原系一纵之五团和七团共同围困的，后以该敌可能经政治瓦解而缴械，当中杨、苏[①]改变以五团及三纵七旅歼击该敌或受降，而令七团调整收下来。七团警备尚未交代完毕，同时还未接到由七旅受降的命令，此时敌人已开始缴械。七团当场收缴 300 余人枪，杨、苏随令七团将所接收的人枪全交七旅统一分配。该团即确实遵守命令，将所接收的人枪悉数交给七旅，自己未留一人一枪。此外，其他部队亦都做到了统一接收分配，没有发生任何混乱现象，

① 编者注：“杨、苏”为中野一纵司令员杨勇、政治委员苏振华。

这是过去所未有过的模范行为。

摘自《中原军区关于两个月来部队纪律、物资供应、城市警备等工作向军委毛主席的综合报告（1948.11.20）》，见《中国人民解放军第二野战军暨西南军区第三次国内革命战争战史》附件之二《资料选编》（第二卷），1962 年，第 208 页

张公店战斗的处俘工作

张公店战俘总数 2903 名（内有七纵送来五四三团军官 266 名），释放 610 名，送地方分区 36 名，补充部队 2257 名。……

1. 送地方分区中内有一八一师师长米文和、少将参谋长董汝桂、少将高参张述文，师政工室上校主任刘同。

在释放中内有五四三团上校团长胡树基、中校副团长张万俊、五四一团政工室中校主任胡修照、师直中校军医主任王玉斌、中校军医主任 ××、人事科中校科长刘惟我。少校 19 名，尉官 551 名，随从人员及伤兵 30 名。

释放费：五四三团按投诚发给路费，上校团长中州 7600 元，副团长及两个营长每人发中州 3200 元，连长 1000 元，排长及随从人员和伤兵每人发中州 800 元。

师直及五四一团的释放费：校级中州每人 600 元，尉级每人中州 200 元。

摘自《关于秋季攻势郑州及张公店战斗敌军工作简报》，1948 年 12 月 12 日，第 11—12 页

▲ 被俘的国民党第四绥靖区中将副司令官兼一八一师师长米文和

▲ 被俘的国民党第四绥靖区少将高参张述文

▲ 被俘的国民党第四绥靖区一八一师参谋长董汝桂

战地报道

国民党军政工室主任眼里的解放军战场纪律

9日下午，经过24小时的多方撒谎和掩护，但始终无法粉饰其丑态的蒋匪一八一师上校政工室主任刘同，终于被我军从一大堆俘虏军官群里清查出来了。我们当即把他押送到米文和等3个师级军官所住的房子里去。他刚刚踏进了屋门，米文和及董汝桂一看见他扛着被子、提着包袱，拿着那么多的东西，就马上惊奇的发愣了。董汝桂不由得低下头来望了望他那刚烤干不久两腿上还涂满了泥痕的裤子，羡慕地对刘同说："你倒弄得不错，有衣服穿，有被子盖，我们现在除了连身的衣服，啥都全丢掉了。"刘同立即很愉快地笑着回答他们说："昨天，你们先跑了，我从后面追上来，跑到大门口一看，就找不着你们了。当时，炮打得很紧，就像下雨一样，都落在师部的附近，我一个人不敢再往外跑，就跑回去钻进了地下室。不大一会儿工夫，这边的部队（指我军）就进去了，有不少人在院子里大声喊叫着：'弟兄们！快出来吧！缴枪不杀。解放军宽待放下武器的一切俘虏！'我听着有不少人都走出去缴了枪，我也就慢慢地爬出来了。当时，我看见你的（指米文和）行李、衣箱和那三个口子，都好好的在屋子里放着；你们俩（指董汝桂与张述文）的行李也照旧在牲口上驮着，原样未变。战士们（指我军）走来走去，只顾搜查俘虏，收检武器，没有一个人去动一动。只有一个战士刚伸手提起你（指米文和）的那双皮鞋来，就被另一个战士制止了，对他说：'同志！不要乱拿东西，要好好遵守战场纪律呵！'那个战士听了，一句话也没说，马上把皮鞋丢下来，就迅速地走开了。一直到我离开那里，始终没有看到有一个战士拿去任何一点小小的东西。后来，叫我们走的时候，战士们又大声喊叫着告诉我们说：'你们自己私人的东西，你们快收拾起来带上，我们一点也不动你们的。'于是，好多人便把自己的东西全都背来了。我因为怕带得太多了背不动，所以，只拿了这一条被子，两套衬衣和几件日用品就出来了。"听了他的谈话，米文和等三个人都不由得连连点头赞好，张述文并玩笑似的说："早知如此，我也干脆钻在里面不跑出来了，既省去担惊受怕，又丢不了东西。"

（西民）

摘自中野一纵政治部《军政双胜（徐州会战专刊第一集）》，1948年12月10日，第19—20页

▲ 被俘的国民党第一八一师校级军官

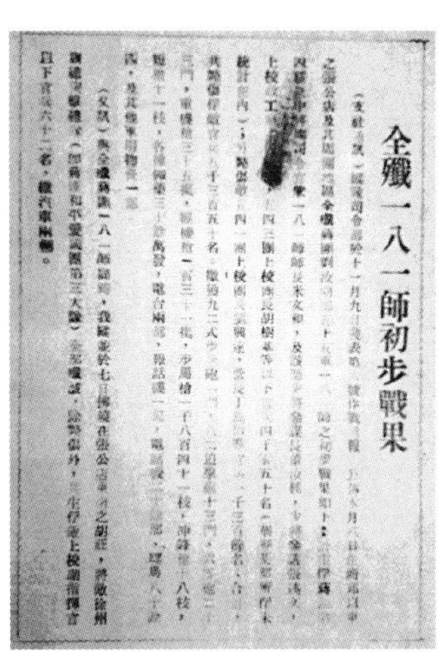

全殲一八一師初步戰果

▲ 中野一纵政治部《军政双胜（徐州会战专刊第一集）》所载《全歼一八一师初步战果》

一盒美国纸烟

打扫战场时，三排副刘武同志在地下拾到一盒美国纸烟。送到鼻子边一闻，“真香！真好吸！”他暗暗说了好几遍，烟瘾的确是上来了。“大东西我不拿，一盒纸烟也算犯纪律么？”想着就把烟装到了口袋里去。可是，心里老是觉着不对劲，“东西再小，拿了也算犯纪律呀！不能为这一盒烟丢掉自己的决心和名誉。”于是，就把纸烟从衣袋里掏出来，扔到物资堆里去。

（申松）

摘自中野一纵政治部《军政双胜（徐州会战专刊第一集）》，1948年12月10日，第21页

阵中日记

中野一纵阵中日记

11月5日　于会亭集

一、情况

1. 十二兵团拟今（5）日在确山补给，其十四军（十师）2日抵唐河，3日抵涧岭店，八十五军2日在应山，一一〇师在马坪，二十三师在光水、周家庙间。

2. 徐州方面情况，见今天整理发出之28号通报。

二、据以上情况，我军决定不东进，改换以商丘四绥区刘汝明为目标进行战斗。现即令一旅向商丘派出侦察，确查菜道口之敌，二旅确查夏邑之敌，我现会亭集集结。

三、明（6）9时，旅长、政委及首长去曹集（三纵住地）去开会。

四、为阻十二兵团东进，我二十旅配合位庙湾、杨埠间阻击任务，先以一个团出汝南城。

11月6日　由会亭集——杨楼

一、情况：敌四绥区主力向东运动。

二、我为歼击刘汝明部，开始以商丘为目标，发觉敌人已离开商，下午即决定三、四纵以小杨集为目标攻击前进，我纵以马牧集为目标攻击前［进］，发现敌东西钳击之。

三、我于下午5时由会亭线向马牧集开进，于24时到达杨楼。一旅位大侯集以北赵楼、于楼地区，向马牧索进。二旅位花寺集、竟楼地区，向张公店索进。现尚未报告来……

11月7日　于杨楼

一、晨6时，接二旅电话报告：张公店、马庄、张阁、施庄均有敌，系五十五军，施庄有敌一个营。另八团在张公店以东缴敌汽车两辆，俘敌50多人。一旅报告：刘汝明部于6日东进，现马牧以西均无敌。

二、早8时，二旅电话报告：敌可有西窜抢占马牧集。

三、据此情况，我布置：

一旅以一个营快跑，先抢占马牧集，控制之后，一个团兵力以马牧集为依托，由西向东攻击敌人。另旅主力两个团绕到了张公店西北胡楼、三官庙，由西北向东南前头寺、马庄攻击。

二旅由南向北，向张阁、张公店、张楼、胡庄攻击。

战斗分界线以张公店、张阁、皮庄、杨楼（均含二旅）以东为二旅，以西为一旅。

我收容所设刘店。

纵指所于9时移花寺集，11时半令一旅除留一个团位张阁、张公店以西，注意与五团含接外，主力速转张公店北及东北马庄、张庄、寺前头寺、花红园、魏庄并占领。方准备第一步，与二旅南北对攻，完全切断张公店与牛王湖段；第二步，明晚协同九纵攻歼张公店之敌，并即派人到虞城南和华野三纵部队联络，严防敌向牛王店逃窜，若发现敌东逃则勇猛追歼。

一旅于 12 时攻占陈庄、孙庄，歼敌两排，获轻机二。俘供：一八一师张公店，五四一团张公店、胡楼、马庄、董庄，五四三团张阁、施庄，米本人在张公店。

令一旅设法攻下马庄，并建议华野部队攻占寺前头寺、董庄、魏庄与二旅连接，二旅攻下胡楼后准备今晚攻张阁，令四团攻李庄、魏庄。

12 时 30 分，一旅提议先攻张公店方案，待考虑后复。

13 时，决改前部署，以一、二旅主力攻张公店，包围看起张阁、施庄、马庄，要一旅转函三纵，攻马庄、董庄、魏庄、寺前头寺。

14 时，三纵通报：小杨集、牛王湖、砀山无敌，邱清泉窜徐州。更改前部署，命令一、二旅对攻张公店，战字第五号命令（内文）。

14 时情况，一八一师直住张公店，五四一团住胡楼、马庄、董庄、魏庄，主力在张公店，五四三团主力张阁，施庄拟为一个营。

趁敌工事未成，决以一、二两旅主力分由张公店东南、西北，对攻张公店。以一旅，除以七团包围张阁外，主力由张公店西门至北门段（均含）向张公店攻击，二旅除以五团（附该旅之特两连）包围张庄、施庄外，主力由张公店南门至东门段（均含）向张公店攻击。

各部务于 17 时 30 分向敌发起战斗，前指在花寺集。

17 时 30 分，各旅均未准备好，故改为 18 时 30 分。二旅 17 时 45 分报，改攻时间未通知及八团，准前时间向胡楼攻击。一旅 17 时 40 分转三纵八团信，决今晚攻歼魏庄、马庄、董庄之敌，攻占后即在该地筑工事向张公店警戒。

18 时 30 分，二大队报：八团三营攻胡楼未奏效。

18 时 30 分，各旅攻击仍未准备好，令各旅重新检查，攻击时间后推。

21 时，下达攻击时间为 21 时半，并发起战斗后 40 分将战情报前指。

22 时 7 分，一、二旅报告战斗已开始。

22 时 40 分，一旅报：二团攻占小张庄，一团两次攻张公店未奏效。四团攻东门未奏效，八团二次攻胡楼未准备好。

23 时 40 分，一旅报：一团已打进张公店 5 个连。当令四团迅速向张公店突击。

一旅 23 时 50 分报：调七团一个营尾一团突破口突入，并令其注意张阁之敌北逃张公店。

1948年11月8日　于花寺集

0时10分，令五团逼近施庄、小张庄向敌佯动。一旅报：一团已突进两个营。

25分，一旅报：二团由西门突入，一团已全部进去。

1时40分，八团已打进胡楼两个连。

1时50分，二旅报：四团由东门打进一个连，八团已全部攻入胡楼。

2时40分，八团报：胡楼守敌为一个营（辎重营），大部就歼，获重机2、轻8，敌向西北逃窜一部。

2时50分，战报：四团攻进之连被反击。

3时，一旅报：张阁之敌向张公店移，当令二旅八团派一个营向西侧击，经阻后敌又缩回张阁，俘20余人。

3时15分，要一旅转信九纵立派二个团作为一旅预备队，令一旅攻进部队迅速发展作工事，作困难准备。

一旅4时报：二团已打到十字口，北与一团连接，将敌割留村西北角一部。

4时20分，与三纵商谈作战问题，以三纵七旅于8日拂晓赶到魏庄、李庄、李三楼线，均对张公店东门攻击，以九纵一个团接替对张阁包围，一旅全部、二旅主力一部投入对张公店攻击，三纵拨迫炮弹500发送李三楼给二旅用。

五团5时报：施庄之敌因防守不严可能逃窜。七团报（俘供）：施庄为五四三团三营，已逃张阁。

一旅6时报：张公店西半部已为敌全部控制，围留西北角敌已东逃。

6时一刻，苏、陈商谈，张阁之敌以七旅附五团于今黄昏攻歼之，以一、二旅主力（缺五团）于今10时对张公店总攻，同意当令一旅村内部队停止攻击，立整组织吃饭选点，于10时总攻。已告二旅，七旅归一纵指挥，告九纵二十七旅停马牧不来。

6时20分，下令于10时总攻。一旅由西向东，二旅由东向西总攻。

7时10分，一旅报：张阁敌北突被击回，二旅报：昨由胡楼突敌向四团投降（80+）。

10时，一旅报：华野三纵昨夜攻马庄未奏效，今晨二次攻马庄，现马庄之敌向张公店突逃，令二旅以火力阻击，一团出击，逃敌伤亡惨重，全歼，俘百余。

10时，各旅均未准备好，总攻时间后推。

12时，四纵通报：敌有向西南突逃息。

12 时 43 分，一旅报：开始攻击。当令二旅攻击。

12 时 55 分，一旅报：二团已攻进学校内。

13 时，各旅报：敌已向四面突围。

13 时 20 分，一旅报：敌大部向南突围，为我全歼。

当通知七旅、五团充分准备打突围之敌，并严防张阁之敌策应北接。

一旅 13 时 50 分报：张公店战斗已全告解决。

15 时，二旅报：米文和已俘获，当令送前指。

16 时，令米手书令其五四三团投降，当为他人代笔未生效。二次令米亲手书并派亲信随从送信，于 17 时，其五四三团投降。至此，战斗全告结束。

11 月 9 日　于杨楼

一、决于明（10）日 9 时出发，进到会亭集以北、以西地区宿营，于晚 9 时发出作进字第十五号命令及路线要图。

二、张公店战斗统计摘要：

1. 歼敌一八一师师部及五四一、五四三两个团及师重迫炮营、辎重营、特务连、工兵连、通讯连、野战医院、学兵队，共俘中将米文和以下 4050 名，毙伤 1300+。

2. 缴获九二步兵炮 1、八二迫炮 13、六〇炮 23、重机 35、轻机 131、步马枪 1840、冲锋枪 18、短枪 11、弹药 30 万发、电台 2、电话机 20、骡马 50。

摘自中野一纵《1948 年 9 月至 12 月阵中日记》

五、北线起义　第一个大胜利

为切断黄百韬兵团与徐州国民党军的联系，华野山东兵团指挥第七、十、十三纵队迅速占领临城、枣庄，向韩庄、台儿庄运河沿线和贾汪地区疾进。11 月 8 日，国民党第三绥靖区三个半师 23000 余人，在副司令官何基沣、张克侠两位将军率领下，于贾汪、台儿庄地区举行战场起义。此举，为解放军赢得了宝贵的时间，使华野一部直插徐州东侧，切断黄百韬兵团与徐州之间的联系，抢占了阻击徐州邱清泉、李弥兵团东援的有利阵地，对合围黄百韬兵团起了重要作用。发生在战役之初的起义，在军事上、政治上沉重打击了国民党军，中央军委 11 月 18 日电文称：北线何、张起义是第一个大胜利。

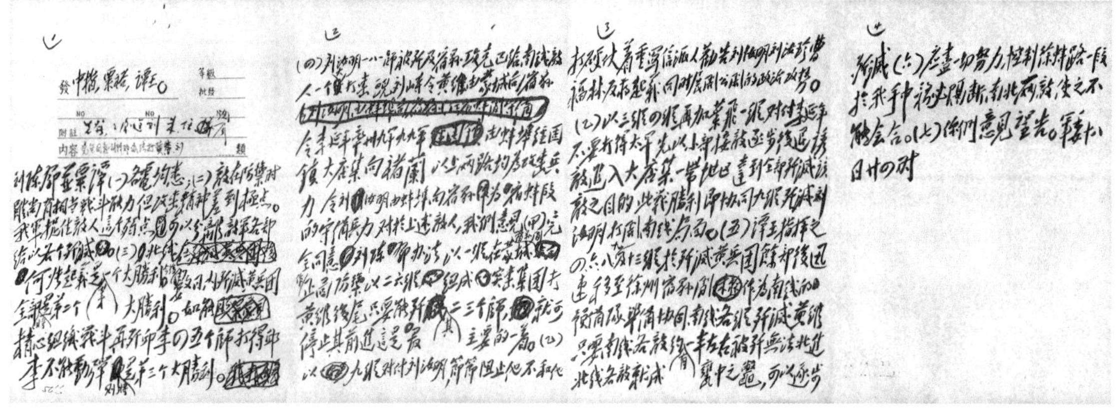

▲ 1948 年 11 月 18 日，毛泽东主席为中央军委起草的电文

◀ 在淮海战场率部起义的国民党第三绥靖区中将副司令官、中共秘密党员何基沣（左）、张克侠（右）

简介

国民党第三绥靖区副司令官何基沣、张克侠

何基沣（1898—1980），河北藁城人。1938 年化装潜赴延安，受到毛泽东主席等接见。1939 年秘密加入中国共产党。曾任国民党第七十七军军长，淮海战役中任国民党第三绥靖区中将副司令官，率部起义。后任中国人民解放军第三十四军军长，新中国成立后任农业部副部长等职。

张克侠（1900—1984），河北献县人。早年在莫斯科中山大学学习，1929 年秘密加入中国共产党。曾任国民党第五十九军军长，淮海战役中任国民党第三绥靖区中将副司令官，率部起义。后任中国人民解放军第三十三军军长，新中国成立后任林业部副部长等职。

编者整理

▲ 何基沣淮海战役时使用过的铁皮箱。此铁皮箱是其部下为他打造的，箱内贴有 1947 年的报纸

▲ 何基沣将军于起义前后收听新华社广播用的收音机。何基沣说：当年他办公室有收音机，收听解放区广播时，常被国民党特务发现，于是 1947 年专门请夫人宋晓菡到上海花了一两多黄金，买了这台收音机

文件选编

何基沣、张克侠等将军率部通电全国

【新华社华东 13 日电】11 月 8 日在徐州以北率领国民党军五十九军两个师、七十七军一个半师起义的副司令何基沣、张克侠两将军及副军长孟绍濂、师长过家芳、崔振伦、杨干三等，顷率全体官兵通电全国。电文如下：

陈司令员、饶政委、张副司令员、粟副司令员、谭副政委，转毛主席、朱总司令、彭副总司令暨全体解放军，并全国各界同胞鉴：

西北军在北伐大革命时期，在冯玉祥先生领导之下，曾奉行孙中山先生遗教，□“联俄、联共、扶助工农”三大政策，不仅使几濒于危的部队，当时跃为劲旅，抑且因参加革命的北伐战争，而写下西北军的光荣史迹。乃自民国十六年秋，由于蒋介石背叛孙先生遗教，破坏国共联合战线。对外勾结帝国主义，对内凭借反动势力，进行反人民之“剿共”内战。西北军各部为蒋贼欺骗，并处其淫威之下，遂亦被迫与中共分手，远离人民，铸成严重政治错误。环顾国内，今日西北军已大部覆灭，所剩无几，抚今追昔，能不感慨系之？但过去反共、反人民，决非全体官兵所愿为，更非有政治远见者所甘心，故先后有董振堂、赵博生、吉鸿昌诸先烈之起义。抗战以后，亦有许多部分归顺人民。本军为过去西北军之一部分，虽未能早日脱离蒋贼，但当日寇发动侵略战争之初，蒋贼在敌人面前，节节后退，本军广大官兵，忍无可忍，曾不顾蒋贼媚日意旨，顺应人心，在卢沟桥挺身抗日。此后含辛茹苦，坚持抗战。谁意蒋贼别具心肝，对日寇则消极抵抗，对非嫡系部队，则纵使抗日有功，亦将其摧残削弱，无所不用其极。以我部队十余万之众，竟划编为十余个团犹以为不足。当日寇投降后，人民之疮痍未复，而内战之烽烟又起，既不顾全国人民休养生息之愿望，复不顾中共维护民众和平之努力，仅恃美帝之援助，甘冒大不韪，向人民解放军发动罪恶的战争。对我西北军仅剩之十余团部队，仍惶恐其存在，复又驱迫走上徐州外围的内战前线，陈师鲁南两年有余，兵不为补，弹不为给。蒋贼此种阴谋，全军为之寒心。时当今日，举国人民归向中共与人民解放军，蒋贼大势已去，覆没之期即在眼前。本军为顺应全国民情，恢复过去爱国爱民初衷，继续为人民事业而奋斗，在全体两万余官兵坚决热烈要求下，爰于 11 月 8 日，在徐州以北贾汪台儿庄防地毅然举行起义，加入人民解放军。今后誓愿在中共中央领导之下，根据人民解放军的宗旨及人民解放军宣言所示各种政策与主张，重建本军为人民军队，为驱逐美帝国主义，打倒人民公敌国民党反动派而战斗。以期早日成立全国统一的民主联合政府，为民族独立、民主自由、民生幸福及全国人民的彻底解放而努力，实现孙先生冯故总司令及诸革命先烈未竟之遗志，而慰全国人民对本军之殷望。兹当起义之初，部队整顿待命之时，特通电全国，奉告各界同胞，尚望多予指导。对我旧日同僚，军界同仁，本军愿作诚挚之进言。处此革命巨浪席卷全国之际，顺民者昌，逆民者亡。为国家民族与个人前途计，与其蹈王耀武、黄百韬的覆辙，不如学吴化文、曾泽生等的举义，或效郑洞国、孙良诚等率部投诚，尚可获得人民的宽容，免受人民的惩处。如真举义有功，并非投机取巧，别有企图，则必可获人民之爱护。本军历史，即为明证。何况今日蒋贼统治已面临崩溃，全国革命胜利指日可期。时机紧迫，稍纵即逝。故望国民党军队中一切爱国志士，早日率部起义，其他则如郑洞国榜样早日率部投降，借以缩短革命战争时间。光明与黑暗，新生与灭亡，何去何从，速为抉择。谨此电达，敬会亮察。

何基沣、张克侠、孟绍濂、过家芳、崔振伦、杨干三率全体官兵同叩

1948 年 11 月 28 日

摘自《大众日报》1948 年 12 月 15 日

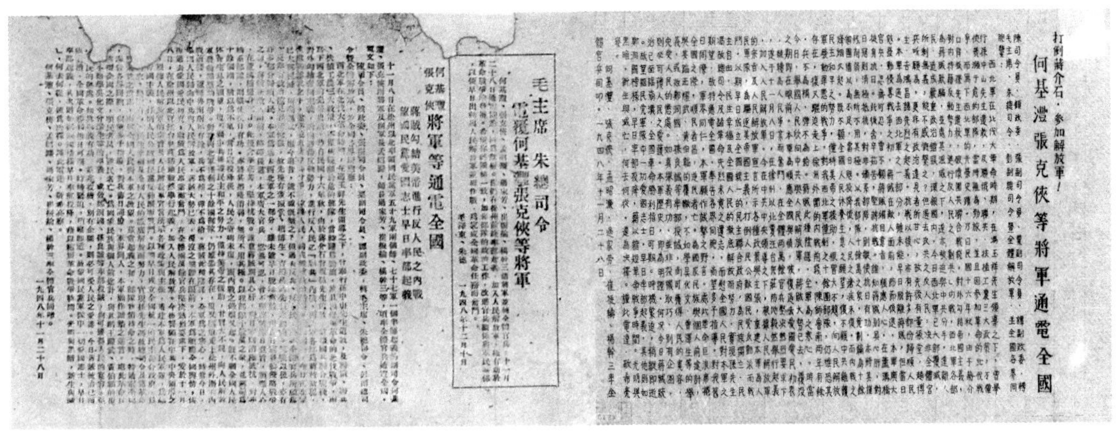

打倒蔣介石，參加解放軍！

何基灃張克俠等將軍通電全國

毛主席 朱總司令 電覆何基灃張克俠等將軍

何基灃 張克俠 將軍等通電全國

▲ 毛泽东、朱德于 1948 年 12 月 10 日给何基沣、张克侠的复电，以及何、张起义后通电全国的报道

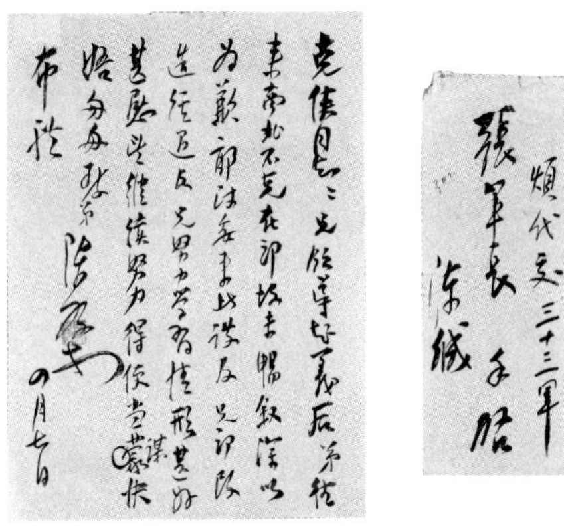

烦代交三十三军

张军长　手启

陈缄

◀ 1949 年 4 月 7 日，陈毅司令员写给张克侠的亲笔信

毛泽东、朱德贺何基沣、张克侠等率部起义电

何基沣、张克侠、孟绍濂、过家芳、崔振伦、杨干三诸将军并转全体官兵：

11 月 28 日通电阅悉，极为欣慰。你们在徐州前线率部起义，加入人民解放军，极有助于革命战争的发展。希望你们团结一致，加强部队的政治工作，改进官兵关系与军民关系，以便早日出动与人民解放军并肩作战，为完成全国革命任务而奋斗。

毛泽东　朱德

1948 年 12 月 10 日

摘自《人民日报》1948 年 12 月 16 日

华东诸首长复电

【新华社华东 13 日电】华东军区陈司令员、饶政委、张副司令员，华东野战军粟副司令员、谭副政委电复何基沣、张克侠等将军。电文称：

何基沣、张克侠、孟绍濂、过家芳、崔振伦、杨干三诸将军并转全体官兵钧鉴：贵部在徐州前线毅然举义，加入人民解放军，极为钦佩。目前我们在徐州附近进行的大规模歼灭战，即将取得全部胜利。全国各战场亦正在胜利发展。尚望一致努力，为打倒封建主义、官僚资本主义及美帝国主义在华侵略势力，建立民主新中国而奋斗。

陈毅、饶漱石、张云逸、粟裕、谭震林

1948年12月9日

摘自《大众日报》1948年12月15日

访谈实录

何基沣谈淮海战役中率部起义情况

时间：1978年7月26日、27日下午

地点：何基沣住处——北京白塔寺东街60号

访问记录整理人：于世景

1948年11月初，刘峙在徐州召集开会，说是要与共军决战，我让李连成（随从副官，中共地下党员）去看情况，敌人把汽油、炮都在装火车，他们要跑了。起义前，华野派了杨斯德同志（现任总政联络部长）到我那里联系，我叫吴振山照顾杨部长。我与几个地下党员过家芳（一三二师师长）、王世江（我手下的一个营长，负责与我联系）、李连成一起开了会。当晚我到了五十九军，副军长孟绍濂胆小怕事，参谋长刘景尧最坏，他不愿起义。这时一个师长叫崔振伦的，掏出手枪往桌子上一拍，说："人家结婚、娶媳妇、过年都没有咱的事，现在该戴孝帽子了，找到咱们了，我们不给他卖这个命，谁不愿起义，手枪说话！"多数人同意起义，叫我下命令。我拿起笔签署了命令，部队起义了。第二天，张克侠同志（1929年的共产党员。冯治安曾对我说，张克侠是共产党员我也知道，不叫他带兵，把他放在徐州）从徐州跑出来，刚到过家芳的一三二师。我叫杨斯德与解放军取得联系，张带上五十九军先走了。我收拢了矿上的部队，集合后，叫我给队伍讲话。我对大家说：咱们西北军向来都没被总统放在眼里，抗战期间，咱们打日本。八年抗战胜利后，又让我们跟共产党打仗，他们怎么不打？共产党也是中国人，咱们中国人打中国人，美国人发洋财，我们不干！我们打了多少年仗，都不愿再打了，我领大家到个不打仗的地方去行吗？大家说：行！我说：行，咱就走！就这样把队伍带走了。天黑我们过了运河，到了台儿庄，我带过队伍共两万多人。敌人派飞机轰炸拦截，我的吉普车也打坏了。我们先到了莒县大店，后到了益都，在益都开的欢迎大会。后来部队整编，张克侠的五十九军整编为三十三军，我带的七十七军整编为三十四军。

在起义前，解放军进到运河北岸，张克侠同志从徐州搞来了一张很大的地图（敌军防御部署图）送到我那里，我让李连成同志化装骑着毛驴送到了运河北解放军手里。

这次起义前，我接受了山东吴化文起义时的经验教训，那次起义，吴化文手下的军官跑了不少，主要是军官的家属没安排好。我这次接受了教训，派李连成同志专程到了上海，取回了我存在那里的200多两黄金，李连成同志把黄金放在点心盒子里，上面放着月饼、点心，顺利地取了回来。当时营以上军官的家属大部分都在南方苏州、常熟一带，我把黄金分给大家安排家属，大家都很高兴，没有人跑。后来全国解放后，陈毅司令员说非要还我黄金不可，我在南京，给我送来了一箱子金银首饰，在银行里换了7000份折实公债，合人民币两万多元。

起义前，我们也做过冯治安的工作，他模棱两可，别人告了密，刘峙把冯治安扣起来了，我们起义后，蒋介石骂冯是瘟猪。

部队起义后，我与杨斯德同志到过家芳的师部去，路上遇到了华东军区联络部长陈同生同志，他也正在找我们，他带着一伙人带着电台到处找我，见到后，他让快给中央、毛主席发电报。立即支起电台给毛主席发报。后来在前门饭店吃饭，听当时在中央工作的李涛同志说：当时毛主席在西柏坡，11月7日、8日连续几次询问，华东有没有电报来。9号早上，毛主席接到了我的电报，很高兴。吃午饭时，毛主席一手端着缸子，一手拿着电报，说弄杯酒喝吧，一放下，周总理把电报拿过来，也高兴地说，何基沣、张克侠同志把队伍带过来了，淮海战役的胜利又多了一层保证了，搞点酒喝吧！……

摘自淮海战役纪念馆《采访资料汇集》，1978年9月

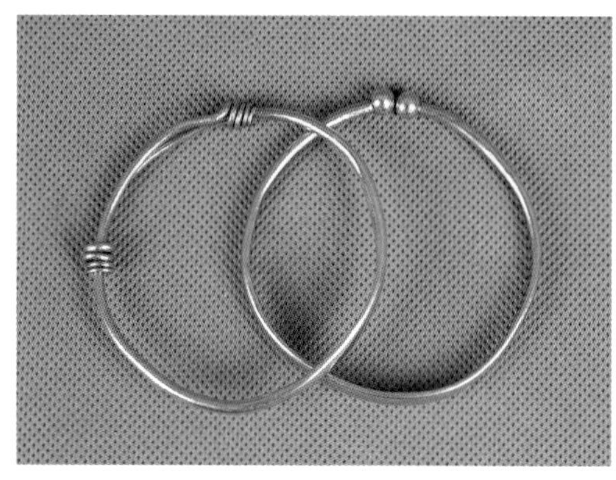

▲ 何基沣率部起义时，曾用自己家的黄金安抚起义人员。战后，陈毅司令员送给何基沣金银手饰作为补偿。图为物品之一：金手镯

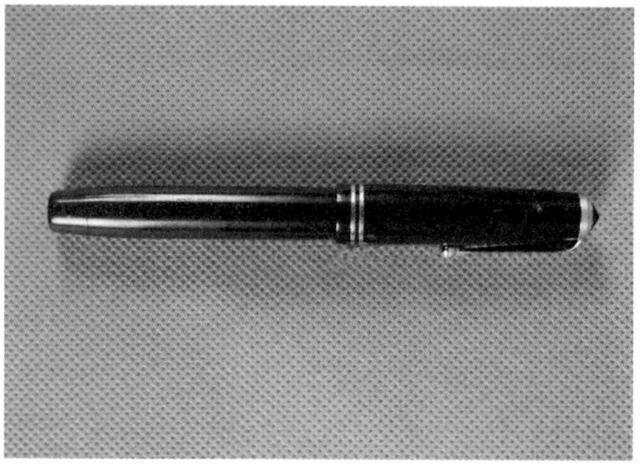

▲ 中共秘密党员、国民党第七十七军一三二师师长过家芳使用的派克钢笔

张克侠谈淮海战役中率部起义情况

时间：1978 年 7 月 29 日上午 8 时半至 11 时、下午 3 时至 6 时

地址：张克侠住处——北京和平里 11 区 18 楼 1 单元 8 号

访问记录整理人：于世景

1948 年 10 月二十几号，党派杨斯德同志来徐州找我联系，并通知我 11 月 8 号有行动，叫我配合起义。杨来时穿的便衣，我给杨斯德换上国民党的军官服装，配上符号，派人把他送到贾汪何基沣那里。当时冯治安的参谋长陈继淹非常反动，处处对我监视。冯治安不叫我到前线指挥，不叫我接触部队，只让我在徐州。7 号这天，冯治安的司令部（在徐州）召集各军长开会，研究与解放军作战问题。当时冯有事应酬去了，到会人员一致要求叫我到前线指挥。会议当天没开完，我说前面已打起来了，先叫他们回去吧，8 号再开。因为 8 号起义，都已联系好了。8 号一早，天刚亮我就坐吉普车去贾汪，我知道冯治安有个习惯，每天早上都得 10 点才起床，我一早走，他发觉不了。我的汽车无人阻挡，因我是中将，又是守备官。车走到贾汪的一半路，就是过家芳（党员，一三二师师长）的部队，我到了过的师部。我后来听说，我刚走不久，陈继淹就发觉了，就跑去向冯治安报告。当时陈继淹先对冯治安的高参尹心田说：张副司令官开小差跑了，接着又跑到楼上向冯治安报告，冯全副武装从楼上下来，向尹要车，尹问要车干什么？冯说去报告刘峙。尹说：你弄准了吗？万一他到别处去呢？我曾听说他治牙去了。你打电话问问，如果不在再报告。于是冯就给司令部、军部通电话，到处问我的消息，我

后来在过家芳的师部还是接了电话。我说：前面打起来了啦，我打仗多年都是在前线指挥，我不能离开部队，在后面蹲着，我要与部队同生死共存亡，你也到这里来吧！他不来。接着我就叫个卡车把冯家里的东西、行装全部装上车给他送到徐州，免得他再来找麻烦。叫通讯指挥官把所有电话、通讯器材卡断，不与外联系。我与何基沣原计划 8 号 12 点起义出发，后改为 10 点就出发。约定到台儿庄集合。我坐车到了贾汪五十九军三十八师师部，师长崔振伦说：头天，何基沣、杨斯德在贾汪召集他们开了会，向师以上军官说明了起义，我掏出手枪说：谁不干，我就用枪对付他，把枪向桌子上一拍，这样，起义就定下来了。

我们 10 点钟开往台儿庄，正遇上敌人的交通兵团向徐州开。台儿庄还有我们一个团，部队都开走了，当时只师以上军官知道起义，团以下还不知道。我给这个团讲话，宣布起义，结果有些下层人不愿起义，我给大家讲明形势，大家就跟着走了。这次起义有五十九军两个师，七十七军一个师加一个团又一个营。除了我与他们有联系外，还有解放军分头做他们的工作。队伍当天就向临沂开，后又到了莒县大店，当时解放军有陈同生同志到我们部队（五十九军），杨斯德到了七十七军，在莒县向毛主席、党中央发的电报。后来又把我与何基沣接到华东局（益都），又到了淄博。解放军派人帮助整顿部队。……

何基沣起义后任三十四军军长，我的五十九军编为三十三军，我任军长。郭化若同志当政委。后来郭政委带来陈毅同志给我的这封亲笔信。……

摘自淮海战役纪念馆《采访资料汇集》，1978 年 9 月

▲ 派往第三绥靖区组织起义的华野十三纵联络部部长杨斯德（中）

▲ 国民党第三绥靖区起义部队在与解放军举行签字仪式

▲ 国民党第三绥靖区起义部队开赴解放区

我各路大軍向徐州急進

敵五十九 七十七軍陣地起義

敵軍心動盪另兩兵團正被圍殲中

切斷徐浦綫後京滬等地緊急戒嚴

徐州戰局發展迅速

▲ 关于国民党第五十九、七十七军起义的报道

华野七纵司令员成钧谈运河万年闸战斗情况

时间：1985 年 6 月 24 日下午 15—16 时

地点：北京空军总医院 3033 病房

当时对运河万年闸的守军有三种估计：

1. 一部分倾向革命，准备起义。

2. 一部分看形势再定。

3. 少数反对起义。

1948 年 11 月 6 日，谭震林政委（华东局副政委、山东军区政委）到七纵召集师以上干部传达有关指示：

1. 七、十、十三纵队任务是立即渡过运河占领陇海铁路一线，坚决阻止黄百韬兵团向徐州靠拢，尔后围歼黄兵团。

2. 第三绥靖区（简称三绥）部队内部有张克侠、何基沣，起义无问题，但须力争冯治安一同起义。

3. 部队行动，立足于打：

（1）争取第三绥靖区部队及时起义，配合行动；

（2）不起义，争取其让路、靠边；

（3）如阻挡，用强攻，必须按时渡过河。

团以下干部都不知道当面之敌国民党第三绥靖区部队准备起义的情况。因此，

7日晚在万年闸发动进攻，并夺下万年闸，第三绥靖区部队并未认真抵抗，只是乱打了一下，同时拉响了几处炸药。但对桥损失不大。至8日晨，杨斯德同志来电话，告知第三绥靖区部队已举行起义。战斗停止，第三绥靖区部队北撤，七纵顺利通过万年闸；十纵从韩庄、十三纵从台儿庄过运河。

摘自淮海战役纪念馆《华野七纵司令员成钧的访问记录》，1985年7月

战史摘要

华野七纵二十一师六十一团三连万年闸进攻战斗

万年闸战斗，是淮海战役第一阶段强渡运河时的一次进攻战斗。六十一团三连在这次战斗中，勇敢顽强，机动灵活，一举攻占万年闸，为保障纵队主力渡过运河，创造了有利条件。战后，荣获“突破运河连”的光荣称号。

一般情况

万年闸位于山东省台儿庄以西，韩庄以东18公里的运河上。河宽50米，水深3米，流速每秒2.5米。该闸长4米，闸桥为铁轨（两边）与木料（中间）结构。闸北有月湾河成弧形与运河沟通，沿河均有土堤。月湾河有一木桥，长60米，与闸桥相距200米，两桥均可通行汽车。万年闸北有一庙院及少数房屋，闸南有一村庄，160余户。闸东北一公里为杨闸关，有公路相连。路两旁有小沟可供隐蔽，附近均为开阔地。

守敌为冯治安部三十八师工兵营和一一二团约两个步兵连。主力在闸南村庄内，月湾河桥有一个排。桥北公路两侧有堑壕地堡，桥头有拒马，外侧有鹿砦、铁丝网、外壕各一道。闸桥南端有一高堡，南岸堤埂均构筑野战工事，村周筑有战斗堑壕，构成环形支撑点。

杨闸关守敌约一个步兵连。

决心部署

第六十一团奉命在大刘庄西南、万年闸地段强渡运河。以二营在大刘庄两侧准备渡河；一营进攻万年闸之敌，抢占运河桥，保障师、团主力通过；三营攻克杨闸关后为团的预备队。三连为一营突击连，加强重机枪6挺，六〇炮4门，担任攻占万年闸，保障主力顺利渡河的任务。连接受任务后，立即召开支委会和班排

长会议，传达任务，研究打法，进行政治动员，发动群众献计献策。决定采用偷袭，偷袭不成改为强攻。营为保障三连侧后安全，令一连一个排在杨闸关以南约一华里处公路两侧担任警戒。任务区分：

二排为爆破架桥排（八班爆破，六班架桥，七班机动）；三排为突击排；一排为预备队。营配备的火器，由连长统一指挥，支援战斗。

战斗经过

11 月 7 日 22 时，三连隐蔽地进入进攻出发位置。二排在公路东侧，三排在公路西侧，该排突击班利用路边沟渠接近敌人，一排在三排后。连长组织轻重机枪、六〇炮占领阵地，完成射击准备。

8 日零时，杨闸关战斗打响，三营一举攻占杨闸关，歼敌大部，少数残敌向万年闸溃逃。三连机智地放敌通过，准备尾敌偷袭万年闸。但月湾河桥守敌不让杨闸关残敌过桥，故偷袭未成。与此同时，突然听到爆炸声，连长判断可能是敌人炸桥，即令强攻月湾河桥。六班趁爆炸浓烟攻到桥头，见木桥尚未炸坏，随即翻越拒马，以手榴弹和抵近射击打垮守桥之敌。十一班也迅速跟进，占领月湾河桥。

敌见月湾河桥失守，以约一个班的兵力立即向我反扑，企图夺回该桥。六班、十一班依托河堤以密集火力将其击退。连即令重机枪、六〇炮迅速占领月湾河堤，以火力压制敌人，掩护部队迅速过桥。

部队过桥后，二排在右、三排在左，向万年闸发起猛烈攻击。六班动作快，直插闸桥。守敌被迫向运河南溃逃。三排迅速抢占庙院，组织火力封锁闸南，使敌无法破坏闸桥。此时，敌运河南碉堡内之重机枪及河堤掩体内的步、机枪火力，向我猛烈射击，我前进受阻。连随即以重机枪、六〇炮的炽盛火力压制敌人，掩护二排突击。八班刚冲到闸桥头，见敌人将一包点燃导火索的炸药扔到桥上，副班长魏满友迅速冲到桥上，将炸药包扔进河内，保住了闸桥。班长魏长远、战士王士海也迅速通过闸桥，准备爆破敌碉堡，因地形开阔，敌火猛烈，两次接近未成。班长身负重伤，但仍以顽强的毅力，爬过开阔地，协同王士海用炸药将敌堡炸毁。二、三排趁爆破硝烟，冲过闸桥。残敌不支，仓皇逃跑。连令三排跟踪追击，一、二排占领两侧河堤工事，控制闸桥，准备打敌反扑。

三排占领南岸数幢房屋时，敌约一个连的兵力，沿街道向闸桥反扑，妄图夺回闸桥。连以三排在正面抗击，一、二排各以两个班从两侧出击，打退了敌人反扑，控制了万年闸桥，保障主力通过运河，直插陇海路，为围歼黄百韬兵团创造了有利条件。

摘自《中国人民解放军陆军第二十四军战例选编（营连排班部分）》，1976 年，第 31—35 页

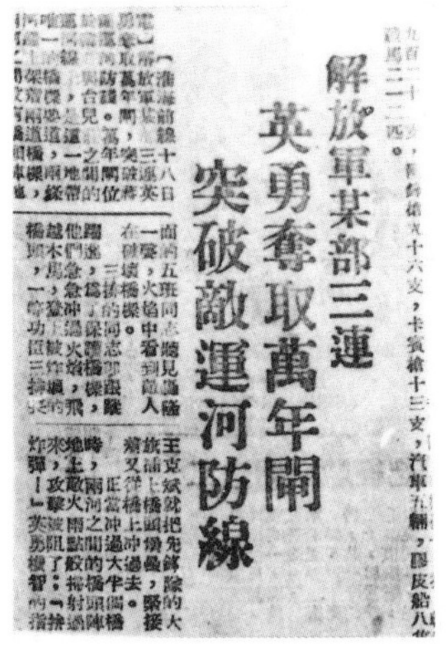

解放軍某部三連
英勇奪取萬年閘
突破敵運河防線

◀ 华野七纵某部突破运河防线的报道

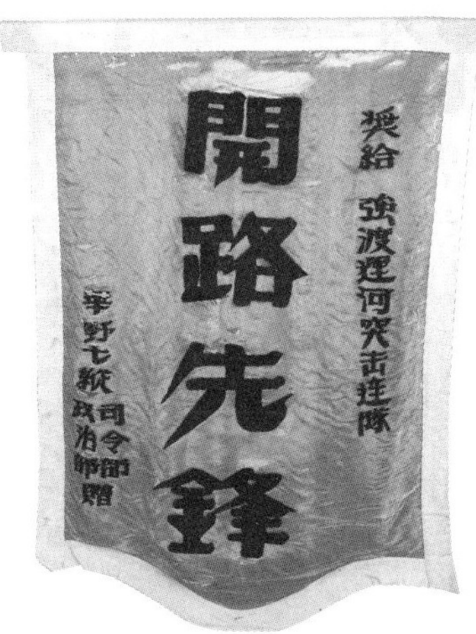

◀ 华野七纵十九师五十五团二连在强渡运河战斗中，英勇机智，勇猛顽强，荣获纵队司令部、政治部授予的“开路先锋”光荣称号

◀ 华野七纵二十一师六十一团三连，在攻占运河万年闸的战斗中，荣获了“突破运河防线光荣连”称号。纵队司令部、政治部授予“把光明和胜利带过运河去”奖旗一面

战地报道

华野十纵五天战讯

【本报 10 日讯】沿津浦线南下大军于 6 日收复临城后，7 日晚进逼韩庄，守军国民党冯治安部七十七军三十七师一一一团（前误为一〇九团）第三营全部 500 余名，由营长王世江亲率在韩庄北 10 余里之石家庄举行起义。8 日晚前头部队即越过韩庄铁桥，流星急箭，长驰疾进，顺我者生，挡我者亡，利国驿守军冯治安

部三十七师一一一团张团长当即率其第一、第二两营举义加入解放军，柳泉车站守敌一一〇团企图逃窜，即为我一举击溃。并全部击溃保安二旅，生俘该旅少将旅长兼滕县县长朱兴文以下400余人，收复该站，并于青山泉车站缴获火车一列，至10日拂晓，占领距徐州20余里之茅村车站，现蒋匪“华东剿总”所在之战略要地徐州已在我火力射程之内。

（黄平）

摘自华野十纵《前哨报》第25期1948年11月11日

▲ 华野十纵通过韩庄铁桥逼近徐州

▲ 解放军通过贾汪矿区

▲ 华野七纵周副政委向贾汪矿警大队宣传解放军政策

在解放军保护下贾汪煤矿完好无损　敌机连日轰炸台儿庄、贾汪

【淮海前线14日电】新解放的贾汪煤矿（徐州东北约60里），在解放军保护下完好无损。华野某将军日前特往视察。某将军首先巡视重要动力机器、发电机等，均在照常发电。继至办公室听取各员工的报告，据称：“原矿警武装共步枪520支，手枪、驳壳枪20余支，重机枪4挺，轻机枪13挺，炮12门，均已悉数向解放军呈缴，矿警人员现均徒手协助解放军维护秩序。员工们于解放后自动组织起来，维持秩序，保管机器工具，照常供水发电。各部员工千余名大部在职，现仍按时上班值日，库存伪金圆券10万元，面粉3000袋，煤10万吨，及机器均无缺损。”继有职员们提出战争形势、维持治安、员工生活、矿物接收等问题，请某将军指示，某将军当即先对员工们自动组织起来保护机器物资予以赞扬，并对他们所受蒋匪军的压迫蹂躏加以抚慰，继即阐述目前形势与中共商业政策。某将军说：“民主政府非常欢迎与爱护技术人才，只要是为人民服务，生活与工作是用不着担心的。”某将军在勖勉全体员工各安职守，照常工作，保护生产，维持秩序后，并望少数离矿技工人员早日返回供职。

【淮海前线17日电】当驻守徐州东北台儿庄、贾汪等地之国民党军冯治安部五十九军、七十七军于8日起义开入解放区后，蒋贼竟派美造轰炸机于9、10、11三日连续轰炸上述地区。当10日蒋机10余架猛炸贾汪车站时，该地前国民党军医院中弹数枚，死伤原国民党军病员数十人。

摘自《大众日报》1948年11月21日

华东军区司令部、政治部欢迎何基沣、张克侠两将军

【新华社华东29日电】华东军区司令部、政治部电：22日晚欢迎在淮海前线率部五十九军、七十七军起义的何基沣、张克侠两将军。华东军区政治部主任舒同代表华东军区致欢迎慰问之意后称："中国战局已经激变，所有国民党部队必须抉择：光荣起义、放下武器或者是全部被歼。我们对于国民党军队，不问其过去如何，只要恍然觉悟起义，参加解放军，一律表示欢迎。"舒主任恳切希望该两军在共产党领导下，加强政治工作，加紧学习毛泽东思想，努力改造部队，成为为人民服务的军队。何、张两将军相继致答词。两氏对该军之能参加到人民民主革命的大家庭来，引以为荣。他们深盼共产党和人民解放军多多帮助、指导，并表示其对改造部队成为人民军队具有决心与信心。张克侠将军并称：此次光荣义举，不是他们的功劳，而是全体革命同志和千百万觉悟起来的人民，多年辛苦革命的结果。这一种革命的胜利影响，促成该部的觉悟起义。

摘自《江淮日报》1948年12月2日

军区、省府组慰问团　慰问徐州北线起义部队

【本报讯】华东军区、山东省政府特派代表组成慰问团，慰问在徐州北线由何基沣、张克侠两将军率领起义的前国民党五十九军、七十七军两部队。兹息该团由省参议会马保三，军区李凯亭、赵仲凯、白金，山东省妇联王寅等50余同志组成，已于本月9日出发。"国防剧团"亦同行，拟作慰问演出。慰问团并带有赠给起义部队的书籍4000册、香烟2500条等慰问物品。

（维樸）

摘自《大众日报》1948年12月15日

▲ 贾汪起义部队开赴鲁南解放区大店附近进行整训，华野政治部联络部部长陈同生率领工作组前往慰问。此为陈同生向起义部队讲话

▲ 1949 年 3 月 5 日，华东慰问团与解放军第三十三军首长合影（前排左起第二人为军长张克侠）

▲ 国民党第五十九军副军长孟绍濂与军官教导团首长合影。左起为教育长刘斗奎、副教育长张甦生、副军长孟绍濂、团长季方、部长陈同生、副政委杨西光

◀ 国民党第三绥靖区副司令官何基沣、张克侠两将军率部起义开赴山东解放区，和前来欢迎的华东军区代表陈同生合影。前排左起：陈同生、张克侠、何基沣、孟绍濂。后排左一为杨斯德

▲ 解放区人民欢迎何、张起义部队，为他们筹备粮食

鲁中南党政军民机关慰问欢迎徐州北线起义部队

【鲁中南 24 日电】鲁中南军政各机关欣闻徐州北线两个军起义后，立即组织慰问，由行署教育处副处长彭畏三、实业处副处长杨云楷代表，于 15 日前往慰问。21 日，鲁中南党政军民各机关复于驻地开欢迎会，会上，有军区张光中副司令讲话，他说："五十九军及七十七军在何、张两将军的领导下光荣起义，坚决站在人民方面，反对蒋介石独裁卖国和美帝国主义的侵略，我鲁中南军民非常欢迎。今后要在毛主席、朱总司令领导下，为早日打倒国民党反动派，建设新中国而努力。"起义官兵代表前五十九军孟绍濂副军长致答，大意谓："我们每人都在羡慕解放军，但过去我们是在苦闷的气氛中生活着，苦闷得无法表达。今天我们感到惭愧，惭愧得也非言语所能表达。同时我们受着解放区军民的热忱招待，使我们得到无限的安慰欢欣。今后我们愿好好地为人民服务，我们有信心在毛主席、朱

总司令的领导下，在华东各首长领导下，为打倒国民党反动政府，实现民主联合政府，建设新中国而奋斗，以回答同志们的慰问。”最后由鲁中南文工团演出《闯王进京》。

（乔子琳）

摘自《大众日报》1948 年 12 月 1 日

徐蚌战报

望各界毋信谣言　冯治安谈前方情形

【中央社讯】……记者昨（10）日晨前往访问甫自徐州来京之某绥区司令官冯治安将军，询问前方情形，承冯将军以诚恳之书面告记者谓：“当运河前线正开始激战之际，本人适因公在徐州，本绥区属内有二意志薄弱军官，竟假名奉命向前线推进，将一部分部队率离原防，向北方移动。幸中途各级官兵，发觉有异，知系受骗，乃复开返。现已大部归还，仅有少数不及一团之官兵为不肖军官何基沣、张克侠两人胁迫，尚未归队，但并不影响作战。本人此次来京，系特为面向层峰报告经过，希望各界毋轻信谣言，应坚定意志，为中国民族争取光荣的胜利。”

摘自《中央日报》1948 年 11 月 11 日

阵中日记

国民党军某部军官的日记

11 月 10 日星期三　1948 年　徐州

自昨日情况变紧后，昨晚之空气相当紧张。因冯治安部之叛变，虽不影响徐州之整个防守计划，但已使徐州之电灯变暗，全市无电，入夜寂无行人，至午夜 12 时许，巨响如雷，不一时后又发响，房屋为之震动。余从梦中惊醒，懵懂中不辨何声何处。今日据传闻，系津浦北段茅村附近我方自动用地雷炸毁铁桥所致，城里居民已受一场虚惊。空军近日亦日夜不息飞行，如抗战时期昆明之情况，可见外围情况之严重。

自徐州情况变化后，心理上大起变化，一反以前之常态，有如大难降临者然。直觉从前所严守不犯者今日亦当及时行乐，免日后徒叹人生几何。……

第二兵团所属各军正靠近徐州外围。司令部驻九里山。

摘自国民党第二兵团第五军某连军官的日记

六、攻占曹八集　切断黄百韬兵团退路

华野山东兵团指挥 3 个纵队从徐州东北迅速穿越起义部队防线，南渡不老河，直插徐州东侧陇海铁路。11 月 11 日，第十三纵队等部在位于徐州以东 50 公里的曹八集地区，包围并歼灭了黄百韬兵团的先头部队第四十四师 3000 余人，击毙第四十四师师长刘声鹤，消灭了李弥兵团留下交防的一个团，并与自宿迁北上的华野十一纵和江淮军区部队会合，切断了黄百韬兵团的退路，占领了阻击徐州国民党军的有利阵地。

◀ 指挥曹八集战斗的华野十三纵司令员周志坚（中）和部分师以上领导

简介

华东野战军第十三纵队

华东野战军第十三纵队辖第三十七、第三十八、第三十九师，共约 2.7 万人。1947 年 8 月下旬，以胶东军区前线指挥部和胶东军区第五、第六、第七师组成华东野战军第十三纵队。曾参加胶东、潍县、兖州、济南（担当攻坚）等战役。淮海战役时参加攻克曹八集、围歼黄百韬兵团、解放灵璧、追击李延年刘汝明兵团、

围歼黄维兵团等作战。1949 年 2 月，改称中国人民解放军第三十一军，隶属于第三野战军第十兵团。

编者整理

战史摘要

华野十三纵曹八集战斗

10 日，接上级指示，敌黄百韬兵团西逃，进至碾庄圩、曹八集一带，令我纵乘敌慌乱的有利时机，坚决、大胆地配合兄弟部队切断其西逃退路……

曹八集位于徐州以东约 50 余公里，是陇海路东段的一个重要据点，有日伪修筑的、原保安部队改建的土围子。围墙外有与水塘相连的环形防御壕，围墙上筑有地堡、单人掩体和各种火力发射点，并与交通壕连接，堡与堡间能以火力互相支援。南门、北门楼上筑有两层火力发射点，可控制全村及其周围地区。敌撤至曹八集后，加修工事，组织防御，掩护其兵团主力继续西逃。

为迅速歼灭曹八集守敌，截断黄百韬兵团西逃退路，为兄弟部队合围黄匪兵团创造条件，纵队决心以第三十八师并指挥第三十九师一一五团歼灭该敌。其部署：第一一四团进入赵庄，由北门攻击；第一一五团插至曹八集西南翟家（崔家集），由南门攻击；第一一三团进至精家庄阻击碾庄增援之敌。第三十九师以第一一七团协同第七纵队攻歼大耿庄守敌，保障攻击曹八集的翼侧安全。

10 日 24 时，第一一四团在炮火掩护下，向曹八集北门发起攻击。11 日 1 时，一连将北门炸开一个缺口，迅速突入，向左侧发展进攻；随后二、三连加入战斗，分别向右和正面发展进攻，连续击退沿大街和突破口两侧围墙向我反击之敌。三连进攻至北门内开阔地时，与数倍于我之敌展开激烈的争夺战。连续 5 次击退守敌在其师长亲自督战下的反扑。在敌增调师警卫连猛扑时，我三连只剩下十几人，仍坚守既得阵地。二连迅速由侧翼插至三连正面，将敌击退。一营经过激烈的争夺战，给敌以重大杀伤后，占领北门内东侧十余座房屋，又连续打垮数倍于我之敌的 9 次反击，激战至 11 日 2 时，我北门突破口被敌封锁，一营与团联系中断，顽强地与敌人拼杀，坚守既得阵地。3 时，二、三营在炮火掩护下，向北门发起第二次攻击。拂晓前，七连、八连和四连各一部突入围墙内，连续击退敌人数次反击后，沿大街西侧并肩向南发展进攻。当进至敌师部西侧大街时，先后击退敌人 4 次反击，前进受阻。由于突入部队只顾向纵深发展，未留兵力扼守突破口，北门楼上敌火力点复活，两侧之敌猛力向突破口压缩，又占领了我突破口。我后续部队前进受阻。我突入分队与敌人展开逐街、逐墙、逐屋的激烈争夺。一营在四面环敌的危急情况下，将剩下的 40 余人，组成一个坚强的战斗集体，用刺刀、石头、砖块与敌人拼杀，始终坚守着既得阵地。

11 日 3 时，第一一五团二营向南门发起攻击。4 时，攻占南门外几栋房屋，遭敌反击，形成僵局。至 5 时，除留少数部队监视敌人外，大部撤出战斗，调整战斗组织，准备再次攻击。

12 时 10 分，第一一二团在我炮火摧毁敌前沿火力点后加入战斗。三连从第一一四团突破口左侧突破，迅速肃清围墙上下之敌。12 时 25 分，二连沿围墙东侧肃清残敌，并与第一一四团一营会合，继续向南攻击。一连尾随二连加入巷战，沿大街左侧向纵深穿插分割敌人，三连沿右侧围墙向前攻击。12 时 30 分，二营加入战斗，沿大街右侧向纵深发展进攻，与第一一四团第二次突入的分队取得联系。我突入部队在炮火掩护下，打垮了敌约一个团的兵力的反击，杀伤敌 500 余人。残敌退守师部周围顽抗，其师部左侧集团堡被我二连攻占，一部慌忙向南门溃退，约一个营由南门左侧窜出曹八集。第一一二团二连越过围墙追至曹八集和桃洼之间，与第一一五团东西夹击。14 时，战斗结束。歼灭守敌 3000 余人。

摘自《中国人民解放军陆军第三十一军军史》（初稿）第一册，1979 年，第 107—109 页

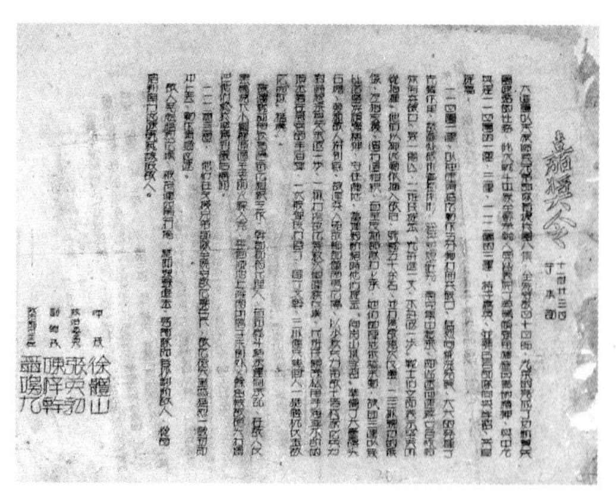

嘉奖令

◀ 华野十三纵三十八师颁发的曹八集战斗嘉奖令

▲ 华野十三纵三十八师一一四团一营攻入曹八集北门后，突破口被封锁，该营四面被围，血战一昼夜，连续打垮国民党军 9 次反扑，仅剩下 40 多位勇士，仍坚持到最后胜利。这是该营在曹八集战斗中使用的电话机

▲ 华野十三纵一一二团一营三连在曹八集战斗中担任突击队，该连由于战术灵活、动作迅速勇猛，对突破国民党军防御，打乱其部署，使其溃窜进而被歼，发挥了积极作用，受到嘉奖，荣获师授予的“英勇善战”奖旗

战地报道

一打一——全歼蒋匪四十四师残部经过

9 日，蒋匪一百军四十四师于运河岸上遭我兄弟部队沉重打击后，一部狼狈窜至曹八集时，我军某部仅以同等兵力，于 16 时半内，将其全部歼灭。

10 日晚 10 时许，我炮击开始。某团一连二排四班连续 7 次爆炸，费时 5 分钟，全班无一伤亡，将敌前沿工事摧毁。接着一、三连和七连 × 排迅速突进去。敌人依托制高点，用机枪、手榴弹封锁着勇士们前进的道路。勇士们打光了小包炸药和手榴弹，改用镐头、刺刀来打通墙壁和敌人进行巷战。冲在最前面的战斗组长杨锡成同志带领全组沿敌围墙向东插去，在他的冲锋枪准确射击下，杀伤 30 多个敌人。当敌人疯狂反击时，他说：“咱们是革命战士，不能屈服，坚决把敌人打回去！”他们很沉着地和机枪班副王熙强等 7 个同志奋勇的击退了一个连反击的敌人。敌人打燃烧弹来，负了重伤仍坚持战斗的王同伦同志和杨锡成同志的衣服着火，在地上滚灭后，依然坚持战斗。全排打垮敌人反击达 9 次，始终坚守在已得的阵地上。

次日拂晓，一营副营长胡玉琏同志，带领勇士们涉过水深及胸的外壕插进去。敌人集中火力向我北门阵地反扑，围墙上的敌人亦向我猛施射击。战士们反复与敌搏斗，争夺阵地。敌人凿壁向我屋内投弹反击，三连机枪班长顾茂松把扔进尚未爆炸的手榴弹，再反掷出去打击敌人。从 3 时许到正午 12 时，勇士们一直顽强地奋战在敌人的心脏里。

与此同时，我军另部某团在 10 时许又分别从左右两翼插进。该团三连勇士们提出："坚决配合兄弟部队完成任务！" × 班在炮火掩护下，不到 5 分钟首先突进，无一伤亡。紧接着二排也从左侧包围上来，肃清了围墙及地堡的敌人。

激战在敌人心脏的 × 团一营勇士，立即兴奋高喊出："同志们！上好刺刀冲出去！我们的老大哥来了。"敌人一见勇士们从正面打进，顿时全线溃散。逃至南门外的一股敌人，又为我早已埋伏好的五连一排迎头痛击，敌纷纷向各处逃命，光头赤脚，狼狈不堪。某团另外 3 个连趁机迅速插向南门，迂回东南角敌人。激战至 11 日下午 2 时半，残敌即在我军机警、神速、分割、包围下，驯服地做了俘虏。

（林智鸣、姜庆肇）

摘自山东兵团《华东前线》第 59 期 1948 年 12 月 2 日

"你们已经是最后的 5 个了！"——蒋匪四十四师残部曹八集突围被歼记

11 号午后，几阵排炮猛然从曹八集庄内打到南门外来。这时，正在观察敌情的艾副团长已看到庄内敌人在激烈炮火中的仓皇混乱，再根据这阵炮火的判断：一定是北面攻入庄内的兄弟部队给了敌人严重的打击。这阵排炮可能是向敌人逃跑发射的。看样子，敌人是想要逃窜的了。于是全团便兴奋的相传着一个"准备打逃窜，歼灭敌人"的紧急口号。

庄内的炮火是越打越激烈，也越打越近。南门围墙上的敌人就越聚越多，越多就更越加混乱了。突然，5 个、6 个又一大群的从南门的西面没命地滚下水壕狼狈地开始逃窜了！不料正给已经等候多时的"前进部"五连一排迎头打了一个排枪，敌人又像碰到一块石头似的立即抱头回窜，又钻进东南角的水壕里，想向外逃跑了。恰在这时，二营的六〇炮手周志杰的炮弹却追上了敌人。炮弹在敌人的堆里猛烈的爆炸着，把敌人的建制炸乱了，把敌人切断了。就这样，周志杰神速地连续地发射了35发炮弹，几乎是全部命中，有力地配合了步兵的出击动作。

五连一排的勇士们跳出工事，端着闪光的刺刀从敌人的后面扑了上去。六连的苏连长手提匣子枪，率领着二排飞也似的从正面迂回过来，迎头一棒把敌人又杀回去了。接着是另外的三个连队乘机插入了南门，敌人被迅速地分割包围了，开始了被歼灭！

在火线喊话和军政夹击下，像吓昏的老鼠般的敌人一大批一大批地放下武器，一大群一大群地当了俘虏。

济南解放战士李逵仙端着刺刀边冲边喊话，捉了一大群俘虏。五连的高岗升和韩玉海两个人正押着一大批俘虏在大街上走着，迎头碰着5个敌人从北面气喘喘地跑过来。高岗升用枪指住喊道："站住！我们也是解放军，快跟我走吧！我们捉的俘虏很多，你们已经是最后的5个了。"

（姜庆肇）

摘自华野十三纵《进军通讯》第23期1948年11月15日

华野十三纵"前锋部"[①]三营在耿庄战斗中与兄弟部队亲密团结协同　表现了高度的整体观念

【本报讯】11日下午我纵"前锋部"三营配合兄弟部队经两个小时迅速歼灭耿庄蒋匪一个团的战斗中，该营与兄弟纵队始终在紧紧的互相团结协同下胜利地完成了任务，而战后又不争枪争俘虏互相谦让，表现了高度的革命友爱精神和整体观念。

当兄弟部队耿庄的东面攻击开始时，三营八连即迅速地从东北面的开阔地发展上去，紧紧地吸引着敌人一面火力。虽因地形不利增加了伤亡，但该连为整个胜利着想，而始终是英勇顽强地打了上去。九连一排与兄弟纵队并肩前进，直打到最后，他们一边喊着"虚心向老大哥学习"的口号，一边以自己更英勇的战斗配合着大哥。

战斗激烈的在庄南头开始了。小河南岸一座房子里有一个排的敌人展开火力封锁着这两支部队的前进，兄弟部队马上以两个排从侧面迂回过去，九连一排就

① 编者注："前锋部"为华野十三纵三十九师一一七团。

从正面打上去，开展了军政攻势，使一个排的敌人立即放下了武器。当战斗发展到庄北头，西北角的敌固守点便拼命地用火力封锁着东西大街，这里又是我部队攻击固守点必经的道路，在这一紧急关头下，九连一排马上先用火力掩护抢占了街北的一座房子，接着便集中了全排火力封锁敌固守点前的火力地堡，掩护了兄弟部队迅速插过去一个连。这时一排仍留下火力班作掩护，而两个步兵班紧跟着兄弟部队前进了。这时在街口上有兄弟部队的一个彩号，一排济南解放战士郝玉会同志便冒着敌人炮火的封锁跑过去，架过彩号，另一战士又给他包扎好，但就在这一英勇抢救时，郝玉会同志也已经是负伤了。

战斗发展到了敌固守点，我们四面包围了敌人，火力也集中了。三营的两挺重机和兄弟部队的重机位置在一起，由三营统一指挥打，九连一排捉了百余名俘虏和兄弟纵队的俘虏混在一起，让兄弟纵队一块押了去。一排的战士说："都是咱解放军的了。"

歼灭战胜利结束后，兄弟纵队 × 团的政委亲挚的向三营辛副营长说："看咱们一起完成任务，你们在缴获品里找吧，用什么就拿什么好了！"辛副营长诚恳地谢绝了。

三营的同志回来说："× 纵[①]真能称得起老大哥！又勇敢又有技术。咱们是跟老大哥边学边打胜仗！"他们也听到兄弟部队也这样讲："有 ×× 纵的配合，所以才这样快地歼灭了敌人。"

（姜庆肇）

摘自华野十三纵《进军通讯》第 25 期 1948 年 11 月 18 日

◀ 华野七纵二十师五十八团四连二排在大耿庄战斗中荣获团司令部、政治部授予的"大耿庄突击英雄排"称号

◀ 华野七纵二十师六〇团五连在陇海路阻击战中荣立战功，被团党委授予"大耿庄战斗模范连"称号，荣获"机动灵活，积极神速"奖旗

① 编者注："× 纵"为华野七纵。

“营长不知道哪里去了！”——蒋匪九军三师八团被歼一角

在前线某部解训处，记者看见了国民党军九军三师八团上校团长彭剑明和他的部下。他们是在 11 日陇海铁路东段大耿集战斗中被俘的。这个团就是去年年底□编的美械荣誉一师的第二团，这一次却在仓皇逃遁的丑态下全部被歼。

8 日晚，解放军逼近邳县，他们从官湖镇仓皇撤出来，把三营七连留下做掩护。刚出官湖镇，背后就打响。同时，两侧也响起枪炮声，而且愈来愈紧。他们又听说在他们两侧的七团、九团已经挨打。团长彭剑明急得直催快点走，一口气就赶到运河铁桥，天已经蒙蒙发亮。过了桥，枪炮声渐渐疏落下去，大家刚要安定下来，忽然发现自己已被冲散，师部联络不上，七团、八团也不知到哪里去了。三营副范志峰说：“平时只善于教部队整理内务唱歌，而在打仗时就慌乱的团长已失了主意。”最后，他下令在碾庄住下来。第二天，彭剑明带着人马赶到八义集去找师部，没有找到。他以及他的部下，就更加慌乱起来，不知道该上哪里去。停一会，彭剑明又带了他的人马往曹八集去，无意中碰到了二十五军司令部，大家都很高兴，满以为可以联络上了，但据说二十五军当时怕意外，叫他们沿公路向徐州走。他们只得气愤走开。刚走出大耿集，迎在前面的却是解放军的机枪，他们赶快缩回大耿集。不一会，解放军的炮弹就在集内爆炸。半夜，战斗稍停，团长彭剑明在隐蔽部内昏昏睡去，醒来的时候，天已有些亮了。他赶快打电话去联络 3 个营长，然而一营接电话的人告诉他：“郑文安营长在天亮之前，带了 2 挺重机枪和第二连不知到哪里去了。”三营接电话的却是营副范志峰，范告诉他：“睡觉醒来，李华林营长不知上哪里去了。”正在他发急时，解放军派人送了信来，要他在 30 分钟内投降，并且告诉他两个营长和他的第三连已经投降了。他连忙找政工主任、找团副、找二营长来开会。会还没有开完，30 分钟已经过去，解放军已突破了东南角工事，彭剑明和他的部下只好一起被俘。

（王殊、胡立昌）

摘自山东兵团《华东前线》第 58 期 1948 年 11 月 29 日

华野十三纵曹八集战斗初步战果
俘敌 2688 名　缴各种炮 34 门

本报军悉：本月 11 日，我纵攻克曹八集，全歼守敌四十四师 3 个团，初步战果统计：俘敌2688名（毙伤待查），缴获美式山炮9门、八一迫击炮8门、六〇炮9门、小炮5门、火箭筒3门、重机8挺、轻机66挺、冲锋枪88挺、步枪557支、短枪82支、卡宾枪14支、电台5部、电话25部、汽车5辆、橡船5只、骡马81头。

摘自华野十三纵《进军通讯》第22期1948年11月14日

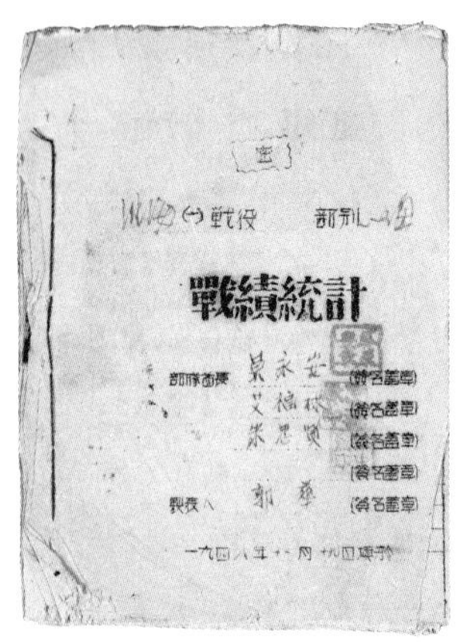

▲ 华野十三纵一一五团曹八集战绩统计

軍區偵察隊
曹八集南殲逃敵
繳機槍三挺六〇炮一門

▲ 江淮军区侦察队在曹八集南歼灭国民党军一部的报道

▲ 被突破的曹八集北门楼

征程回忆

国民党第七兵团第一〇〇军四十四师上校政工室主任回忆
——第四十四师在八义集的覆灭

10日夜间，解放军第十三纵队连续发起攻击，先后达六七次之多，战斗一次比一次激烈，枪炮声彻夜未停。在第三次冲击时，有解放军30余人冲入集内。因该师反扑，将解放军后路切断，迫使其据守一碉堡作战。后来他们弹药用完，失去战斗力。许连长向刘声鹤请示“消灭还是抓俘虏？”我当时在旁说：“我们自己被包围，战斗这样激烈，俘虏来还要派兵看守，倒是一个负担。”于是刘声鹤命令：“消灭他！”……

［11日］下午1时许，解放军发起全线进攻，四面冲击，一时枪声大作。这时该师炮弹早已打光，阵地上只有机枪声和手榴弹爆炸声，解放军的炮兵则大显神威，师指挥所周围及屋顶上到处有炮弹爆炸。在此雷霆万钧的打击下，抵抗瞬即瓦解。解放军四面冲进阵地，无线电台与话报机亦为炮火所毁，指挥系统全部瓦

解。刘声鹤与马建新等均离开指挥所外出，溃乱官兵到处乱窜。后来马建新告我：刘声鹤当时见大势已去，乃将所戴手表及派克笔用石砸碎，高声喊叫说："兄弟们！你们快逃命吧！这就是我师长葬身之所。"随即举美制"四五"手枪自杀，弹从头部右侧射入贯穿脑袋而死，最后为蒋介石送了命。

摘自《淮海战役亲历记（原国民党将领的回忆）》，文史资料出版社 1983 年，第 239—241 页

徐蚌战报

刘声鹤杀身成仁

【中央社讯】国军黄百韬兵团所部第一百军四十四师师长刘声鹤，于 11 月 9 日徐东会战激烈之际，奉命率部于陇海路运河铁桥，掩护自海州西撤之 30 万军民完成任务后，复奉命于 10 日转进至八义集，与匪快速第四、八、十三等 4 个纵相遭遇，旋即陷入重围。时刘师长所部二个团，尚在运河之线，仅以一个团与匪 4 个纵队相周旋，经一昼夜血战，弹尽援绝，刘师长遂于 11 日下午 2 时以手枪自击成仁。刘师长忠烈事迹已由一百军军长周志道呈报总统，其好友戴坚等刻正代为治丧，定期追悼，以慰忠魂。

摘自《中央日报》1948 年 12 月 14 日

七、追击、包围黄百韬兵团

11 月 8 日，华野主力占领新安镇等地后，发现黄百韬兵团西撤，前委立即令各部队掉转方向，疾速前进，飞兵追击。第一、六、九纵队和鲁中南纵队，从新安镇及其以西地区沿陇海铁路南侧向西追击，第四、八纵队沿铁路北侧向西追击。各部队在"活捉黄百韬，全歼黄兵团"的口号鼓舞下，不怕疲劳，不怕困难，不怕饥饿，不怕伤亡，不怕打乱建制，不为河流所阻，克服困难，忍饥耐寒，昼夜兼程，勇猛追击。至 11 月 11 日，将黄百韬兵团合围在以碾庄为中心约 18 平方公里的地域内。

◀ 华野指挥员粟裕（左）、陈士榘（右）、张震在前线指挥部

文件选编

华野前委关于全歼黄百韬兵团的政治动员令（1948 年 11 月 9 日）

各兵团、各纵队首长并转各师团首长，并报中央军委、华东局、陈邓：

一、冯治安部已起义，“徐总”部署甚为紊乱。据息：刘峙已令邱兵团守备徐州，以李兵团（附一百军）集结徐州东北大湖、茅村、荆山铺、小赵庄、茅村车站、大张庄、汪寨间地区，以黄兵团集结徐山村、后刘家、潘塘镇、六铺圩、大湖洞、山口间地区，并令十六兵团即兼程向宿县、符离集间地区集结，限灰日［10 日］到达待命。

二、刻四、八纵及胡纵[①] 正向黄兵团之二十五军、一百军、四十四军攻击中。现黄兵团部署已乱，其他兵团均在运动中。如我能乘敌部署未定之际奋勇出击，则更可造成错乱“徐总”部署与大量歼敌良机。因此我各部不应为小敌所迷惑，勇猛果敢出击，乘敌惊慌紊乱、士气萎靡之际，于运动中歼灭之，只要我们能在江北大量歼敌，不但完全改变了中原形势，且开辟了我军渡江作战有利条件。前委特要求你们：

1. 此战为我主力在江北大量歼灭敌人有利时机，各部应克服疲劳，克服困难，不为小敌迷惑，不为河流所阻，坚决地实行敌人跑到哪里我追到哪里，直到将其歼灭为止。

2. 敌人离开工事，建制紊乱，士气颓丧，兵慌马乱。如九纵侦察队 3 天来俘敌 80 余，内校尉官即 6 名，及四纵俘坦克 8 辆，涉水过河等。我应发扬三猛精神，不让敌人喘息，以达到全歼敌人之目的。

---

① 编者注：“胡纵”为华野十一纵，司令员为胡炳云。

3. 如敌已固守村落据点，我则应完全包围，绵密侦察，组织火力，在统一号令下（纵或师），一举聚歼之。应将运动之敌，驻止之敌，打法严格区分，尤其各级指挥官更须注意。

4. 我全体人员应在伟大解放战争时期，光荣完成各个任务，不怕打烂建制，不怕伤亡，不怕困难，不怕疲劳，不怕饥寒，实行火线上随俘随补，随补随战，满足战斗人数，充实战力，发扬连续持久战斗精神。政治工作在这个时候，应特别表现得有力。

5. 因敌位置不定，一日数变，各部除派强大侦察部队轻装侦察，大胆进入敌后外，在总的意图下，对当面情况则应机断专行，免失战机。

同志们，大规模的歼灭战已摆在我们面前，我们坚信在毛主席正确领导下，胜利一定是我们的。勇敢地前进吧！活捉黄百韬，全歼黄兵团，并继续向徐蚌进军。

粟谭陈唐张钟刘
佳［9日］巳

摘自《淮海战役》第一册，中共党史资料出版社 1988 年，第 135 页

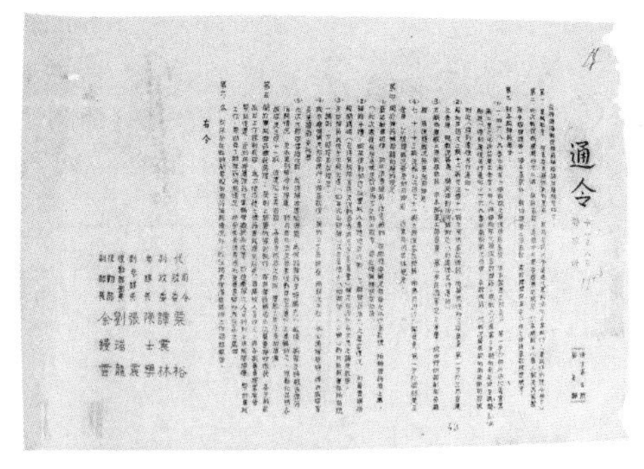
通令

▲华野 1948 年 11 月 8 日于临沂颁发的后字第五号关于淮海战役弹药补给诸问题的《通令》

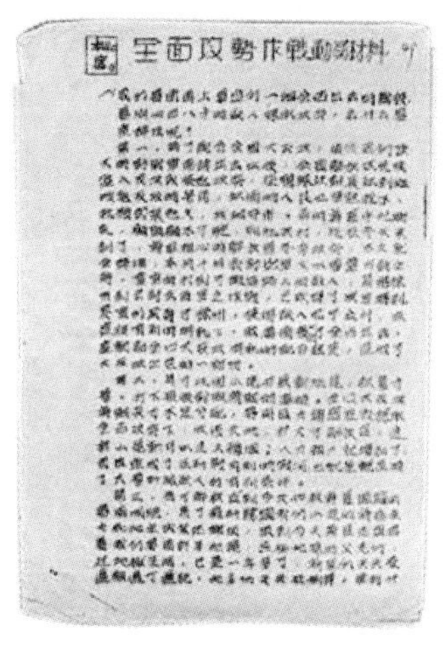
全面攻势作战动员材料

◀鲁中南军区政治部、宣传部 1948 年 11 月 13 日印发的《全面攻势作战动员材料》

华野九纵聂司令员[①] 为追歼黄百韬兵团给各师的一封信

一、情况：自我大军向陇海路逼近，敌仓皇变更部署：

1. 黄兵团司令部率六十三军驻新安镇，六十四军于 5 日下午由古墓西窜至高

① 编者注："聂司令员"为华野九纵司令员聂风智。

潭沟、大佃户、前后丁集一线，现未动。一〇〇军 29 日拂晓由东撤至高潭沟一线，5 日上午西开新安镇，6 日上午 10 时又继续西窜瓦窑，一部窜至红花埠，一部窜至杨家集。二十五军于 6 日下午 4 时由阿湖线全部西撤至新安镇，仅留四十师两个营在阿湖掩护。

九绥区于 6 日上午于新浦、东海地区西撤，绥区司令部当即乘车西开新安镇，其四十四军 6 日晚进至城头一带，继西窜，现新浦、连云港已无敌主力。

二、根据敌近两三日调动情况，我们研究分析，有以下的估计：

1. 敌基本是慑于我大军的歼击，以巩固徐州保存有生力量为目的，在兵力部署上放弃陇海东段，集中兵力以图与我纠缠。敌初是堵我南下两淮，同时保徐，经我连续大胜，东北全歼守敌，对我认识有其改变，不但能攻大城市，还能同时聚歼其相当大数量之军队，因此一为保徐既为保存现有之有生力量，故取靠拢部署，这样可保存其机动，亦可同时尾随我南下，与我纠缠。

2. 敌可能东以新安镇为中心，向西加强。新安镇以东留其一个军之兵力为翼侧部队，现据情况，可能系六十四军或东海撤回之四十四军（战力弱）。向西加强，若以黄兵团之旧关系看，可能以二十五军西去。以掌握战力来看，可能以六十四军为守备新安镇之敌。

黄兵团亦可能西撤至运河车站，率六十四军西去与一〇〇军靠拢。

三、我纵作战任务，基本上坚决执行华野给予的战役任务，但作战对象、地区要准备随时有变，并多准备几套，然战役重点是向西发展。

1. 我进击目标，若敌来不及西撤，这样可能首歼六十四军，若六十四军去新安镇，可能歼击四十四军或攻歼新安镇之六十三军。

2. 如敌主力位于高潭沟、大佃户一线，我首集中两师向河西发展。如大佃户为敌一个旅，歼灭后，我仍采原定方针，二十六师向西南、二十七师向东南，插入分割兜歼。

3. 我纵在新东作战原定计划不变，如转至新西，部署再告。

四、对敌调动的认识：

1. 敌人集中是避免分散，集中固守一点，而采取的不得已措施，其情绪混乱，指挥乱绪，兵无斗志，是必然呈现于我面前的有利战机。

2. 敌兵力集中，我兵力同样更加集中，回旋区增大，而敌区狭小，兵聚而无大面积之物质供应，实乃不得已而为之。当然敌兵力集中，有我一定艰巨，但总是利我多，而敌更加无法支撑，故我应明确给部队讲明，转变打六四、六三之认识，迅速掌握战机，敢打、狠打，一定报过去久蓄之仇，坚决痛歼，一个不使其漏网。总之在政治上我要藐视敌人，敌人在政治上已经见我发抖，然我在战术上、技术上要仔细要慎重研究，这才是有政治质量，而又有战术素养之军队。

五、战役打响前应注意的几个问题：

1. 各部根据作战任务及区域，确实掌握情况，按叶副参谋长昨日在前面面示的侦察部署执行，并将情况所得随时报告本部。

2. 切实隐蔽注意防空。

以上问题之提出，是基于华野既定的战役决心，我纵坚决遂行，故将近几日情况分析研究后，特提出以上几点补充意见，供各师作参考。

此致

敬礼

1948 年 11 月 8 日于苏北大向庄

摘自中国人民解放军第三野战军第二十七军司令部《1948 年至 49 年 6 月战役指示汇集》，1949 年 6 月，第 93—95 页

华野四纵《战地新闻》社论：勇猛追歼全线退却敌人

英勇的指挥员们，3 天的战斗行动中，你们不辞疲劳，不怕寒冷，克服困难，浮水追击逃敌，取得俘敌 2000 余名的初步胜利，充分地表现了人民解放军的光荣本色，十分值得赞扬和自傲的。

现在敌人已经全线退却了，黄百韬兵团 10 余万兵马纷纷抢路夺桥，狼狈向西

▲ 华野集中兵力勇猛追击自新安镇地区西撤的黄百韬兵团

▲ 华野某部冒飞机轰炸，涉水渡河追击黄百韬兵团

▲ 华野某部于追击途中架设浮桥

逃窜，龟缩在自运河到曹八集的80里狭小地区内，阵地未固，军心崩溃，大追击大歼灭的光荣任务已经到来了！

大战的序幕刚刚揭开，冯治安部3个师在我攻势威逼下起义了，敌人徐州以北已经破碎，运河到曹八集的阵地已经突出和暴露在我大军前面。友邻纵队已经到达了曹八集、原集、大许家车站，截断了黄兵团的归路，华野全军正以排山倒海之势、雷霆万钧之力，向黄兵团围拢去了！

同志们，战役的形势从来没有像现在这样迫切地要求我们勇猛迅速地追击，一切决定于时间。我们不能让敌人有继续逃窜的时间，不能让敌人有构筑工事的时间，不能让敌人有喘息的时间，不能让敌人有支援的时间。我们必须珍惜每一分钟和每一秒钟，迅速干脆、彻底、完全的歼灭黄百韬兵团！

当我们实现这个光荣伟大任务的时候，党和人民要求我们注意两件事情：

第一、认清敌人是在逃窜而不是坚守。当面的敌人已经十分动摇混乱，十分惊惶失措，因此我们必须本着积极歼敌的精神，果敢地迂回和包抄敌人，迅速地截断敌人后路，勇敢地接受一切战斗任务，发挥全体人员的积极性来想办法克服一切困难，高度发扬勇猛歼敌的革命精神，果勇动作，歼灭一切可以歼灭的敌人。

第二、认清就在这个时候，更加需要高度统一和高度集中的指挥，以能掌握战机、敌情、水情和一切重要的情况，是达成胜利的一个极其重要的因素。

同志们，为了争取胜利，大家按照上述的要求努力吧！

摘自华野四纵《战地新闻》第782期1948年11月10日

华野十三纵目前对新区居民宣传要点

此次淮海战役，我们所到地区大部为蒋匪长期统治压榨和经过敌我争夺数次之新区和边缘区，为了鼓励新区群众斗争信心，和使他们进一步了解我党我军之

◀ 华野部队逼近陇海路东段之情形

▲ 华野某部沿陇海铁路勇猛追击黄百韬兵团

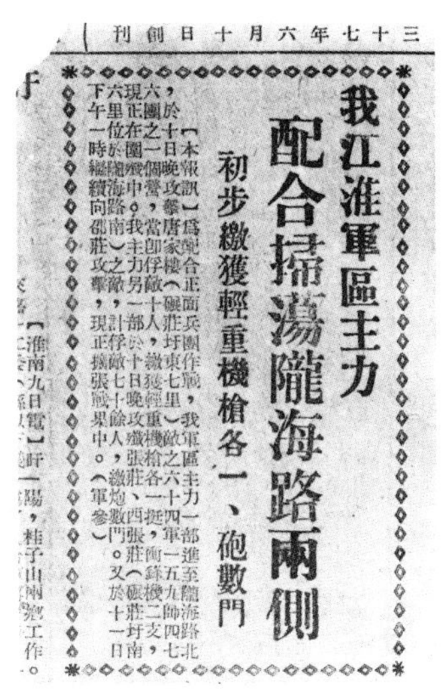

三十七年六月十日創刊

我江淮軍區主力
配合掃蕩隴海路兩側
初步繳獲輕重機槍各一、砲數門

【本報訊】爲配合正面兵團作戰，我軍區主力一部進至隴海路北，於十日晚攻擊唐家樓（碾莊圩東七里）敵之六十四軍一五九師四七六團之一個營，當即俘敵十人，繳獲輕重機槍各一挺，衝鋒機二支，現正在圍殲中。我主力另一部於十日晚攻殲張莊、四張莊（碾莊圩南六里位於隴海路南）之敵，計俘敵七十餘人，繳炮數門。又於十一日下午一時繼續向郤莊攻擊，現正擴張戰果中。（軍參）

▲ 江淮军区主力配合扫荡陇海路两侧国民党军的报道

政策主张，揭穿国民党反动欺骗宣传，及使新区群众清楚了解国民党卖国反动罪行，了解我军必胜蒋军必败的道理，以团结群众支援战争配合军队打胜仗，特提出以下宣传要点。希全体同志抓紧战斗间隙和随时随地向新区群众进行群众性的宣传工作，每个同志必须了解一面打仗、一面宣传党的政策主张，是我们人民军队的传统，也是我们每个革命战士的光荣职责。

一、宣传我军的胜利，特别是秋季攻势以来各个战略区的重大胜利。该新区群众了解我军和人民力量的强大无比，了解蒋介石的反动卖国统治即将垮台的形势（详细战果可看纵政印发之我军秋季攻势之现势图）。这一带有好多地区过去曾经打过仗，如鲁南大捷，枣庄、峄县大捷等。但当时由于形势不同，我们打完仗主力转移，此地又被蒋匪占据。因此群众对我们力量虽然有些了解，但怀疑我们不能站住脚，这一点必须向其解释今天形势与当时敌人重点进攻时之形势已起了根本变化，叫群众了解经过解放军和华东人民一年多的战斗，蒋匪重点进攻就完全粉碎。解放军转入了反攻，打了胶济路西线、昌潍、兖州、济南 4 次大胜仗，山东内地敌人已经全部肃清，解放军南下大反攻。蒋匪是越打越弱，我军则是越打越强大。而且蒋介石反动统治的灭亡已经不远了，以清除群众之变天思想。也可通过我们亲身参加的战斗，宣传我们的胜利，如打兖州、打济南等。

二、宣传我党我军之政策主张。

1. 宣传我们一贯为人民打仗、爱护人民的本色，使群众了解我们确实是人民自己的军队。

2. 一方面以实际行动影响群众，另一方面要进行宣传我军的三大纪律、八项注意，让群众了解我们爱护人民的严明纪律和优良的军民关系。

3. 新区政策，主要是叫群众了解我们到这里打仗就是为了解放这里的人民。可以介绍解放区的人民生活情形，但不要提出在新区也要平分土地等口号，对待基本群众可以告诉他们共产党来了以后，取消苛捐杂税，实行减租减息，减轻人民负担，穷人不受痛苦和压迫，可以有饭吃，有事做。对中小工商业者要广泛宣传我们保护民族工商业的政策，对伪组织及蒋军家属人员广泛宣传我党之首恶必办、胁从不允、有功受奖的宽大政策。

三、宣传蒋匪卖国害人民的罪行。这一方面除了从蒋匪总的方面揭发其将中国主权卖给他美国爸爸，换来美国武器、物资打内战外，还可以在就地了解蒋匪之具体罪行进行宣传，激发群众对敌的仇恨心和支援战争的热情。

四、号召群众行动起来、组织起来支援战争。这要告诉群众，我们打仗就是为了解放他们，他们应当积极组织自己的团体配合解放军打胜仗，我们为战争需要和为了人民的长远利益，某一点与群众利益矛盾的地方（如修工事用器材、筹粮草、住房子等）要耐心宣传解释，我们并不是不爱护群众，而是为了群众长远利益和大的利益。这和借口“军事需要”不顾群众利益，乱筹乱要是完全不同的。

以上提出仅是原则上的要点，各部队可根据这一要点结合具体情况组织宣传，具体标语口号另有规定，各部队一定要根据统一规定的写，不得自编口号，写时要注意尽量郑重清楚，字体端正，并根据具体地区与具体对象写。

（纵政宣传部　11 月 9 日）

摘自华野十三纵《进军通讯》第 19 期 1948 年 11 月 10 日

《人民前线报》社论：勇猛出击　乘胜进军　全部歼灭溃败的敌人

在我中原兄弟部队有力配合，我华野各路大军英勇出击的强大攻势打击下，敌人徐州“剿总”部署已乱，敌军上下兵慌马乱，闻风溃退，不数日间我已收复海州、新浦、连云港、灌云、睢宁、临城、郯城、枣庄、台儿庄、韩庄、新安镇等等重要城镇及庞大地区，全歼敌六十三军、四十四师及其他整师整团部队，争取冯治安部三个师零一个团起义，总共歼敌和争取起义已达 10 个师以上，黄百韬兵团已完全为我包围，全部就歼的命运已确定了。我军各部在战役初期内能忍耐饥寒，忍受疲劳，克服一切困难，以无比的英勇追击敌人，包围歼灭敌人，举如四纵涉水过河，九纵一夜行军 140 里，一纵窑湾歼敌六十三军，七纵、十三纵歼敌四十四师，均是值得表扬的范例，我们除向前线各部队表示敬意外，特再提出如下的号召：

一、我全军上下，应该认识此一战役为我主力在江北大量歼敌的有利时机，也是我们完全改变中原形势，把战争更加向南推进的重要环节，全国战争的新形势是更为明显了，胜利是可以提早到来的。我全军上下应在伟大的人民解放战争的第三年（最重要的一年），在过去历次伟大胜利的基础上，完全实现中央所给予我们光荣的作战任务，而在目前来说，就要争取此次战役的彻底胜利，完全歼灭黄百韬兵团，乘胜向敌人继续进军。

二、我全军各部应在战役期间光荣地完成各自任务。要乘敌人建制紊乱、远离工事、士气沮丧的有利时机，勇敢追击，勇猛出击，在运动中大量歼灭敌人，要高度发扬我军英勇顽强战斗的精神，伟大的自我牺牲精神，忍受疲劳，克服困难，不怕饥寒，不怕伤亡，不怕建制打乱，不为小敌迷惑，不为河流所阻，发扬三猛精神和连续持久战斗精神，不让敌人有喘息机会，敌人跑到哪里把他歼灭在哪里。

三、从政治上及战略上来看，敌人崩溃了、动摇瓦解了，但在具体战斗中我们还要小心谨慎，不能有丝毫的轻敌大意，要认识敌人还是会做垂死挣扎、顽强抵抗的。假如敌人固守村落据点，我们就要迅速完成包围，细密侦察组织火力，在统一号令下（纵或师）一鼓全歼。对运动之敌与驻止之敌在打法上要严格区分，因为敌人位置一日数变，各部仍组织强大侦察部队轻装侦察，大胆迂入敌后，在有利情况下可根据总的意图机断专行。在一切工作特别是政治工作上要作持久连续的作战准备，充分发挥政治工作的威力。在经过审查的条件下，实行火线随俘随补随战以充实战斗力量，党的支部和所有共产党员、英雄模范、功臣同志要在每一个战斗、每一个工作、每一个重要关头，表现自己的领导作用、骨干作用。同志们，空前规模的光荣的歼灭战已经开始了，胜利是我们的，勇敢勇敢再勇敢，活捉黄百韬，全歼黄百韬兵团，继续前进，发展胜利，乘胜向敌人进军。

摘自华野九纵《胜利新闻》第 61 期 1948 年 11 月 17 日

战史摘要

我大軍合圍徐州
敵七兵團被殲二兵團被圍攻
馮治安將軍所部兩軍陣地起義
南京極為恐慌京滬杭等地戒嚴

▲“我大军合围徐州”的报道

▲华野不顾国民党军飞机轰炸与地面部队袭扰，昼夜兼程，勇猛追击，将黄百韬所率4个军包围在碾庄地区

▲华野八纵在运河东岸打下陈楼后，继续追击黄百韬兵团

华野八纵某部陈楼遭遇战

（一）陈楼战斗是在运动开进中遭遇性质的战斗，事先未预计在陈楼可能遇敌（该村地图上没有），而是向前后杜村、炮车前进途中遭遇驻止之敌发生的战斗，其经过是：

六四团于8日午后7时全部队渡过沂河奉命继向炮车前进，当时了解武庙子、新盛营集有敌，则决以一、三营首先打下武庙子，而后向新盛营集发展，结果以上二村皆无敌人，则分两路继向前后杜村发展。三营在发展途中路经陈楼，搜索部队接近村沿遇敌哨兵，知有敌人，该营七连首先发起攻击，而后全营及二营全部投入战斗。次日（9日）上午8时许，前后杜村敌人增援为一营击退，10时左右全歼守敌4个步兵连加一个重机排。

（二）陈楼战斗表现优点（也就是适合于运动追击战中局部战斗上应采取的战术手段）：

甲、开进队形比较恰当，两个营齐头并进，因而当发生战斗迅速投入主力。

乙、战术手段较□□，七连打响后主力迅速投入战斗，齐头并进，达成包围，断敌归路。

丙、动作上比较勇猛果敢，首先捕捉未及逃跑的哨兵两名，询问情况，七连当即控制两座房屋，成为巷战发展有利依托。

丁、布置严密，保证作战安全，前后杜村敌人增援，当为一营击退，保证顺利歼敌。

戊、干部机动灵活，突击英雄起了最大作用，如九连在爆破时，三次下炸药皆未发火，后副连长石瑞年同志想出用裹腿绑上手榴弹，以手榴弹炸响炸药的办法，结果成功。爆炸后，随即冲锋，当歼敌个连，其中出现爆炸英雄王凤池。

摘自第三野战军第二十六军司令部《淮海战役专刊》，1949 年 1 月，第 52—53 页

华野八纵某部夺桥成功获纵队嘉奖

同日（9）21 时，第二十三师先头第六十九团追击至运河铁桥以东地区。此时，黄百韬主力已逃过铁桥，继续向西退缩。为防我追击，敌第四十四军以约两个团的兵力扼守运河铁桥东岸的炮车、运河车站及桥头据点，以争取时间掩护大部队逃跑。

第六十九团迅速攻占了炮车和运河车站。但桥头阵地仍为敌控制，挡住我前进道路。此时，我追击部队已逼近运河。运河宽 100 多米，河深水急天冷，当地收集不到架桥器材，部队无法过河。我军要想追赶逃敌，唯一的办法是攻下桥头阵地，强占运河桥，打通前进的道路。于步血团长、孙芳圃政委果断地指挥第一营、二营向敌发起勇猛冲击，经反复争夺，次日拂晓，该敌除少数在桥上放火西逃外，余均被歼。我遂抢占了铁桥，扑灭了大火，开辟了追歼逃敌的通道。这次战斗，我以伤亡 20 余人的代价，换取了毙伤俘敌 2600 余人，缴获 30 多门火炮的胜利。第六十九团夺桥有功，获纵队通令嘉奖。

摘自《中国人民解放军陆军第二十六集团军军史》，1989 年，第 208 页

▲ 华野八纵集中火力，掩护部队通过运河铁桥

▲ 在火力掩护下，解放军通过运河铁桥，追击黄百韬兵团

▲ 华野某部通过运河铁桥追击黄百韬兵团之情形

华野八纵六十九团抢占运河铁桥

一、当时敌我情况的简述

1. 当时情况，敌人发觉我作战意图（围歼新安镇地区之黄匪兵团）后，敌即迅速脱离其孤立作战之处境、被歼灭之命运急急西进，靠近徐州之杜匪集团，互相狼狈为奸相依为命逃脱被歼。

2. 当时我们发觉敌人此行动后，是从上到下、从下到上号召猛打猛插猛追，追上敌人即不让敌人再跑了（能吃则坚决吃掉，吃不掉的则包围之，太大了不能吃则监视之）。敌人逃，我们追，双方都是运动的，敌人没有一定位置，因此我们是边追边侦察，边侦察边了解情况，边了解情况边下达决心，边下达决心边调动队伍，边调动队伍边即部署打仗。脱离上级指挥，通讯联络不易，情况不了解，给了我们指挥上很多困难。

3. 我们在半路上经过了三次变更部署，80 里路的急行军一天没有吃饭，于下午 5 时许，先头两个营抵达猫儿窝，了解该地为我友邻部队之侦察营占领。此时，任务已完成，部队正在造饭吃，派员四处联系友邻，侦察情况，报告上级之际，突有由运河铁桥头顺河东岸南逃之敌兵一名被我捕获。经过询问，了解运河桥头还有一部敌人未有过去，并了解其溃败情况，随即下达决心转兵北上，部队即分两路出发（饭未吃），一面报师。此时已下午 7 时许，晚 9 时许，前卫部队到达庄家营歼敌一个排，了解一下情况后，敌供称桥东只有敌个营，遂决心以一、二营发起攻击。当一营发起攻击第一次受挫，俘敌副营长才了解，敌人是一〇〇军之四十四师全部在河东担任掩护，当时仍贯彻攻击之决心，其理由：不管敌人是一个师一个团，而敌人越多越乱，越拥挤越不易指挥，因为他只占领着方圆不到 300 米的一块地方，同时又没有工事，其士气是急欲西窜，官兵均没战心。并了解其师、团长均已西进，又加桥头着火不能通过，因此决心用一、二营再协同发起攻击，直战至第二天上午 9 时许才胜利的歼敌，占领桥头。

二、取得胜利的几个主要原因

1. 动员打响淮海战役的第一炮。战前动员工作比较好，从上到下、从组织到个人都愿先传捷音，特别是抢占阵地运河桥头对整个部队西进歼敌之意义，在部队动员上比较成熟，因此在 32 小时整个部队没吃饭、休息、喝水，又经了约 90 里地的急行军没有叫苦的。

2. 指挥深入，及时了解情况，下达决心，处理情况。团干分工每人掌握一个营，营干分工每人掌握一个连，连干分工掌握排，随时随地都能根据情况下达决心，及时联系互相配合。这种指挥看起来是分散了，但按具体情况是适合于运动追敌的情况，否则是要一级报一级，会耽误了时间的，这个战机也就会失掉的。

3. 部队的吃苦耐劳精神与猛打猛追猛插，大胆深入插入敌人翼侧，造成敌人混乱。当我部队插到坡里、邓集带后，沂河桥头及炮车仍有敌人。我们除以小部便衣监视外，主力仍猛向西插，迫使敌人仓皇向运河桥方向逃窜。另一方面，即全体干部、战士没有叫苦的，很多战士足上起了泡，仍坚持跟上队伍没有掉队的。一营政教李春亭伤腿不能走（过去最多走 30 余里），但这次仍鼓励大家，随同大家坚持了 90 里路的行军。

4. 部队勇猛顽强机动灵活地歼敌。如一营战士胡志海、朱春玉两人去爆破桥头大炮楼，半路上全部负伤，该班另一战士王长洪即自动挺身而出，跑上去拾起炸药送到大楼上，爆炸后，使我顺利地控制桥头大炮楼，迫敌动摇交枪。又如战士陈唐前去送炸药，炸敌地堡群，班长鲍升君亲自带领在前面指示道路方向目标，并以冲锋枪扫除敌前沿散兵坑之敌人，掩护爆炸成功。另如一连七班在孤军插入突破口后，部队伤亡较大，二梯队上不来，英勇坚持阵地约 2 小时，并打退敌人 4 次反冲锋。

5. 歼敌决心从上到下贯彻一致。不管敌人多少，反正认识清楚敌人是溃逃之敌，过不去桥，挤到方圆不到 300 米的地区，没有地形、没有坚固工事，敌人有力量也使不开。我们是生力军，我们的一切准备较充分，一切都未经过消耗更增加了歼敌的魄力。如我一连全连伤亡 60 余名，仍在阵地坚持积极组织攻击，并没有受到影响而动摇决心。班、排干部如刘登高、王德恩，虽然部队伤亡很大，但是从战斗开始一直到结束，是勇敢积极的，组织自己仅有人员，剩一个人即打一个人的仗，也不能动摇歼敌决心。

6. 调查地形了解情况，这是这次歼敌迅速的主要条件之一。如开［始］抓到俘虏，知道桥头有敌，即下达决心部队向北转，另在大榆树以北空地里抓到俘虏，即时询问敌人动态、兵力、兵种，了解敌人是向西跑，他们是掩护的，马上也要过桥的。到庄家营抓到敌副营长，了解敌为一个师，并没有叫敌一个师吓住，相反的更进一步了解敌人内部情况、意图，敢于下达决心向敌组织攻击，否则听到敌人一个师就要犹豫，另即是从干部到战士注意了解地形及情况，适当地分布兵力，否则一定会产生用兵不当，致使敌人逃窜。如了解桥头东南有一道大沟靠近车路，这个地方如不控制对敌人是不容易全部歼灭的。因此，马上令二连去个排，虽然部队小，起到的作用是很大的。

7. 主动、自动积极掌握战机。如第一营攻击一次受挫后，因与二营没有配合起来，团当时即告一营停止动作，待二营准备好时一块动作，但一营一连接到此命令后并未受到命令的限制，看到敌人动摇了，一连与三连胜怀排，马上在连、排长的指挥下主动地发起攻击，控制了桥头堡垒，迫使敌人溃不成军，全部放下武器，提前结束了战斗，控制了桥头。

摘自华野八纵二十三师六十九团《淮海战役总结一部》，1949 年 2 月 7 日

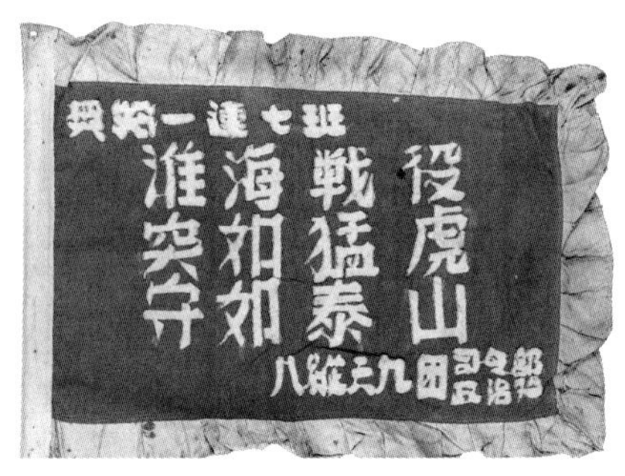

▲ 华野八纵六十九团一连七班在追歼黄百韬兵团，抢渡沂河、强攻运河铁桥等战斗中，建立了功勋。此旗是六十九团司令部、政治部奖给七班的

▲ 华野八纵在抢占运河铁桥战斗中使用的轻机枪

华野九纵堰头镇之战

敌黄百韬兵团所属第六十三军在掩护其兵团部西撤之后，行动迟缓，至 11 月 8 日下午 17 时才开始行动。9 日晨，该军军部及第一五二师后尾撤至运河以东堰头镇一线，被我纵兜头赶上截住。当日 17 时 50 分，我以第二十六、第二十七两师分由东北、西北、正西、东南、西南五个方向对堰头等村落之敌发起攻击。10 余分钟后，第七十六团首先由堰头村东北突破，第七十七团亦随之突破，迅速勇猛地对堰头等两个村落之敌进行分割包围。第二十七师七十九团被堰头正西一条 3 丈余宽的小河拦路，河深水寒，不易徒涉，架桥器材又被敌人炮火炸坏。在这关键时刻，第七十九团二连三班在副排长范学福率领下，10 名同志跳进冰冷刺骨的河水中，用人体做桥墩、用梯子做桥身架起一座浮桥，在寒水和炮火中顽强坚持一个多小时，使部队由此顺利突入。镇内敌人在我突然猛烈打击下很快陷入混乱状态。第八十一团四连协同第八十团五、八连于战斗发起后攻占墩徐，切断敌西逃之路。18 时前后，敌第六十三军军部驻地林家圩子被我第八十一团突破，敌军

长陈章乘乱只身逃脱。黄昏前，敌人据守的村落相继被我纵攻占，守敌大部被歼。闻声前来堰头为军部解围的该军第一五二师四五六团亦被我歼灭约一个营。当晚19时15分，堰头战斗结束。残敌一部西逃，我纵第七十八团和第八十一团一部尾追逃敌至大杨场，于10日凌晨1时歼敌一个连。其余残敌逃至窑湾镇后，旋被兄弟纵队全歼。堰头之战，我纵初战告捷，一个多小时歼敌第六十三军一五二师四五四团（欠第一营）和第四五六团一个营共2000余人。我纵华东二级人民英雄、第八十团三连连长魏清汉在战斗中不幸牺牲。

11月10日下午起，我纵于皂河镇附近强渡运河。过河后，即沿西撤之敌左侧展开迅猛追击，日行130华里。11日下午，先头部队进抵古城集以北、碾庄圩以南地区，与兄弟纵队会师。至此，我华野强大兵力将黄百韬兵团紧紧包围在碾庄一带不足18平方公里的狭小区域内。

摘自《中国人民解放军陆军第二十七集团军军史》，1999年，第208—209页

◀ 为表彰十勇士不怕困难、勇于牺牲的“人桥”精神，华野九纵第二十七师司令部、政治部授予三班“河上勇士“奖旗

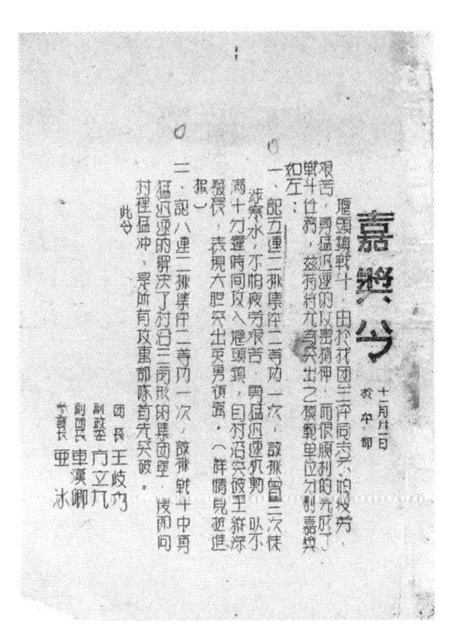

嘉奬令

十二月廿一日 於本部

堰頭鎮戰斗，由於我团三个同志，的疲劳、艰苦，勇猛迅速的以崇高精神，而很顺利的完成了戰斗任務，茲特將尤为突出之模範单位分别嘉奬如左：

一、記五連二排集体二等功一次，該排曾三次徒涉寒水，不怕疲劳艰苦，勇猛迅速执勤，以不满十分钟時間攻入堰頭鎮，自村沿突破王縱深發展，表現大胆突出英勇頑強。（詳情見捷報）

二、記八連二排集体二等功一次，該排戰斗中勇猛迅速的解决了村沿三间房的集团堡，後即向村裡猛冲，是所有攻堅部隊首先突破。

此令

团長 王岐乃
副政委 方立凡
副团長 車漢卿
参謀長 亜冰

◀ 华野九纵八十团颁发的堰头镇战斗嘉奖令

▲ 华野九纵侦察分队8天内连续行军380公里，化装潜入黄百韬兵团内部侦察，捕捉官兵百余人，获得大量情报，为判明情况、果断决策起了重大作用。这是侦察员在战役中使用的冲锋枪

特纵工兵二团架桥筑阵配合作战

1948 年 11 月，全团经过了攻济战后的短期休整后，以参战的旺盛士气，在出发前的庆功大会上，表示决心，订立计划，学习夏禹王三过家门不回家的精神，坚决彻底歼灭以徐州为中心的一切反动军队，争取真正和平。

战场辽阔，工兵部队稀少，要配合兄弟部队作战保证胜利，部队曾分散到班排连，连续作业达 3 个月，冒严寒风雪，涉腊水坚冰。战役的一、二阶段先后修复架设陇海线运河桥、潘村桥、韩庄桥……通过车炮及中型坦克，载重 15 吨以下之百米重桥 31 座，全长 1811 公尺，普通桥 5 座全长 480 公尺，修公路 259 里，构筑炮阵地 15 个，扫雷 450 余个，还担负了构筑防空洞、战壕、掩蔽部及战场打扫等任务。此次战役光荣牺牲了干战共 15 人，负伤 21 人。

摘自《特纵工兵二团战史摘要》

战地报道

华野四纵对运河炮车车站外围发动攻击，连续攻占邳县城等城镇

【纵参 8 日下午消息】我纵于 7 日晚开始发动对陇海东段敌运河、炮车两车站外围据点之攻击。我各部指战员英勇坚强，克服一切困难，于敌前抢渡两条大河，连续攻占邳县城、岔河镇、口集、滩上镇、白沙埠、刘家村等城镇。官湖镇之敌已被我包围，现在歼击中。

摘自华野四纵《战地新闻》第 780 期 1948 年 11 月 9 日

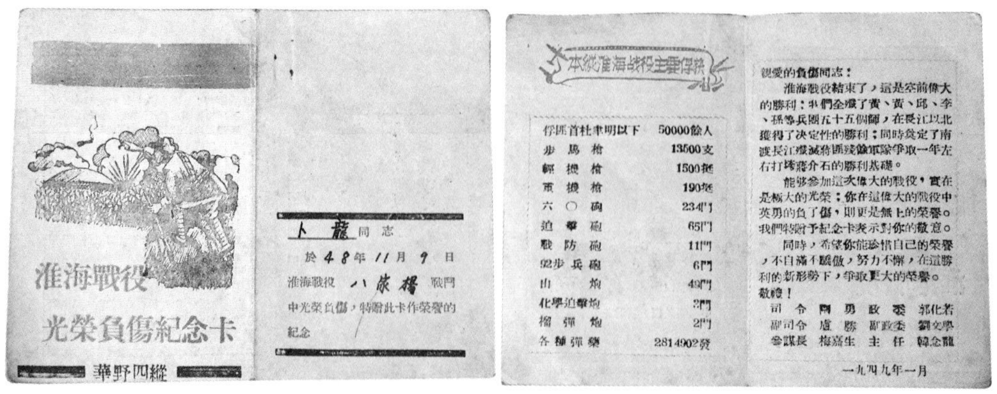

淮海戰役
光榮負傷紀念卡
華野四縱

卜龍同志
於48年11月9日
淮海戰役八家楊戰鬥
中光榮負傷，特贈此卡作榮譽的
紀念

本縱淮海戰役主要俘獲

俘匪首杜聿明以下	50000餘人
步馬槍	13500支
輕機槍	1500挺
重機槍	190挺
六〇砲	234門
迫擊砲	65門
戰防砲	11門
92步兵砲	6門
山炮	49門
化學迫擊炮	3門
榴彈炮	2門
各種彈藥	2814902發

親愛的負傷同志：

淮海戰役結束了，這是空前偉大的勝利：我們全殲了黃、黃、邱、李、孫等兵團五十五個師，在長江以北獲得了決定性的勝利；同時奠定了南渡長江殲滅蔣匪殘餘軍隊爭取一年左右打垮蔣介石的勝利基礎。

能夠參加這次偉大的戰役，實在是極大的光榮；你在這偉大的戰役中英勇的負了傷，則更是無上的榮譽。我們特贈予紀念卡表示對你的敬意。

同時，希望你能珍惜自己的榮譽，不自滿不驕傲，努力不懈，在這勝利的新形勢下，爭取更大的榮譽。

敬禮！

司令 陶勇 政委 郭化若
副司令 盧勝 副政委 劉文學
參謀長 梅嘉生 主任 韓念龍

一九四九年一月

▲ 华野四纵颁发给在 11 月 9 日八家杨战斗中负伤同志的纪念卡

▲ 华野八纵二十二师六十四团九连一班，在追歼黄百韬兵团的陈楼战斗中，以连续 5 次爆破，神速突破国民党军阵地，插入其纵深，迫使一个连和一个重机枪排放下武器，全班无一伤亡。为此，被评为集体一等功，并荣获“飞虎班”奖旗。图为全班合影及奖旗

淮海战役中“飞虎班”英名广播全国

【陕北 11 月 11 日淮海前线电】于淮海战役开始时，勇猛追歼黄百韬兵团中，于 8 日在邳县炮车以北陈楼村歼黄兵团后卫二十五军一〇八师二二四团 4 个连（缺两个排），陈圣文班赛飞虎，神速突击显威风！

该团九连在陈楼之战中，单独俘敌达 50 余名，特别是九连第一班，在作战中迅速完成突破，一班长陈圣文率全班猛打猛冲，获得单独歼敌一个连和一个重机枪排的胜利。陈楼之战，九连担任从村北突击的任务，当时该连一班长陈圣文就动员全班：“爆破后要勇猛冲，保持好战斗队形，轮番打击敌人，不让敌人喘气。”攻击开始，爆破员王凤池、毛秀实即以 5 次连续爆破，炸毁敌人围墙与院墙，爆炸员刘兆彬又冒敌猛烈炮火冲上去，炸倒了敌人凭据顽抗的碉楼。是时，全班三个组立即像三支箭头似的，轮番地左闪右闪地冲上去，攻占四处房屋。班长陈圣文又命令把机枪架在正面，第三组堵住敌人出入的巷口两边，把敌人压缩在一座房子里，第一、二两组则进行突击，迫使敌一个连和一个重机枪排放下了武器，全班无一伤亡，战后被评为一等集体功，获得“飞虎第一班”的称号。

摘自新华社广播“飞虎班”的电讯稿

河上勇士

11 月 9 日“潍县团”[①] 经过近百里的追击，把敌六十三军一五二师包围在堰头镇一带，当日下午夕阳刚落西山，二连即向堰头镇的敌人发起了攻击。

堰头镇西头，一条 3 丈余宽的大河挡住了二连的进路，爆破员被大水淹没了又冲去了炸药，人只好爬了回来，敌人拼命地向我们射击着。正在这千钧一发之际，孙连长把架桥的紧急任务交给了三班：“三班长，你们班坚决完成这个任务！”孙连长再三地嘱咐三班长。

战士潘福全、杨玉芝抬起了用木杆绑成的一丈四尺长的桥板，跳下了湍急的大河，水马上没到了大腿，桥板被水冲的向下游流着，他俩拼命地把住桥板继续向对岸前进，水渐渐的深起来，由腿没到了腰又没到了胸膛，渐渐到了肩膀、脖子，但是他俩仍拼命仰着头，拖住桥板继续前进。忽然他们陷到深坑里，水没到了头，他俩用力地闭着嘴向上一跳，一手仍把住桥板，接着浮起水来，手脚在水里飞舞起来，水花到处飞溅着，他们再也把不住桥板了。紧跟他俩下水的班长马先云（战前即已病了 20 多天，此次抱病参战）见他俩松了手，自己用力地把住桥板继续向前推进。潘福全、杨玉芝浮到了对岸，班长把桥板用力向对岸一推，但桥板太短，已离开了河岸飘荡在水面上。

孙连长立刻命令：“把两挂梯子也架上！”第二排副范学福领着班副彭启榜、战士宋协国，扛起了两挂梯子立刻跳到水里，马上两挂梯子、一段桥板连在一起漂浮在水面上。

敌人仍拼命地向我被大河隔住的攻击部队射击着，部队因没有桥腿仍不能通过，排副范学福急了，马上向大家发出了号召：“没有桥腿我们当桥腿，我们抬着桥也要叫部队通过！”“行！”三班全体勇士都跳到水里，把三段桥板抬了起来，离开了水面。战士潘福全、杨玉芝见用肩膀抬着桥板太高，不好通过，马上一腿跪在水里，一腿支起来把桥板放在腿上，战士刘半芝、孙树贤用两手抬着梯子使桥平了起来，范排副和宋协国站在水最深的地方抬着桥，在熊熊的火光照耀下，已可清楚看出 10 个钢盔夹着一座不整齐的桥，一动不动的出现在水面。

“同志们大胆地过吧！我们把桥架起来了！”“瞪大眼过吧！我们保你们的

① 编者注：“潍县团”为华野九纵二十七师七十九团。

险！……”范排副和宋协国、彭启榜向突击队发出了响亮的号召。

突击队开始通过了，有的跌倒了，跌在三班同志的头上，大家仍用力地用头顶住他，使他爬起来。不知是谁踏着宋协国的头，他用力地挺硬脖子，使他安全地通过了。全连都通过了，充当桥腿的三班勇士抬了已将近半点钟！寒风冷水直往骨头里钻，肩膀已压得痛了，后续部队也上来了！

“同志们！我们二连通过了，我们还要叫全营通过，才算完成任务！”范排副又向大家提出了号召。

“抖起来呀！叫全营通过！”党员宋协国也向大家提出号召。

“快过呀！我们保险！”班长向正在渡河的三连招呼着。

三连战士鲁玉柴不小心掉在河里，被水淹没了，宋协国急了，排副一人扛着两个桥头，宋协国钻到深水里抱出了鲁玉柴。战士孙克潘一面抬着桥，一手把住桥板，一手不断地向外拉掉在河里的同志。三连过去了，一连、机枪连又开始过，时间渐渐长起来，三班的同志已冻得全身抖个不停了。在渐渐稀落的枪炮声中，站在水里的宋协国已隐约地听得大家的牙在不断地咯咯响，桥不住地颤抖着，桥板也渐渐沉下去，他又向大家提出：“闭住嘴，咬住牙，挺起腰杆来坚决完成任务！”于是他唱起了他最爱唱的“五不怕”：“野战军什么也不怕，艰苦和困难吓不倒咱……二不怕水深来到腰，再深再大也扛得了……”这响亮而有力的歌声更鼓舞了三班全体勇士，“抖起来”、“坚决完成任务”的口号不断地在水中传出来。

“怎么样老潘？”一连战士陈光华刚通过桥，发现和他一起升级的潘福全跪在水里支着桥，顺口问了他一声。潘福全辨别出是小陈的声音，接着回答他：“热乎乎的，使劲打呀！咱俩挑竞赛！”

全营都通过了，团里已命令他们拆桥，桥刚拆开了，对岸又来了后勤的10多个人要通过，于是班长马上号召大家把桥又架起来。

全营同志踏着三班架起的桥，胜利地配合兄弟部队，歼灭了堰头镇的敌人，三班的任务已胜利地完成了。战斗结束了大家在纷纷议论着：“三班的桥是通向胜利的大桥。”

（黎明）

摘自华野九纵《胜利新闻》第61期1948年11月17日

▲ 华野九纵七十九团指战员，在追击黄百韬兵团途中，被一条 3 丈多宽的河流挡住去路。河对岸堰头镇驻守着第六十三军一部 2000 多人。为迅速渡河歼灭国民党军，二连一排 10 名勇士，不顾河水冻彻骨肉，在火力封锁下，奋勇跳入没腰的河中，用肩膀、双手支撑起两架木梯，搭起一座人桥，使攻击部队及时冲向对岸，全歼了守军。图为架设“十人桥”的情形

◀ 带头架桥的一排副排长范学福

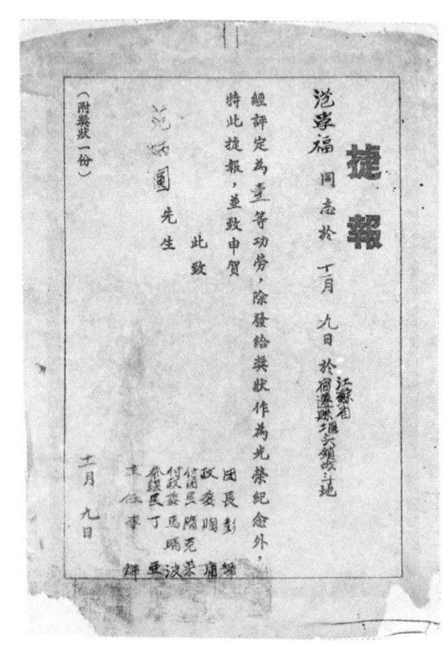

捷報

范學福 同志於 十一月 九日 於

經評定為壹等功勞，除發給奬狀作為光榮紀念外，特此捷報，並致申賀

此致

先生

團長

政委

（附奬狀一份）

十一月 九日

▶ 华野九纵“潍县团”二连一排副排长范学福荣获的一等功捷报

▲“十人桥”事迹广为传颂。此为部分出版物

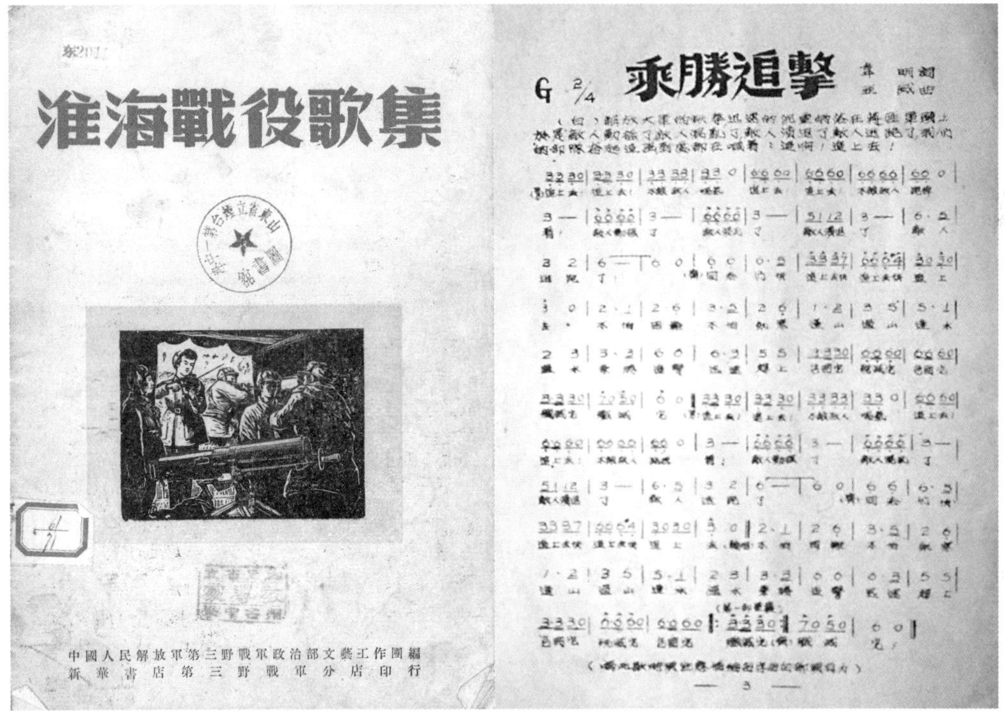

▲ 战役中广大文艺工作者挺身前线，深入战壕，开展火线文艺工作，发扬革命英雄主义精神，使部队增添了朝气与活力。歌曲在战役中唱出了战斗情绪，唱出了丰富的思想内容，唱出了战斗胜利的雄伟气魄，深为干部战士所欢迎，并获得广泛的流传。此为淮海战役组歌之一“乘胜追击”，韦明作词，沈亚威作曲，选自中国人民解放军第三野战军政治部文艺工作团编，新华书店第三野战军分店印行的《淮海战役歌集》

阵中日记

华野四纵十二师作战科科长的日记

11 月 3 日

今晨闻悉东北我军攻克最大城市沈阳，除匪首卫立煌乘飞机逃跑外全军覆灭。

由此，东北已宣告全部解放。消息传来兴奋人心。

晚上开了一次汇报会议，至夜12时许才睡。

11月5日

今晚继续行动至兰陵东设营，于夜12时许抵达东房前，宿营后无他事，进行休息。

记于东房前

11月6日　天晴

晨，师首长已至纵队开会，接受任务，至晚5时方回，召集团干开会布置这次战役及各部之任务。郭政委提出：这次战役在解放战争新阶段的情势下开始，目前对我一切有利，我们将集中力量歼灭蒋匪中原之机动兵团，迫敌于全面孤立防守，将中原战局推进一步。

这次我华野集中优势兵力歼灭敌之黄百韬兵团，我陈谢及我三纵歼灭孙元良兵团之主力，以造成包围徐州与孤立徐州。

会至晚9时始散，继续行，东至雇家桥宿营。

11月7日　天晴

今晨已令各部准备渡河器材，以便攻占邳县时之使用。

下午4时许，各团之任务才决定，故作战命令，迟至9时才发出。

今夜10时我三十五团二营及警卫营，才开始强渡河，至11时攻占该城，守敌向东门逃窜。

因之我三十六团继之渡河，因河水太急，浮桥未成，以致全体指战员涉水渡河，可天又不作美，今日气候又特别寒冷。为了完成任务，同志们仍胜利进军，克服一切前进道路上之困难。

至下半夜4时，无大事，因身体难坚持，休息至6时起身。

11月8日　天晴

昨晚我三十五、三十六团已先后全体涉水渡过沙河。今晨2时，邳县之敌已完全逃窜。我三十五团健儿不顾任何困难，又涉水从南北重渡一道城河，向东之敌追击，至下午4时才全歼该敌一个连。是役我二营长孙斌同志负伤，真是机关里等待这样久，第一仗又将他打倒了。

夜继续向南追击，直至林子，而前面之敌已在八家杨一线立下脚跟，很难推进，因此我们师直又退至□围子。往来徒返，疲劳已极，真是指挥上一大缺点。同时至林子时，部队非常混乱，如遭敌袭，定会受到很大损失。

我三十五团在连丰又歼敌一连，这是第一炮已在三十五团打响。三十五团这次完成任务，歼敌一个连，颇得大家好评，特别是师首长，但是他们之下面战役如何，也许三十五团翻身日子已到。

11月9日

上午6时起，我三十六团配合三十团攻击八家杨之敌。该敌系一〇〇军四十师之二个营，表现很顽强，攻击一天，未效，至晚7时敌已向南逃窜。

上午10时，官湖及沟上集之敌向南逃窜，我三十四团及三十五团向南出击，因兵力分散，不够集中，故未达到全歼守敌，二个团俘虏近千人。敌狼狈现象真令人好笑，我各战士英勇杀敌，于战场捉俘虏，士气高昂。

下午晚8时许，我三十四团已占运河车站，及车站以东一线。洋桥、三岔河尚有敌盘踞。

本拟奉命今夜渡河，大概是下半夜2时许，我亲自去三十四团传达任务，令其今晚先渡河，因有敌人而未过。

记于北村子军次

11月10日　天晴

上午9时许，奉命至洋桥督促搭桥事宜。至洋桥时见敌尸遗弃满地，物资狼藉一地，大车、老百姓之牛驴，均到处皆是，死者亦很多，真不知多少老百姓受此灾难。

洋桥已被敌人烧毁三分之一，现我又将在修理中。准备今晚由此渡河。不过搭桥比较困难。至晚7时，我们即开始由洋桥渡河……

记于淮海前线

11月11日　天晴

昨晚因迟至过河至今晨7时许才抵达目的地，今日休息，任务未来。据息，自冯治安部起义后，我北路大军，已直接南下，除一部直抵徐州外，余均由台儿庄南下至碾庄圩，将西逃之黄百韬兵团围困。因此敌又为我包围，想不久当会歼灭之。

今晚无事，特将背包放下，睡了一夜好觉。倒很舒服，在此之前线能安稳睡他一觉，真如此不易。

记于新集

摘自华野四纵十二师作战科科长陈震的日记

八、急袭窑湾　首歼六十三军

11 月 9 日，华野一纵将在西撤途中担任黄百韬兵团左翼掩护的第六十三军包围在濒临运河的窑湾地区。11 日下午对其发起总攻，12 日拂晓结束战斗。共歼灭国民党第六十三军两个师 5 个团 1.3 万余人，击毙第六十三军军长陈章。此次作战，创造了用急袭战法，以一个纵队的兵力歼灭国民党一个军的战例，给黄百韬兵团以沉重打击，为华野完成第一阶段的作战任务创造了条件，受到野战军首长的通令嘉奖。

战史摘要

▲ 华野一纵司令员兼政委叶飞

华野一纵首战窑湾歼敌六十三军

担任黄兵团左翼掩护之第六十三军，于 8 日下午 2 时撤离新安镇，图经窑湾渡运河西逃，当其逃经堰头时，为我第九纵队歼灭一个多团。9 日 8 时许，我纵奉命自小归昌地区出发追歼该敌，猛追 40 余公里，于当日傍晚，将敌包围于窑湾。同日，我第十一纵队曾在运河以西与敌第六十三军先头部队接触，延缓了敌人的行动，对于我纵能及时追上逃敌，也起了一定的作用。

窑湾镇西临运河，北靠沂河，位于两河汇合之处，周围有高约 4 公尺的土质围墙一道，筑有碉堡、地堡等工事，墙外有断续外壕和水塘相连，镇四周地形平坦，多小村落。

敌第六十三军系粤系杂牌武装，老兵多，但武器装备较差。该敌逃至窑湾后，为迟滞我之进攻，即一面控制了周围约 3 公里内的大小村落，一面迅速修建外围及巷战工事，企图固守。

纵队根据敌仓促布防、立足未稳、工事不坚的特点，决心不予敌以喘息机会。为此，在行进间即令第一、第二、第三师分由东、北、东南三面，包围压缩敌人，首先肃清外围，并作不经调整部署即可转入总攻的组织准备，务求于 12 日前全歼窑湾之敌。

我各师在行进间部署战斗，并采取击破一点，大胆猛插，直捣纵深的战术手

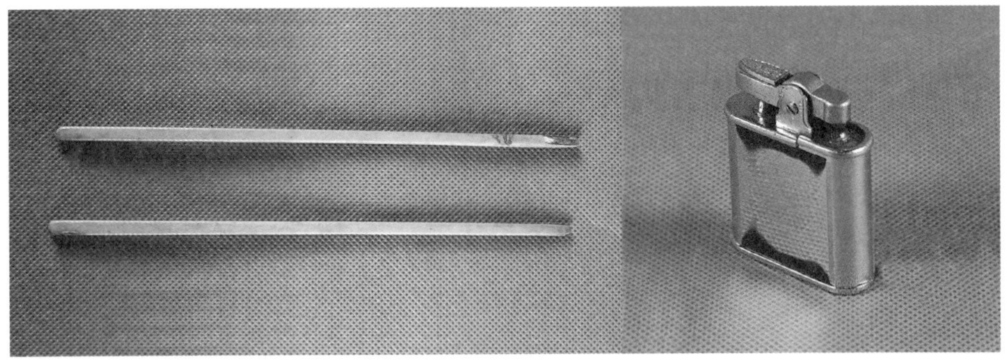

▲ 刘飞率领的华野一纵二师号称“沙家浜”部队，是抗战时期新四军江南抗日义勇队的 36 名伤病员（刘飞是其中之一）发展起来的。刘飞后来当了旅长、师长，淮海战役时任一纵副司令员，率部首战窑湾，全歼黄百韬兵团第六十三军 1.3 万余人，创造了用急袭战法，一个纵队歼灭一个军的战例。这双磨损了一截的象牙筷和美制打火机是当年的战利品，陪伴他度过了大半个世纪

◀ 华野一纵在窑湾战斗中全歼黄百韬兵团第六十三军 1.3 万余人，图为华野一纵副司令员刘飞（前右二）等领导的合影

段向敌发起攻击。第一师在战斗中边打边侦察，首先占领上、下刘宅，查明了大杨场、小上窑敌之兵力部署，尔后迅速攻占小上窑、大杨场，俘敌一部，接着又直插渡口、圩场。敌不支向镇内逃窜。当夜我肃清了镇东外围。与此同时，第三师第八团攻占了陆营、阎场，第七团攻占三湾、二湾，继攻头湾，遭敌反冲击未奏效，至 10 日 15 时攻占头湾，扫清了东南外围之敌。

第二师首由前卫第五团，抢占了臧口、上窑、洪兴场等地，后又奉命将上述阵地交由第六团接替。第五团继续西渡沂河，并占领了钱口、谢场、西口一线，予敌翼侧以很大威胁。但在第六团到达时，曾为我第五团一度占领的阵地已被敌重占，遂再度攻占臧口和臧祠堂。10 日晚，该团首先攻占上窑，尔后以全力猛插

白公社、吴场，俘敌一部，残敌逃窜。是夜，纵队侦察营亦渡过运河，占领了运河以西之韩湾、小集一线阵地，防敌西逃。至 10 日午夜，我已完全控制窑湾外围，为迅速全歼敌人，创造了极为有利的条件。

困守窑湾之敌第六十三军率两个师 5 个团，共约 13700 余人。其防御部属是：以第一五二师两个团（欠一个营）守备大东门、南门地域，以南门为重点；以第一八六师守备北门、小东门地域，以北门为重点，该师另一个团位天主堂附近为总预备队。

纵队为迅速全歼第六十三军，决心以第一师为主攻，配备特纵 105 公厘榴炮 6 门、纵属山炮 5 门，并以第二团为突击第一梯队，第一团为突击第二梯队，第三团为预备队，由小东门或大东门突破，负责解决该镇中部之敌，并向两侧和纵深发展，力求与第二、第三师打通联系；第二师配备特纵 75 公厘野炮 3 门，纵属山

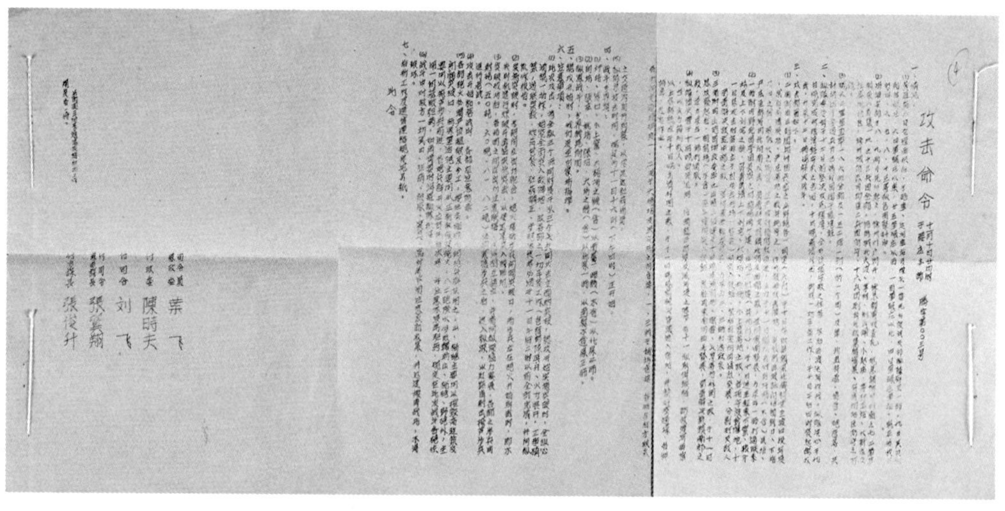

攻击命令

▲ 华野一纵 1948 年 11 月 10 日颁发的窑湾战斗攻击命令

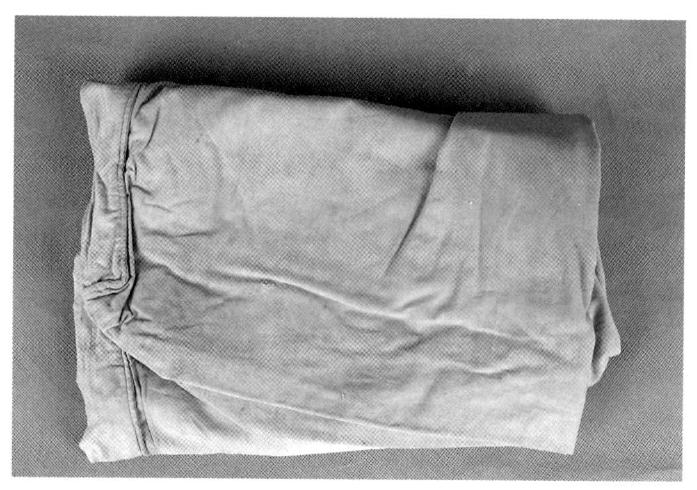

◀ 陈挺在淮海战役期间任华野一纵三师师长，这是他在解放战争期间一直使用的马搭子

炮3门，以第四团为突击第一梯队，第五团（欠一个营）为突击第二梯队，第六团为预备队，由北门突破，负责解决该镇北部及西部之敌，并力求与第一师打通联系；第三师配备纵属山炮6门，以第七、第八两个团分由南门及南门、大东门之间突破，第九团为预备队，负责歼灭该镇南部之敌。战斗统一于11日16时发起。

总攻发起前，各部队广泛开展了敌前军事民主，研究打法，并向居民调查了敌情地形。各级指挥员亲临敌前，反复勘察地形，选择突破口，周密部署兵力火力。第一师在选择突破口时，展开了民主讨论，大家认为小东门外虽有宽2丈的水塘，但经水塘通往小东门的土坝并未完全挖断，为使部队免于涉水，仍可利用。又认为小东门外虽有200公尺之开阔地，但有许多坟堡利于部队接敌运动。最后领导下定决心，确定以小东门为突破口。并将支援火力作了相应调整，规定榴炮、山炮负责摧毁小东门门楼及其两侧之地堡，以开辟突破口，以师属4门重迫击炮压制敌纵深炮火，各团以六〇、八二迫击炮、重机枪组成火力队，直接支援步兵突击。又如第二团突击连第二连，经连长带领排长、爆破班长察看地形后，发现原计划将突击队放在围场，距突破口太远，不够妥当，经请示营部后，改放在围场以南100公尺一线坟堡处，这样距小东门仅三四十公尺，既可以发起突然攻击，又便于观察。所有这些，都是发挥群众智慧的结果。

16时30分总攻开始，我强大的炮兵在第一师第二团方向以准确的抵近射击，摧毁了小东门门楼，压制了敌人的火力点。第二连即以迅速勇猛的动作，连续爆开两道鹿砦和围墙，一举突入小东门，前后仅30分钟时间，接着又打垮了敌3次反冲击，巩固与扩大了突破口，为全师打开了进攻道路（战后荣获纵队授予“窑湾战斗第一大功连”光荣称号）。随后，在一个小时内，第二团已全部进入突破口。第一营向正面攻击，前进约100公尺，为据守耶稣教堂之敌不断反击而受阻。第二营向左侧进攻，占领民房十余间，为据守尼姑庵、灵宝医院、大瓦房之敌所阻。第三营向右侧攻击，亦为地堡群所阻。致使我第二团与敌形成对峙。19时，第一团投入战斗，接替第二团第五连攻击尼姑庵，并积极向大东门方向发展。第三团亦随即投入战斗，接替第二团第一营向正面之敌攻击。

我攻击南门之第三师第七团，当总攻正待发起时，头湾进攻出发阵地遭敌反冲击，曾一度丢失，被迫推迟了攻击发起时间。当重新组织战斗，发起攻击后，终因准备仓促，两次突击未成。我攻击北门之第二师，亦因地形不利，加之未能压制敌人火力，几次突击均未奏效。纵队鉴于第一师已经突破并已向纵深扩展，即令第二师第六团由小东门突破口投入战斗，直插北门策应第四团突击。21 时，第四团打入北门，并即以全力向西南进攻。

纵深战斗中第一师充分发挥了随伴火炮和炸药的威力，与敌展开反复冲杀，逐屋争夺。第一团以迫击炮送炸药配合步兵，攻下尼姑庵直插大东门附近，歼敌一个山炮连，并策应第九团突入大东门，第八团随后跟进。第八、第九团进入大东门后，积极向西南发展分割敌人。第二团在第三团攻占耶稣堂后，大胆向敌指挥中心猛插。特别是第五连，在部队伤亡较大的情况下，及时调整组织，边打边鼓动，首先炸开大瓦房的围墙，协同第四连歼敌一个营。接着，第六连也攻下了灵宝医院。战至 21 时，第一师与第二师在镇中心会合。此时，第二团第五连只剩下 20 人，随即并组为 3 个班，继续奋战，边打边追，一直追到当铺附近，查明该处系敌指挥所。该连又不惜一切地集中了全连机枪手、爆破手等全部兵力参加突击，并机智地利用战俘对敌喊话，攻入敌指挥所，俘敌 200 余人（战后荣获纵队授予“窑湾战斗第二大功连”光荣称号）。敌指挥所被我攻占后，其高级军官率少数人员渡运河潜逃，敌遂失去抵抗能力，南门之敌，亦向我第七团投降，其余残部为我各师聚歼于镇西南水塘附近。至此，敌第六十三军两个师计 5 个团为我全歼。

摘自《中国人民解放军第二十军第三次国内革命战争战史》，1963 年，第 115—117 页

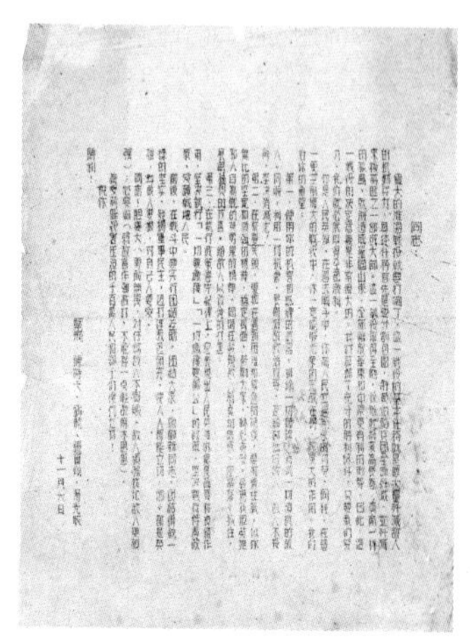

▲ 淮海战役发起之际，华野一纵首长叶飞、陈时夫、刘飞等给所属部队各级人民英雄的鼓励信，要求他们英勇作战，模范执行纪律，团结同志，为人民杀敌立功

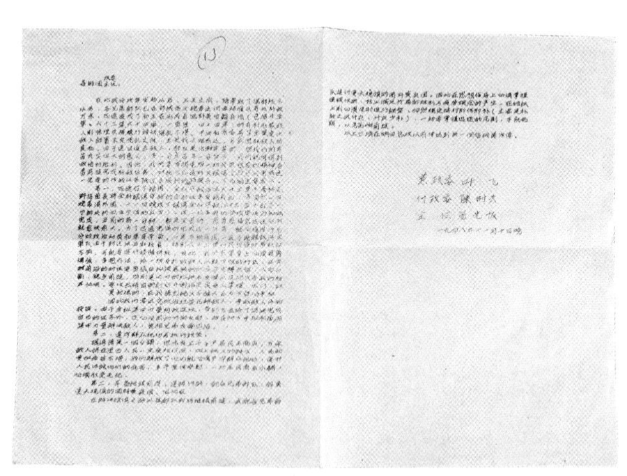

▲ 华野一纵党委在给师团政治委员、政治部主任的信中，提出窑湾作战要求

战术研究

二连突破小东门成功的原因

1. 二连是在营团党委的正确领导下，在师军炮火有力掩护下，在友邻单位肃清前沿的有利条件下，投入突破小东门的战斗的。因此，二连所以能突破是与上级的正确领导，友邻的协助和支援分不开的。

2. 二连党支部平时重视不断提高部队的阶级觉悟，培养部队强烈的荣誉感，以及二连党员干部坚决贯彻了支部决议，在战斗中身先士卒，英勇顽强，以自己的模范行动激励士气，因而全连打得顽强，这是二连能够完成这次任务的内在因素。

3. 二连所以能在 30 分钟的短促时间内，突破成功，是由于上级炮兵的正确的射击，和轻重机枪火力的掩护下，二连爆破班的连续爆破，部队的勇猛突击，三者紧密结合而获得的，因而可以说二连突破小东门是火、爆、突三者紧密结合的成功的范例。

4. 二连突破后，遭到敌人连续 3 次反冲击，由于二连指挥员决心果断，坚定沉着的指挥，发挥政治鼓动工作的作用，激励了士气，同时在受到较大伤亡时，及时调整组织和火力配置，保持了战斗力，因而扩大和巩固了突破口，使后续部队顺利投入战斗。从二连巩固和扩大突破口的战斗中看出，敌前沿一经突破后，敌人为了弥合缺口，必须拼死反击，因而突破后的战斗是极其激烈的。这里就告诉我们指挥员必须有坚强的决心，沉着指挥，不断调整组织，善于激励士气，顽强地抗击敌人。

摘自《步兵第一七三团大功二连窑湾攻坚战斗》，1960 年 1 月

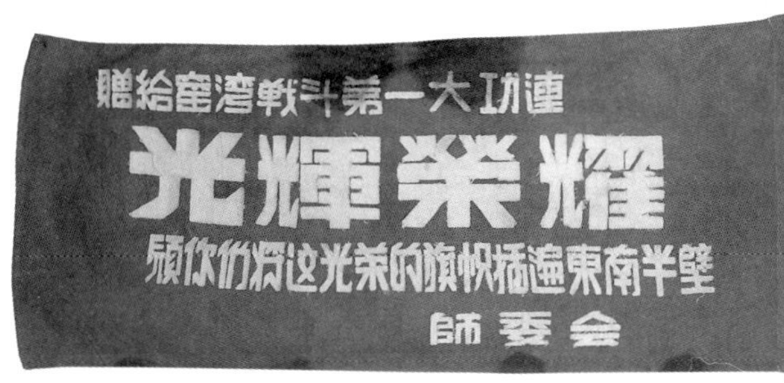

◀ 华野一纵一师二团一营二连仅用 30 分钟就突破了窑湾小东门，迅速占领突破口，连续打退国民党军 3 次反扑，为全歼窑湾守军开辟了道路。这是师委会授予他们的奖旗

◀ 华野一纵一师二团二营五连在窑湾纵深战斗中采取迂回夹击、穿插分割包围战术，发挥短兵火器的威力，将勇猛进攻与开展政治攻势相结合，以最快的速度似尖刀一样插入国民党军心脏，顺利完成作战任务，荣获“窑湾战斗第二大功连”称号。这是师党委赠给五连的奖旗

简介

华东野战军第一纵队

华东野战军第一纵队辖第一、第二、第三师，约 2.5 万人，由新四军苏浙军区和苏中军区部分部队发展而来。1947 年 2 月，山东野战军第一纵队改称华东野战军第一纵队。曾参加苏中、宿北、鲁南、莱芜、孟良崮、豫东、济南（担当阻援）等战役。淮海战役时急袭窑湾，全歼六十三军，参加徐东、徐南阻击战和追击、围歼杜聿明集团等作战，共歼灭国民党军 4 万余人。1949 年 2 月，改编为中国人民解放军第二十军，隶属于第三野战军第九兵团。

编者整理

国民党第七兵团六十三军

六十三军为粤系杂牌部队，现任军长陈章，原辖一五二、一五三、一八六 3 个师。1946 年蒋匪向我华中作大规模进攻时，由浙江北调华东战场。1947 年 7 月我刘邓大军横渡黄河反攻之际，鲁西南定陶之战，其一五三旅（师）即被全歼。现仅辖一五二、一八六两个师。今年 3 月，该军曾在我淮南地区进行“扫荡”，7 月我发动豫东战役，该军即以一个旅北上增援，但甫抵砀山、商丘一带，区寿年兵团司令部及整七十五师、新二十一旅等部已全部被歼。其后该军全部调赴陇海东段新安镇、红花埠一带，编入黄百韬第七兵团。9 月上旬、中旬曾配合六十四军占我沭阳城，被我杀伤一部。此次我发动淮海战役之前，该军即弃守新安镇，狼狈向徐州以南津浦路方向逃窜，行至宿迁西北 60 余里之窑湾镇即被解放军包围，全部歼灭。

（维）

摘自《大众日报》1948 年 11 月 15 日

徐州東南我繼續圍殲逃敵

敵六十三軍全軍覆沒

豫北我軍廿二天殲敵萬餘

三地委發出

▲ 国民党第六十三军覆灭的报道

我軍於宿遷以北地區

殲敵六十三軍經過

活捉該軍一五二師師長雷秀民

▲ 1948 年 11 月 24 日《开封日报》报道歼灭国民党第六十三军经过

国民党第七兵团六十三军军长陈章

陈章，字我先，约 50 岁，广东罗定（一说茂名）人。

广东讲武堂、陆大特七期毕业，初任陈济棠部之连、营、团长，1932 年升独一旅旅长，1935 年升充余汉谋军第二师副师长，1937 年第二师改编为一五二师遂升师长，1942 年调任六十三军副军长，次年入陆大，1945 年毕业返部仍任副军长，1946 年整编，改充副师长，上年元月调现任之整六十三师（军）副师（军）长。

秉性聪明骄纵，沉默寡言，对古学素有修养，英文亦见长，亦喜钻研军事学理，久历戎行，作战有经验，颇顽强，指挥亦较适切，驭下宽松，纪律废弛。处事比较精明，待人接物，手段圆滑，颇得各方好感，部属对其亦有信仰。

属粤军系，与余汉谋关系至深，其对蒋管区之政治黑暗颇为不满，但对美帝幻想仍大。

家境不详，日常生活及举止有美国资产阶级之风味，嗜好跳舞，其右手中指及食指均断，平时常带白色手套，以左手书写甚为流利。

摘自华北军区解放军官教导团第一团编印《敌军高级军官初步调查》，1948 年 11 月，第 138 页

战地报道

追歼敌六十三军经过

【淮海前线 17 日电】前线记者报道解放军追歼国民党军第六十三军的经过：当解放军压向陇海路时，在新安镇一带之国民党黄百韬兵团为避免被歼，企图窜向徐州龟缩，但西去公路只有一条，黄匪乃命其六十三军从新安镇向西南窜窑湾渡运河逃命，同时保障其左侧安全。8 日下午，匪六十三军即惊慌直奔，逃至新安镇西南 50 里之堰头时，刚停下做饭，紧紧尾追的解放军某部先头部队已经打到六十三军军部门前了。匪军长陈章慌忙下令向窑湾突围，但是已经来不及了，其一五二师之四五四团、四五六团各两个营即于 9 日上午被歼。窜窑湾架桥之一五二师四五五团及工兵营，则被突然出现于河西的解放军一部迎头拦击，歼灭两个营。至此，由窑湾西渡逃命的企图遂告绝望。据俘虏供称：当 9 日下午陈章率部逃到窑湾，曾急向兵团部求救，黄百韬首次命令他迅速南下由宿迁过运河桥，但此时该部早已被解放军包围，于是黄百韬又第二次命令他“固守待援”，谎骗他将“派部来援”，实际上此时黄百韬自己也已被解放军包围于碾庄一带，哪里还顾得及被围的六十三军，直至 10 日黄匪才电告“无法前来增援”，要陈章“自行处理”。当晚解放军即肃清窑湾外围村落，11 日下午 4 时半，解放军发起总攻，敌图做垂死挣扎，经逐屋战斗，至 12 日 2 时半，我军将敌最后抵抗阵地天主堂解决，六十三军乃全军覆灭。

摘自《大众日报》1948 年 11 月 20 日

窑湾歼敌六十三军毙俘共计万余　华东人民解放军公布战果

【新华社淮海前线 17 日电】华东人民解放军司令部顷公布在窑湾歼敌六十三军初步战果，计歼敌六十三军军部、一五二、一八六两师部及四五四、四五五、四五六、五五六、五五七、五五八团全部，计 1 个军部，2 个师部，6 个团。俘敌

一五二师师长雷秀民以下 9000 余人，毙伤敌千余人，共万余人。缴获山炮 12 门，其他各种炮 108 门，枪榴筒 48 个，重机枪 44 挺，轻机枪 260 挺，汤姆、卡宾枪 227 支，步马枪 2452 支，短枪 231 支，子弹 15 万发，电台 17 部。

摘自《新华日报》（华中版）1948 年 11 月 19 日

敌六十三军一五二师师长雷秀民被俘经过

【淮海前线 15 日电】国民党匪军六十三军一五二师师长雷秀民被俘经过：10 日夜 10 点多钟，在窑湾围歼六十三军的战斗正烈，解放军某团七连在窑湾北岸警戒，连长刘洪乔见有两个人影由河边往西跑，他打了两枪，那两个黑影就卧下不动了，上去一看，一个满身泥水的大胖子，刘连长大声叫他，他只是装死不动，还是躺在他旁边的勤务兵把他拉了起来，刘连长上去摘下了那胖子的左轮枪，对他说："说实话保证你生命安全。"他才结结巴巴承认："我是师长……代理师长……我……我想回家……"这就是雷秀民。以后他与记者谈到六十三军自新安镇向西南企图经窑湾过运河西逃："我奉命率四五五团先来架桥找船，但桥未架成，就受到解放军四面包围。解放军士兵年轻体健，技术高，武器好，尤其是步炮协同，令人惊奇。我们想固守也不成，部队又都被打乱了，我看看实在坚持不下，就上船逃过河来，船没靠岸我就一跳落到水里，所以弄得满身泥水。"（按：雷秀民系广东台山县南湖乡人，现年 45 岁，日本士官学校毕业，曾任一五二师参谋主任、副师长、政治部主任等职。）

摘自《大众日报》1949 年 11 月 21 日

▲ 被俘的国民党第六十三军一五二师少将师长雷秀民

▲ 被俘的国民党第六十三军上校参谋长陈之瑞

▲ 被俘的国民党第六十三军三科上校科长罗正

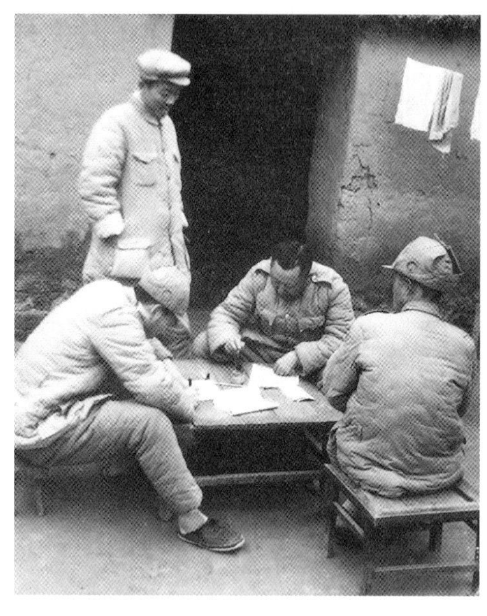

◀ 黄百韬兵团第六十三军军长陈章战死，其三位团长被俘。图为被俘后的三位团长在写家书

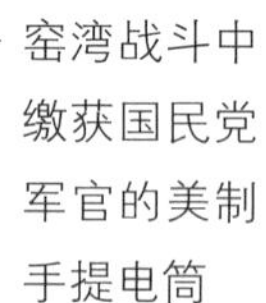

▶ 窑湾战斗中缴获国民党军官的美制手提电筒

阵中日记

华野一纵作战科科长的日记

11月8日

①今晚本全线出击，但黄匪于白天实行逃跑。我进至小归昌，前面无枪炮声，恐敌已逃。

②大半天开了科务会。

③部署：纵司位小归昌，二师向程集瓦窑，三师杨集及东北，一师作后备以徐家庄为中心，后勤位郯马线以北，炮团位王家园子。

11月9日

①情况：黄匪大部西逃，其六十三军，逃至堰头窑湾。

②任务：奔袭窑湾，将敌包围歼灭之。

③行动：白天自小归昌南进至马圩，入晚续向西南进至腰庄指挥，以二师由东北向西南，三师由东向西包围，一师正面突破（附炮团）。

④一路行动一路思考，原来对这样的追歼战工作没有去研究，如何工作，考虑结果：部队要快速开进但要解决休息、吃饭问题。指挥方面，要解决情况、部署、通联等问题，还有战术指导等问题，是一整套。

11 月 10 日

①昨晚 12 时后入睡，极甜，晨起精神好。

②上午参加师以上会议讨论攻击问题。我提了几点意见：突破点选择，炮火使用，兵力使用等。

③起草了并印发了作战命令。

④今晚各师肃清外围，敌士气极差。

⑤知，8 日冯治安全部起义，一八一师亦全歼。黄匪已全部包围起来。

11 月 11 日

今日纵队对窑湾之敌发起总攻。

4 时半开始。4 时 50 分二团即突进小东门，二师进去四团一部又被切断，反击了一下。9 时许全部攻进。三师到 12 时许由九团先开路进去。战斗最紧张是 9 时至 11 时，至下半夜二时半战斗全部解决。全歼敌六十三军，创造了我一个纵队歼敌一个军的光辉记录。

11 月 12 日

①住林场，上午书面通报各部战后工作：

1. 调整组织，配备干部，清理物资，整理装备。

2. 作战绩及实力报告。

3. 清俘补俘。

4. 安慰伤员及部队解释工作。

5. 作战斗评报。

6. 防空及调查西去地形。

②中午开科务会议……

摘自华野一纵作战科科长唐楼的日记

战地记者的日记

11 月 8 日　阴　西北风

郯城岭北头—王家楼（郯城南 25 里　南进 50 里）

……郯城解放，歼王匪 2000 余，马头镇歼敌二个连。部队乘胜南下，今晚行程 50 里，穿的是胶皮鞋（底是硬邦邦的汽车胎，毫无弹性），走在高低不平的泥路上，像套上一副脚镣似的。想换鞋，布鞋在背包里，部队三四路挤着，又是小路，营地还要更变，恐怕掉队，咬紧牙关跟上……

沿途，泰安来的担架队，挑着一担担小米袋，看到头，看不见尾，和我们并肩前进。他们听说郯城“开”了，都“自”地说：“好好！打到南京去，活捉蒋介石，快往徐州撵。”

11月9日　阴　东北风

郯城王家楼—江苏宿迁瓦窑—马圩—姚庄（50+35=85里）

才睡下没到3个钟头，天刚拂晓，吕冰闯进门，说：“哎呦，出发了，你还不起来。”急忙忙起床打好背包，原来新安、瓦窑敌人都望风西逃，部队要迅速乘胜追击，就动手自己烧起早饭来，做伪装。

看到了公布令，营团级干部大批提升、调动……

好凄凉呀！你看陇海路两侧，大批大批的田野荒芜着，犁过的下过麦秧的土地真是寥寥可数，这一带人民怎么度过明年的春荒呀。

到马圩（瓦窑南20里的一个大庄）最后10里路，早就望着那庄子了，可是走走走不到，好远，原来太开阔了，近十里路光秃秃的，村庄很少，庄稼就更少。

天黑时才到马圩，还要走，烧了一餐小米粥吃，里面尽是沙子，又吃不饱，换了一点“红薯”来煮。一日夜只睡过2小时，却要走上135里路，只怪敌人跑得太快了。为了防止瞌睡，夜晚这35里路，勉强打点精神来讲故事、唱歌。

冯治安部的旧西北军，七十七师一个旅在台儿庄，五十九师大部在贾汪、韩庄起义。一开始就这样一连串胜利地向前发展着，敌部署兵力全部混乱，士无斗志，兵慌马乱，六十三军已被我包围于窑湾镇（运河以东）。

11月10日　晴

宿迁腰庄（窑湾东北15里）

抄前委指示转各师、团委，里面谈及敌徐总部署已乱，要乘胜勇猛追击，不为河流所阻，在江北大量歼敌的良机已经来到，乘胜发展，不为小敌迷惑，乘敌于运动中，勇猛追歼之，敌人逃到哪里，就紧追到哪里，号召大家不怕打乱建制，不怕伤亡，不怕疲劳，不怕饥寒，不怕河流，机断专行，掌握战机，各自完成任务，乘胜直下徐蚌，这一战役即将创立我南渡长江作战的有利条件。

今晚肃清窑湾外围，进展得神速而顺利。

82 岁慈祥的老大爷忙碌地为我们搞给养，向我们诉说着内心话。

11 月 11 日　晴

腰庄—姜庄、金庄、东钱口—闫家场（15+18=33 里）

天刚微明，成易之来叫，我们三人分头下师，了解昨日战况、范例，检查今晚总攻窑湾的战前准备工作，和师政指挥所的工作情况。到主任那里接受了任务，匆忙地咬着高粱煎饼，喝点开水就走。本来昨晚商量好的，到炮团工兵连采访架设沂河浮桥，艰苦搏斗在冰冷的流水中，如何光着身子，如何对着呼号的北风坚持在河水里，把大风刮走的船只推过来，前后浸了 2 小时——站在岸边穿着棉衣裤的参谋给西北风刮得鼻子还流清水呢。这一动人的场面的特突击集体采访，只能要刘金一人去搞了。

沿着沙河堤埂往南直奔，太阳出来老高了，第一天穿着棉裤跑路，腿也迈不动，走得满身汗。到了师政，简单地与王岑谈了谈，了解了一些情况，决定六大（团）昨晚肃清外围的材料，他们已有人搞，下午就有书面材料送来，我自己就赶到四大（团）去——他们今晚主攻窑湾小北门。

找到金庄，团指挥所里，只有负责后勤的副参谋长魏九林在那里，其他团首长都到第一线指挥所东平庄去了。我屁股没贴一下凳子，继续摸到前面去。

沿着这一线沙河，由北到南，都是密集的村庄，一片林荫，很多还没让北风卷去黄叶。这时，6 架敌机来袭，一路扫射着，看得很清楚，在上空突然削下来，屁股后面就冒起一长串白烟（眼睛好的话可以看到一串火光），一个接一个的，来回盘旋，机枪就打在前面一线庄子上，任务要紧，我还是走我的。快进庄遇见二营政指何报仁在那里，团首长还未遇见，无心多谈，一直摸到庄前的田坎子下面——这里已可以清楚望见三四百米外的窑湾镇了，就隔着一片开阔地，近视眼的我只能看到一片林荫而已。

找到副政委沈云章，但却又回头到师指挥所去有事，正抓不着来头，正遇到副主任袁辉南和黄苇、陆惠林靠着墙沿坐着。晌午了，后面已把煎饼送上来，一面咬，一面谈，昨晚纵委的指示信他还没看到呢！他接过我手中信看了一下说，指示的精神昨晚团委分头到各营去传达时都讲到了。他与洪定太负责指挥突击营，他还负责指挥山炮、八二炮等火力。胡乾秀、袁天枢全面掌握，沈云章前后联系，魏九林搞后勤，他们团委分工倒颇精密，团政指挥所都交给了组织股长陈中棋负责。他刚与我谈了突击连四连的战前准备工作与士气，还未谈完，团长把他叫去了，紧跟到了圩埂边，团长正用望远镜向前凝视着，副团长对炮兵指挥员正用树枝在划着地形……水塘、围子、天主教堂等，三营正在前面开阔地挖掘接敌交通沟，三个连散开挖，已挖到接近窑湾 200 米远的地方了。前哨占领的几间小草房的战士，可以清楚地看见敌兵敞开军衣，掀掉军帽，在鹿砦后也在挖着防御沟，已挖到胸样子了。团长接着电话说："怎么搞的，组织机枪、步枪，开火！"袁辉南紧按一下快慢机，带着一个通讯员，跃上开阔地到三营接敌阵地去巡视了。

现在，戴着六角帽的野炮一连的炮班和弹药班的同志们，正在紧张地用斧头砍倒大树，挖掘着泥土，构筑着像一间小屋样的炮阵地。三门野炮和好几车弹药，上面盖着伪装树叶，安静地停在道路上。来往的通讯员们经过它身边时，总要高兴地去摸摸它的鼻子："可惜套着皮套。""嗨！等一下就要请他吃蛋花汤！"

我们山炮一连的阵地也构筑得差不多了，现在他们紧张地劳动着的是挖掘一条交通沟和弹药洞。

今晚准备突击的二营，这时正一线散开在防空洞里休息。飞机不时在头上盘旋扫射，我往后走了几步，遇到四连九班，他们是全连的爆破班，胶东参军来的班长王数喜，从防空洞里把捆得结实的炸药拿来我看。他已到前面看了地形，突击小北门，水塘边就是一条高堤埂，敌人在这里拦上了三道鹿砦，围墙上有一个暗堡，一个胸前高的碉堡。本来是架桥班的四班，改炸鹿砦。九班的任务就是炸开堤埂上的暗堡，炸开围墙。爆破道路早就看清楚了，任务也很明确，全班 6 个人，渤海参军的范喜平已填了入党表，请党在这次战斗中看他的表现。他们和八班突击班一样，充满了胜利信心。

副连长董阑亭正跳来跳去和班内谈话，连长林宁第二次看了地形回来，一面咬着煎饼，袋里摸出萝卜干，一根一根丢进嘴里，一面跟突击排长尹永华谈着什么。二排长凑上来说："2 个地堡，10 斤炸药就把它炸垮了。给我二排突击保险！"连长说："可不能轻敌，思想上要准备打几次反冲锋，我们爬上城墙就完成了一半任务！问题是跟进排、跟进连动作要快！兵少了讨厌。"

这时，战士东一簇西一簇的从防空洞里出来，围立在一起开会研究突击、巷战等动作，讲解地形……敌机到头顶时就分散到防空洞去隐蔽一下。敌人的冷枪不断"嘭嘭"地打来，有一颗就打在前面二三米远的地上。

副政指牛力才用六〇炮弹的硬圆纸壳，做成了喊话筒，正在和战士讲着话，我也去试一下，蛮灵光——他们全连每班组织了一个广东、广西战士，成立了喊话组。

指导员方策脸上红喷喷的，他是第一次参加战斗，他本人的决心很强的，昨天他在军人大会上提出了二句口号“硬骨头要创造孤胆英雄！”“四连每一个同志都要爬上围墙！”连长也说：“我们是全团的开路先锋！我们一定要完成任务，只要我们顽强，突上去了，敌人就反不过我们。秦家铺战斗，反到只剩我和通讯员二人，也没被他反下来。”

参谋处派人来问：“准备得怎么样了？ 4 时就要开始总攻。”林宁抬头看了一下太阳，已过午了，就叫通讯员：“告诉事务长，肉快烧，现在快 2 点钟，3 点钟要吃饭完毕！”

通讯员送来了四大炮兵连的应战信，我和方策一齐并肩看着“……爆破时用烟幕最大的炮弹射击，掩护你们爆破……我们一定向圩门两侧射击，突破后保证炮火向敌纵深射击……必要时用单炮身参加巷战。你们的困难就是我们的困难，你们的胜利就是我们的胜利，让我们共同立功！”下面是贺民初、朱文良、梁樊亭代表全连战士的签名。

黄苇拉开照相机子，就给靠在小树上坐着的二级人民英雄林宁照了一张相，方策也要求给他照一张，黄苇说：“不，片子少，我留着给你们拍突击、冲锋的场面。”

在房里，遇见丁惠，战前的军事民主材料及一些素材他已积累起来了，他记着七十五师解放来的汪其根的弹药诗、七班长费健民的枪杆诗给我看，约略谈了一谈，他忙着整理材料去了。芦奇群在这样情况下了解材料没经验，他向我谈，谈不出什么东西来。

路边遇见寿朝阳，他刚从三营八连阵地上回来，我拉住他把材料告诉我。他在接敌 200 米的交通沟里，参加了一班的军事民主会，又告诉了我敌五五七团炮连一个班在火线上向我投诚的小故事，只有耳朵上擦花的一等兵李荣枝逃到了八连阵地交通壕里，其他都给敌人机枪打得开阔地中间的小房子里，死也不肯出来。八连的支部活动很强，战前有 11 个同志打报告要求火线入党，9 个支委在战壕里与他们个别谈话，四班长提出的口号极有力：“大家准备好，战场上换机枪！”“要入党的火线上看！”四班副在沟里给敌机打中头部，英勇牺牲了，在挖接敌交通沟时，九连付出 3 名牺牲的代价。

3 点多钟，在炮阵地后吃罢煎饼，又听取了组织干事何 ×× 的六连材料汇报，迅速又到副参谋长处问了后勤情况——全团有担架 12 副，师部即来 50 副。已准备好炸药 830 斤，榴弹 230 个，八二炮弹 53 发，六〇炮弹 60 发（送到营连的弹药不算），桥板 3 块，梯子 4 根，已经搞到了 900 多斤煎饼，每班已抽一条被子上来，准备给伤员盖的。

东面零落响着炮声（试射的），总攻快开始了，本来满心想留下来看看炮击、突击场面，但要赶紧回去汇报，又担心天黑了路摸不到。

回头的路上，部队开始在向前运动，很多战士每人抱着一捆切齐的高粱秆，预备架设浮桥，五大通讯员正用面粉在划着路标，炮弹一箱一箱往上递，担架队也一副接一副赶来了。

（下午 2 点多钟，敌人有一架运输机飞到窑湾上空投弹药，很多落在我们阵地上，四大四连去看地形的班长抢了一箱子弹回来，高兴得一路走一路欢叫，路边的战士颇有兴趣地数着一个个白白的降落伞往下飘，忘了隐蔽。）

折回姜庄拿了背包，又回头向东南摸，血红的太阳快要沉入地平线了，怎么还不见响炮？（原来今天是刮得西北风）回头看时，窑湾镇上正一阵阵冒起浓烟和火光。十四五里不隔一个庄子，满野荒地，天黑透了，二个多钟头才找到纵队指挥所，他们也刚来到。施强已先回来了，写了篇报导，灯油干了，睡吧！

11 月 12 日 晴

闫家场—王家平楼—东西陈珠—小高场（23+26+6=55 里）

睡到下半夜 3 点钟，吴部长回来叫：“起床，窑湾敌人全部歼灭了，快出发！”赶快跳起来打背包，向西北拉了 20 多里，天明时到了王家平楼。

昨晚二团、一团首先从小东门突破（四团四连也从小北门突进去了，但后续队未很好跟进，又被敌人反出来，又反进去的），七大（团）突破最迟，但前后都炮击半小时后不久（4 时半炮击），5 时整就开始突破，小东门二、一大（团）都进去了，站稳了脚跟，经过激烈巷战，终于在午夜 2 时，将背水作战、孤守无援的蒋匪六十三军全部（除去四五四、四五六团各两个营已在堰头为我兄弟纵队所歼）歼灭于窑湾。我们以相等于敌人的兵力（虽缩在窑湾的敌人有 5 个团，2 个师部，1 个军部共计约 15000 余人），于短促的 10 小时内全歼敌人，的确打得漂亮，开创了我纵以一歼一的光辉战史。

这一战斗经初步查明，俘敌一五二师长雷秀民以下 9362 名，主要缴获有山炮

8门、化学炮4门、八二炮23门、六〇炮75门、火箭筒1个、重机枪57挺、轻机枪420挺、汤姆枪235支、冲锋枪9支、卡宾枪35支、马步枪3179支、短枪391支，战马219匹等……

江部长将晚上在指挥所获得的线索告诉了施强、刘金和我后，就将我与施强投入一师采访，刘金作俘虏采访……

摘自华野一纵《前锋报》记者张永的日记

九、国民党第一〇七军投诚

华野苏北兵团指挥第二、十二纵队及中野第十一纵队，由宿迁附近渡过运河，从东南方向迂回包围黄百韬兵团并进逼徐州。11月13日，华野二纵在邢圩、大王集地区追击并包围了从睢宁向徐州收缩的国民党第一〇七军，迫使第一绥靖区副司令官兼该军军长孙良诚率军部及第二六〇师5800余人投诚，并在中野十一纵的协同下，歼灭了该军西逃的第二六一师，俘虏2000余人，打开了徐州东南门户，为侧击徐州东援之国民党军创造了有利条件。

▲ 华野二纵司令员滕海清（后左二）、政治委员康志强（前左二）等领导的合影

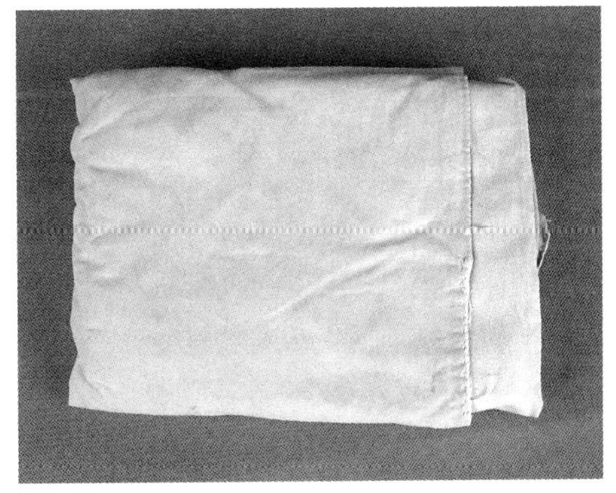

▲ 华野二纵司令员滕海清在淮海战役中装被子和杂物用的马搭子

战史摘要

华野二纵在行进中全歼孙良诚一〇七军

孙良诚慑于被歼，从“剿总”要来数十辆汽车，运输物资弹药，于11月12

日 9 时由睢宁向徐州撤退。16 时，我四师先头十二团与一〇七军二六一师遭遇，歼敌两个连。其主力向西逃窜，当即跟踪追击。六师先头十七团也与一〇七军遭遇，歼其一部。敌向邢圩、高集退缩。我未予追击，继续向预定目标挺进。17 时进占双沟歼敌一部，遂集结于双沟以南待命。

孙良诚率一〇七军军部和二六〇师猬集于邢圩、高集防守，企图令二六一师回军接应，再向双沟逃窜。我五师周副师长率几名骑兵在部队先头行进中，发现汽车辙拐下公路，循迹前进，发现邢圩有敌人。五师领导一面向纵队报告，一面以十三、十四两团和淮北独立团包围一〇七军军部和二六〇师大部于邢圩，以十五团包围二六〇师一部于大王集，迅速展开兵力、火器，准备强攻。纵队接到五师报告后，即令炮团进至邢圩附近占领阵地，遂成引弓待发之势，敌人非常恐慌。孙良诚被迫于 13 日 19 时亲自到五师要求集结于朝阳集起义。纵队当即指定五师政委方中铎负责揭穿其缓兵阴谋，迫使其无条件投降。方政委与野政派来的敌工人员周镐，义正词严地告诫孙良诚，必须认清当前的形势，并反复交代政策，令他限时做出决断，否则即以武力解决。孙被迫签署了无条件投诚书，于 14 日 8 时率军部和二六〇师近 6000 人放下武器。

14 日黄昏，四师追击中发现二六一师据守玫瑰山，遂与中野十一纵三十二旅两个团并肩作战攻击该敌，15 日凌晨将其歼灭。四师俘敌 2000 余人，敌师长孙玉田率领一个排向北逃走。至此一〇七军被全部歼灭。

我纵歼灭了一〇七军，打开了徐州东南的门户，为进逼徐州侧击邱、李两兵团创造了有利条件。此役我纵共俘敌 8000 余人，缴获了大批武器、弹药和 30 多部运输车辆，使我纵在兵员、装备方面都得到补充，部队情绪更加高涨。

摘自《中国人民解放军陆军第二十一军军史》，1988 年，第 272—273 页

文件选编

陈桥战斗中中野十一纵七中三连夺取阵地有功　旅首长写信表扬

【二支部】歼敌孙良诚部一〇七军十二旅的陈桥战斗中，七中队三连在这次战斗中英勇顽强，夺取山头阵地，对整个战斗起了很大作用，旅首长特写信慰问三连并予以表扬，原信如下：

董、张、王、魏、苏诸同志转三连全体同志们：

此次陈桥战斗中，你们夺取陈桥东南角小山头阵地，表现了英勇顽强、不顾一切牺牲的精神。二班吴连海从敌人工事□□□□□，周立元从枪眼里送炸弹，手榴弹打完就用石头砸，打退敌人3次反冲锋，把敌人压缩下去，占领了山头阵地。敌人支持不住你们的勇猛冲杀，终于向西北突围，结果被我四、六中队全部歼灭，获得了俘敌2300余人（缴获甚多）的大胜利。

如果不是你们给了敌人以猛烈打击，则战斗时间可能延长至夜间或次日，甚至会失掉消灭该敌的机会。你们在这次战斗中起了很大作用，全体同志都是有功的，我们特写信慰问，并予以表扬。

你们在这次战斗中，由于全体同志的努力，完成了光荣的战斗任务，并锻炼了自己，提高了自己，希望你们更加努力，迅速整顿好组织，准备再打大胜仗。

此致

敬礼

胡、程、汤、卿、黄、段

11月16日

摘自中野十一纵《前卫报》第142期1948年12月2日

华东野战军第二纵队

华东野战军第二纵队辖第四、第五、第六师，约2.6万余人，由中国工农红军第二十八军一部、新四军第二师和第四师的部分部队发展而来。1947年2月，山东野战军第二纵队主力和华中野战军第九纵队一部在山东省郯城合编为华东野战军第二纵队。1948年3月与华野第十一、第十二纵队组成苏北兵团。曾参加宿北、鲁南、孟良崮、南麻、临朐、济南（担当打援）等战役。淮海战役时，迫使孙良诚率部投诚，参与侧击徐州邱清泉、李弥兵团，固镇阻击李延年兵团和围歼杜聿明集团等作战，歼灭国民党军约3.7万人。1949年2月，改编为中国人民解放军第二十一军，隶属于第三野战军第七兵团。

编者整理

国民党第一〇七军军长孙良诚

孙良诚，字绍云，57岁，河北静海人。

陆大特别班三期毕业，历在西北军任营、团、旅、师长、总指挥等职。1928年任山东省主席。冯阎反目，渠不为蒋贼所买，闲居天津。1938年秋其旧属赵云祥邀往山东组织游击队，投降日寇，任伪二方面军总司令。1945年日降后，蒋收编为第二纵队，孙任司令。闻现任某绥靖分区司令兼暂二十五师（军）长。

性格厚诚，作战勇敢，富警觉性，亦较韧强，颇得兵心，唯对部下军官之统驭及使用甚不恰当。

属西北军系，对冯玉祥氏深切信仰，对蒋美幻想不大，但与蒋方之高级反动将领有密切联系，渠企求在国共矛盾下求存在。

官境不失为一官僚资产阶级，但其生活则有规律，嗜骑乘，好打牌，其他不详。

摘自华北军区解放军官教导团第一团编印《敌军高级军官初步调查》，1948年11月，第167页

战地报道

敌孙良诚部覆没记

敌孙良诚之一〇七军两个师在睢宁接到蒋贼命令后，于12日仓皇向徐州逃逸。二六一师逃在前面，二六〇师于逃至睢宁城西之高集附近时，即为我江淮地方武装当头截住。逃敌曾几度夺路，均归无效。于12日午夜，神速急进的解放军某部即将该敌全部包围于睢宁西北之邢圩子、大王集一带。当解放军一切攻击部署停当，各种口径大炮待命轰击时，我前线指挥所，乃限命被围待歼之敌，于13日上午11时半以前全部放下武器，免遭无谓牺牲。命令发出后，该军军长孙良诚乃亲至我前线指挥所，表示愿意放下武器，并亲自签署了令所属放下武器的命令。当此项消息传出后，一〇七军的士兵们立刻跑到了解放军的阵地上来，询问人民解放军的胜利消息。是日正午，该军军部、军直属特务营、

工兵营、汽车大队等及二六〇师全部5000余官兵，按照指定位置有秩序地放下了各种轻重武器、车辆和工兵器材。全部缴械完毕后，他们各自带着私人所有的行装，分头集合在圩外大广场上。该军所有放下武器的官兵均受到解放军宽大待遇。

该军二六一师于13日逃至徐州东南约40里之观音堂、玫瑰山一带时，解放军某团从远道追上，猛烈射击，敌又于14日拂晓慌忙继续向西逃命，匪师长孙玉田带着他的残兵败将，从玫瑰山逃到双沟，又从双沟逃到戈集，还想逃进徐州，但跟踪追击的解放军健儿，却就在此时使他陷入最后的罗网。该敌被包围后，我军三营很快向敌右侧插去，二营亦从中路猛追向前，一、二连一出击即在观音堂以西的空地里截断敌人退路，二连班长梁押仁和战士萧传金最先冲到敌人一个重机连的人群里，端着手中的武器喊："放下武器优待！"全股敌人就畏缩地举起双手："我们投降！"此时过河的一股敌人仍向西溃逃，一个匪军排长正逃得起劲时，为解放军的蒋排副一把抓住，当场命令他：解放军优待俘虏，你赶快把他们叫回来！这样几十个敌人又被解除了武装。插入敌人心腹的勇士们，追得敌人狼狈地满地里丢下武器弹药和包裹。这时虽有不少同志已在连续行军下极度疲劳，但他们有着一个共同的信念："追下去，把敌人歼灭掉！"还是一股劲地向前猛追着，鞋子掉了就赤着脚跑，谁都不愿落后一步。溃不成军的敌人，终于大批地做了解放军的俘虏。六班长丁振强冲进敌人一个机枪连，吓昏了的敌人，便跪在地上求情说："我们早就不想打了"。勇士们一面接下大批俘虏，一面继续追击，迫使成群敌人放下武器。跑在前面的敌人亦为我另部截住就俘。孙良诚一〇七军两个师遂全部覆没。

（新华社淮海前线电）

摘自《中国人民解放军淮海大捷纪实》，中原新华书店1949年，第63—64页

中野十一纵七中三连坚决完成任务

陈桥战斗中，七中三连表现英勇顽强、不怕牺牲、坚决完成任务的精神。在夺取陈桥东南山头时，二班长孟庆□没有了手榴弹，用石头打退了敌人的反扑，坚持占领了山沟。当敌人再次反扑时，他们工事还未做好。二排长郑×亲自掌握机枪向敌扫射，刘副政指随时提出"保证寸地不失""完成战斗任务"等口号，并用各种办法鼓励大家。四个伤员刚下来，一听田营长说给他们记功，又都带着伤

回到前线上去。经过3次整理组织，由于全连干战坚决顽强的作战精神，打垮了敌人的几次反扑，坚守了阵地。

（张清洲）

摘自中野十一纵《前卫报》第140期1948年11月30日

中野十一纵某部战士苏洪涛负伤不下火线

七中七连苏洪涛同志，在追歼孙良诚部时，头部负了伤，连长叫他下去，他坚决不下去。在和敌人对峙时，给敌人喊话。直到部队从山头上撤下来，连长又坚决命令他去后方休养。他临走还对班长说："我缴的这支大盖枪，你给我好好保存着，我回来还使我这支枪！"他到医院里伤还没有好，便坚决要求回到前方，第二天头上裹着绷带又参加了唐李张战斗。

（刘均、鲁光）

摘自中野十一纵《前卫报》第140期1948年11月30日

降将孙良诚谈陕北广播

当我走入解放军官招待所的寝室时，原国民党一绥区副司令兼一〇七军军长孙良诚，正在滔滔不绝地对人讲述他"请降"的经过，他说："当我们从睢宁西出时，到了大王集，就被贵军包围了，我晓得反正没有希望，所以不打算突围，带着25辆汽车，在顶后面。我要早想走的话，就把汽车开在头里了。"说着他又微笑地加了一句："贵军行军速度真快极了！"

当他谈话告一段落，我问起他的生活情形，可曾吃过早饭？他说："吃过了！承蒙非常优待，吃点心，还有油条豆腐浆……真太好了！——比你们同志的生活好得多，真抱歉！"

笔者向他解释我军政策，告他不要疑虑，在解放区可以学到很多东西，他连连点头："自然！自然！我也很想在解放区多学习学习。不过以前在军队里时，你们的书报很难找到。但陕北新华广播电台的广播，我倒常听，因为中央社那套滥调实在听够了。——只要身边没有外人，我常喜欢听听它。最初我对陕北广播还不相信，如莱芜战役时它广播：'活捉李仙洲，歼敌5万之众。'我想这一定有点吹牛。后来在徐州碰到从济南来的某高级将官，私下问他莱芜战役真相，究竟有没有5万，他简截地说：'唉！不止不止！足足损失7万！……'从此后我对陕北广播更加相信了……”

（万正）

摘自《江淮日报》1948 年 12 月 19 日

▲ 率部投诚的国民党第一绥靖区副司令官兼第一〇七军军长孙良诚

▲ 被俘的国民党第一〇七军二六一师少将师长孙玉田

睢寧西北圍攻逃敵孫良誠部
全殲敵一〇七軍
敵七兵團四四軍一百軍已被殲殆盡
徐州東援敵兩個兵團遭我堅强阻擊
全殲六三軍戰果：斃傷俘敵萬餘人

▲ 华野某部在睢宁西北全歼国民党第一〇七军孙良诚部的报道

睢宁西北全歼匪一〇七军　军长孙良诚放下武器
投降及被歼的共 8600 多人

【新华社淮海前线 20 日电】华东人民解放军司令部顷公布本月 13 日在睢宁西北地区全歼国民党匪军一〇七军之初步战果如下：

一、解除一〇七军军直、特务营、工兵营、汽车大队及该军所属二六〇师（前报误为二六一师）全部 5800 余人之武装，另歼其企图顽抗之二六一师（前报误为二六二师）2872 名（内毙伤百余、俘 2772 名），合计 8672 人。其中放下武器之高级军官，包括第一绥区副司令兼一〇七军军长孙良诚、该军副军长兼二六〇师师长王清翰、参谋长杜辅庭等。

二、缴获山炮 5 门，迫击炮 23 门，六〇炮 27 门，掷弹筒 53 个，重机枪 96 挺，轻机枪 221 挺，冲锋机 58 支，步枪 3694 支，短枪 102 支，机步枪弹 30 余万发，汽车 25 辆。同时收复徐州西南的睢宁县城。按：一〇七军抗日战争中曾在国民党“曲线救国”政策下投降日寇，抗日战争结束后被国民党收编为暂二十五师，今年 11 月初始改编为一〇七军。

摘自《新华日报》（华中版）1948 年 11 月 22 日

◀ 周镐（1909—1949），又名继文、治平、道隆，湖北罗田人。曾任国民党军统南京站少将站长。1942 年开始地下工作，1946 年秘密加入中国共产党，1947 年调入解放区工作，任京、沪、徐、杭特派员。淮海战役时，因与孙良诚较熟悉，受陈丕显委托成功策动了孙良诚投诚。后因孙良诚反叛，在策动刘汝明起义时不幸被捕，于 1949 年 1 月被国民党杀害于南京雨花台，时年 40 岁

◀ 谢庆云（1900—1949），又名谢卿云、谢天祥，山东巨野人。曾任国民党军一〇七军副军长、一〇七军驻南京办事处少将处长。1944 年开始从事革命工作。淮海战役中因参加策动孙良诚、刘汝明起义，被捕牺牲，时年 49 岁

阵中日记

中共特别党员周镐烈士的日记（摘录）

10 月 30 日

夜梦频频，所谓寝不安席，孙良诚的顽固要到死他才觉悟。

11 月 5 日

据吴觉同志谈，有即日重赴前线的机会，我已做准备待发矣。

11 月 8 日

吴政委下午来访，说陈政委有电报来，希望我到达某部，争取起义工作。我决定明天早 7 时出发。

11 月 11 日　星期四　晴

早晨吴政委转到陈丕显同志来电，盼孙于此时起义，我即准备出发。又说冯治安有一个军起义，似此蒋军崩溃就在眼前。我于本日下午 2 时率祝元福、厉群、王振华三同志及王辉同志向目的地前进，事急时危，对方恐无再拖余地了。

昨晚二纵由山东归来，车、马、兵彻夜进行，导致我情绪万端，夜不成眠，此革命大事成，理应如此。

11 月 12 日　星期五　晴

上午 9 时向睢宁出发，下午 1 时半抵达，祝元福被误会遭泗宿县大队六连扣留，孙部 8 时已向双沟进发，我飞跑赶到小王集西邢围，第五师已进入战斗位置。我修书进去，孙派其副官前来接我，在步哨线下险遭不测，后和孙抵五师部之时，也受机枪射击，当时□本来进入起义手续，后□司令要他放下武器，我在党的立场，当然依据此意，直到翌日 12 时才谈成接受基础。

11 月 13 日　星期六　晴

是时千军万马，忙得不可开交，两日两夜不成眠，直到下午 7 时才完毕。

11 月 14 日　星期日　晴

姚师长、方中铎政委等都继续前进，我则和张部长商洽孙部问题。

11 月 15 日　星期一　晴

上午 2 时偕孙少云先生、王镜波兄[①]、杜参谋长辅庭、张副师长、方参谋长、张文烈团长等动身坐车到杨集陷泥不起，乃下车走路，在徐庄略加休息，抵城时已万家灯火。

访到陈丕显同志，决定孙等暂住城内，由我陪同小住。

11 月 18 日　星期四　晴

孙少云、王镜波兄等起稿一个告国民党官兵书……

摘自淮海战役纪念馆《烈士参考资料之二十二》，第 24 页

---

① 编者注：“孙少云、王镜波”即孙良诚与王清翰。王时任国民党第一〇七军副军长兼二六〇师师长。

第二章　攻克宿县　隔断徐蚌

中野主力和华野一部于徐州以西牵制歼击邱清泉兵团及第四绥靖区一部后，迅速东移徐蚌线作战，在夹沟、三堡地区歼灭了由蒙城向徐州收缩的孙元良兵团后尾一部及第三绥靖区之残部，占领徐州以南三堡、符离集等地，并包围了宿县。位于津浦铁路徐州至蚌埠间的宿县，是连接南北交通的枢纽，为国民党军重要的军事补给基地。11 月 15 日，中野三纵在九纵一部配合下对宿县发起总攻，至 16 日晨，全歼国民党第二十五军一四八师及交警第十六总队等部 1.2 万余人，缴获大量军需物资。与此同时，中野九纵和豫皖苏、豫西军区等地方武装占领固镇，威逼蚌埠，从而控制了津浦路三堡至固镇间铁路约 100 公里，切断了徐、蚌间的联系，完成了对徐州国民党军的战略合围，保障了华野围歼黄百韬兵团的作战，为战役的胜利发展创造了极为有利的条件。

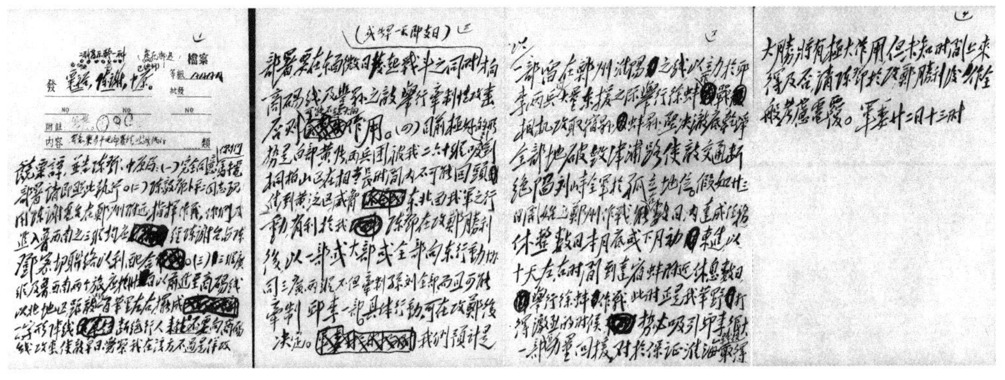

▲ 中央军委 1948 年 10 月 22 日致饶漱石、粟裕、谭震林，并告陈毅、邓小平、中原局的电文

中央军委及中野电文摘要

我陈邓……以主力于邱李两兵团大举东援之际，举行徐蚌作战，相机攻取宿县、蚌县，坚决、彻底、干净、全部地破毁津浦路，使敌交通断绝，陷刘峙全军于孤立地位。

摘自中央军委 1948 年 10 月 22 日致饶漱石、粟裕、谭震林，并告陈毅、邓小平、中原局电蒋匪重兵守徐州，其补给线只一津浦路，怕我截断……刘邓主力似应力求首先截断徐宿间铁路，造成隔断孙兵团、会攻徐州之形势，亦即从我军会战重点之西南要线斩断敌人中枢方法收效极大。

摘自刘伯承、邓子恢、李达 1948 年 11 月 3 日致中央军委、陈毅、邓小平电

你们应集全力（包括三、广两纵）攻取宿县，歼灭孙元良，控制徐蚌段，断敌退路，愈快愈好，至要至盼。

摘自中央军委 1948 年 11 月 10 日致陈毅、邓小平电

一、控制交通　孤立徐州

11 月 11 日，中野主力向宿县地区开进，发起徐蚌作战。中野四纵率华野三纵及两广纵队等部于津浦路徐、宿间，歼灭由涡阳、蒙城向徐州收缩的孙元良兵团后尾一部，俘其 3000 余人，又在三堡地区歼灭第三绥靖区未起义之残部约 4000 余人，占领徐州以南津浦铁路线上之三堡、桃山集、曹村、符离集等地，为攻克宿县、孤立徐州和阻击黄维兵团创造了有利条件。

▲ 中野四纵在徐州以南小李庄截击北返徐州的孙元良兵团

▲ 1948 年 11 月 14 日，中野四纵在津浦线上连克两站，截断了国民党军的退路。这是刚解放的桃山集车站

▲ 中野四纵、华野三纵及两广纵队发起徐宿段作战，在夹沟地区追歼了北撤的孙元良兵团一部 3000 余人。此为中野四纵十旅三十团攻占的曹村车站

▲ 中野四纵某部在桃山集歼灭第三绥靖区残部，清理国民党军丢弃的文件

徐蚌战报

外电报道：共军向徐州合围

【法新闻社宁 9 日电】由于共军对津浦南段的破击，南京地区今日已完全断绝煤的供应。权威方面证实共军已在蚌埠、浦口间切断津浦路。据息，共军并在蚌埠北 45 公里处切断津浦路。另据军界人士称，葫芦岛的撤退正在继续，不久可望完成。

【路透社沪 9 日电】据中国方面消息，强大共军数路在击破国军徐州以北、东北及西三面防御体系后，今日已向徐州合围。但此间军事观察家仍认为，共军主要目标是蚌埠，向徐州的进攻仅是牵制性的动作。

摘自冀鲁豫日报社《参考消息》1948 年 11 月 13 日

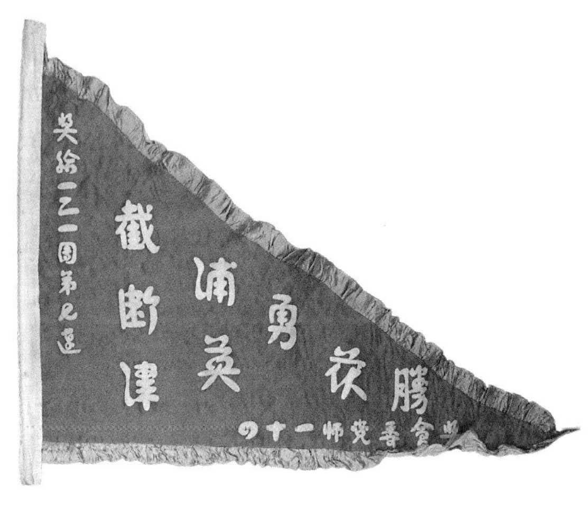

◀ 中野四纵二十二旅某部七连在津浦路徐宿段战斗中俘虏国民党军 200 余人，缴获汽车 12 辆、山炮 4 门，战后荣获师党委授予的“截断津浦英勇获胜”奖旗

战地报道

◀ 中野四纵二十二旅六十五团二营六连，在淮海战役中担任尖兵连，以勇猛的动作打乱了国民党军的部署，与友邻部队一起全歼了第七十七军残部，战后荣获团党委授予的“勇猛顽强”奖旗

爱护战区人民

【新华社淮海前线 26 日电】我军解放徐州以南 120 里之符离集车站战斗中，截获自徐州南开的火车两列，我军除将其中敌军军火物资及军官俘获

外，对车中由徐州逃出之市民、学生、教员和陇海路员工，则妥于保护。少数因战斗而离车逃避之乘客，其行李财物亦由我军协同车站员工搬运至站台封存。个别为流弹所伤之乘客，立时受到我医务人员之医治。他们看到我军对战区人民如此爱护，极为感激，纷纷求我军驻留车站，并说："只有和你们在一起，我们才感到安全。"当我工作人员向他们报告我军在徐州外围的胜利消息时，徐州市中学生刘俊成和扶轮中学学生王侃都说："早知如此，我们就不离开徐州了。"陇海路的职员说："解放军打下徐州，我们也就幸福了。"该两列车上的工人和符离集车站的员工在战斗结束后不久，亦纷纷归来。当他们知道了我军保护与恢复交通的政策及其生活可保无虞后，都欢天喜地地立即回来站上工作，继续执行职务。

摘自《江淮日报》1948 年 11 月 29 日

二、夺关攻城　占领宿县

宿县，位于徐州以南、蚌埠以北，扼南北交通要冲，是徐州刘峙集团的重要补给基地和通向南京、上海的必经之地，战略地位十分重要。宿县城设有四关，城墙高厚，工事坚固，环城有宽约 3 丈、水深没顶的护城河，易守难攻。11 月 12 日，中野三纵包围宿县并连夺四关后，在九纵一部配合下，于 15 日 17 时对驻守的国民党军发起总攻。经数次强行架桥，连续爆破，突入城内，并击退守军多次反扑，逐街争夺，激战至 16 日凌晨，终克宿县。共歼灭国民党第二十五军一四八师、交警十六总队等 1.2 万余人，俘虏津浦路护路副司令兼宿县最高指挥官张绩武。攻取宿县，是战役第一阶段中，解放军完成对徐州战略包围的重要一仗，使孤立徐州的有利态势以及两大野战军密切协同决战的战役格局得以形成。

文件选编

第三纵队命令

（战字第一三三号　1948 年 11 月 15 日于本部）

一、宿县之敌除歼灭一部外，余已退守城垣（详情见前通报）。

二、本纵决于今（15）日总攻城垣，其部署如下：

（1）七旅并九纵炮营任东门、小东门攻击。

（2）九旅并一旅炮兵任西门攻击，另以一个营任南关佯攻并注意捕捉外，附九纵一个团位西关附近，作第二梯队。

（3）八旅除以一个营位北关佯攻捕捉外，其主力为七旅攻城二梯队。

（4）七、九旅战斗分界线如附图。

三、总攻时间：主攻部队统一于17时30分发起炮击。南北关佯攻部队提前15分钟开始动作。

四、攻占城垣后，七、九旅各以两个营维持自己战斗分界线内秩序，其主力迅速撤出城外。尔后，由七旅派一团接收城防。其他部队交代后统即离城。

五、战斗联络记号及后勤设备均如前不变。

六、战斗指挥所位置不变。

此令

司令员　陈锡联

副司令员　郑国仲

刘昌义

副政委　阎红彦

摘自《中国人民解放军晋冀鲁豫军区第三纵队、第十一军第三次国内革命战争战史》附件之二《资料选编》，1988年，第40页

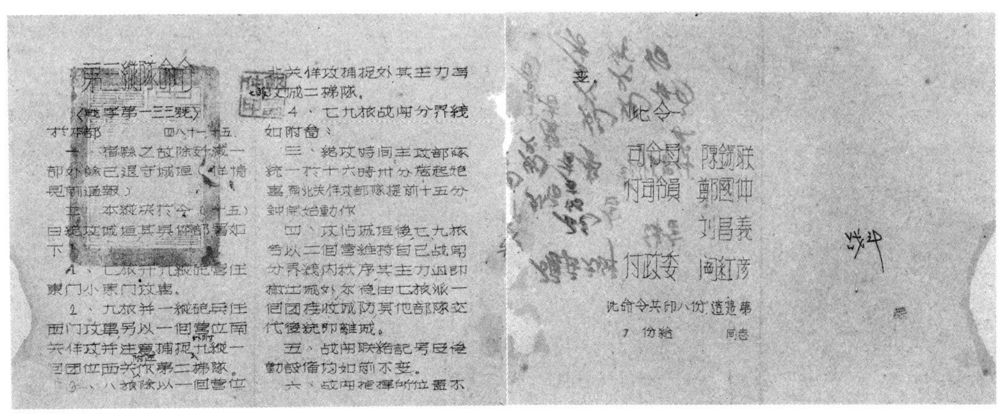

第三縱隊命令
（戰字第一三三號）
於本部　四八十一月十五
一、宿縣之敵除殲滅一部外餘已退守城垣（詳情見前通報）
二、本縱決於今（十五）日總攻城垣其具體部署如下
1、七旅并九縱炮營任東門小東門攻擊。
2、九旅并一縱炮兵任西門攻擊另以一個營位南關佯攻并注意捕捉附九縱一個團位西關附近作第二梯隊。
3、八旅除以一個營位北關佯攻捕捉外其主力為七旅攻城二梯隊。
4、七九旅战鬥分界線如附圖：
三、總攻時間主攻部隊統一於十六時卅分發起炮擊南北關佯攻部隊提前十五分鐘開始動作
四、攻佔城垣後七九旅各以二個營維持自己战鬥分界線內秩序其主力迅即撤出城外尔後由七旅派一個团接收城防其他部隊交代後統即離城。
五、战鬥聯絡記号及後勤設備均如前不變。
六、战鬥指揮所位置不變。
此令
司令員　陳錫聯
付司令員　鄭國仲
劉昌義
付政委　閻紅彥
此命令共印八份這是第7份

▲ 中野三纵攻击宿县作战命令。此令共印八份，这是第七份

◀ 中野三纵司令员陈锡联在指挥宿县战斗

中野三纵九旅党委嘉奖令（1948 年 11 月 17 日）

在我各兵种协同努力与全体同志勇猛、果断、坚决、顽强的动作以及友邻的直接配合下，于 15 日完成了由西门主攻解放宿县的光荣任务。

其中尤以我二十五团三营及旅直工兵连及炮兵连起着战斗的决定作用，为此特给二十五团三营记大功一次。第七连完成架桥任务记大功一次，奖锦旗一面。第八连首先登城记大功一次，奖锦旗一面。第九连巩固了突破口记功一次。旅直工兵连完成爆破任务，记大功一次，奖锦旗一面。山炮连命中准确，记大功一次，奖锦旗一面。

此令

九旅党委会

摘自《中国人民解放军晋冀鲁豫军区第三纵队、第十一军第三次国内革命战争战史》附件之二《资料选编》，1988 年，第 189 页

简介

中原野战军第三纵队

中原野战军第三纵队辖第七、第八、第九旅，约 1.8 万人，由抗日战争时期八路军第一二九师部分主力和太行纵队发展而来。1945 年 10 月，太行纵队在山西省

襄垣县编为晋冀鲁豫军区第三纵队。1946 年 7 月改称晋冀鲁豫野战军第三纵队。1948 年 5 月改称中原野战军第三纵队。曾参加定陶、巨野、鄄城、滑县、巨金鱼、宛东、豫东等战役。淮海战役时参加攻取宿县、截断徐蚌线，会战双堆集、围歼黄维兵团等作战。1949 年 2 月，改编为中国人民解放军第十一军，隶属于第二野战军第三兵团。

编者整理

访谈实录

陈锡联首长谈话记录摘要

打宿县，那天我到九旅阵地上看了，二十五团打的西门，河水很宽，部队在一个石桥边争夺，打得很厉害，河水都染红了。攻克宿县的作用，是和友邻一起，切断了津浦线的交通，为歼灭黄维准备了战场，对打黄维兵团起了决定性的作用，逼使敌人从空中补给；同时，给三纵、一纵以很大的补充；保障华野歼灭了黄百韬兵团。

摘自《中国人民解放军陆军第三十三师第三次国内革命战争战史》，1961 年，第 83 页

战史摘要

1948 年 7 月底中野第三纵队实力统计

人员：原有数 15384 人，补充新兵 3057 人，
现有数 17724 人，另皖西军区 12602 人。

武器弹药：	
步枪 4808 支	弹 46
轻机枪 349 挺	弹 474
重机枪 58 挺	弹 2137
手提式 176 支	弹 54
短枪 544 支	弹 5
信号枪 6 支	弹 8

山炮 7 门　　　　　　弹 73
火箭筒 6 支　　　　　弹 8
化学炮 1 门　　　　　弹 19
迫炮 22 门　　　　　弹 135
六〇炮 18 门　　　　弹 16
小炮 56 门　　　　　弹 24
掷弹筒 18 门　　　　弹 16
发射筒 12 个　　　　弹 11
（弹药是指每支枪每门炮的平均数）
手榴弹 26833 个
炸药 1235 公斤
马匹 778 匹

皖南、苏南地区物价昂贵：油 720 元一斤，盐 300 元一斤，猪肉 800 元一斤。

野司通知从本月后半月起，每人每日伙食费为 100 元。

（摘自 1949 年 7 月 28 日纵队阵中日记）

摘自《中国人民解放军晋冀鲁豫军区第三纵队、第十一军第三次国内革命战争战史》附件之二《资料选编》，1988 年，第 196—197 页

中野三纵攻克宿县　截断徐蚌线

11 月 10 日，野司下达徐蚌作战命令：以中野第四纵队、华野第三纵队、两广纵队沿津浦线宿县、徐州段向东北攻击，钳制邱清泉、李弥兵团东援；以我纵与第九纵队一部攻取宿县城；以第九纵主力及豫皖苏军区独立旅沿津浦线固镇、蚌埠段向南推进，阻击李延年、刘汝明兵团北援；以第一纵队位宿县西北为总预备队。部署就绪后，11 日，在野司召集各纵队领导同志参加的会议上，邓小平政委反复强调了此次作战的重大意义，要求各纵队必须全力以赴，不惜一切代价，坚决大胆地去夺取战役的胜利。野司会后，纵队连夜在西二铺以西召集各旅领导同志开会，传达刘、陈、邓首长指示，分析敌我情况，讨论作战方案。一致认为：我纵自挺进大别山以来，经过长期无后方作战，全纵队有 6 个团仅 16000 余人，新兵和解放战士较多，武器、弹药十分缺乏，有些新战士手中还没有武器，但是全纵干部久经锻炼，军事素质高，部队经过整党和新式整军，政治觉悟和组织纪

律性都有了很大提高。刘、陈、邓首长把攻打宿县的任务交给我纵，是对我纵的极大信任，在新的胜利形势下，只要全纵干部、战士兢兢业业，上上下下拧成一股劲，打好淮海大战第一仗，是完全有把握的。具体部署为：以第八旅从东、北两面包围宿县，破坏符离集至宿县间铁路，占领东关、北关和宿县火车站，扫清外围据点，尔后为纵队预备队；以第七旅担任主攻，从东门突破；以第九旅从西、南两面包围宿县，切断宿县至固镇间铁路，并以主力从西门攻城；以第九纵二十七旅八十团为第九旅攻城预备队。此外，并得到中野第一、九纵队炮兵营的加强。

宿县位于徐州以南、蚌埠以北，地处南北交通要冲，自古以来就是兵家必争之地，是徐州敌重兵集团的后方补给基地，也是海上交通被我阻断后，敌人唯一能利用的陆上通道，战略地位十分重要。该县城城墙坚实高厚，筑有坚固的工事，从墙角到墙头均筑有多层次的射击孔和暗堡。环城有一条宽约3丈、水深没顶的护城河。城外有四关，尤以东关较大，方圆3里左右，有日寇修建的兵营，人称“小东京”，与火车站相连接，构成宿县外围较强据点。城内街道设有路障，地堡与地堡之间构成能相互支援的支撑点，并以10多辆装甲车机动配置在主要通道上。守敌为第二十五军一四八师、交警第十六总队、第二总队之三大队、陆军第六支队装甲第七营共13000余人。该敌虽装备较强，但建制庞杂，不便于统一指挥和组织协同。

我纵各部受领任务后，分路向宿县疾进。11月11日，第九旅到达宿县西二铺地区，侦知孙元良兵团已北上徐州，宿县守敌孤立。12日13时，第二十五团前卫营进至宿县以西张仙庙地区，与敌1个步兵连、4辆装甲车遭遇，当即展开攻击，乘胜占领西关。敌逃入城内后，将西门木桥烧毁。第26团直插城南，一部破坏铁路，主力攻入南关，南关守敌逃入城内。12时，该团连续打退由东关出犯之敌多次进攻，毙伤敌50余人，炸毁装甲车1辆。至13日拂晓前，第九旅完成了西、南面的包围。第八旅于11月12日进逼宿县后，以第二十二团向东关搜索前进；第二十三团一营在北关佯动，主力直奔九孔桥，炸毁了桥梁，并击退由徐州开来满载敌军的一列火车和宿县开出的铁甲列车，追至符离集，歼敌一部，余敌向东溃逃。13日拂晓，第八旅亦从东、北面包围了宿县城。敌军一个营企图从东关入城，遭第八旅二十二团部队南北夹击，俘敌300余人，扫除城东外围据点。当日夜，第二十二团攻占敌兵营。第七旅于张阁地区作战后兼程东进，于11月14日拂晓，赶到宿县城东郊占领进攻出发位置。至此，宿县城除东关未攻下外，已处于我四面包围之中。

为切实做好战斗准备，打有把握的仗，纵队除分头向第八、九旅传达军委和刘、陈、邓首长指示，进行战斗动员外，又于14日在第七旅召开了营以上干部会，由纵队阎红彦副政委进一步阐明当前敌我形势，反复强调宿县作战关系到战役全局，号召部队全力以赴，用打好仗的实际行动为三纵争光！在徐州战场上立新功！要严守战场纪律，执行城市政策，争取军政双胜。会后，陈锡联司令员率各旅领导同志进行现地勘察，选定了突破口，再次明确各旅的任务，进一步研究了打法，对组织指挥、火力配备、协同动作等均作了具体部署。

14日晚，发起夺东关的战斗。第七、八旅在我炮火支援下，迅速突破东关敌防御。敌步兵在6辆装甲车和城内炮火掩护下，向我疯狂反扑。第二十二团除以部分兵力抗击敌反扑外，主力很快从侧翼攻占几座院落，向纵深发展。敌为阻我前进，竟发射大量燃烧弹，焚烧东关民房，燃起弥天大火。为抢救人民生命财产，第七旅以两个营和第八旅一部冒着敌人的炮火，奋勇扑灭大火。被烧毁的民房达1400余间，部队睹此情景，更加勇猛地追歼敌人，直扑到宿县城下。这时，城墙上敌人以机枪封锁大街和护城河东岸，敌两辆装甲车横在桥上向我射击，桥头堡之敌以密集火力，阻我前进。第十九团从南侧配合八旅攻占东关，歼敌500余人。第二十三团攻克火车站后，亦投入夺关战斗，由于我行动迅速，护城河桥未被敌完全破坏，为下一步攻城创造了有利条件。至15日4时，战斗胜利结束。第十九团二营副营长于绪小牺牲。

我纵夺取四关后，第七旅以十九团、二十一团（欠一个营）共5个营的兵力，及加强火炮30余门，主攻小东门。具体部署是：第十九团一营担任主要突击，第二十一团（欠一营）向大东门助动，第二十一团一营、旅警卫营向小东门南侧攻击。第九旅进攻西门，第二十五团担任主攻，其第三营为突击队，第二十六团一、三营为预备队，第二营在南门佯动。以第八旅为二梯队，第二十二团为第七旅预备队，第二十三团三营佯攻北门。部署就绪后，各级领导抵近前沿进行现地勘察，根据东、西关民房靠近城垣，便于隐蔽的有利条件，决定部队隐蔽集结，重火器抵近前沿，占领阵地。为提高射击精度，充分发挥火炮威力，野炮推进到距离目标1000米、山炮抵近到100米处，并且大量使用炸药，对小东门连续爆破，开辟通路。与此同时，各部队还根据所担任的任务和部队情况，深入反复地进行临战动员，掀起了竞赛高潮，单位与单位、个人与个人之间纷纷挑战应战。“徐州决战立功最光荣”、“谁英雄？谁好汉？到城头见！”已成为有力的鼓动口号。指战员们群情激奋，杀敌热情异常高涨。总攻发起前，各围城部队向敌展开了强大的政治攻势，利用喊话、发射宣传弹等方法，宣传我军政策和各个战场我军的胜利，揭露敌火烧东关的罪行。

11 月 15 日 7 时，总攻开始。为迷惑敌人，担任南、北两关佯攻的部队提前 15 分钟开始行动。接着，东、西关攻击部队开始了半小时的火力准备，炮弹准确地射向目标，打得城墙、城门砖石横飞，敌军阵地尘烟四起，变为一片火海。第七旅工兵英雄们前仆后继，连续 4 次爆破，最后送上 50 公斤的炸药包，将小东门炸开一个大缺口。第十九团突击部队冲向突破口，在东门城墙上与敌展开激烈战斗，打退了敌人一次又一次反扑，巩固了突破口。从火力准备到突破城垣，仅仅用了 40 分钟。第二十一团紧接着投入战斗，分向东大街南、北发展。敌妄图堵塞我突破口，以装甲车多辆，掩护步兵以密集队形，向小东门疯狂反扑，战斗异常激烈。我以手榴弹和密集火力杀伤敌人，并与敌短兵相接，展开白刃格斗，部队越战越勇，翻墙穿壁，迂回分割，迅速向敌纵深发展进攻。沿东大街发展的第十九团和第二十一团密切协同，打破了敌人的层层阻击，击毁敌装甲车数辆，第八旅二十二团适时投入战斗，第二十三团从城东北角攻入城内，与敌展开激烈巷战，各部相互配合，密切协同，占领了天主堂、电报局、医院等处，敌退守高房、地堡顽抗。

在西门方向总攻发起后，第二十五团趁火力准备时，强行架桥，遭到敌城门两侧暗堡密集火力的严密封锁，勇士们前仆后继，一批倒下，另一批又冲上去，第九旅及时以火箭筒摧毁敌暗堡，经过 6 次反复，终于架桥成功。接着工兵连续爆破，将城墙炸开一个斜坡缺口。突击队趁硝烟弥漫之际，飞速过桥，越过铁丝网，冲上城头，后续部队趁势迅速突入城内。城门内三面敌人顽强反扑，战斗至为激烈，有的连队干部全部伤亡，战士们自动组织抵抗；有的连队剩下的人不多，就跟随其他连队一起冲杀。各部队密切协同、相互支援，经过英勇奋战，歼灭反扑的敌人后，迅速向西大街以北发展进攻，直捣敌人县政府。第二十六团主力及时突入城内，在西大街歼敌第一四八师师部。第九纵队八十团相继投入战斗，协同第九旅向纵深攻击，歼敌一部。至 23 时，只剩下张绩武及其司令部共 300 余人，固守在城西南角福音堂内，依托坚固工事，进行顽抗，用4辆装甲车，封锁我攻击道路。16日2时许，在我喊话劝降无效后，第十九团向敌发起攻击，我在城头上占领阵地的山炮，连续击中了福音堂钟楼；第八旅工兵炸毁敌装甲车1辆，其余3辆转头仓皇逃跑时，掉入沟内，为我缴获，并以敌装甲车上的火炮，掉转炮口向教堂轰击。张绩武慑于我军威力，率两中队往南门逃跑时，被我第十九团截击，并全部俘获，战斗至16日3时结束，攻克宿县城。此次战斗除毙伤敌外，计俘敌津浦路护路中将副司令兼宿县最高指挥官张绩武以下官兵12900余人，缴获大批武器装备和军用物资。

在我纵攻取宿县的同时，第四纵队和华野第三纵、两广纵队攻占宿县以北的夹沟，歼灭孙元良兵团第四十一军军部及所属第一二二师，并在三堡地区歼灭敌第三绥区冯治安的第三十七师。我豫皖苏独立旅、分区部队及豫西部队也占领了固镇，威逼蚌埠，并破袭曹村至固镇间铁路200余里，控制了沿线两侧广大地区。这三路部队的胜利，使徐州以南、蚌埠以北的津浦路完全被我切断，提前完成了从南面对徐州的战略包围……

宿县作战的胜利，大大鼓舞了士气，增强了胜利信心，人员、武器得到了大量充实，各步兵营增编一个步兵连，各步兵连都增至200余人，团成立了火箭筒排，旅和团分别成立了补充团或连。并取得了攻坚和连续爆破经验，使部队战斗力大为提高。

摘自《中国人民解放军晋冀鲁豫军区第三纵队、第十一军第三次国内革命战争战史》，1988年，第125—131页

在前线指挥所里

1948年11月14日拂晓，部队进至宿县城郊，友邻已将敌包围。在对战中，纵队阎红彦副政委和刘昌义副司令在前阵营召集营以上干部会议，进行战斗动员，说明了淮海战役的意义和对此次战斗的要求，为了配合友邻围歼黄百韬兵团，切断津浦路，孤立徐州，必须坚决歼灭宿县之敌。会后，七旅赵兰田旅长率领各团首长，沿铁路以西凹地亲至宿县城东南约500公尺大坟堆附近侦察地形，进行布置。敌人迫击炮、装甲车的火力不断向我们射击，但都不能动摇首长们战斗的决心，最后确定要打下宿县城必须先夺取东关，以此作为依托，再向城内进行总攻。

18时，十九团第二营在各种火力掩护下，配合八旅部队向东关之敌攻击。19时将东关全部占领，歼敌500余人，15日拂晓，万恶的蒋匪军用火箭筒大量向东关射击，使许多民房、商店燃烧，炮兵不断向我射击，敌机一面向我们投弹扫射，一面向城关投掷枪支、弹药、大米，企图破坏我进攻，固守城垣。为了铲除这造孽的祸根，为人民报仇，旅政治委员周维同志命令部队一面迅速扑灭火灾，一面监视敌人，积极做好攻城准备。

旅首长研究之后，即向纵队陈锡联司令员报告，决定部队在黄昏前必须完成一切总攻准备。除留部分部队担任警戒，防止敌人反扑外，其余部队积极准备弹药、梯子、跳板，侦察地形，组织炮火；各部轻重机枪对敌各火力点进行封锁，不许敌人观察和射击。当时，最重要的是查明大小东门护城河的桥梁是否被敌破坏。否则情况不明，将会给战斗造成不应有的损失。赵兰田旅长向十九团下达命令："必须查明桥梁是否被敌破坏，立即向旅报告，同时要做好敌前架桥的准备。"并指示作战股长周运西同志："为了使炮火命中精度良好，减少弹药消耗，野炮要在1000公尺，山炮要在100公尺以内抵近射击；工兵立即配属各团，看好地形，准备敌前连续爆破。"周运西同志遵照旅首长的指示去选择炮兵阵地，我随赵旅长到前沿阵地去检查，沿着还冒着余烟的残墙断壁，摸到了东门护城河边，离城墙还不到100公尺，看到桥上只炸了一个洞，旁边躺着一具死尸，大概是敌人逃走时太慌张了吧。桥还未全部炸坏，可以通行。赵旅长高兴地说："只要桥在，护城河就好通过了。"这时，敌人不断向东关一带射击，在我们头上不时掠过一阵阵"居……居……居……"子弹的啸声。我真担心旅首长的安全，但是旅首长一点也不在意，仍然细心地观察着敌人城墙上的火力点。在详细看了地形之后，旅首长命令我向纵队报告："东门护城河桥梁除一小部分被破坏外，完全可以通行。我们准备用十九团一营为突击营，强攻宿县。用工兵进行连续爆破，野炮、山炮抵近射击，在城墙上打开一个缺口。同时，步兵也要准备好梯子、跳板、炸药包，一旦东门不能炸开，架起梯子也要强登上去。为了便于指挥，旅指挥所准备从东关区公所推前到护城河东岸一个围墙下。"

纵队首长批准了我们的作战计划，旅指挥所转移到护城河东岸，与突击部队成了"邻居"。

11月15日16时，各部均已报告进攻准备完毕，旅司令部将准备情况报告了纵队，并与各团、各炮兵连对了表。17 时整，旅指挥所发出了进攻开始的信号。旅山炮连对淮东门城楼和城墙上的碉堡，猛烈轰击，轻重机枪也同时开火，迫击炮压制着城内的敌人。工兵连一个排也分组向东门进行爆破，但是遭到敌侧射火力的杀伤，伤亡大半，英勇的工兵在段志同志指挥下，踏着烈士的鲜血，前仆后继地连续爆破。终于将东门炸开了一个缺口。18 时 15 分，十九团一营二连首先登城，随即十九团、二十一团的后续部队也冲进城内。

部队突破了东门，赵旅长向纵队报告情况后，立即命令我："到突破口去指挥部队，除以一部兵力扩大突破口，沿城墙向两翼发展外，十九团为左翼，二十一团为右翼，迅速向纵深进攻。"我遵照首长的指示去执行了。部队像潮水一样，从二连打开的突破口涌进城内，顽固的敌人利用房屋、街头地堡顽抗着，并派出装甲车前来阻挡。但在解放军猛攻下，即令蒋匪军有最新式的美式装备，也挽救不了被歼的命运。

主攻团入城后，纵队阎副政委、刘副司令员亦随旅指挥所进城。这时友邻亦从西门攻入城内，天明前，全部解决战斗。共歼灭敌 14000 余人，仅我旅即俘敌交警总队中将副司令张绩武以下官兵 4000 余人，缴获各种枪 2000 余支、弹药数 10 万发，及其他军用品很多。至此，皖北重镇宿县为我解放，将徐州之敌的交通断绝，并为以后歼灭蒋匪黄维兵团奠定了胜利的基础。

（三纵七旅作战参谋　甄申）

摘自中国人民解放军步兵第三十一师政治部编印《淮海战役中的七旅十九团》，1960 年

▲ 中野三纵攻克宿县东门时的突破口

▲ 完成突破宿县东门任务的中野三纵七旅十九团工兵

▲ 突破宿县东门登城第一名的中野三纵七旅某部战士冯丙子

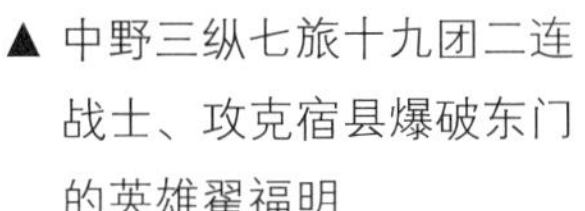

▲ 中野三纵七旅十九团二连战士、攻克宿县爆破东门的英雄翟福明

▲ 中野三纵七旅十九团党委会颁发给十一连五班的“勇往直前”奖旗

中野三纵七旅十九团劈开宿县东城

离宿县还有十多里，就看得见城区的漫天大火，浓烟遮住了半边天。枪声时断时续，接近战斗的兴奋情绪和紧张神色充满队列。脚步更加快了。“敌人又在放火了，我们绝不饶过他！”我勒紧了枪皮带，愤怒地喊着。

我们担负了旅的突击队，任务是突破东门，旅长对我说：“宿县是徐州的咽喉，妄想解围的黄维兵团离此只有两天路程，一定要在今晚打开宿县。”

“有我们在，就一定登城！”任务虽然很重，但我压不住内心的兴奋，向旅长作了保证。

我们向东门城下前进。踏进东关，只见一片瓦砾，火还未熄。着火地点就在这里，一里多长的商店都化成灰烬，一个老太婆尸体还卧在地上，九班长默默地走过去，用一张席子给她盖好。战士们愤怒地吼着：“他妈的蒋介石，难道你们没有父母？家乡？”“坚决消灭敌人，给老大娘报仇！”

我带着几个班长在断垣掩蔽下，看了看地形，这儿离城墙有 50 多尺，前面有一道莫约 3 丈宽的环城水壕，要攻城，必须跨过水壕，爬上城……

我们扑灭了焰火。这时，担负突击班的九班长黄炳志送给我一张决心书，上面写着：“只能前进一丈，不能后退一寸。只要有一个人，也要登到城上。”这是多么雄壮的豪语啊！这是九班长的决心也是我们全排同志的决心。

我们坐在城垣下休息，等待着上级的命令。

天渐渐暗下来，在紧张的气氛中，谁也没有吭一声，战斗前的时刻，像死一般沉静，手表嘀嗒嗒的声音能清楚听到。

突然，两颗信号弹升入黄昏暗淡的天空。刹那间，炮声连天，巨大的爆炸声夹杂着哗啦啦的城墙坍塌声，战士们在烟雾中鼓掌叫好。敌人的枪弹也嗖嗖地飞过来。我们倚墙蹲着，像弦上的弓箭，随时可以发射出去。

紧接着，工兵爆破的震耳巨响，冲锋号呼叫了。“冲啊！”我们跃过城垣，呼喊着，冲过火力交叉的封锁线。两个扛梯子的战士迅速将梯子架在水壕上，让大家飞跑过去，扑到城根下。

城墙上塌了两个大缺口，像一道打开的门扉。只要登上城，站稳脚，胜利就有把握。战士们显得有些紧张，一面向城垣上不断投掷手榴弹，一面拼命往上爬，谁知缺口太高，九班长跃了几次，没有攀上去。

“架梯子，架梯子！”九班长在喊，梯子组飞速地将梯子靠在墙上，同志们又开始登城了。我放心地呼了一口气，手脚快的第一名将要倚近缺口，梯子上一个接一个地挤着人，我焦急的催促着：“快！快！”忽然“咔嚓”一声，梯子经不起重载，拦腰断成两截。唯一的登城工具失去了。

敌人已发现我们登城，东北角城楼上的机枪朝我们一个劲射击，枪弹在四周飞舞，有的同志倒下了。缺口每秒钟都有可能被堵住，伤亡要增大。我看着在地上的两截梯子：“如果用绳子连接起来是多么好啊——但是身边没有绳子。”这个念头帮助了我，蓦地，我打定了主意，身伏在城根，九班长踩在我的肩上，我们架起一座人梯。同志们一个个爬着攀着，登上缺口。砖块碎石雹雨似的打在头上，子弹从身边呼啸着穿射而过，我闭紧眼睛，咬着牙齿，让同志们上去，登城终于成功了。

我们只有6个人登上缺口，九班有5个同志已在城下洒了鲜血，献出宝贵的生命。我们怀着失去亲密战友的痛苦和仇恨，投入巩固突破口的战斗，打破敌人一次次的反扑，一辆装甲汽车疯狂地冲上来，火箭筒手一炮打个正着，立刻燃起熊熊大火，照得满街通亮。九班长倚着城垣，和大东门城楼上的敌人展开激战，城楼下聚集着大批敌人，奔跑着，呼叫着，企图固守着大东门口。

后续部队没有跟上来。九班长向我报告：手榴弹快打光了。在他沉着的语气中，没有显出不安。我不时回头张望缺口，忽然，缺口闪出人影，我连忙卧下，仔细一看，是两个蒋匪军。这两个家伙端着步枪，一前一后，伸着脖子看着缺口外面，旁边还放着一个手榴弹箱，他们想封锁住突破口。我心想，守住了缺口，后续部队上不来那还行？我从地上爬起来，悄悄地摸上去，本想用手枪干掉他们，当我走到敌人背后时，看见箱子里装着满满的手榴弹，灵机一动，便伸手从箱子里取出个手榴弹，猛打在敌人一个后脑勺上，这家伙来不及哼一声，就揍倒了，可是用力过重，手榴弹断成两截，手里只剩下一个弹柄。敌人往地下倒，手榴弹又掉在地上，震动了前面的一个守敌，那家伙转过头来看，说时迟那时快，正当他回过头来时，就已挨一个手榴弹，猛地跨上去，照着额部一锤，不料过于紧张，那家伙把头一歪，错滑到肩上。敌人杀猪似的嚎叫，一个虎跳，翻身将我紧紧抱住，使手枪不能对准他击发，我猛力一跃，还是摆不脱，正在这紧张时刻，六班长爬上了缺口，一刺刀结果了他。

后续部队陆续登上城上，敌人的反扑也更加猛烈。九班同志们奋勇地坚持战斗。我和七班、机枪班的同志纵身跳下城头，突然出现在敌人堆里，乱糟糟的敌人，一下更加乱了阵，七八十个敌人放下武器，副排长张文振迎面撞上一股敌人，在激烈的手榴弹混战中，胸部负了伤，还爬着把哧哧冒烟的手榴弹摔还敌人。机枪手犇桂元端着机枪奋勇射击，又俘虏了敌人 20 多个。

这时候，城门方向隐约传来重机枪的深沉射击声，我正暗自疑惑，通讯员气喘喘地跑来报告："排长，大东门一挺重机枪封锁着后续登城部队，连长命令你们赶快消灭！"我立刻命令八班搜索，八班长领着战士们赶快到大东门，听得机枪的闷闷的射击声，却找不到阵地。搜索到门洞里，发现一个掩体，打着电灯一照，黑黝黝的，一眼望不到底。沿着梯子跳下了墙，一窝子敌人正围着射击。八班长端着卡宾枪弄得哗啦啦响，大喝一声："缴枪！"敌人一个个木鸡似的举起手。押解出来后，八班长笑着说："我这姜太公还钓着鱼啦！"原来他拿着刚缴来的卡宾枪，既不会使用，又没有子弹，糊弄了一阵就把敌人吓坏了。

肃清了守城的残敌，打开了大东门，看看表，从攻城到现在只有 40 分钟。胜利鼓舞着我们，我们又跟着连长直插城中心。敌人沿街顽抗，直到十字路口，看见一幢大楼房，门直开着，我们跨了进去，一看，是电报局，只见那些房间里都是乱糟糟的，桌上搁着钢笔、手表。显然，敌人逃跑得很慌乱。忽然耳机传出急促嘶哑的哇哇声，我仔细一听，原来是宿县镇守司令官张绩武命令装甲车向东门反击，堵塞突破口，绝妙的情报，敌人送死来了。连长马上命令我们布置好，火箭筒架在街正中。轰隆隆的装甲车声逐渐近了，大家都屏住了气，握紧枪。装甲车刚转过这街头，火箭筒开火了，只听见“轰”的一声，装甲车立时冒起火烟，我们呼喊着冲上去，随车前进的四五十个敌人，被我们紧紧地围住，全成了俘虏。

这时，攻打西门的友邻部队也胜利冲进城来，和我们会合了。宿县守敌全部被歼，毙伤俘敌14000多人，还活捉了中将副司令官张绩武，淮海战役第一炮打响了。

（十九团二连三排长　杨水保）

摘自中国人民解放军步兵第三十一师政治部编印《淮海战役中的七旅十九团》，1960年

◀ 中野九纵二十七旅八〇团从铁筒搭成的浮桥上通过护城河，攻入宿县城

▲ 这块布满弹痕和勇士们血迹的门板是当年架桥用的。某部七连在突破宿县西门战斗中，冒着国民党军密集火力的封锁，以勇猛神速的动作，用老百姓支援的门板、木料，在3丈多宽水深没顶的护城河上强行架桥，使攻击部队快速通过，冲入城内

▲ 中野三纵二十五团三营七连班长卞守业在攻打宿县担任架桥任务时的战斗排序为第67名，他以机智灵活的动作，铺上桥板

战术研究

中野三纵九旅二十五团宿县战斗成功的方面

一、在接受攻宿县任务后，各级干部的决心。自大别山以来除东洪桥附近打了一次阻击战外，部队尚未参加攻坚作战，同时二十五团在以往作战中，对外影响颇为不佳，所以此次战役中各级干部抱定一种雪耻思想，坚决完成任务。虽然对宿县守敌是轻视的，但在布置上完全是兢兢业业，唯恐完不成任务丢了脸。

二、各级干部亲自上前。一个战斗的成功与否，其干部上前起决定作用，此次攻城战中，各级干部（由旅到班排长）皆亲自到前面看了数次（特别是旅首长的亲临前面指挥），明了了敌火力点与桥的破坏程度，决定了攻城部署与各火器的位置。

三、周密的准备工作。根据宿县的地形及我们的任务，首由团直做了桥板两副（每副长一丈五，宽二尺），一营做了登城梯子 6 具（每具高丈二至丈五），皆做了双重准备（第一批不成或被敌人破坏则用第二批）。发扬了军事民主，研究了架桥方法（团直侦察员的新创造），并组织架桥演习（以七连演习了一天）。划分了架桥小组（每组三人），具体的分配小组的架桥顺序。

四、部署上的分工明确。团在接受攻城任务后召集了各营的干部会议，决以三营主攻（任架桥、突破、巩固突破口），一、二营为二梯队（一营尾三营后，二营尾一营后），三营又以七连任架桥，八连任突破，九连保障八连并巩固突破口，如三营不成功，一营继之，一营不成，二营继之。

五、火力组织。由旅的首长召集了各火器的干部，开了火力组织会议，确定了火力总队（由孟参谋长任），下设三个分队（一分队由山炮营长闫孟伟同志担任，二分队由张余真担任，三分队由商与禄担任），每分队以山（野）炮、迫击炮、重机枪组成，并明确了各火器的第一步（摧前沿的火力点）、第二步（向两翼及纵深）的射击任务和弹数，构通总队向各火力分队的电线。

六、部队完成任务的顽强性。七连架桥虽因几个枪眼未封锁，伤亡过半，仍则坚决完成架桥任务。八连未突破前，全连只剩 10 余人，但在连长高玉棋同志领导下，实行了火线编队，坚决登上城去完成突破任务。九连保障了八连的突破，二连登城后，连的干部皆已伤亡，全连只剩 20 余人，在一排长与二排副率领下，首先突入城内，当时正遇敌三面向我突破口反扑，该连则坚决据守一处房子，击退正面反扑之敌，继向纵深发展。一连登城后，将突破口左翼之敌反扑击退，并一直将敌压到北门口。三连进城后，该连长李玉兴同志见二连没有连的干部，主动地指挥了该连。四连进城时，突破口右翼敌人的反扑甚为紧张，但在赵振杰同志的机动下将敌击退，并立即缴了百余人的枪，并单独向南门压去，完成了捉俘虏缴械的任务。

摘自中野三纵九旅二十五团司令部《宿县战斗与马围子土工作业中几个问题》，1949年1月4日

战地报道

敌前架桥

宿县周围的护城河，宽达3丈，水深没顶，我军攻占四关，敌人即将城外桥梁，加以破坏，妄图固守城垣。我主攻西城的部队首先遇到了架桥的困难。

架桥是攻破西城的第一个关键，主攻西城部队的各级指挥员及班长、小组长在14日分别亲至河畔，视察桥头地形。担任架桥的第七连全体同志更是不顾疲劳，不分昼夜地进行讨论、研究、演习，充分发扬了军事民主。最后战士们共同想出一个简便迅速的办法，6个人分为两组，杆子组两人，一个人两手扣住，挂起杆子，构成横杆支点，后面一人，将杆子用力压平，平平地放到原桥基上。桥板组4人，则将桥板搭在杆子上，利用滑杆作用，把桥板推过去。这种办法，经过演习，一分钟即可架好。

15日，架桥的各项准备工作都做好了，全连分成6个杆子组，6个桥板组，共做了4副架桥材料。同时，为了更具体了解水深与每孔桥的宽度，一班正副班长周长光、王天义两同志在副连长石景材同志带领下，冒着敌人机枪射击，亲至桥头水边探试。连长冯炳志同志在全体军人大会上表示决心："连我在内，架不起桥不回来！"

15日下午5点半钟，准确的炮兵头几炮即将城楼摧垮，桥头碉堡亦继之被粉碎，烟雾弥漫中，共产党员李守业同志，急忙抱起一根一丈五六尺长的杆子，勇猛地跑到桥头上，把杆子往桥基上一搭，又往对岸推了推，推牢靠了，返身回来，禁不住兴奋地喊："搭好了。"全连同志听到"好了"两个字，都觉得架桥任务有

了保障。这时敌人已发现了我们在架桥，遂以集中的炮火向着桥头轰击，勇士们奋不顾身地在炮火里抢搭桥板，几个组前仆后继，把桥板往杆子上推，最后岳杰、韩家俊、李善宝、田河来 4 同志组成的桥板组，终将桥板搭好了。桥可以通行之后，指挥员即刻发出信号，工兵与突击队的英雄们，涌过了智慧与勇敢所搭成的通达城墙的跳板。

（其行、庶群）

摘自中野三纵政治部《会战纪实》第 2 辑，1948 年 12 月 4 日，第 3—4 页

登上宿县西城的 14 名勇士

14 日晚，某部三支队接受了主攻宿县西关的任务，毛效义营长在全支队活动分子会上表示自己的决心说："同志们，我们已光荣地接受了主攻任务，我向党和上级表示决心：这次我们要拼命地打，坚决地打，越猛越好，只能向前，不能退后，不怕一切牺牲登上城头，和敌人决一死战！只要有一个人，也不能丢掉占领的阵地，我们要在徐州会战中立功，城墙上见面！"

下午 5 时半，我军强大的炮火以压倒优势掩护七连完成了艰巨的架桥任务。工兵以神勇的动作迅速爆破后，八连就像老虎一样冲出了街口，架梯组刘金堂同志首先被炸伤，营长叫他下去换药，他坚决地说："这点伤没啥，请首长放心。我一定要拼命地完成任务。"说着他就架着梯子冲上去了。

敌人集中了城墙上和地堡里所有的武器，组织成交叉火网，子弹像下雨一样打在木桥上、桥基上，发出了难听的嘶叫声，炮弹爆炸后的熏烟和烧夷弹的火光，把整个桥头上、城脚下打成一片火海。八连勇士们一个接一个冲过木桥，跃过铁丝网，通过 30 多米宽的大马路。在这一段完全暴露的开阔地上，接连倒下了十几个勇士，然而八连的同志们，在这紧急关头，没有畏缩，他们只记得要拼命地打，越猛越好。一排长负伤了，一排副李四法就带着冲锋；一排副负伤了，三班长申正西就带领冲锋；三班长负伤了，小组长刘用喜就带着冲锋。战士们也自动跟着冲上去。前面的倒下了，后面的仍然奋不顾身地往上冲，大家都没有忘记毛营长在动员会上"只能向前不能后退，不怕一切牺牲，登上城头"的号召。

投弹突击班的新同志周玉明提了一筐炸弹，冲在最前面负了伤，躺在地下还向暗堡里扔过去 18 个炸弹。在这样英勇气概之前，连长高玉岐等十几个同志终于扑上了城墙的缺口，但爆破后缺口的松土很难站稳脚，敌人凭着居高临下的有利

地形，拼命反扑，一场激烈的争夺战就在这两丈高的突破口上展开了。连长的眼睛负了伤；排长高金城的嘴被炸了个豁，血一直往外流；战士杨海和被滚下来的敌人尸体打了个筋斗。敌人压下来了，但他们马上组织第二次突击。连长向大家发出紧急的声音："同志们，只有死在城上，不能死在城下，和敌人决一死战。"说着他就喊一声"杀呀"，一手提机枪，一手扔炸弹。任忠海同志打断了两个指头，也还咬着牙往上冲。排长高金城还在昏迷不醒，听完大家喊杀，蹦起来就跟着冲了上去。终于，郭费礼、魏兴泉两人第二次最先登上城头。司号员李式琴跟着突击队一爬上城头就吹起嘹亮的铜号，好像告诉城下边的一切同志："到城墙上来见面！"敌人乘我立足未稳，一连组织了两次反扑，还有带卫士的指挥官亲自督战，这时八连的炸弹打光了，他们就拾起敌人留下的炸弹回敬敌人。以高玉岐同志为首的 14 名勇士毕竟巩固了突破口，强大的后续部队从这个突破口涌进来，一直向街心敌人巢穴杀去。

月光从正南照着八连 14 名勇士，他们站在自己用血汗换来的突破口上，发出愉快的笑声，庆幸自己在光荣的徐州会战中立功。

拂晓，全城战斗结束，西门城墙横七竖八地躺着敌人的死尸和伤兵，这些为蒋介石卖命的冤死鬼是八十五军班排军官教导队的受训军官。

（郝费璋）

摘自中野三纵政治部《会战纪实》第 2 辑，1948 年 12 月 4 日，第 1—3 页

▲ 中野三纵二十五团三营干部在攻占宿县后的合影。前排左一是营长毛效义，左二是教导员周为明

▲ 中野三纵九旅二十五团三营八连指战员前仆后继勇猛冲杀，顽强抗击国民党军多次反扑，最先登上宿县城头，荣获"登城第一名"称号。这是该连仅剩的 14 名勇士与战友们在宿县城头的合影

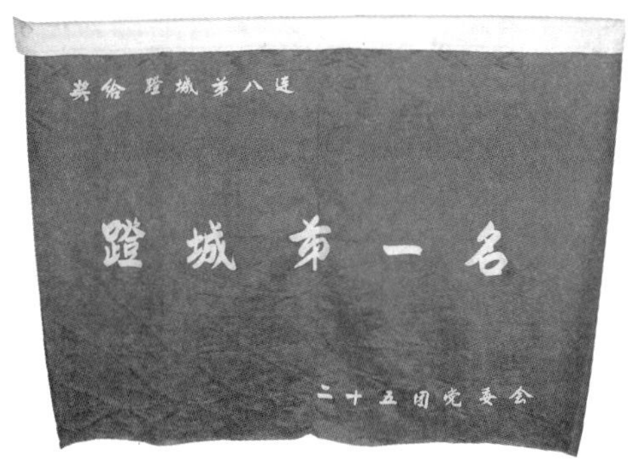

▲ 中野三纵九旅二十五团三营八连荣获的“登城第一名”奖旗

▲ 突破宿县西门登城第一名的中野三纵九旅二十五团三营八连战士魏兴泉

◀ 中野三纵某部在宿县战斗中使用的手榴弹、装手榴弹的篮子和登上宿县城头时吹的军号

6个人解决两个连　活捉了少将张绩武

在宿县战斗中，他们6个人刚刚解决了这个院里的40多个敌人，前边院子里更多的敌人向他们反扑了。邢四俄急忙向班长报告：“敌人很多……”班长李正堂厉声打断他的话：“怕什么，我们比他更多，拿手榴弹打！”刚才缴来两箱崭新的炸弹，6个人狠命地朝敌人投起来。在火花烟雾中，只看到无数黑影，在院子里来回乱窜，挣扎反扑，但是哪能吃住这样猛烈的爆炸呢？最后还是统统被逼进院子里。李正堂朝里边投了两个炸弹，郝占敖小组趁势控制了门口，正碰上一个军官模样的家伙托着枪朝外冲，郝占敖眼明手快，上去一把夺过枪来，枪口逼着他：“不准动！动就打死你！”这时院子里乱嚷起来：“不打了！不打了！我们缴枪！”接着就是“啪嗒”“啪嗒”的扔枪声。李正堂、郝占敖、邢四俄、李耀宗、王国双、姜永生6个人一齐冲进院子。只见院子挤满了人，都争着缴枪，简直应接不过来。这时孟连长带着其他班排也来了。

缴完枪，从俘虏嘴里，才知道这是敌人两个中队（连），由蒋匪少将护路副司令兼交警第一旅旅长张绩武亲自率领，从福音堂指挥部逃出来企图向南门突围。在这里，除被打死打伤外，150 多人都乖乖地缴了枪。俘虏群里一个满脸抹了锅黑又瘦又矮鬼脸子的家伙，总是在絮絮叨叨地追问孟连长：“你们对俘虏官杀不杀？”原来他就是张绩武。

（李宝奇）

摘自中原军区、中原野战军政治部《人民战士》第 12 期特大号 1949 年 1 月 15 日

▲ 中野三纵攻克宿县后，二十五团团长张庆和在察看三营缴获的美造卡宾枪

宿縣解放殲敵一師

我控制徐蚌間鉄路

▲ 解放宿县城的报道

▲ 战后之宿县城

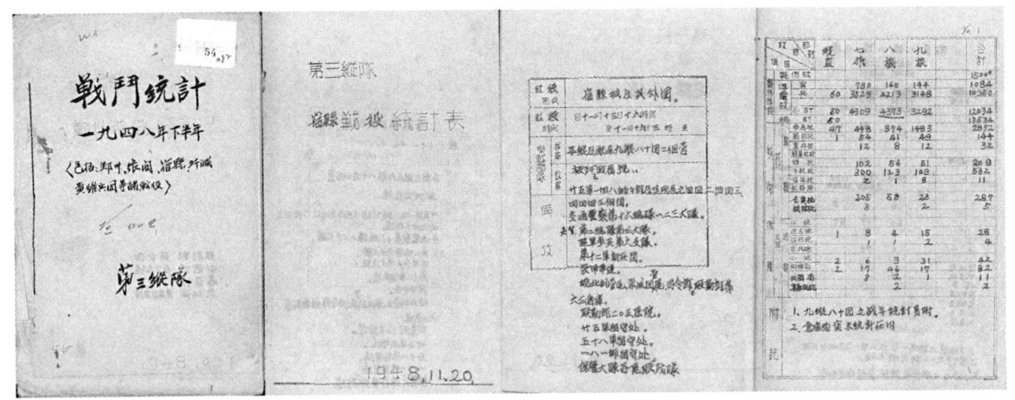

戰鬥統計

一九四八年下半年

第三縱隊

第三縱隊

宿縣戰役統計表

1948.11.20

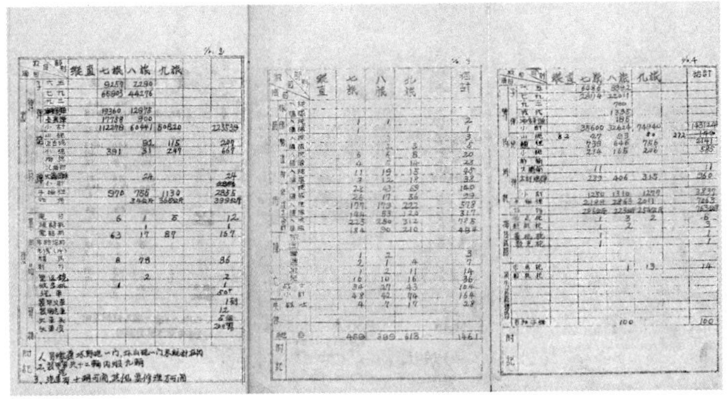

▲ 中野三纵宿县战斗统计，内容包括毙伤俘敌、战斗缴获、伤亡统计、弹药消耗等

中野三纵宿县战斗战果

我纵于本月13日完成对宿县之包围，当日即占西关与南关，14日夜攻占东关及车站，歼敌一部。15日17时开始攻城，至16日3时全部歼灭守敌，计有二十五军一四八师师部及其所属之四四二、四四三、四四四3个团，交通警察第十六总队及第二总队之第三大队，陆军步兵第六支队，第十二军新兵团，装甲车连，联合勤务总司令部第六三仓库，联勤部二〇五医院，皖北师管区蒙城团管区司令部，二十五军留守处，五十八军留守处，一八一师留守处，及宿县保警大队各区联防队，全部共14070人，其中毙伤敌1500余人，俘敌津浦铁路护路司令部少将副司令张绩武，交警第一旅上校参谋长韦编及一四八师参谋长王炳灵等以下12570人。计缴获野炮1门，山炮2门，迫击炮30门，战防炮4门，6公分炮62门，火箭筒11个，掷弹筒86个，高射机枪2支，战防枪5支，重机枪36挺，轻机枪162挺，步马枪3254支，卡宾枪292支，各式手提机枪共561支，短枪225支，信号枪11支，各种炮弹3000余发，各式子弹291800发，电台12部，报话机1部，电话机182部，探雷器1具，装甲汽车12辆（内毁9辆），汽车50辆，装甲火车1列，

火车头 5 个，车皮 200 节，粮食及军用品甚多。

（纵司参谋处）

摘自中野三纵政治部《会战纪实》第 1 辑，1948 年 11 月 24 日，第 2 页

▲ 解放后的宿县车站

▲ 攻克宿县解放军缴获的国民党军装甲车

▲ 缴获的国民党军装甲车

▲ 在宿县缴获的大米堆积如山

中野九纵战报第一号——配合宿县战役

11 月 16 日我南昌部[①]配合攻克宿县战役，俘敌 536 名，缴获山炮 1 门，迫击炮 6 门半，六〇炮、小炮 23 门，轻重机枪 22 挺，长短枪 427 支，冲锋枪 41 支，卡宾枪 8 支，子弹 68000 发，地雷探测器 1 具，牲口 30 匹及其他胜利品一部。

摘自中野九纵《战场报》第 26 期 1948 年 11 月 29 日

张绩武被俘记

15 日晚 11 时左右，宿县城内敌人已大部做了俘虏。残敌两股分别困守在电灯工厂和福音堂内，尚企图负隅顽抗。电灯工厂的残敌先缴了枪，接着福音堂内敌

① 编者注：“南昌部”为中野九纵二十七旅八十团。

人指挥所的残敌也最后缴了枪。宿县守敌的总指挥官张绩武即混在这批俘虏群中，化名为方晓兮，但经我工作人员询问其被俘之部下时，始知道这位方晓兮即是张绩武。当我军政治部某同志高喊方晓兮的名字时，便从杂乱的人群中走出了一个穿一套普通官佐军服，一件黄色军大衣紧紧地裹着身子的瘦矮个子，眼睛充血通红，鼻子旁边不知怎么涂上一扑黑。

报告他的职务是商丘兵营管理所中尉书记，在答话中，慢条斯理地叙述着如何由商丘来，准备到南京去的鬼话，并时时问到和他同行的所长的下落。后来经我军工作同志指出他所说的全是一篇鬼话之后，他始颓丧地说："你们既已搞得这样清楚，我还有什么办法不承认。"张绩武，湖北罗田人，现年 44 岁，幼年卒业于英山振英中学，民十六入伍，后在中央军校武汉分校七期毕业。曾历任十三军十六师之团长、参谋长、副师长等职。国民党整编军队时，调任交警二总队总队长。今年 10 月 13 日，蒋匪成立津浦路护路司令部于固镇，升任副司令（司令为交通部交通局局长周伟龙），下辖交警第二、第七、第九、第十六等 4 个总队。徐州会战开始，津浦南线紧张，周伟龙于 11 月 12 日南移蚌埠，令张绩武守宿县为该城守敌之最高指挥官，指挥交警第二、第十六总队及一四八师。张绩武悲怨地说："全国 18 个交警总队，以战斗力来说，只有二总队最强。这次周伟龙在情况紧急时带走两个大队进到南边，这是诚心和我开玩笑，有意'支解'我的部队。"

（范维刚）

摘自中野三纵政治部《会战纪实》第 3 辑，1948 年 12 月 10 日，第 1 页

▲ 在宿县被俘的国民党交警总队部分官兵（左）和国民党津浦路护路副司令兼宿县最高指挥官张绩武（右）

请看今日之蒋军

（一）

交通警备第一旅参谋长韦编被俘后供称："交警没有守城任务，只有守车站的责任，而宿县车站早在13日被贵军占领。交警第十六总队及第二总队一部共4个大队，只得退入城内。刘总司令（按：指刘匪峙）虽几次电勉：'宿县关系徐州会战全局甚大，望努力奋斗到底。'其实外无援兵，士无斗志。我早已料到这一军事要地——宿县城——一定是属于你们的了。几封空头电报，怎能挽救危局呢？"最后他说："15日晚10时许，贵军攻入城内，张旅长（按：指张绩武）遂发出电报向上峰保证：'尽我力量坚守核心据点工事到底。'可是一转眼间，谁知他也不知去向了。我到院子里看了一趟，又回来蹲在掩蔽洞里，到12时左右，就被你们逮来了。"

（奕文）

（二）

二十五军政工处少校科长袁晓峰告记者说："蒋介石给我们的饭碗，就是内战，一天不参加内战，一天就要饿肚子。一个少校，一个月只得到78元金圆券，50斤米。物价是一天天地上涨，自己不是主官，也吃不到空额。一家4口人，如何养得起，请假回家，又不准。不这样胡混，又有什么办法呢。这次我被解放，算是'准了假'。只是希望解放军，很快打到江西去，解放我的家，能够分上几亩田。"

十二军军官队上尉队员庄志生、军部中尉副官常思庆等都抢着告给记者说："解放军的政策，我们都知道。第一次在兖州被俘时，吓得我们把金戒指都甩了。以后到华东区学习了两个礼拜，才什么都明白了。10日我们带着九江的新兵在宿县休息，12日就被你们又包围上了。这一次我们可有经验啦，谁也没有甩东西，都把背包打得整整齐齐的，等候你们攻进城里，一个不漏地把新兵交给你们。"最后他们为了使我相信他的话，还把华东区学会的《解放区的天》一个歌子唱了一遍。

（三）

一八一师五四三团输送连连长张瑞芝告我说："解放军打下济南，我们菏泽不敢守，跑到开封，解放军打下郑州，我们又放弃开封，跑到商丘，解放军又追到商丘。我们看中国就没有一块保险地，知道早晚是跑不了。"

（志刚）

摘自中野三纵政治部《会战纪实》第3辑，1948年12月10日，第4页

阵中日记

绝望的哀鸣——蒋匪一四八师副师长钱卓伵的日记

宿县战斗中缴获敌一四八师副师长钱卓伵的日记一册。这个蒋匪军的高级军官，在10月25日到11月15日，短短几天的日记中，写出了他的苦闷、痛苦和悲观失望。

日记第一篇（10月25日）写道："离宿县已10日，返宜兴休假亦已8天，国事蜩螗，民不聊生，所见所闻均是一片叹怨声。"继写道："写此册日记之第一页，正值国势（指蒋匪统治）倒悬、民生水火，军事方面，东北仅沈阳一点在孤守中，迟早定要放弃。华北赖傅作义之支持，亦极艰苦。待关外共军内调，局势当更危难。西北一隅尚属偏安。今郑汴撤守，陇西当非净土，鲁南鲁西，大战一触即发。刻四川以东、长江以北已烽火遍地。即江南各地亦不安宁。经济方面，金圆券之信用根本动摇，游资物价一如币改前，难望稳定。每一国人无不亟亟不可终日。"最后写道："余每册日记可写半年之期，不知此册日记须写下多少愁怨多少眼泪！"

关于"军事恐慌"情形，在其10月31日日记中写道："自郑汴撤守后，津浦南段成为京畿外围唯一之重要防线，除蚌埠已设指挥所及加强守军力量外，南京四郊正积极构筑工事中。京市各木行之木料，已均被政府封存备作工事材料之用，若果战事会在首都进行，则其境况何可设想，是以迩来人心之沉重忧惧与经济恐怖已成双重燃眉之虑矣。"11月8日写南京市民纷纷向外迁的情形："拂晓乘裴哥汽车到下关江边，栅门内外旅客拥塞数千，人头滚滚无立锥之地，余正在出口处望江兴叹。"11月1日写道："沈阳战况恶化……整个东北将完全为共军占据。忆总统屡屡昭示：吾人无东北即无中国。今东北已尽失，不知既倒之狂澜，将何以挽救（意思是大势已去怎么办）。"

关于"经济恐怖"情形，其10月30日日记写道："昨天下午全城（指宜兴）普查物资，有从鸡窝中查出肥皂，柴房中藏有香烟以及囤积食米、小麦、火油等，就数量言均不算多，此亦宜兴小邑之枯竭现象。"又写道："日来黑市物价步步上升，稻价每担限价8元几角，今已涨至20元黑市，其他一切概可比例，金圆券已如脱缰之马矣（意指狂跌）。"11月1日又写道："自限价政策实施以来，形成物资隐藏，抢购风炽，社会情形极为不安。"11月3日又写道："翁内阁因经济改革惨败，提出辞呈，王财长辞意更坚，中国（应是蒋区）之局面确难支撑。”11 月 4 日写道：“自限价政策取消后，物价无不飞腾上升，尤以日用品及菜蔬为最。货价比例为金圆券发行初之五倍矣。”

11 月 5 日对蒋匪外交上所受打击写道：“美总统竞选揭晓，出冷门，由民主党杜鲁门当选。有把握之共和党候选人杜威卒告落选，我国（应是蒋匪）在外交立场上希望杜威当选，且以前陈立夫访欧曾为杜威之竞选工作而努力，众信有绝大成功可能，殊不知终成泡影。”

关于徐州会战，11 月 15 日写道：“徐州无线电话：此次陈毅所部全力谋击溃我黄兵团，共军兵力亦优势，闻黄焕公此番极为难苦。”

关于宿县作战，其 11 月 12 日日记写道：“津浦南段态势日急，共军主力在徐州东、北、西三方面猛扑，徐州迄滁县铁路日夜有破坏，交通通讯时断时续。因军运繁忙，客车今日起暂停驶。下午余至街中巡视，民众均精神紧张仓皇，宿县之今日已如死城矣。下午 1 时许，宿县西门外三、五华里处，交警十六总队派队与敌接火，双方兵力虽不多，而战则激烈。薄暮，北门外亦接战。”11 月 13 日日记写道：“昨入晚，附近战争意味极浓，天方黑即戒严，各处守军随时参战。迄今晨 2 时，城北郊与东南郊有稀落枪炮声，4 时枪炮声又起。……下午 5 时起，东南西三方面敌均来袭击，西关外交警一个中队被迫退入城内，今夜战事似比昨夜热闹。”14 日日记写道：“昨夜来之紧张场面已呈相当，尤以‘小东京’及车站与南门等处，敌攻甚急，一时枪声咯咯，炮声隆隆。”又写道：“两日来作战情形，敌军行动敏捷，射击军纪良好，命中精度亦佳，在两年半内战中成长之共军已不可轻视。”15 日写道：“昨晚敌向东南北三方进攻，并向城内喊话：‘徐州国军已被击溃，赶快投降’。”又写道：“今晨 2 时许，共军向车站交警阵地猛扑，我守军撤入城内。车站屯有大米一万八九千包，及其他食盐等等物资甚多。到此时东南西北关已尽失矣！幸飞机又来空投弹药，因风力过大，飞机又惧共军射击，飞行过高，空投物品，大都失落城外，为共军所得。”战斗紧张后，守敌最怕部队反正，日记写道：“宿县原驻部队除国军正规师及交警总队外，地方部队县自卫总队有一二千人，第六支队 1000 余人，再加岭霆、光华等等部队，极为复杂。原大部驻城外，昨夜因共军紧缩包围圈后，一律撤入城中。有识之士咸虑彼等善于投机者会看风挂牌，师长将彼等予以集中居住，便于监视之策。”15 日夜宿县已绝望，这个蒋匪高级军官仓忙电告家中：“为免家中挂念，上裴哥一电告共军围攻已 3 昼夜。”至此日记及其作者本人同无下文了。

摘自中野三纵政治部《会战纪实》第 3 辑，1948 年 12 月 10 日，第 6—8 页

第三章　牵制、阻击黄维兵团

为拖住华中“剿总”白崇禧集团，使其不能抽兵东援，以保障华野顺利投入作战，在陈毅、邓小平指挥中野主力发起郑州作战的同时，中野司令员刘伯承率领第二、六纵队，陕南军区第十二旅及江汉、桐柏两军区主力，尽力把张淦、黄维两兵团引向平汉路以西大洪山、桐柏山区。11 月 8 日，黄维兵团奉命由河南确山、驻马店集结完毕之后，匆促东进，驰援徐州。中野第二、六两纵以及陕南军区第十二旅、中野一纵二十旅、豫皖苏、豫西军区部队在刘伯承的指挥下，在地方武装和人民群众的配合下，不分昼夜，不顾疲劳，阻击、迟滞、消耗黄维兵团，迫其进展缓慢，至 11 月 18 日，黄维兵团仅行至安徽蒙城地区。中野一部完成了牵制黄维兵团增援徐州的任务，保障了华野主攻方向的作战。

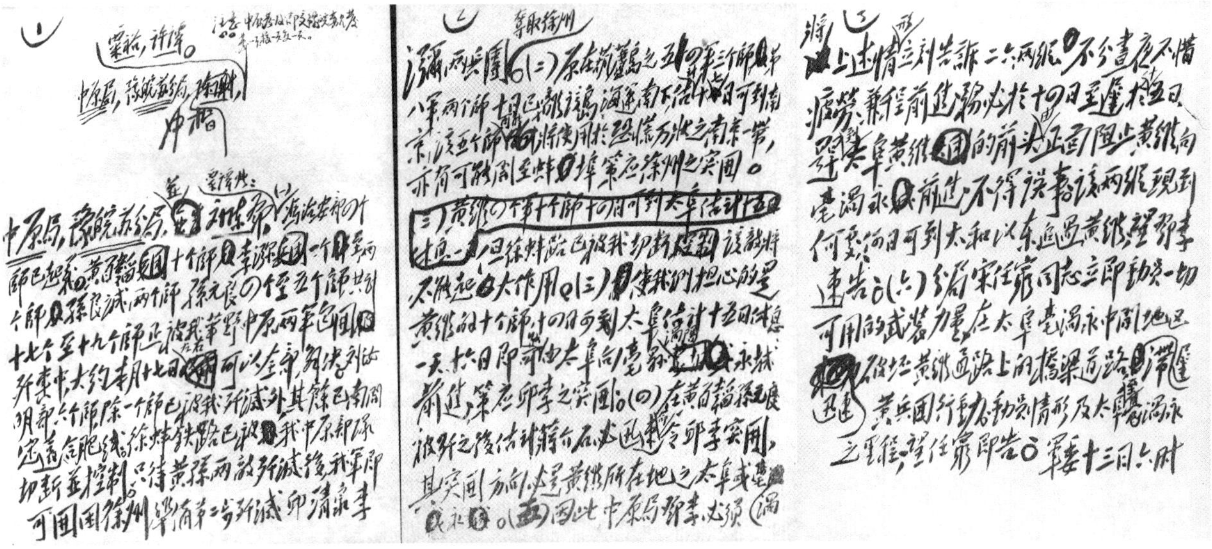

▲ 毛泽东为中央军委起草的各个歼灭刘峙集团，阻击、迟滞黄维兵团东援，给中原局、豫皖苏分局并淮海前线负责人的电文

一、千里驰援　节节受阻

11 月 8 日，黄维率所部 4 个军（计 11 个师）、1 个快速纵队共约 12 万人马，

由河南驻马店出发，经正阳、新蔡、阜阳、蒙城等地，向徐州东进，以策应徐蚌方面的作战。中野第二、六纵队等部，分别经由宣化店、息县、方城、周口等地侧击、尾击黄维兵团，并于15日超越黄维兵团，在涡阳、蒙城地区阻其前进。豫皖苏军区等部队在黄维兵团必经的道路上破坏桥梁、道路、渡口，阻击、迟滞、消耗黄维兵团。在沿途军民不断牵制、袭扰下，黄维兵团进军速度缓慢。

战史摘要

中野牵制和阻击黄维兵团

在中原野战军主力东进作战的同时，第二纵队和江汉军区主力攻占应城、安陆，歼敌第二十八军军部等4000余人，将敌张淦兵团吸入大洪山区；鄂豫、桐柏军区主力并结合群众破击平汉路南段，威胁武汉；第六纵队、陕南军区第十二旅围攻南阳以南之下薛集的敌第二十军第一三四师，继续抑留黄维兵团于桐柏山区。当徐州告急时，蒋介石令黄维兵团集结确山地区，准备增援徐州。11月6日，黄维兵团由确山东援。司令员刘伯承即指挥第二、第六纵队（包括陕南军区部队4个团、第一纵队的第二十旅、豫西军区1个团），经宣化店、息县向涡阳、蒙城方向急进，沿途侧击敌人；第六纵队和陕南军区第十二旅附豫西军区1个团，经方城、周口尾击、侧击敌人。该两部于15日越过黄维兵团，在涡阳、蒙城地区阻击敌前进。豫皖苏军区部队和第一纵队第二十旅，在广大人民配合下，积极破坏敌行进道路和桥梁、渡口，并依托洪河、泉河、颍河天然障碍和沿途各要点，进行了连续阻击，迟滞、疲惫和消耗敌人。上述各部队不分昼夜，不顾疲劳，高度发扬了艰苦奋斗、连续作战的作风，克服了天雨、缺粮等困难，完成了牵制和迟滞黄维兵团东援徐州的光荣任务。

摘自《中国人民解放军第二野战军战史》，解放军出版社1990年，第243—244页

中野二纵四旅牵制黄维兵团

1948年11月上旬，敌黄百韬兵团，被我华野大军围缩在徐、海间的碾庄地区。蒋介石为了挽救其黄匪之灭亡命运，即令邱清泉、李弥两兵团，由徐州东援，解黄匪之围，令孙元良兵团固守徐州；令黄维、李延年和刘汝明兵团先后由信阳、蚌埠出发北进，驰援徐州外围作战。

当我华野部队围攻黄百韬兵团时，我旅由方城南进破击平汉路南段，以牵制黄维兵团。黄匪由信阳出发东进后，我旅即连夜急行军向东截击，于 11 月 18 日到达涡河北岸西阳集。为造成歼敌有利条件，又于 19 日转移到淝河之马桥、邝庄一线，构筑坚固阵地，至此，我旅进入了战役。

21 日 7 时，敌十军先头部队两个营，先后与我十一、十二团前哨部队接触。敌以一个团的兵力，在强大炮火掩护下，连续向我十一团阵地冲击 4 次，均被我用手榴弹、刺刀击退，共毙伤敌约 200 余人。为了吸引敌人，我采取节节后退，诱敌深入，迫使敌展开。我趁夜暗，河南岸部队撤至淝河北岸，确保了芮津集安全。

敌人为我们的节节后退所迷惑，继续向东开进。这时，我军已在两侧集结。四纵、十纵在浍河东岸给敌人布下了“口袋阵”。当敌发现我企图，急速后撤时，我纵和友军一、三、六纵由北、西两面向敌后猛插。友军四纵、九纵、十一纵则从东、南两面向敌反击，敌人完全陷入四面包围。到 24 日黄昏，黄匪所率十、十四、十八、八十五 4 个军被我 10 个纵队、两个旅完全包围在以双堆集为中心，纵横不到 15 华里的平原地区。

摘自《千锤百炼——中国人民解放军陆军第二〇五师简史》，1981 年，第 98—99 页

▲ 中野二纵在豫南横渡唐河尾追黄维兵团

▲ 中野第二、六纵队自豫西赶赴淮海战场，搭浮桥过颍河

東援徐州之敵黃維兵團
沿途遭我軍民阻擊
敵疲憊不堪 士氣低落 逃亡慘重

▲ 增援徐州的黄维兵团沿途节节受阻的报道

中野六纵豫西南辗转牵敌

秋季攻势前夜，国民党为避免其军队在分散和野战中被歼，被迫放弃分区防御，而采取重点防御。在中原战场，敌以白崇禧指挥张淦（第三兵团）、黄维（第十二兵团）、宋希濂（第十四兵团）3 个兵团和第五（张轸）、十三（王凌云）、十四（霍揆章）3 个绥署共约 25 万人，收缩固守为数不多的据点和控制平汉线南段。9 月上旬，白崇禧以平汉线南段之张轸集团与郑州之孙元良兵团南北对进，企图寻我主力作战，并破坏我豫西后方。为粉碎敌人上述企图，并配合华野济南作

战，中原野战军于9月16日在宛（南阳）、确（山）地区，对张轸集团发起进攻。是役，我纵奉命协同第二、第四纵队，围歼从泌阳向南阳运动之敌第十、八十五师。但因敌发觉我企图，立即向东回窜。我尾追至泌阳地区后，由于敌相互靠拢，不易割歼，战役宣告结束。我纵奉命返回唐河地区待机。

随后，白崇禧又以张淦、黄维两兵团，向宛东进犯。中野首长采取“南北分兵，拖散敌人，寻机歼敌”的方针，以一部兵力，将张淦兵团拉入大洪山区，以我纵及陕南第十二旅抑留黄维兵团于桐柏山区，使两敌不能东调，以策应华野作战。野战军主力则北转禹县、襄城、叶县地区，待机歼敌。

根据上述情况，纵队首长认为此次牵制敌人，对我野战军主力完成秋季攻势作战任务和策应华野作战，关系极为重大。我必须趁敌进犯之际，以积极行动，诱敌西进，陷其于宛西地区，使敌不能东顾。为此，纵队确定采取敌急我急，敌缓我缓的原则，当敌西进时，我逐步转移；当敌驻止时，我诱其西进；当遇弱敌时，我寻机歼灭。使敌我主力，处于不接不离的态势，让敌打不上丢不下，为我拖住。

10月13日，黄维兵团进至泌阳东北之春水、牛蹄一线，张淦兵团已集结确山，拟沿确（山）泌（阳）公路向西逼近，南阳之敌（王凌云）不断以兵力出唐河袭扰，企图在唐泌地区寻歼我军。我为诱敌西进，转移至上屯地区，一面作战斗部署，构筑工事，虚张声势，列阵以待；一面派出侦察，掌握敌人动向，侦察我西移道路。19日，西进之敌逼近唐河，我避免与敌接战，当晚转移至唐河西岸。20日，敌跟踪而来，我于深夜徒涉白河，转移至新店铺。此时，敌发觉我系孤军作战，遂调整部署，以张淦兵团位唐河地区策应，以第十五军渡白河向西，王凌云率第九师从邓县向东南，第二十军由吕堰驿（新店铺南）向北，三面向我合围。为避开敌人合围，我纵于10月22日晚急行军转移至鲁家砦，伺机行动。23日，我除令部队紧缩宿营地区，加构工事，加强侦察警戒，防敌袭击外，并以第十六、十八旅参谋长亲率侦察分队分别掌握南北两面敌情，以第五十一团到孟岗砦阻击邓县南下之敌，防敌断我西移道路。当日午夜，确悉敌二十军第一三四师主力进至光化县下薛集，我决心乘敌孤军突出，仓促驻止之际，围歼该敌，并借以继续诱敌西进。当晚，即令部队向下薛集开进。24日我对下薛集之敌发起攻击，由于时间仓促，对敌情、地形缺乏周密地侦察，对敌人估计不足，战斗准备不充分，攻击未成。敌见我围攻下薛集，误以为我野战军主力尚在豫西，急以黄维、张淦、王凌云等部，分向下薛集、新野、构林等方向急进。我见已达到诱敌西进的目的，遂撤离下薛集，向内乡转移。在下薛集战斗中，我第五十四团副团长卢安顺同志光荣牺牲。

当我纵向内乡转移之际，白崇禧急令王凌云率3个军（第二、十四、十五军）沿镇（平）内（乡）、邓（县）内（乡）公路，夹击我纵，并以黄维兵团进至泌阳地区策应。此时，敌我相距更近，回旋机动地区大受限制，稍有不慎，即有被敌夹击的危险。26日，北面之敌与我掩护部队接触，我即令五十三团摆开架子，伪装主力，向文渠集地区转移，诱敌跟进，主力则绕厚坡继续向内乡方向转移。至此，我纵已牵敌半月有余。部队缺粮缺鞋，连夜行军，又逢雨天，道路泥泞，人员十分疲惫。但全纵干战经过方城整军和深入的动员，深刻认识到此次牵敌的重大意义，一再抑制了急欲与敌交战的情绪，以坚忍不拔的意志，忍受着艰难困苦，继续牵敌西进。此时，蒋介石发觉我中野、华野两路大军进逼徐州，其长江以北的主要战略集团已处于不利态势，乃于11月1日，急令黄维兵团东援徐州，剩下的王凌云部，怕孤军被歼，遂仓皇缩回南阳。我纵立即回师东追，3日，我纵进至潦河地区，发现南阳之敌第二军向南撤退，我即令各旅展开攻击。敌遭我袭击后，退守村落。我正拟组织兵力逐个歼灭，因接军区电令，命我纵“不管王凌云，即追黄维兵团”，故不待攻击，我纵又挥师东追。

豫西南牵敌历时20余天，行程数百里，我纵在桐柏地区广大群众的积极支援下，协同兄弟部队牵制了敌人4个军，并一度抑留了张淦、黄维两兵团于豫西南地区，对保障我野战军主力顺利地解放郑州、开封和东出徐（州）蚌（埠）作战，起到了显著的作用。

……我纵从受领东追黄维兵团的任务后，随即昼夜兼程前进，于18日到达涡阳地区，受领了参加围歼黄维兵团的任务。当时，部队经过豫西南牵敌和东追黄维兵团连续40余天的行军作战，长途跋涉不下千里，十分疲惫。但当纵队参加淮海决战的任务向各级传达后，群情激动，军心振奋，全纵干战为能参加这一具有伟大历史意义的决战而感到光荣自豪。

摘自《中国人民解放军陆军第十二军军史》，1981年，第88—92页

豫皖苏军区部队迟滞阻击黄维兵团

十二兵团于11月6日由确山、驻马店地区出发东进。其兵团司令黄维率十八军、第四快速纵队、兵团直为右纵队，经正阳、新蔡至阜阳；十、十四两军为左纵队，经汝南、项城、临泉至阜阳；八十五军为第二梯队，循右纵队行进路线至阜阳。

11 月 6 日，获悉十二兵团一路已进到汝、确公路之水屯，7 日 8 时，渡过汝河进占汝南城。11 日上午，十二兵团右纵队先头部队抵达新蔡，八分区部队在洪河左岸阻击半日后，主动转移至十二兵团右侧后袭扰之，四分区独七团尚未赶到洪河一线，而庙湾一线未发现敌人。军区前指鉴于十二兵团已由新蔡渡过洪河，洪河一线阵地已失去作用，即令独七团向泉河一线转移。该团刚刚渡过泉河，后卫一个排尚在河对岸，十二兵团先头已到达，独七团当即展开，阻击两小时候后撤出战斗。二十旅则撤离庙湾一线向界首疾进。早在 11 月 11 日获悉十二兵团已到达洪河一线时，为使二十旅等部队能赶在其前头，在阜阳一线利用颍河占领阵地，阻击一二天，以便中野主力在涡（阳）、蒙（城）及其以北一线展开。中野刘、陈、邓首长，即令张国华副司令员赶赴界首，准备船只，以便二十旅部队一到，即能乘船顺流而下。张国华 14 日上午赶到界首，径到市政府，请市府组织船只，准备干粮，是日黄昏部队一到，即行登船起航。15 日晨，二十旅前卫六十二团到达阜阳，刚离船登岸，即遇十二兵团搜索部队，当即将其击溃，先期控制了颍河东岸，后续部队也陆续到达。军区调三分区独立五团也赶来阜阳，参加阻击战。独立七团和五团均归二十旅统一指挥。5 个团利用颍河左岸大堤之正斜面，在接近水面附近抢修工事。十二兵团本队到达后，在飞机、炮火掩护下多次实施强渡，均为二十旅等部队在其半渡时所击退。16 日，十二兵团向下游选择渡河点继续强渡，二十旅则实施兵力机动，予以迎头阻击，十二兵团也未能渡过颍河。17 日，二十旅等部队奉命撤离颍河一线。当十二兵团由阜阳继续前进时，第六军分区奉命以独十二团进至阜蒙公路上之马店子附近淝河一线继续予以阻击。独十二团（辖两个营）于 16 日进到马店子附近布防。17 日，十二兵团沿阜、蒙公路而来，独十二团以一营（附团机炮连）从正面迫使其先头部队及早展开，以二营从侧后，并组织十多个小分队从两侧进行袭扰，特别是以火力急袭阻止十二兵团在淝河上架桥等手段，于 17 日在淝河一线阻击一天。至此，豫皖苏军区指挥的阻击黄维兵团的战斗，即告结束。包括号称蒋军五大主力之一的十八军在内的黄维兵团，以 12 万之众，在二十旅和豫皖苏几个分区基干团不到万人的阻击、袭扰、坚壁清野、破桥、破路的迟滞下，自渡过汝河以后，6 天仅前进 120 余公里，每天只能前进 20 多公里，为中原野战军部署歼灭该部，争得了时间。此次阻击战，仅豫皖苏军区部队，即进行了大小战斗 50 余次，歼灭十二兵团 1400 余人。

摘自中国人民解放军西藏军区编印《豫皖苏军区战史》，1992 年，第 147—149 页

▲ 中野某部在淝河沿岸阻击黄维兵团

文件选编

中野二纵行动快纪律好

二纵于 11 月初破击平汉路后，经大别山北移，虽然部队无菜金，尚未穿上棉衣，日行几十里以上之急行军，实甚疲劳，但仍遵守时间不误行动，沿途纪律很好，给大别山人民以极好的影响，群众情绪立即提高，鄂豫区党委特行转电致意。

摘自《中原军区关于两个月来部队纪律、物资供应、城市警备等工作向军委毛主席的综合报告（1948.11.20）》，见《中国人民解放军第二野战军暨西南军区第三次国内革命战争战史》附件之二《资料选编》（第二卷），1962 年，第 208 页

豫皖苏军区第三军分区关于配合主力阻击敌人的通令（11 月 15 日于本部）

由于我主力在徐州外围取得辉煌的战果，残敌龟缩于徐州孤城，已面临被歼命运，蒋贼为企图在徐州外围作垂死的最后挣扎，苟延残喘，已从平汉南段抽调十二兵团从汝南、新蔡东开，14 日到达阜阳地区集结，今后动向可能有二：一是直奔亳水，找我们侧背；一是经涡蒙增援宿县。

我各地党政军民不要麻痹疏忽，也不为暂时的紧张而张皇失措，对胜利怀疑，要了解这是敌人在中原地区死亡前的最后挣扎。为了在整个胜利中不受任何微小的损失，我们要紧张地作好如下准备：

一、加强南边的侦察，区分如下：雪商亳从亳州到观音堂（不含）一线，雪涡从观音堂（含）到涡阳（含）一线，宿蒙从涡阳以东到板桥（含）一线，宿怀从板桥以东至怀蚌一线，雪商亳、雪涡直接电话报告分区，宿蒙、宿怀派专骑直送分前（现在永城东二十里铺南二里之侯领了）。各县组织侦察小组，在交通要道、渡口，日夜注意尽量利用一切可能利用的交通工具，迅速送达指定地点，如敌人过路则化装隐蔽，捕捉敌方人员，了解情况要正确与及时报告。

二、普遍组织民兵小组，动员起来，积极大胆的袭扰、截击、阻击杀伤敌人，迷惑敌人，迟缓敌人前进，并开展政治攻势，在必经道路上散发宣传品、写标语，动摇其军心，争取瓦解敌人。

三、在敌人前进道路上，节节袭击，破桥破路，阻滞敌人前进。在我军前进道路上，必须迅速修路修桥。各地切实掌握情况，一面破路破桥，一面还要修路修桥，不失时机地去进行（尚在修理中的两条东西大干线不必破坏），不必等使通知，要主动执行，以利我军事行动。

敌人过境，战勤工作很易受影响，因此，我们要更加紧张起来，全力搞好战勤。各地根据情况，对群众及时进行教育和解释，教育民工，巩固民工，不因敌人一时过路、一时情况紧张而影响战勤。必须了解这是敌人在中原地区垂死前的最后挣扎，而我们是在胜利中的暂时困难。我们要深信中央估计，再经过一年左右，就可以完全打垮蒋介石。只要大家努力做好准备，当情况到来时，必须发扬顽强、积极、负责的精神去完成任务，如贪生怕死、畏缩不进、损害工作者必予严惩。大胆积极负责的干部，必须表扬奖励。在紧张时必须不失时机地仍须想尽办法排除一切困难，掌握担架，运送物资，支援前线。至于转移地点、搬运物资，必须预定方案，免使临时混乱，遭受损失。对于伤员必须全力抢救、掩护，不许损失一个，对群众进行宣传解释，只有这样，才能配合主力胜利地完成解放全中原的任务。各地把新的布置及工作经验，盼随时报告。

右通令

政治委员　寿松涛

副司令员　邢天仁

副政治委员　余　辉

参谋长　薛　和

摘自豫皖苏军区第三军分区《通令》，1948 年 11 月 15 日

简介

国民党第十二兵团

（一）序列（略）

（二）概述

十二兵团系今年8月于确山成立，辖十军（原三师）、十四军（原十师）、十八军（原十一师）、八五军（原八五师），以黄维（黄埔一期生，原武汉军校教育长）为司令，胡琏、吴绍周副之。该兵团成立后即于平汉线两侧机动，10月曾一度西进抵南阳附近。本月中旬我围歼七兵团于碾庄圩地区，徐州吃紧，该敌乃仓皇自平汉西侧经新蔡东援，图参加徐州为中心之大会战。20日兵团主力抵蒙城，22日推进至蒙城东北赵集、忠汤集、芦沟集地区，刻正与我中原野战军主力接战中。

（三）部队概况（略）

（四）实力装备与战力估计

十军3个师兵力估计约25000人，十八军3个师兵力估计约30000人。两军共配有美一〇五榴弹炮8门、美三七战防炮36门、美二二机关炮12门，另八一迫击炮40余、八二迫击炮30余、重机200余、六〇炮400余、火箭筒20余、冲锋枪3000余、步马枪14000余、火焰喷射器若干。电话总机、单机1000余只，被复线700余公里，电台25座，报话机100余架。各种汽车150余辆、胶轮马车200余辆，携行弹药两个基数，余均以汽、马车装运。

八五军两个师并附六四七团兵力估计约25000人。配有法七五山炮6门、日七五山炮4门、日四一山炮12门、日四一骑炮3门、俄七六二野炮12门、美火箭筒6门、美火焰喷射器12门、掷83门、冲锋枪335支、六〇炮180门、八二迫击炮54门、七九轻机563挺、七九重机枪110挺、七九步枪7560支、各种汽车30辆。十四军两个师兵力估计约20000人，装备未详。

全兵团实力估计约10万左右，以十八军为兵团主力，八五军次之，十四军再次之，十军最弱。以整个兵团言，则为目前中原蒋匪机动兵团中之较完整者，尤以十八军战力较强，其炮火组织似略逊于五军，但步兵守备较五军为强，在战术上善于构筑工事、地堡群，并集中短兵火器实施反突击，南麻、土山集两役均幸免被歼，目前尚保持相当之老兵骨干，故战力仍不可轻视。

摘自《黄维兵团介绍》，1948 年 11 月

▲ 黄维（1904—1989），江西贵溪人，黄埔军校一期毕业，曾赴德国深造。1948 年 9 月，国民党第十二兵团编成时被任命为兵团司令官。兵团下辖 4 个军、1 个快速纵队，其十八军是国民党军“五大主力”之一。淮海战役中被俘。1975 年特赦后，当选全国政协第五、六、七届常委。1989 年在北京病逝，终年 85 岁

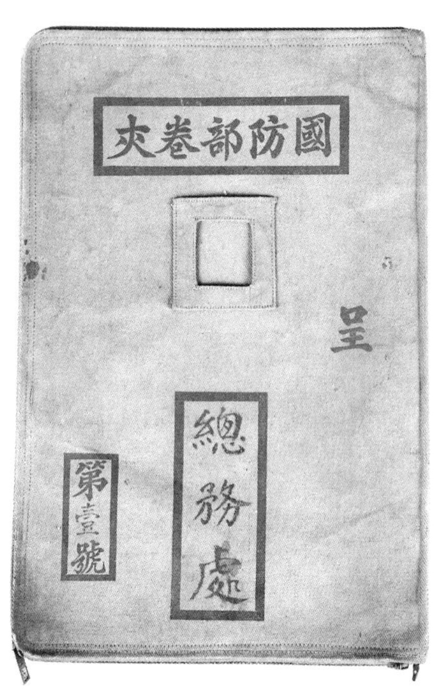

▲ 黄维兵团司令部使用的文件夹

徐蚌战报

北上兵团渡过涡河

【中央社徐州 20 日电】军息：北上之黄维兵团，以排山倒海之势，击破刘匪之坚强阻挠，强渡涡河，今复在涡河北岸击溃刘匪一、二、四等纵队之顽强抵抗，继续向北挺进。

摘自《中央日报》1948 年 11 月 21 日

【军闻社汉口 21 日电】皖北蒙城以北战况激烈，匪曾施用人海战术向我阵地

反复冲锋10余次，均被击退，匪伤亡重大，遗尸盈野。迄19日拂晓，我军借炽烈炮火掩护，对败匪猛攻中。

摘自《中央日报》1948年11月22日

阵中日记

国民党第十八军副军长兼十一师师长王元直的日记

11月8日　晴

10时出发，行约40里，抵正阳西北之乌鸡屯（吴家屯）。此次出发似系参加徐州方面之会战，但本军离开平汉线后，即信阳、广水恐亦难保。如此挖肉医疮之战术，安能获胜？且企图又不秘密，行军千里，人谁不知？设中途遭遇战斗，欲求如期赶至徐州，更属不易。

◀日记的作者、在双堆集战场被俘的国民党第十八军少将副军长兼十一师师长王元直

念年来丧失土地与部队甚多，论者谓部队腐化、士气低落所致。余以为由于部队腐化者居三分之一，由于指挥失当者居三分之二。如谓完全由于士气低落，则过去之七十四师、六十六师、七十五师，岂均士气低落之部队耶？而今日部队士气普遍低落，殆为无可讳言之事。其低落之原因，则由于部队丧失过多，影响遂及整个国军。

前读《刘伯承重校合同战术序文》，觉国军高级将领中，其才识无有能超过刘伯承者。基此而论，国军之指挥，又安能胜过共军？至国军将领生活之腐化，又其余事。

11月9日　阴　大风（东北）

因等候武昌运来物品，延至11时始出发。复因道路不良，入暮部队尚未到齐，本日宿营于正阳北之红楼附近。

11月10日　阴　大风（东北）

7时30分由正阳北之红楼出发，行50余里，抵油房东北之高楼附近宿营。风劲，乘马觉冷不可支，非步行不可。

谢科长来谈，谓后方甚不安定，谣诼繁兴。……盖国民党握政权20余年，对大众生活毫无改善，每日均以争权利而作派系之斗争，党已失群众之信仰。

11月11日　晴

7时出发，因渡河关系，耽延颇久，虽行程只70余里，延至9时部队尚未齐到新蔡以西之宿营地。复因上级指挥才能欠缺，本师预定之驻地，被十四军之八十五师及第十军七十五师占去，天黑部队尚未找到宿营地，紊乱不堪。大兵团作战毫无间隔距离，接敌之前已自生紊乱，诚危险事也。

徐州会战，闻已于昨日开始，仅就双方指挥技术观之，则难期必胜，能不令人心忧？

11月12日

由新蔡西之三里湾出发，先头部队5时许已开始行动，因此间缺乏地图（或无从测量），沿途须向人民调查，而人民又厌恶国军，往往难得真实道路情况。行进中又误于先头部队三十一团未能正确查明桥梁状况，至辗转行军近百里，仍不能渡过谷河，不得已宿营于谢集西大魏庄、刘寨一带地域，因闯入一一八师之主要行军道路内，至部队紊乱不堪，人马亦极疲乏。

11月13日　晴

6时30分出发，因车辆渡河困难，部队又与军部及一一八师发生紊乱，虽行程只45里，延至日没尚未到齐。

11月14日　晴

晨7时出发，行75里，于6时许抵阜阳城。土共数百名在阜阳东之三里湾阻我东渡颍河。

早晨临出发时，炮兵营长及炮三连熊连长来报告，昨有胶轮弹药车一辆行军落伍，薄暮时遭土共袭击，该连补给排长即弃弹药车而逃等语。

11月15日　晴

饬三十一团准备渡河，并饬工兵营在三里湾作架桥准备。8时，余与副师长至河边观察，见对岸匪构有工事，且船只均被匪掳去，渡河甚感困难。当建议上级，出敌意表，举全力于下流回溜集渡河。唯上级仍欲将泉河之船只由向庙放至三里湾，或将回溜集之船拉至三里湾渡河。对岸均已被匪占据，船只如何可以从河中自由行驶？上级对此事似全未考虑。

摘自《第二野战军纪事》，上海文艺出版社1988年，第237—239页

中野六纵阵中日记摘录

11 月 1 日

一、上午 9 时在本部召开旅以上干部会议，各旅旅长、政委及纵直各处长均来参加，主要内容汇报工作及研究情况。

二、白匪拟放弃南阳，令十师即窜驻马店归建，十三绥区撤守襄阳。我纵奉命追击该敌，决于下午 2 时出发，令十分区即插高邱、赵湾，安仲琨插吐雾山，李德生出王店插芦医庙，与肖旅并肩前进，尤旅在纵直前插曲屯以南地区，各旅如抓住敌人后即就地宿营，尔后报我有重点的歼灭之。

11 月 2 日

决定早 10 时出发进至拨泉铺东西地区宿营，继续查明南阳情况。

11 月 3 日

我各部均于上午 10 时半出发，向醉店、溱河地区开进，初步完成对该敌包围尔后歼灭之。

我 13 时到达大中岗（指挥所）后移张华官。

11 月 4 日

一、上午 9 时在本部召开旅以上干部会议，内容主要是动员。

二、通知各部下午 3 时吃饭完毕，4 时出发，向博望以南地区移动（有命令）。

三、16 时各由现驻地出发，于 5 日拂晓先后均进入宿营区。

四、据老乡传息，敌十三绥区已向南逃窜。

11 月 5 日

一、昨 16 时由马营出发，于今早 6 时到达宿营地吴砦。今日因架桥问题未搞好，故部队拥挤，各部宿营很晚。

二、南阳守敌老乡说已向南逃窜。

11 月 6 日

一、各部昨于 12、13、14、15 时先后出发，于 24 时各部皆拥挤在汽路上，因架桥未搞好之故，各单位尚未到。

二、今日仍续向圪垱店方向前进。

11 月 7 日

一、昨由竹庄出发，于 2 时前后各部进入指定地区宿营。

二、今与军区接通电话，请示今日休息一日，明继向亳州以西集结。

三、今计划了6日（明日不在内）行程，至亳州以西地区集结。

11月8日

一、各部均于今早7至10时半先后出发，于18时先后进入宿营地区。

二、今日因飞机袭击之故，重决于明日下午十七旅4时、纵直5时、十八旅5时半、五十团早8时各由现驻地出发向泽河前进。

11月9日

一、因避飞机骚扰，昨通知各部改今午后出发，但因阴天今早又临时通知部队饭后即出发（大约9时）。

二、部队于天黑前均先后进入宿营，纵司位洛河砦。

11月10日

一、今由泽河东西地区出发，各部均于15至17时除病号未到外全部到达指定地区。

二、已告十七、十八两旅明日继续行动并应注意军容，时间仍按命令执行，加强收容工作，并告十七在周家岗留人等我，我们留人在郭庄与十八联络，并让其告我明日驻地。

11月11日

一、晨4时半，接军区电令，我纵在原地停止待命，我立即通知各部停止出发原地待命。唯五十团先头已走远，派骑兵去追，令其到在原地也即停止。

二、电告十八旅派人去等十六旅，告其我今不行动并他们到达后立即与十八旅构通电话联络。

三、白匪因徐州紧急，令黄维兵团兼程急进，限13日进到韦阳太和。根据此情况，我建议以二纵位太河河北岸堵击该敌，以十二旅侧击，以我纵经周家口、水寨出太和尾击该敌。另一，则以我纵经周家口、亳州出涡阳直接参加徐州外围作战，尚待指示即行动，拟明（12）下午行动。

11月12日

一、决定下午3时（先头2时）出发，进至周家口南北砦及以西地区，纵司住南砦。

二、20时发报给宗凤州，叫他在泌阳西南约30里之运粮河搭两个桥以候明日通过。

三、军区已同意我仍沿淮阳进亳州，并拟以 4 日进抵亳州附近。

11 月 13 日

一、今（13）日部队继向东进，先头部队 7 时由现驻地出发，均向淮阳开进。

二、十八旅派干部带工兵连先头出发至许湾架桥。

11 月 14 日

各部于（十八旅由贸臣集）淮阳东西地区出发，于 14 时先后各部进入宿营地区。

11 月 17 日

今早 8 时各部均于亳州东西地区出发，于 13 时先后进至沙土集以南及东西地区。

11 月 18 日

部队今 7 时各由现驻地出发至 16 时先后均进入指定地区宿营。

摘自中国人民解放军档案馆藏《中野六纵队淮海战役阵中日记》

二、中野布阵　涡河迎战

为对付南线援军，中野在攻占宿县后，即以第一纵队开赴蒙城，与阻滞黄维兵团的第二、六纵队会合，沿涡河、淝河布防，阻击黄维兵团北进。第三、四纵队则进至宿县西南地区待机。黄维兵团于 11 月 18 日黄昏抵达蒙城地区，与阻援部队交战。中野一纵充分利用涡河、淝河的有利地形，组成有重点的纵深防御，以顽强的阻击和积极的反冲击，抗击了黄维兵团 3 昼夜的连续进攻，毙伤其 2000 余人，挫败了国民党军的北援企图，密切配合了华野歼灭黄百韬兵团的作战，为中野主力展开和形成袋式部署，争取了时间。

战史摘要

中野一纵蒙城、板桥地区阻击战斗（1948 年 11 月 18 日至 21 日）

一、战前情况

……

二、决心部署

纵队于 11 月 15 日由西三铺地区出发，主力 16 日 13 时到达蒙城、板桥地区。

纵队首长率旅、团干部，随第二旅先头第八团，先于主力到蒙城地区侦察地形。了解到该地区之涡河河宽水深，是阻击敌人较有利的天然障碍。淝河河面较窄，河床淤泥，水深30厘米左右，河上石桥较多。据此，纵队首长决心：依托涡河、淝河天然障碍，组成两线防御，置重点于涡河北岸，坚决阻滞敌沿蒙城、板桥方向进攻。在兵力部署上，择重点扼守，以点制面，并掌握一定的机动力量，准备适时反击。同时，加强对翼侧的侦察、警戒，防敌迂回。具体部署是：第二旅在巩家渡口（不含）蒙城、双涧镇之间，涡河北岸构筑工事，组织第一线防御；第一旅在河套陈家、板桥、王店子、李土楼地区构筑工事，组织第二线防御，并准备支援第二旅作战；第二十旅在阜阳、颍上地区完成阻击任务后，急速归建，进至陈大庄地区，为纵队预备队。纵队指挥所位唐集。

依此部署，第二旅第五团配属第四团第一营，进至吴胡同、王窑地区，第八团进至朱家、杨花园地区组织防御，第四团（欠第一营）为旅预备队，在后母桥、小王庄、南岳庙地区，就地构筑防御工事，并随时准备支援第五、第八团战斗；第一旅第七团在板桥地区，第二团在乌集、王店子地区组织防御，第一团位李土楼、陆湾地区，为旅预备队。第二纵队奉野司命令，由涡阳向东疾进，先头第四旅于18日夜赶到小涧集、尖山地区，东衔第一纵队组织防御，主力于19日进到小涧集地区。各部队进入指定地区后，以两天时间构筑工事，进行战斗动员，完成战前准备工作。

三、战斗经过

凭借涡河阻击敌人

18日14时许，第十二兵团先头部队进到蒙城以西地区。为防敌迂回，保障第二旅的左翼安全，纵指即令第一旅第二团（配属旅侦察连）进到蒙城以东，涡河北岸之丁大庄、丁老庄地区，以全集为重点组织防御。该团于19时到达指定位置，归第二旅统一指挥。16时许，敌先头部队进至蒙城西南地区，并向蒙城及其东西地区推进。17时许，获悉敌搜索部队进至双涧镇。纵队首长判断，敌可能迂回我左翼阵地，担心第二团力量不足，又令第一旅第七团，21时进至双涧镇以北之马家庄、众姓庄地区阻敌。第二团仍归第一旅指挥。

18日黄昏，敌第十八军第十一师一部兵力，在猛烈炮火支援下涉过涡河，向侯家连续进行4次攻击，遭到我第八团的坚决抗击，均未得逞。同时，敌以第一一八师向我右翼迂回，第三十三团两个营和第三五四团一个营，涉过涡河向黄家、陈家攻击。黄家计划由旅侦察连和特务连防守，因负责组织指挥的股长侦察地形没回来，连队尚未进入阵地，该地仅有第八团一个侦察排警戒。战斗不久，黄家、陈家即被敌占领。第二旅侦察连首先向敌反冲击，因敌众我寡连续反击 3 次均未奏效。此后，第八团右翼邻近黄家的第六连，由副连长带一个加强排，主动向突入黄家之敌反冲击，攻占了村东两栋房舍。通信员返回报告时，误传为已攻占黄家。旅首长原得知侦察连反冲击未成，已决定用旅预备队立即反击，当得到第八团第六连反冲击成功的报告后，即令第四团暂停行动。19 日零时许，查明第六连只占领两栋房舍，遭敌优势兵力反冲击后伤亡较大，已被迫撤离。旅首长始令第四团第二、第三营坚决向敌反击。2 时，四团首长率部队以突袭手段，令第三营由村东北、第二营主力由村北向黄家之敌，第二营第五连向陈家之敌反击。对陈家之敌，由于我兵力不足，攻击未奏效。黄家方向，由于我对敌情掌握不准，将三个营误为一个营，加之部队在接敌运动时，第二营摸错方向，与第三营走到了一起，回到预定路线后耽误了时间；炮兵过早开火，敌发觉后向我猛烈射击，情况对我极为不利。但部队不顾伤亡，以勇猛的动作迅速突入村内。第三营营长在突破口附近被敌炮弹炸成重伤，不能继续指挥战斗。团长晋士林同志，带着通信员、司号员进村指挥，刚到突破口西侧，就遭到村东北敌火力袭击，当即牺牲。部队在失去统一指挥的情况下，发扬独立作战精神，与敌展开了激烈的村落战。因作战参谋进村后，主动指挥部队，攻占了村子的北半部，并封锁了村内主要路口，俘敌 400 余人。因战斗激烈，俘虏无法外送，全部关在一个大院内。敌疯狂反扑，用喷火器烧我占领的草顶房屋，烧死一些伤员和俘虏。部队伤亡越来越大，仍英勇奋战。第十一连（现第八连）干部全部负伤后，卫生员郭敏挺身而出，指挥全连继续战斗。拂晓，团政委郑鲁同志进入村内指挥战斗。此时，敌已增至一个团以上的兵力，我伤亡较大，难以继续攻击，几次派出向旅指送报告的通信员，都牺牲在途中。敌人继续用喷火器将我占领的房屋逐座烧着，并向我连续冲击。我在极端不利的情况下，只得逐屋后撤。战至 15 时，只控制村东一处院落。此时与旅部恢复了联络，奉命撤出战斗。郑鲁同志在带部队撤出的途中负重伤，因流血过多，不幸牺牲。

19 日 5 时许，敌第十四军一部，从蒙城以东之李草房附近偷渡过河，占领了第五团第三连阵地车马庄。在此紧急时刻，副连长擅离阵地；负责指挥第三连的副营长，以报告情况为由回了营指挥所。副政指率一个班向敌反冲击未果。团继以第五连对敌反冲击，并向旅报告。第五连因遭敌炮火袭击和喷火器的攻击，反冲击受挫。旅以第四、第五两个团的第一营，在第一旅第二团一个营的协同下，继续向敌反冲击。因敌兵力过大，亦未奏效，第四团第一营营长徐遵成同志壮烈牺牲。部队即占领有利地形，阻敌扩张。黄昏，奉命转移至淝河北岸第二线防御阵地。第一旅仍扼守板桥、乌集地区；第二旅扼守唐集东北之张庄及其附近地区；第二十旅全部归建，位第一、第二旅之间，扼守陈大庄附近地区。

依托淝河阻击敌人

20 日 12 时，敌第十四军搜索营进到板桥南侧地区，与我第一旅警戒分队接触。18 时，敌第八十五师第二五三团进到三里王、大高庄、谢庄一线。当日，敌若干小分队只与我第一、第二十旅侦察性接触。

21 日 7 时，第二五三团在炮火掩护下，分两路向板桥第七团第一营阵地猛烈攻击。我英勇阻击，将其击退，毙伤敌 700 余人，仅第一连阵地前，敌死伤竟达 200 余人。10 时，敌空、炮火力对我板桥阵地猛烈轰击后，继以两个营的兵力，沿公路两侧再次向第一营进攻。第一连阵地大部被敌火力摧毁，连长桑金秋头部负重伤，营、团首长多次令他撤离阵地，并亲手将其扶上担架，但他坚决不下火线，带伤坚持战斗，指挥部队将敌人放至 100 米距离内，集中火力给以大量杀伤，并组织小分队向敌右翼出击。敌再次遭我沉重打击后，弃尸百余具狼狈溃逃。此时，敌搜索营进至芦庙、刘湾，对板桥翼侧我第二团阵地抵近侦察。12 时，敌约一个团，分两路向第二团第一连之桥东王庄、第七连乌集阵地之东南角进攻。向第七连进攻之敌，利用芦苇隐蔽，偷渡过河约一个排，遭我突然猛烈的火力杀伤后，弃尸 10 余具退回；向第一连进攻之敌约一个连强渡过河，我以一部兵力反冲击，将其压于河床内。随后，敌自淝河南岸，向我第二团正面多处攻击均未得逞。15 时，敌两个营渡过淝河，从东侧迂回攻占了王店子，并在炮火支援下，沿桥东王庄继续向乌集进攻。我乌集东北第三营和第一营纵深阵地上的各种火器，从翼侧向敌猛烈射击。敌遭痛击后，迅速退回桥东王庄。16 时许，敌再度以两个营，在炮火掩护下向第七团板桥阵地猛烈攻击。我防御分队待敌进至阵地前 50 米左右时，以突然猛烈的火力对其杀伤，并以一个排从右翼实施反冲击，迫敌弃尸百余具而退。黄昏，敌约一个团的兵力，经唐集向第八团防守的张庄阵地攻击，遭我猛烈的火力杀伤一部，余敌后退。至此，我纵队胜利地完成了阻敌 3 天的任务，21 日 19 时，奉命撤出战斗，转移至五沟集以北地区待命。

摘自中国人民解放军陆军第十六军司令部《陆军第十六军军战例选编》，1983 年，第 87—93 页

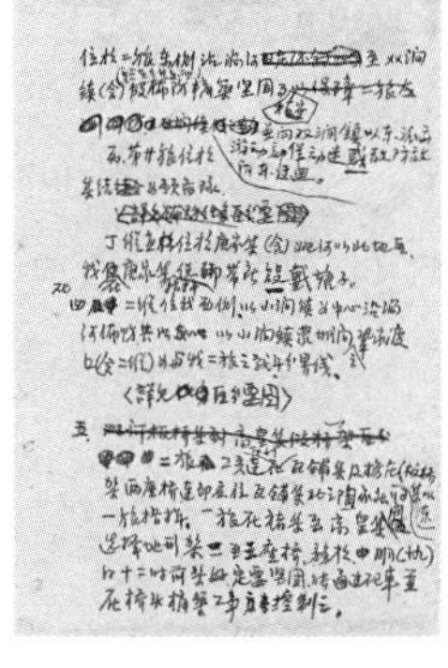

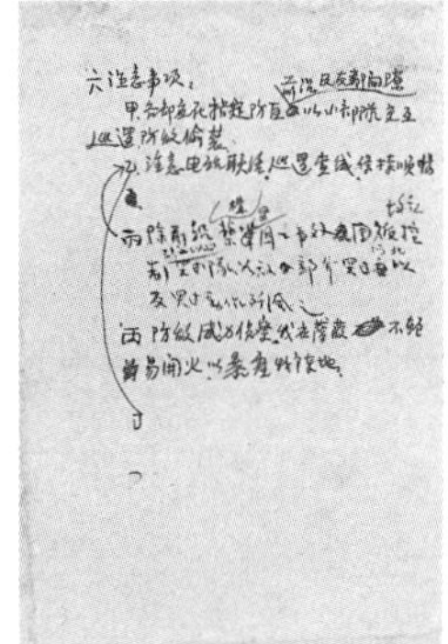

▲ 中野一纵于 1948 年 11 月 18 日发出的作战字第六号命令草稿

▲ 中野某部渡过北淝河阻击黄维兵团

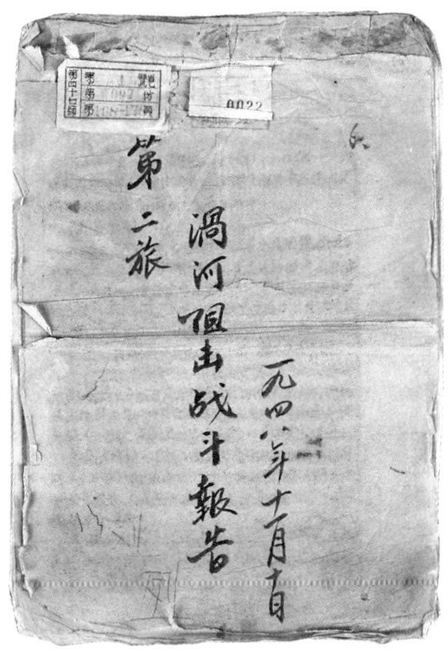

第二旅
渦河阻击战斗報告
一九四八年十一月 日

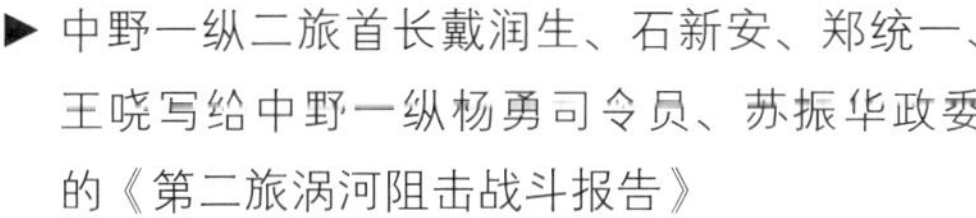

► 中野一纵二旅首长戴润生、石新安、郑统一、王晓写给中野一纵杨勇司令员、苏振华政委的《第二旅涡河阻击战斗报告》

▲ 战役发起后，黄维兵团由河南确山东援徐州。号称国民党军“五大主力”之一的第十八军涉过涡河，向中野一纵二旅防守的一线阵地猛攻。在黄家激战中，四团团长晋士林、政治委员郑鲁相继壮烈牺牲，三营营长身负重伤。在十一连干部全部伤亡的情况下，卫生员郭敏挺身而出，指挥全连继续战斗，直至完成任务。此为中野一纵二旅四团在涡河阻击战中使用的加拿大轻机枪

中野二纵沉着顽强的第八连

11 月 21 日，国民党匪军黄维兵团第一一八师向蒙城以北淝河南岸我军阵地进犯。我四一部队三营八连在这一线的邓家筑好工事，组织好火力，阻击敌人。

上午 11 时配属重机关枪的敌人一个连开始向邓家进犯，八连勇士们，等待敌人进到六七十米远时，全连的火力突然猛烈展开，三班长任贤同志一枪放倒了两个。经数十分钟，敌人横三竖四躺了一片，结束了敌人的第一次进犯。

敌人两个连复分数路开始第二次进犯，勇士们仍以同样的沉着和火力，打退了敌人，特别是唐敬安和王明清同志的两挺机枪，打得还准又连，随着他俩的枪弹，敌人一行一行地倒下去。急得持小旗拿短枪的敌指挥官及督战队，一面枪杀后退者，一面大骂："妈的 ×，冲啊！"但敌兵只是乱窜，不前进一步。

紧接着敌人又第三次来犯，这次是两个营，前面是戴钢盔，拿冲锋式的冲锋队，后面是骑马，拿旗和短枪的督战队，勇士们对付这种猖狂是给予火力更加沉重的反击，当敌人冲到工事前沿时，六班长钱君忠同志高喊："同志们要沉着！敌人是不抗打的！都准备好手榴弹！"接着在"一、二"的统一口令下，一排又一排手榴弹，炸得敌人像热锅上的蚂蚁，死的死，窜的窜。敌人穷凶极恶的督战队，也没有任何作为。

敌人恼羞成怒，把一个团全部拿上来了，并从左右迂回作第四次猛扑。八连的勇士们，子弹打光了，拼手榴弹，手榴弹打完了，马上与敌人展开肉搏。射手王明清同志看见三四个敌人扑过来夺机枪，他拿下机枪梭子和铁锹与敌人拼上。三排副范金立同志头上挂了彩还与敌人夺枪，王梦海同志跑过来，一个手榴弹把敌人打得转了几个圈子倒下了，钢盔远远地滚去。旁边又一个敌人带一挺机枪向梦海同志冲来，梦海同志眼明手快迎头冲上，一手抓住烫热的机枪筒子，一手劈头给了敌人一铁锹，把敌人打了个筋斗，捷克式机关枪顺手交给了梦海同志。

战至黄昏，八连以伤亡 11 名（仅亡 2 名）的代价，打垮了敌人一个团的 4 次猛犯，杀伤敌人 200 多，胜利地完成了阻击任务。

纵队首长在表扬和慰问三营的信中写道："你们的英勇顽强和不怕牺牲的对敌斗争精神，是标志着赢得全部歼灭黄维兵团的伟大胜利，值得全军学习！"

（陈同）

摘自中野二纵政治部《淮海一月》，1948 年 12 月，第 11—12 页

阵中日记

中野一纵阵中日记

11 月 14 日　于周圩子

一、情况：

1. 报息：黄维昨（12）在新蔡附近，预定 13 日位置：（1）十八军在土碑集。（2）十四军□口桥。（3）十军在通镇店（牛庙）。（4）七五师一个团及快纵向化庄。（5）黄本人到宋集、渴原营。

2. 据报：黄令八十五军尾黄东进，现该军正向正阳集结，二十三师今天向明港，一部似已到明港东北 30 里之杨店。

3. 十二（黄）兵团 12 日位置，十军经羊集至迎仙店，十四军主力经化庄分路进至宋集及以东地区，十八军分路由张庙、闫大庄渡河经简头集、杨集进到了谢集、张集地区，七十五师一部掩护快纵进至上蔡，主力进至徐棚、周庄地区。

二、我二旅山炮连一、迫击炮连一、一个团的发射筒去三纵参加战斗，已于今午到达九里湾。

三、电话上告各旅了解涡蒙、临涣、宿县之间地区地形，具体区分：

1. 一旅：涡阳以东临涣西南及袁庄集、曹市镇、小涧镇（含）中间地区。

2. 二旅：袁店、曹市、小涧镇以西，蒙城以北、以东，以蒙城及曹市镇图之右边为界。

3. 赵集、南平集、孙疃集中间地区。

4. 联络□与吕科长规定为杨柳集（西三铺西 20 里），二旅与我规定为界清集、曹市镇东 40 里。

5. 了解内容：村庄大小，有无围砦，草房瓦房；河流状况（水深宽），是否能通过，有无桥梁通过；各种道路情况、地形概况。

11 月 15 日　毕炮楼

一、情况：

1. 黄维兵团今（15）10 时，兵团部住天棚集，其先头搜索营至阜阳。

2. 邱清泉及李弥兵团为增援黄百韬已进抵徐州以东。

3. 蒋令四绥区曹福林等北援。

二、我为阻击黄维兵团于今下午 4 时，由周圩南进到毕围子，拟于蒙城阻敌。我于晚 10 时到达毕炮楼。

11 月 16 日　于唐家集

一、情况：黄维兵团似于今已至阜阳。

二、我于今 11 时由毕围子出发，于 14 时到达蒙城（含）以北地区，布置防御阻击黄维兵团。

三、我住唐家集，政住庙后张家，供住拐湾张家，卫住马桥，战住王家庄。

11 月 17 日　于唐家集

一、情况：黄维兵团于 16 日强渡沙河，其十四军（十师）16 日位正武集，另一个军、师（可能十军三师）位插花庙，兵团部与十八军（十一师）位沙河北岸，今（17）仍行动，其十四军经高集、李家集进至程家集地区。

二、我一、二旅均在布防区赶筑工事，要图尚未送来。我二十旅今 24 时到王市集，五八团附电台 18 日拂晓可达小涧镇。

二纵今拂晓向东急进赶到义门集地区，拟明（18）拂晓渡涡河，夜赶到西阳集、小涧镇地区。

六纵于今明（18）两日先后到达涡阳以东、以南地区。

11 月 18 日—19 日　唐家集

一、情况：

敌十二兵团部于今黄昏到达蒙城西南八里杨，其十军住牛王铺，十八军住蒙城，十四军住郭大庄，其十四军搜营到双涧镇。

二、17 时 40 分，敌在八团二营阵地杨家徐家过河四五个人，当即击毙 1 人，4 个人找不到了。

三、听息：一一八师（旅）配十师搜营今晚进到双涧镇，经研究至 23 时决定，一旅（除一团）进至双涧镇以北地区，防敌迂回。

四、22 时 30 分，敌由黄庄突过河北约一个营兵力，当即占领我黄庄、陈庄，当即令二旅四团去歼灭之。并以六旅一个团协同之，后查清突过占领黄庄、陈庄之敌系三五四团，我四团两个营已打进去，至 19 时 15 分未解决战斗，后我撤出。

五、18 日 9 时，二大队报告：敌有一个营兵力，由四团、五团交界处马庄、车庄突过，已占领马庄、车庄。

六、我于今（19）14 时决定撤出战斗，移到淝河以北，沿淝河布置阻击。

11 月 20 日—21 日　戴集

一、情况：

刘汝明改为八兵团，李延年为六兵团。

刘汝明（五十五军、六十八军）、李延年（九十九军、九十六军、三十九军），该两兵团沿津浦线北进到公平集、王桥集及固镇以北地区。

二、敌于 9 时许其搜索部队与前沿小部队开始接触，直到 21 日下午 7 时，我转移阵地，未有大战斗，只在板桥集敌攻二次未逞迫其绕路，八十五师于晚向褚集过河。

三、我奉令于 21 日下午 7 时，由淝河线转移到五沟集（含）以北地区，以五沟集筑一点工事，主力在五沟集以北地区集结准备作战。

四、我二科吕科长率一旅侦察连、特务连及二旅特务连在张集以北担任游击运动侦察。

据二科报息：敌十二兵团于 21 日 10 时 25 分，下属各军均行动，方位不明，其八十五师向蕲县集前进。

五、我于 21 日下午 7 时向五沟集移动。

摘自中野一纵《1948 年 9 月至 12 月阵中日记》

中野六纵阵中日记摘录

11 月 19 日

一、上午 10 时，召开全纵营以上干部会，主要动员这次对敌黄维兵团作战。

二、为配合友邻跨涡河作战，消灭敌黄维兵团一部，我决令下午向东南西阳集、高炉集一带转移，详见豫战字四十三号命令。

三、18 时半接军区电令，我纵速进至高市镇、小涧镇、西阳集三角地区，因部队均开动，改变很困难，故未改变。

四、19 时许，接十二旅报告称：西阳集附近均有敌人。令他们：如该敌在一个营以下则设法消灭他；如一个营以上则有重点监视包围；如无敌人则进至小涧镇以北地区。

11 月 20 日

一、下午 3 时，为执行军区昨日 18 时半命令，决于下午 5 时重新调整部署，十六、十七两旅不动，十二旅进至小涧镇、猪山、齐山及其以西地区。我们至会市集以南并与二纵前指接通电话，十八旅进至我现位置。

二、十二旅已达指定地区，其三十四团主力位小涧镇、齐山，五十一团位红城、千狼山以西。

11月21日

一、通知各旅政治主任到十二队开会（召开战勤会议及政工会议）。

……

三、我为诱敌深入，便于歼灭十二兵团，计决于今（21）日下午18时重新调整部署，各由现驻地出发，纵直于22时进至曹市镇以北地区宿营。

11月22日

一、通知纵直及十六、十七两旅派人在曹市镇至□桥段，多修数个桥，以利部队运动。

……

四、上午据十八旅侦察报告，齐山、黄伯山之敌昨晚7时即向东去，现该地无敌。已令十七、十八两旅侦察部队继续向东及东南方向、蒙城以北地区查明情况。

五、王司令员晚饭后到军区开会。

六、19时，据十二旅报告，先从蒙城出来商人谈，城内有坦克和汽车。另十八旅侦察报告，上午由八里丁过河向东北唐家集去了，现他们继续查明蒙城以北情况。

11月24日

一、各旅均在自行召开全旅排以上干部会议及活动分子会，传达此次会战之义及表态大会。

二、决于歼灭十二兵团，奉命于下午4时（先头）出发向赵集出击，至24时，各部均先后到达指定地区，赵集已无敌。

摘自中国人民解放军档案馆藏《中野六纵队淮海战役阵中日记》

第四章　徐东阻击战

为保障全歼黄百韬兵团，华野集中一半以上的兵力进行阻援与打援。在徐州以东部署3个纵队，东南部署7个纵队，采取正面阻击和侧翼攻击相结合的战法，坚决阻击国民党军东援。徐州“剿总”为解救被包围在碾庄地区的黄百韬兵团，从11月12日起，由副总司令杜聿明指挥邱清泉、李弥两个兵团，先后投入7个军，在百余辆战车、百余门重炮和20余架飞机的配合下向华野阻援阵地猛烈进攻。阻击部队顽强抗击，浴血奋战，寸土必争，使东进兵团每迈出一步都要付出沉重的代价。至11月22日黄百韬兵团被歼灭，双方共激战10昼夜，邱、李兵团伤亡万余人，损失坦克34辆，消耗各种炮弹12万余发，但前进不足20公里，终究未能挽救黄百韬兵团的覆灭。徐州以东的阻援打援作战，直接保障了歼灭黄百韬兵团的胜利。

中央军委电文摘要

要用一半以上兵力，牵制及阻击及歼敌一部以对付邱李两兵团，才能达成歼灭黄兵团三个师的目的。这一部署，大体如同9月间攻济打援的部署。

摘自中央军委1948年10月11日致饶漱石、粟裕、谭震林电

一、徐州国民党军东援

11月上旬，蒋介石将正在东北葫芦岛指挥国民党军撤退的杜聿明调回徐州，任“剿总”副总司令兼前进指挥部主任，协助刘峙指挥作战。杜聿明到徐州之时，正是黄百韬兵团被围之际。徐州“剿总”当即决定在杜聿明的直接指挥下，集中邱清泉、李弥两兵团全力解救黄百韬兵团。11月12日，邱清泉率第五军、七十军、十二军等部在陇海铁路以南，李弥率第八军、九军沿陇海铁路北侧，于张集、苑山、不老河之间约25公里的范围内正面展开，在飞机、坦克、重炮配合下，开始向东攻击前进。经10天激战，虽然蒋介石一再电令督促，并派参谋总长顾祝同亲临一线督战，后又增加了两个军的部分兵力，但东进兵团伤亡累累，进展缓慢，最终没能解黄百韬兵团之围。

◀ 杜聿明（1904—1981），字光亭，陕西米脂人。黄埔军校一期毕业。淮海战役时任徐州"剿总"副总司令兼前进指挥部主任，负责淮海战场国民党军作战指挥。战役结束时被俘。1959 年 12 月作为第一批特赦战犯获释，后任全国政协第四、第五届常委。1981 年病逝，终年 77 岁

文件选编

蒋介石致徐州国民党援军将领之电文

11 月 13 日总统戌元未挥电："据空军下午汇报，黄兵团危险万分，本晚恐难支持，尤以碾庄东北更为艰苦，希倾全力东援，星夜挺进，务于本夜到达碾庄附近解围，免误大局。"（杜副总司令、刘总司令、二兵团）

11 月 13 日总统戌元未挥电："已令杜聿明、邱清泉星夜向东挺进，务于本夜到达碾庄，夹歼匪军，希激励官兵，鼓起最后五分钟之革命精神，坚守待援。"（七兵团）

11 月 14 日总统戌寒 10 时 30 分电："黄兵团陷于苦战，我军胜败决定于最后五分钟，徐州方面应尽量减少守备部队，彻底集中兵力向东挺进，击灭匪军，求得最后胜利。"（刘总司令、杜副总司令）

11 月 14 日总统戌寒 19 时防挥督电："碾庄方面匪正调整部署，目的仍在消灭

黄百韬兵团，匪对徐州方面仍系牵制作用，仰即全力击破当面之匪，向东挺进，以解黄兵团之围，并可将七十二军加入使用。”（刘总司令、杜副总司令）

11 月 19 日承办总统（卅七）戌皓 18 时电刘总司令、杜副总司令、二兵团、十三兵团大意：“七兵团在碾庄仍为匪围攻，情况危急，中至为焦念，万一碾庄七兵团为匪消灭，必影响整个战局，仰倾全力不顾牺牲及损失，严督所部，兼程东进，限咿日前与七兵团会师解围。在此紧急关头，弟等尤应抱成仁决心，发扬革命精神，身先士卒，努力达成任务。倘有延误决按军律从严惩处，不稍宽贷。”

11 月 21 日，二兵团、十三兵团东进增援，无大进展，碾庄七兵团战况至危，当承办总统（卅七）戌马 10 时 30 分电指示：“已令七兵团固守待援，徐州方面务以全力继续全面猛攻。夜间挑选敢死英雄，组织强有力之突击队，继续白昼攻击成果，向匪后突击，日夜不断猛攻，以解七兵团之围。”

摘自国民党政府国防部《华东战场作战指导检讨》

徐蚌战报

杜聿明飞徐

【本报讯】据悉：杜聿明将军顷已被任命为徐州剿匪副总司令兼前进指挥所主任。杜氏于 9 日自平乘专机飞抵京，晋谒总统报告，昨（10）日已公毕，于午后 4 时，乘机飞往徐州。

摘自《中央日报》1948 年 11 月 11 日

总统文告空投国军

【本报 10 日徐州电】徐州剿总政工处，今翻印蒋总统 8 日《重申剿匪必胜》文告 5 万份，由专机空投我军阵地，以励士气。

摘自《中央日报》1948 年 11 月 11 日

刘峙亲飞徐东视察

【中央社徐州 16 日电】刘峙总司令，今晨偕国防部政工局邓局长文仪及徐剿重要幕僚章毓金、胡佛，专机飞徐州东翼战场上空视察指挥，返徐以后，又亲赴各伤兵医院慰问伤兵。

摘自《中央日报》1948 年 11 月 17 日

陇海路南百余里烽火遍地烟蔽天 邓文仪谈目击战况

【中央社徐州 16 日电】邓局长文仪今在徐告记者称："余从军 20 年，向未看到伟大壮烈之战斗场面有如今日之徐州东翼者。"邓局长今晨曾随刘总司令乘机飞徐州东翼上空观战。据称："余此次目击南起徐州三堡东迄碾庄，所有陇海铁路以南百余华里尽系战场，烽火遍地，尘烟蔽天，殆为陈匪今晨崩溃前之最后一击。余所乘之专机，飞行较高，俯视战斗机配合陆军作战，其俯仰自如之雄姿，与运输机空投补给粮弹时降落伞齐放之状态，构成空中一幅富有诗情画意之美丽图案。但于返徐下机后，始悉东翼匪业已崩溃，似分向东北、西南、正南三路逃窜。"邓氏又称：渠昨曾偕刘汝明司令官由蚌埠赴固镇视察，并亲见津浦北上大军进入固镇，更闻皖北兵团已进驻蒙城。今日又见由徐南下大军已进驻三堡，以时间里程估计，在徐州宿县之间国军，或可合力包围由东翼向西南溃退之一路陈匪，并可能将其歼灭云。

摘自《中央日报》1948 年 11 月 17 日

出击空军报告

【本报讯】据昨日（16 日）第一批出击的空军返航报告：徐州东线匪军的攻势完全被粉碎，正向台儿庄以北、八义集以南溃退。蒋纬国指挥的战车驰至碾庄以北，邱兵团与黄兵团连成一片向匪猛攻……

空军在这个战役中，表现最为出色，四个大队的大部分力量集中于某地，其中包括 B-24 重轰炸机，蚊式轰炸驱逐两用机，P-51 驱逐机，平均每天出动一百数十架。王副总司令原在北平负责指挥，星夜赶至此地，亲自调度，又从各军区调来一部分参谋人员，参与计划，于是由空军执行的大规模歼灭战得以展开。

当黄兵团与邱兵团尚未会师的时候，空军使用一种橄榄形的特制炸弹，杀伤力既大，燃烧力也极强，且爆炸声音巨大，有如山崩地裂，凡炸中之地，即成一片火海，匪军无法溃逃。

记者有机会进入此一庞大的空军基地参观，四个单位的战斗员集中一处，全副戎装，昼夜待命。有的一天出动数次，毫无倦容，谈笑自若。指挥官一手执电话机，一手拿铅笔，工作的紧张，无分昼夜，这种旺盛的士气，炽烈的情绪，较抗战时期尤为高涨。

摘自《中央日报》1948 年 11 月 17 日

大剛報

TA KANG PA

徐州東國軍大捷 殲滅共匪三萬餘

前綫士氣旺盛擴大戰果中

徐州捷報頻傳 慰總發動勞軍

國策戰略顧問會 組織條例今公佈

▲ 1948 年 11 月 13 日《大刚报》载“徐州东国军大捷，歼灭共匪三万余”

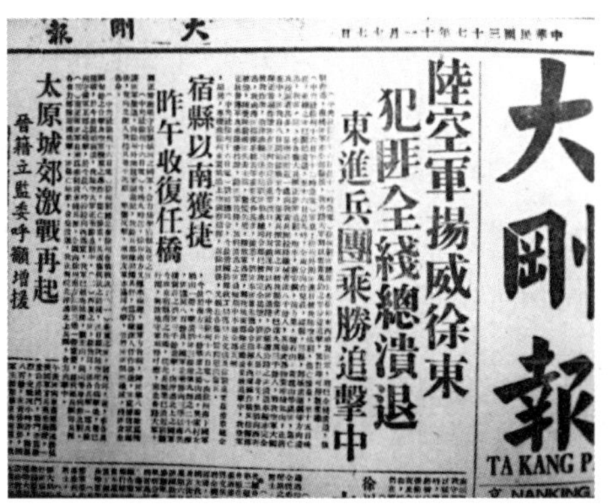

大剛報

TA KANG PA

NANKING

陸空軍揚威徐東 犯匪全綫總潰退

東進兵團乘勝追擊中

宿縣以南獲捷 昨午收復任橋

太原城郊激戰再起

晉籍立監委呼籲增援

▲ 1948 年 11 月 17 日《大刚报》载“陆空军扬威徐东，犯匪全线总溃退”、“宿县以南获捷，昨午收复任桥”

徐东展开大歼灭战

【中央社徐州 14 日电】徐州东翼以碾庄为中心之主力战，已临决定阶段，胜利属诸国军，殆无疑问。据 14 日午 12 时前线消息：国军东进之邱清泉兵团，昨于击退大庙南北地区陈匪一、七、十等纵队之节节阻援后，续以雷霆万钧之势，向东作扇形推进，其中蒋纬国上校指挥之战车，已接近碾庄，今晨空军（B-24 型）大编队亦飞临助战。碾庄之黄兵团，正向匪猛烈冲杀，策应邱清泉兵团，合击顽匪。伟大壮烈之歼灭战场面，刻正在运河以西、不老河以南之广大平原展开，匪正开始崩溃中。

【中央社讯】空军总部息：进犯徐州东翼碾庄附近地区之陈毅匪部，日来经我空军强大机群之更番炸射，及黄兵团之分头痛击，匪死伤惨重。昨日我空军为协助守军肃清战场，竟日出动大批轻重轰炸机及驱逐机群，连续予匪以猛烈炸射，匪死伤狼藉，伤亡在 7000 名以上。

【中央社徐州 14 日电】刘峙总司令、杜聿明副总司令，今均往前线督战，士气更为振奋。

【中央社徐州14日电】徐州戒严时间今再提前于每晚6时开始。

摘自《中央日报》1948年11月15日

【本报15日徐州电】蒋纬国指挥之装甲部队，今日发挥威力，配合东线国军追击碾庄一带溃匪。

【本报15日徐州电】顾祝同今晨专机来徐，指导作战，并与前线各将领通话，代表总统致慰。

【中央社徐州15日电】进行已历近旬之徐州会战，仍以东翼为重心，我黄兵团正向匪展开反击，刻仍与残存之匪约5个纵队继续厮杀。东进之邱兵团，因匪有3个纵队以上兵力在碾庄以西60华里之各村落各高地节节顽抗，每庄必打，每地必攻，战斗至为惨烈。刻匪因伤亡逾8个团，正在继续节节崩溃。邱兵团则以破竹之势，亦在着着东逼。预计两大兵团日内即可会师，而完成东翼伟大壮烈之歼灭战。在东翼战事激烈之际，迂回徐州南方之匪，曾向徐州南正面作牵制性之试探攻击，在丧失两个团之余，今已向后败退。

摘自《中央日报》1948年11月16日

【中央社徐州20日电】徐州基地空军，自今晨拂晓起，即以庞大机群掩护东进兵团向大许家、刘灵家、彭家楼、孙庄一线推进。在该线顽抗之匪近3万人，经空军竟日未停之轰炸，匪死伤累累，全线因之动摇。东进兵团乘胜进入刘灵家、孙庄、大许家等地，刻继续向东推进中。又国军另一强大机群，支援坚守碾庄部队，向该庄周围施行猛烈轰炸，弹落如雨，毙匪无算。

摘自《中央日报》1948年11月21日

【中央社徐州21日电】徐州基地空军，今继以强大机群飞临东方30公里之陇海路南北地区，掩护东进兵团作战。自晨迄午，东海轰炸机群与黄海驱逐机群，连续出击，未予匪以喘息机会。路北之麻谷子、孙庄，路南之岳海、阮家塘、邵家楼等地，均遭准确猛烈之轰炸，顽匪狼狈败退。东进兵团，当乘胜将上述各地全部占领，刻续向东扩大战果中。

摘自《中央日报》1948年11月22日

总统电勉孙兵团

【中央社徐州20日电】总统顷电勉孙兵团，原电称："徐州会战，关系国家安危，旬日以来，赖我官兵之忠勇用命，迭歼犯匪，深堪嘉慰。该兵团此次保卫徐州，发挥牺牲精神，予匪重创，尤堪嘉许。望我全体将士务本亲爱精诚，再接再厉，灭此朝食，以竟全功。”

摘自《中央日报》1948 年 11 月 20 日

大许家东续追退匪

【中央社徐州 22 日电】徐州东进之李邱两兵团，今又配合空军、战车、炮兵继续对败退大许家以东之匪追击，复有进展，与坚守碾庄附近之黄兵团相隔只 30 余华里。

【中央社徐州 22 日电】军息：徐州东进兵团今续克大许家南北之邵家楼、宋庄、吴窑等据点。战斗至烈，斩获甚多。固守碾庄之黄兵团，以艰苦卓绝精神，今又击退匪之第十三昼夜攻势。

摘自《中央日报》1948 年 11 月 23 日

征程回忆

国民党第二兵团某部排长的回忆

碾庄解围

大许家，深沟高垒，以铁轨为梁，枕木为盖，外壕又宽又深。敌人用济南陷敌的火炮，对我军不停地轰炸。在鲁西一带三年的战役中，首次遇到最为猛烈的炮火，让我觉得敌人三年来全力组训民兵，动员民力，以人海换火海，攻城掠地，蚕食我军，再以掳获我军优良现代化的武器装备来打击我军，敌人是愈战愈强大，越打越凶猛。

我这排从小庄子、大庙站、新庄、黄集、小岳家，一村一村的攻，4 天才攻到大许家。可是大许家的确很难攻，我排在铁路附近、韩庄旁边伤亡很大，口粮吃光了，弹药用完了，我身上的棉衣，也已经被炮弹片撕碎，棉花散落了一地，战士们帮着捡起棉花，再塞入我的背部，再用空米袋斜十字地绑住。大伙儿满身血污，又和着满身的泥浆，灰头土脸，三分不像人，七分倒像鬼，饿着肚皮，冷着身子，枪林弹雨，短兵相接。进不得又退不出，好像假牙沾上了口香糖，挣脱不掉！飞机的轰炸声，炮弹的爆炸声，我们的耳朵听不见了！眼睛张不开了！只见双方的嘴巴在动，却听不到对方在讲什么！那几天全是用比手画脚的，大家都不知所云！

营长张建昌在什么时候、在哪里负伤的？连长李成利，又是什么时候在哪里阵亡的？我全部都不知道！我们已经有好多天没有见面，而我们之间，只是靠着传令兵的口信，得知些微彼此的讯息，有谁会相信呢？有人竟然还说我们援救不力，说实在的，只有天才知道。

“克到底？”

大许家没有攻克，天黑的时候，我排在铁路南边，依路基据险防守。入夜不久，敌人就开始炮火轰击，在韩庄前方许多的骡马，被炸得人仰马翻，尘土满天飞，当时自顾不暇，也没有联络是哪个单位。

野战工事构筑完毕后，累得两眼都睁不开，四脚朝天，倒地就睡着了。不知道是什么时候，听到哨兵大叫“口令”，对方没有出声，一时间枪炮齐发，双方大战起来。不久之后，枪声停止，我知道是敌人乘夜反扑。慢慢的烟消云散，双方都偃旗息鼓。在一片的沉寂中，听到一句“同志们，克到底”。我知道敌人就在附近，曙光初露，我发动一阵猛烈的攻击后，就把敌人歼灭掉。类似这种战争是常有的事情，不足为奇。但是唯有那次的一句“克到底”是什么意思，却一直不得其解，始终耿耿于怀。问了许多战友也是不明白，好像是暗语，又好像是口令，但似乎又都不像。后来是从一位藏身在残垣破屋中的老大娘口中得到了答案。“克”是当地的俗语，“克”的意思有搞、捞、弄、打、战等等的意义。

原来这“克到底”是敌人的指挥官叫他的部队和我们战到底的意思。血战了一夜，换来一句“克到底”。

睡着行军

碾庄失守，我军奉命由大许家火速赶到徐州机场附近，沿途白天是乌云密布，看不见天日，夜晚则是阴森黑黑，伸手看不见五指。我又是尖兵，记得当时曾经派李志坚班长，带着他的班去担任侧卫，但是没有想到走了很久，他还是在我的身边，我问他为什么，他说他睡着了，大家听到都笑了，我也没有怪他，因为我也睡着了。

经过多日的日夜苦战，又连着急行军，所以会一边走一边睡，你说是走路睡觉也好，还是睡觉走路都可以。过了李井，全军鸦雀无声，只有飒飒的足步声。

只要前面有人停步，后面就会有许多人冲撞在一起。如果前面有一个人踏空而失足跌倒，就会有许多的人堆叠在一起。跌倒了爬起来再走，但不久又是睡着继续走。小勤务兵给我一块口粮，我吃了两口，就忘记了，直到天亮，晨曦拨开了云雾，人山人海的部队，显露在周边，这个时候才开始有嬉笑声、作弄声，他说他走路睡觉时鼻子被前面的枪口撞歪了；他笑他过小沟的时候跌了个狗吃屎；他说营长从马背上跌下来的时候还在睡，传令兵叫了他半天，他还在睡，只好说“团长找你了！”他听到了立刻挺腰站起，口中喊了一声团长好，大家哄堂大笑，他才把眼睛张开，四处张望着，团长在哪里?

十多天下来的不眠不休，精疲力竭的艰苦战斗，体力的透支，精神的消耗，官兵们全都累倒了。那种景象虽然已经隔了 50 年之久，但如今梦回，犹如昨日一般。非亲身经历此情此景，谁会相信呢？“和雪翻营一夜行，神旗冻定马无声”，唐朝王维的诗已有先见了。

摘自林精武《烽火碎片》，1991 年，第 60—63 页

史志节选

中华民国史事日志

1948 年 11 月 12 日

徐州东路国军（黄百韬部）得空军之助，败共军于碾庄附近。

11 月 13 日

徐州东翼国军黄百韬部被围于碾庄，共军前锋进至距徐州 30 华里之大庙，邱清泉部东援。第一绥靖区副司令兼军长孙良诚等 5000 余在河南投共军。

11 月 14 日

徐州东进之邱清泉兵团攻下据点数处，进援碾庄，刘峙杜聿明赴前线督师。

11 月 15 日

徐州南郊共军为国军李弥孙元良部所拒退。东路被围之黄百韬部得邱清泉之援，展开反击。

参谋总长顾祝同到徐州视察，当日返京。

11 月 16 日

徐州东线共军主力陈毅部稍退，南线共军刘伯承部自三堡西退，西线亦后退。

11 月 17 日

徐州东南方共军猛攻。

11 月 18 日

国军邱清泉兵团击退徐州南路共军刘伯承陈赓之主力 10 万，东路黄百韬兵团仍守碾庄，师长赵璧光 2000 余人投共军，西南共军亦为孙元良兵团击退。

官方公布，徐州会战，国军全胜，共军损失 13 万余，国军伤亡 4 万余。

11 月 19 日

徐州东路碾庄、大许家战况惨烈。

11 月 20 日

徐州东路李弥兵团越大许家前进，碾庄黄百韬部仍为共军包围。邱清泉兵团在徐州东南获胜。

11 月 21 日

徐州东路战事在八义集附近进行（共军自山东增援约 5 个纵队）。

11 月 22 日

第七兵团司令官黄百韬突围不成，与第六十三军军长陈章等自戕于碾庄以西。

摘自《中华民国史事日志》第四册，“中央研究院”近代史研究所 1985 年，第 807—810 页

二、正面阻援保障主攻

华野第七、十、十一纵队在第十纵队司令员宋时轮、政委刘培善的统一指挥下，组成阻援集团，担任对徐州增援之国民党军的正面阻击。参战部队在“坚守阵地，寸土不让”等口号鼓舞下，利用河流、村庄、山坡等有利地形，加修战壕、地堡等防御工事，不畏强敌，英勇奋战，逐村逐堡反复争夺，顽强抵御国民党军在飞机、坦克、重炮配合下的轮番进攻，予敌重大杀伤，迫使援军邱、李兵团平均每天前进不到 1 公里，当黄百韬兵团被歼灭之时，仍被阻于距离碾庄约 20 公里的大许家一线，从而保障了华野东线部队围歼黄百韬兵团的胜利。

简介

华东野战军第十纵队

华东野战军第十纵队辖第二十八、第二十九师，约3万人，由抗日战争时期渤海军区部分部队发展而来。1947年2月，渤海军区第七、第十一师合编为华东野战军第十纵队。曾参加莱芜、泰安、孟良崮、沙土集、宛西、宛东、睢杞、济南（担当攻坚）等战役。淮海战役时参加徐东阻击战和围歼杜聿明集团等作战，共歼灭国民党军3.9万余人。1949年2月，改编为中国人民解放军第二十八军，隶属于第三野战军第十兵团。

▲ 华野十纵司令员宋时轮（右二）、政治委员刘培善（左一）统一指挥华野第七、十、十一纵队正面阻击徐州国民党援军。图为华野十纵部分师以上领导

华东野战军第七纵队

华东野战军第七纵队辖第十九、第二十、第二十一师，约2.9万余人，由在南方坚持三年游击战争的部分红军游击队发展而来。1947年2月，山东野战军第七师改编为华东野战军第七纵队。曾参加宿北、莱芜、孟良崮、临朐、胶河、莱阳、津浦铁路中段等战役。淮海战役中参加突破运河、切断陇海路、徐东阻击战和围歼黄维兵团等作战，共

▲ 在徐州以东担任阻击任务的华野七纵司令员成钧（左一）、政治委员赵启民（右一）和部分师以上领导

歼灭国民党军 2 万余人。1949 年 2 月，改编为中国人民解放军第二十五军，隶属于第三野战军第八兵团。

华东野战军第十一纵队

华东野战军第十一纵队辖第三十一、第三十二、第三十三旅，约 2.5 万余人，由抗日战争时期新四军苏中军区的部分部队发展而来。1947 年 2 月，华中野战军第七纵队改称华东野战军第十一纵队，1948 年 3 月，转隶苏北兵团建制。曾参加苏中、盐城、涟水等战役。淮海战役时参加徐东阻击战，追击、围歼杜聿明集团等作战。1949 年 2 月，改编为中国人民解放军第二十九军，隶属于第三野战军第十兵团。

编者整理

战史摘要

华野十纵阻敌东援

华野为迅速歼灭黄百韬兵团，决心由宋（时轮）、刘（培善）统一指挥第七、十、十一纵队于徐东陇海路两侧地区，以阵地防御与运动防御相结合，阻敌东援，保障主力歼敌。

11 日拂晓，由徐州东援的李弥兵团第八军四十二师及第九军一六六师为左路，沿不老河以南、陇海路北侧东犯；邱兵团以第五军四十五师为中路，沿陇海路东犯；邱兵团第五军二〇〇师、第七十军三十二师为右路，沿陇海路以南地区东犯。三路敌军在大量飞机、坦克和炮火掩护下，齐头并进，铺天盖地似的向徐东扑来，我各阻击部队立即做好迎击准备，二十八师进入预定防线，在南自苑山经团山、马山、解台子，北至不老河一带抢修工事。同时，各部队进行深入的政治动员，把“多一分钟准备，就多一分钟胜利的把握”、“坚守阵地，寸土不让”的口号，变成广大指战员的自觉行动。二十八师的防御阵地方圆 20 余里，除马山、团山之外，都是一马平川。在这样的阵地上，要想堵住拥有现代化装备的东援之敌，困难是可想而知的。二十八师八十三团在俯视铜（山）邳（县）公路的团山、马山布防，作为该师第一道防线；八十二团在大庙、土楼布防，作为该师第二道防线，八十四团是师的预备队。黄昏，援敌先头部队第八军四十二师一个营，进犯我前沿阵地寺山口一带。为保障二十九师争取时间抢构工事，必须靠前出击，转守为攻。二十八师命令八十四团趁敌立足未稳，将敌人逐出安子村、寺山口等地，并在那里坚守一天。夜半更深，该团二营悄悄摸进寺山口，冲入敌群，与敌人短兵相交，展开白刃格斗，激战几个回合后，敌狼狈退出寺山口。12日拂晓，敌四十二师一二五、一二六团，以6辆坦克开道，直扑寺山口，妄图夺路前进。我坚守在南山坡上的一个班，连续打垮敌4次攻击，阵地屹立不动。经过持续战斗，该班人员伤亡，弹药减少，面对疯狂的敌人，班长苗树柏端起上了刺刀的步枪，大声喊道："同志们，没有弹药，我们用刺刀、枪托、石头痛击敌人，坚决把敌人挡在寺山口外！"第一个冲入敌群。战士们端着刺刀、举着铁锨小镐、捧着石头紧跟在后。阵地前，展开了一场惊心动魄的拼杀战。顽强的战斗精神，大无畏的英雄气概，又一次打垮了敌人的攻击。

坚守在寺山口正面的八十四团二营，英勇抗击着敌人整连、整营、整团兵力的进攻，我军阵地前敌尸遍地。二营连续击退敌10次进攻后，奉命撤出寺山口阵地。该营虽有较大伤亡，但是为兄弟部队抢构工事，做好阻敌准备，赢得了时间，创造了有利条件，在徐东阻击中首建功勋。

我主动撤出寺山口，敌误以为败退，李弥竟把其主力推进到我二十八师第一线阵地前，发起全线进攻。为有效地阻击敌人，顶住敌人冲击，各级领导干部靠前指挥：师长王德贵、政治委员王若杰坐阵最前沿的八十三团；团长毛会义、政治委员孙乐洵立即把团指挥所移至前哨营；各营干部也分别深入到各连阵地。由于指挥员身先士卒，深入敌前指挥作战，更坚定了指战员敢打必胜的信念。

13日9时许，敌人用飞机和重炮向我团山、马山阵地狂轰滥炸，我八十三团阵地一片火海。随后敌步兵向我发起集团冲击。我近战歼敌。等敌进入50米内时，突然集火射击，倾向敌群，敌死伤过半。不久，敌更多的兵力，以督战队压阵，二次进攻，我阵地曾出现危局。激战送走了艰难的白天，夜晚阵地上出现了暂时的平静。时，南线传来捷报：睢宁城解放；敌孙良诚一〇七军被全歼；围歼黄百韬兵团的我兄弟部队，肃清碾庄外围之敌，包围圈在缩小。胜利的消息，鼓舞着我徐东各阻援部队指战员的心。

14日拂晓，敌疯狂炮击后，步兵采取了正面牵制、侧翼迂回的战术，早出动到我阵地前，炮火一延伸，即从三个方向朝我八十三团阵地压来，情况十分紧急。师长王德贵命令八十三团预备队二营投入战斗，以一个连堵击正面敌人，以两个连从团山南面大沟迂回敌后，在其背上狠戳一刀。在我纵炮群的支援下，敌又溃退。

15 日黄昏，敌一反常态，突然向我八十二团阵地发起夜攻击。敌集群坦克突破我大庙防线，直扑土楼。八十二团政治委员龙飞虎、副团长邢永生，在紧急关头，组织机关干部、警卫人员、炊事员、饲养员、轻伤员全部投入战斗。土楼村西，一场殊死搏斗展开了。坦克的马达声、炮弹的爆炸声、机枪步枪吼叫声，和着指战员的冲杀声，延续了整整半个小时，才渐渐沉寂下来。敌人又被击退了。

在我二十八师顽强阻击的同时，二十九师在碾庄以西 60 余里陇海路南侧的前后场、浑庄、林庄，徐（州）海（州）公路上乔庄、姚庄，引河南岸的太平庄及河北岸的制高点岐山一线，长达 10 余里的阵地上，展开了正面阻击。14 日，敌第五军二〇〇师、第八军四十二师、第九军一六六师在 20 辆坦克及飞机大炮掩护下，分三路向我前后场、冯庄、太平庄阵地猛攻，我各部奋勇阻击。八十七团扼守铁路两侧野外村落阵地，击溃了敌一个团的整日进攻，顽强守住了阵地。坚守前场阵地的该团七连，与敌人反复争夺每一寸阵地，在全连伤亡过半的情况下，指战员高呼："只要还剩一个人，敌人就别想越过前场阵地！"伤病员坚决不下火线，阵地牢牢掌握在我手中。

16 日拂晓，敌第八军以一个连的兵力向我八十五团三营七连太平庄阵地进攻，营长刘振泽果断指挥，只用几分钟就毙伤敌 10 余人，俘敌 13 人，缴获枪 17 支（挺）。下午 3 时许，敌以一个团的兵力，在密集炮火和 6 辆坦克掩护下，向我三营阵地冲来，其中 4 辆坦克逼近了八连二排阵地，指战员奋起反击，击毁一辆，敌步兵前进受阻，遂将前锋作后卫，掩护溃退。入夜，敌见强攻不成改为偷袭。八连五班长、三级人民英雄周凤乐同志，带领全班冒严寒担负警戒任务，及时发现敌情，通知部队悄悄做好战斗准备，等敌人壮着胆子爬到我枪口下时，突然开火，打得敌人晕头转向，乱成一团。我乘势出击，敌丢下十余具尸体逃了回去。接着，敌一个团在 9 辆坦克掩护下，向我发动轮番冲锋。团长陈景三率领二营赶来支援，两个营的指战员抱着与阵地共存亡的决心，坚定沉着，顽强抗击潮水般敌人的进攻，打退一批又涌上来一批，整个阵地敌血肉横飞，而我太平庄阵地却岿然不动。战斗中，八连连长傅现龙正在发疟疾，仍在阵地上指挥战斗。九连指导员、一级人民英雄魏玉峰带 4 个排英勇反击，肉搏中，他和七连二排长赵相对同志英勇牺牲。同时，坚守在村西南角的八连二排阵地，战斗更加激烈残酷，敌人以两个营的兵力，在数辆坦克掩护下，连续发起 5 次疯狂攻击。在部分阵地失守的危急关头，共产党员、干部、人民英雄挺身而出，带领群众冲入敌群，展开白刃格斗。在村落边，与敌人一堵墙一堵墙地争夺；在堑壕里，与敌人一段一段地搏斗。激烈的战斗一直持续到18时，阵地始终控制在我手中。在完成了两天阻击任务后，三营主动撤离太平庄阵地，向新阵地转移。

17日，我纵主力移至彭楼、石沟、吴窑一线，小部队仍留在不老河北岸牵制敌人。敌依据常楼，迂回进攻我彭楼阵地，我八十六团二、三营迅速出击，将敌人击溃。敌第九军四九八团转攻我吴窑阵地，当夜，我八十七团二营在团长雷英夫、营长田德昌、教导员刘挺柱率领下，全力反击，战至天明，将攻入村内之敌一个营200余人全部歼灭，缴获各种火炮6门、轻重机枪12挺、步枪50余支，阵地完全恢复，受到纵队通报表扬。20日，敌向我八十六团石沟阵地进攻，又遗尸百具而逃。是日晚，八十五团一、二营乘胜向常楼之敌实施反击，当即突入村内，将敌压缩在数间民房内，因处水网地带，难于涉过，战至21日拂晓，我撤出战斗。此时，敌两个营为策应其正面进攻，加强水陆坦克4辆及渡河器材，由荆山桥、小郑庄之间偷渡不老河，妄图拊我侧背，被我特务团击溃，歼敌80余人。

17日以后，为减轻我徐东阻击部队正面压力，华野加强了阻援力量，调韦（国清）吉（洛）兵团（第二、三、十二纵队，鲁中南纵队，中野第十一纵队）由三堡、潘塘、小黑山一带向北出击，使进攻徐东之敌侧翼受到很大威胁，钳制了敌人，有力配合了徐东阻击。

摘自《中国人民解放军陆军第二十八军军史》（1937.10—1985.8）（修订本），1985年，第147—150页

华野七纵抗击援敌

我突破运河，徐州“剿总”即命令邱清泉兵团由砀山地区东调，于11日抵达徐州，李弥兵团则集结于徐州东北部。黄匪被围后，敌即以邱李兵团向东增援。

本纵奉令于徐州以东，沿陇海路以南地区阻击徐州之敌东援，统归十纵宋司令指挥，本军防线北与陇海路以北十纵阵地，南与林佟山区十一纵阵地相含接。11日十九师已逼近徐州，决心首先以该师担任第一线阵地之阻击，以诸头山以东，魏集、殷山、黄龙山、乱石山地带部署阻击阵地。纵队主力位于岳海、大许家地区，并于该地带构筑第二线阵地。

11月12日，李弥兵团八军四十二师开始东犯，与我十九师魏集、诸头山阵地

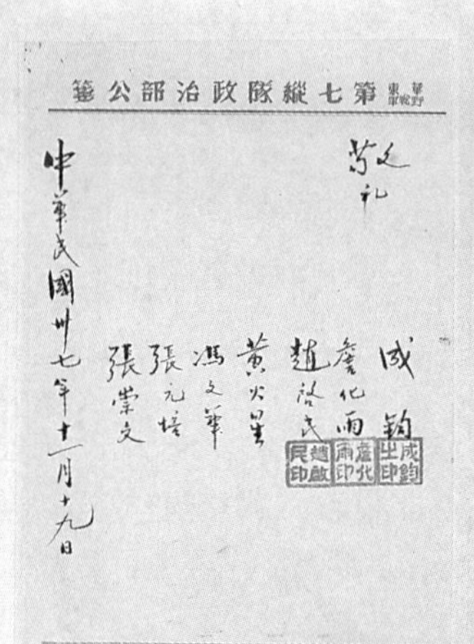

华东野战军第七纵队政治部公笺

敬礼

成钧 詹化雨 赵启民 黄火星 冯文华 张元培 张崇文

成钧印 詹化雨印 赵启民印

中华民国卅七年十一月十九日

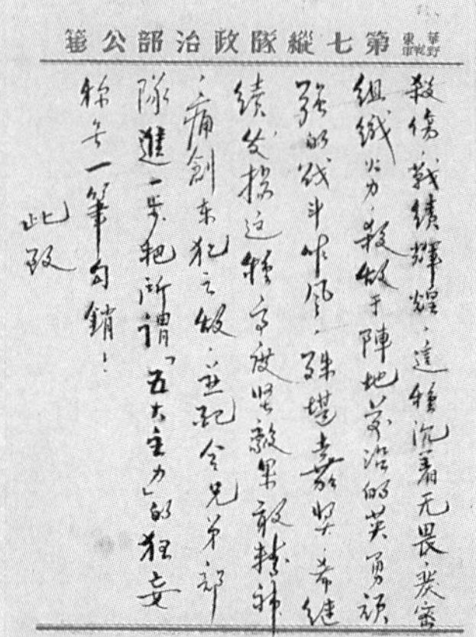

华东野战军第七纵队政治部公笺

杀伤，战绩辉煌，这种沉着无畏，严密组织火力，杀敌于阵地前沿的英勇顽强的战斗作风，殊堪嘉奖，希继续发扬这种高度坚毅果敢精神，痛创东犯之敌，并配合兄弟部队进一步把所谓「五大主力」的狂妄称号一笔勾销！

此致

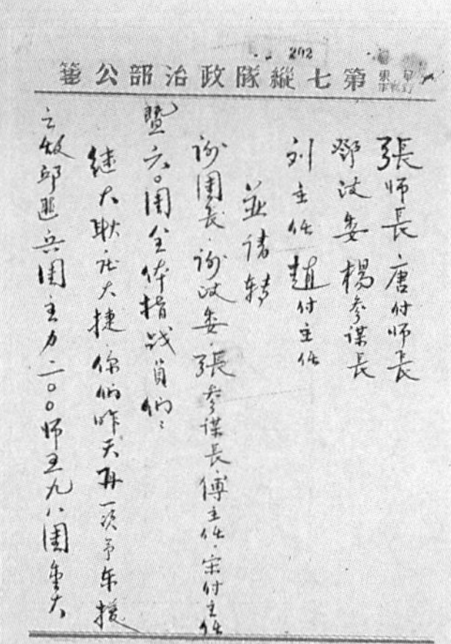

华东野战军第七纵队政治部公笺

张师长、唐付师长

邓政委、杨参谋长

刘主任、赵付主任

并请转

六〇团长、政委、张参谋长、傅主任、宋付主任

暨六〇团全体指战员们：

继大耿元大捷，你们昨天再一次予东援之敌邱匪兵团主力二〇〇师五九八团重大

▲ 华野七纵司令员成钧、政委赵启民等负责人在 1948 年 11 月 19 日徐东阻击战中写给二十师六十团全体指战员的嘉奖信。信中对六十团沉着无畏，严密组织火力，杀伤邱清泉主力二〇〇师五九八团于阵地前沿的英勇顽强的战斗作风予以嘉奖，并希望继续发扬这种高度坚毅果敢的精神，痛创东犯之敌，并配合兄弟部队进一步把所谓“五大主力”的狂妄称号一笔勾销

守备部队接触，予敌以杀伤后我转至殷山之线守备。13 日敌开始大举进犯，在空军、战车支援下，向我阵地全线猛攻。沿陇海路南向我十九师阵地攻击为邱兵团之五军，阻击至黄昏，十九师主动放弃殷山阵地转至薛山之线。14 日在薛山与敌展开反复争夺，敌伤亡极大，黄昏即以一个团再行猛攻薛山，黄昏后我向后转移。该日敌以重大伤亡占领薛山、大石山两点阵地。当晚敌即利用黑夜运动，摸至我乱石山阵地前沿。15 日拂晓由我阵地前沿猛扑乱石山，我以炽烈火力配合反冲锋将敌击退，下午以一个团兵力继续猛攻乱石山，待敌进至我阵地前沿，我以一个营反击，将敌击退。16 日敌主力改向黄龙山阵地攻击，经我 3 次反击将敌击退，歼敌 400 余，同时仍以一个团攻击乱石山阵地，亦为我反击所打垮。下午 2 时我主力撤离黄龙山、乱石山阵地，靠近铁路线，敌约一个团在战车掩护下向十九师李庄阵地攻击，我毁敌战车两辆，击退了敌之进攻。17 日十九师于岗上集之线予敌以阻击后，黄昏转至曹八集之线，集结待机。二十师于岳海之线占领阵地担任阻击任务。

二十师与二十一师于岳海、刘芦家之线已完成第二线阵地之构筑。十九师完成第一线阻击任务，调第二线集结待机，以二十师守备岳海及其以东地带，二十一师守备刘芦家、麻谷子及其以东地带。18 日敌继续向东攻击，二〇〇师拂晓占岗上集，继续占领小朱庄、吴庄、朱庄之线，并续向岳海攻击，四十五师紧依铁路以南向东攻击二十一师刘芦家阵地。二十一师以反击将敌逐出我前沿阵地，敌就地构筑工事与我对峙中，攻击岳海之敌下午突破我前沿，我以炽烈短促火力予敌以重大杀伤，配合有力地反突击，将突入我阵地之敌 5 个连大部歼灭。当晚五十五团配合二十师五十九团向占领吴庄、朱庄、小朱庄、小李庄之敌出击，于小朱庄歼敌 30 余。敌五九九团全团向小李庄收缩，估计当晚不能解决战斗，我于拂晓前退出战斗。

援敌遭我连续不断反击，伤亡惨重。五军主力二〇〇师损失近 2 个团兵力，19 日停止未进。20 日五军后调，以七十军接替其攻击任务。下午 3 时 30 分，刘芦家前沿之敌以 4 个营兵力在战车支援下向刘芦家猛攻，我阵地被突破，一个营楔入村内，我村内守备部队与敌展开逐屋争夺。黄昏二十一师组织约 3 个营兵力由两侧反击，歼敌 1 个营，恢复原有阵地。当晚主力转至孙庄、火神庙之线，刘芦家、麻谷子则以少数兵力控制之。21 日敌续向该线攻击，予敌以杀伤后主力转至孙庄、火神庙之线守备。二十师方向该日敌继续向岳海阵地攻击，我予敌杀伤后，当日转至邵家楼之线。22 日敌由刘芦家向孙庄攻击，将敌击退，并毁敌战车一辆。下午 2 时敌攻击火神庙，我西北角阵地被突破，以反击恢复阵地并毁敌战车两辆。下午 4 时敌再次攻击孙庄、火神庙二十一师阵地，我仍以反击将敌击退。二十师方向敌续向邵家楼攻击，予敌以杀伤后我安全向后转移。碾庄圩围歼战已于 22 日拂晓胜利结束，黄百韬兵团全军覆没。当晚我主动调整部署，撤至大许家之线。23 日继续在大许家之线抗击援敌，当晚奉令向南转移执行新任务。

摘自《中国人民解放军第二十五军解放战争战史》，1952 年，第 156—158 页

华野十一纵徐（州）东山地阻击战

（一）决心与部署

11 月 10 日，我山东兵团切断敌第七兵团西窜的退路，向西追击的各纵队从北、东、南三面逼近该敌，至 11 日，将第七兵团主力合围于以碾庄圩为中心的狭小地区。由徐州东援的第二、第十三兵团 5 个军 12 个师，在飞机、坦克掩护下，从 12 日开始，沿陇海路及其两侧向东猛攻，企图解第七兵团之围。

华野首长决心以第四、第六、第八、第九、第十三及特种兵纵队围歼第七兵团；

◀华野十一纵司令员胡炳云（左）、政治委员张藩（右）率部采用“重点防御，节节抗击，暗设口袋”的战法，阻击当面国民党军

以第七、第十、第十一纵队从正面阻击徐州东援之敌；以第二、第十二、鲁中南纵队和中野第十一纵队从徐州东南进逼徐州，威胁援敌后路。

第十一纵队于10日肃清运河铁桥以西、赵墩车站以东残敌后，奉命西进参加追击第七兵团，即令第三十一旅在第七兵团南翼展开平行追击，控制了徐州以东的一部分山区。11日，接华野电令：“苏北十一纵队应即占领自李家井南经杏埠、林佟山至邓家楼、范家湖之线阵地，构筑工事，阻敌东援……”此时，敌第二、第十三兵团先头已抵肖集、恭山、刁泉、崔庄等地，与我第七、第十纵队正面接触，第十一纵队即令先头部队第三十一旅轻装兼程前进。12日3时，第三十一旅完成了抢占邓家楼、尖山、梁家山、帽山、榆山阵地的任务，并作了如下部署：

以第九十二团于邓家楼、尖山、东梁、西梁、张庄、马山一线设阵阻敌；以第九十一团第一营于城山，第二营于榆山、帽山线设阵阻敌，并负责与友邻第七纵队沟通联系，团指率第三营于狼山、大小赵庄、山王一线设防，策应第一、第二营及第九十二团作战；以第九十三团在城西头、凤山头、杭头山、中山一线设防，策应第九十二团作战。第十一纵队与第七纵队取得联系后，将第九十一团第二营的榆山、帽山防务移交第七纵队接防，该营接替第九十二团董庄、东园一线防务。12日24时，第九十二团调整部署如下：以第二营及第四营八二迫击炮连、第一营机炮连，设防于要地邓家楼，作为团的第一线阻击阵地；以第三营设防尖山，作为团的第二线阻击阵地；第一营为团预备队。24时24分，第三十一旅全部进入了阵地。

（二）邓家楼、城山阻击战

11月12日午夜，第九十二团第二营进入邓家楼一线布防。13日7时，敌第七十军第九十六师第二八七团以一个多连兵力，在坦克的配合下，向邓家楼我第六连阵地作试探性进攻，当即被我击退。不久，敌第二八七团在飞机、重炮和6辆坦克的配合下，向第二营阵地发起进攻。我指战员凭借简易工事顽强抗击，使敌军频频受挫。15时，敌对我阵地实施猛烈炮击，由于我工事单薄，防御能力较弱，第四、第五连伤亡较大，营长负伤。副团长胡步福到第二营视察时也负伤。此时，我机炮连弹药已打光，遂转移至山后。

▲ 华野十一纵政治委员张藩使用的文件箱

黄昏时分，敌集中炮火猛烈轰击我防御阵地，工事大部被破坏，人员不断伤亡，与团指的通信联络被切断。紧接着敌人发起总攻击，我一线防御分队在无炮兵和重机枪火力支援的情况下奋起抗击，有的战士弹药打光了就拿起石头砸向敌群。第四连一线阵地被敌突破，遂退守第二线阵地。敌约一个排兵力在混战中突入第五连侧后的半山腰。此时，第一营第二连赶来增援，乃以一个排加强第四、第六连结合部的防御力量，其余留为营预备队，准备用于打击突入半山腰之敌。

19时许，第一营营长奉命率第一、第三连至邓家楼加强防御，并统一指挥第一、第二营作战。20时后，团指令撤出战斗，各参战分队即全部向东转移至尖山以东地区。

邓家楼阻击战，我以一个加强营的兵力，在石质坚硬的山地与敌激战一天，顶住了数倍于我之敌连续多次的进攻，胜利完成了上级赋予的任务。

原国民党第二兵团参谋长李汉萍后来回忆说："第七十军主攻部队第九十六师邓军林攻击邓家楼，将炮兵火力发挥到最高度，炮弹打了一个基数又一个基数，邓家楼竟日火柱冲天，硝烟弥漫，但解放军据守屋角墙头地堡，坚强抵抗，使国民党军终不能前进一步，迄入暮后，解放军向后撤退，才得占领邓家楼阵地。由此可见，当时战况是何等惨烈！"

在邓家楼阻击战激烈进行之际，第九十一团第一营也在城山抗击进攻之敌。13日中午，敌以小部队向我作试探性攻击。14时，敌在强大炮火掩护下分多路向我阵地攻击，一个多连的敌人扑向第一连第二排山前的支撑点。第一连英勇搏斗，将敌击退，俘敌20余名，缴轻机枪2挺，步枪10余支，全连伤亡60余人。此时，左路敌人也向第一连左侧阵地进攻，占领了部分阵地，情况十分危急。副营长率营部通信班部分人员，会同第六连对立足未稳之敌展开猛烈反击，将敌杀退至山下。第三连阵地前也打得很激烈，伤亡较大。入夜，敌停止进攻。20时许，第一营奉命撤离城山，转移至尖山阵地，继续阻击敌人。

（三）纵队颁发政治工作指示

13日，第十一纵队发出淮海战役政治工作补充指示，指出：为取得淮海战役的全胜，担任打援任务的各旅部队，应积极配合友邻部队，阻击徐州东援之敌，坚决不让敌人通过，坚决不让东面黄百韬兵团由此漏网，坚决把来犯的敌人消灭在我阵地前。为此，要求各旅部队严防轻敌思想，充分认识当前阻击任务的伟大与艰巨，更加发挥勇敢顽强的战斗精神。同时，要求各级加强阵地防御作战的政治思想工作，克服连续战斗的疲劳，克服土（石）质坚硬和新区不易征集器材的困难，搞好阵地工事构筑，加强防空、防炮教育，沉着应战。做好火线入党、火线立功和火线编队（恢复建制，配齐干部）等战时政治工作。

（四）马山、城西头、张庄阻击战

11月14日凌晨，第三十一旅调整部署：以第九十一团第二营守刁泉、张庄，第三营守中山；以第九十三团第一营守马山，第二营守城西头、上洪，第三营守凤山头一线阵地。

14日上午，敌新五军第二〇〇师由肖集向张庄、刁泉、中山、城西头一线进攻。敌第七十军第九十六师以一个团向马山进攻。

第九十三团第一营第一连部署在马山正面，第二、第三连位于第一连左右前侧的小山包上。14日8时，敌开始向第一连防御阵地进攻，被击退。14时后，第二、第三连阵地受到攻击，逐步向后收缩。之后敌在飞机、坦克协同下，向第一连主阵地发起攻击，该连与敌反复拼搏，终因伤亡较大，被迫从山顶撤下。不久，第一连趁敌立足未稳杀上去，夺回了阵地。20时许，第一营奉命弃守马山。

第九十一团第三营部署在马山与西北小山之间的山凹内，以石块堆砌成防御工事。14日下午，敌第九十六师一个团，在炮火掩护下，向第三营第八、第九连阵地进犯。第八连与敌反复拼杀，大部英勇牺牲，全连仅剩12人。向第九连第二排攻击之敌，前后3次均被击退。后敌以一个营的兵力，突破第三排阵地。随后，全连阵地均为敌占。

敌在攻击马山的同时，以一个团的兵力，向第九十三团第二营城西头阵地进攻。14日下午，敌一部从顺山西北角向第二营第五连阵地逼近。当敌到达阵地前沿三、四十米时，第五连政治指导员徐行，指挥机枪、步枪齐射，接着战士们跃出战壕，扑向敌群，和冲上来的敌人拼刺刀，杀伤敌数十人，余敌狼狈逃下了山。不久，从顺山西南角又冲上来一股敌人。第五连指战员在手榴弹打光后，搬起石头砸向敌人。徐行光荣牺牲。第二营同敌人激战两个多小时，至17时许，城西头阵地才为敌攻占。

第九十一团第二营防守刁泉、张庄阵地，第六连扼守张庄主阵地。14日下午，在敌攻占马山右侧两个山头后，张庄已处于敌人腹地。14时，敌新五军第二〇〇师集中数十门火炮轰击张庄阵地达一小时。之后，以一个营向第六连第三排阵地冲击。在第一、第二排两侧交叉火力和全营曲射炮火的压制下，敌人丢下几十具尸体，狼狈溃退。15时，敌又猛攻第六连阵地，该连将敌击退，但半数工事已被敌炮火摧毁，伤亡30余人，阵地岌岌可危。营即令第四连以一个排增援第六连，并着第六连将该排隐蔽部署在张庄东北侧，作为连的反击力量。同时，令第六连立即抢修工事，调整组织，做好抗击敌第三次冲击的准备。不久，敌又以一个多营的兵力，向第六连阵地冲来。第六连奋起反击，打垮了敌人的冲击。

快近黄昏，第六连误判敌人夜间不会进攻，将第一排向庄内收缩。20时后，敌以二个营兵力，向第六连第二、第三排结合部发起猛攻，占领了第三排的轻重机枪掩体。接着以密集炮火轰击第六连纵深，阻击我增援部队。第三排在庄子上与敌兵逐屋争夺，进行白刃格斗，接着第二排阵地也为敌突破，第六连遂即撤退。

15日2时许，第九十一团第二营奉命向后转移阵地。该营第六连（含第四连一个排）指战员在张庄阻击战中打得勇猛顽强，以伤亡50余人的代价，毙伤敌300多人。

（五）狼山阻击战

邓家楼战斗后，第九十二团于11月14日12时，以第一营及第二营第四连、团直炮兵连，进入狼山组织防御。15日凌晨，第三十一旅又确定将狼山右侧之双山和凤山以北的山头，全部划归狼山防区。

15日10时，敌新五军第四十五师和第七十军第一三九师，分别由张庄、崔庄和中山分数路同时向狼山运动。12时许，敌以小股向狼山以南的小山作试探性攻击。14时许，崔庄方向敌4个连向狼山以北、双山以南无名高地攻击，第三连后撤。为确保狼山阵地，第一连一个排由狼山向该敌反击。该排运动到山脚时，遭敌猛烈火力射击，大部伤亡，反击受挫。15时半敌占双山。中山之敌以一个营的兵力，向狼山第二连阵地猛攻。该连以小分队连续反击，至16时半，仅剩一个建制班，和团指的电话联系也中断，第一营指挥员下令撤出阵地。

（六）鼓山、山王阻击战

15日下午，第三十一旅撤出狼山、大赵庄、鼓山西线阵地。16日晨，第十一纵队决定将该旅在大黑山、鼓山、山王、寨山一线的防务交第三十二旅接替。第三十二旅在大许家西南的鼓山、山王等地进入阻击阵地，其部署是：第九十四团防守大黑山、鼓山一线；第九十五团防守寨山、小黑山、土龙山一线；第九十六团防守赵墩子、赵庄、驴马集一线。

16日晚，华野担任围歼敌第七兵团的各纵队向碾庄圩发起总攻。为援救第七兵团突围，敌第二、第十三兵团疯狂向我第七、第十、第十一纵队阻援部队阵地发起进攻。从16日至17日上午，敌用飞机和重炮猛轰第三十二旅阵地。17日15时，敌在猛烈炮火掩护下占领小赵庄。第三十二旅收缩兵力，重点防守山王、鼓山阵地。18日11时，狼山方向敌一个多营占领第九十六团第一营防守的鼓山阵地，14时，占领小赵庄的敌人分数路攻下山王阵地。第三十二旅退守大黑山、苏山阵地。

为保障华野主力彻底歼灭第七兵团，迟滞东援之敌前进，第三十二旅决心夺回鼓山、山王阵地。18时，第九十四团第三营向山王之敌反击，经5小时激战，于23时收复该点。第九十六团第二营和第一营的一个连向鼓山之敌反击，19日3时占领鼓山。由于第二梯队未能及时跟上，敌乘我立足未稳，分三路进行反击，又攻占了鼓山。7时，敌重占山王。

19日晚，围歼第七兵团的战斗到了最后阶段。华野电令我阻援部队坚决阻止第二、第十三兵团东援，令第一纵队由土龙山、大黑山一线向山王以西反击。令第十一纵队第三十一旅由西耿集向李庄之敌反击。20日1时，第一纵队收复山王；10时，第三十一旅收复小李集。第一纵队东移后，第九十四团接替了山王防务。

20日拂晓，华野主力攻占碾庄圩，歼灭了第七兵团主力，黄百韬率残部逃至大院上继续顽抗。

东援之敌企图最后挽救黄百韬，疯狂地向我阻援部队发动一次又一次进攻。16时，敌占领第九十四团防守的小山头阵地。21日10时，鼓山、小赵庄之敌分数路向我山王、苏山阵地进攻。第三十二旅指战员在敌我兵力悬殊、伤亡很大的情况下，浴血奋战近4个小时。援敌每前进一步，都要付出高昂代价，留下一批批尸体。战至14时，敌援兵仍疯狂进攻。鉴于敌我兵力过于悬殊，第三十二旅主动放弃了上述阵地。

（七）耿集、姜公山、单集阻击战

11月22日晨，华野主力全歼黄百韬兵团。第十一纵队奉命掩护友邻纵队转移，执行新的战斗任务。22日下午，第十一纵队调整了防御部署：第三十三旅第九十七团接替第九十六团黑山、何窑、三赵集防务；第九十八团担任东、西耿集及姜公山防务；第三十一旅防守单集。

第九十八团的部署是：以第二营防守东、西耿集，第三营第九连防守姜公山，第七、第八连在姜公山后村庄待命，第一营为团预备队。第三十一旅以侦察连防守张家湖。

23日15时，敌新五军第二〇〇师以一个团向东、西耿集进攻，以另一个团向齐家、张家湖进攻。由于第三十一、第三十三旅防御结合部保障部署欠周密，致使防守部队陷于被动。第三十一旅侦察连进行短暂阻击后，撤出张家湖阵地。已奉命撤出东、西耿集村前阵地的第九十八团第二营见敌向东、西耿集进攻，即掉头进行阻击，与敌展开村落争夺战。该营在给敌以重创的同时，自身伤亡也很大。第五连在西耿集被敌包围，经激烈战斗，天黑后才从敌军夹缝中突围。占领张家湖之敌先以猛烈炮火向姜公山轰击，接着出动两个营向姜公山猛攻。第三营第九连在营长陈更生指挥下，依托简陋工事，顽强抗击敌人，在子弹打光后，用刺刀、石头与敌拼搏。第三营政治教导员率第七、第八连前去增援，虽经奋勇搏斗，仍未能阻止敌之攻势。经一个多小时激战，第九连只剩下12人，陈更生及第九连连长、政治指导员均壮烈牺牲，姜公山被敌突破。第十一纵队鉴于掩护友邻部队转移的任务已完成，即令第三十三旅撤出阵地，西进津浦路阻击由蚌埠北上之敌。战后，第九十八团第五连被纵队授予“一等功臣连”荣誉称号。

第三十一旅以第九十三团扼守单集。23 日晨，第九十三团第三营第八连进入单集以西樊楼正面阻击阵地。9 时，敌新五军第二〇〇师以猛烈炮火轰击第八连阵地，第八连伤亡较大。15 时，敌占领第八连阵地左前方的姜公山，再次发动猛烈攻击。指战员们顽强坚守阵地。天快黑时，第三营预备队从右侧会同第八连对敌实施反击，敌慌乱撤逃，单集阻击战胜利结束。战后，旅司令部、政治部授予第九十三团第八连“淮海建功”锦旗一面。

第三十一旅驻守单集时，铜山县人民为支援前线，不惜付出最大的牺牲。单集乡郁楼庄群众把自己仅有的一点粮食拿出来支援解放军，自己却吃糠咽菜。为了给部队磨面，全村所有的石磨昼夜不停。没有牲口，就全家轮流用人推。群众纷纷表示，要人有人，要粮有粮，为支援解放军累死也甘心。

淮海战役第一阶段，第十一纵队与友邻部队互相配合，在徐东山地与东援之敌第二、第十三兵团展开了长达 12 天的逐山争夺战，迫使援敌每日前进仅 1.5 公里左右，终于将敌东援部队堵在距离碾庄圩 15 公里以外，保障华野主力全歼了第七兵团。

摘自《中国人民解放军第二十九军军史》，1997 年，第 226—236 页

▲ 华野某部在徐州以东构筑阻击工事

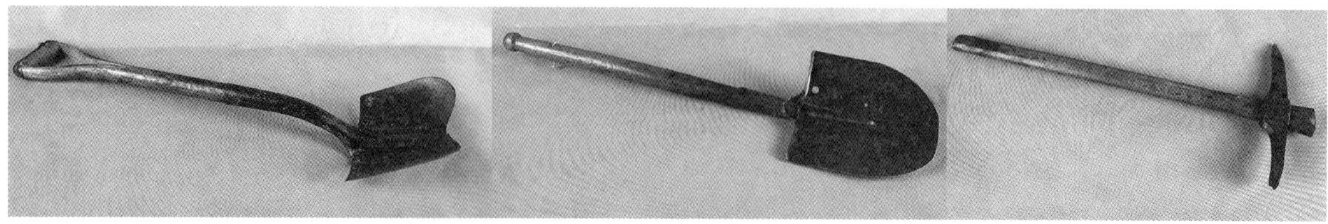

▲ 在徐东阻击战中华野某部使用的铁锹和镐头

文件选编

华野十一纵淮海战役政治工作补充指示（第一号）

为取得战役的全胜，我纵奉命配合兄弟纵队，在此一线阻击自西或自西南来援之匪，坚决不让敌人通过，坚决不让黄匪由此漏网，坚决把来犯的敌人，消灭于我们阵地面前，这样才能保证我主力纵队完成彻底、干脆、全部歼灭匪黄百韬兵团的伟大任务。

战役政治工作，必须更加有力地保证以上艰巨任务之实现，为此，各部除更好的掌握本部前一指示基本精神贯彻执行外，本部特再提出以下补充意见：

（一）在思想掌握上，必须严防部队因战役开始阶段的胜利，而滋长轻敌松懈的倾向。须知本纵当前任务，对全国的意义是更其重大了，敌人处此四面楚歌境况下，也更加会作拼命的挣扎，而徐州之敌也会冒死来援，这时假使我们有一点点小的疏忽，也足以影响全胜的获得。因此各部应作更加强烈的动员，使所有参战人员透彻了解当前任务之伟大和艰巨，克服疲劳和一切困难，更加发挥英勇顽强的战斗精神，并警惕轻敌松懈思想倾向之产生。同时另一方面也须指出全胜的把握已更加明朗，敌人在我强大攻势之下，已惊惶万状，部署紊乱，其士气萎靡，信心丧失，较之以往已更加显著，加之冯治安适时率部起义，使敌不仅要招架我之工事，更要严于防己。而我刘邓大军顷又在津浦路西发起攻势，将使徐州之敌，更加穷于应付，此乃大量歼灭敌人空前有利时机，任何过高估计敌人，而自己信心不足，是完全错误的。虽然如此，各部仍不能忽视部分认识不足或斗志不强者之思想的打通，只有扫除其具体顾虑，才能奋发其勇气，以利于遂行战斗任务。

（二）必须加强阵地防御中政治工作的指导与掌握，首先是加强构筑工事的政治工作，特别是要克服转战疲劳，新区不易征集器材及山地土质坚硬等诸多困难，鼓励部队构成坚固阵地。其次继续加强部队防空、防炮的教育，在紧急情况下，切实掌握部队，适时提出有力鼓励口号，以稳定情绪沉着作战。此外，加强战壕中政治工作、活动，时刻保持部队旺盛士气，守备时则坚决顽强，出击时则果敢勇猛。特别强调政工人员，此时此刻工作的灵活性与威力性，与共产党员的模范作用，一切战时政治工作，如火线入党、火线表功、火线编队等，虽情况紧张时间紧凑，均应兼顾做到。

（三）估计到进入新区作战，困难将更加增多，特别是后方供应，因战线延伸，难以及时，各部应即预作打算。我们认为过去本纵西进时曾采用由各连队（或伙食单位）抽出一部分干部组织民运工作组，以进行宣传解释，就地筹粮及临时动员民工担架等任务，这一组织形式与活动内容。仍适合当前具体环境，各部应即根据以往经验恢复这一组织与活动，目前关于借粮证已由后勤部发至各级单位，希在进行向居民筹借时，应善于情商解释，反对不加解释，强制执行。我们承认困难是有的，但不能因此而在群众中留下恶劣影响，为了争取全胜，不得已时饿饭也可。总之，只要我们工作到家，激起群众拥军热诚，困难是一定会克服的。

（四）投入战役以来，各部在执行政策纪律方面，较诸以往已大大进步，但此次敌在战场上遗弃物资不少，某些部队未能打扫搜集，殊感可惜。须知负责清楚战场物资，才能做到更好的点滴交公，这说明某些部队在执行点滴归公的积极方面的认识还是不够，今后只要在战场情况容许时，各级军政机关仍须指定一定人员或一定部队负责打扫战场，清理归公以增加革命财富，此外对俘虏集中训练的决定，某些部队执行尚不够彻底，亦应纠正。

以上各点，盼即讨论布置，并希更加密切与本部联系，及时反映部队思想及工作情况。

（发至连）

政委　张　藩

主任　惠浴宇

11 月 13 日

摘自《华野第十一纵队淮海战役政治工作补充指示》，1948 年 11 月 13 日

▲ 华野某部召开干部会布置战斗任务

▲ 徐东阻击阵地一角

◀ 华野十纵八十五团某连爆破队在阵地上读中共中央负责人的军事评论

坚决阻击徐州援敌，保证主力彻底干净歼灭黄百韬

自我们新的战役开始以来，经过一周来的艰苦战斗，我们基本已完成了我们第一步——横渡运河，肃清不老河以北之敌，由北面威胁徐州的作战任务。而且由于上级的正确领导与指挥及我们全体同志的努力，在第一步作战中，我已收复了临城、韩庄、利国县、柳泉、贾汪、茅村等重要车站城镇，歼灭了敌人1500余（约计），配合各兄弟部队争取了敌第三绥靖区冯治安部司令部，五十九军全部，七十七军一三二师、三十七师一一一团大部起义。我们第一步的作战任务是胜利地完成了。

我们新的战斗任务就要横断陇海，坚决阻住徐州援敌，保证我东线主力坚决彻底干净歼灭黄百韬！我全体同志必须认识我们这一任务是我们这次战役第一阶段以至整个战役作战的一个重要环节，因为我们只有阻住增援的敌人，我们才能彻底全部歼灭黄百韬，也只有全歼黄百韬，才能使徐州敌人更加孤立无援，以至争取更大的战役胜利，因此这一任务是非常光荣的。同时也应认识，于我们面前的敌人大部系敌人主力，因此这一任务也是非常艰巨的，我全体同志都应以高度坚决顽强的战斗精神保证这一光荣任务的圆满完成。

现在黄百韬的命运基本已经决定了，大家知道，自我们新的战役发起以来蒋介石的统帅部即慌作一团。同时为了妄图逃脱其被歼的命运，黄百韬带其4个军及海州撤退的四十四军仓皇四窜，但黄百韬是跑不了的，当其主力将过运河以后即被我团团包围了，截至现在（发稿时）经过几天来我各兄弟纵队的英勇歼击，已经全部歼灭了他的四十四军、六十三军、一〇〇军三个军全部，现在黄百韬还只带着两个军被我们团团包围在碾庄圩一带，正在呼天不应，叫地不灵。最后全歼的时间已经在即了。

我全体同志必须更加顽强更加英勇，坚决阻住当面的敌人，保证彻底、干净歼灭黄百韬兵团，同时为了保证打好这次阻击战，我们认为我们应该：

一、不顾一切疲劳，坚决做好工事，只要我们有了坚强的工事，则任何敌人的飞机大炮都是无可奈何我们的。

二、组织严密的火力，把敌人消灭在我们阵地的前面。我们的各种炮、机枪射击在任何情况下都应遵守射击纪律，沉着瞄准射击，充分发扬我们的轻重火力，要不等敌人接近我们阵地前即把他消灭殆尽。

三、我们要勇猛果敢地反击敌人，以积极的进攻达到坚固防御的目的，要使那些胆敢接近我军阵地的敌人，不能回去一个。

四、要高度发扬我们的顽强精神与顽强死打的战斗作风，不顾牺牲不怕伤亡，坚决守住阵地，完成任务。我们要知道“愈是敌人顽强，我就要更加顽强，只要有了我们的顽强，就没有敌人的顽强”，“谁能坚持最后三分钟就是谁的胜利”的真理，任何叫苦告难的现象都能导致战斗的失败，任何临阵退缩的现象都是我们革命军人可耻的行为。

五、我们一切机关部队工作人员都要动员起来，要保证做好后勤工作，要准备帮助前方抬担架，挖工事，以直接参加战斗，一切为了前线的胜利。

摘自华野十纵《前哨报》第 26 期 1948 年 11 月 15 日

华野十纵首长祝贺吴窑反击战胜利的信

萧师长、李政委、朱副师长、丁主任转童团长、宫政委、雷副团长、郑主任及八十七团全体同志们：

庆祝你们在吴窑阻击战中，顽强反击的光辉胜利。

18 日上午 12 时，蒋匪九军一六六师四九八团以二营全部三营一部的兵力，向你们的阵地猛烈进犯，战斗直至黄昏，你们奋勇反击，尤其在四、五连同志顽强敏捷的动作下，予该敌以歼灭性打击，毙敌 150 余名，使该敌除少数侥幸溃窜外，全部被歼于我阵地内。俘敌 105 名，缴获战防炮 1 门，八一迫击炮 1 门，六〇炮 4 门，美式重机枪 3 挺，轻机 9 挺，冲锋枪 16 支，步枪 50 支，战绩卓著，创我纵在阻击中英勇顽强反击敌人的范例，特函致贺。并望继续努力，不骄不懈，在继续阻击企图东援的敌人中，更加英勇顽强，给胆敢进犯的敌人以更惨痛的打击！

专此预祝

新的胜利！

宋时轮　刘培善　吴肃　陈美藻　张辑光

11 月 19 日

摘自华野十纵《前哨报》第 32 期 1948 年 11 月 21 日

华野第十一纵队嘉奖令

查三十三旅九十八团五连及四连一个排，前于姜公山战斗时奉令扼守西耿集，当因侧翼遭敌切断致该连陷入敌人重围。敌以两个营兵力配合坦克反复向该连阵地冲锋 10 次以上，均遭该连英勇击退。随后村庄大部为敌占领，仅凭村前战壕顽强抗击。战斗开始时连长牺牲，政指重伤，即由一排长陶文明同志指挥作战，血战半日，直至天黑后搜集战场，携带伤员，组织火力，干部带头夺路绕道敌人阵地前沿安然突围。综合该次战斗，当阵地为敌切断时，能够沉着应战，不稍慌张，当受敌人连续攻击时能够顽强抗击，撤退时更能机动选择敌人弱点击敌不意，绕道而回，沉着顽强机动之作风为本纵此次作战以来之光荣范例。除希该连争取战斗空隙，进行评功继续努力外，台丞先行通令嘉奖，希我全纵各部队向此学习。

此令

司令　胡炳云

副司令　段焕竞

政委　张　藩

主任　惠浴宇

副参谋长　梁灵光

摘自华野十一纵《战线新闻》第 60 期 1948 年 12 月 9 日

▲ 在徐东阻击战中，华野某部将战防炮推入阵地

▲ 解放军战士扛着炮弹向阻击线上前进

▲ 华野十纵二十八师某连战士在战斗间隙擦拭武器，准备抗击邱、李兵团东援

战术研究

华野十一纵徐东山地阻击战检讨

甲、敌之战术特点：

（一）敌炮火强而集中。每在冲锋前，对我山顶山腰实施猛烈的排炮轰击，随后向我纵深轰击（山后），使我方阵地遭受大的破坏，预备队亦遭受大的伤亡，当敌炮火转向我纵深射击时，步兵则发起冲锋，其冲锋队形与冲锋动作比较熟练，如遭我击溃后，则以集团的鸭子队形实施冲锋，遇我强大炮火压制时一般即行溃退。

（二）攻击前组织准备充分。因此当第一天失败后仍能连续不断地实施连续攻击，使我无法调整部署。如九十三团五连守顺山时，敌实施 3 次连续攻击，在攻击方针上通常采用以稳扎稳打为主。

（三）善于寻找我侧防工事的弱点进行突击。使我正面防御部队受威胁而无法立足，同时在攻击之前，不轻易暴露火力与兵力。

（四）山地作业动作熟练，构筑工事快。如夺取我阵地后在 3 小时以内即能完成一般性之防御阵地。

（五）左右邻动作协同好。如向九十三团城西头阵地攻击时，除正面的由西向东外，另一路则向南迂回；其次，主攻与佯攻的动作能密切配合，均行积极动作，使我难以判明其主攻方向。

……

［我之］优点：

（一）士气高涨，英勇顽强。如战士们日夜在北风凛冽的山顶上守备，有时成日不能充饥，又在一无工事的光山上受敌人密集炮火轰击，但部队仍能沉着顽抗。如九十二团邓家楼战斗中一五〇之高地失守时，部队仍能转战山腰抵抗；九十三团马山战斗中，好几处高地被敌占领，一营仍不因处境困难而动摇决心，仍能扼守阵地抗击；九十八团二个连被围于西耿集与上级失去联系时，仍沉着顽抗坚守至天黑时，乘隙向敌心脏突围，折返曹八集脱险等，说明了我们部队的英勇顽强、不屈不挠的精神。

（二）争取主动，先压制敌人。估计敌明日要向我攻击时，我为打垮敌人部署与粉碎或拖延敌人进攻计划，应采取主动反击。如九十六团对鼓山敌人反击虽得而复失，但第二天敌人整天未向我阵地攻击。我三十一旅 8 天守备战中，当敌人冲锋时，各部均采用大小反击或反冲锋，有时达到击溃敌人冲锋与拖延时间的目的。

（三）在 12 天的山地战斗中，我各部能争取空隙时间进行敌前学习。如连、营、团干部能研究敌人战术特点及我们的缺点来弥补自己的经验不足。

摘自中国人民解放军第二十九军参谋处《淮海战役总结》，1949 年 3 月 13 日，第 13—15 页

华野七纵阻击匪五军实战经验

（一）蒋匪五军二百师攻击特点：

①攻击时机常利用拂晓与黄昏，攻击时首先以步兵隐蔽向我阵地前沿约 200 米远左右运动，构筑工事，组织火力，行动保持秘密，夜间并未偷袭。

②在向我阵地未攻击前，敌炮火很少发射（最多发射数发试目标），怕为我觉察其企图。

③攻击开始，敌炮火先向我阵地前沿轰击，继向我纵深射击，再射击我左右翼阵地，接着轻重火器向我开火，敌复发射烟熏弹，掩护步兵冲锋。

④敌步兵运动时，开始队形用各个跃进，较有次序，距离我阵地六七十米远时，隐蔽不动，待冲锋号起，队伍就用密集队形一拥而上，不顾伤亡。

⑤敌士兵攻击精神差，除少数干部较顽强外，其大部均不愿为蒋贼卖命。

（二）有效的对策与经验：

①阵地前设置大量鹿砦，使敌密集队形冲锋时严重大杀伤后仍不能突破我阵地，匐伏在鹿砦边便于我继续杀伤并出击中加以歼灭。

②加强警戒，夜间在前沿阵地多派出流动小组，防止敌人偷摸。

③敌未攻击前在集结时，应用炮火向集结之敌轰击，把敌打得混乱。

④掌握足够机动兵力，组织短促反扑，但要注意：

甲、出击部队与守备部队的距离不能过远，否则易失去出击时机，但亦不能过近，以避免遭受敌炮火杀伤。

乙、出击部队首先看好地形，看好轻重火器位置，一出击时即将轻重火器运上去，组织猛烈火力，压制敌人火力。

丙、很好掌握出击时机，当敌炮火轰击时，我出击部队应开始运动，待敌发起冲锋时，应即迅速从两侧猛烈打出去。

丁、部队出击时，我炮火应紧紧配合，对敌纵深射击，杀伤溃敌，并鼓励我出击士气。

连日战斗中经验证明，除设有坚强阵地外，必须不断组织反扑出击，才能主动地积极地巩固我们的阵地，并把敌人消灭在我们阵地面前。

（此系根据雷黄团[①]薛山、乱石山反击获胜的材料，由庆胜搜集整理）

摘自华野七纵《武装》（战地版）1948年11月18日

华野十纵雷副团长谈吴窑反击战的经验

八十七团雷副团长谈吴窑反击战有以下几点经验：

（一）我们担任阻击任务时，必须明确的认识，避免被动的挨打主义，主动就是胜利，被动就是挨打失败。

（二）随时随地要积极地寻找与造成主动的机会，组织反击。

（三）深入了解我部队的士气，与估计敌人的士气和一般情况。

我们接受着连续阻击的任务，部队英勇顽强阻击了四天四晚，虽然敌人付出之代价与我来说是大得多。但我部队以少抗多，连续作战，特别是遭受某些消耗的情况下，部队的情绪容易产生低落与疲劳。在徐东阻击战中，团委决定必须寻找机会给敌人一个严重反击。故在17号晚上，我纵主动有意识后撤10余里的情况下，到达新的目的地后，即命令部队筑好坚强的防御工事，引敌深入，准备给敌以惨重的杀伤后进行反击，坚决歼灭敌人之一部或大部，因为：

（一）估计敌人认为我们溃退了，造成敌人麻痹、骄傲、轻敌观念。

（二）我部队经几天阻击有某些消耗，大家一致要求给敌人一个歼灭性的“报

① 编者注：“雷黄团”为华野七纵十九师五十六团。

复”，由此即抓紧这样机会向部队进行深入动员，说明反击意义与任务，明确地交代了任务，要求大家坚决执行命令。

（三）选择好了反击地点，根据地形吴窑也有利我之反击，并细密的配备组织火力。

由于进行了以上的工作，使我们能以一比一的兵力，在反击中歼灭敌人一个加强营，根据这次反击的经验，体会到在反击中要注意以下几个问题：

（一）要有细密的组织（兵力、火力、前方、后方、友邻等），要强调高度的统一指挥。

（二）掌握情况要准确，必须冷静正确地判断情况，不可马虎。

（三）佯攻部队与主攻部队要密切地协同动作，主攻部队要采取“扣腚”战术（抄敌后路），一经突破，立即大胆迅速插入敌人纵深，割裂敌人、歼灭敌人，佯攻部队要积极动作分散敌人或歼灭敌人。

（四）打援割裂部队，要迅速筑好坚强工事，必要时可以协同围攻，但决不容许在打援割裂时随便撤离阵地，否则必然影响战斗。

（五）在反击进行到一定的程度，遇到敌增援时，除非在万分严重的情况下，指挥上就要有决心反到底，不要随便来改变决心，停止反击。但必须一面组织力量打住敌援，一面迅速歼灭被围之敌。如果随便变了反击决心，撤出战斗，那就会造成我部队的士气低落，使敌人进攻之野心更为疯狂。

此次反击胜利后给我部队的锻炼教育意义很大，我部队之士气空前旺盛，大家对打阻击战更有信心，认识在阻击战中，不仅可以杀伤敌人，而且一样可以用反击动作歼灭敌人。

（周洋）

摘自华野十纵《前哨报》第 42 期 1948 年 12 月 15 日

华野七纵六二团八连在刘芦家守备战中边打边组织的特点

六十二团八连在刘芦家前沿阵地的守备中，协同兄弟连队，血战两昼夜，打垮敌人 6 次冲锋，先后进行了 4 次整理组织，最后虽仅剩下 18 个战士，仍进行着顽强的战斗，光荣地完成了任务。兹特介绍其在边打边组织方面的特点如下：

一、能够及时缩编。如一排在第一天的战斗中，二班正副班长牺牲后，即与三班（也有伤亡）合并，并划分了三个战斗（互助）小组，使能连续进行顽强的战斗。

二、干部伤亡时，骨干能够自动代理。如三排八、九班合并后，在向敌反击途中，班长为炮弹炸伤，副班长王启章立即跑到前头对三组长施玉祥说："现在我当班长，你当班副，我带着同志们在前面冲，你在后面督促大家跟上！"因为没有影响出击动作，顺利地占领了敌前沿阵地。

三、在战斗十分紧张、建制打乱的情况下，不同建制的战士，能够自动地组织在一起继续作战。如敌人的炮火向三营阵地猛轰时，八连的建制就被打乱，二班只剩下两个战士，他俩在交通沟里和九班长谢登顺、九班副陈新元相遇，又与小炮组找过来的两个战士，一共 6 人，自动组织了一个班，向排副受领了任务，对突破前沿的敌人进行反扑。他们一直打到庄头，坚持到天黑才奉命后撤。

四、能够根据不同的情况，灵活地整理组织。如三排在第一天战斗中，七班长与第一战斗小组全部伤亡了，八班亦只有 3 个战士了，但七、八班阵地相隔较远，合并时调动影响战斗。因此排长即机动地着靠近七班的九班副带一个小组和七班合并成一个班，指定七班副为班长，九班副为班副；着八班剩下的 3 个战士与靠近九班的另一个小组合编为一个班，很快地把 3 个班合并为两个班（按：在一般情况下，仍应以人数较多的原建制班为主进行合并）。

在整个边打边组织的过程中，没有发现一个战士有不听指挥、违抗命令或借口脱离战场的行为的，其所以如此，主要有如下原因：

一、战前接受任务后，即在支委扩大会上进行民主讨论，针对下边"怕干部伤亡后无人指挥而被敌突破"等顾虑，提出"做好边打边组织，要求党员、干部做到自动代理"，"随时随地组织部队"，"只有做好边打边组织才能完成任务，守住阵地"等口号，并通过骨干在部队中进行酝酿，使战士都知道"只要有一个人也要和敌人拼"。

二、干部在战斗中的认真负责，积极掌握整理部队，以及干部本身的模范行动，对部队的感动甚大。如政指负了重伤，还不愿下火线，并鼓励同志们说："为人民服务，流血有什么关系！"周围的同志听了很受感动。又如新解放战士陈司明生病，连长把他叫到连指挥位置来，并经常安慰他。当时陈司明见到连长一天只吃一点饭，还在前边来回的指挥，感动得自动要求到前面去作战。

三、连续不断的鼓动工作，使部队保持着旺盛的士气，也是做好边打边组织的主要条件之一。如该连文书吴健能将各种报纸与胜利消息及时地到战壕中去读给大家听。又因为他经常运送弹药，他鼓励三排同志们说："只要有我文书在，保证供给上弹药！"对当时的部队的鼓励很大。

摘自山东兵团《华东前线》第 70 期 1949 年 1 月 4 日

华野十一纵战场宣鼓工作点滴介绍

淮海战役第一阶段，我团于邓家楼山区，阻击邱匪兵团的战斗中，二营四连政指刘庆之同志的战场宣鼓工作，发挥了相当的威力，这是与胜利分不开的。兹将几个较好的实例，点滴地介绍给各单位政工同志作为今后战场工作参考。

（一）鼓舞与配合友邻部队取得反击胜利

友邻 × 连一个班的阵地给敌人突破了，这多少会影响到整个阻击阵地的巩固，刘政指沉着地鼓励该班同志说："你们是 ×× 连，要保持这个光荣称号，现在我们配合你们把敌人反击出去，收复阵地。"该班同志在政治荣誉上得到很大鼓舞，又得到兵力上的援助，全班都表示："决心保持叶挺连的光荣称号，把阵地拿回来。"于是全班带头向敌猛扑过去，敌人吃不消了，就连爬带滚的垮了下去，有的还像死狗似的躺在战沟里，阵地还是我们的。

（二）短促动员，稳定情绪，击退了敌人两个连

该连的正面隔一条河，敌人有两个多连的样子，向一排阵地猛攻，榴弹像冰雹子似的倾过来，三班副沉不住气了，惊慌地报告政指"机枪打不了，榴弹剩不了几个了"等等困难情况，确实有点紧张。刘庆之同志果断地对一排同志说："后面的榴弹马上就来了，现在要坚守阵地才是生路，好共产党员和要求参加党的同志们，要在这时候顽强地对付敌人，为人民服务就要在战场上替穷兄弟报仇。"指导员一字一句，像铁钉似的一颗一颗的钉在同志们的心上，给了一排同志相当的感动和无比的勇气。一班战士陆明德心里想："为人民服务死守阵地，对呀！就是牺牲也是光荣的。"他第一个抢着说："保证完成任务。"一个箭步跳出了工事，一颗颗榴弹向隔河的敌人掼过去。弹片飞舞呼啸，敌人在哭着、喊着："班长，快来包扎吧！八路冲过来啦。"敌人溃退了，一排同志高兴地说："榴弹打得好，敌人没 × 用。"

（三）暴露敌人弱点，号召火线立功

敌人向一排攻击妄想未逞，又集结了更多的兵力，以密集队形向一、三排桥头阵地攻，侥幸地占领了桥下工事。看看有些同志沉不住气了，刘庆之同志跳出了交通沟，拍着胸膛对大家说："我不离开阵地，谁也不准离开阵地！敌人士气低落，我们一、三排都打得很好，只要大家沉着，把刺刀上起来，它来一个戳一个。"接着又说："战斗中为人民立下功劳是顶光荣的。"他拿起了两个榴弹，号召一排同志说："趁敌人还没有站住脚，同志们跟我上去。"当时三班战士罗合汉、陆明德等等大家"嚯"的一声上起了刺刀，拿起榴弹像箭离弓弦飞也似的打上去，顷刻间全占了桥下工事。

摘自华野十一纵《战线新闻》第 62 期 1948 年 12 月 12 日

战地报道

把敌人消灭在寺山口外

11 日夜，解放军某部董团在徐州东北 25 里之铜（山）邳（县）要道寺山口阻击敌人。150 公尺高的山头为敌九军先占了，我趁敌立脚未稳，击退敌 1 个营，抢占两山之间的大路口。我指战员们即决心固守，不准敌人通过。

天亮后，敌约两个团兵力，以 6 辆坦克掩护向路口冲击，我集中火力向坦克射击，敌步兵立刻四散奔逃，顿时被击中的坦克不能转动了。当敌人沿大山以东的一条小岭运动兵力企图过山时，战士们也从岭坡的草丛里爬上山岭，与敌仅一峰之隔。敌一个营冲上山峰，我四、六连迎头反击，在山峰左右，反复冲杀，敌人纷纷倒下，残敌慌乱地滚下山岭去了。

敌人的排炮轰击着山头，在每次冲锋的空隙中，战士们不断地加修工事。坚持西南山岭守望大路口的苗树柏班，只能卧在平面石头上射击，当敌人从山岭上冲锋时，敌另一股也企图从山沟下面冲过要道，全班轮流监视着用机枪封锁。他们以机枪准确射击，打退了敌 4 次攻击。最后仅剩 30 发子弹，30 多个敌人正接近到路口，班长苗树柏命令战士："就是用刺刀拼，用石头打，也一定要把敌人消灭在寺山口外！"全班立即昂奋地用榴弹把敌人打退了。

敌整营整连连续 10 余次的向山岭上冲锋，每次皆被我击退，敌在山下伤亡 500 多人。午后，敌两个团残部几乎全部冲上山顶，我坚守的四、六连所有轻伤的同志都坚持战斗，在工事前沿挺胸射击。七班副崔学元一条右腿上下三处负伤，他仍沉着坚持反击敌人。他的脚部又中炮弹，但他仍端起机枪冲上去，打完最后一发子弹，高喊："用榴弹打，用刺刀戳，坚决要打退敌人！"卫生员于家深当冲锋时无法抢救伤员，也提起冲锋枪冲过山岭，连发 7 弹，毙敌 3 名。在弹尽的紧急关头，营教导员常俊邦把仅有的一排子弹交给排副崔明砫，又把仅有的一个手榴弹交给战士杨光保，命令他们保证打退敌人。战士们有的失掉指挥，便相互联系，一声号召，向敌人反击。这最后的反击，已经不是用子弹而是用闪亮的刺刀与冲杀的雄壮声音。在第十次反击后，残敌就零散地退缩到深密的树林中去了。

天尽黑时，四、六连战士已完全占领山岭制高点，确保寺山口要道。战士们愤怒而兴奋地大声欢呼，响彻夜空。（淮海前线电）

（周迅）

摘自《大众日报》1948 年 12 月 10 日

▲ 华野十纵八十五团一连爆破坦克组在阵地上研究爆破方案

▲ 华野十纵八十五团爆破队在徐海公路上埋设炸坦克地雷

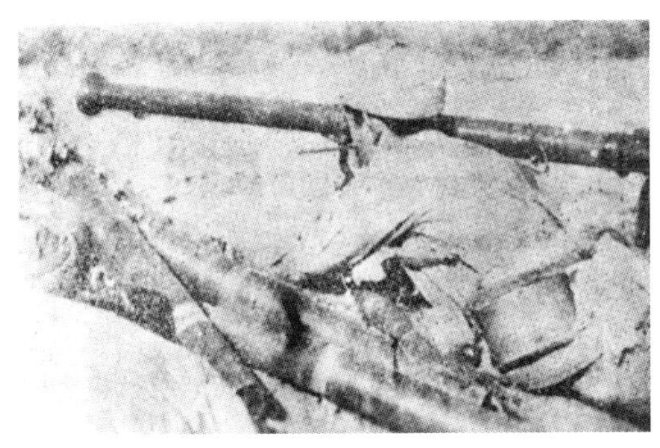

▲ 阻援部队用火箭筒猛烈射击国民党军坦克

▲ 华野七纵某部在阻击战中打坦克用的战防枪

华野十纵二大队全力反坦克击毁坦克 4 辆

13 日 12 时左右，二大队阵地附近发现敌 23 辆坦克出动，团指挥员当即命令一、三中队坚决守住阵地，打垮坦克的进攻。团委并号召：“共产党员们要挺起身来与坦克搏斗！”吴、刘二营长当即在电话上向团委提出保证，表示决心。七连与九连在阵地上展开打坦克的挑战。当敌坦克至三中队阵地附近时，全体指战员奋勇抗击，工事被摧毁了，站在外边打。敌坦克距团指挥所仅 200 米时，团直参谋率侦察排在野外抗击，李参谋、马连长率特务连由阵地向正面迎击，团直所有步枪都与坦克搏斗。最后敌坦克终于被我打垮了，在我猛烈的炮火轰击中，敌 4 辆坦克被击毁了（一、三营阵地各击毁 2 辆）。敌人只好用别的坦克拖着被击毁的 4 辆坦克，像乌龟爬一样的拖了回去。

（堡之）

摘自华野十纵《前哨报》第 32 期 1948 年 11 月 21 日

华野七纵反复争夺薛山　雷黄团一营顽强阻敌范例甚多

雷黄团一营在薛山阻歼援敌时，反复争夺山头，给敌很大杀伤，出现很多英勇顽强的范例。14 日上午 8 时，该部二连二排在吴学兴排长指挥下，守着前沿的小山头，敌先用炮火向他们的阵地猛轰，后以一小营兵力继续 3 次冲锋，均被二排健儿顽强地打下去，当敌最后一次冲锋时，离我阵地仅 10 公尺左右，二排即用机枪、冲锋枪、炸弹回敬了该死的敌人。当时吴排长头部两处负伤，仍坚持指挥，并向大家说："坚决守！没有命令不准退！"一排长吴长盛事前集中了一堆石头在面前，当敌人最后攻击时，一排长很快地说："有的是石头，用石头打！"说着拿起一块石头打下去，接着无数的石头飞向敌人打去。七班参军战士张喜龙，手持一挺机枪紧紧的封锁一突破口，打垮敌人四五次冲锋，杀伤匪军 30 余名。到了下午，三连奉命反击敌人，在他们连续英勇冲击下，将薛山重新夺回。三连长王有礼先以十枪打死七八个敌人，然后端起一挺机枪向敌扫射。敌被打垮之后，七拼八凑地纠结了两个连兵力再度来犯。一路从西北之小山岗上来，六班副林才云和战斗组长郑邦友用一挺机枪轮流猛射，打得敌人不敢爬动，掷弹筒手焦永田、汪长海趁此连打 30 余发小炮弹，落在敌人窝里开花，打得敌人乱奔乱跑，机枪又猛烈开火，给敌人重大杀伤。

摘自华野七纵《武装》（战地版）1948 年 11 月 18 日

华野十一纵某部马山阻击战

四三大队三连一排同志吃好了夜餐，一个个地爬上马山，用大石块做成防御工事，迎接白天战斗。

第二天，太阳升到树头时，炮响了，宣布了双方战斗的开始，山炮、八二炮……

各种炮弹落满了整个山头，石头炸得乱飞乱舞，七八个同志遭到了杀伤。这种杀伤不仅没有减少他们的坚守信心，而是增加了他们决心和仇恨，立即调整班的组织迎接战斗。有二三十个敌人拿卡宾、加拿大，背了几个榴弹上来，他们随即进行喊话："缴枪不杀！""共产党优待俘虏！"展开政治攻势。同时每个人又把子弹上膛，榴弹火线套在小手指上，机枪对准了敌人，一齐开火，敌人像死猪一样倒下去。最前面一个敌人（徐松岩）做了俘虏，可是这个敌人早就晓得我们是为人民的，随即掉转头来，向自己后方的敌人打了 3 个榴弹。二次冲锋万祥俊 7 枪打 6 个。三次冲锋机枪手王阿全端着机枪站在工事上打，炮弹把他的衣服都炸成小网，但他满不在乎，打得敌人动都不敢动。周洪友立即提出"向王阿全学习"，大家马上都站在工事上打。敌人为了挽救即将消灭的黄百韬，仍重新发动一个营的垂死的进攻，以南面为主，西面两路策应。周洪友提出"要守住马山，这回看看五军什么样子"。有的跑来问没有子弹怎么办？他坚决回答"用石头打"，"守住马山好让其他纵队歼灭黄百韬，在淮海战役里立功是最光荣的"。每人都下定决心，周洪友晓得南路主攻，机动地指挥全部到南面来瞅敌一路。等敌人冲到山腰一齐开火，敌人像死猪一样地滚下去，一个排敌人连忙举起两手请求饶命，宣布投降。他们这样阻击顽强，胜利地完成党交下来的任务，获得了"火线功臣"的光荣称号。

（季泽南）

摘自华野十一纵《战线新闻》第 63 期 1948 年 12 月 17 日

▲ 华野十纵炮兵在徐东阻击线上

▲ 华野阻援部队炮兵阵地

▲ 华野某部坚守阵地，阻击邱、李兵团

华野十一纵某部顽强坚守在伊山顶

蒋匪新五军，沿陇海路右侧气势汹汹地占领了伊山前面的一个大山头，想通过伊山，援救被围在碾庄圩一线的黄百韬匪兵团。

守卫在伊山顶上的是五一大队五连七班的 8 个勇士，他们在战前即订过四好功臣的计划，七班长冯庆之接受这任务时，知道是很艰巨的重大的，但一想到战前曾订过四好功臣计划，班里都下过决心。当对面敌人的山炮猛烈地向伊山顶轰击，山腰上、山凹子里和山顶上的碎石片子、炸弹片满天飞时，七班的同志沉着地依着山上高低不平的石块，卧倒在凹子里一动也不动，浓密的烟雾里，监视着对面山上敌人的动静。

敌人的机枪开始向伊山扫射，掩护着敌人冲到山脚下的死角，正面山腰上约有一个排敌人爬了上来，七班同志们发现了，于是以加拿大轻机枪扫射，榴弹一个个地从山顶上挥坠下去，骄傲的蒋匪新五军二〇〇师五五九团，被打得在山坡上乱窜，孬种地向后溜逃。密集的子弹、榴弹在敌人屁股后面追击着，有的敌人从山坡上滚下山脚去在哀叫，敌人是被击垮了。接着敌人以60多人，从正面山埂上猛扑过来，又爬至山腰，七班长就端起加拿大轻机枪扫射，榴弹在敌人头顶上空爆炸。机枪班长陈洪法清楚地看到，蒋匪除撤回去的4个外，其他都掩躺在山脚下。蒋匪两次想占领山头遭受惨败，就穷凶极恶地以山炮轰击后，第三次蒋匪以200多人，分两路冲上山顶，全以汤姆配备突击，以分散前进避我机枪杀伤，一路从正面冲上，另一路穿过前沿山脚下，从左侧翼迂回上来。班长冯发元看到敌人，就端住机枪，俯视山下敌人，以慢机点放，射击分散冲上来之敌人。其他同志以步枪、榴弹一齐向下开火。敌人继续在分散前进，这时设置在后面山顶上和后山左侧的两挺重机开火了，有力地策应支援了七班的抗击，切断了敌人左侧面的迂回攻击，被逼向伊山正面冲上来，正面的敌人仍在上来。

副连长喊："大家沉着打。"于是大家对准着敌人射击，副连长看到敌人在前面仅30米远，还是站着用步枪一枪打一个，敌人爬得快，副连长挂花了，冯班长以机枪迎上去，把上山顶的敌人击倒。没有一刻钟，班长也挂花了，战斗组长王材刚眼看敌人离山顶仅20米远了，即以榴弹和敌人拼，但也给敌人的密集火力打伤了，副班长郭成中立刻冲上去，也负了伤。七班固守的山头正在这危急的当儿，机枪组长看到敌人仅隔只有10米远光景，即向先头敌人甩过去两个榴弹，炸伤敌人几个，其他敌人向后一闪，他趁势抢前几步，顺手拿起加拿大机枪向敌人射击，敌人见我机枪开火，伏在坡上相持不敢冲上来。

机枪班长陈洪法立刻在山头上坚决果断地站起来喊："同志们不要怕，听我指挥。"他命令敌人离远用步枪瞄准打，敌人靠近用榴弹拼，自己用机枪扫。立刻，山顶上的几个同志精神上振奋了起来，机枪预备手沈锡林听从命令用榴弹杀伤靠近敌人，使敌人无法上山顶。这时敌人被杀伤过多，被迫得又垮下山去。

号称邱匪主力、蒋匪五大主力之一的新五军，被杀伤约200余人，死尸横在山坡上、山脚下和滚入山坨子里，而我英勇的七班除负伤4人外（副连长在内）仍毅然骄傲地屹立在伊山山头上，没有给敌人通过。

摘自华野十一纵《战线新闻》第58期1948年11月22日

华野十一纵战时政工人员的光辉典型

11月14日中午，敌人占领了城头村西沿，2点钟即向我坚守顺山的五连一排发动第一次冲锋。4点半钟，又发动了第二次的冲锋。首先集中了山炮、迫击炮、六〇炮、枪弹筒等猛击顺山，整个的顺山笼罩在猛烈炮火浓密的烟雾中，弹片、石子漫天飞舞。这样连续20分钟左右，敌人约一个连的兵力，开始向顺山冲锋了。五连一排的英雄战士们握紧枪，瞄准着敌人射去，有的战士握着手榴弹，拉出导火线。在这个时候，原五连政指、现任团组织干事徐行同志在二营指挥所，他带了四连的一挺机枪，勇猛地飞奔上山，并高喊："同志们，打啊！坚决打垮敌人的冲锋。""五连同志放心，增援到了！""要立战功就在这一次啊！"他响亮的鼓动口号，刺进每个指战员的耳朵，战士们杀敌的决心更坚强了。

敌人的各种炮火又向顺山顶猛轰了，敌人更接近了，只有10多米远了，有的只离几米远了，坚守顺山顶与增援的战士们在徐行同志的领导下，跳出工事，即进行剧烈的拼榴弹、拼刺刀、拼石子，顺山顶的喊杀声、榴弹声、机步枪声、炮声、石子声交织着响成一片。西北角上冲锋的敌人终于被杀伤了几十垮下去了，徐行同志的响亮口号又在喊了："同志们，敌人垮了。我们胜利了……"在这时，西南角上的敌人又冲上来了，前面的敌人端着机枪在冲过来，战士们又奋不顾身地反扑西南角的敌人。徐行同志榴弹已打光了，他从山头上拾起石块，向敌人甩去。这时万恶的敌人见徐行来势很猛，一梭子机枪扫过来，正中徐行同志，徐行同志光荣牺牲了。

徐行同志坚决顽强、英勇牺牲的事迹传到五连、二营、全团，干部战士都在谈论着、叹息着："好干部、好党员……"五连连长在流泪了，五连的同志响亮地提出："我们坚决要替徐指导员报仇。"

（杜旭）

摘自华野十一纵《战线新闻》第57期1948年11月20日

▲ 华野某部在陇海铁路两侧阻击援敌

▲ 华野某部战士跃出战壕实施反击

华野十纵太平庄阻击战

16日天将破晓时，守住太平庄西面的八连三班副首先发觉了敌人在70米外偷挖工事，他的冲锋式一叫，阵地上所有的火器均从工事里昂起头来发射了。战斗指挥员刘副营长一看到敌人已为我火力压倒，便两臂一张喊声：“出击！”七连一排、八连三排便从他的左右工事里上了刺刀一跃而出，像铁钳似的冲了过去。敌人一见纷纷溃乱，没命地向后逃跑。战士们便在后面追兔子似的追打，一下子打倒十几个。单八连的八班长李廷美一梭子就放倒了3个，那些丧破胆的敌人，动也不敢动地伏在那里，等待解放军去活捉他们。七连的五排副尹起尚只打了一枪就扑到敌人机枪跟前，一手夺了枪来，伏在机枪后面的一个敌班长看着三排副的刺刀尖连声说：“我还有一支冲锋枪”，孟兆经也用枪头一点捉了两个俘虏。战士们背着1挺轻机、3支冲锋式、13支步枪，赶着13个俘虏返回阵地来了。

太平庄阻击战便这样开始了。要是太平庄守不住，敌人便可取得东北两里许的岐山制高点，然后可以沿着陇海铁路、徐海公路向东前进一步了。但一场“打兔子”战斗迫使敌人的进犯不得不拖延到下午才进行。

黄昏时分，敌人冒着密集的炮火，以9辆坦克掩护一个团的兵力向我阵地接近，等到距阵地百米远时，坦克停下了，那些有气无力的步兵在我猛烈扫射下也随着伏了下来，等到他起来要想冲锋时，还未来得及越过他们前面的坦克已被我火网打垮，一个团便争先恐后像一个蛋似的向后滚跑，而掩护进攻的坦克也变成掩护退却的坦克了。战士们边打边说：“敌人逃跑连头也不回呢！”

第二天拂晓前敌人又趁着炮火掩护，在我正西与正南阵前30米的坟堆地带挖工事以图再次进犯，在西面阵地上的八连三排长、三级人民英雄田嘉山看到20多个敌人在他面前30米远的坟堆里面，便端起机枪“哒哒哒哒”一阵扫射，敌人正想逃窜，田嘉山的飞弹也就准确地飞到了，这一堆敌人就一个连一个地被打倒了。

这时有敌机两架前来助阵，当其第二圈还未转到阵地上空时，其第一架被师特务连指导员李兆荣以轻机扫射击中坠地，第二架连头也不回地立即逃走了。

西南100多米的独立阵地正受到敌2个连兵力的反复进犯，八连连长傅现龙带着正在发作的疟子病，亲在那里指挥二排一次复一次地击溃敌人，当敌第四次溃退后，五班长邹春荣喊话了，他说："弟兄们，你们都是抓来的，不要替蒋介石当炮灰了。"四班长接着说："黄百韬兵团已经被消灭大部分啦。"二排长贾金良则忠告他们说："新一军、新六军都被消灭了，你们再打也只有消灭在阵前。"那些退伏在鹿砦外的敌人听着喊话，转过头去看到正西阵地里到处是死尸，他们便不敢打枪了，这样沉寂到一个多钟头，直到敌军官从后面跑上来打枪时，他们才爬起来，却被石班长一个手榴弹击溃了。

正南的九连，在指导员、一级人民英雄魏玉峰的指挥下出击，三排副、三级人民英雄刘玉瑞领着九班向南出击。敌人一见，惊慌吆喝："八路反开了。"八连九班长一听也带着部队跳出工事来，这时友邻阵地的炮火也一齐向敌猛烈射击，一刹那第二次进犯便全部溃退，只是阵地上又增多了一批死尸。我们的人民英雄魏玉峰同志也就在这次反击中光荣牺牲了。

到了下午，敌人集中全军炮火以图作最后的绝望进犯，炮火密集地在阵地上开花，九连七班的机枪射手挂花了……①

（黄平、陈辛、卜强、张治平、刘波）

摘自华野十纵《前哨报》第33期1948年11月23日

华野七纵吴储团一营黄龙山歼匪主力一个营

吴储团一营16日上午在黄龙山大显神威，发挥了短促出击，猛打猛冲，将匪主力军主力师主力团——五军二〇〇师五九九团，杀得尸横遍山，丢下匪尸三四百具。是日拂晓该匪在激烈炮火掩护下，企图向我阵地侵犯，我三连及机炮连健儿英勇沉着坚守阵地，组织猛烈有效火力，一阵阵将敌杀伤在前沿。二连猛烈打出去，三连健儿同样英勇出击，反复冲杀数次，在一条山沟里顿时

① 编者注：因资料欠缺，文章不全。

堆满了匪尸三四百具，把石头都盖没了。三连九班张洪德组杀进杀出，机炮连七班小炮尽在敌人头上开枪，显得特别威风，把敌人打得到处乱滚。激战三四小时，敌丢下了几十挺轻重机枪、一二百条步枪和冲锋机、卡宾枪等，及匪营部电话机一架。后因仓促奉命主动转移，武器一时未全搬走，共计得来了机枪 5 挺、掷弹筒 1 个、枪弹筒 3 个、冲锋枪 9 支、卡宾枪 15 支、步枪 15 支，俘匪 11 名，该匪遭受惨重打击，仅遗尸即达一个营。我一营战士兴高采烈地说："这一下打得痛快，够飕了！""这个屌主力没有用，一个反冲锋就打垮了。""敌人只是炮火多些，但早晨打了 100 多炮只伤了我们两个人，我们不怕疲劳做工事有好处的。"

（徐、鲁、李）

摘自华野七纵《武装》（战地版）1948 年 11 月 18 日

我英勇阻击部队受到新华总社表扬　碾庄前线击落加拿大蚊式机一架

【本报讯】16 日敌曾向我阵地数次进犯，均被击退，我全线阵地屹立未动。陕北新华总社于昨晚的广播中，向全国解放军、全国人民表扬英勇阻击的部队道："由徐州东援之敌邱清泉及李弥两兵团虽以 5 个主力师在 30 里正面作集团冲锋，并以 30 余辆坦克及大量炮兵配合，但在我坚强阻击下，一天（指 14 日前）仅进 5 里，军心沮丧，我强大阻援部队已毙伤敌数千人了。"

【又讯】碾庄前线我军于 13 日击落加拿大蚊式飞机一架。

摘自华野十纵《前哨报》第 28 期 1948 年 11 月 18 日

我某部阻擊敵邱李兩兵團
英勇頑强完成任務
保證了全殲敵黃伯韜部的勝利

山東婦女在勝利鼓舞下

◀ 解放军徐东阻援部队英勇顽强完成任务的报道

▶ 华野十纵二十八师八十三团八连在徐东阻击战（侯庄战斗中），于敌众我寡的情况下连续奋战几个小时。在部分阵地失守的危机关头，共产党员、干部挺身而出，带领群众与国民党军展开白刃战。此为与敌白刃格斗时使用的三八式大盖步枪和刺刀

华野七纵谢何师[1]反复争夺刘庐家　歼五军约一个营　俘百余缴获甚众

【本报讯】20日我谢何师在刘庐家阵地反复争夺中，歼灭匪五军四十五师一一三团约一个营，巩固了刘庐家阵地。下午2时后，敌四十五师一一三团在飞机炮火及6辆坦克掩护下，全力猛犯张余团[2]刘庐家阵地，当时我守备部队沉着应战，阵地里一度被敌突破，但迅即被我将犯匪击退。下午3时以后，敌再度在猛烈炮火与坦克掩护下，侵入刘庐家阵地，并有两个多连占领该村西头，我守军顽强逐屋抵抗，再以吴张团、杨姚团[3]各一部配合反击，现将敌军后路切断，使侵入村内匪军落入我包围之内，战斗至为激烈。至晚8时，我即将侵入之敌全部肃清。据当晚报告，该部俘敌百余人，缴获六〇炮7门，火箭筒1个，重机枪4挺，轻机枪2挺。与此同时，敌以一个多连兵力，3次攻击我吴张团麻谷子阵地，均经守军沉着击退。另兄弟纵队之常家楼阵地，下午6时曾被敌侵入，至夜12时，亦告收复。

摘自华野七纵《武装》（战地版）1948年11月21日

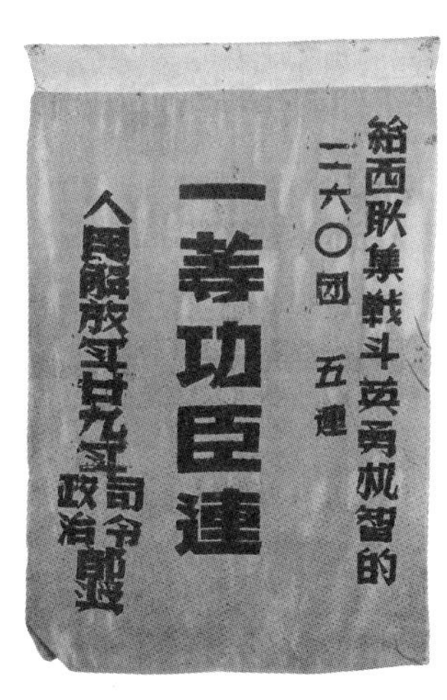

◀ 华野十一纵九十八团（后改编为二六〇团）五连在西耿集阻击战中，经反复争夺，击退数倍于我的国民党军疯狂进攻，歼其300余人，顽强坚守阵地，战后荣获二十九军司令部、政治部授予的“一等功臣连”奖旗

▶ 华野七纵二十一师六十一团一连二排在阻击战中，用手榴弹和刺刀击退国民党军轮番进攻，誓与阵地共存亡，荣获“铜墙铁壁”奖旗

---

① 编者注：“谢何师”为华野七纵二十一师。

② 编者注：“张余团”为华野七纵二十一师六十二团。

③ 编者注：“吴张团”、“杨姚团”为华野七纵二十一师六十一团、六十三团。

华野十纵七大七连及时整理组织　建制迅速恢复情绪高涨
战士们说："七连是打不垮的！"

七大队七连于徐东阻击战中，整理组织结合整顿思想，建制迅速恢复，情绪继续高涨。该连于新庄战斗中杀伤敌人300余人，取得阻击歼敌的胜利，但全连伤亡较大，战斗后剩下27人，干部剩下一排长杨文、副排长冯治华和4个副班长，支部除6个干部党员外，战士党员只剩下2人。因之部队思想混乱，部分战士认为不能继续再战，但经过济南常旗屯战斗（常旗屯战斗该连伤亡甚大，经补整迅速恢复战力）的战士却未泄气，济南英雄竟德成说："我们伤亡不算大，敌人才□，被我们杀伤的不轻。"郭保安说："解放军的战士死也不屈服，剩下一粒子弹也要打下去。"赵文学说："不要光看自己的伤亡，看看敌人被我们杀伤多少！这是胜利，不是失败。"当时一排长杨文在部队中进行解释，讲明以小的代价换取大的胜利，表扬了不泄气的同志，扶植正气，部队情绪乃初步稳定。营部即于此时来该连整理组织，派来二级济南英雄张显臣为副连长，将全连合并编了4个班，当夜略事休息后，又挖工事准备再战。次日天明，补充11名新战士，扩编为6个班，提升王云、竟德成、罗文信、周景顺为班长，团部从一、二营抽调1个班长、3个副班长和4个老战士，其中有7个党员，补充该连作为骨干，连同原有老战士，平均配备各班，同时以之为骨干划好互助组。支部整理同时进行，以杨文代理副支书，吸收火线表现英勇的雷广德、刘生安入党，编成5个小组。于行政、支部组织整理的同时，抓紧进行思想整理，除一般贯彻解释胜利外，支部响亮提出口号："把济南战役的模范七连恢复加强起来，这是每个党员的任务！"号召党员自觉成为骨干核心，加强党的领导，提高部队战斗情绪，再接再厉，准备再战。特别强调党员不能悲观，当时所有党员都下了决心，济南英雄"金石"班班长竟德成表示："有一个人打一个人的仗，坚决带领全班打到底！"会后，党员分头集体的、小组的、个别的以党员团结积极分子，根据不同思想情况大力进行解释鼓动。战士在接到纵、师慰问袋，特别看到黄兵团覆灭后大批的败兵伤兵下来，亦确信自己的胜利。此时新战士不断补充，建制逐渐充实，第三天即参加吴窑反击战取得胜利，情绪高涨，战士说："七连还是七连，七连是打不垮的！"

（谢丁）

摘自华野十纵《前哨报》第36期1948年12月8日

▲ 华野七纵二十师六〇团阻击国民党援军的战地宣传画片

华野七纵吴张团在阻击战中印发战场鼓动标语千余份

吴张团政治处在上次围歼黄百韬兵团的阻击战中，印发鼓动标语共36种，1050余份，效果甚大。如一机连政指何双华在紧张战斗中到了一个工事，因苦于不知说什么，准备说“你们好好干”之类的一般鼓励话，但猛见到工事木梁上贴着的“轻伤不下火线立功，互相立功！鼓励立功！观察立功！”当即有了话说。大家都托着每次发来的标语，三连班副仲成德说：“一来就抢着看，一看一连守得很好，我们就想和一连比比。”标语内容必需：①合乎战斗任务，如这次提出“决不后退一步”及“在反击中大量消灭敌人”。②合乎实际情况（特别是思想顾虑及疑问）的需要。如发表许多请求打坦克的及坦克十怕，击毁坦克消息，以克服对坦克的顾虑。又如在战斗两日中提出克服疲劳，在黄昏提出防止敌人偷袭（也是针对敌人战术特点）。③必须根据对战斗的要求如提出“硬骨头”以加强战斗顽强，及指出争取光荣的方向。如提出“创造阻击、反击、射击英雄”。④对新鲜的创造要大大推广。如火线入党的提出及介绍四连做好此次工作的情况，而其中以介绍在当前战斗中本部队的实例又非常重要。此外可介绍兄弟部队的大小胜利消息。此种实际简短具体材料可从战斗空隙（如阻击中夜间）及电话中搜集的材料，形式上应力求美观（如与画片结合）、短小（六十四开纸），词句上需明确有力，为使此种标语有效必须对思想情况有预见性，及时提出。

（归）

摘自华野七纵《武装》第632期1948年12月3日

华野十纵纵直干战慰劳前方

【纵直讯】纵直一、二区队干部战士纷纷以自己的津贴、衣被等慰劳前方正在阻击敌人的指战员。当一、二区队听到前方有些同志把背包、东西全掉了时，有的同志自动把自己津贴大部或全部献出来，有的把被子献出来两人合盖一床，有的把自己仅有的两件衣服献出一件。不少干部同志把大衣献出来，纵队首长刘政委[①]也捐出了绒衣和新鞋子。总计两个区队共捐：慰劳金1348700元，被服鞋袜等402件，日用品142件。

摘自华野十纵《前哨报》第32期1948年11月21日

三、侧翼打援威逼徐州

在正面阻击的同时，华野苏北兵团司令员韦国清指挥第二、十二纵队、中野第十一纵队以及鲁中南纵队、第三纵队、两广纵队位于徐州东南地区，向增援黄百韬兵团之邱清泉、李弥两兵团的翼侧不断发起攻击，华野一纵随同苏北兵团参加打援作战。打援部队于潘塘地区向邱清泉兵团展开激烈进攻，并袭击徐州机场，严重威胁援军侧后，使东援之国民党军顾虑后路被切断，迟迟不敢大胆东进，有力地配合了阻援部队的正面阻击，迟滞了邱、李兵团的增援速度。

简介

华东野战军苏北兵团

华东野战军苏北兵团主要辖第二、第十一、第十二纵队。因战斗需要，兵团所指挥的纵队多有变化。1948年3月组建，担负苏北战场作战任务，先后参加了益林、盐城南、涟水、济南等战役。淮海战役时主要指挥徐东侧翼打援，参与指挥南下阻击李、刘兵团和北上追击、围歼杜聿明集团等作战。

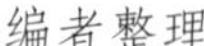
编者整理

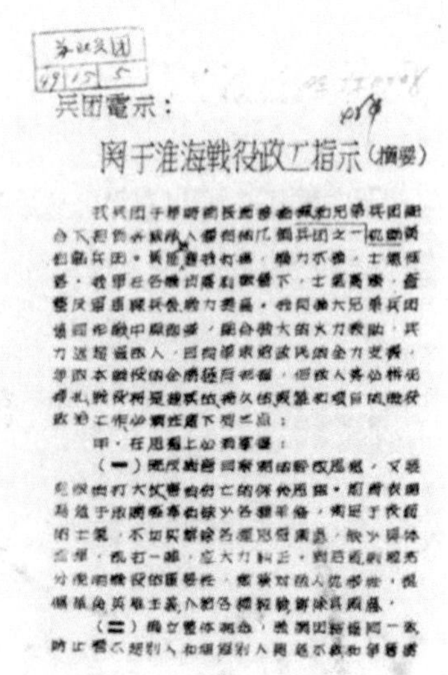
兵团電示：
関于淮海戰役政工指示（摘要）

▲ 苏北兵团副政委吉洛签发的电示：关于淮海战役政工指示

① 编者注："刘政委"为华野十纵政治委员刘培善。

战史摘要

华野二纵切断邱、李兵团退路

▲ 苏北兵团司令员韦国清（右）在徐州东南指挥打援部队作战

苏北兵团展开了切断邱、李兵团退路的作战。15 日，我纵担任由潘塘以西，柳集以东，攻击前进楔入敌纵深的任务。纵队首长认识到要单刀直入切断敌重兵集团的退路，是个既光荣而又艰巨的任务，也是一步勇敢的险棋，成功则有利全局，不慎会蒙受损失。因而向各师交代了战术要求：要贯彻“愈坚决、愈大胆、愈能胜利”的精神，利用夜战迅速勇猛地攻歼守敌，争取拂晓前调整部署作抗击敌人白天反击的准备；先头各团对敌营以下兵力，应当立即展开攻击，敌人多时，则报告上级统一处置；要利用沙质土壤进行对壕作业，以保障顺利突破。当晚四师在左，六师在右为第一梯队，五师为二梯队，攻击前进。四师十一团于魏家河发现敌人立即发起攻击，经反复争夺，歼敌数百，余敌北窜。十团至文庙，三营副营长、战斗英雄魏尚友亲自侦察敌情，仔细作出攻击预案，率八连以勇猛果断的动作，向文庙发起攻击，迅速歼敌一个连又一个排，我无一伤亡。10 时六师于李村、王塘发现敌一个团，遂以十六团主攻王塘，十七团监视李村，十八团进至王屯保障十六团侧翼安全。12 时十六团战斗发起，经激战 3 小时，全歼敌一七三团一个加强营。战斗中，该团八连打得英勇顽强，战斗英雄、连长张春礼，见主攻连受阻，立即转助攻为主攻，亲领突击排向敌纵深猛攻。在连续夺取 4 所院落后，遇到大股敌人顽抗。这时，张春礼虽已 6 处负伤，突击排只剩 6 人，仍然坚持战斗，直到九连上来协同歼灭该敌。此时，李村之敌见势不妙，乃向北逃窜，十七团占领李村。

由于当晚各部队前进参差不齐，为了便于次日抗击敌人反击，遂将先头各团部署于前后曲头、魏家河、七圣庙、王屯、王塘、李村之线。部队不顾彻夜激战的疲劳，赶紧抢修工事，随时准备再战。

16 日 11 时，敌人向我发起疯狂进攻。七十四军用两个师的兵力，在密集的炮

▲ 韦国清在战役中使用的文件箱

火和坦克的掩护下，以其五十一师展开一个团向我十一团魏家河、郭湖阵地猛烈进攻，尤以郭湖的战斗最为激烈。敌人的炮火将房屋全部摧毁，村内墙倒屋塌，烟火弥漫，敌连续冲击均被击退。同时五十八师展开两个团向据守在李村的我十七团进攻，在猛烈炮火和 7 辆坦克的掩护下，连续冲击，虽曾数次突破我前沿阵地，然均被击退。战至 15 时，敌人再次猛攻，突破我阵地前沿并占领了几所房屋。师令十八团派出一个营，从侧翼协同十七团将其击退，敌遗尸 200 余具。由于敌炮火猛烈和我防御工事单薄，各守备部队打得都比较艰苦，均有不少伤亡。

经过一夜一天的激战，敌七十四军遭我重大打击，遂龟缩到潘塘周围不敢动了。这次战斗使邱清泉慌了手脚。他知道当前遇到的对手，并不是什么我地方部队，而是解放军的几个纵队，而潘塘西距徐州 18 公里，距徐州机场仅 8 公里，是徐州的咽喉和敏感地区，特别当 13 日华野三纵攻克徐南三堡车站和 15 日中野攻克宿县，切断了津浦线徐蚌段，使机场成为徐州的唯一补给线。在此情况下，邱清泉感到这里出现了那么多的解放军，担心潘塘失守，机场不保，就有救援不成又丢失徐州的双重责任。他慌慌张张连转移指挥所都忘了通知所属，就回到徐州近郊的团山后方指挥所。他彻夜不眠，亲自用电话调动部队。16 日下午，先令七十军三十二师由霸王山火速车运赶到柳集，以保障十二军和七十四军的接合部，后又恐不足，17 日下午，他又将正在鼓山向东猛攻救援黄兵团的主力，在国民党军中号称王牌中王牌的七十军九十六师，调回到潘塘后面集结，并配属坦克数辆，准备反击。无怪当日野指为吸引敌人援军东进，以利我切断其退路，虽令阻援部队向后收缩，苏北兵团暂停进攻，却不见敌人东进，反而后调频繁。

17 日晚，苏北兵团再次向敌发起进攻。四师攻击陈屯、文庙，六师攻击前后蒋楼。四师进展神速，十一团攻击陈屯，歼敌约 4 个连，余敌北逃。十团攻文庙，又歼敌一个连，部队前出至柳集东侧之贾楼。六师以十七团攻前蒋楼，歼敌一部。十八团配属纵队警卫营攻击后蒋楼，顺利突破后，迅速向纵深发展，歼敌 1 个团的大部，俘敌近千。由于残敌没有肃清，撤出战斗较迟，以致 18 日晨，该团在行进中遭到 12 架飞机和步坦配合的反击，造成队形一度混乱，增加了伤亡，使俘敌又大部逃散。此时，由于我纵队已楔入敌阵近 4 公里，前出部队已呈三面受敌的态势。于是，即令各团撤回到原线扼守。野指鉴于柳集、潘塘之间在不足 5 公里的正面上，敌人已集中 5 个师又 1 个旅的兵力，村村有守敌，无隙可乘，决心调整部署，乃缩小攻击正面，向东转移。

18 日晚，我纵奉命向东转移至水口、小店地区，协同友邻攻击鼓山、狼山、仲山、盛山守敌七十军一三九师。午夜十三团攻击城西头，歼敌一三九师四一七团一部。19 日十四团团长佘锜义亲自指挥三营攻击马山，仅用 15 分钟时间攻克敌阵，歼敌一部。可是我们英勇善战的团长佘锜义同志却在此次战斗中光荣殉职了。20 日上午，友邻八师二十四团要我十四团配合攻击孤山，经 20 分钟激战，十四团三连和二十四团同时攻上山峰。

截止 20 日下午，经过连续 5 昼夜的激战，我纵歼敌约 3 个团，粉碎了七十四军迂回侧击我正面阻击部队的诡计，将东援的邱兵团主力吸引于徐州东南潘塘、刘集之线，震撼了徐州守敌，有力地保障了歼灭黄百韬兵团。总前委根据军委电示：敌因受韦、吉威胁，正令李延年兵团向北急进，配合邱清泉夹击我军，这就有可能造成我歼其两个军的良机。遂令苏北兵团南下。20 日晚，我纵撤出徐东南战斗。22 日当兄弟部队全歼黄百韬兵团时，我纵已进至宿县东南任桥以北之水池铺、西寺坡地区，准备歼击北进之敌。

摘自《中国人民解放军陆军第二十一军军史》，1988 年，第 274—277 页

▲ 苏北兵团某部迂回至徐州东南侧击邱、李兵团

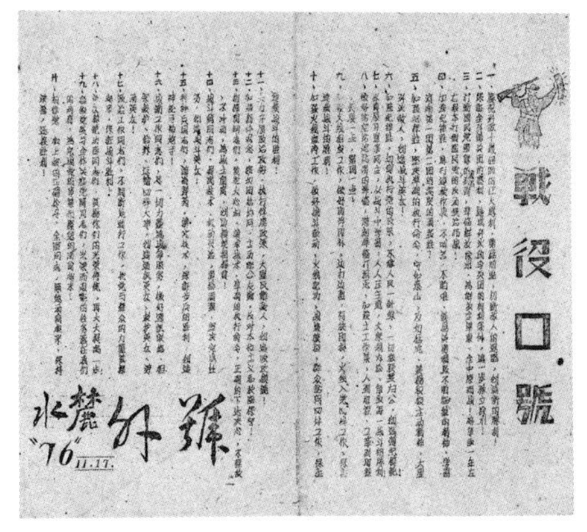

戰役口號

麓水外號

"76" 11.17.

▲ 华野三纵《麓水》11 月 17 日号外上刊登的战役口号

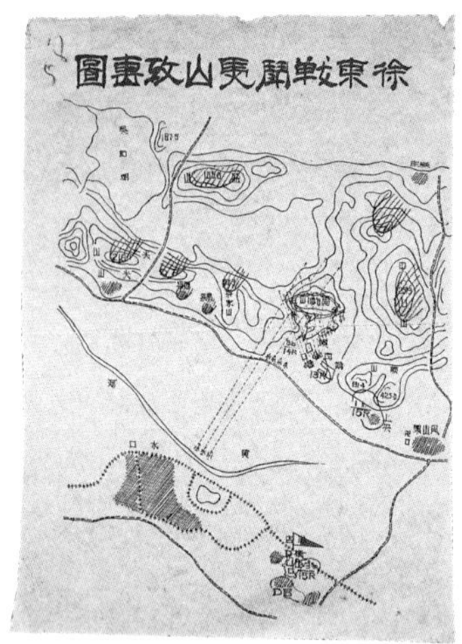

▲ 华野二纵五师徐东马山攻击作战图

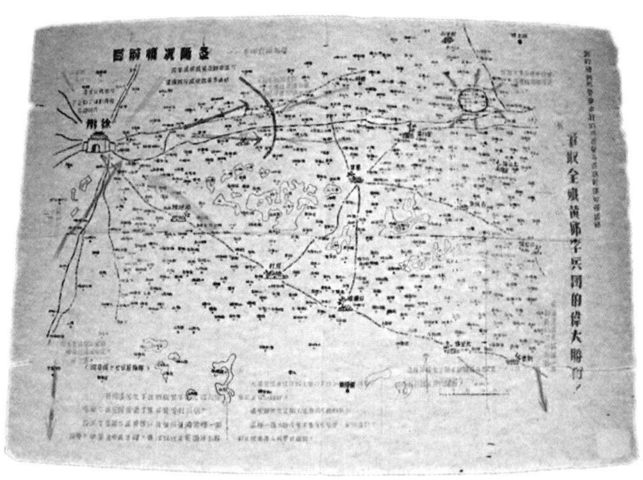

▲ 此《目前情况简图》是 1948 年 11 月中旬华野一纵一师政治部印制。简图为 8 开纸，采用黑、红、绿三色套印。黑色标示徐州以东及东南地区大小地名近 600 处，下方绿色文字表述目前情况下需要研究的问题

战术研究

鲁中南纵队总结阻击邱、李兵团的经验

（一）敌在攻击中之战术特点：

1. 多采取集中优势兵力，逐点向我攻击，其攻击点之选择是我突出部分或我侧翼，同时很注意找我结合部及薄弱部分，一般的在攻击前，先行较长时间的火力等准备，然后集中炮火逐点摧毁我之工事，掩护步兵运动，待步兵到达冲锋出发地，准备完毕后，发起冲锋，此时炮火即转移向我纵深或两侧，在平原多用坦克在前，步兵在炮及坦克掩护下向我透进。

2. 敌在进攻阶段，采取疏散的各个跃进到达冲锋出发地，距我前沿六七十米时集结，再采取集团队形，作反复数次轮番兵力之冲锋，以军官督战，求得突破我一点。

3. 采用一侧或由两侧大胆迂回包围是邱、李兵团的一大特点，特别迂回我较弱的部队。

4. 敌善于反扑，如我向其攻击，接敌前沿即以密集炮火向我射击，如不能阻我前进时并不顽强亦不坚决固守，即行放弃工事向后及两侧撤退，迅速组织火力，

待我占领其工事后混乱之时，以密集炮火向我射击，我部队受到杀伤或混乱时，即组织反击。在潘塘及中山带攻击战中，我伤亡多均系在敌阵地前沿及敌反扑时炮火之杀伤。

5. 敌人无论在攻击及守备中并不顽强，如遇我突破前沿，不易撤走，即行交枪（我一四〇团中山战斗时，敌曾两次集体交枪，第一次取枪后，双方被敌炮火杀伤，第二次我部队未倍），白刃近战精神更差，主要是依靠优势炮火。

以上几点是在此四天阻击战中发现敌向我攻击，如刘塘、刘庄、郝庄等地表现的一般的战术特点。

（二）根据各部介绍及实战体会应采以下对策：

1. 防御阵地应采取疏散据点或纵深配备阵地。如在山地时，重点应置于山腹两侧及前沿山顶，应以火力控制之。

村落应选在村沿（150 米至 200 米）及野外，村沿正面及村内少数兵力控制之，作为补助防御阵地，以减少敌炮火之杀伤，工事构筑单人散兵坑增加盖顶，成小地堡群为火力点（因大地堡易为敌炮火摧毁）。

多构交通壕、散兵坑、避弹室、掩蔽部及鹿砦设备，以对付敌之集团冲锋。工事可采用三角或梅花形，便于交叉火力，消灭阵地之死角亦不使敌占我一线点而威胁全线阵地。

工事构筑不仅对前，而且应对两侧及侧后（第一线、第二线均如此），以防敌迂回，即侧翼友邻阵地失守，亦不致受敌迂回威胁，此次阻击战有些部队坚持阵地很好，但缺乏这样工事准备，友邻阵地失守则被迫撤退，今后应注意。

2. 对敌之集团冲锋，在敌冲锋阶段应组织三分之二的火力射击，三分之一的火力补助主要火力之间隙。敌冲锋至我前沿时，以手榴弹及手掷炸药杀伤敌人为最有效。在敌人炮击阶段不要单纯防炮，要组织观察以防敌发起冲锋，措手不及。

3. 固守阵地应与反突击相结合，达到阵地之巩固，但出击道路及火力应事先选择布置。掌握反击时机，应在敌炮火向我纵深转移，步兵发起冲锋之短促时间内为最有利，因此反击部队位置不要过远，并要准备打垮敌人二、三次连续冲锋。

固守阵地部队不管正面如何宽广，每个指挥单位必须保持一部分突击兵力，以作机动。

如敌坦克掩护其步兵透进时，除指定一定部队（小部队）和火力对付坦克外，主要应集中力量歼灭敌之后随部队，待歼其部队后，坦克即不敢前进，光打坦克不管敌步兵是会吃亏的。

在敌进攻时，应确实掌握部队，在敌接近三五十米内，我火力突然一齐开火，将敌压于我阵地前沿，配合短促反突击，扑灭进攻之敌于阵地前沿。此时，我炮火应转向敌纵深，断其退路，掩护出击歼灭之。

摘自鲁中南前线指挥部《淮海战役第一段落对作战工作上几个问题的归纳（1948.11.6—11.30）》，1948 年 12 月 7 日

华野一纵第一阶段——狼、鼓山战斗

一、战前情况

黄匪兵团主力被我友邻围于碾庄圩地区后，自 11 月 11 日起至 18 日，先后歼其四十四军、一〇〇军、二十五军大部，尚余下 4 个团左右兵力，困守碾庄圩及大小牙庄、前后黄庄等 5 个庄子里，我友邻纵队采取钓鱼方针，渐次消灭残敌，以诱杜匪东来。

匪在 14 日以邱、李兵团全力，经宛山南北地区，东来增援，被我友邻纵队逐次阻击。18 日敌先头被阻于大许家、邵家湖一线，其二〇〇旅［师］位岗上集，一三九旅［师］占狼山、中山一线山地，以七十四军占潘塘，李弥所属则在岗上集以北一线，与五军并肩向大许家攻击前进，徐州仅留孙元良部驻守。

二、情况任务及我之部署

18 日敌二〇〇师已占薛家湖、朱小庄等地，四十五师黄集，一三九师则占狼山、鼓山带，中山、马山有其一个团。

18 日 14 时纵队奉华野令，西与鲁中南纵，东与十一纵，并肩由房村之线向狼山、鼓山攻击，得手后直取岗上集、宛山，以求分割歼其一部，以攻势行动阻敌东援。决定部署如下：

纵队指挥所由许家湾经双沟、骡马集进至小刘庄，以二师由双沟、房村、下洪攻击狼山，得手后即向崔庄一线攻击，力求拂晓前与三师共同拿下大小赵庄。该师受令后，即以五团为攻击团，先求攻占狼山，尔后又以六团向崔庄一线攻击。以三师由小黑山、白娄为基地，攻占鼓山。该师以七团担任此任务。另以一部由山王庄向西攻击赵庄，与二师打通联系，该部以八团担任此任务。以求拂晓前完全占领狼、鼓山，打开缺口，并以此作为向岗上集、薛家湖攻击之阵地。在此作战阶段纵队以一师为预备队，留守骡马集一带，待令参战。

三、战斗经过

（一）18 日下午 5 时，二、三两师开始接敌，于 10 时许，各部皆已到达攻击准备位置。战斗先于五团方向打响，该团以二营向狼山攻击，19 日 1 时许已拿下狼山以南的一个高地。当时因天黑地形不熟，拿下该山后，误为已拿下狼山，指挥上即令巩固阵地，火力亦未展开，后发觉狼山之 248.5 高地尚未拿下，乃又匆促向该地发起攻击，几次受到狼山东侧山头（双山）火力威胁，未能成功。复以三营向双山攻击，亦未奏效。拂晓后，两个山头都未拿下，天亮后，二营乃只得巩固已得阵地。19 日上午 6 时，敌由崔庄增援，向二营阵地反扑，因部队疲劳睡觉，警戒疏忽，该山头复被敌重占。

三师八团于 11 时 40 分进至山王庄，乃以一个营向小赵庄攻击，19 时左右，占领小赵庄南之小高地，俘敌 30 余名，缴轻重机枪各一挺。此时天亮，因鼓山没有拿下，不能坚持阵地，即撤出该地，受敌火射击，因伤亡颇大。七团以二营攻鼓山，该营以四连由鼓山北面向敌侧面攻击，五连由小黑山向西正面攻击。2 时许，五连攻鼓山东南角三个小山头，查明守敌全部固守鼓山山顶（一个营）。19 日 3 时向主峰攻击，因没有压制敌火力，且与四连失联系，攻击未成功。4 时又组织攻击，炸开围子地堡，但仅五连一排长上去，后来部队未能跟上，又未成功，并受到狼山侧翼火力杀伤，天明乃据守小黑山原阵地。

（二）19 日下午，纵队仍令二、三师继续执行 18 日之任务。二师则以五团攻取狼山，以六团攻取双山，先求拿下双山再攻狼山。六团本拟下午 8 时发起攻击，因突击连摸错了路，待重新调整，后于 10 时许才发起攻击，战斗至为激烈，山顶工事得而复失。五团则一鼓作气，将狼山拿下。因二纵队是晚未攻中山，受敌火力压制，且双山又未拿下，不能固守，天明后，敌以中山约一个团反击，狼山复失。

三师仍以七团攻击鼓山，17 日白天，充分组织火力，而攻击部队分成四个头，采用四面八方同时攻击的办法。下午 4 时半，炮火开始射击，命中甚多，威力很大，部队即向鼓山攻击，敌不支向后溃退。5 时即占领山顶围子并继续乘胜将鼓山北面另一小山头，迅速占领，然后布置防守。至 20 日天明前 1 时许，敌集中 20 多门炮之火力，向鼓山轰击。该山系乱石山，不能做工事，原有的石围子均被敌炮火所摧毁。敌在炮火掩护下，分三路向我反扑，我因缺乏山地防卫经验，故敌一路由双山迂回到鼓山东面我之侧后时，部队即后撤至小黑山一带防守。

（三）20 日下午 6 时，纵队奉命撤出战斗，到房村、水口一线待命，战斗因此结束。

四、敌我优缺点

（一）敌人方面

优点：

1. 敌人山地防卫作战较有经验，其防卫配备有重点，几个主要的山头、制高点，皆派有一个营以上的兵力固守，相互可以火力策应，使我无法各个夺取。次要山头亦都派有排哨、连哨与我周旋。而每个防卫重点都能独立作战，以少数兵力扼守前沿，主力隐蔽于防界线后面山沟里，以便乘我夺取山头立足未稳之时，向我反扑。

2. 善于使用炮火。其山、榴炮三五成群，分散配备，各山顶及山的斜面上，事先测好距离，有统一指挥，发现我目标后，可以不同之炮位，集中轰击同一地区。我攻击狼、鼓时，敌经常集中20门山、榴炮轰击我二、三师阵地，增加我方许多困难。

3. 长于组织反扑。当我攻占一山时，敌善于组织反扑，其反扑特点，如发现我有强大兵力时，先以炮火反击。而后步兵分成三路、四路，从四面八方向我包围夹击。如19日傍晚，我三师七团攻占鼓山后，敌于20日拂晓时集中20余门山、榴炮轰击该山，尔后以众多火箭筒火力摧毁我用石头堆成的工事，其步兵则分三路向鼓山合击，其中一路系由双山直插鼓山之后，约有一营兵力。我七团指挥员事先并未估计到敌人会由双山出来一路反击，故发觉该路敌人后，部队开始混乱，指挥上也即决心后撤了。敌向双山、狼山我二师阵地反扑之特点，亦大体相同。

如发觉我有弱点可乘时，敌能不用炮火掩护，秘密摸进我阵地，而以短兵火突然的袭击。如我二师五团18日晚攻占狼山南一个山头后，白天部队疲劳，警戒打瞌睡，敌即乘机派部摸上山来，以汤姆及榴弹火力反扑我们，我因无准备，措手不及，致使被敌夺回该山头。

缺点：

1. 敌因众多兵力固守一点，易受伤亡及疲劳兵力。如我向狼鼓山攻击一晚后，敌次日不得不抽出三十二师一个团来增强阵地。又如我七团夺取鼓山后，敌在山顶遗尸颇多，皆是此例。

2. 敌工事不坚。因该带山地皆系乱石，无树木，敌人占领几天后，只以乱石砌成一些石圩子，以作抵抗，工事不坚固，石圩子外面只做了一道鹿砦，我如发起炮击，敌即不易立足，如适当使用爆破，效力更大。如我七团第一天对鼓山攻击，曾用炸药炸开一道圩子，当时敌异常恐慌，但因我突击队未跟上，故未能夺取该山。

3. 敌只能进行阵地内之反扑，对阵地外只能以炮火射击，未能组织步兵有计划的反扑，使我得有余裕时间组织新的攻击，故其反扑仅是恢复阵地之性质，并无积极意义。

（二）我军方面

优点：

1. 有高度的攻击士气。几次黑夜攻击一般都能采摸的办法，攻击一个山头时，都能采取包围及小组迂回。如七团19日黄昏对鼓山的攻击，团布置了三路攻击该山，而到营、连里，攻击山头分得更多，造成四面八方合击一点的攻势，做到能切断敌退路，并从侧后包围敌人，是当时夺取鼓山最大的成功。

2. 注意攻击的步炮协同。虽我当时山地攻击经验缺乏，但对步炮协同观念都很强，师级有重炮配备，团炮都占领阵地向敌仰射，六〇炮、机枪能紧随步兵连作战，因此予敌有较大之杀伤。19日三师等部组织一天的炮火，傍晚攻击时炮炮命中，完全压制敌火，致使攻击成功。

3. 能边打边侦察。初次攻击时，各部对狼鼓山地形皆不熟悉，又加黑夜不能观察，但各部皆能边打边侦察，及时报告地形，对次日能攻击狼鼓山有决定意义。

缺点：

1. 我缺乏山地作战经验，尤其缺乏山地防御经验。当我攻占一山后，部队大都拥挤在山顶，如有敌反扑顾虑时，亦只部署单面或二面之防御，没有以反冲锋对敌冲来之计划（七团20日晨失鼓山即此因）。或则警戒疏忽，太平观念，以致被敌所乘，措手不及（五团19日失狼山南之山头即此因）。且防御配备对各级炮火都缺乏使用及作战的计划。

2. 攻击时炮火没有山地射击经验。第一夜攻击时，大多数炮都按于山沟里向上仰射，未能占领适当之阵地，故不能发挥应有威力。而攻击之队形亦多采一路纵队，不是采取梯队攻击，因此伤亡较大，且不易掌握，如七团第一次攻击鼓山，已冲进去一个排副，就因后面部队失去联络，故不能完成任务。

摘自中国人民解放军第二十军司令部《淮海战役纵队作战经过及主要经验汇集》，第7—9页

怎样防炮

一、首先要注意防空。敌人往往用飞机指挥打炮，白天飞机在我前沿乱绕乱扫机枪，敌炮就朝这里打。夜间飞机上放白光，是没有找到目标，不打炮。如放红光，是因我们接近了他的前沿，恐炸到他自己，也不打炮。如放蓝光，即是找到目标，随即打一个照明弹，跟着丢一个炸弹，弹烟向上冒，敌炮就向这里集中轰击。因此要注意：夜间做坑道作业时尽量要掩蔽，敌打照明弹要迅速卧倒，把洋锹、肩章等掩蔽起来，并先挖好单人掩体以便个人隐蔽。挖出的湿泥要用干土盖上，使飞机不能发现目标。

二、要挖强固防炮工事。李罗团九连第一天炮伤 11 人，第二天挖好工事，整天与敌反复冲锋，无一炮伤。

三、打炮时怎样防炮？

据李罗团三机政指万鉴□同志说，党庄战斗中，我炮兵照旧样子放在步兵前后，距离很近，遭敌连弹轰击，步兵受到损失。第三天反击时，放在步兵的左或右（在后也可，都要离步兵远些），便未受损失，并且得出在敌炮封锁下打炮的经验：即我们先装好炮弹，接着敌人的炮弹响声打出去，可迷惑敌人，使他找不到我炮兵阵地，这次六〇炮就是这样打的，当然炮兵工事更要坚固。

四、炮弹声音的躲避法：如哧哧声，炮弹掉得远，如刷的一声，就要迅速卧倒，炮弹必在左右前后爆炸。

（李平、崔声远、张钰）

摘自华野十二纵《战号》（火线版）第 44 期 1948 年 11 月 25 日

战地报道

华野二纵某部不让敌人进李庄

在配合兄弟部队歼灭蒋匪黄百韬兵团的战役中，李章团[①]奉命插入敌人所谓“东进兵团”南路主力的侧后，于 16 日上午 3 时，大胆、勇猛、迅速地强占了离敌

① 编者注：“李章团”为华野二纵六师十七团。

七十四军军部不到 3 里的李庄，被威胁的敌人慌乱地集中了约一个师的兵力，在 7 辆坦克和飞机大炮的掩护下，妄图拔除这个钉在右背上的“钉子”。健儿们也就凭着这个只经过两小时简单作业的村落，不仅英勇顽强地抗拒了敌人从上午 7 时起连续 9 小时的 3 次猛攻，而且杀伤 400 余敌人于阵地前沿，胜利地完成了守备任务。

在敌人主攻方向的八连，表现了无比的英勇顽强，工事全部被敌火摧成平地了，同志们一面隐蔽好身体，一面准备好炸药。遭受敌进攻最猛烈的三排，排副刘洪烈，头部负伤了，但不肯下火线，爬来爬去地指挥着。七班只剩王开明和墩尚解放来的战士王树林，也不肯后退。这次淮海战役刚刚解放两天的九班战士吴凤权，看见全班同志都伤亡了，便拾起地上的步枪，继续抵抗，他边打边想起班里老同志说的：“现在是为人民为自己干事情了！”“革命军人没有命令是不能撤退的！”自动指挥全排战斗的八班长龙金全被敌炮掀起的泥土埋了 4 次，又爬起来继续用手榴弹向敌人猛掷。

奉命增援的警卫连，也像八连同志一样的英勇顽强，战士们沿着炮弹和烟火弥漫的街道和战壕向敌人冲去了，一班长杨玉清打倒了 30 多个敌人，战士何志仪也像他一样的英勇端着机枪，看见哪里吃紧就向哪里扫射。排长负了伤，三班战士王怀玉即恨恨地喊着：“替排长报仇！”敌人冲到跟前时，他奋不顾身地站起来，用手榴弹把敌人打下去！战斗发展到最严重的时候，政指郑文友大声呼道：“我们都是共产党员，都是革命战士，一定要坚持到底！”团长和政委也从指挥所里冲出来号召一切同志拿起一切武器上去打击敌人！已经负伤的许多同志，又奔回原来的阵地，响亮地回答了这个号召。

受敌人 5 辆坦克迂回的七连同志们，沉着地射击敌人的步兵，四班长杨少清的机枪是蒋匪的“催命符”，只要一响敌人就会应声倒地。全连同志把集合来的炸弹排列在战壕上，二排长芦学文带领反坦克班准备爆破，六班同志把棉衣一剥喊道：“让你来罢！”当敌人的坦克进到四五十米时，他们正要冲上去，但被侧翼的兄弟连——九连六班抢先了，六班长高善仁带着两个反坦克小组，跳出战壕，飞快地向坦克扑去，坦克吓得回头就跑。担任反击任务的二连二排表现了高度的机动灵活，五班长彦守农带着两个战斗小组，勇猛地冲进被敌人占领的一条战壕，用密集的手榴弹猛击敌人，但他不幸中弹牺牲了。班副李振法即自动带着全班同志继续冲锋，弹药没有了，他就边走边拾起敌人遗留下来的炸弹打击敌人。在战前和他们订“合同立功”计划的四班长何士贵、班副周振各抢一挺机枪架在刚刚烧过的屋墙上，用火力掩护着突击，把敌人完全压下去。

距前沿不足300米的指挥所周围中了无数的炮弹，但始终没有转移过位置。包扎所的后屋墙被炮弹打中了，但为了工作没有一个人肯进防炮洞。手术室里的灯被震灭了又点起来，伤员一包扎好，担架连的同志即冒着敌人火力封锁飞快地送去后方。二班整天没吃一顿饭，还跑了80余里。炊事员也不顾敌人的炮击，按时地把饭送来。通讯员们争先恐后地在弹雨中传达命令。因为敌炮的浓密，电线时常被切断，但电话员同志立刻接上了。董立银更在敌火下用手挖成小沟把线埋在地下。从庄里到前沿，大家都紧张地工作着，千万个人一条心，响应着团首长的号召："一定不让敌人进李庄。"

下午4时敌人在坦克和飞机掩护下连爬带滚地逃回去了，阵地上丢了大批的死尸、伤兵和武器，小小的李庄仍像钢刀一样地插在敌人的右臂上，使敌人可望而不可即。

（万里云）

摘自华野二纵《拂晓新闻》第103期1948年12月13日

"看上去像老虎，其实是兔子"——华野十二纵某部打坦克

16日，潘塘镇敌七十四军一部向我军阵地进攻，激烈的战斗展开了。

敌人首先用2辆坦克掩护约4个营的步兵向我友邻某纵阵地扑来，突破了第一道防线，并企图续向第二线进犯。在侧翼的我李罗团三连健儿迅速从敌左侧杀出，机枪、榴弹、炸药猛烈地向敌投掷，杀伤敌人很多，有力地支援了兄弟部队。这时敌人立即调过头向我李罗团阵地冲来，某纵部队发现敌转向东，也就灵活地向敌侧翼出击。这两次动作密切配合的侧击，迫使敌丢下200多具死尸狼狈向北逃走。第二次敌用5辆坦克冲来，同样的被我坚决击退。

大家很高兴，都说："坦克看上去像老虎，其实是只兔子，到我们面前来就无用了！"

敌人开始了第三次冲锋，这次他用了9辆坦克，坦克后面是两路步兵，直向我三连阵地扑来。看看只有30米远了，六班长王守正说："大家不要动，沉着些，等他再近些冲上去掀开上面的铁板，丢炸弹炸死他龟孙子。"敌人似乎听见了，停住脚不敢前进，后面有战士在喊："沉着些呀！大家不要抬头！"四班长举起手里的小炸药包说："你来吧！小包炸药在这里！"敌人被我们的沉默吓呆了，胆怯了，4辆坦克

逃回了，接着又逃走 4 辆，剩下一辆企图掩护步兵撤退，拼命地朝我前沿阵地工事打炮打枪，泥土乱崩在战士们身上、头上，工事被摧毁了。二排同志并没有慌，他们组织了密集火力向敌人还击，坚守住塌了的工事，坦克被打得转身便逃。“追呀！”六班勇士们一声大喊，跃过 15 米远的开阔地，把炸药、榴弹掷向坦克的屁股后，“轰轰轰”都炸开了。“追呀！掀开他的龟盖子呀！”坦克像兔子一样狼狈地溜走了，这一趟打死 7 个敌人，给两个敌人带了花。在三连二排来说，打坦克还是个新玩意。

（张珏）

摘自华野十二纵《战号》（火线版）第 41 期 1948 年 11 月 21 日

华野二纵英雄第八连奋战王塘，打到底坚持到底！

淮海战役第一阶段，当黄百韬兵团被最后围歼着的时候，我纵受领了一个艰巨光荣的任务，把黄匪的“援兵”邱清泉兵团的归路插断，不让他缩回徐州，王塘战斗，就是这个任务中的第一仗。王塘战斗是在仓促的情况下发起的，这个有匪军一营据守的据点正冲在我大部队兼程前进的大路上——笔者。

王塘的前沿防御被英勇的七连突破了！敌人丢下了轻机枪，丢下了重机枪和六〇炮，撅着屁股向后奔跑，但前沿阵地还是被敌人的纵深炮火打得满地火花。就在这时候，紧跟在七连后面的英雄第八连，矫捷地投入纵深和敌人展开了逐屋争夺战。

密集的炮火成排地打过来，机枪火力封锁着每一条巷口，燃烧弹打着了房屋，但一座一座的院落还是从敌人手里，转到英勇的八连二排的控制之下。发展到第四座院落时，几十个敌人负屋顽抗，连长张春礼就带领二排和敌人隔墙对打。在爆破的火海里，勇士们的排子手榴弹，终于把敌人的凶焰扑灭，八连是以压倒的声势和顽强的战斗向前发展着，一直迫近了敌人最后据守的院落。但也就在这时候，田连长亲自率领的二排，遇到了前进中的困难：没有了炸药，没有了手榴弹，人也在鏖战中逐渐减少了！但他们却以坚强的意志，贯彻着“打到底，坚持到底”的口号。平端着汤姆式，不停地向敌人射击的连长张春礼，回头看看他的战士们，铁一样坚定地说：“不要紧，组织好，继续克！”“继续完！”战士们用顽强的战斗行动，回答着连长的命令。二排副时方团马上把仅有的 6 个人，组织成两个组，命令五班副黄月林带着继续前进，战斗了半夜。一直打在前面的黄月林，是人和圩子的战斗英雄，在那次战斗里，他曾一个人打退了一个排敌人的 3 次反扑，一个人奋战到最后，这次在困难中接受了任务，仍然像过去一样，答应一声“好！”毫不犹豫地向前打去。被胜利的雄心鼓舞着，八连的英雄们没有考虑自己力量的单薄，一直向敌人攻击，直到在兄弟连队的配合下，迫使200多个敌人缴枪投降……

八连是一个英雄部队，这个英雄连的连长张春礼和人和圩战斗中的指导员鲁锐，都是光荣的“人民英雄”，他们是这个连队战斗精神的代表。

在王塘战斗的紧张阶段里，人没人，弹药没弹药，张春礼带了两次伤，但他并没忘记自己的荣誉和责任，他把最后的几个人组织起来，自己端着汤姆掩护他们前进。“不要紧，克就是”，每个战士都从连长的顽强和坚定里得来了力量。战后他们回忆起当时的情景说：“和连长一块不晓得什么叫害怕！”在那么困难的情况下，营里认为八连已经尽到最后的努力，准备让其他连队代替他们攻击。这时张春礼坚持地要求说：“我们还可以攻，只要九连侧击一下就行了！”从这种英雄式的保证里，使人想起鲁锐的话：“能叫兄弟连队从我们头上爬过去吗？”使人想起众兴战斗团长问英雄鲁锐说：“你们营能首先突进去吗？”“能！我们一定首先突进去！”这是鲁锐的回答。张春礼连长负伤很早，但他一直没有吭，忍住痛，沉着气，铁人样的指挥着八连的英雄们向敌人攻打！直到战斗结束，教导员从他身边擦过，他无力地被碰倒在地上。他完满地实现了他战前的誓言：“只要负伤还能动，我一定指挥作战到最后。”

八连的英名是和人民英雄鲁锐，和人民英雄张春礼的英名紧密地联结在一起的。每当八连打了胜仗，无论是兄弟师、兄弟团，当听到的时候都会说：“呵，又是鲁锐那个连！”

摘自华野二纵《拂晓新闻》第108期1948年12月18日

◀华野二纵六师十八团二连五班，在战役第一阶段的蒋楼战斗中，冒着国民党军的火力封锁，一小时内完成145米交通沟的挖掘任务，被评为模范班

◀在后蒋楼战斗中担任突击任务的华野二纵六师十七团三连一排，机智勇敢，分工具体，团结一致，互相协助，打退国民党军数次反扑，炸毁6个地堡，俘敌200余名，缴获迫击炮2门、重机枪2挺、步枪20余支、汤姆式2支，荣获“英雄排”光荣称号

华野二纵无畏的英雄排

十八团一连第三排的后蒋楼战斗中充分地表现了解放军坚决顽强的英雄本色和无畏精神。

17日深夜2时许，连续巨响声中二连爆破成功了。在敌人强烈炮火拦阻下九班长潘兆世率领着王成义小组，以迅速的动作跃出了壕沟，猛扑指定的突破口右翼地堡，就在这短兵相接，弹片飞鸣的时候，组长王成义眼角炸伤了，战士朱福山腿部炸伤了，胡丙盛头被炸破了，而敌人也狂喊着杀声，向他们连续反冲锋了！他们勇敢地迎接了这个紧急情况，手榴弹打光了，从打死的敌人身上解下再打。激战中王成义的左臂又负伤了，班长叫他下去他的回答是：“我还有右膀能打手榴弹哩！”仍然坚持战斗，敌人反了3次，3次都是可耻的失败了。他们牢牢地钉住了已得阵地，掩护着八班攻击的安全。

八班冒着飓风似的炮火，向正面大地堡展开了攻击，八班长马朝凤带着四四师解放战士杨永明刚冲到巨大地堡十几米远的地方，全班拦腰被炮火打断，但他们毫不顾及力量的单薄，勇猛向前，用手榴弹把敌人从地堡打了出来，并迅速地占领了堡后交通沟，硝烟、火花在勇士周围闪烁升腾，杨永明右腿负伤，就睡在沟里向外打手榴弹。在激烈的榴弹炮弹对战中，马朝凤耳朵震聋了，杨永明右腿又负伤了，后面尚未跟上，十几个敌人反冲锋来了，二人齐下决心："我们死也要坚守住突破口，不能让敌人夺去！"用燃烧弹手榴弹打垮敌人。

也就在这同时，后面的勇士冲上来，继续着勇猛地发展，突破胜利了，他们在以两三分钟时间打垮敌人 5 次反冲锋，扩大突破口 80 米，完成上级交给的光荣艰巨任务后，排副程修海把在前沿的全连人员组织起来，找到指导员（连长已负伤），向敌人追赶，迅速打向敌人团部。

（宋新民）

摘自华野二纵《拂晓新闻》第 105 期 1948 年 12 月 16 日

解放军某部曾在徐州以南及东南有力配合阻援部队出击邱、孙兵团侧背　先后歼灭蒋匪三千余

【淮海前线 25 日电】解放军某部有力配合徐州以东大许家以西正面阻援部队作战。该部于 14 日起，分向徐州以南及东南地区之敌邱清泉、孙元良两兵团侧背主动出击。16 日至 20 日 4 天中，先后攻克徐州东南 30 余里的王塘、沈家湾、党庄、冯圆、后蒋楼、杜朝、陈屯、曲楼及徐州正南 20 里的焦山、东曹村、塔西头、马山等 10 余村落据点，歼敌邱兵团七十四军五十一师之一五三团大部、该军五十八师一七三团第一营全部、十二军之 3 个连另 1 个排及敌孙元良兵团之一部。尤以 17 日于李村（徐州东南 30 里）击溃敌七十四军五十一师之一五一团、一五二团及坦克 7 辆、飞机数架之联合反扑，杀伤敌 500 余，敌遭我严重打击，乃仓皇逃去。据不完全统计：共俘敌 1500 余名，毙伤敌营长以下 1150 余名，缴获迫击炮 4 门、六〇炮 8 门、轻重机枪 46 挺、冲锋枪 35 支、步枪 700 余支。另部解放军则于 14 日沿津浦路北上，直逼徐州，攻克徐州南 20 余里后湾村北的山头一座，俘敌 123 名，缴获机步枪 127 支，并乘胜推进至二十五里桥。15、16 两日另部解放军又攻克看将山（徐州西南 20 里），击溃敌四十七军一二五师一个团的 3 次反扑，毙伤俘敌 300 余名，敌不支溃逃，我复追击，再俘敌人枪 10 余。

摘自《大众日报》1948 年 12 月 4 日

华野二纵十四团函复三纵首长　感谢三纵爱戴之谊并决心学习他们的优良作风

【本报讯】上月 20 日梁山战斗时，十四团与三纵二十四团并肩作战，战斗中两兄弟部队亲密团结一致，主动协同配合。当二十四团七连受命攻击，而营的

火力尚未来时，十四团同志们即主动以火力掩护他们攻击，当他们撤出战斗时，十四团同志奋不顾身协助他们抢救伤员，并亲密地慰问和照顾。事后，三纵八师政治部，立即通报所属号召向十四团“高度的整体观念和阶级友爱精神学习”，二十四团《湘江报》并为此出版专刊，三纵《麓水报》亦作出专门介绍。八师政治部及三纵首长又分别写信托野政《人民前线报》亦在第20期报上以重要地位刊载这件消息。十四团同志接读三纵首长来电后，非常兴奋，对当天战斗中二十四团七连同志的英勇顽强战斗作风，主动团结支援兄弟部队和谦虚的精神，深深佩服，并复信给三纵首长表示感激，决心向他们学习。原信如下：

孙司令、丁政委、刘主任

来电敬悉，我们全体同志，万分兴奋，马山、梁山战斗，二十四团主动与我们配合，相互支援，七连英勇顽强之战斗作风，深深值得我们学习。那天进入战斗时，二十四团三营副政教首先主动和我们联系，七连与我们三连配合攻击梁山时，七连同志运动迅速机警，突击动作勇猛，占山后与敌肉搏拼手榴弹反复争夺，坚守阵地。当敌向我三连反扑危急时，七连以一个班侧面向敌猛烈反击支援，使我三连信心倍增，七连伤员同志下来时，还向我后梯队鼓动说：“同志们好好打，敌人并不顽强！”我们收到来电后，除对诸首长爱戴嘉勉之忱热诚感激外，我全体同志决心向二十四团主动团结支援兄弟部队，英勇顽强和谦虚的作风学习，并向他们致感谢之意。

敬祝

首长健康

十四团全体指战员敬复

12月11日

摘自华野二纵《拂晓新闻》第107期1948年12月17日

阵中日记

华野一纵作战科科长的日记

11月13日

①情况：黄兵团全部被围于碾庄周围，四十四师已全歼。十三、二兵团东来增

援挽救。十六兵团已在宿、夹沟附近被我赶上发生接触。

②部队是补俘工作第一，我们则以渡河问题为第一。工兵连出发并未达到应有要求，连情况报告都不确实。

③下午亲自到皂河渡口，工连工作缺少计划性，架了一半船不够，下半夜2时才架好，促三师全部及五团都拂晓前过完了。

11月14日

①在皂河，白天重修桥，夜除后勤部外，全过。

②从记日记中体验到“提纲结领”的重要。

③为了报告架桥事，使自己又一次知道报告的重要。

11月15日

①早饭后从皂河至陈圩，一路顶西北风，真吃力，30里路走一上午。

②下午又西移，纵司住双沟东北20里之马浅，系预备敌二兵团突破黑山后担任正面防御。

11月16日

①情况：敌二兵团占和尚桥、后张庄、乱石山、狼山一线，我韦吉兵团[①]已北插潘塘镇一带，鲁中南亦向□山攻击。

②任务：入晚转房村为中心，可能从南向北正面（也是侧翼）攻击，后改原地不动，住许家湾。

③下午开师级干部会，都为了解决下一战斗问题。关于窑湾战斗体验到：一、炮火组织，主要由团才行。二、兵力使用，必须外围独立。三、炸药必须靠上前去……

11月17日

①在许家湾未动，东边肃清碾庄外围，西边拟打潘塘，但攻否未定。

②晚开小组会，关于团结问题，自己以高度自我检讨精神解决之……

11月18日

①知昨晚碾庄外围大体肃清，歼一〇八师、四十四军残部等共4000余。昨七、十纵退守大许家线，敌以为我总退却，要猛攻。

②下午奉命与二纵等并肩由狼山等地北插岗上集、宛山、魏集，阻于狼山等地，

---

① 编者注：“韦吉兵团”为韦国清司令员、吉洛（姬鹏飞）副政委指挥的华野苏北兵团。

作战通宵，未果。原因还是炮火问题，我们进至小刘庄指挥。

11 月 19 日

①白天各师组织火力，傍晚攻，鼓山拿下，战斗中深深体验到炮火问题的重要……

11 月 20 日

①一夜战斗，鼓山拿下，狼山亦下，但敌集中二个团（知是二八七团、三二师一个团）反击。晨 7 时，敌集中 20 多门炮及火箭筒等攻击，鼓山又失守，白天保持昨天攻击前阵地未变……

②入晚情况：黄兵团部昨夜已解决，黄个人逃到六十四军，只剩 3 个团，日内解决。杜邱兵团则收缩，黄维部已到蒙城与刘邓接触，另李延年兵团在蚌埠拟向固镇推进，野指决定抽兵南去，北面则是阻击性的了。

调整部署：以二师控制夙山寨山一线与十一纵连，一师占水口、小店与十二纵连，纵司住房村东之李楼。

11 月 21 日

（1）住房村东之李楼，上午召开科务会，会上我提出几点：

a. 战役思想准备问题。

b. 在此战役中解决分工及及时了解情况问题。

c. 分工（业务上）：①掌握情况部署。②阵中勤务。③军事材料。④图表供给。⑤敌情地形情况供给。⑥统计及战果通报。⑦后勤工作。⑧电话记录。

（2）下午与陈、潘、徐三同志谈了话，知道他们最近思想上有些变化。主要是生活问题（背包、小鬼、马包），工作问题（主要下团，多出差，回来会报帮助问题），关系问题（其实是生活上与精神鼓励问题），从此了解到与他们多接近，虚心征求意见的重要性。

11 月 22 日

上午召开师干汇报作战经验：

①火力展不开，压不倒敌人，敌人炮火分工组织好。

②兵力多涌不上，少又不能解决问题。

③制高点没有，就一定挨炮火。

④炮弹在山地炸后威力大。

⑤通信联络困难，动作配合困难。

⑥伤员转运困难。

⑦敌人战术：以少数守山顶，主力在防守线隐蔽，等我冲占立足未稳时就反击夺回之。

⑧另外攻山必须全线共同攻击，协同动作。

⑨手榴弹在山地特别重要，每人要多带至20个的。

⑩敌人工事构筑，先是围子，后改分散的工事；攻击先炮火，后集中火箭筒对我杀伤大。

会后，陈副政委提出几个问题，对自己启发很大。

内容：

A. 中央对面前形势已确定，说明徐州会战胜利可能缩短整个解放战争的时间，其原因是最后消灭敌最大一堆军队。

B. 这是一次伟大的胜利的搏斗，胜利是必然的，但主要靠主观努力，谁在主观上多努力，谁就可以搞得更好。

C. 中央、中原、总前委、野指都为这个战役的胜利，下最大的决心，但是我们纵队主要还在思想上准备不够，没有连续战斗的各种充分准备。

D. 改变我们的工作方法，方针是即俘即补即打，即打即整理，边作战边学习，边战斗边工作。各级都需抓紧时间机动处理问题，不必等待。

摘自华野一纵作战科科长唐棪的日记

四、国民党军的“徐东大捷”

11月17日，华野部署阻击部队向后收缩阵地，诱敌深入，使国民党军全部脱离徐州，以便苏北兵团楔入其后，隔断邱、李兵团与徐州的联系，为下一步求歼该军创造条件。华野的主动后撤，使心存幻想的徐州“剿总”总司令刘峙产生错觉，他一面致电蒋介石并发电各省政府主席“告捷”，一面令徐州市民燃放鞭炮庆祝，国民党报纸则连篇累牍地吹嘘“胜利”。蒋介石委派中央宣传部部长张道藩、副部长方治率团亲临战地慰问，并拨款百万犒赏会战将士，赐司令官邱清泉青天白日勋章，上演了一幕“徐东大捷”闹剧。

◀ 邱清泉（1902—1949），字雨庵，浙江永嘉人。黄埔军校二期毕业，曾赴德国柏林陆军大学深造。1948 年 10 月，任国民党第二兵团司令官，辖 5 个军，其中第五军为国民党军“五大主力”之一。淮海战役陈官庄战场突围时阵亡，被蒋介石追赠为陆军上将

◀ 李弥（1902—1973），字炳仁，云南盈江人。黄埔军校四期毕业。1948 年 7 月，任国民党第十三兵团司令官，辖 3 个军。淮海战役陈官庄战场突围逃脱

徐蚌战报

总统拨百万圆犒赏会战将士　邱清泉获青天白日勋章

【中央社徐州 18 日电】邱清泉司令官今在徐州东南击溃匪之主力，完成徐州会战之全胜，已奉总统颁给青天白日勋章一座，赏金 20 万圆。又刘峙总司令颁发奖金 100 万圆，犒赏参加徐州会战全体将士。

摘自《中央日报》1948 年 11 月 19 日

立委祝捷捐二日所得

【本报讯】立法院昨（16）日会议中通过立委段永庆、李郁廷等动议，电慰徐州前线戡乱将士案，并决议：（一）全体立委各捐出岁公费二日之所得及（二）全体立委之配给香烟，送徐州前线慰劳。

摘自《中央日报》1948 年 11 月 17 日

宁夏主席马鸿逵祝捷献十万金圆

【中央社宁夏16日电】徐州大捷消息传至此间，人心极为振奋，宁主席马鸿逵16日致电刘总司令暨各将士祝捷，并献慰劳金10万圆。

摘自《中央日报》1948年11月17日

邱、李兵团克大许家　黄兵团已取得呼应

【本报23日徐州电】我东进邱、李兵团，拂晓排除顽匪抵抗后，晨5时克大许家，续向东疾进。

【中央社徐州23日电】（一）东线国军今晨拂晓正式克复大许家，正午已进至该村东方5里处。在碾庄鏖战两周之黄兵团，与强大机群配合，击溃当面之匪，于今晨开始向西挺进，今日傍晚，我邱、李、黄三大兵团可能在八义集与大许家间会师。

摘自《中央日报》1948年11月24日

黄、邱、李会师大许家

【中央社徐州24日电】徐州东翼，由碾庄西上国军，今午已于大许家与东进兵团会师。首先与邱、李两司令官握手者，为碾庄主力战中担任北部防御，此次西上担任先锋之二十五军军长陈士章。

【军闻社徐州前线24日下午3时急电】黄百韬将军于今（24）晨9时率领该兵团第二十五军陈士章将军所部，在大许家以北已与我东进之李兵团会师。

摘自《中央日报》1948年11月25日

中央日報

中華民國三十七年十一月十五日

邱黃兩兵團已會師
徐東展開大殲滅戰
強大空軍助戰匪受重創

▲《中央日报》1948年11月15日载“邱黄两兵团已会师，徐东展开大歼灭战”

徐東翼國軍會師
攻克大許家之役戰果豐碩
宿縣近郊匪刻正分路敗退

▲1948年11月25日《大刚报》载“徐东翼国军会师”

行政院新闻局与国防部政工局记者团今飞徐参观前线战绩

【中央社讯】徐州会战，于国军获得胜利后告一段落，行政院新闻局与国防部政工局，特组织中外记者团，定25日晨10时，专机飞赴徐州，转赴前线参观战绩。该团将由国防部发言人张六师陪同前往。抵徐州后，预定将先拜晤徐州剿匪总司令刘峙，然后再转往徐东、徐南各战场参观。该团名单如次：路透社派尔洛，合众社伏恩，美联社南柏特，美国国际社卡平，《纽约时报》李博文，《纽约前锋论坛报》斯蒂尔，《纽约世界电讯报》桑慈伍恩，法国新闻社巴印思，瑞士《苏黎世日报》博恩哈，中央社李振宗、张继高，南京《中央日报》潘霦，《和平日报》王曼洛，《大刚报》陆平，《救国日报》陈效平，《益世报》邹震，《南京晚报》于孝达，北平《华北日报》金敏之，天津《民国日报》张纪年，上海《大公报》王华宾等。此外，行政院新闻局并派魏景蒙、朱抚松、承纪云、唐思礼等4人陪同前往，一行26人，预定在徐州逗留二三日即返京。

摘自《中央日报》1948年11月25日

大校场昨慰劳空军

【中央社讯】全国慰劳总会第一慰劳团，于20日正午在大校场机场慰劳徐州会战有功空军将士。慰劳团由张道藩率领，携香烟10万支，饼干1万磅，水果1万斤，分乘卡车10辆，于11时抵大校场。以空军将士自副总司令王叔铭以下多在徐州战场出击未归，即由同往之艺人表演魔术、大鼓等，以娱空军地勤人员。至12时10分，赴徐州出击之空军副总司令王叔铭等驾机飞返，即开始慰劳仪式。

摘自《中央日报》1948年11月21日

刘峙复谢慰劳总会

【中央社讯】全国慰劳总会，前以徐州大捷，战绩辉煌，曾电刘总司令祝捷，刘总司令顷特复电致谢。

【中央社讯】陆军总司令余汉谋，顷分电空军周总司令、徐州剿总刘总司令祝捷。

摘自《中央日报》1948年11月23日

京沪两地慰劳团今日飞徐州劳军

【中央社讯】全国慰劳总会，以徐州大战再度告捷，慰劳团张团长道藩、方团长治，分别率领于今（25）日由京沪两地飞徐劳军。该团第一团全体人员为：团长张道藩、副团长邵华、刘东岩、邓文仪。团员费侠、胡文晖、郭昌鹤。第二团团长方治，团员陈伯良、柴子飞……慰劳一团二团慰劳物品，计有慰劳金100万元，纸烟500大箱，毛巾、袜子、手套、糖果各50万份，及大批宣传品，共重100余吨。除随团空运外，大部均系陆运前方。

摘自《中央日报》1948年11月25日

▲ 国民党慰劳团在潘塘前线劳军。中间站立讲话者为慰劳总会第一团团长张道藩，左侧站立者为第二团团长方治

▲ 国民党军为迎接慰劳团，在潘塘镇展览所谓“缴获”的解放军的武器

◀ 这枚美式重型炸弹是美国1947年制造的空投杀伤爆破弹，主要用做摧毁地面军事要地、桥梁、建筑等目标。炮弹引信为M109AR型，弹长约103厘米，直径为33厘米，重约250公斤。在徐东阻击战中，国民党空军为配合陆军增援黄百韬兵团，大肆空投轰炸地面，该弹因为尾翼上的保险装置没能打开，所以没有爆炸。1988年11月20日，铜山县张集乡农民挖河时在地下3米处将它挖掘出来，后由工程兵指挥学院专业人员排除了弹体内的炸药

慰劳团抵徐　昨献赠礼单

【中央社徐州25日电】全国慰劳总会第一、二两慰劳团，今日联合向徐州剿匪总司令刘峙及副总司令杜聿明献旗，并献赠慰劳将士之礼单。献赠典礼于晚8

时在剿匪总部大礼堂举行，刘、杜两将军戎装出席参加，首由第一团团长张道藩致开会词。张氏于说明徐州大会战胜利之意义后，即代表后方民众向刘、杜两氏及全体将士致敬意。续由第二团团长方治诵读礼单，嗣由两团团员费侠、章痌抱、李咏南、王绎斋等相继演说后，由费侠、凌英贞两女士分向刘、杜两将军献“党国干城”及“功在党国”之锦旗，最后由刘、杜两氏致谢词，此项庄严之典礼，于9时完成。兹志慰劳品礼单如下：

敬启者：此次徐州大捷，全赖我前线将士戮力同心、英勇奋战，获得辉煌战果，丰功伟绩，至深钦感。同人等谨代表后方同胞，分别自京沪联袂来徐，除对诸将士表示崇高之敬意外，并已准备每一将士慰劳品香烟1包、手套1双、毛巾1条、袜子1双，以及糖果3万斤、卫生衫12000件。惟以运输困难（全部慰劳品空运需飞机30架），该项慰劳品尚需时日方可运到，除届时再请转送外，兹将已运来之手套25200双、毛巾12000条、袜子12000双、香烟22万支、卫生衫1440件送奉贵部，并先献每一将士银元2元，聊示慰劳之忱，敬请代为转送。

摘自《中央日报》1948年11月26日

记者观战团抵徐

【本报特派记者潘霡25日徐州电】中外记者徐州观战团一行20余人于今日上午11时50分自京飞抵徐州。徐州剿匪总部刘总司令峙及高级军官多人均至机场欢迎。记者团于午膳后前往参观伤兵医院。4时半，剿总举行记者招待会，由刘总司令讲解徐州会战之意义后，即由该部章副参谋长报告会战经过，极为详尽。各记者所提询问，亦经章氏一一答复，记者团定明晨前往徐州东南访问邱清泉及孙元良两兵团之官兵及其防地。外籍记者并要求在孙兵团防地住宿一晚，以便目击夜间战斗情况。记者团在邱孙两兵团防地访问一昼夜后，定后日晨遄返徐州，访问匪俘。并于当日午后往访杜副总司令聿明及装甲兵蒋参谋长纬国后，即行飞返南京。

摘自《中央日报》1948年11月26日

访问邱兵团阵地

【本报特派记者潘霡26日徐州电】中外记者徐州观战团于今晨6时由装甲兵参谋长蒋纬国陪同前往徐州近郊参观战车第一团。时一部官兵正整装待命，驰赴前线出击，另一部则在操练中，战车健儿，体壮力强，精神抖擞，于紧张中面含笑容，一望而知该团官兵战斗意志之炽旺。蒋参谋长于该团火牛俱乐部招待各记者共进早点，宾主谈笑风生。9时，中外记者团返剿匪总部，会同全国慰劳总会第一、二两团及上海记者团，前往徐州东南35华里之潘塘镇访问邱清泉兵团防地。该处系由该兵团所属第××军所防守。慰劳团及记者团到达后，该军军长邱维达及参谋长江崇林即于指挥所接待，并由江参谋长报告徐州东南地区战斗经过。嗣由慰劳团费侠、林秀贞两女士向该军献旗致敬，由邱军长代表接受。献旗毕，记者团并转至邱兵团于昨晚甫行收复之张集、四陈集视察。在四陈集时，犹见军民协同加强构筑工事，掩埋匪尸，阵地上极为忙碌，嗣又转赴九集，访问邱清泉司令，共进午餐，并由邱司令报告战斗经过及剖析匪情。慰劳团及记者等于午后折返徐州。晚间应刘总司令及杜副总司令欢宴。由京前来之中外记者团则定明日午后飞返南京。

摘自《中央日报》1948年11月27日

陆空两司令互电祝胜利

【中央社徐州26日电】此次徐州会战，我陆空两军密切配合，共歼顽匪，斩获10余万众，获致辉煌战果，我陆空将领李司令弥、罗司令机等，曾互祝胜利。李司令首电空军，感谢其密切配合、英勇助战之热忱。罗司令则复电表示愿与李兵团并肩作战，冀于最短期内，陆空两军作更密切合作，痛歼匪类，完成任务。

摘自《中央日报》1948年11月27日

文件选编

蒋介石致徐州国民党援军将领之训令

11月24至25日，据报我东进之二兵团、十三兵团对炮兵盲目射击，攻击无进展，致七兵团为匪击破，当经办总统（卅七）戌有空投代电训令二兵团、十三兵团、十六兵团、刘总司令及杜副总司令大意："查此次徐州会战，我东进各兵团行动迟缓，未能彻底奉行命令，致陷友军于覆灭，实有乖军人武德，刘总司令、杜副总司令、邱、李两司令官及依次各将领均不能辞其咎。另据统计，此次作战共消耗各种炮弹12万余发，而我军每日进展尚不及1公里，如此消耗浪费，不计成效，亦我革命军人之奇耻大辱，务须严饬各部队彻底改正。今我增援兵团业已到达战场，此一作战关系国家兴亡至巨，各将领务须发扬革命精神，彻底奉行命令，以求一战安奠中原，兹特授刘总司令、杜副总司令以临阵处决之全权。如有不彻底执行命令者，刘总司令、杜副总司令就近先行拿办，重则就地枪决，办后再报，各兵团司令官亦同样授以全权以资整肃作战军纪，仰转饬所属，凛遵勿忽。”

摘自国民党政府国防部《华东战场作战指导检讨》

征程回忆

徐州“剿总”中将副总司令杜聿明回忆——徐州“大捷”

最可笑的是，17 日解放军有计划地改变了阻击阵地，其目的是更有力地打击国民党军，但是前方判断错误，刘峙乘机大事宣传徐州“大捷”，徐州满街张贴标语，大放鞭炮，并向各方发出通电。到 22 日黄百韬部被完全消灭后，蒋介石仍宣传徐州“大捷”，并派张道藩为慰劳团团长，率副团长方治、团员及中外记者数十人来徐州劳军，携带了大批勋章、奖章及银元等慰劳品。他们到徐州后还到第二兵团参观了战俘武器及“战绩”。有一位记者以怀疑的口气问我：“这样的大捷，黄百韬到哪里去了？”我说：“黄百韬回家休息去了。”蒋介石集团上上下下就是这样可笑地自欺欺人，欺骗国民党统治区的人民，以掩饰其反人民战争的失败。

摘自《淮海战役亲历记（原国民党将领的回忆）》，文史资料出版社 1983 年，第 26 页

阵中日记

国民党军某部军官的日记

11 月 12 日星期五　1948 年　徐州

因未养成习惯之故，早晨未能早起，虽已醒而迟迟不肯起床，至 8 时许方始起床，杂务整理毕即已早饭时间矣。一日之计在于晨，早晨为一日最宝贵的时间，不可不早起以求身体之健康、品学之增进。

本军部队今日又有出发之命，故今晨 4 时营部蒋队副即来到，将本营留此之

各官兵叫回，留此之车辆亦驶回作出发之用。故此今日上午无所事，至10时后，唐华车又驶回，与营长之小道奇车同时赶修，12时左右，第二连又运卡车一辆前来，原因为离合器压板损坏，但已无法配修。

今日之情况似尚在大战之准备期中，本军本位于徐州之西侧，今日已对换至徐州之东南方向，与七十二师对换位置，尚有大部分不明番号之部队进进出出，络绎于途。本兵团之十二军已进至庆云桥以北地区宿营，城里城外军多于民，商店均入睡眠状态。据徐报所载，外面攻防战之序幕已揭开，共军已向左右两翼作试探性之攻击，但已遭受打击，损失兵力3万以上。战斗地点均在外围50华里以外，徐市自昨起宣布临时戒严，时间为上午12时以后。杜聿明及蒋纬国氏亦已莅徐，协助指挥，人心尚稳定。

上午9时许，将昨夜所作家信两件，一寄家中，一寄大学处，送至邮局用航空寄发，内容为报告国内局势及徐州现状。又至沧浪池沐浴一次，返回时购日用品数件。

11月18日星期四　1948年　徐州

昨夜之炮声特为稠密，隆隆然自南面传来，自天黑及今晨天明时不息，唯以音响则不如前数夜之震耳矣。方位亦转变。今日清晨8时许，徐市各报均印发号外，每份售1元。余急购一张观之，知昨夜南线津浦路两侧之匪举全力进犯三堡以南之国军阵地，战事异常激烈。经整夜战斗之结果，毙伤匪在2万以上，投诚者4000余人，结果至为丰硕。现东、南两线均已获得决定性之胜利，奠定徐州第一次会战之基础。故市民及各界均异常兴奋，各大商店、行号均于俘虏入城时鸣放鞭炮，以示庆祝欢迎之意。

上午余上街一行，见各家之气象均与往日有异。剿总战讯发布组之壁报栏下，拥集成群观众，热闹之市区如大同街、中正路、彭城路等处鞭炮之残屑堆积，鞭炮声尚在此起彼落。街上之行人较往日增多，其中尤以军人、学生为多。行人之脸上已不复往日之紧张现象。下午一部分小商店已开店营商，小摊贩依旧活动街头矣。白日仅闻稀微之炮声，前方送回之伤兵不少。

战讯捷报声中，不仅徐市之物价为之步步下跌，即京沪之物价亦莫不下泻，可见战事胜败对人心之影响矣。

连长今日赴前方至晚未归。

摘自国民党第二兵团第五军某连军官的日记

第五章　歼灭黄百韬兵团于碾庄地区

华野集中第四、六、八、九、十三纵队及特种兵纵队，自11月12日起从四面八方向据守碾庄地区的黄百韬兵团展开猛攻。黄百韬兵团利用并加修了李弥兵团留下的原有工事，在空军掩护下实施固守，逐村顽抗。华野各部由于从追击仓促转入阵地攻坚，加之该地区村落外围多水塘、水沟，利于防守，一时伤亡较多，进展较慢。华野司令部于11月14日召集有山东兵团首长及担任攻击任务的6个纵队指挥员参加的作战会议，总结攻坚经验，研究歼敌措施。会议决定由山东兵团首长统一指挥，采取“先打弱敌，后打强敌，攻其首脑，乱其部署”的战法，充分发挥夜战、近战特长，利用近迫作业插入各村之间，进行逐点夺取，逐个歼灭。16日起，各部均集中优势兵力、火力，发扬猛打猛冲的战斗精神，逐堡逐村与国民党军展开激烈争夺。至19日，外围守军大部肃清，当晚，向黄百韬兵团部所在地——碾庄圩发起攻击，至20日拂晓解决战斗，仅黄百韬及少数随从逃至大院上，继续组织第六十四、二十五军余部负隅顽抗。华野连续组织突击，战至22日黄昏，全歼国民党第七兵团，黄百韬毙命。

粟裕谈淮海战役第一阶段

这次战役的第一个阶段就要歼灭敌人5个军，这样规模的仗我们过去没有打过。这一数量的增长必然带来兵力使用和战术、技术等一系列的新问题，增加指挥与作战过程中的难度。

摘自《粟裕文选》第三卷，军事科学出版社2004年，第730页

一、围歼黄百韬兵团

黄百韬兵团以碾庄圩为中心，部署第一〇〇军在西，第四十四军在南，第六十四军在东，第二十五军在北，形成集团式防御阵地，固守待援。华野决定集中兵力首先歼灭战斗力较弱的第一〇〇军、四十四军，而后围歼碾庄圩兵团部与

战斗力较强的第二十五、六十四军。并据此部署第九纵队在南，第六纵队在西南，第十三纵队在西北，第四纵队在北，第八纵队在东，特纵（炮兵）按配属分别进入阵地。自 11 月 12 日起，华野攻击集团各纵队陆续攻占了唐家楼、王家集、碾庄车站、秦家楼、大兴庄、大小牙庄等地，削弱了黄百韬兵团的有生力量，使包围圈逐渐缩小。

◀ 华野与山东兵团领导，左起：谭震林、陈士榘、粟裕、王建安、谢有法

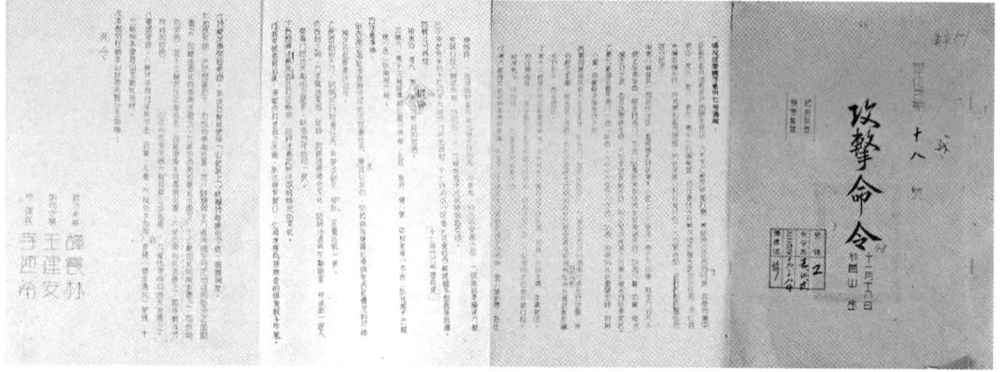

▲ 华野山东兵团 1948 年 11 月 16 日于宿羊山西北茸山庄下达的作字第十八号攻击命令

简介

华东野战军山东兵团

华东野战军山东兵团主要辖第七、九、十三、鲁中南、渤海纵队等部，因战斗需要，兵团所指挥的纵队多有变化。1947 年 8 月组建（时称东线兵团或内线兵

团），担负山东战场的作战任务。淮海战役时该兵团促使何基沣、张克侠率部起义，指挥围歼黄百韬兵团及徐南阻击战，参与指挥追击、围歼杜聿明集团等作战。整个战役，共歼灭国民党军 14.4 万余人。

编者整理

文件选编

围歼黄百韬兵团攻击命令

一、情况详见华情字第三十七号通报。

二、匪黄百韬兵团被我包围碾庄地区，6 天来已遭受严重打击，黄匪现正企图固守待援。我奉命集中第四、第六、第八、第九、第十三 5 个纵队，担任最后全歼黄兵团于碾庄地区之任务。决心首先夺取碾庄圩，歼灭黄百韬兵团部，而后乘胜分割歼灭二十五、六十四军残部。兹将各部攻击任务区分如下：

甲、第八纵队以一部担任佯攻，监视碾庄圩以东大小院上、三里庄一带之六十四军，其主力沿大院上以南以西，碾庄圩南门（不含）以东，由东南向西北攻击碾庄圩，协同九纵、四纵解决碾庄圩之敌。如我攻击碾庄时，六十四军增援碾庄圩，则应坚决歼灭六十四军于碾庄圩以东地区。

乙、第九纵队沿曹庄南门（含）以西，矢窠子（不含）以东，由南向北攻击碾庄圩。协同八纵、四纵解决碾庄圩之敌。

丙、第四纵队攻占大小牙庄后，以有力一部积极配合八、九纵队由西北向东南，由西向东对碾庄圩攻击，并切断尤家湖、倪庄敌之退路。于我攻击碾庄圩时如敌二十五军增援或收缩，则坚决歼灭该敌于碾庄圩以北、西北地区。

丁、第十三纵队于总攻前肃清黄滩，尔后其主力集结碾庄圩以西景墩、大胡家场、李集地区担任预备队。一面准备坚决截击由碾庄圩向西、西南突围之敌，一面准备从四纵突破口突入纵深战斗，协同四、八、九纵最后歼灭黄兵团。

戊、第六纵队于总攻前肃清黄滩、矢窠子，尔后其主力集结于碾庄圩西南、曹八集地带，担任预备队。一面准备截击可能由碾庄圩向南、向东南、向西南突围之敌，一面随时准备从九纵突破口突入纵深作战，协同四、八、九纵队最后歼灭黄百韬兵团。

三、决定于本月17日16时30分开始试射，17时开始炮击，17时30分开始总攻。攻击时各纵统归本部直接指挥。

四、战斗分界线：

甲、第四、第九、第八纵队战斗分界线如附图。

乙、第六、第十三纵队集结位置分界线：孔庄、姚庄、曹八集、中柳家线（不含），以北属十三纵（含），以南属六纵。

五、注意事项：

甲、各部必须坚决保证完成此次攻击任务，要求攻必奏效，但各级指挥员必须研究各种情况的可能，预定各种复案及动作。

乙、严密组织火力，明确区分射击任务，并要求炮火、爆破、突击协同一致。

丙、各部之间，力求构通电话联系，部队进展情况变化，随时注意与友邻联系，并派出一定人员专门担任友邻之间联系，以求动作协同一致。

丁、各部须注意严密边打边侦察，随时注意地形及敌情情况的变化。

戊、突破敌前沿后，须坚决打退敌之反击，以巩固突破口。必须发挥有进无退的顽强战斗作风。

六、特纵及东兵团炮团，以及各纵队炮兵（山炮以上）统归特纵陈司令统一指挥调度。

七、如敌突围，决定部署如下：如敌向东南逃窜，我八纵诱其主力离开碾庄圩地带后而坚决正面阻击之，四纵由西北向东南追击之，九纵由西南向东北追击之。如敌向南突围，六纵负责正面阻击，九纵由东南向西北追击之，十三纵由北向南追击之。如敌向西突围，我十三纵担任正面阻击，四纵由东北向西南追击，六纵由南向北追击之。具体战斗分界线如附图。

八、电话架设：八纵与本部对架前宋庄，四纵、九纵、六纵向本部南刘家楼（曹家场北）架线。十三纵向本部茸山庄总机架线。

九、本部仍在宿羊山圩西北茸山庄指挥。

此令

政治委员　谭震林

副司令员　王建安

参谋长　李迎希

摘自《山东兵团淮海战役攻击命令》，1948年11月16日

◀蒋介石与黄百韬（右）。黄百韬（1900—1948），字焕然，天津人。国民党陆军大学特别班毕业。1948 年 8 月，任国民党第七兵团司令官，辖 5 个军，淮海战役期间在碾庄战场毙命。后被蒋介石追赠为陆军上将

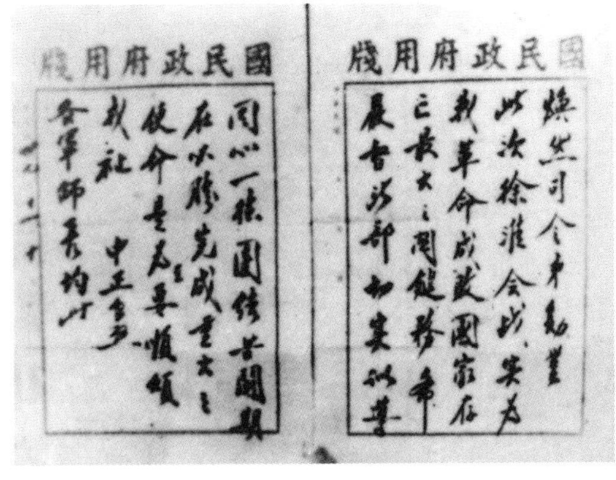

國民政府用牋

焕然司令弟勋鉴 此次徐淮会战实为我革命成败国家存亡最大之关键务希严督所部切实训导

國民政府用牋

同心一德团结苦斗期在必胜完成重大之使命是为至要顺颂戎祉 中正手书 各军师长均此

▲ 1948 年 11 月 10 日，蒋介石写给黄百韬的亲笔信

蒋介石给黄百韬的亲笔信

焕然司令弟勋鉴：

此次徐淮会战，实为我革命成败、国家存亡最大之关键，务希严督所部，切实训导，同心一德，团结苦斗，期在必胜，完成重大之使命，是为至要，顺颂戎祉。

中正手书
各军师长均此
卅七、十一、十

徐蚌战报

决战场所——碾庄

【中央社徐州 13 日电】徐州会战刻已进入主力战阶段，目前决战场所为东距徐州百余华里之碾庄，该地以产石碾得名，位于不老河与运河交叉点之西南，陇海铁路横贯其间，设有车站，国军黄兵团选择该地为决战场所，颇得地势优越之

便，因其背有运河为依托，可吸引南渡贾鲁河之匪，就运河西岸而一举歼灭。该地距抗战期中国军大捷之台儿庄亦约百余华里，连日碾庄捷讯传出，使人想及此两庄均将成为战史上之胜利大堡也。

摘自《中央日报》1948 年 11 月 14 日

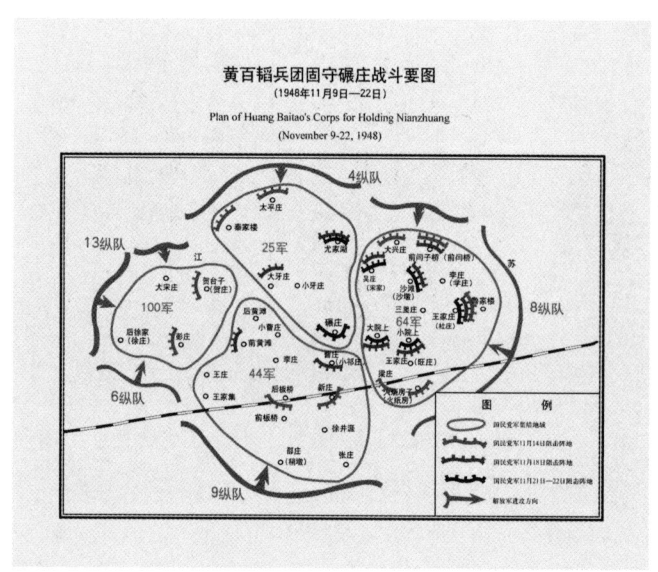

◀ 黄百韬兵团固守碾庄战斗要图

战史摘要

华野司令部关于围攻黄百韬兵团战况进展概述

12 日晚，攻占唐家楼、火烧房子（八纵）、王家集（六纵）、前板桥、徐井涯、碾庄车站（九纵），歼敌四十四军、一〇〇军各一部，攻击大兴庄（四纵）、王家庄、梁庄（八纵）、彭庄（六纵）、大宋庄（十三纵）未奏效。

13 日晚，四纵攻击秦家楼，占一小村落，俘敌一〇八师 180 余人。八纵攻占梁庄。九纵攻占李庄，歼敌一五〇师个营，攻击曹庄、小曹庄，歼敌四十师一个营及工兵一个连。六纵攻占王家庄，歼敌一五〇师四四八团全部及工兵、辎重各一个营。十三纵攻大宋庄，敌窜贺台子。

14 日，谭王移茸山庄指挥，四纵攻大宋庄、西台子（秦家楼敌已逃窜），歼六十四军一五六师个团及二十五军一〇八师个团一部，俘 600 余人。六纵攻彭庄，迄次日拂晓敌动摇东窜，歼一〇〇军军部及六十三师师部及一八七团全部、一八八团大部、一八九团一部，俘副军长以下4000余人，逃去千余，彭庄为我控制。九纵攻占曹庄，歼敌二十五军两个连，俘60余人。十三纵攻击贺台子，15日拂晓敌窜大小牙庄。八纵攻击王家庄，敌逃窜大小院上。

15日调整部署，组织炮火，准备攻击。

16日，六纵攻黄滩，十三纵攻后黄滩，因准备不够，与坦克配合不协同，均未奏效。

17日晚总攻，四纵攻占大牙庄，歼敌一〇八师三二三团全部，俘600余人；六纵攻占前后黄滩（关窠子敌先期窜至黄滩），歼敌四十四军［军］部及一五〇师师部、一六二师师部及其4个团残部，俘军长王泽浚以下4000余人；八、九纵攻击碾庄圩未奏效；十三纵移古城土山镇地区休整。

18日，黄百韬兵团残部约8个团兵力固守在碾庄圩及其东北7个村子，中午小曹庄敌千余向我六纵投降。晚上四纵攻下小牙庄，歼六十三师残部，俘500余人。

19日，黄百韬兵团连日遭我围攻，四十四、一〇〇军已全歼，仅剩二十五、六十四军已伤亡过半，仍图固守待援。晨7时敌反击小牙庄，为我四纵全歼，俘1500人（一〇〇军残部）。倪庄之敌逃至尤家湖，途中被我截击，俘500余（二十五军一〇八师残部）。晚上攻击碾庄圩核心阵地，八纵22时占碾庄东南角学校，进入4个连。22时30分六十七团全部攻入外围，继以六十四、六十八、六十九团由东南角攻击内圩。至20日2时40分，突入内圩一个营，3时半突入一个团，另个团由九纵突破口进入内圩。九纵七十三团两个营22时30分由南门东边突入外围，七十四团由南门西边突进两个连，至20日2时敌反击，为七十四团击溃，七十三团乘胜攻入内圩。2时40分，由西门及西边缺口突入两个营，尔后七十四、七十五、七十六团随后跟进。六纵由西门架桥未成，20日2时后随九纵突破口进内圩向西北发展。战斗至5时50分结束，计歼黄兵团部全部及二十五军军部、一〇〇军残部，俘万余人，黄百韬本人逃至大院上继续指挥六十四军及二十五军八十师抵抗中，我调整部署进行壕道作业，准备攻击。

21日晚，四纵16时攻击尤家湖，18时解决，俘3000余人。八纵二十二师攻三里庄，22日3时解决，歼四七七团、四七六团各个营。二十三师22日3时攻小院上，10时解决，歼一五四师师部及炮兵一个营，步兵3个营，俘2000余人。九纵二十六师攻大院上，22日6时突入5个营，10时解决。下午小吴庄、小费庄之敌图突围，当即全歼，沙墩敌亦随时解决。黄百韬率六十四军军长、二十五军［军］

长突围向西北逃窜，又为我全歼，碾庄圩作战遂告结束。

摘自《华东野战军司令部关于淮海战役经过概述》，1949 年 1 月

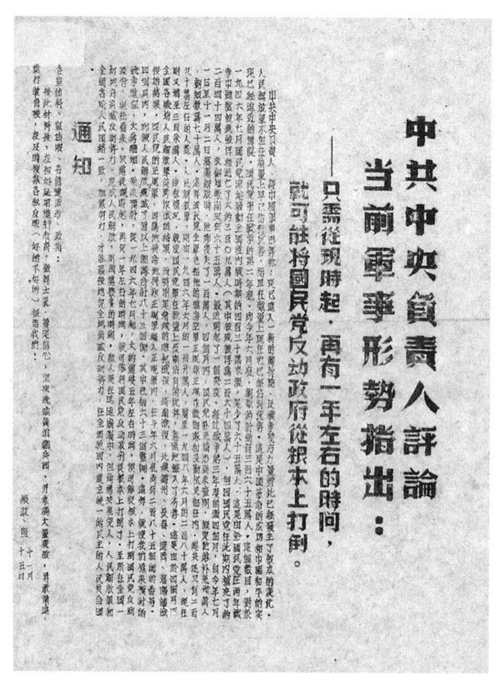

中共中央負責人評論当前軍事形勢指出：

——只需從現時起，再有一年左右的時間，就可能將國民党反动政府從根本上打倒。

通知

◀ 中共中央负责人评论当前军事形势指出：只需从现在起，再有一年左右的时间，就可能将国民党反动政府从根本上打倒。这是 1948 年 11 月 15 日解放军某政治部印发的宣传材料，通知各部“应很好运用进行教育，鼓舞士气奠定信心，坚决歼灭黄百韬兵团”

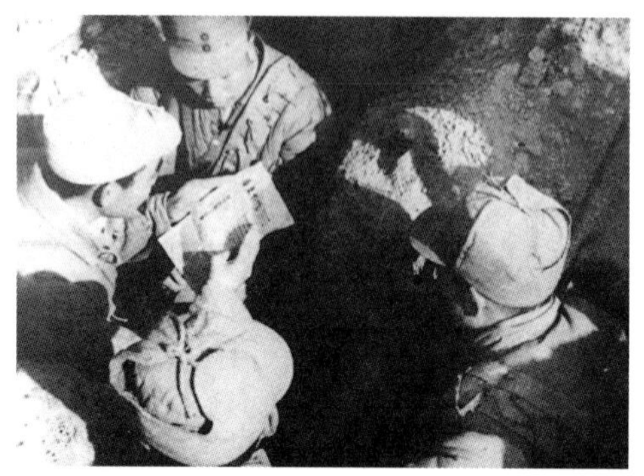

▲ 解放军指战员在战壕内学习毛泽东《中国军事形势的重大变化》一文，受到了鼓舞，增强了必胜的信念

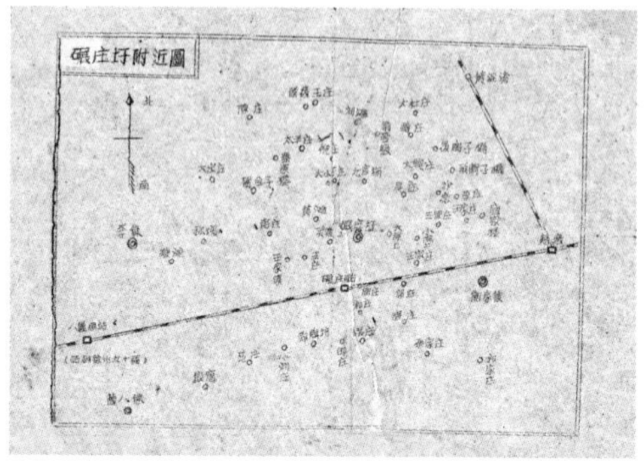

▲ 攻击黄百韬兵团时，华野某部为连队执行任务掌握方位而印发的碾庄圩附近地图

华野四纵与黄百韬兵团作战经过

碾庄圩地区，位于运河西岸，陇海路北侧，地势平坦。因历年河水泛滥，居民均将村庄地基筑高（高出地面二三公尺不等，居民称为台子），每庄由数个台子组成，台子之间多水塘、凹地，相距数公尺至数十公尺不等，大部分村庄有围墙

及水壕，村庄外地形开阔。敌被围后，利用该地利于防守的地形及原十三兵团构筑之工事，逐村设防，编成了圆周形的野战防御阵地。以台子为依托，地堡群为骨干，堑壕、交通壕纵横连贯，设置大量的鹿砦，将每个村落构成独立防守的支撑点，村与村之间亦构筑堡群，控制间隙，以此来形成完整的防御阵地。

野战军首长决心迅速围歼该敌，令我纵由北向南攻击，友邻十三、六、九、八纵分自西、西南、南、东向敌攻击，力求分割歼灭该敌，一纵围歼窑湾之敌，七、十、十一纵位于大许家地区阻敌东援。

11日上午，敌以两个多团兵力，自倪庄、秦家楼、尤家湖等地，分向我十一师太平庄、十师前楚墩阵地反击多次，被我击退。此时，我了解当面大兴庄守敌为六十四军1个营，倪庄守敌为二十五军一一八团团部率1个营，秦家楼为敌2个营。我决于当日夜，以十师二十八团攻大兴庄，以十一师三十一团及三十二团一部攻秦家楼，因对敌情判断不确，攻坚战斗准备不充分，兵力使用分散，均未得手。12日夜，十师再攻大兴庄，仍未得手。始查明大兴庄、秦家楼守敌各为一个团，已筑成较坚固之野战防御阵地。

我鉴于敌已转入防御，兵力集中，工事较强，3次攻击均未奏效，乃提出了村落攻坚战的战术指导思想，指示各部必须周密观察地形，慎重选择运动道路及突破口，积极进行近迫作业，严密组织步炮协同，坚决遵循集中兵力及不打无准备仗之原则。各部当即迅速贯彻，进行了深入动员，并根据上级“先打弱敌、后打强敌、打其首脑、乱其部署、尔后全歼”的作战方针及首先歼灭北、西、南三面之敌，然后再消灭东面之敌的作战计划，进行了充分准备。

经此一番准备，各部队除了严密的组织战斗外，并积极向敌实施了近迫作业。纵队决于13日起，集中兵力，集中炮火，对敌展开轮番攻击，并首先攻歼秦家楼守敌，以从西北方向楔入敌七兵团战斗队形之内。13日晚，我以十一师三十二团、十二师三十四团（归十一师指挥），在山、野炮13门的支援下，向秦家楼守敌二十五军一〇八师之三二二团发起攻击。19时35分，我炮兵向敌猛烈急袭，步兵迅速爆破成功后转入冲击。20时42分，三十四团、三十二团分由西北及东北突入王台子（该庄由王台子、李台子、张台子等三个台子组成），敌向我展开猛烈反击，我三十四团部队与敌反复冲杀，以连续攻击，交替前进，打垮敌多次反击，经逐屋逐堡争夺后，于14日0时20分，全部攻占王台子，歼守敌1个多营。本拟继攻张台子，因部队伤亡较大，建制混乱，乃转入巩固，并调三十六团1个营进至王台子。拂晓时，敌自张台子向我反击多次，均被击退，我乘敌溃退混乱时，勇猛出击，一举攻占张台子。黄昏后，三十四团继攻李台子，于午夜前攻占该地，歼敌约两个连，至此，秦家楼为我全部攻占。

14 日，我以十师全部，在山、野、榴炮、重迫炮共 21 门的支援下，向大兴庄守敌六十四军一五六师之四六七团再次展开攻击。白天，我即以抵近射击火炮行单炮射击，摧毁了对我危害最大的火力点，掩护部队加强近迫作业。16 时 30 分，我开始炮火准备，先以野炮 3 门和抵近射击的山炮 5 门，向敌阵地作重点的摧毁射击，其余炮火压制邻近之敌炮兵。17 时整，我全部炮火向大兴庄集中射击全面压制。17 时 30 分，各团之八二炮、六〇炮送炸药猛轰我预定突破口之两侧。至 17 时 35 分，敌前沿工事已大部被毁，步兵当即发起冲击，我三十团第五连乘炮火硝烟弥漫之际，迅速爆破成功，首先突入敌阵地，该连在突破口附近打垮了敌人多次反击，扩大与巩固了突破口，有力地保证了主力的投入。至 18 时 20 分，三十团、二十九团主力已先后投入，向纵深猛攻，激战至 15 日 1 时，我全部攻占大兴庄，守敌除少数逃窜外，大部被歼。

16 日，我将炮兵部署调整后，决以十二师三十五团及三十六团攻歼大牙庄守敌。是日夜，三十五团、三十六团攻占大牙庄外围敌堡群，17 日夜继攻大牙庄，我三十五团部队首先突入，三十六团亦相继突入，激战至 18 日拂晓，全歼大牙庄守敌二十五军一〇八师师部、三二三团全部及三二二团残部。

18 日 9 时，倪庄守敌在我近迫作业威胁下南逃，我十一师三十一团当即出击，截歼逃敌数百。是日 19 时，十二师以三十五团附纵队警卫营，续攻小牙庄，于 19 日拂晓攻占该庄，全歼敌一〇〇军军部及残部 1800 余人。19 日 7 时，碾庄圩敌一部向小牙庄反击，我十一师、十二师部队奋勇出击，又俘敌 1500 余名。

19 日夜，友邻总攻碾庄圩，我以一个团由北佯攻该庄，以资策应。是夜，碾庄圩为友邻攻击，守敌大部被歼，残敌 2000 余名于 20 日拂晓北窜，我纵出击截歼千余，余窜入尤家湖。

至此，敌第七兵团自西逃以来，其六十三军早在 12 日被我友邻一纵全歼于窑湾地区。被包围之敌已大部就歼，其兵团部所在地亦被我攻占，只剩二十五军、六十四军残部，计 1 个军部（六十四军）、3 个师部，6—7 个步兵团的兵力，固守于大小院上、小黄庄、吴庄、沙墩、三里庄、尤家湖等 8 个村庄内。其阵地已为我割裂，士兵及下级军官甚为动摇，但黄匪仍企图以其中较大之村庄尤家湖等为重点负隅顽抗，垂死挣扎。

为保障战役全胜，我纵奉命迅速攻歼尤家湖守敌。尔后东击，配合友邻攻歼六十四军残部。20日夜，我十师二十九团一部，以袭击手段攻占了尤家湖西北及正北的两个集团堡群，扫清了突击道路上的障碍。21日夜，我集中山、野、榴炮、重迫击炮26门，并首次得到特纵坦克4辆的配合，以十师由东、东北，十一师由西北、西、西南，十二师三十四团附坦克由南向北合力围攻尤家湖守敌。16时30分开始炮击，经30分钟破坏射击，敌堡大部被毁，坦克当即突然展开，以准确的直接射击摧毁敌前沿工事。17时10分，我三十一团首先突破，各部亦相继突入，激战至19时30分，我全歼尤家湖守敌二十五军残部共4000余人。

1948年11月22日，黄匪率残部突围，我纵当即配合友邻全线出击。至黄昏时，黄百韬为我击毙，六十四军军长为我生俘。至此，淮海战役第一阶段，经12天激烈的战斗，以敌黄百韬兵团的全部覆灭而胜利结束。我纵在该阶段中，共歼敌19692名（俘敌13775名）。我共伤亡5306名（内伤3974、亡1332）。

摘自《中国人民解放军第二十三军第三次国内革命战争战史》，1960年，第67—68页

▲ 华野四纵某部团长在观察地形

▲ 发扬军事民主，研究克敌制胜战术

▲ 攻击部队抢筑工事

▲ 赶制浮桥，准备越壕作战

华野六纵十七师五十一团大张庄战斗总结

（一）情况：

敌军番号系四十四军一六六旅四九八团团直率两个营及一个搜索连守备大小张庄，另一个位于徐井涯。

（二）受领之任务：

职团奉命配合八纵攻击徐井涯之任务，八纵队由西和西南向徐井涯攻击，职团奉令由东南、正南向徐井涯攻击，并以大张庄为职团之立脚点。

（三）部署：

（1）职团受领任务后，副团长率领各营营级干部进至孙庄、小张庄观察地形，同时与敌对峙之独立旅负责同志的当面情况与敌盘踞位置介绍给职团，原师部给职团之大张庄（以此为立脚点）以及大王庄、徐井涯一带，已为敌一个团控制。为此情况之变化，职团根据当面敌情与地形，未能按照师部所交给职团之任务去进行，因此决心以攻击前进，向大小张庄、大王庄进行攻击，部署如下：

（2）根据当面情况与当时的实际地形，团第一步决心以一营先攻占大王庄，部队正在进行布置中，大王庄之敌向大张庄收缩，因此决心以一营二连由孙庄向北攻占大王庄后，职团重新调整部署如下：

一、决心一营担任突击营之任务，以大王庄为该营之立脚点，向西攻击大张庄。

二、以二营抽调一个连到达大王庄，担任向东北（铁路与火烧房子方向）警戒，防敌袭击，并有保证一营侧后之安全，其余部队集结于孙庄，为团之预备队。

三、以三营全部进至孙庄西北之西小张庄（为立脚点），由南向北配合一营攻击大张庄。

四、团指挥设在孙庄西北角。

五、团之迫击炮连攻王庄时放在孙庄，王庄得手后，炮附属一营 2 门、三营 2 门（另两门通过运河车站时，未能通过，掉在后面）。

六、师附属山炮连（4 门）位于孙庄西南之小张庄，原定任务配合攻击徐井涯，因天黑时才进入阵地，已无法测量距离与选择射击目标，因此失去射击。

（四）战斗经过：

1.11 月 11 日下午 4 时半发起战斗，大王庄之敌向大张庄收缩，一营二连乘机占领大王庄，继于晚 9 时 55 分攻占大张庄东南之小集团房子，并缴获步枪 3 支，俘敌伤兵 1 名，继续向西攻击，于 3 时攻占大张庄南边的小集团房子。

2. 二营一个连于 6 时进至大王庄，接替一营之防地，并保证一营侧后安全。据审问一营新捕之伤兵俘虏称，敌有两个营及团直全部和一个搜索连守据大张庄，因此以二营五、六两连进至大王庄，作为一营的第二梯队。敌压缩于大张庄东北角时，因一营攻击未成，二营之五、六两个连由大张庄东北攻击两次也未成功，部队撤至一营攻占之小集团家屋（第一次攻占的）。同时因三营进展较快，且部队伤亡较大，二营营长率领一个步兵连、一个机枪连配合三营，控制三营攻占的阵地，向徐井涯方向警戒，并以火力援助三营攻击大张庄。

3. 三营于 4 时半进至孙庄西北角之庙宇，天黑时全部进至西小张庄，续向大张庄西南角之小集团房子攻击。7 时攻击该处，以攻占之处为立脚点，继续向东北角两个集团家屋攻击。9 时 50 分又攻占该两处，得手后，续向东配合一营攻击大张庄东北角上之敌。2 时攻占沟东的小集团房子，已与一营取得联络，同时并有四十九团一个连配合三营攻击大张庄，两次未成功。

4. 因时间关系接近天亮，且部队伤亡较大，弹药也消耗迫尽，奉命停止攻击，控制新得之阵地，准备夜间再行攻击。部队守住新得之阵地一直到 12 日下午 2 时 40 分，大张庄东北角之敌向北突围，职团以一、二、三营各一部乘机出击，杀伤敌人 300 余名（敌团长在突围时为我击毙），俘敌 80 余名，此战斗即告结束。

……

四十四军战术特点：

（1）敌采重点守备，控制宽大正面，以少数部队在前沿阵地与我纠缠，与我攻击部队过早接触战斗，延长我攻击时间。

（2）守备狡猾，如一发生与我接触，部队即向后收缩，不易捕捉俘虏，同时在撤退时将房子烧毁，使我攻击部队不易接近。

（3）乘我攻占一点立脚未稳时，善于向我进行反击，如大王庄对我之反击。

摘自华野六纵十七师五十一团《大张庄战斗总结》，1948 年 11 月

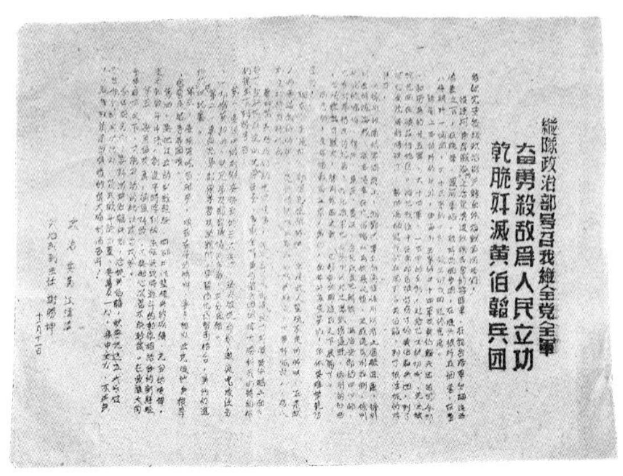
纵队政治部号召我纵全党全军
奋勇杀敌为人民立功
乾脆歼灭黄百韬兵团

◀ 华野六纵政治部向指战员们发出“奋勇杀敌为人民立功，干脆歼灭黄百韬兵团”的号召

◀ 华野六纵十七师五十一团在歼灭国民党第四十四军四八六团的大张庄战斗中，因敌凭借地堡顽抗，部队攻击受阻。紧急关头，八连战士张树才挺身而出，抱起炸药包，奋不顾身地扑向敌人，炸毁地堡，壮烈牺牲。此为爆破英雄张树才所在班爆破人员登记表，是由时任八连指导员的陈先达同志保存下来的

战术研究

华野八纵唐家楼战斗基本检讨

甲、第一夜攻击未成功的基本教训：

1. 由于运河东追歼战未能歼敌，而在战术思想上变成轻敌，故对判断情况错误：

①认为敌人一打即跑。

②对六十四军的战术特点认识不足，认为工事不强，可以顺利突破，未向困难方面去想。

2. 对敌战术特点未重视研究，特别对敌反击及品字形的工事。对黄研究更差，苏北部队介绍情况，认为人家战斗力不强，这说明由轻敌思想出发，未重视接受兄弟部队的经验，也说明对自己流血的经验容易接受，对兄弟部队的经验的接受还不虚心。

3. 兵力部署上当时两个箭头（虽有主次之分）但不合适，应主攻与佯攻结合，

只集中了团的炮火（迫炮、六〇炮），实际不能解决问题。

乙、第二夜攻击成功的经验（原因）：

1. 决心坚强（自上而下不管伤亡大小，一定打成个作风）。

2. 接受了第一次攻击未成的流血的教训：

①干部集中实地详细地侦察了解情况，实地研究部署，任务区分明确。

②兵力使用上合适，以二营扫除外围，打下两个地堡群，以一营突破，三营投入巷战。

③对付反冲锋的研究与组织。

④战斗组织详细。

3. 步炮协同上较好，师配属两个山炮连，九二步兵炮抵近射击，结合爆炸成功。

4. 巷战中及时整理组织，随整随打，未给敌喘息机会。

摘自第三野战军第二十六军司令部《淮海战役专刊》，1949 年 1 月，第 17 页

大力开展政治攻势

一、当面敌人的几个主要情况：

第一、敌人是处于收缩逃窜和被我分割、包围的情况下，海州、商丘、郯城、盐城、砀山相继被我收复，敌五十五军一个师被歼，黄兵团被我分割包围，加上冯治安部的起义，给了敌人内部一个很大的震动，因而士气动摇、混乱，越打越低落，弹药、粮草运输供应困难；另一方面如果敌人遭到我们的包围进攻，在其军官的统治下还要抵抗的。因此一方面我们要抓紧有利时机大大展开政治攻势，另一方面对抵抗的敌人又要坚决地进攻消灭它，也就是要进行军政夹攻。

第二、敌人的守备工事一般的有三种：一种是敌人原有的据点，工事比较坚固；一种是敌人临时驻守的村庄，有较好的自然地形，临时加以修筑就可进行抵抗；再一种也是临时驻守的村庄，但地形较差，仓促修筑一些临时的简单工事。

第三、被我包围的敌人大体上也有三种情况：一种是敌人的高级指挥机关，并掌握一定的部队，抵抗得比较顽强；一种是敌人的一个建制部队；再一种是几个不同建制的部队被我插乱，被包围在一起，内部最为混乱，抵抗力最差。

总之，敌人主要依靠强大的运输供应、坚固的防御工事和对士兵的统治欺骗进行抵抗，但由于敌人总的形势是处于被分割包围，到处被动挨打、收缩、逃窜，因此这三方面都发生了极大的困难。我们则是不断取得胜利，越打士气越高涨，

我们疲劳敌人更疲劳（如敌黄兵团连走三天未吃饱饭，未得到休息）。因此，我们具备了军政夹攻歼灭敌人的好时机，我们应当抓紧这个有利时机，大大开展政治攻势，配合军事进攻，大量歼敌。

二、根据当面敌人，我在火线政治攻势的主要内容是：

第一、说明敌人当前的处境，指出"逃跑被歼呢？还是过来求生呢？"抵抗、逃跑只有被歼灭，只有过来才是生路。指出摆在他们眼前的只有三条道路：一条是冯治安、吴化文、曾泽生将军的光荣起义；一条是郑洞国率部的投降；另一条就是王耀武、米文和、范汉杰等的被歼灭当俘虏，快快选择你们的出路。

第二、解放军的强大攻势是任何坚固的工事和抵抗所抵挡不住的。对固守原有据点的敌人提出："你们的工事比济南、洛阳、开封、沈阳、锦州怎么样？像济南、开封、洛阳那样坚固的工事都被解放军打碎了，你们还守个什么劲？"对临时驻守、工事简单的敌人提出："济南、开封、洛阳……有那样坚固的工事都被解放军打垮了，你们这个地方一点坚固的工事都没有，抵抗还不是白送死？！"

第三、解放军要活捉黄百韬，解放你们，你们不要替黄百韬拼命送死了，调转枪口，打死逼你们送死的黄百韬和他的走狗，解放你们自己……

三、火线政治攻势的组织领导和办法：

A、火线喊话的组织掌握：

1. 领导上要很好掌握，特别营、连干部要亲自掌握，干部亲自参加领导喊话，同时又强调在支部领导下的群众性的喊话瓦敌，领导和群众结合。

2. 组织运用解放战士喊话和战场所捉的俘虏喊话。

3. 连队应边打边调查敌人内部情况，根据敌人具体情况及时提出生动实际的口号。各团政最好指定联络股长或宣教股长专门掌握这一工作。

B、宣传弹的使用：

宣传弹要有专人掌握，避免忘记携带或用时拿不来，以免浪费。要对准对象掌握时机，最好在攻坚战斗中白天打进去，使敌人有时间看，并注意从俘虏中调查搜集反映，及时改进。

C、火线劝降与受降：

1. 劝降时机：①在给敌人以重大打击和杀伤以后；②在敌人被分割包围绝望动摇时；③对敌人突出的孤立据点；④俘敌主首或被包围敌的重要军官时。

2. 劝降方法：①利用俘虏军官或士兵写信或派进去劝降（要根据该军官之具体情况恰当运用）；②利用敌人家属劝降；③以我部队或代表名义写劝降信；④令敌人派出代表或指定地点由敌我双方互派代表到两军阵地之间谈判（一般的我们不派代表进去）；⑤掌握敌人情况变化，适当的打拉相结合；⑥写劝降信要事先调查敌人主官姓名、内部情绪等，打中要害。最好用市集上卖的大信封、信笺，用毛笔写，字体要工整，信的内容要以说明道理、晓以大义为主，态度要严正，但要避免刺激、谩骂。如有答复条件，凡属上级没有明文规定的，一定要请示上级再做答复。

（关于通牒、受降问题纵政另有通知，已发各师，这里不另提。）

摘自华野十三纵《进军通讯》第 20 期 1948 年 11 月 11 日

华野四纵大兴庄战斗中〇三大队[①]的战前准备与火力组织

14 日晚，我四〇支队[②]的八二大[③]三营，九二大[④]三营，及〇三大的一、二、三营协同猛攻，打下了大兴庄，歼敌一个团。

大兴庄敌人在不到半里路长的庄上，修筑了绵密的三层工事，鹿砦后面是子堡群，之后是较高的碉堡，最后是利用每座民房的墙角和原有炮楼开上枪眼，各处还都挖了交通沟和避弹洞，我头两天没有打下，第三天攻击前，〇三大党委召集营干交代任务，担任突击任务的干部都表示了很强的决心。正在这时支队部传来了电话，说纵队首长问大家“准备工作是否已经做到绝对有把握打好这一个战斗了”，在这个启示下，大家感到以前没有打好的教训，现在还没有很好解决，譬如对地形、敌情了解得不详细，火力组织得不明确，交通沟太短……于是大家就重新研究了改进办法，更大力地进行准备，更严密地组织火力，使战斗能顺利解决。

摘自华野四纵《战地新闻》第 789 期 1948 年 11 月 17 日

冯海廷小组的突击动作

14 日晚攻克大兴庄的战斗中，九二大队的突击连——八连胜利完成了突击任

---

① 编者注：“〇三大队”为华野四纵十师三十团。

② 编者注：“四〇支队”为华野四纵十师。

③ 编者注：“八二大”为华野四纵十师二十八团。

④ 编者注：“九二大”为华野四纵十师二十九团。

务。在战斗中，三班副冯海廷同志所带的战斗小组，表现了孤胆英勇打入敌人纵深，使后续部队顺利前进的出色战绩。

当部队开始运动时，冯海廷同志是走在最后的一个。敌人用火力封锁我们交通壕出口，六〇炮弹不断地落在交通沟里，三班也有伤亡。正面敌人的火力是相当强的，如果从正面上来，伤亡一定比较大。他向排长建议，排长答应了他从右侧迂回。

冯海廷同志一听到出击口令，马上便带着贺海和张福秀跳出交通壕，迅速接近右侧敌人的鹿砦，卧下细看敌人动静，只见当面敌人一个地堡，有一挺机枪连续向二班射击。冯海廷不慌不忙，以汤姆枪向敌人地堡枪眼瞄准射击，打了一梭，敌人的机枪就变成哑巴。接着他掏出小包炸药，划着导火线（他预先把洋火皮子贴在枪上）打过去，炸了。贺海立即补上一个手榴弹，全组一个冲锋，把鹿砦用脚踩倒，占领了地堡。冯海廷同志又用汤姆枪向枪眼里打了一梭子，把敌人打跑了。他们立即跟踪追击，沿着敌人的交通壕发展。冯海廷同志心里想：我追得你不停脚，你就休想组织反击。3 个人一口气追下去。敌人不知道我们有多少，一齐垮下去了。他们马上又占领了 3 个地堡，还是不停息地沿交通壕向南又向东前进：碰到地堡，贺海、张福秀就打榴弹，他自己打汤姆枪，一口气就占领了十几个地堡，一直打到庄子的中间去了，后面的部队还没有跟上。

有一个敌人来不及逃走，被他们捉来了。冯海廷问他是哪一团的？他说：“不懂！”冯一想：后面部队没有来，带着俘虏要妨碍作战，他就要贺海对他解释（因为他俩同是广东人），要他参加他们这个组作战，仍旧用他原来的武器。于是，他们一个组就有了 4 个人了。

这时，南边一个地堡里的敌人有挺机枪打得很凶，他又看到〇三大队和自己三营的部队正从正北向南前进，自己火力又压不住敌人，所以他就要贺海对地堡里的敌人喊话，要敌人不要打枪，他自己则故意大声下命令叫大家不要打枪。敌人听见是广东人讲话，又不知道他们有多少人，就停止射击，后面部队就趁机迅速前进，没有遭受杀伤。

冯海廷知道：要击退敌人的反击，就要靠短兵火器。他自己的汤姆枪一共 120 发子弹，他只打了两梭子，还剩 80 多发。在他们背后解决了的地堡里，到处都是榴弹，他一个人就背了 8 个，要其余 3 个人也各背上七八个。“有了汤姆枪，有了榴弹，我一个组，敌人反击我也不怕啦！”

这时，冯海廷见自己的部队进庄了，一面要贺海去联络，一面布置了两个人监视地堡，他自己向东监视：敌人不打枪，他们也不打枪。

贺海没联络到八连。冯海廷想：留在这里无法解决南边这个地堡。于是把一个组带着向东发展，准备向东再向南迂回到地堡侧翼去消灭它。这时，友邻部队很拥挤地进来了，南边地堡的敌人又打枪。组里张福秀着急了，说："俘虏被人家捉去了！"冯海廷再三制止他不要盲动，他不听，结果中弹负了伤。冯马上叫贺海替他包扎好，找担架把他送下去，一面再去联络部队，他自己带着新解放同志又继续向南发展。这时，敌人一炮打来，又把这个新解放战士打倒了。全组只剩他一人了，但他还是占领了房子，准备打墙洞迂回那个地堡，结果碰到了副指导员，才和大家会合共同作战。

冯海廷同志说："要对付敌人反击，你就要跟踪追击，不让敌人有组织反击的可能。如果你一停下来，他就可以组织火力反扑过来，我们就不容易攻他。"

冯海廷同志是李堡（苏中七战七捷之一）新七旅解放过来的老同志、共产党员。这次全连认为他孤胆作战有功，已呈请上级给奖。

（金菊如）

摘自山东兵团《华东前线》第 60 期 1948 年 12 月 5 日

▲ 华野九纵发扬猛打猛冲的战斗作风，攻占碾庄车站，控制了铁路路基。此为相关战斗详报

▲ 战斗中的华野某部战士

▲ 解放军某部用迫击炮发射炸药，摧毁国民党军前沿阵地

战地报道

华野十三纵某部战士包元风勇敢又机动

11 号晚上“长城部”一营攻打小宋庄，战斗越打越激烈。三连机枪班的包元风同志，在班长和副射手都挂彩了后，就一个人顶三个人地干了起来，自己背子弹，自己压子弹，又自己打。就在他这挺机关枪前面，敌人一个接一个地倒下去了。“只准敌人走上来，不准敌人再走回去！”这是包元风在投入战斗前的决心，现在他果然实现了这个决心。

包元风的机关枪打着打着，忽然发生故障了，正当他就地忙着修理的时候，不料有一个带白布记号的敌人晃呀晃呀地走上前来。包元风一看，就机智地运用他那南方口音喊道：“不要打！是自己人啰。”敌人听了就信以为真的不动了，包元风就趁机掏出一个手榴弹打了过去，他便拿着不能再打响的机关枪跑了回来，向连长又要了一挺机关枪重新回去继续打，同时他为了防备机关枪再发生故障，便又要了一支冲锋枪背在肩上。果然，在机关枪子弹在最后打光了，就把空了的机关枪背到肩上，端起冲锋枪，不管三七二十一地站着向敌人猛扫起来，敌人死亡的越多了。同志们都夸奖说：“老包又勇敢，又机动。”

（姜兆惠）

摘自华野十三纵《进军通讯》第 22 期 1948 年 11 月 14 日

火线参军的杨永昌战场连夺 5 棵枪

陈鲁团八连二班，堰头镇战斗中，边打边补充了杨永昌，这次徐井涯战斗，自己连夺 5 棵枪。

当堰头镇的战斗还正在激烈进行的时候，他就被俘补入二班了，他是个中士通讯班长，在国民党那里当官的骗他说：“共产党捉着一等兵以上的通通杀头。”因此他在战场上产生了两个思想，一个是“趁机逃跑”，一个是“不论怎么的吧，豁上去，打死就打死”。巷战中敌人火力很急，他也不隐蔽。

班长姜玉山关心地招呼他隐蔽，他也不理。后组长说：“不好啊！敌人机枪封锁。”把他一把按倒了，他想“不死也好”，但是他仍没受感动。

继续向前发展时，他走得很慢，济南解放战士刘玉顺火啦！骂他：“×××，你怎么不跟上。”正和他“动态度”时，班长和蔼地说：“他是个新同志啊！老刘，你怎么好那么样！”

在这时候他忽然体会了一个问题，他想：“共产党的兵和国民党的兵到底是不同啊！你看人家班长和老同志多么和气。”他联想起从前他在七十四师时的一个朋友（副连长）寄给他的一封信，告诉他说：“我在孟良山（孟良崮）被共产党俘虏，他们待我很好，在那里训练了一个期间，就放我回家了！”这时候他蓦然间转变了自己的糊涂，他想：“× × × 的，国民党净熊我，哪有这么回事？这样杀，那样杀，杀那么些，那个朋友哪里还能回去？！”

长途的连续追击中，排长、连长对他谈得都很好，排长张树在和他谈了 3 里地的话，告诉他当初自己胶高即战役被解放的心情，闲扯些解放军官兵关系、政策……他心里很高兴。他想：“我从 19 岁当了 8 年兵，从来没遇这么些当官的对我这么好，再不好好干对不起人家！”（讲感情、讲义气）因此，他在日夜不停的 130 里的追击中，不但没有掉队，而且还帮他班的病号扛枪。

在徐井涯（碾庄圩以南）战斗中他打得很好，班长、组长到哪里他就跟到哪里，但是班长只给他 4 个手榴弹，他想：“这些当官的对我很好，可是只给我 4 个手榴弹，叫我怎么打啊？”

当他们运动到鹿砦附近时，他听到有声音，就喊了声“哪一个”，敌人说了声“四十四军”就上来了。他举起手榴弹说：“别动，你动我砸死你！”刚想去夺敌人的枪，被敌人打了一枪把子，他顺手抓住敌人的枪，向后一拉又向前猛一推，那个敌人立刻倒下了。班长给他一梭子弹，他心里很兴奋。他和全班在第二道鹿砦外的小沟连续打垮了敌人 4 次反击，在这里他自己只打 4 粒子弹，又捉 3 个俘虏，得了 3 支枪。冲进第二道鹿砦的时候，又听到敌人活动的音响，他喊了一声，敌人没放声。正巧飞机打了个照明弹，他一看鹿砦里藏着一个敌人，他高声喊了一句“不要动，拿枪来”！敌人立刻吓熊了，做了他的第五个俘虏。

从杨永昌的转变过程中，我们看出边打边补充中，干部战士对新同志必须处处关心、爱护，时刻耐心教育，观念上必须像对待老同志一样地看待，真爱像□自己的亲兄弟一样，才能会很好地感化他、改造他。对新同志管理教育发火、不耐心、没信心是要不得的，尤其在连续战斗中，我们必须注意这一重要工作。

（温国华）

摘自华野九纵《胜利新闻》第 62 期 1948 年 11 月 18 日

敌二十五军两营长向华野四纵某部投降

秦家楼守敌二十五军一〇八师八二二团二营营长阎克俭、副营长吴景荣带枪投奔我纵。14日晚，八二大三营于大兴庄战斗归来，在前后瓦房埠遇到他们找我纵队部，我三营同志当即加以安慰，并把他们送至团部，政治处同志和他们相谈时，他们说："我们本早想过来了，但对你们的俘虏政策还有些怀疑，昨晚你们来攻我们时，我们再也不想打了，当士兵的当然更不愿打，因此，还正在战斗中，我们即带了一支冲锋枪、一支手枪决心投奔你们。"

（方磊）

摘自华野四纵《战地新闻》第788期1948年11月17日

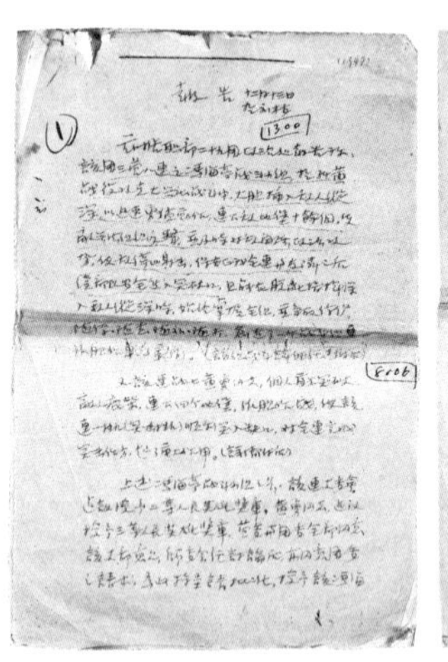

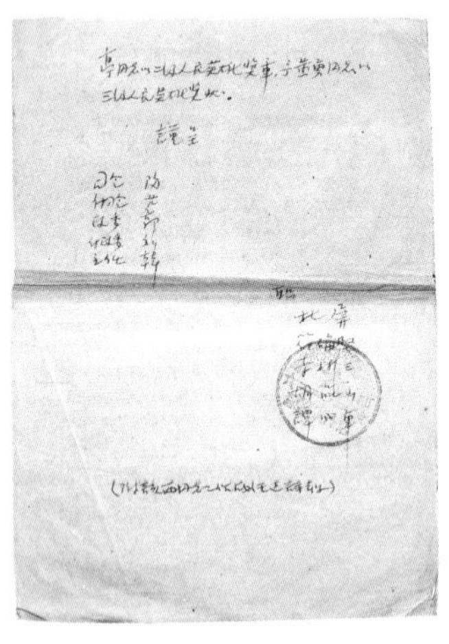

▲ 华野四纵十师党委大兴庄火线立功报告

▲ 1948年11月14日，在淮海战役秦家楼战斗中牺牲的华野四纵十一师三十二团一营营长王志平（右）生前与战友的合影

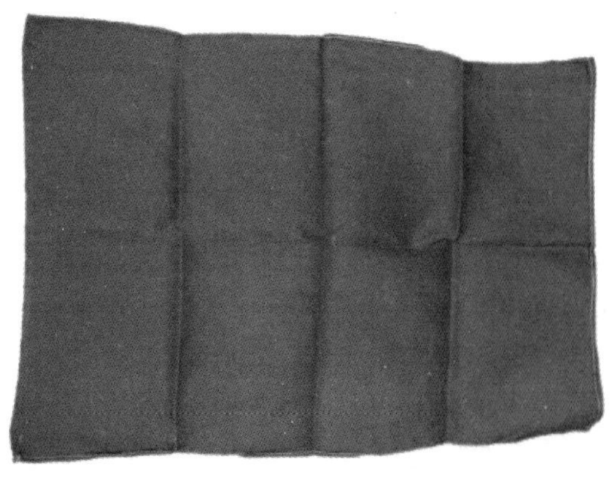

◀ 华野四纵十二师三十四团七连突入秦家楼后，国民党第二十五军一部连续三次反扑被打了下去，部队遭受很大损失，连干中仅剩连长宋国培与副政指王贵。宋国培连长的左肘虽已受伤，但仍然坚持指挥部队。国民党军第四次反扑又开始了，一颗手榴弹打来，他不幸中弹，牺牲之前，把这块鲜艳的包枪布交给了副政指。此后，这块战友遗留下来的包枪布，一直跟随着副政指王贵，从江北到江南，从胜利走向胜利

战士温天祥战场参军　8 枪打死 7 个敌人

温天祥在宋耿团八连五班堰头镇的战斗中火线参军，到 18 日下午在碾庄圩西南角（距敌前沿 200 余米）反击战中，他自己 8 枪打死 7 个敌人，得了两挺加拿大机枪。温天祥到五班不到 10 天的时间和班长搞得很好，在战斗空隙假若你想到五班去找温天祥的话，一定会发现他蹲在班长姜仁礼同志的身旁，侧着耳朵在听人民解放军的军民关系、官兵关系以及各种政策的主张……他在不足 10 天的时间内觉得共产党的部队与国民党的部队完全不同。18 日下午敌人 4 个排分两路向我坚守碾庄西南角的八连阵地反击，当靠近我阵地 30 余米时被我火力压得再也不敢前进，温天祥刚刚奉班长的命令在避弹沟隐蔽不准动。“解放军是为咱们穷人打仗，只有打垮蒋贼才能解放自己的老妈妈”。他想起了班长的这番话，再也忍耐不住了。他爬起来靠近了班长，接过排副递给他的一支枪，他想这次可显显身手了，将枪举起对准抱着一挺加拿大机枪的两个敌人，他一连发出两发子弹，机枪旁边的两个家伙滚了一下，只剩下孤零零的一挺机枪，右面 10 余米的几个敌人，在地皮上爬着渐渐地靠近过来。当温天祥“叭弓”一枪撂倒了一个敌人，10 余个敌人扔下一个尸体向后窜去，这时排副在老温身旁伸出大拇指夸奖他打得准，老温的劲头更足了，他边打边说：“咱听班长的话，要好好节省弹药，看不见不打，瞄不准不打。”右前方的敌人另一挺加拿大机枪的射手们，正在用小铁锹挖掩体时，老温的枪弹刚出膛，班长就招呼：“老温打得好，打得准，8 枪已经打死 7 个敌人了。”

最后敌人的反击，被打回去再不复返了，战斗胜利结束后，营里马上宣布给温天祥立上三等功。

（王克华）

摘自华野九纵《胜利新闻》第 65 期 1948 年 11 月 21 日

华野六纵某部缴获归公范例　破铜烂铁都要收集缴公

五一团八连在大张庄战斗刚结束后，缴到枪支弹药都收集起来了，一个战士从敌人尸堆中，抱了几个背包加一部分旧衣服、零碎东西回来，路上遇到九纵队一个同志，他责问八连这位同志说：“你们怎么还拿这些东西？”他却回说：“我们把武器收缴完了，再拿这些东西。朱总司令不是说过吗，打了胜仗，破铜烂铁都要收集回来，交给公家。”

（吴漱泉）

摘自华野六纵《火线报》第 245 期 1948 年 11 月 30 日

保持部队一定的政治质量
五一团火线发展党员 战壕里及时开会讨论发党证

连续战斗中，为了保持部队一定的政治力量，继续歼灭敌人，五一团党委会抓紧战斗间隙，开展火线上发展党员及党员教育工作。自战役开始至 14 日王庄战斗结束，8 天过程中，全团（直属队不在内）火线入党的新党员已达 47 名（其中追认党员 1 名），追认为模范党员者 1 名。战斗动员时，党委及各级支部，即公开号召：“在战斗中表现自己，锻炼自己，争取在火线上光荣入党。”战斗开始，各连支部及各小组，即积极进行活动。八连支部在大张庄战斗中，部队在白天休息时，坚守在距敌二三十米远的阵地上，向全体人员讲解加入共产党的光荣和入党条件。与敌继续对峙时，前沿放着观察哨，各小组就在战壕里面开小组会，会上讨论并通过了陈德胜等 6 个同志加入共产党。支部立即进行讨论，并批准后，在战壕里就发给火线光荣入党证。五班战士陈德胜在大张庄战斗中，副班长、班长先后负伤了，他立即代理他们指挥全班，并完成迅速占领突破口的任务。当一班长来到时，他又向一班长请求交代任务给他，又完成了击退敌人反扑，向纵深发展的任务。小组讨论中，首先第一个就通过陈德胜入党，支部马上也批准了，并向行政上提出升迁他为突击班长。八连一班副诸景武，在几次战斗中，表现服从命令不坚决，小组讨论没有通过他入党，他很难过地表示：“我今后要坚决改正，坚决服从命令听指挥。”好多非党的同志看到许多同志在火线上光荣入党，他们很羡慕又很钦佩，决心在下次继续作战中来表现自己，争取参加共产党。正如睢杞战役解放的王启兴所说：“火线入党很光荣，我想提出要求，就是条件还不够，今后当继续努力。”

（于逢源）

摘自华野六纵《火线报》第 244 期 1948 年 11 月 29 日

▲ 共产党员踊跃报名参加突击队

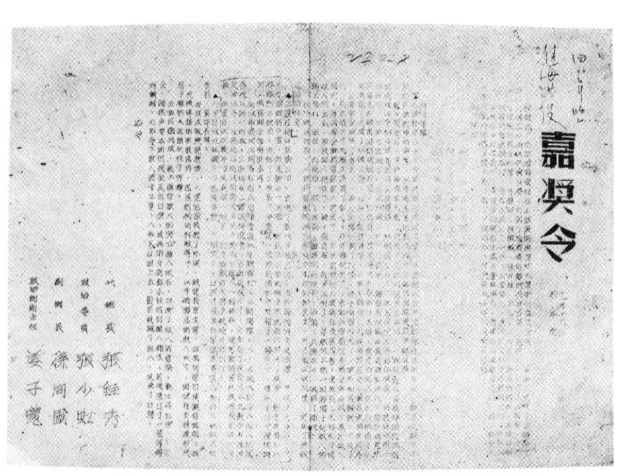

嘉奬令

代師長

政治委員

副師長

政治部副主任

▲ 华野九纵二十六师扫清碾庄外围战斗嘉奖令

獎狀

茲有周志財同志於十一月十五日於淮海戰役全殲黃伯韜兵團的戰斗中，英勇頑強，轉危為安，打掉敵重机一挺、輕机二挺的火力点，對戰斗貢獻很大，創立功蹟，業經評定為特等功勞，特給此狀

右給

中華民國卅七年十二月十五日

▲ 华野九纵某部周志财同志在全歼黄百韬兵团的战斗中，英勇顽强，转危为安，打掉敌设有重机枪一挺、轻机枪两挺的火力点，对战斗胜利贡献很大，荣获二十五师颁发的特等功奖状

▲ 华野四纵三十一团团长邓若波（右一）率各营连干部在前线视察，确定突击大、小牙庄的道路及火力配备

▲ 攻击部队向俘虏了解小牙庄地形和兵力

▲ 解放军向小牙庄发射宣传弹

淮海戰役

光榮負傷紀念卡

華野四縱

夏邦華 同志

於四八年十一月十八日

淮海戰役 小牙莊 戰鬥

中光榮負傷，特贈此卡作榮譽的

紀念

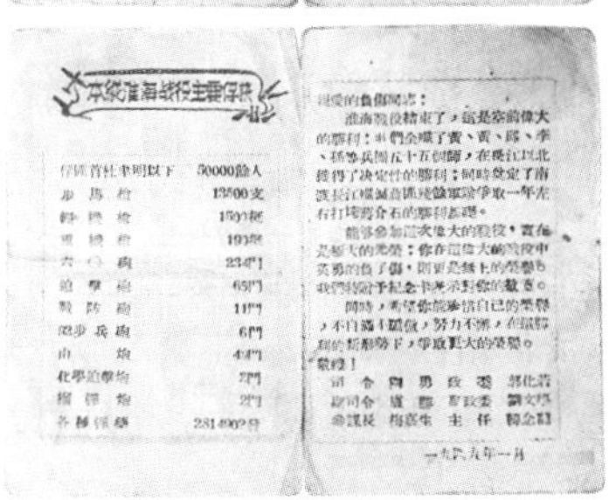

本縱淮海戰役主要俘獲

淮海戰役結束了，這是空前偉大的勝利

一九四九年一月

▲ 邳县解放战士郭金生（右）在小牙庄战斗中说服国民党军一个排向解放军投降

◀ 华野四纵颁发给在 1948 年 11 月 18 日小牙庄战斗中负伤同志的“淮海战役光荣负伤纪念卡”

战中后勤克服一切疲劳困难完成任务

【本报讯】自淮海战役开始以来，我纵队后勤各单位，在发扬艰苦作风，克服一切困难，坚决完成任务的口号下，工作中高度地发挥了积极性。战斗开始后，在收容工作上最大困难是房子少，医疗一队三班的同志就想尽一切办法搭棚子给伤员住，在挖坑借不着锨□时，便用一把破菜刀挖，他们全班五个人不到半夜时间，便搭起可容纳七八十个人的六个大棚子。怕伤员冷，三班、五班的同志有的拿出被子，有的脱下棉衣给伤员保温，尤其是手术队的同志昼夜忙着动手术，张队长因忙着动手术把脚都站肿了，也不肯歇一歇。四班想出办法用烧热的泥蛋给伤员保温，克服了当地没有沙的困难。医疗一队的炊事一班同志，在平地挖坑安锅做饭，克服了庄小锅少和防空的困难。他们虽日夜做饭很疲劳，但还能抽出人来帮助职员作护理工作。为了给伤员保温，他们全班拿出了六床被子给伤员盖。辎重营同志，克服了重重困难完成任务。从兖庄到板桥的路上，经过一座大山，三连一班长孙举亭同志便带领大家脱下棉衣，把笨重的大车一辆一辆地从山下推到山上去。过山后又碰到一条河，河身窄两岸又陡，王凤岗同志急忙跳下水去，帮着把大车一辆辆地推过河去。刚到目的地又出发，路上又碰到膝盖深的烂泥塘，林沉敏等同志就连鞋也顾不得脱，跳下去推车。因为任务急迫，他们接连一天两夜没眨眨眼，也不发怨言。担架团四营十一连的民工同志，在战中冒敌炮火往返转运，一天两夜的时间平均能运 7 趟，还有的运过 9 趟（合 120 里）。有的把自己的毯子或棉衣匀给伤员盖，感动得很多伤员说："伤好了回队一定好好干。"徐景星、吕永全等四个同志抬了一个在水壕里负了伤的同志，他们给伤员脱下湿衣服，再把自己的棉衣脱下给伤员盖，有的只穿着一个小褂也坚持着完成任务。民工同志们自己议论着说："同志们为咱牺牲流血，咱来支前就应当好好爱护伤病员，来报答这恩情。"

（王振平、于江、丛仁滋、高洪志、张立发、李俊、曹子恩、王勇、刘玉才、王琴、牟起估、鲁军、王勉之）

摘自华野十三纵《进军通讯》第 32 期 1948 年 12 月 2 日

一根火柴烧开了四百多锅水

12 日晚上，卫生部二队二室，到达了伤员转运站，还没有找好房子，伤员便从淮海前线上抬下来了，大家就不顾疲劳，立即开始了工作。炊事班开水房的老张（四）和老温（崇良），走进一间小屋，看见一口大锅，便进去烧起开水。

划了一根火柴，把一把高粱秸便燃起了火，从半夜烧到天亮，从天亮烧到天黑，接着又烧到天亮，就这样一直烧到16日半夜，这根火柴共计烧了432锅开水，门外一大堆的高粱秸，也都变成了黑灰。在这穿着大衣盖着棉被都得冻发抖的初冬黎明的时候，温崇良与张四穿着单军装，却都是满头大汗。

每天四五百人洗脸、吃水，给伤员揩血迹、洗衣服、洗身体和杀猪水——都是经过这口锅烧出来的开水，四天前一口漆黑的铁锅，现在已变成灰白色。

四天了，他俩没有睡觉，轮流着烧火、挑水，来回到庄外半里路远的一眼丈把深的水井，每天日夜都要走上200多趟。

水开了，周围站满了拿罐子、木桶、盆子的人，一阵便打光了，老温两只手拿着两只水瓢，向锅里添水，外面又是一批打水的人，锅里刚一响，有的照护员就叫："开了，打吧！"但老张却和蔼地说："不行，一定滚开了让伤员喝。"

老张和老温都是四川人，睢杞战役中，一起被解放的。参加了人民解放军后，老张常说："我在七十五师当伙夫时，那时就白天做做饭，我都不愿干，一天到晚想开小差，现在在这里这样忙，一点也不觉得累，这里是为人民服务的，我应当这样干。"

老温也说："前方流血，后方流汗，我在还没有打济南的时候，就订了工作计划，我说到哪里做到哪里，无论如何，不能叫伤员缺开水喝。"

当别人说他们辛苦时，老张总是会说："我们不辛苦，菜房、饭房的同志比我们还忙，你们工作人员和干部工作更忙。"

（徐学增）

摘自华野六纵《火线报》第240期1948年11月21日

阵中日记

华野四纵十二师作战科科长的日记

11月12日　天晴　空袭

大概上午10时许，空袭开始了，这次是空前的，两架超级空中堡垒丢下了

500 磅重炸弹 10 余枚，幸我们均住该庄之东头，西头仅住政治部少数人，故虽丢 10 余枚弹仅伤亡 12 人，不过其中之薛主任受伤，损失不小。

晚上天将黑时，敌机又来空袭一次，投弹两枚即去，这次很危险，今后当要警惕才好，否则将遭受不必要之损失。

晚上 8 时又继行动至东桃园，已进入战斗位置。

记于东桃园前线

11 月 13 日　天晴　忆邹鹏同志

今晚我三十四团配合十一师攻击秦家楼至天明，未全奏效，仅四分之一。伤亡不小，而敌之伤亡更大。检讨其原因，为不好猛打猛冲所致，队形密集，互相协同动作不够。

在八家杨战斗中，战友邹鹏同志光荣牺牲消息传来后，不甚悲愤之至。邹鹏同志，系工农出身干部，性情爽直，有坚韧之顽强，工作中给我帮助很大。记得也是去年此时，我俩同一营工作，大家处得很好。不幸时间仅隔一年，他竟为党为人民而牺牲了。邹鹏同志安息吧！你们未成的事业，有我们继续来给你完成，你们的血不是白流的，蒋匪马上就要垮台了，看见胜利不远了。

记于东桃园前线指挥所

11 月 14 日　天晴

下午 12 时许，奉命至秦家楼前线观察地形及敌情。至秦家楼北约 2 里时，枪声甚密，冒弹雨顺交通沟前进，至秦家楼北围附近，见交通壕遗尸很多，真不想前进，但为了完成任务，我不顾一切跳出交通壕，由上面运动至秦家楼。这时敌已南逃，只有废墟上，堆架着很多尸体。战争是多么的残酷！但没有这样残酷的斗争，将不能得到人民之解放，后者的人民，他们哪里会体验到战争之残酷呀！

战壕里遇张副团长，闻及王治平同志已于昨晚光荣牺牲，消息传来，不甚悲惜！又少了一位战友，所可怜遗留孤妻弱子，无人照顾，幸尚在革命部队里，想上级及同志们总不会见弃吧！秦家楼战斗至夜 8 时半始告全部解决。

11 月 15 日　天晴

今日友纵攻击大宋庄，我师准备攻击大小牙庄，三十五团由西向东打交通壕，三十六团由北向南。我们今晚休息一晚。大宋庄攻击战很激烈。闻邱李兵团由徐州东援，但正为我友纵阻击，寸步难进。

可靠方面消息，我南线大军，已攻克宿县、固镇，歼敌万余。另东北解放军，又攻克承德，热河全省已完全解放。胜利消息传来阵地，更振奋人心，黄兵团之苟延残喘之寿命，已为期不远。

下午至秦家楼前线指挥所，观察阵地一次，精神尚好，我交通准备互接挖至大牙庄，今天准备工作，一般比昨天较好。

11 月 17 日　天晴

下午 1 时许，奉命至大牙庄攻击部队阵地前观察地形与阵地。大牙庄之北庄，已为我三十六团昨晚攻占。今日敌虽集结一个连之兵力反击一次，终为我三十六团守备部健儿击溃，虽仅一小庄，始终仍为我控制中……

大牙庄之战于夜 2 时左右才告结束，俘敌 500 余人，余均逃窜。

11 月 18 日

早晨赴大牙庄前线观察小牙庄阵地，准备晚上攻击。我们置身在开阔地里走了好几次，但敌人始未发枪，真是怪事，我榴弹炮、野炮不时向他们进行射击，敌估计死伤甚多。

因首长未来，对三十五团、三十四团之战斗部署提出了些意见，后至警卫营攻击出发地亲自去检查了一次，正遇飞机空袭，我大概因自己小心关系，终未碰到，听说就在此时我们的老杨哥，大腿中弹，幸是大腿，否则又要少位战友。

攻击时间，本拟决定 6 时攻击，因三十五团准备工作尚未做好，直延至 7 时才开始，至 8 时已突破，俘虏一部。干部疏忽，小牙庄刚占领仅一半，以为全占，直至 10 时才发觉尚有许多敌人。据说是有二位团干在里面，故敌很顽强，当我 2 时许返指挥所时，尚未全歼守敌。

11 月 19 日　天晴

小牙庄之敌，直至今晨 6 时许才解决。俘敌千余，物资很多，但俘敌中一〇〇军军部在内，故杂兵很多，伤员也有一部，这是我师一年多未见此胜利气象。

很长一列的俘虏群，拖着沉重的腿，在我们指挥所经过，开至后方。奇怪得很，也不要人带，他们一个跟随一个，开抵后方。可怜的国民党自己的飞机，丧心病狂地在扫射、轰炸这些已经放下武器的蒋匪军官兵，至晚未息，恐怕几百人又这样牺牲了。

晚 8 时许，得淑芳从后方来信，在如此紧张之前线能得后方来信，殊属不易，真令人兴奋。

今晚我三十四团配合友纵攻击七兵团部之驻地碾庄圩，这是最后堡垒，估计此战斗三日内可得解决。因无大战斗任务，休息一天，故决定早点休息。

记于小韩庄前线

摘自华野四纵十二师作战科科长陈震的日记

二、克彭庄　先歼一〇〇军

11 月 14 日，华野六纵向黄百韬兵团第一〇〇军军部所在地彭庄发起攻击。战至次日拂晓，国民党第一〇〇军军部、六十三师师部及其所属 3 个团基本被消灭，副军长杨诗云、参谋长崔广森被俘，第一〇〇军军长周志道负伤后逃脱。

战史摘要

华野六纵激战彭庄　一〇〇军全军覆灭

彭庄东距碾庄圩约 2.8 公里，有约 100 户人家，由四部分居民地组成，村周及庄内有大小水塘 6 个。守敌为一〇〇军军部、直属炮兵营（有山炮 9 门、重迫击炮 6 门）、工兵营、特务营和六十三师全部共约 7000 人。敌人在村周庄内筑有大量地堡和地堡群及堑壕、交通壕，设置多道鹿砦，形成犬牙交错，纵横贯通的以地堡群为骨干的野战防御阵地，企图固守顽抗，等待徐州来援。该敌派一加强连驻守距庄西北约 400 公尺之后吕家。

纵队在总结前几天作战的经验教训的基础上，针对敌人防御特点，采取四面围攻的部署，集中绝对优势兵力，速战速决，力求全歼该敌，不使漏网。野司为求速决歼敌，配属我纵一个炮兵营。

纵队为全歼敌人，决心以十八师、十六师全力攻击，以十七师五十团担任阻击可能由前后黄滩来援之敌。具体部署是：

十六师以四十六团、四十七团及四十八团一个营，由东向西突击，四十八团（欠一个营）由东南角攻击。

十八师以五十二团由南向北实施主要突击，五十三团（欠一个营）由北向南与五十二团实行对进攻击，五十四团配属五十三团一个营于攻占后吕后，主力由西向东攻击，余为师预备队。

十七师五十团位于彭庄以东500米处监视前后黄滩之敌，并随时准备阻击其增援彭庄。

特纵山炮营位于王庄西侧，纵队炮兵团两个营位于王庄古运河西岸，分别支援十六师和十八师作战。

14日19时50分开始炮火准备，10分钟后，东、南两面预定突破口附近工事及障碍物被我炮火基本摧毁，20时，各攻击部队同时发起冲击。四十六团一营进展较快，在炮火支援和连续爆破下，一举歼灭庄东大路两侧地堡群守敌，并攻占两间民房，巩固和扩大了突破口。十六师首长当即命令四十八团二营及四十七团一个营，从四十六团突破口进入战斗。战至22时，逼近庄内南北水塘，水塘以东之敌被我全歼。五十二团三营突破后，攻占水塘以南居民点，但因失去炮火支援，受到水塘北侧敌火力射击，攻击受阻。五十二团在十六师攻进后，迅速越过水塘，击退敌3次反扑，利用塘岸与敌对峙。五十四团方面则已全歼后吕守敌。

纵队为求15日拂晓前全歼守敌，命令十七师五十一团及四十八团一个营，从五十二团突破口进入战斗，以加强主要方向攻击力量。同时，令由五十四团指挥的五十三团的一个营迅速归建，并命五十四团由彭庄西侧向东攻击，实行南北、东西对进，迅速分割歼灭敌人。

15日2时，南北对进的攻击部队于庄中会师，将敌分割为东西两块。这时，敌指挥失灵，陷于混乱，我四十六团及五十四团乘机东西对进，完全割裂敌防御体系，将残敌分割包围，激战至15日9时许，全歼守敌，占领彭庄。后黄滩守敌以营到团的兵力向彭庄反击，均被我五十团击退。

彭庄一战，一〇〇军军部及六十三师3个团守敌约7000人全部被歼。计十八师歼敌3100余人，其中俘敌1080人，缴各种炮23门，枪764支。十六师歼敌3400余人，其中活捉一〇〇军副军长杨诗云（杨荫）及其参谋长崔广森等1500余人，缴获各种炮13门，枪750余支，并击落飞机1架。十七师在进攻和阻击战斗中亦毙伤俘敌约400人。

战斗中部队发扬了英勇顽强的优良传统，不怕牺牲，英勇作战。四十六团三连爆破员、三级人民英雄张庚发同志，抱着15斤重的炸药包5分钟内炸毁敌地堡打开了通路，随即冒着纷飞的弹雨几次带领部队通过突破口，并投入纵深战斗，在敌人反击时，又抱着机枪向敌群射击，弹尽后持着手榴弹冲入敌群，英勇牺牲。该团三连七班荣获“英勇顽强爆破突击班”的光荣称号，全连有15人立功受奖。三连因而获得纵队授予的“智勇善战”的锦旗一面。该团三连爆破班副班长周惠中同志，带领一个小组炸毁敌地堡群，当突击部队遭受敌右翼地堡内机枪扫射，情况危急时，周惠中同志身带4个榴弹，挎着汤姆枪，冒着弹雨秘密接近地堡，将其炸毁，并俘敌4人，缴获机枪1挺，步枪两支。周惠中同志轻伤不下火线，坚持把部队带进突破口，战后荣获“战斗模范”和“三级人民英雄”称号。为此，纵队特给四十六团一营通令嘉奖。四十八团五连战斗中打得英勇顽强。战后，纵队授予该连“彭庄战斗英雄连”的光荣称号。

十八师部队同样打得英勇顽强，机智灵活，出现了许多模范事迹。五十二团三营首先发起冲击，九连副连长方长元带领爆破班炸毁敌三道障碍，占领了突破口。副营长叶淦亲率九连一、二排迅速通过突破口插入敌人纵深，占领水塘以南民房，被敌火力拦阻，遭敌三面反扑时，他指挥九连用手榴弹还击，连续打垮了敌人3次反扑。当一个排的敌人冲到他面前，而当时只有通信员、司号员各一个在他身旁，叶副营长毫不犹豫地跳上高坡，用驳壳枪对准敌人，喝令缴枪。司号员张有发乘机冲上去夺过敌人一挺机枪，猛扫敌人。就这样3个人歼敌一个排，俘敌一个班，巩固了突破口。15日凌晨2时再度发起进攻时，五十二团七、八连同时发起冲击，冒着弹雨，冲过水塘，直扑对岸，但爬了几次都滚了下来。这时，营教导员姜亚同志鼓励大家“冲过水塘，就是胜利”。七连一排长储友福、九连五班长杨福昌同志从水塘右侧摸到敌地堡群前，炸毁一个地堡，用身体堵住另一个地堡射击孔，掩护部队冲击。八连二排长靳恩池带领部队从左翼插向敌人纵深后，遭敌子母堡中机枪火力拦击时，战士张均发挺身而出，抱起炸药包，冲向敌堡。在离敌堡十几步时，两个敌人迎面扑来，张均发同志临危不惧，拉燃导火索继续前进，连人带炸药扑上敌堡，炸毁了地堡，用年轻的生命为突击队开辟了胜利的道路。五十三团四连攻至敌一个团指挥所院子附近，敌以架在房顶上的3挺机枪阻我前进，该连一排二班一等功臣胡中友同志毅然率一个战斗小组逼近敌院，以手榴弹、汤姆枪消灭院外之敌，然后以勇猛动作冲进敌院，迫敌团长下令缴械投降。一个组俘敌100多人，缴轻重机枪10挺，步枪70余支，迫击炮两门。纵队模范连长、该团九连连长庄琪同志冒着敌人密集火力，带领全连奋勇打开突破口，不幸中弹牺牲。五十四团三营八连二排八班，担任突击任务，打进后吕，与敌相隔一个院墙展开对战。敌人拼命投掷手榴弹，八班伤亡只剩下副班长缪德兴等二人，在排长陈永祥带领下，子弹、手榴弹都打光了，就拣起牺牲了的战友和敌尸身上的弹药和武器与敌拼战。当他们3人冲到一个大院前，敌人一个手榴弹正好打在陈永祥的右前额，他头部受伤。此时，手榴弹落在他的脚下，嗞嗞冒着白烟，陈永祥眼疾脚快，猛地一脚把手榴弹踢出数米，他一闪身子隐蔽在一堵破墙下，手榴弹一声爆炸，反把敌人占领的房子的土墙炸塌了一截。陈永祥摸到敌人一箱手榴弹，接着向敌人猛投手榴弹，吓得房内敌人举着手走了出来。此时，后续部队迅速跟上，另一座房子里的敌人用机枪猛烈扫射，缪德兴打出一颗手榴弹，猛地冲了上去，夺过敌人机枪，向敌扫射。陈永祥忍着伤口疼痛，坚持战斗，他指挥另一个同志炸掉敌人最后一个地堡，迫使敌连长以下百余人举手投降。仅20分钟，就攻克后吕，全歼敌一个加强连。在参加攻打彭庄战斗中，陈永祥带领全排占领敌炮兵阵地，打到敌一〇〇军军部，迫使敌两个连投降，俘敌250多人，缴获战防炮两门。战后，陈永祥被评为华东二级人民英雄、一等功臣，副班长缪德兴被评为华东三级人民英雄。

摘自《中国人民解放军陆军第二十四集团军军史》（暂定稿），1986年，第309—313页

◀ 华野六纵某部排长陈永祥在彭庄战斗中，勇敢、机智、灵活、巧妙指挥突击班独立作战，荣立一等功，在第二十四军庆功会上被评为华东二级人民英雄

▲ 华野六纵在彭庄战斗前，广泛开展火线自救互救的讨论。图为担架连一等模范班（三班）在讨论

▲ 华野六纵向驻守彭庄的国民党军发起攻击

▲ 华野六纵某部射击彭庄之敌

战术研究

华野六纵十七师五十一团彭庄战斗总结

（一）情况：敌一〇〇军军部率领两个团及一个山炮营守备彭庄

（二）受领之任务：

1. 我团于 14 日夜间 2 点钟奉师部指示，要我团作为十八师之预备队（职团率一、二营及炮兵连）。

2. 到达十八师指挥所后，奉命要职团展开一个营兵力，配合五十四团攻击彭庄之任务，攻击点指定在两个水池之间，经实地观察研究后，自行改攻击点于五十四、五十二两团之间，由西南向东北攻击。

（三）部署：

1. 以二营担任突击营，由西南向东北攻击。

2. 以一营为第二梯队。

3. 炮兵阵地位于前徐家与彭庄之间。

4. 团部前指挥所设于彭庄西南角，后指挥所设于前徐家东头。

（四）战斗经过：

1. 二营以四连为突击连，五连为二梯队，六连为预备队。突击班接受任务后，班长在壕沟里作短促动员，在 400 米远的开阔地上，即迅速接近了敌人之鹿砦附近。一班长陈亚水同志发觉敌鹿砦外面有暗埋之地雷和炸弹，该员立即将拉火线剪断，同时突击排长乘炮火掩护下令爆破，副班长陈光明迅速进行爆炸，将敌鹿砦迅速炸开，于 6 时半攻占彭庄西头，歼敌约 4 个班，继续向东北方向发展，逼近到敌军部指挥所仅有 200 米左右，与敌对峙。

2. 二营攻占彭庄西头后，因部队伤亡过大，不能发展，即决定一营由二营突破口攻入，由西向东发展。

3.15 日午前 11 时左右，彭庄之敌向东北前后黄滩、碾庄圩方向突围，我一、二营乘机出击，俘敌 100 余，缴山炮 4 门，此战斗即告结束。

（五）彭庄战斗成功的原因：

1. 突破前沿：

（1）突击时机比较好。因时间已接近拂晓，同时十六师、十八师的部队攻到 2

点钟的时候尚未打到纵深，为继续歼灭敌人，整理部队，组织火力，停止有3个钟头没有攻击，所以使敌疏忽，认为我不再攻击。

（2）突击点的选择比较妥当。选择于十六师与十八师之间的接合部，是两个突击部的中间，加上十六师与十八师两面的攻击，把敌人的火力、兵力、注意力控制过去，其次有几百米远的开阔地使敌对此忽略，不加注意。

2. 指挥掌握：

（1）利用月亮后的天黑中迅速运动部队，一直运动到敌人的鹿砦附近，采取突然动作，使敌措手不及，采取了出敌不意、攻敌不备的战法。

（2）干部有掌握连续不断的突击精神。如四连之突击班（二班）突到敌人前沿鹿砦边上时，后面的一个班没有跟上，这时突击班伤亡较大，但是排长能立即令一班继续进行突击。

（3）指挥上比较积极机动。如二营一突破前沿，即令四连向左发展，五连向右发展，同时这时四连只有一个人，还由排长组织起来，进行向东北发展，结果占领了敌人一个地堡，捕捉到17个俘虏。

3. 火力组织：

（1）我们在火力组织方面比较周密。如我们团之迫击炮连，能够进到敌人前沿不到400米远的地方进行射击，压制了敌人，同时十八师的野炮连对我有力的配合也同样压制了敌人，使敌人对我不能发扬火力，便利了我攻击部队之运动。

（2）在我突击方向火力组织较强。如二营之重机枪连及六〇炮分散在突破口两侧不到100米远进行抵近射击，掩护突击部队冲击，同时做到步兵到哪里，重机枪就到哪里。

4. 战术动作上：

（1）在突击动作上比较敏捷，同时干部能抓紧时机。如一班突到敌人鹿砦边上的时候，班长陈亚水同志发觉鹿砦外面有敌暗埋之地雷与炸弹，他迅速将拉火线剪断。这时，班长乘着这个时机利用炮火的掩护，令爆破副班长进行爆破，炸开了鹿砦，迅速突进里面，进占了敌人一个地堡，指挥部队迅速插至敌侧后，解决了敌人4个班。

（2）在进入纵深战斗，部队很疏散，不拥挤，三四人一组，采用小群动作，各个前进，同时能采取分割歼灭敌人。

5. 由于十八师与十六师攻的时间较长，同时天已快亮，敌人又疲劳，我们投入是新生力量而且又有准备，指战员士气高，所以使我们能够很快地突破了敌人前沿，投入纵深战斗。

6. 一〇〇军战术特点：

（1）善于准备，不像四十四军那样滑头，硬打到做俘虏为止。

（2）工事构筑比较复杂，并有浓厚的鹿砦，同时在鹿砦外面暗埋地雷和炸弹，工事与工事之间有交通沟连接。

（3）敌步炮配合协同较好。如前沿阵地为我攻占后，我立脚未稳，敌以炮火轰击，其原敌弃之前沿阵地，给我以炮火杀伤，同时步兵乘此炮火轰击时机向我反击（如二营突破彭庄西头敌前沿阵地时）。

谨呈

梁陈刘首长

职　刘金才

张世杰

汪镇华

吴长武

黎崇勋

摘自华野六纵十七师五十一团《彭庄战斗总结》，1948 年 11 月

彭庄战斗为什么伤亡大？

四十六团配合兄弟部队参加彭庄战斗中，由于指战员们英勇顽强，坚决执行命令，共同完成了歼灭一〇〇军军部的任务，但部队伤亡较大，有以下几点经验教训：

第一、这次村落攻坚战中，我们的突破口，虽然选择在敌人的侧后兵力薄弱（工兵营）的地方，但没有选择在房屋密集处，而是选择在房屋稀疏孤立的地方。当部队进入突破口后，即与敌展开逐屋争夺，不能迅速向纵深发展，以致敌人的炮火将突破口附近的房屋都打烧了，我们没有立足阵地。又由于突破口狭小，使后续部队密集在突破口上，造成了较大伤亡。

第二、在我军阵地侧后如有敌军阵地，应该同时攻击，如不能同时攻击，应以一定的炮火扰敌，使侧后之敌不能发挥火力。在这次战斗中，我们东北 2 里之黄滩，是敌四十四军军部所在地，我们对他既没有同时攻击，又没有一定的火力扰乱，因而他乘机把他们所有的重火器都集中到我们阵地上来，在突破口周围 60 米远的地方，即爆炸了重炮弹 300 余发，给部队以重大杀伤。

第三、为了便于接敌，减少伤亡，挖交通壕时，不应单纯地从主攻方向一面挖起，应从四面皆挖，以迷惑敌人，分不清主攻和佯攻方向。如仅从一面挖起，

暴露了主攻意思，致使守敌加强防御，组织火力杀伤我们。另外，如夜间占领敌前沿工事之后，为了白天准备继续战斗，指挥上应迅速派部队，在敌人火下挖好交通壕，而便于白天作战，减少伤亡。

第四、部队进入突破口后，应以少数兵力搜索侧沿之敌，把我们主要的有生力量，应放到主要方向去歼灭敌人的有生力量。这次我们的二梯队主要是对付了侧沿的少数敌人，被少数敌人牵制住了，不能迅速向纵深发展，以致延长了战斗时间，反而增加了不应有的伤亡。

（赵云鹤、于庆礼）

摘自华野六纵《火线报》第 244 期 1948 年 11 月 29 日

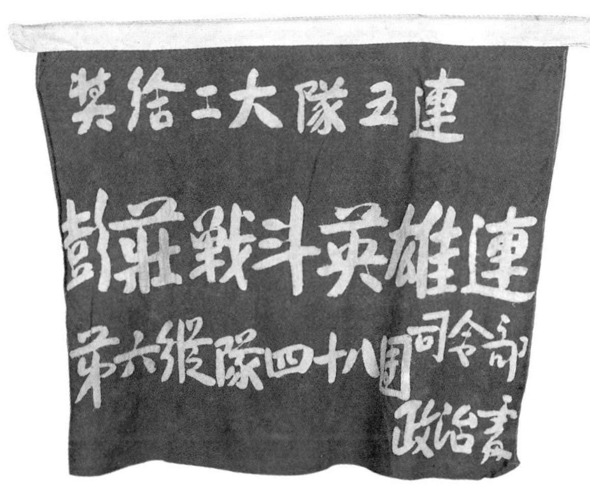

◀ 华野六纵十六师四十八团二营五连在攻打彭庄战斗中，发扬英勇顽强精神，击退国民党军多次进攻，战后荣获“彭庄战斗英雄连”奖旗

战地报道

不怕牺牲顽强战斗　模范爆破班坚决完成爆破

彭庄战斗中，纵队模范爆破班（五十二团九连爆破班）当攻击开始，在我一阵强大炮火的轰击后向前运动，由于在炮火的烟雾里，看不清敌人的工事，摸错了方向，闯进敌人的火力网。敌人一阵炮火打来，爆破班长梁金标（战斗模范）负伤了，副班长王高楼知道不妙，立即机动转移位置，把爆破班向南移动了一下，避开敌人火力网。在照明弹的光亮下，看清了面前一棵树边正是鹿砦。这时王高楼胸部也负了伤，爆破班给打得有些混乱，但王高楼想：“我们是模范班，打剩一个人，也要完成任务。”当时便把爆破班整理一下，指挥一组的张光朝掩护三组的张文杰，去炸鹿砦。张文杰上去时，敌人的机枪正打过来，他不顾一切，一个箭步跑到鹿砦边，

把火管一拉，爆开鹿砦。回来时，见到张光朝负伤了，等到爆破响后，便把他抢救下来。第二包爆地堡，王高楼指挥谢汗伦去爆，其他同志没有跟上，但谢汗伦一个人就上去完成艰巨任务。连续 3 次送爆时，八连的爆破班跟上了，便配合着完成了爆第二个地堡的光荣任务。在他们爆破的威力震慑下，原来守在子母堡的一个排敌人，虽附有 1 挺重机、3 挺轻机，给吓得向后逃窜。王高楼当第三次爆破响后，并去联络了突击班上去，占领了爆破口，使后续部队顺利地冲入缺口，向里发展。

摘自华野六纵《火线报》第 238 期 1948 年 11 月 20 日

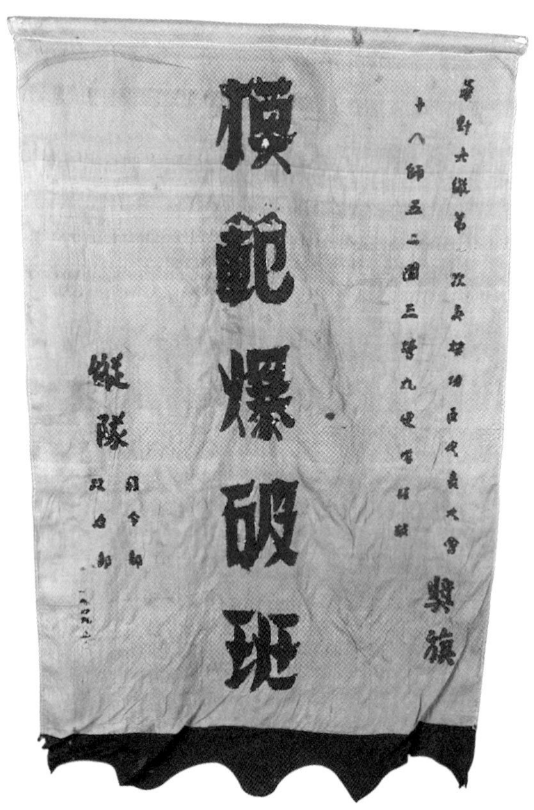

▲ 华野六纵十八师五十二团九连爆破班在睢杞战役中曾荣获“模范爆破班”称号。在淮海战役彭庄战斗中，该班发挥了机灵顽强的战斗意志，连续完成 3 次艰巨的爆破任务，保证部队顺利冲入敌阵，全歼了彭庄之敌。因此，九连爆破班再次荣获纵队“模范爆破班”称号

▲ 华野六纵十六师四十六团一连在彭庄战斗中担任主攻任务，该连在强大炮火协同下，以神速的动作，迅速打开突破口，使突击部队顺利插入国民党军阵地，在兄弟部队配合下全歼彭庄守军，荣获团司令部、政治部授予的“智勇善战”奖旗

十六师各团在彭庄战斗中互相援助取得战斗胜利

彭庄战斗中，四六团一、二营，四七团二营，四八团三营互相援助，协同作

战，取得了战斗的胜利。战斗开始时，四六团一营进入突破口后，向西北发展，二营跟进入突破口后，向东发展。接着四八团三营与四七团二营也进入同一突破口，各向着与四六团一营及二营的同一方向发展。当时敌人看我立足未稳，以猛烈炮火，向着突破口周围轰击，并连续地向我反扑。而我进入突破口的是三个不同建制的部队，又无统一指挥，在此情况下，如不互相援助，协同动作，便不能巩固突破口和向前发展。当时，四六团二营与四七团二营的部队都拥挤在一条交通沟里，受到炮火杀伤，因此，四六团二营邱营长即主动与四七团二营张副营长商讨说："交通沟里部队拥挤得很，若不向前发展，伤亡会大，你们向右前方发展好吗？"张副营长答复："可以。"他们立刻商讨好共同打下正前方敌人据守的房屋和工事。接着，邱营长就指挥部队，就攻占房屋，张副营长也指挥部队解决了房屋右侧的两大地堡。这时，四六团一营，由于突破前沿及在西北角连续打垮敌人 3 次反扑，伤亡很大，正、副政教都已牺牲，难以坚守阵地（如这方面阵地不能守住，便会影响到整个战斗）。在此情况下，邱营长便又主动地与四八团三营王副营长协商，要求他们接替一营的阵地，当时，王副营长立即接受这个意见，接替了一营的阵地，连续打垮了敌人 7 次反扑。至此，突破口左右既得阵地得到巩固，部队要继续向前发展，当时邱营长再次与张副营长协商说："我们继续向前进，压缩敌人。"当时，张副营长看到邱营长的部队伤亡较大，所以他回答说："我们担任主要任务，你们配合吧。"他们商定后，便继续协同动作，向敌勇猛攻击，配合从西边攻进彭庄的兄弟部队，取得了全歼敌一〇〇军军部的胜利。

（宫敬之）

摘自华野六纵《火线报》第 251 期 1948 年 12 月 5 日

▲ 华野六纵十六师四十八团三机炮连二班在彭庄、碾庄战斗中荣获的奖旗

▲ 华野六纵十七师四十九团三营机枪连在铁路南侧射击由彭庄向黄滩逃窜的国民党军

▲ 解放军炊事员冒着炮火将饭菜送往火线

战时遵纪故事——16 里路还锅

王集、王庄、彭庄三次战斗中，因后方单位较多，加上以前蒋匪的摧残，老百姓的锅，早就麻的麻、破的破了，我们烧饭的锅子就成了问题。可是炊事员同志为了不使前方部队饿肚子，在半夜里不顾疲劳，跑到距驻地 8 里路外的庄上去借了 4 口锅子。彭庄战斗结束后，部队又向西移了 8 里路，所借的几口锅子没有来得及还，当时就有炊事员说："一定要把锅子还了再走……"在第二天的晚饭后，由上士苏木林、炊事班长王春元二人特地带着，从 16 里外，挑了 4 口锅送去。

当他们到达那庄子时，天已黑了下来，老百姓的门都关了，他认出那家借锅的大门，就叫喊开门，敲了一阵，里面回说："有病，不能开门！"经过说明是还锅子的，大娘才半信半疑地把门打开，她伸出头一看，果然不错，几口锅子好好地给挑来了，她感动地说："俺当是谁又来找东西的呢，原来是同志来还锅子的，你们八路真正是好，俺再也想不到这几口锅子还会回家的……"

苏上士向大娘道谢后告别了，大娘笑眯眯地站在门口，目送着还锅的同志走下去好远。

（四六团侦察连政指　钱仲芳）

摘自华野六纵《火线报》第 248 期 1948 年 12 月 2 日

大胖子下跪——一〇〇军副军长杨荫被俘记

14 日晚，我军猛攻一〇〇军军部所在地彭庄，经过一夜激烈的战斗，第二天早晨，守敌妄想逃脱被歼，竟慌乱地向东北方向的前后黄滩逃窜。解放军当即英勇出击，前拦后追。四十七团六连三班长许云海，带着一个战斗小组，冲进了敌人溃乱的队伍，追住了一个正在奔逃的戴眼镜的大胖子。这个大胖子双膝一跪，双手抱着头伏在地上。许班长对他说："解放军不虐待俘虏，不要害怕，快起来吧！"听了这句话，他便慢慢地爬了起来，但他不是向后转，还是向着东北跑。许班长举枪喊道："再跑，就打死你。"这一来，他才停住了脚，胆怯地说："同志，不要打，不要打。"接着，他还是那个老样子，双膝一跪，双手抱着头伏在地上。在许班长叫他起来的时候，他说了一声："我心中很难过。"之后，才又慢慢地爬了起来跟着走。不知是什么原故，他又照样地跪伏四五回。在走到庄内一条交通沟里休息时，这位大胖子要求许班长："请把你手上这条皮带送给我吧！"原来，因为我军快攻到军部的时候，他就匆匆地换上了士兵制服，大概是由于过度的惊慌，把裤带也忘记了。在他被送到团政治处时，王主任问他是什么官，他低着头说："是秘书长。"当从他身上拿出一份"呈副军杨"的文件时，他才点头默认："我叫杨诗云（一名杨荫）。"

（公然）

摘自华野六纵《火线报》第 241 期 1948 年 11 月 23 日

▲ 俘虏国民党第一〇〇军副军长杨荫及参谋长崔广森的华野六纵某部战士许云海、朱德芬

▲ 被俘的国民党第一〇〇军少将参谋长崔广森（右）、国防部少将部员陈治仁（左）

▲ 被俘的国民党第一〇〇军少将副军长杨荫

▲ 国民党第一〇〇军副军长杨荫使用的望远镜成为战利品

简介

国民党第七兵团一〇〇军军长周志道

周志道，46 岁，湖南人。军校三期毕业，经历不详。现任整八十三师（军）师（军）长。

秉性柔和，驭下较宽，处事粗心，待人周到，缺乏实战经验，指挥能力不强，文化水准亦较低。

派系不明，其社会关系相当复杂，过去与王耀武（已被俘）私交甚密切。

摘自华北军区解放军官教导团第一团编印《敌军高级军官初步调查》，1948年11月，第108页

徐蚌战报

周志道抵京转沪治疗

【中央社徐州22日电】某某军周军长志道，前晚自碾庄抵徐，即将转京就医。记者今午曾访军长致殷切慰问。周军长以连日作战辛劳，未及深谈。据护卫周军长安全来徐之璩振玉营长告称："本军在碾庄主力战中，系担任西线，自10日夜间开始战斗以来，每晚匪必有10波（按匪冲锋系用波浪式，每一次即为一波）以上之冲锋，故每晚阵前匪尸堆积如山，战事之惨烈，可以想见。迄匪被击败退后，始奉黄兵团司令官之命，护送周军长来徐。"

摘自《中央日报》1948年11月24日

三、战黄滩　再歼四十四军

11月16日，华野第六纵队与第十三纵队分别向前、后黄滩进攻，特种兵纵队坦克大队协同步兵作战，因计划不周，攻击未成。后经充分准备，18日，华野六纵一举攻占前、后黄滩，逼近碾庄圩西门，全歼国民党第四十四军军部、一五〇师师部、一六二师师部及所属4个团残部，俘虏第四十四军军长王泽浚，第一五〇师师长赵璧光率部投诚。

战史摘要

华野六纵攻克黄滩　第四十四军就歼

黄滩分南北两个村子，南为前黄滩，北为后黄滩，中间相距约400米。两个

村子共有居民250余户，前黄滩东侧阎窝子有居民约50户。东距碾庄圩约1.3公里，是碾庄西侧最后屏障。前后黄滩守敌为四十四军军部、一五〇师师部、一六二师师部及敌步兵两个团。阎窝子守敌约一个步兵团。其工事障碍经数日加修，更为坚固。

16日，我纵十七师配合十三纵进攻该敌，并以7辆坦克配合十七师作战。是日18时发起攻击。但因计划不周，当夜攻击未成，17日，十三纵队南调，华野首长令我纵负责迅速攻歼该敌，打开总攻碾庄圩西侧门户。

纵队决心一鼓作气，连续作战，使用全部力量，四面围攻，迅速歼灭该敌。具体部署是：以十七师歼灭前黄滩、阎窝子之敌。该师以四十九团、五十一团并肩由南向北实施主要突击，突破后分别向东西两侧发展进攻，第五十团配属纵队侦察营攻歼阎窝子之敌后，为师预备队，随时准备加入战斗。以十八师配属全纵队团属侦察排，歼灭后黄滩之敌。该师以五十二团于正北、五十三团于西北实施主要突击，求得首先歼灭西部守敌，尔后续歼东部守敌，五十四团为第二梯队。各团侦察排由师侦察科长指挥，集中于后黄滩东北侧截击逃敌。十六师四十八团楔入前后黄滩之间，分割两地敌人，策应十七师、十八师作战，该师另两个团作为纵队预备队。纵队特务团一营进至前黄滩以东，截逃阻援。

战前，纵队召开了由各团团长、政委以上干部参加的作战会议，统一思想，研究解决部队间、兵种间及炮兵、坦克与步兵的协同动作问题。同时，命令各部队加紧对壕作业，推进冲击出发阵地，反复深入地进行政治动员，各团组织干部详细地侦察敌情地形，进行了较为充分的组织准备。

17日17时，我以两辆坦克冒充敌人，批准十七师师长梁金华同志化装敌人乘坐在第一辆坦克内，进入前黄滩，进行直接侦察，坦克开回时摧毁突破口附近敌地堡一座。

黄昏后，阎窝子守敌缩回前黄滩，我五十团随即占领该地。十七师根据纵队批准对部署作了如下调整：以四十九团附师特务营，由西向东进击，以五十一团由东向南向西北攻击，以纵队特务营、侦察营由东向西佯攻，截断前黄滩之敌向碾庄的逃路。同时，准备抗击碾庄圩可能出援之敌。

18日零时进行炮火准备。特纵山炮营、纵队炮营及所有迫击炮一齐开火，进行猛烈、密集、准确的火力急袭。支援步兵冲击的坦克，亦利用炮火准备的丛丛火光，对预定突破口附近的敌地堡进行直接瞄准射击。在我各种火炮的猛烈射击下，前后黄滩顿时硝烟弥漫，屋倒堡毁，尘土飞扬，守敌陷于一片火海之中。我各主攻方向上的步兵利用炮火准备的成果，不失时机地跃出堑壕，迅速发起冲击。五十三团首先突破后黄滩西侧防御，接着，五十二团于正北突破，四十九团亦突破前黄滩西南阵地，并继续发展进攻。战至1时许，四十八团、五十一团分别突破前黄滩正北和东南敌防御。各团在胜利的鼓舞下，猛烈向纵深发展进攻。2时许将敌分别压缩于后黄滩东南角和前黄滩中央及东北三处。各部队于加紧进攻的同时，普遍进行战场喊话。结果，敌一五〇师师长赵璧光率1500余人于后黄滩向我投诚。前黄滩残敌仍负隅顽抗，激战至18日拂晓，被我全歼，敌四十四军军长王泽浚以下5000余人被我俘虏。前后黄滩守敌全部解决，战斗迅速结束。与此同时，右邻九纵队全部肃清碾庄以南之敌，攻占碾庄车站，积极部署和准备对碾庄圩发动总攻。

摘自《中国人民解放军陆军第二十四集团军军史》，1986年，第313—315页

▲ 华野六纵四十九团一营营长与各连连长观察地形，研究攻击道路与火力组织

▲ 华野六纵某部向黄滩跃进

▲ 华野六纵五十团某连指战员匍匐前进

◀ 特纵坦克部队指挥车用无线电指挥坦克向黄百韬兵团发起攻击

战术研究

华野六纵围歼黄百韬第七兵团经验

现初步总结经验如下：

1. 集中力量分别歼敌，先歼弱敌，后击强敌。当黄匪退缩碾庄地区固守待援后，而我却到处分散攻击，结果是处处未成（如 12 月 11、12 两日的攻击）。然后由于将敌包围后查明敌军位置，研究敌军特点，从中选择先后打击对象，集中力量攻歼一点、暴露一点、孤立或动摇一点，各个击破，逐个歼灭的战法，完成了攻歼黄匪的任务。

2. 思想上应以弱敌当强敌打。敌人军事部署的混乱，不等于完全失去战斗力，敌人再弱不会袖手缴枪，相反敌人于死亡前更会挣扎顽抗、图存。当时在敌数量上亦应有正确的估计，尤其是团以上指挥员必须有冷静的头脑去分析敌人的力量，只有这样才能有正确的战斗部署与指挥。如攻前、后黄滩，敌四十四军较弱，残余力量最多不过尚有 5000 余人，我们就当 1 个军部 2 个师部 4 个团的兵力去打，完成了任务。相反，第一晚认为敌人残余力量不够 2 个团，于是攻击未能奏效。

3. 集中力量各个击破，攻击一点，监视一点，多面攻击，重点突破，断敌归路，连续攻击。只有如此才能不使敌有机收缩或增援，不使敌逃脱而能全歼，才能达到一举成功各个击破的歼敌目的，而不致变成消耗战、击溃战。如我攻前、后黄滩即是集中全纵力量，以一部监视阎窠子之敌，切断敌向碾庄退路，三面同时攻击，有重点地实施主攻方向的迅速突破，而突破后又各自组织力量连续纵深地攻击，在 3 小时许全歼守敌。要做到这一战术动作，必须事先有充分准备（敌情、地形、敌阵、我作业器材）、严密的战斗部署（主攻、助攻、警戒点、打援断路）、组织连续的轮番攻击的力量（突破后的火力兵力）、精确的协同动作（火器协同、步炮协同、兵力协同、攻击时间的协同），才能达到这一战术目的。

4. 要有连续攻击的战斗组织与准备。如我攻坚前、后黄滩之敌时，即是不仅有突破兵力、火力的组织与准备，而且要有连续纵深攻击的第二之突击队与炮火炸药的组织与准备，只有如此才能实施突破后的连续轮番纵深攻击，才能依据战况发展，适时使用第二之突击部队与炮火炸药迅速投入战斗，使敌无喘息调整机会而处混乱，失去抵抗力，以使我能以极小代价换取很大胜利。

5. 在受挫时应顽强坚持，重新组织力量争取胜利。如我攻击彭庄时突破成功顺利，而在发展纵深时，极难发展，伤亡很大，弹药消耗将尽，时近拂晓天明，部分干部已无攻歼信心，而要求撤退。而当时敌人亦因我炮火杀伤惨重，突破后部署混乱，尤被我纵深发展时将敌分割紧压，敌已动摇，请求突围，图免全歼，就在这种情况下，如我撤出战斗，则使敌侥幸取胜，士气一振，而我信心减低，重付代价才能攻取。当时我坚持到底，组织力量发动二次总攻，终于将敌一冲就歼。证明在相持时，谁能组织最后一点力量，坚持最后 5 分钟，谁就会胜利的。也是我们一个主要经验。

摘自华野六纵参谋处《淮海战役初步总结》，1949 年 2 月 18 日，第 2—9 页

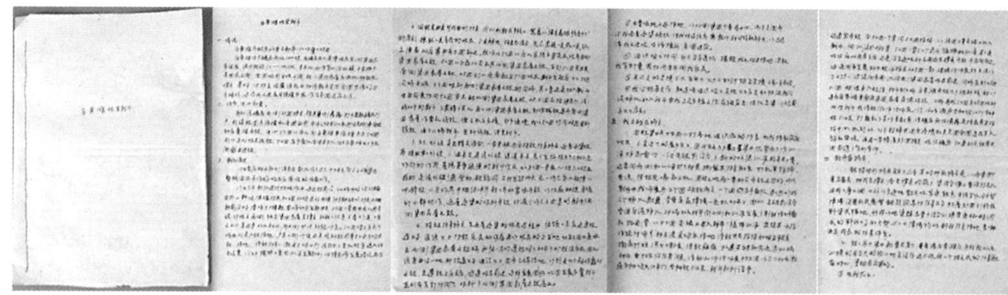

▲ 华野六纵十八师后黄滩战斗总结

◀ 华野六纵十八师五十二团三营教导员姜亚，在淮海战役围歼黄百韬兵团的黄滩战斗中身负重伤，染上破伤风，牺牲于医院中

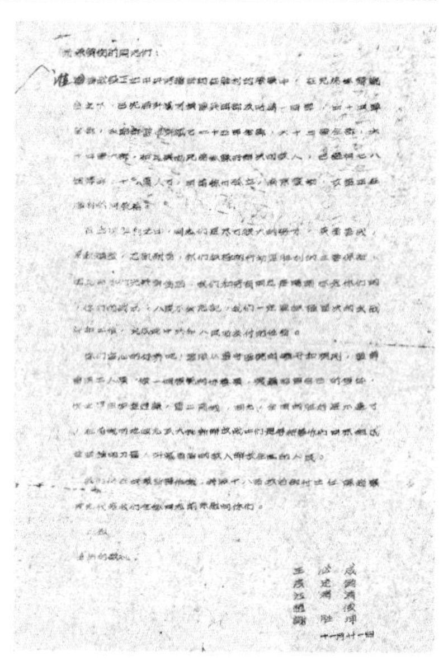

▶ 华野六纵首长于 1948 年 11 月 21 日给在围歼黄百韬兵团战斗中负伤同志的慰问信

华野六纵十八师淮海战役通讯工作

围攻黄匪兵团，本师共参战三四次，计彭庄、前后黄滩、碾庄圩等次，在攻坚战中现分各种通讯工作来说：

电话：

①三次攻坚战斗中，师与各团及纵队电话都很少中断，这主要是对线路架设注意，多半采取了高架，但其中有五四团断了一次长时间的线，其原因线被马打

架打断了，师与纵队断线的原因是来往人马弄断。

②但团与营、连的线路就很难维持畅通，电话刚开始架成，大半在开始攻击时的一个时间内不成问题，多半是进入突破口后最难维持了。其原因是给炮火及前进、后撤的人员弄断，电话员亦在这个时间内伤亡较大，主要查线时被炮火杀伤的。因之今后架突破口的线要注意牢固，多架双线及与各火力队及在突破口内外构通横线，并需在架设时选择较适当之线路及地形，如彭庄战斗五二团开始很好，等各种兵种进入突破口后，电线就经常中断了。

通联记号：

①因在不断的战斗中，各部联记不断的遗失是会常有的，故时常更换联记，在更换的过程中时间多半是很紧迫的，再加上通联的规定复杂与麻烦，造成各团及营、连反应很不好，都认为这样规定起不了作用，若真正在作战中是不适用的。比如五三团他们在作战中就很少把原有的各种联记向各营、连发下，将开始作战时，首先自己规定很简单的联记，使用得也很好。

②特别是在彭庄、前后黄滩战斗中，部队快要进入阵地了，才接到纵部送来更换之新口令联记，结果部队已全部进入了阵地，纵部又来电令不用新口令，仍用原有的老联记，当时各团意见很多，这是我们今后［应］特别注意的。另关于臂章识别是非常适用的，各级干部及战斗员同志都很欢迎。

步骑通讯员及收发工作：

主要的方向弄不清楚，庄名弄错了等现象，但一般都完成了任务，没有出什么乱子。主要的一个原因是骑兵动作慢，收发曾将重要信件送错了一二次，在淮海战役中我们师部曾专派了一个通讯参谋帮助收发工作，督促检查等，尔后乱子出得比较少。

1949年元旦　于许介委

摘自《十八师淮海战役中通讯工作报告》，1949年1月1日

▲ 华野某部电话排在碾庄前线架设电话线

▲ 华野六纵四十九团七连六班在攻克黄滩消灭四十四军后，立即擦拭武器，准备攻击碾庄

战地报道

协助华野六纵作战的英勇坦克手们

我纵围歼黄兵团战斗中，特纵的两个坦克分队，配合了我们攻击四十四军军部所在地前后黄滩，对我们获得战斗的胜利，起了很大的作用。这些人民坦克手们，在敌人的火力下，不顾一切，英勇地进行攻击，进行“威力侦察”。攻击四十四军军部的战斗中，坦克手们以强大的火力，轰毁了敌人数处碉堡，冲入敌人军部。射手孙恒树冒着弹雨，揭开盖顶，协同步兵、爆破手掷炸药，摧毁敌人地堡工事。战斗中，坦克手方剑峰、李健由于疲劳和火药气的窒息，在战场昏厥过去，但一清醒后，当即持续战斗。坦克在助战中，发挥了强大的威力，震慑得敌人更形慌乱，使步兵更快更顺利地完成了战斗任务。

摘自华野六纵《火线报》第 241 期 1948 年 11 月 23 日

协助我纵作战的英勇坦克手们

▲ 华野六纵《火线报》刊载特纵坦克手方剑峰、李健的战斗事迹

▲ 华野特纵之坦克驰向黄滩

◀ 华野特纵坦克大队在作进攻前的准备

支部战委会保证了缴公政策的执行

五二团在彭庄和前后黄滩战斗中，三营机枪连战前支部便号召争取执行政纪的红旗连。战委委员根据支部号召，积极活动，各班都订了执行政纪的计划。战斗结束后，支部与战委会又及时提出，要根据战前的计划，检查每个同志执行的程度，因此，战后全连除战士周凯生一人私自留下一顶帽子、一根皮带外，其他所有的同志连半节牙膏都缴了公。二营机连由战委会派人去打扫战场，出发前大家的东西都留下，回来一切缴获都归公，全连有 40 多个同志的背包被炸弹炸掉，但缴到四五十条洋布被子都缴了公，然后再打报告领来粗布被子。

（陶迅）

摘自华野六纵《火线报》第 245 期 1948 年 11 月 30 日

蒋匪四十四军被歼前狼狈相

【新华社淮海前线 1 日电】前线记者报道国民党军在碾庄地区被歼前的狼狈状况称：蒋匪第九绥区李延年部四十四军为了逃脱被歼命运，曾于 11 月 7 日弃守海州，西逃新安镇投靠黄百韬兵团，结果在由新安镇西逃徐州途中，和黄兵团一起陷入了完全被歼的绝境。这对于在目前军事形势下还想借逃跑来苟延残喘的蒋军是一个很好的教训。该军四五〇团团长杨南邨在投降后口述该部被歼的情形说：

我们听说解放军来了，便赶快于 11 月 6 日撤出海州，7 日赶到新安镇，下午副师长林文波对我们说："不好了，八路来了 10 个纵队，黄兵团都跑了，咱们还不快走，东西带不了就丢了吧！后面八路已经追上来了！"并且说 7 日晚上 12 点钟就得过运河，才能脱离危险。这一说吓得人心惶惶，根本说不上"打仗"了。

8 日赶到炮车和运河车站，几个部队挤成一团，挤得乱七八糟。一〇〇军被贵军打了一下，过河时掉到河里的又互相践踏，这样死亡的、走散的就有几千人。我这个团也损失五六百人，行李、驮子全部丢光。一〇〇军因为争路逃命，和我们打起来，弄到自己人缴自己人的枪。后面两个团没有过完，他们就把桥拆了。我们团本来有 2600 人，拉过河后，只剩下 1300 多人。

据说蒋介石下命令要我们在碾庄"坚守 10 天"，以保证派邱兵团增援。可是所谓援军连影子也没有见。从 10 日起，弹药、粮食全靠空投，每人一天只分到 9

块饼干。12 日晚 8 点钟，贵军开始攻击，才两小时，东南角就突破了。我们被自己炮火打死的很多，三营营长打死了，一营长、副团长负重伤爬回来说："大势已去，还打什么。"到了 10 时左右，我们就发出停止抵抗的号令，派韦团副和二营长出来向贵军请降，贵军一个班长过来叫我们都举手交枪，我们就举手交了枪。

摘自《新民主报》1948 年 12 月 3 日

王泽浚感慨落泪

18 日上午 9 点多钟，记者在碾庄前线华东解放军某部指挥所，在 36 小时以前一〇〇军副军长杨荫、参谋长崔广森被俘后到过的屋子里，看到了四十四军军长王泽浚。

四十四军是原川军第三十九集团军仅存的一条后代香火，出川"抗日"的初期，共有 34 个团。到 18 日上午 4 时 20 分，前、后黄滩战斗结束之前，只剩下了不完整的 4 个团。现在，18 日上午 4 时 20 分，前、后黄滩战斗结束后，是连 4 个班 44 个人 4 条枪也没有了。用王泽浚的话说："已经打得精光。"原三十九集团军的总司令是王瓒绪，三十九集团军番号取消之后，王瓒绪在重庆当一个挂名的空头官——蒋介石行营副主任。王泽浚是他的儿子，四川西充县人。

王泽浚是个身躯魁梧、体力健壮的人，大概是饱尝了杂牌军遭受蒋介石宰割鱼肉的痛苦，他的谈吐时而愤激时而凄怆，以至啜泣流泪，不断地揾拭着欲滴的泪水。

"我们的枪，一直到现在还是汉阳造，破枪，别人的已经换过好几次美械装备了。我们一共是 12 门山炮，1 门丢掉了，1 门打坏了，还有 10 门，一个炮弹不发，全部交给了黄百韬，放在碾庄圩。"

"为什么会打得精光的呢？"王泽浚自己解答着自己的问题。"不发子弹，不发粮食，从前天起，就饿着肚子没吃饭了，马肉也吃完了，没有弹药，没有粮草，没有医药，伤兵遍地。到处一堆一堆，都是子弹壳子。这个样子，有什么办法，再打下去？"

为什么不突围呢？

根据王泽浚估计，不但四十四军突不出去，连被围在碾庄内的黄百韬，也突不出去，既无力突围，也不敢突围。他说，黄百韬眼下的办法是"挨一天算一天"，是把四十四军放在碾庄圩的周边当"卫兵"，四十四军多撑一天，黄百韬也就在碾庄圩多挨一天。

其实，黄百韬把四十四军并不是当着卫兵，而是当着一条看门狗都不如，“在我们被攻击要求把队伍搬到碾庄里面的时候，黄百韬坚决不答应”。王泽浚睁大着眼睛说：“我的兵被你们打得向碾庄圩方向跑的时候，他们不但不开门，而且开枪打我的兵。”

“这样，我还能不失败么？”这时候他长叹了一声。

这个非嫡系的蒋军中将军长，在一番感慨之后，又不禁簌簌地流下泪来，默默地走出了屋子。

（火线支社记者）

摘自华野六纵《火线报》第241期1948年11月23日

▲ 在黄滩战斗中俘虏国民党第四十四军中将军长王泽浚的解放军战士

▲ 被俘的国民党第四十四军中将军长王泽浚

▲ 王泽浚被俘时交出的欧米茄怀表

简介

国民党第七兵团四十四军情况介绍

一、四十四军下辖两个师，原系四川部队，私人派系很厉害，干部及老兵多系四川人，故蒋派去干部受排斥。俘供称新兵占总数二分之一，老兵中老弱占十分之三。去年在新安镇其一五〇师四四八团一营被我全歼，放回一批官兵，他们宣传了我党的宽大政策——生活很好，放回并给路费，故其内部对我政策了解，并希望很快吃煎饼（当俘虏）。他们怕打仗打死，不怕当俘虏。

二、该部的逃亡极为严重，不但是士兵逃亡，而且军官亦逃亡。据四四八团文书上士魏自征谈：该团副团长赵云明因对蒋失去胜利信心而请假回川不归，该团三营营长亦请假不归，该团担架排长程国荣、三营八连排长李云生、炮兵连长刘特万均恐惧战争，请假不准而逃跑。

士兵生活每天24两米，吃不饱，战争的失败，因而逃亡更为严重。由海州西窜中途仅四八四团即逃亡60余人，每连在10月份平均逃跑者10余名，最多者是该团三营九连，逃亡20余人。

摘自华野九纵《胜利新闻》第59期1948年11月15日

访谈实录

国民党第四十四军一五〇师向华野六纵某部投降记录

1948年11月某日上午11点，当时在后黄滩战斗。我二连部队休息，一面监视敌人活动，一面开展冷枪运动。打一个子弹即将敌副师长击伤。敌在后黄滩南一个独立家屋，我军战士在打冷枪中忽然发现敌举白旗，当时该连长和哨兵不知其意，故又打了两枪。接着该连伍班长说："敌人要投降。"随着，敌人在战壕里喊叫："不要打枪，我们投降了。"这时，连长通知各排不要打枪，注意行动，随时准备战斗。连长侯俊向敌叫喊："过来两个人。"敌人就过来两个人，一个是营长，另一个是副官。营长拿一面大白旗，副官拿块白手帕摇摇晃晃走过来。连长将他二人带到战壕后面，问他们来干什么的。敌人拿着我们用迫击炮送给的传单几张，拿一封信交给连长看时，连长说："你们口说，我不看信。"敌说："你们政策好，我们都是中国人，打有什么意思，我们向你们投诚。"敌说："（1）投过来，人要求在一起；（2）要给人身保证；（3）副师长已负伤，能否给适当照顾。"当时连长回答："你们要诚心诚意投降，这个条件我们完全做到。"敌又说，我们双方谈好后，给敌弄饭吃。吃完叫敌人带路，叫敌副官带进工事。我二连连长带半个班人随副官进入工事，叫营长在外等候并严密加强了警戒。将敌带出来后，叫敌人把各种武器分别集中在一起，敌人也很听话。这时负伤的副师长说："航空布板不能拆，如拆掉飞机会轰炸。"我们也遵照他的说法未动。这时，指导员带一个排上来，将1500多名俘虏送到后方。

（侯俊）

摘自淮海战役纪念馆《华野六纵参考资料》之《敌四十四军向我投降记录》

▲ 国民党第四十四军一五〇师在人民解放军猛烈军事打击和政治攻势下，向华野某部投诚，交出武器

▲ 率部投诚的国民党第一五〇师师长赵璧光（右）、一五九师师长钟世乾（左）与解放军官教导团季团长（中）合影

征程回忆

国民党第四十四军一五〇师少将师长赵璧光回忆失败经过

入夜战斗更为激烈，通信设备全被击毁，军、师之间通讯从此断绝，火力猛烈，炮火连天，火药气味辛辣刺鼻，房屋着火，火势熊熊，墙壁倒塌，犹如天崩地裂一般，烟尘弥漫，对面几乎不见人。已伤者再伤，死者重遭炮击，尸横遍野，目不忍睹。我早有起义投诚之心，奈无机会，乘此军、师通信已断，官兵已无斗志，便决心放下武器，向解放军投诚，投向人民怀抱，以冀人民宽大待我，减轻罪恶于万一。但是，感到此举过迟。我想自己虽然没有起义的壮举，但应该有最后的觉悟，而不应该作最后的挣扎顽抗到底。因此于 18 日晨召集团、营长将当前战况摆开，探索他们的意见。半数主张突围，半数要我作出决定。我向大家说："这场战争是国民党蒋介石为了消灭共产党，统治全中国，达到一党专权的独裁政治之目的，不顾人民的反对而发起的。这对国家对人民是有害无益的。我们不应该顽抗到底。而应该放下武器向人民投诚。"在取得一致同意后，即派营长陈华持去向解放军请降。

……我于 18 日午后率第一五〇师的 2000 余人向解放军投诚。至此第四十四军全部被歼。我离开碾庄圩时，战斗仍在继续。

摘自《淮海战役亲历记（原国民党将领的回忆）》，文史资料出版社 1983 年，第 204—205 页

四、突破碾庄圩　勇夺指挥部

华野攻击部队扫清碾庄外围国民党军阵地后，直逼核心阵地碾庄圩。经过充分

的准备，11 月 19 日，集中第四、六、八、九等 4 个纵队及特种兵纵队一部围攻碾庄圩，第八、九两纵担任主攻。碾庄圩是一个有 200 余户人家的村庄，周围设有两道圩墙和水壕，分外圩和内圩。圩外水壕约 10 至 30 米宽，水深 1 至 2 米。晚 10 时总攻开始，九纵由南和西南方向突击，八纵从东南方向攻击。半小时后，八纵六十七团全部攻入外圩，九纵七十三、七十四团也分别从南门两侧突入外圩。在两圩之间的百米距离上，攻击部队与反扑之国民党军激战达 4 个小时。战斗至 20 日晨 5 时 50 分结束，全歼黄百韬兵团司令部及第二十五军军部，俘虏万余人。黄百韬率残部逃至大院上，继续指挥第六十四军负隅顽抗。碾庄圩的攻占，敲响了黄百韬兵团灭亡的丧钟。

▲ 参加主攻碾庄圩的华野八纵司令员张仁初（前左一）、政治委员王一平（后左三）和部分师以上领导

▲ 参加主攻碾庄圩的华野九纵司令员聂凤智（后中）及部分师以上领导

简介

华东野战军第八纵队

华东野战军第八纵队辖第二十二、第二十三师，约 3 万人，由八路军山东人民抗日游击队第四支队发展而来。1947 年 2 月，山东军区所属鲁中军区主力部队改编为华东野战军第八纵队。曾参加鲁南、莱芜、孟良崮、沙土集、洛阳、宛西、宛东、豫东、济南（担当打援）等战役。淮海战役时参加抢占运河铁桥、围歼黄百韬兵团、徐南阻击战和围歼杜聿明集团等作战，共歼灭国民党军 2.6 万余人。1949 年 2 月，改编为中国人民解放军第二十六军，隶属于第三野战军第八兵团。

华东野战军第九纵队

华东野战军第九纵队辖第二十五、第二十六、第二十七师，约3.1万余人，由抗日战争时期胶东地区部分抗日武装发展而来。1947年2月，胶东第五师、第六师、警备第三旅合编为华东野战军第九纵队。曾参加胶东、莱芜、孟良崮、南麻、临朐、潍县、济南（担当攻坚）等战役。淮海战役时参加追击围歼黄百韬兵团、徐南阻击战和围歼杜聿明集团等作战，共歼灭国民党军5.5万余人。1949年2月，改编为中国人民解放军第二十七军，隶属于第三野战军第九兵团。

编者整理

▲ 华野九纵司令员聂凤智在碾庄前线指挥作战

◀ 华野集中兵力向碾庄圩发起攻击

战史摘要

华野八纵总攻碾庄圩

碾庄圩是一个有200余户人家的大村，外围有两道水壕，约6—10米宽，水深齐腰，有土围墙，原李弥兵团在此筑有既设阵地，黄百韬兵团进驻后又抢修加固，易守难攻。

16日，我纵遵照许、谭首长的命令，以第二十二师（欠六十四团）在现地实施佯攻，监视和阻滞大小院上、三里庄、沙墩地域之敌第六十四军。以第二十三师并配属第二十二师第六十四团由火烧房子、田庄方向向碾庄圩积极进行近迫作业，准备协同兄弟部队适时发起会攻。

17日，友邻纵队在碾庄圩以西及西南地区歼灭了敌第一〇〇军与第四十四军主力，被围之敌阵地缩小到原三分之二，其防御中心——碾庄圩已完全暴露在我军面前。是日夜，我向碾庄圩发起攻击。由于战前对敌设防及外壕等情况掌握不详，冲击受挫。

19日21时15分，总攻碾庄圩开始。我纵以57门火炮开始炮火准备，在45分钟内，向碾庄圩发射炮弹4600余发，予敌以大量杀伤，破坏与摧毁了敌之部分工事。22时，攻击部队迅猛发起冲击。第六十七团三营九连担负突击队（尖刀连）任务，该连在副营长李浩率领下轻装徒涉（水深齐腰）通过外壕，3分钟后，突破了碾庄圩第一道围墙（外圩）。经10分钟激战，第三营在张书香副团长率领下全部突入外圩。22时30分，第六十七团全部突入外圩。第六十四团相继跟进，与守敌展开激战。

在我九连突破第一道围墙时，在我左翼进攻的友邻部队也突破敌防御，突入村内，两支进攻部队密切协同，并肩战斗。

外圩之敌遭我猛烈打击，伤亡严重，被迫于23时开始后缩。战至20日3时30分，我突破碾庄圩最后一道围墙，进入圩内与敌展开争夺战，战至5时30分，除黄百韬率一小部兵力向小费庄方向突围逃跑外，其兵团部、第二十五军大部及第一〇〇军、四十四军残部全部被我歼灭，我纵俘敌1万余人。

在我围攻碾庄圩时，大院上敌人一个团来援，被我第六十八团在碾庄圩以东阻歼大部，少数逃回。

21日晚，我纵奉命协同友邻部队继续攻歼据守大小院上、沙墩、三里庄等黄兵团之残部。第二十三师并指挥纵队特务团同小院上守敌激战一夜，于22日9时，将该敌第一五九师师部、师直两个营、第四四七团一个营及第四七五团残部全部歼灭。与此同时，第二十二师同敌第四四七团二个营及第四七六团残部在三里庄激战。战至22日3时，全歼该敌。当日15时，该师又向沙墩守敌发起攻击，敌仓皇西逃。第二十二师即转向小费庄、吴庄地带将黄百韬及其残部包围。17时，黄百韬率部向西突围，我第七〇团跟踪追击，截歼其尾部250余人，余敌被兄弟部队全歼，黄百韬被击毙。

至此，我纵协同兄弟部队全歼了敌黄百韬兵团，淮海战役第一阶段胜利结束。战后，我第六十七团三营九连被华东野战军授予“碾庄圩突击模范连”荣誉称号。

摘自《中国人民解放军陆军第二十六集团军军史》，1989年，第210—211页

华野九纵突破碾庄圩

碾庄圩四面环水，筑有两道土圩。外圩正南壕沟上有一石板桥可通。11 月 17 日，我纵奉命与第八纵队同时攻击碾庄圩。我纵以第七十三团为主攻，于碾庄圩正南实施突击；第七十四团为助攻，于碾庄圩西南实施突击；第七十五团为二梯队。17 时总攻开始，我纵首先以强大炮火将敌工事、地堡以及附防御物大部摧毁，随后，第七十三团四连、第七十四团二连奋勇发起突击。旋因敌火复活，二十来挺机枪集中封锁桥头，我第七十三团四连冲上石桥后即遭敌严重杀伤，攻击失利。六连、五连继续突击，亦未能奏效。第七十四团亦攻击失利。同日，友邻第八纵队在碾庄圩东南角攻击亦未得手。其他兄弟纵队又连下敌一批外围据点，碾庄圩之敌更加孤立。

初攻碾庄失利，我第二十五师尤其是第七十三团指战员群情激奋，决心坚决攻下碾庄，为“济南第一团”争光。纵队领导对此十分重视，聂凤智司令员、叶超副参谋长以及师、团负责干部均深入一线攻击部队，调查分析失利原因，并根据对敌侦察所得的最新情况，与主攻部队研究制订新的突击方案。经两天的周密准备和演练，指战员信心大增。19 日夜，我纵再次对碾庄圩发起攻击。22 时，我炮火一延伸，第七十三团二连突击队一、二两排迅速跃出堑壕，扑向水壕边。按预定方案，突击队不走石桥，径直由石桥两侧架设秫秸浮桥，突过壕沟。西侧一排在过壕时，因浮桥倾斜下沉，扛桥的同志又遭敌火杀伤，突击队跳进齐胸深的寒水里，涉水过壕，冒着敌人的凶猛火力，翻越第一道土圩与敌展开激烈拼杀，掩护后续部队投入战斗并巩固了突破口。22 时 10 分，第七十三团二连发出突破碾庄圩的信号。随后，一连在石桥西侧也摧毁敌人桥北暗堡，涉壕突入圩墙南口。第七十四团二连在西南角由偷袭改强攻，也一举突破敌前沿阵地，并迅速投入两个连。我纵东侧友邻第八纵队亦同时升起突破成功信号。

此时碾庄圩内的黄百韬，欲逃无路，又不甘束手就缚，除饬令其起家部队第二十五军死守外，还火速从第六十四军一五九师抽调一个团驰援，使圩内守敌增至万余人。我第七十三、第七十四两团攻至第二道圩墙前，遇敌“青年突击队”的拼死顽抗。我与敌白刃格斗，逐屋争夺，连续打退敌人 5 次反冲锋，但敌反扑凶焰有增无减，战况十分严重。聂司令员打电话给第七十三团，号召该团发扬“济南第一团”勇猛顽强的战斗作风，用“铁锤子”砸烂黄百韬的巢穴。我第七十三团三连、五连等连队指战员高呼“突破第二道圩墙，活捉黄百韬”的口号，向顽抗之敌发起更加猛烈的攻击。在我不停顿的致命打击下，守敌所谓“最后5分钟作战精神”被彻底打垮，阵地前敌尸累累，残兵败将争先溃退。20日2时突破第二道圩墙，凌晨2时40分，我第七十三团已胜利突入内圩两个营，第七十四团一部、第七十五团、第七十六团迅速跟进投入纵深作战，分割歼灭残敌；第八纵队两个团、第六纵队一部亦从我纵七十三团突破口进入内圩。第七十三团三营沿大街两侧合击第七兵团司令部。九连打垮敌特务营的多次反击；七连自街南攻击街北，俘敌千余人。战至20日黎明，残敌形渐不支，不顾其长官威胁恫吓，纷纷交枪投降。第二十五军军长陈士章丧魂落魄，丢下部属只身化装逃走。4时许，敌第七兵团司令官黄百韬率参谋长魏翱等少数随员逃至东面大院上村第六十四军指挥所。我纵第七十三团攻入碾庄设于一个大油坊的敌兵团部，继与兄弟纵队合兵一处，清剿残敌。至20日晨5时50分，碾庄圩之敌第四十四军残部、第一〇〇军残部，第二十五军和第六十四军各一部，连同兵团部共万余人悉数被歼。

摘自《中国人民解放军陆军第二十七集团军军史》，1999年，第212—214页

▲ 攻击碾庄前，华野某团指挥员在研究爆破口如何突击

▲ 华野某部搭制浮桥准备渡壕作战

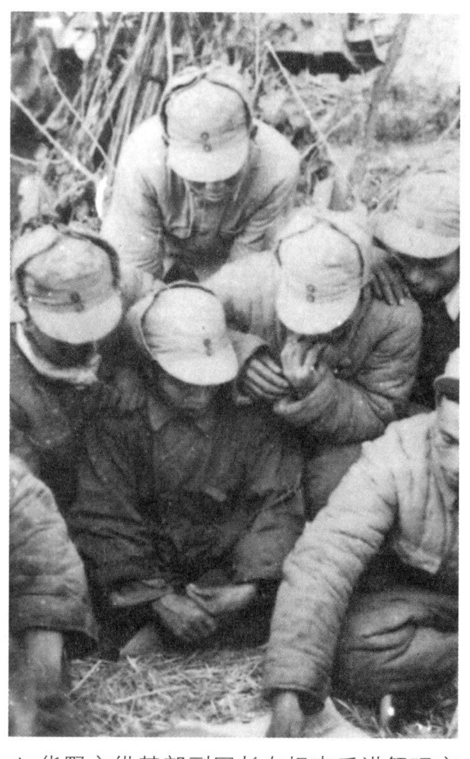

▲ 华野六纵某部副团长向坦克手讲解碾庄工事地形和步兵如何突击

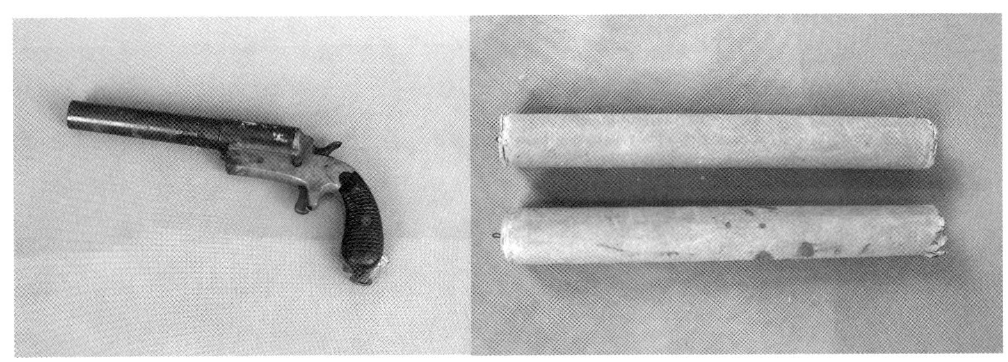

▲ 华野八纵二十三师六十七团攻碾庄时使用的信号枪和信号弹

战术研究

华野八纵六十七团碾庄圩攻击战斗检讨

敌黄百韬兵团进窜运河以西后，以碾庄为中心，布防顽抗，其兵团部带特务营、榴弹炮营、山炮营、工兵营、辎重营、汽车大队及二十五军军部带个团，集结于地形开阔、有两外壕（宽约 10 米左右，水深 1 米左右）的碾庄。并筑有较复杂的工事，以外壕内沿筑成约 2 米高之围墙，以此为依托，筑有交通沟、散兵坑、各种火力阵地及掩蔽部，于突出部及屋角有地堡，纵深有复杂的交通隐蔽部与地堡。

为首歼黄兵团指挥机关，致敌失掉指挥，便利尔后作战，奉命于 17 日（11 月）协同九纵向碾庄发起攻击。

第一、战斗经过

（一）17 日之攻击（第一次）

6 个山炮连、2 个榴弹炮连、个迫击炮连配合，以三营为主攻，由第一道南门以东突破，一营由东南角庙以东配合。19 时 55 分炮击开始，至 20 时七连架桥，桥未提前运到，影响与炮击结合，又加桥重人少，六班 3 个组伤亡未成功，继之三班两次侦察未奏效。七连失去信心，即令一营先爆破，尔后架桥。内沿爆破成功，外沿未响，架桥伤亡过大仍未奏效。当时见与九纵之攻击均未奏效，我火力不能压倒敌火，又无一打再打成熟的方案，亦失去信心。后虽令三营（八连）强突，该连仅由副连长涂风雨带之突击班（八班）涉水突入敌阵地，并俘缴一部占领突破口，但无后续力量，又被逼撤出。

（二）19 日再次攻击

部队经两天之充分准备，进行了深入动员，全体决心坚强，发扬了军事民主，具体地想了办法，接受了第一次之经验，加强了炮的抵近射击群，采取了涉水通沟手段，仍以三营为主攻，二营配合，协同九纵在原位置突击。21 时 40 分炮击，九连迅速发起突击，约 3 分钟即突破第一道阵地，三营全部突入尚不到 10 分钟，一营随三营突入，二营夺取大庙，共歼敌个营，嗣协同九纵继续攻击第二道（围墙）阵地，经协商利用大桥由南门突破，交替突入，至翌日 4 时共同解决战斗。

第二、失利及成功的检讨

（一）第一次攻击之失利

1. 指挥思想上——无多种方案的准备，遇到困难影响决心。

甲、三、七连爆破、架桥失利后，则无继续攻击的成熟方案，临时研究令八连（涉水）强突，而部队思想准备不足，影响决心之贯彻。

乙、团见友邻亦未奏效，又无再攻之方案，信心不强，仅告三营强突，但未细致组织具体指导，带有试探性质。

2. 指挥上不深入——当一次架桥失利，继续组织八连强突，营未深入审查，具体指导强突动作，仅告以三个箭头带小梯爬墙，未告如不成应如何（连亦如此）。故六、七班架梯不成即停止敌火下。

3. 战术动作

甲、动作脱节——副连长涂风雨带八班突到沟沿见内沿能登，将梯子掷掉机智顽强地突破了敌阵地。但连长及正、副排长分别所带之六、七班，架梯未成即停止敌火下作工事，与八班不能密切结合，致八班孤立无援不能久持，不得不撤出。

乙、规定之讯号未普遍传达受一定影响，规定占领阵地哨音一长一短，连长未传达至各班，八班占领阵地用此哨音联络，六、七班误为是敌人发出，否则，已知八班成功，可能跟进，使突击成功。

丙、火力组织：枪火不能压倒敌火，抵近射击炮不能摧毁敌前沿工事。

（二）第二次攻击检讨

1. 成功原因

甲、战前组织准备

A、深入动员

①团提出三个胜利条件和两个责任，三个胜利条件是指：一、敌人已被我们

打得破破烂烂；二、我们兵力雄厚，有 4 个团作我们的后备队；三、炮火强，在一二百米远宽的正面配属 90 门大炮。两个责任是指：一、碾庄圩的胜利是全歼黄百韬兵团的决定关键；二、我们能攻坚的团和突击营并和济南第一团并肩作战，我们应向他们学习，争取革命的荣誉。

②三营进入攻击阵地，召集连干传达任务，并将师首长嘉勉岱崮连涂副连长及八班的信作了传达。提出了：一、突进碾庄圩回来选英雄；二、向岱崮连涂副连长学习；三、突进碾庄圩创造英雄连队。

③九连（突击连）政指刘玉树向全连动员："我们要像一块膏药糊上去不下来。"连排干部一致认为："七连要创造架桥模范连，八连是光荣称号的岱崮连，咱们要创造个突上去不下来的连！"三排长王学选与连长、副连长说："咱三人要有一个，保险能上去，部队剩下一个也要带上去，谁不带上去谁负责。"连里提出"前进就是胜利"的有力鼓动口号，并向师政派去了解工作的干事说："请告师首长放心，我们不完成任务不回来。"七连长朱道良也向九连表示："保证跟上，营里决心剩下一个连也要打，连里决心剩下一个人也要打。"

④七连（第二梯队）接受了任务后，首先在党内进行了动员，号召党员"在困难情况下挺身而出"。各班召开座谈会，讨论第一夜失利原因，对连排指挥有何意见，再打你们有无有信心，抱什么态度。从座谈中大家一致认识了任务的光荣："大家都看咱这一下子了"。

经过深入动员与干部党员表示了决心，造成了有敌无我、坚决完成任务的坚强决心。

B、发扬了军事民主，接受了经验教训

①营依敌之工事特点及涂副连长第一次突过水壕的经验，改变了战术手段，不架桥而徒涉爆破，并召集连干作了详尽的研究，营长张端胜、副营长李浩曾研究到深夜 2 时，反复再三考虑。

②研究了火力队的组织

共组织 4 个火力队，每队配备两挺重机、3 挺轻机，山炮、六〇炮、九二步兵炮均组织进去，并有 3 门六〇炮打炸药，明确地区分了各队之任务及射击目标（主要封锁敌之两侧火力），规定了指挥讯号。

③九连并研究了突击队的动作，前边一个组，两个打手榴弹，一个打冲锋枪，后边紧跟机枪，向底层射击，封锁敌两侧火力，发扬短兵火器的威力，以小群动

作向宽大正面突击。过水如敌人反击，用手榴弹排击（不浪费枪火），少数敌人可活捉之。发起冲锋不可中途停止，以勇猛动作通过水壕，突破敌阵地。又研究了爬墙办法：一、斜着身子及脚前掌；二、不从一个突破口前进，要多箭头地爬；三、每人带一把铁锨铲窝子；四、上不去的往上搓。

各战斗小组划出实地地形研究如何突击，如何动作。

C、周密地组织战斗，明确地区分任务

①各级干部都组织看了地形（团营连排班至互助小组长），副营长亲自布置火力，研究攻击阵地的组织。

②九连经研究讨论后明确地区分了任务，规定了突击道路、方向，突到什么位置，控制哪个房子，向哪里发展，遇到情况怎样处理，干部的指挥、掌握部队、通讯联络、友邻情况等，班以上的干部交代得很清楚。连长周元和亲自插上冲锋路标，攻击前又带小组长看了一遍地形。

③加强了突击火力，调整 10 支冲锋枪配备突击队，并每班配轻机 1 挺、子弹 1200 发，持冲锋枪者手榴弹 6 个，持步枪者手榴弹 12 个。（战斗组织附表）

乙、指挥深入

九连突击队（三排）三个箭头突击，副营长李浩、三排副潘希宗带中路（十一班），副连长刘荣昌带左路（十班），三排长王学选带右路（十二班），齐头并进，由连长周元和、政指刘玉树带二梯队（一排和 3 挺轻机枪）。

干部明确分工，营长、政教掌握火力中心指挥，副政教带七连（营二梯队），副营长带突击队（九连），副团长到该营帮助指挥。

丙、战斗动作英勇机智顽强

（一）通过 50 米开阔地后，全营徒涉 5 米宽水沟（深 1 米左右），只着单裤，脚都冻麻，他们仍勇猛前进。十班在副连长的带领下发起冲锋通过障碍，控制突破口，无一伤亡。十二班在未突击前，我炮火发生近弹，伤亡 6 人。一排突至沟沿已有伤亡，但他们均未受影响，仍勇猛继续前进。故九连以 3 分钟，全营以 7 分钟时间全部突入。

（二）七连突进第一道围子后敌人曾放毒气，战士们冒着毒气向前冲。全营都表现了人人勇敢，个个争先，没有叫苦的，刚补的 15 个新战士也都紧紧跟上，十二班副吕昌明、战士吕化明、担架员唐振兴等负伤不下火线，继续坚持作战。

丁、步炮协同上

A、紧紧地掌握了炮击与突击的结合（师、团、营曾对数次表），突击队在炮击未停前 3 分钟即准备好突击成功。

B、发挥了我炮火威力，(据俘供) 敌之四连大部伤亡，六连已伤亡过半，营长、五连长被击毙，电线击断失去指挥，造成我突击的有利时机。

戊、有友邻九纵的密切协同

我突破第一道阵地后，九纵继续组织向第二道阵地 (南门) 突破，我即与之协同突击 (双方各个营交叉突入)。

摘自第三野战军第二十六军司令部《淮海战役专刊》，1949 年 1 月，第 42—48 页

▲ 攻打碾庄前，华野八纵六十七团步炮指挥员到前沿观察地形，准备协同作战

▲ 华野八纵六十七团团长马连辉等人深入前沿指挥作战

附、碾庄圩突击连战斗组织配备表（一）

附、碾庄圩突击连战斗组织配备表（二）

▲ 第三野战军第二十六军司令部刊印在《淮海战役专刊》上的“碾庄圩突击连战斗组织配备表”

碾庄圩战斗之初步总结

一、地形特点及居民情况

1. 系平原地带，土质好，便于构筑工事，由于平原河川少而水较多。

2. 沿路两侧都是被我军解放过的，因此群众是倾向于我。

3. 村庄稀少，不便于部队运动与驻防。

二、敌人守备特点

1. 村庄稀少，一般的驻防集中，依托水壕作为防守自然障碍。

2. 阵地编成规律性差，缺乏阵地前沿触角之设备，因此便于我直接进至敌阵地前。

3. 火力组织一般都能交叉，一旦前沿被我突破，两侧火力及纵深火力，猛烈封锁我突破口，炮火轰击我突破口里外，企图截断我后续部队，但缺乏突力反击精神，尤其脱离阵地反击更差。如我攻击碾庄，敌我相距几十公尺，几天未反击，仅以冷枪或零星炮火射击。

三、几个战术的意见

1. 作业一般原则应根据两种情况决定：

（一）时间充裕

a、高一级指挥员应率领下级干部具体划分作业区，并根据地形、土质限定时间，提出要求。

b、方法：（甲）尽量第一步求得靠近敌人，构成临时抵抗线。（乙）一个营的建制最好挖成2—3条主干交通沟，免被敌发觉封锁，支沟应根据攻击队形来构筑。（丙）在敌视线内应是先卧、再跪、再立的动作构筑之。

c、注意的几个问题：（甲）无论干沟、支沟求得相互挖通，以便发生情况相互支援，或另沟被封锁仍可运动。（乙）力求深宽，以不暴露和能通过担架为原则。（丙）隐蔽位置，应挖支沟两侧，力求分散坚固，避开主沟，以免来往影响部队休息及伤员运输，影响士气。（丁）在一个班的附近挖一便所，以免到处大小便不讲卫生。（戊）应有不间断的政治工作鼓励士气。（己）不应怜惜部队而放松管理（事实上作好工事才是真正的爱惜战士）。必须严格作业纪律，干部要随时督导检查，以防无谓的伤亡。

（二）时间短促

步骤方法应是与充裕情况相等，而深度、坚固程度可根据时间伸缩，但要逐步作到加强。

2. 攻击布置

（一）兵力区分：在上级统一划分战斗区内，应采取宽大正面、多箭头而有重点的配备原则。如我这次攻击碾庄圩，营采取后三角，连采取前三角，即两个箭头攻击，因本营设一助攻点于主攻点之翼侧，这样主点之两侧都有依托，容易成功。

攻击队形，除根据攻击面积及地形，一般连应采取前三角，而排、班、组之队形尤应讲究，切忌采取一路队形攻击法，一般采取战斗队形为宜。如受桥梁之限制，在通过受限制之地带时，应采参差不齐较为适宜（我二营四连伤亡大，未完成任务，队形不讲究关系很大）。如涉水渡壕沟尤应采取战斗队形，或全采取前三角，这样既是形成多点，同时又有纵深配备，随时都可打击敌之反击。

（二）火力配系

a、除山炮、榴、野炮上级指挥外，尽量附于营少数抵近射击之山炮以摧毁低下之坚固工事，九二步兵炮补助上级炮火摧毁之不足。

b、各级火器配合力求密切，不给敌空隙。因此山、榴、野炮开始射击时，营另炮火暂不射击，一则烟幕大不易查清摧毁之程度，另一方面过早暴露抵近炮位，易被敌炮摧毁我之阵地，待我纵深炮火延伸射击，步兵攻击前之刹那与重机枪、六〇炮同时进行射击。这样既配合密切，又不使敌乘我火力空隙而反击。

c、步兵发起攻击，营命重火器应逐渐延伸两侧与纵深射击，而营集中之掷筒连之小火力队应猛烈向攻击目标实行压制射击，掩护步兵迅速突入。

d、根据敌系一种带有野战工事，除有明显目标（地堡或低形碉堡），尚有我视察不到的隐蔽工事。因此营、连之火力队应具有足够机动枪与一定的直射炮火，以备步兵攻击发现敌之当时火力点或流动火力点实行封锁压制，以便步兵攻击（我二营四连未达到任务，一营二连完成任务在火力上的反正关系很大）。

（三）攻击部署应注意的几个问题

a、各级干部在思想上应具有组织连续攻击之准备，当然不能平均分配力量，应以第一次攻击为主，但在思想上、物质上应有第一次不成，连续部署再一次的攻击，甚至三四次的攻击。只有我连续攻击，使敌无组织准备时间，奏效的可能性才大。

b、各级二梯队力求靠近，适于随时攻击。特别在干沟、支沟复杂的情况下，应争取提前侦察运动道路，并指示各分队接合点之位置，同时发起攻击后应不间断地靠前接近。

c、突破前沿之动作与攻高大围寨应是有区别的。因此在几个点（本营连）已被控制，一面直扑村沿房屋或制高点，而占领村沿之小部队，一面迅速向纵深发展，并向友邻之翼侧发展，构成面的发展。

d、连属之轻重机枪占领村沿之制高点向纵深实行拦阻射击，向两侧发展以冲锋枪或烈性手榴弹。即是步兵手中武器不需过于笨重，由于情况变化快，重火器不易跟随。

e、第一梯队突入后，营属之九二步兵炮及重机枪及时带进村落，随时开阔步兵前进之障碍与及时压制敌火，援助步兵迅速发展。

f、如须通过水濠应采取多种不同办法，根据碾庄圩战斗之体会，涉水尚是基本办法，应是涉水、架桥、利用自然桥等几种。同时，掌握基本的一种，如水深没人，可动员会浮水的同志完成这一任务。正是我们感觉困难的，也是敌人最忽视的地方，碾庄圩战斗一营二连、一连一个排顺利完成任务，与同志们英勇不怕艰苦而涉水的关系很大，但在涉水前后应用油脂或酒涂抹皮肤或喝几口酒以使气壮耐寒。

以上仅是几点初步体会，提供出来供作参考。

（“济南第一团”[①] 团长　张慕翰）

摘自华野九纵《胜利新闻》第86期1948年12月16日

▲ 攻击部队涉过碾庄水壕，登上围墙，冲入国民党军阵地

◀ 突击队攻占碾庄国民党军阵地后，乘胜向纵深发展

① 编者注：“济南第一团”为华野九纵二十五师七十三团。

攻击碾庄圩战斗中　炮团八连边打边研究

【火线团站讯】攻击碾庄圩战斗，八连配合“济南第一团”担任攻击碾庄圩村中间大方堡正面的轰击任务。此堡高若有一丈五六之样子，有三层至四层枪眼，堡之两侧都是房子，就有一条胡同可以看见堡，其他之地方都看不见。根据此情况，就测好距离（射击距离 1500 米达）。在当时，领导上没有很好的注意，有点麻木思想，认为这堡打塌是不成问题。到 18 日下午 4 时开始试射，开始一排先试射，一发未命中，二排试射三发，越射越近，紧接着三排试射，不是偏右就是偏左，再就是过了，接着又试射二发亦未命中。在这种情况下，领导上和下层都减低了信心，有些互相埋怨，当时大家都不从主观检讨，都认为炮与阵地之毛病。因第一天攻击未成功，到第二天（19 日之早饭后）开支委扩大会，大家把下层的意见都提出来，如：典型目标，用一门炮为最好，用炮弹很少，而且可以找出经验来。领导上不要死规定镜子一定什么样就可以打准，这样往往能引起下层不敢发表意见。在这种情况下，连长李仁德同志虚心地采纳了大家的意见，实行边打边研究，真正地发扬了战地军事民主。当天的上午，立即召集炮车长与二炮手研究打不好之原因：①炮是新的，炮手对炮的使用不熟练（济南缴获之美式山炮）。如一班二炮手周学道，把 90 密位当作 60 密位用，各部规零都有小的偏差等。②各人都存在个人过去之狭隘经验，都认为自己的对，如：四一山炮如何瞄，九四式山炮如何

◀ 第一个冲过外壕登上碾庄围墙的华野九纵七十三团二连一排副排长张清华

▶ 尚秉维使用过的军毯。淮海战役时尚秉维任华野九纵七十三团一营二连副指导员，此军毯是 1947 年 5 月在孟良崮战役中缴获后，上级发给他使用的。在碾庄圩战斗攻打南门突破口时，他光荣负伤致残，军毯上留下了几个弹洞

▲ 华野九纵“碾庄战斗模范连”用的联络哨子

瞄，“卜福”式山炮如何瞄。③对阵地的构筑，不够十分好，如一班之后助足钉一个橛子，不能全面地用力量，这样必定有偏差。

根据这种情况之下，领导上把大家的意见集中起来，确定用一排派一门炮，打村中之方碉堡，一人瞄准大家都看，都发表出个人之意见来，对的原因、不对的原因，领导上再集中起来，结果打 4 发炮弹命中 2 发，敌人之核心大方碉堡上打塌了一面子。这时天就快要黑了，就定上了标杆，晚上还用这门炮打。到第二天战斗结束之时，到堡之地方看，大方堡全部都打倒了，只有堡根无有打出来，周围死的敌人很多，乱七八糟的。根据此次战斗之体会，在连续战斗之中，领导上必须很好地掌握边打边研究，但还须与战地发扬军事民主紧密地结合起来，只有这样才能随时接受经验教训，提高技术，不浪费炮弹。

（陈滦）

摘自华野九纵《胜利新闻》第 69 期 1948 年 11 月 29 日

对空射击的几点体会

七八天的对空射击，二三次阵地编成，经过我们研究有如下几点体会：

1. 阵地编成：我们是 3 挺重机 6 挺轻机，编成 100 米到 150 米远距离的∴角火力阵地，一挺重机与两挺轻机构成 × 队∴角火力网，由三个 × 火力网构成一个大火力网，如 ×
+ +
++ ++
× × （× 代表重机，+ 代表轻机）。这样敌机无论从哪个方向来，都可以射击，武器随便机动，便于指挥火力集中。

2. 瞄准要领：根据七八天的射击，瞄准有两个偏差：一是敌机横过射击易低。二是敌机迎面而来，特别是敌机转圈，最易偏左，因敌机多是向右转，我们纠正的办法是：最好先瞄准敌机头，再向前瞄开始射击。

3. 射击的有效时机：①敌机向下“起”头时。②敌机扫射后向上起时。③敌机在我空中低飞旋转时，一般在这几种时机，敌机身面目标大。

4. 指挥应掌握的几个问题：

①规定准备号令、射击号令、停止号令，易使火力集中步骤一致，不易混乱射击纪律。②指明敌机来的方向，迅速测量距离（高低距离），指定标尺度数。③严格注意部队射击纪律，彻底隐蔽，射手不能随便离开枪。

（纵队警卫连　刘致明、苗华昌）

摘自华野九纵《胜利新闻》第65期1948年11月21日

“济南第一团”二连攻击碾庄圩战时政治工作经验体会

战前思想情况

一营二连是在四连攻击失利后接受对碾庄圩继续攻击的主攻任务。二连接受了任务后，经过一天一夜的准备工作，投入战斗后几分钟即突破了前沿，完成了主攻任务。二连这次攻击碾庄的政治工作，有以下的几个问题：

一、四连失利前后，二连干部战士的思想情况：

1. 四连攻击前，二连的信心是很好的。在过满山出发时，二连的情绪很高，信心很大。这时他们情绪高、信心大的主要原因：一个是胜利的形势对二连的鼓舞，特别是在追歼黄百韬中看到敌人狼狈的情形，提高了他们的信心。二个原因是相信四连一定能完成任务，因此二连也有很大的信心。

2. 四连失利后，二连就产生顾虑了，当时有这样的反映：“四连为什么失利了？敌人还很顽强的吗？”听说打六四师还有反映：还能来个三户山吗？具体顾虑有以下几点：①对壕沟的水有顾虑，不知多深、多宽，怕过不去、怕冷，怕冻坏了过去不会动作。②怕部队带不上去，特别是排的干部，一排长就反映怕干部上去了兵不动，因新兵太多。③怕火力掩护得不好被敌人火力杀伤，怕自己的火力误伤自己，连的干部也有这样的顾虑。由于二连有这样一些顾虑，因此部队情绪上有些消沉低落：四连都完不成咱还行？

阵地中政治工作

（1）团、营两级研究了四连失利的经验教育了干部，当时主要的检讨有两方面，一面是思想上麻木轻敌，因此在攻击的准备工作上都有些麻木大意、满足、顾惜部队疲劳，未认真突击敌前学习。二方面在战术上的保守，拿攻高大围寨办法来打碾庄底下工事，如火力的架设、突破点的选择等，并强调我们在思想上不要麻木轻敌，弱敌当成强敌打，在思想上要谨慎小心，把准备工作作好，同时告诉部队，四连的失利不等于敌人的顽强，并不是四连打不了敌人，主要是主观上的原因。在采取的打法上有以下几点：①宽大正面的多箭头攻击，实行宽大面的攻击。②以涉水为主结合过桥，应动员部队走水。③营里的火力队靠近前沿，封锁敌人的底下工事，作业位置应尽量靠近（距桥一二十米）。④密切友邻兄弟部队，协同配合求得互相援助，使敌人无法封锁哪一点。

（2）团、营、连、排干部几次观察地形、道路，划分了任务。

（3）连、排的干部研究了战术，进行了思想教育，统一了意志决心。首先是专门研究涉水、多点攻击问题，把营里昨天晚上侦察的水情告诉了二连，又把五连涉水侦察爆破的李方欣找来，专门给二连介绍了他涉水的情形及他当时的心情，李方欣介绍了他经过的地方只有一二十米远宽，下水后也不知冷，他直到回来才觉得冷了。李方欣的个子很小，弯着腰水才湿到胸前，经过他的介绍，才打破了怕水深过不去和冷的顾虑。再一个办法，在涉水前喝一些酒以抵抗水的寒冷，接着就研究了涉水的好处。

第二是解决对火力的顾虑，研究怎样能掩护好，怎样才能不误伤自己的人。一个办法，营的火力队靠近前沿，严格地划分射击目标；二是严格规定记号，要求火力兵的干部在攻击时亲自观察弹落点与部队的动作，有妨碍动作的要适当地停止，不误伤自己的人；三是干部亲自检查火力，如杜副营长亲自检查火力准备得怎样，并对火力兵进行教育，纠正射击目标不固定的毛病。

第三个问题解决新兵能不能带上去的顾虑，以事实说明新兵经过教育后的进步。当时二连有些新兵是好的，如二连在组织涉水班时，四班的解放战士自报奋勇的参加涉水班，其他班也还有些新兵表现很好，济南的解放战士经过教育后有很大的进步，只要我们很好的带领还是可以打仗的。再就是要很好的分工，带领哪个班、排，分工不具体，要很好分工。□□进行了突击学习给他们介绍战术，提出要求进行教育，这些工作都是在阵地上小地洞内进行的。

第四是对干部进行了思想教育，重新进行动员伟大淮海战役重要意义。当时正是传达了中央的再有一年左右就可以根本打倒蒋介石反动政府的发言，根据中央的发言进行了教育，并提出上级把我们用在解决黄百韬兵团的关键上，应该以为是最光荣的。因此，鼓舞了大家，就更进一步动员大家顽强地克服一切困难，完成上级给我们的任务。说明二连胜败的关键在于二连干部的决心和信心如何，干部的自我牺牲精神如何，这一问题提出后对于干部也是很大的启发。再一个要求是利用半天的时间突击教育部队，着重是研究今天的打法。如涉水的问题，多点攻击的问题。特别强调了教育骨干分子与怯弱分子，在这一工作中首先使连、排两级干部的思想统一了，突击教育骨干和积极分子，这是二连攻击成功的关键。

（4）阵地中群众性的学习：①连、排干部分别到战士的防空洞传达了情况、任务和攻击的手段，介绍了四连攻击失利的经验教训，进行了动员，重新说明淮海战役伟大意义，提出对这次战斗的要求。②连、排干部又和班长、组长研究了战术，班长、组长研究了以后又分别地传达给战士，班、组长又分别看了地形、出击的道路，回来向班里进行了介绍，下达了自己的决心。当时以四班、二班研究得最好，二班长陈向思领着看地形，回来进行研究，在出击怎样运用三角队形，当时就有新解放战士表示了决心，向班长提出自己虽没有经验，但班长到哪里就跟到哪里，一定要完成任务。③指导员带领五连战士李方欣同志到主攻排、班介绍了水情、心情，给二连战士打破了顾虑，支部委员分工向党员进行教育，说明顽强性重要。

几点经验体会

三、碾庄圩战时政治工作的体会：

（1）又一次证明了部队的思想规律是在顺利时就麻木自满，在失利时就容易顾虑自馁，降低信心。如四连开始时是顺利的，因此也就很麻木大意，四连当时是普遍的很有信心，连的干部表示，保证 15 分钟打进去，主要是因作业时很顺利，满足粗草地了解了敌人的工事不复杂，再说是觉得敌人的桥没有破坏，就放松了更充分的准备与思想的警惕，以为没有问题了。四连失利，二连的顾虑就多了，这时的政治工作就应掌握这一规律，应首先说明情况，介绍接受经验，说明失利的原因，消除部队思想上的顾虑怀疑，再就是提出再一次攻击的手段，成功的条件，帮助大家想办法，只有这样才能稳定情绪，启发大家的积极性。

（2）当第一个部队失利了，第二个部队来接替攻击时或是第一个部队攻击失利后组织重新攻击，都应力争虚心接受经验，根据当面敌情工事情况，来研究自己的对策。这时应是干部首先想出办法，再启发下层干部、战士研究，四连在第一次失利后，就没有接着研究接受经验。

（3）进入阵地后，干部、战士应忍受最大的艰苦，疲劳紧张的开展军事学习，往往是成功的关键。碾庄圩战斗是很现实的教育，四连进入阵地后，干部有些顾惜部队作业的疲劳，没有很好的研究办法，二连进入阵地一天一夜，没有很好的休息，他们是很谨慎小心地研究了办法，为什么必须这样作呢？一方面是对敌工事、地形、道路看得清楚，这时可进一步研究办法是更现实的，另一方面战士进入阵地思想更集中了，学习一点是一点，在阵地里即便不学习也不能很好休息，学习情绪是紧张的，不学习情绪倒消沉了，但组织这一学习：①关键要在自上而下地从干部到战士推动起来，在研究学习的内容上是根据当面敌情、工事情况及自己的任务及打法，必须切合需要而不是乱无目标。②在进行的方法上必须是群众路线，有领导、有秩序的群众运动，分散的群众性的学习在阵地里不这样组织是很难推动起来的，在领导上必须掌握骨干。③贯彻战术思想与战术手段的教育是军政工作共同的责任，应集中统一领导。

（4）发挥支委会的领导作用，提高支书与支委的组织观念，这时工作能不能做主要是党的观念问题。二连这次在阵地上研究了对党员的要求，加强对党员顽强性的教育是很好的，平时就应加强党员的教育，使党员明确的认识，在任何情况下不管友邻哪一个委员传达支部的决议、指示都应坚决地执行。

（“济南第一团”政治处主任　王济生）

摘自华野九纵《胜利新闻》第 96 期 1948 年 12 月 26 日

当面敌情与火线喊话

一、黄匪在此战役之前，召开一次校以上的军官会议，首先提出这一战役有关蒋家胜败之重大意义，如此次战役失败，江北即无我存留之地，望大家英勇沉着，不怕一切强修工事，这一战役关键之重大任务都在于大家。虽然是这样的动员，但也不能挽救被歼之命运。不但没有引起军官们之胜利信心，反而引起下层对自己生命之顾虑，情绪不高。

二、该兵团二十五军溃窜至碾庄以后，昼夜不闲地加修工事，没有得到休息，现粮食已绝，全靠空运，但供不应求。据俘虏称：每天能喝两顿稀饭，每人只能喝两小碗，士气相当低落，士兵们大部分想快一点当俘虏，不再受这一痛苦。

三、对我军之强大炮火恐惧。据二十五军俘虏邹保元谈：解放军的大炮，打得真准。我们七八个人在一起，来了一个炮弹，即打得只剩下我们两个人，我们副营长出来巡查阵地，一个炮弹打过来，离他很近炸了，吓得我们副营长没顾得回指挥所，一头钻在我们地堡里，连说:“打得准！”一动也不敢动，我们不敢出来，平均哪一炮都打着人，厉害得很。

根据以上情况，提出三个口号，供火线喊话之用。

1. 被困弟兄们，不要在里面挨饿啦！放下武器到解放军这里来，叫你吃饱饭，过来吧！

2. 快交枪吧！不交枪我们要打炮了！交出枪来保你生命安全。

3. 你们守不住，你们的粮食都吃光啦！不用打，饿也就饿死啦！二、十六、十三兵团都被包围的，没有来增援你们的，快交枪吧！早交一天枪，少受一天炮火、饥饿的威胁。

（纵政联络部）

摘自华野九纵《胜利新闻》第 60 期 1948 年 11 月 16 日

华野四纵介绍碾庄圩敌情　建议大家多想办法　大力进行军政夹攻

最近几天据黄兵团俘虏、投降官兵及碾庄圩一批逃出的难民谈当面敌军，有下面几种情况:

（1）粮食恐慌饥饿难忍:从新安镇带来的 4 天粮食早已吃完，每日虽有运输机丢下若干贴饼，但是有限，丢远了又不敢去拿，且都已发臭，无法入口。因此非常混乱，只好各自到老百姓家里挖地瓜、萝卜充饥，甚至把老百姓的牛杀了当饭吃，有的连猫儿都捉来吃了。

（2）被我打得焦头烂额:很多部队挤在一起，院子里都挖满了洞，我们一个炮弹打去，都要炸倒几个。大家成天躲在工事和防炮洞里，担心着一颗炮弹飞到自己的头上。地下到处埋的死人，碾庄圩遍地都是伤员，每一个角落里都有，小小一个圩子里都堵足了 3000 余名伤员。圩子外尸体叠叠，大家恐慌异常，希望我军快点打进去。

（3）新闻封锁，蒙在鼓里:蒋军秋季以来一连串的失败，下面很多都不知道。据二十五军三二二团投诚的轻炮排长王海章说:“我们下济南、郑州等消息封锁不准传，但这还传闻一点，东北的消息就根本一点不知。”至于吴化文起义，该部造谣说是“有条件投降”，但“投降之后共匪条件是骗人的，现在不知是活埋还是杀头了”。

（4）宽大政策了解很少:不少俘虏兵反映对我宽大政策不了解，因此明知不久要被歼灭，但又不敢向我投诚，不知我们究竟怎样。不愿打，想逃跑，但家又大多在南方！有的竟说："宁愿打死饿死，不愿到共产党那边给活埋。"

据以上几种情况，敌人已疲困动摇恐慌到极点，而又被欺骗宣传所蒙昧，走投无路，在这样时候，我们应大力进行军政夹攻，建议大家多想办法、介绍办法，普遍展开对敌宣传，喊话、递传单……求得瓦解敌人一个排一个班甚至几个人都是好的，以加速敌人的覆灭。

摘自华野四纵《战地新闻》第 789 期 1948 年 11 月 17 日

战地报道

从失利到成功——"济南第一团"两次攻击碾庄圩

"济南第一团"在此次聚歼匪黄百韬兵团战役中，受命攻击碾庄圩匪兵团司令部，这一主攻任务，又为该团二营四连所担承。他们经过几天的敌前突击军事学习和敌前近迫作业、看地形，大家普遍地感到：本领差不多了，打就快打，天天躺在泥湿的战壕里受这个洋罪，上级整天价这样迂迂磨磨干什么？四连副连长刘克强同志于看地形回来时很有把握地说："这么个破庄子，我保证一刻钟打开个口，打个样给五连看看！"自上而下的存在着嚣张盲目轻敌情绪，缺乏更深入细致的具体组织准备工作，战士顾虑没有彻底解除，限于盲目的决心，所采取的战术手段，没有根据敌人的具体防御特点及火力处置来处置，没有做到更进一步地让大家用脑子，大家想困难大家来解决，战士对怎样打法，前面是什么具体的地形是糊涂的，所以当 17 日夜四连首先发起攻击未能奏效。

碾庄正南方向的工事，在最外面是三道鹿砦，并有宽深水壕作屏障，水深过胸，宽约 30 米，中间有一石桥，在石桥的里端被敌挖断宽约 3 米，使桥失去效用。两端修有两个矮地堡封锁石桥。壕沟的里面是道一人多高的土围子。沿围子修有交通沟，每隔数步有单掩体、隐蔽部、小地堡，枪眼紧贴水面，成斜形，使我难以发现和封锁。在离第一道土围子往里的百余米，还有第二道宽壕和土围子。南北的大街上修有锯齿形的大小地堡。庄里房子零散，皆筑有简单的工事。当四连以石桥为突击道路发起攻击时，敌人集中一切炮火向桥做密集交叉的封锁，并以一个加强连专门看守石桥。因该处地形低矮，我们的火力配置得不恰当，组织得不严密，并没有将敌火压倒，同时桥的里端被切断及两端的地堡也未彻底查明，炮火也没能将其摧毁。

四连首次突击失利，从团的首长直到各级干部都引起了深刻的警惕，大家并做了虚心的自我批评和检讨。正如二营长单忠福同志所说："谁也不埋怨，我当营长的应当负责。"大家找出了经验教训，从积极的方面又着手做第二次攻击的准备。

这一个光荣的主攻任务交给了一营二连。起初他们感到很神秘，这么一个小小的碾庄，既不是潍县，也不是济南，更没有什么坚强的工事，有什么了不起，还打不开？但又想到四连本来完成这个任务是没有问题的，但可没完成，究竟为什么呢？当时二连从干部到战士脑子里这是一个解不开的悬案。

"今后再不吃这个亏啦，战前多用一点脑子，战斗里就少流血，敌人就是一个纸老虎，我们也要当成真老虎去打！"

四连的经验教训很快的就告诉了二连的每个干部战士：就是因为轻敌，没能处处从困难着想，少用了脑子，而招致了失利！他们并领会了四连的战士是那样的英勇顽强，前仆后继，但只凭这一方面是不能成功的。

团营的首长除把四连的经验告诉了二连的每个干部战士以外，团首长并亲自三番五次领着大家到前沿看地形，回来研究怎样打法。王主任和战士一样在离敌仅数十米的战壕里和大家漫谈，了解顾虑，打破顾虑，研究打法，他并逐个把火力阵地做详密的检查，是否能真正的封锁敌枪眼。他整天不停在战壕中穿来走去。营长、副营长分工到各连和连排干部研究打法，以至纵、师首长也来到前沿征求他们的意见，解决各种困难，团首长把自己的雨衣也送给他们做涉水之用。首长们对二连的关怀和从思想、物质上的直接帮助，使他们首先最深刻地体会到一个最重要的问题：我们二连这个任务的意义还是这样的艰巨重大啊！同时他们向上级表示了坚决完成任务的决心。二连从干部到战士完全动起来了。

连的干部领着排的干部看地形，各排又自动地领着班长、战士看地形，回来就研究。二班、四班是突击班，连里分头挨个地动员研究三四次。如怎样通过宽壕，涉水时是否穿棉裤，怎样爬土围子，怎样打反击，都是大家研究出办法再由领导上归纳采用。支部并进行了有力的领导作用，以支书为核心分散地进行了党员顽强性的教育，党员互相下达决心，有重点的和群众交谈。

当第二次攻击的前夕，二连的战士们个个满脸喜笑，很愉快地向上级表示：有把握的，一定能完成任务！战士们的决心完全是建立在有实际本领为基础的必胜信心上！果然，于19日夜重新发起攻击，在我严密炮火的准确掩护下，仅以5分钟的时间和极小的代价即突破成功。

战斗中他们尤以惊人的勇猛向敌人进行了不停息的进攻，一切的战术动作完全是按照战前所研究的动作战斗着，毫不紊乱，动作之迅速当通过30米的宽壕时全连竟毫无伤亡。水深没到他们的头顶，他们跳起一个高向前游进，刚爬上围墙又被滑掉水里，再爬上来。小同志挨灌，喝了壕水仍不在乎。三班张天加会浮水，他带了20多手榴弹和一支大枪，当走到水深处，他伸开两支胳膊，班长和战士张新竹，一面一个紧紧地把住他的胳膊，迅速地通过了深壕。一排副张清华第一名突上围墙就夺下一挺轻机，回手又缴下6个敌人的枪，二班突上围墙及时打垮敌3次反击，向西发展出30多米远，东西就很快和兄弟部队取得了联系，整个战斗中全连轻伤不下火线就有36名之多。跟自己的部队失掉联系，就主动的跟随别的连队打。二排并肩和兄弟部队涉过壕水爬上土围，东西两路分头合击敌人，他们在内心里各自兴奋地鼓舞着。当二连将突破口之敌歼灭后，后续部队像潮涌般紧跟续进，以五连、三连为首，当即打开第二道土围，三营长驱直入沿大街两侧合击敌兵团司令部，九连连续打垮匪首黄百韬的特务营警卫排的反击，八连霎时夺下敌5门山炮、3门九二步兵钢炮，“济南英雄连”从街南头直打到街北头，千余敌人被他们俘虏，塞满了一个大院子，敌所谓兵团司令部的首脑，除驯服的当了俘虏以外，皆溃败没命地逃窜。英雄们随后紧紧追赶，“活捉黄百韬”响亮锐利的口号吓破敌胆。至此，在我强大兄弟部队的有力协同下，最后完全解决匪兵团司令部时乃20日晨5时许。数不清的俘虏，交叉集满在碾庄的村野，正被解放军的健儿们成群地押送到后方。

（望阳）

摘自华野九纵《胜利新闻》第68期1948年11月27日

我们是这样突进的——突破碾庄圩外围工事的王孙团二连

这里是这样出人意料的宁静。敌人好像完全没有猜想到解放军会从这里——河水最深的地方去攻击他们。当我们的坦克、大炮和机枪正展开猛烈火力举行正面攻击因而迫使敌人惶惶应战的时候，我军×部王孙团二连担任架桥任务的六班，迅速地赶到了这块宁静的地方。

英勇的水手——班副郭恒兰和战士李士祥两同志首先脱下棉衣跳进河里，接着另外几个同志也一齐下水。在距离他们不远的地方，不断炸裂着朵朵的火花，一串串的发光弹，映照得河水分外明晶。他们兴奋地把浮桥向着对岸徐徐推去。

宁静究竟是暂时的。开始连接第三节浮桥时，敌人发现了他们。密集的火力立时向他们打来，成排的榴弹落在河水里，河水好像开水锅似的翻腾起无数的水柱和浪花，水手们就在这翻腾的河水里搏斗着。有时，榴弹落在浮桥上，弹片从他们的耳边、身旁呼啸过去，郭恒兰和李士祥两同志敏捷地把全身都沉没在水里。这样弄得敌人的机枪，连目标都找不到。稍停，他们又浮上水面，继续把浮桥向对岸推进。

现在，他们面临着一个棘手的困难：浮桥还差五六米远，不能通达对岸。浮桥要花费很长的时间到很远的地方去才能取到，这怎么办呢？战士李士祥同志不顾密集交叉的弹雨泅水回来报告情况。时间就是胜利，战斗中往往因坐失了一分一秒的时间，而遭受挫折。二排副谭炳文同志立即命令他再泅水过去，探测一下那儿河水的深度。

一会儿，他又泅水过来。用他那冻僵的两手指划着自己的颈项，勉强控制着格格颤抖的牙齿，吐出极其简单的话句：“……水……水不深！”

炮火震荡着灰暗的夜空。任务是万分紧急的。二连第一副连长范全鳌和三排长李福亭两同志带领着该连先头部队——五、七班“哗”一声跳到河里。他们就准备不用浮桥，从水里突过去。河水从勇士们的裤角里、胸襟里、衣领里像针刺一般钻进棉衣的每个角落。

对岸右侧围墙上敌人架着一挺机枪，惊慌地叫喊着：“打呀！八路上来了呀！”这时，七班副邹本清同志已经跳上围墙，只听见他的冲锋枪长叫一声，接着七班长龙洁五和战士王玉美两同志一个人砸上去一个榴弹，狼狈的敌人，立即拍起巴掌交了枪。

与七班同时并肩突上围墙的五班长吴化学、班副钟振芳、战士李美林三同志，刚爬上围墙，发现左侧敌人一挺重机枪拼命向河心射击，他们边跑边喊：“交枪不杀！”已经跑近了敌人的掩蔽洞口，敌人还在继续射击，钟、李两同志端起枪来，两个家伙就在他们准确的射击下，滚倒在自己重机枪的旁边。

二连的后续部队还没有突过河去。营长孙光梅同志气喘喘地赶来。他急忙命令他们赶快渡河。自己和通讯员也一齐跳到水里。

一连的先头部队——一排接着赶来，大家都奋不顾身地跳下水。河水太深了，河中心有十来步远比人还深，有些小个子就被水淹没了顶，不知喝了多少冷水。

陡峭的土围的外边，拥挤着满身泥水的勇士们。敌人集中火力向着这里扫射。

勇士们爬上半截围墙又滑跌下来。这时指挥员心情的焦急是可以不言而喻的。

战士们热爱他们的指挥员，不知是谁紧紧地抱住了孙营长的双腿，叫道：“上呀！上呀！”孙营长弯下腰来，机枪班杨世新和其他几个同志就踏在他瘦弱的身上爬上去。

队伍终于全部爬上了围墙，潮水般涌进去。勇士们有的光腚赤足，有的穿着透湿的棉衣，踏在敌人扔下的大衣和尸体上，穿过敌人扔下的大炮、汽车的间隙，向着正炽烈燃烧的碾庄圩的中心冲去。

（温国华）

摘自山东兵团《华东前线》第 62 期 1948 年 12 月 11 日

◀ 华野九纵二十五师七十四团一营二连在碾庄战斗中，积极作战，变助攻为主攻。连长率突击排涉过十几米宽的水壕，仅 15 分钟就在西南角国民党军防御薄弱部突破第一道土围，连续打垮敌人多次反扑，巩固扩大了突破口，使后续部队迅速投入巷战，为全歼黄百韬兵团创造了条件。战后，九兵团授予二连“碾庄战斗模范连”的光荣称号，并记集体一等功。此为该连荣获的奖旗

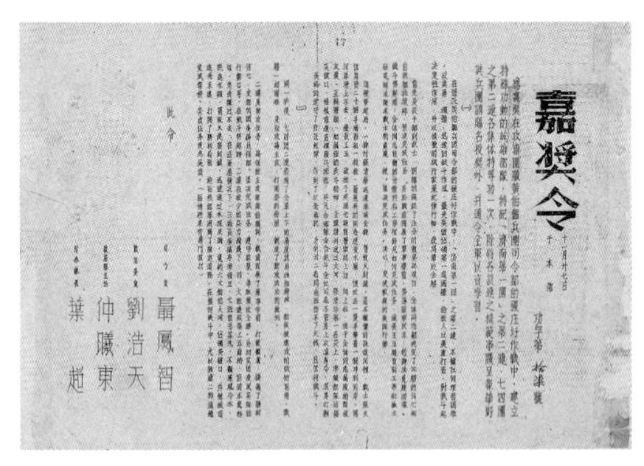

嘉獎令

此令

聶鳳智

劉浩天

仲曦東

葉 超

◀ 华野九纵政治部授予“济南第一团”二连和七十四团二连为“碾庄战斗模范连”称号的嘉奖令

华野八纵突进碾庄圩的二勇士

19 日夜 10 点钟，攻打碾庄圩的战斗开始了，九连的同志们百倍的决心，十

班长鞠泽动喊着："冲过壕沟就是胜利，敌人顽强我比敌人更顽强，十班的同志跟我冲！"勇敢的鞠班长就跳出了工事。他不顾一切渡过10余米宽的壕沟，衣服湿透了，滑倒，又爬起来，冒着密集的炮火，冲锋枪"哒哒"地炸响，最后抢占了彼岸的工事。接着副班长刘忠厚迅速地冲过濠沟，忍受着寒冷，打退敌人的反扑，挣扎的家伙一个个倒下去，刘忠厚同志冲锋枪指哪里打到哪里。跳跃在烟雾中的勇士们夺过了敌人的房子，坚固的阵地被我占领，九连——突击队的大旗胜利地插在碾庄圩。

（刚长发）

摘自华野八纵二十三师六十七团《战斗报》第207期1948年11月24日

华野八纵四大队[①]三营突破碾庄成功关键在于研究接受经验纵队首长特通令嘉奖

【本报讯】11月30日，纵队首长特明令嘉奖首先突破碾庄圩的四大队三营，指示：该营所以第二次攻击成功，主要是由于从干部到战士自上而下有了坚强的决心，接受经验，发扬军事民主，研究战术，改进打法，更充分地作好了攻击前的准备工作。

当第一次攻击碾庄圩未奏效，自上而下根据敌我双方地形、火力，进一步作了研究。师首长曾亲自与下边研究第一梯队如何涉水，压倒敌低层火力，突击队携带轻便自动火器等问题。三营营干，同时根据涂连长第一次突过水壕的经验与已了解的情况，改变了战术手段和战术动作——强攻硬突，组织了火力队、突击队，并召集连干作了详细的研究。营长张端胜和副营长李浩为了考虑如何完成任务，曾一直考虑到下半夜，李浩同志并在交通壕里划地图，数次与九连长周元和商量每个细小的战术动作：如何通过开阔地、过水壕、翻越围墙，并把三个突击道路的牌子都搞好了，从连到互助小组长都领着看了地形和突击道路。九连三番五次研究了突击队的动作，告诉战士：动作迅速勇猛，采取小群动作宽大正面的突击，涉水时用手榴弹排击敌人，不让敌发扬火力。并具体告诉战士过去水壕后爬围墙的办法：不要从一个突破口前进，要多路地往上爬，使敌火力分散，每人带一把铁锨铲到墙上翻越，上不去的搭肩用人向上搓。因此，迅速及时研究接受经验，改变

① 编者注："四大队"为华野八纵二十三师六十七团。

战术动作和打法，是第二次突击成功的关键。

摘自华野八纵《战旗报》第 223 期 1948 年 12 月 7 日

▲ 华野八纵六十七团九连首先突破碾庄圩。左起为政指刘玉权、连长周颜和副连长刘荣昌

▲ 荣获碾庄战斗“突击模范连”称号的华野八纵六十七团三营九连指战员合影

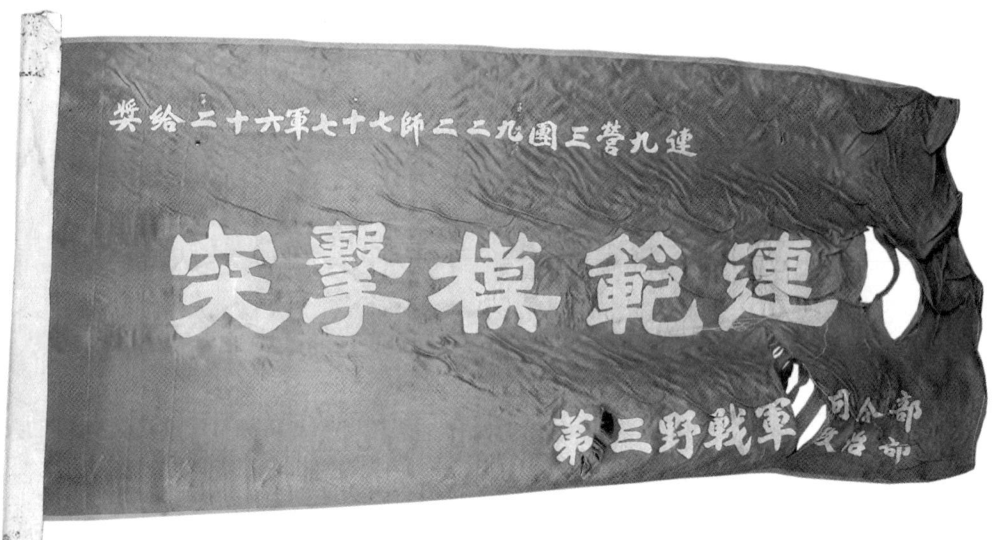

▲ 华野八纵二十三师六十七团三营九连在碾庄战斗中，担任尖刀连，在副营长李浩带领下于 11 月 19 日晚 10 时，向碾庄圩发起攻击。为争取突破时间，突击队员跳入水深齐腰、冰冷刺骨的水壕涉水前进，有的干脆脱掉棉衣，光背赤足涉水而过。壕壁围墙陡直难攀，战士们三番五次爬上去摔下来，一面压制敌人的火力，一面叠罗汉向上爬，前赴后继、奋不顾身。一排长孙向银头部负伤，鲜血直流，仍指挥全排涉过水壕登上围墙，碾庄圩第一道围墙的突破口终于被撕开。战后九连荣获第三野战军司令部、政治部授予的“突击模范连”奖旗

华野八纵某部陈绪祯军政齐攻解决了敌人

二分队一直向黄百韬兵团部发展中，陈绪祯同志带一机枪组，向敌猛烈追击。

敌人把轻重机枪架在矮墙上阻击我们，这时陈同志的机枪打不叫了，他机智地掷进去两个手榴弹，接着跳进去缴到3挺机枪。一个家伙端着机枪从院里向外打，刚一出门，被躲在门口的陈同志抓着枪，上去一脚把敌人踢下壕沟去，转过机枪，朝院里打去，迫使院里的敌人跪着交了枪。接着又上来一个排的敌人，这时陈同志就喊："你们不要打了！交枪不杀。这都是你们的人！"敌人一看都自动地放下了武器。

（向彤、王信远、范希密）

摘自华野八纵二十三师六十七团《战斗报》第208期1948年11月24日

▲ 攻入碾庄圩的解放军部队与国民党军展开激烈巷战

▲ 攻击部队突入黄百韬兵团部

▲ 迫使地堡内的国民党军投降

华野不同建制的两个团　亲密团结协同作战　胜利合击黄兵团司令部

【淮海前线23日电】解放军不同建制的两个团，于会攻碾庄圩歼灭黄百韬兵团司令部的战斗中相互亲密团结，协同作战，使战斗迅速获胜。战斗开始前，两个团指挥所即随时联络，互相交流经验，"济南第一团"指挥员曾数次主动将他们打击敌人的战术告诉某团。自开始总攻，某团首先突破第一道水围子后，即派部队有力地配合"济南第一团"突击部队顺利突进第一道水围子，同时特分兵向西发展，肃清敌人。当向第二道水壕、围墙突击时，某团因徒涉第一道水壕已全身湿透，负量加重，"济南第一团"系从桥上突击，经双方商量，遂改变两个突击方向为一个，"济南第一团"为第一梯队，某团为第二梯队，从壕桥向围门突击。突进后，"济南第一团"向西发展，某团向东发展，最后在各兄弟部队的配合下，两团像铁钳一样，胜利合击黄百韬兵团司令部驻地。

摘自《大众日报》1948年11月30日

特纵炮一团五、六连在碾庄战斗中机动歼敌摧毁敌阵

本纵炮一团一部在此次配合兄弟部队全歼碾庄地区黄百韬兵团的战斗中，发扬强大火力，完成机动歼敌、摧毁敌人工事、压制敌炮任务。

11 月 15 日下午 5 时，黄兵团残部约万余向被我包围的中心碾庄附近集结，企图作突围的部署，我炮兵指挥所发现情况，迅速以远距离地作扰乱性的射击。敌经我骤然轰击，慌乱不堪，部署顿时紊乱。17 日夜，总攻碾庄，我榴炮协同其他炮兵群对碾庄敌人前沿工事射击。两夜来被我炮弹反复梳洗的敌人防御体系，已残坏无遗，极多蒋匪被活埋在工事里，黄百韬和他的参谋长魏翱的办公室的两幢砖瓦高房，也被炮弹开了 7 个大天窗。当夜，六连负责压制敌炮，敌人设在碾庄及大院上一带的榴、野、山炮阵地均先后为我排炮将其压得黯然无声。敌炮十三团三营八连一个炮车驾驶员告诉我："那天下午 4 点钟，我们连长即命令躲在防空洞里，不敢打炮，贵军炮火可厉害，连躲也躲不及，第一炮打死两个瞄准手，打坏了炮栓，第二炮炸死 4 个弹药手，打坏了高低仰度座……" 20 日晨，当我军全部攻克碾庄时，残匪通过开阔地向大小院上溃逃，六连即以排炮跟踪追击，有一个炮弹即击倒 60 余，敌人在溃逃中，互相误会混战。步兵喝彩鼓掌又要求对一个碉堡射击，第一个排炮即命中碉堡，再以排炮作"梯级集火翼次射"，每炮加大距离，轰击敌人狭长目标，炮炮在敌人行列中开花，最后，向碉堡齐放，又命中，博得高站在陇海铁路上观战的步兵们鼓掌叫好和炮兵总指挥所之赞扬。21 日下午该部五连奉命配合步兵拿下三里庄。三里庄面积极小，宽 50 码，长 80 码，而其时步兵已接近庄子边沿之鹿砦，但在我观测人员及炮手的熟练操作下，4 个排炮都打在指定之 100 码范围以内，并且第一个排炮即替步兵打开突破口，仅 20 分钟解决战斗。同夜 3 时，为战斗之尾声，六连配合步兵攻击小院上。此次攻击，创这次战斗中与步兵及其他炮兵连有机协同之范例，我榴炮先猛烈轰击 15 分钟，其他炮群跟着轰击 5 分钟，我榴炮又继续轰击 15 分钟，把敌人从核心工事赶出前沿工事，又从前沿工事赶出野地里躲命，步兵即上前聚歼敌人，并从两翼突进庄子。该部在此战斗中，射击的准确性，动作的迅速（如六连排炮射击从下口令、填装炮弹到射击完毕仅需 11 秒），以及步炮的协同技术都获得了显著的进步。

（张钊）

摘自华野特纵《特种兵》第 74 期 1948 年 12 月 15 日

◀ 华野特纵司令员陈锐霆作战前动员，要求组成 3 个炮兵群对黄百韬兵团实施压制轰击，并派坦克大队参战

某炮兵团在歼敌七兵团战中克服行军困难
密切协同作战发挥步炮协同的强大威力

【淮海前线 27 日电】解放军 × 炮兵团在歼灭黄百韬兵团之战中，克服行军困难，密切协同步兵作战，获得步兵指战员的赞扬。11 月 8 日，该团奉命配合步兵兼程追击由新安镇逃向窑湾敌七黄兵团匪六十三军，我炮兵虽装备极重，仍跟随步兵通过沂河沿岸的湿洼地带，克服自然地形给予的困难，百里挺进，无一掉队。11 日黄昏开始对窑湾之敌总攻，我炮兵在试射时，即以准确炮火摧毁了阻碍步兵冲锋的小东门楼和其他制高点，获得步兵的一片喝彩与掌声。效力射开始后，城碉在烟焰中崩倒飞腾，敌火突然无声，我步兵立即突入。在纵深的协同战斗中，炮兵又击中准备反扑的敌密集部队，有力地协助了步兵的前进。窑湾战斗结束后，该团奉命兼程赶赴碾庄地区配合作战，因运河阻隔，必须绕道，行程超过百里。该团指战员虽已经一昼夜连续行军、战斗，但都以能参加会攻黄匪兵团部之战为荣，又一次以夜行百里的记录到达指定位置，参加碾庄圩外围战斗。14 日攻击大兴庄，我强大炮火摧毁了匪外围工事后，即延伸射程，掩护步兵冲锋，全歼守匪六十四军的一个团。该炮兵团继又奉命配合对碾庄圩黄匪兵团部展开正面攻击，部队立即绕道数十里进入阵地。碾庄圩之战继续 4 昼夜，19 日晚 10 时，炮兵以猛烈的齐放，摧毁了敌人的前沿阵地和集结的匪群，步兵立即越过水壕，突入敌阵，卒于 20 日拂晓攻下碾庄圩。该团在此次战役中，射击技术有显著提高，步兵指

战员都极赞扬炮兵准确射击与密切协同动作，× 步兵纵队首长特联名写信给炮兵部队致谢称："你们在配合步兵作战中，充分地发扬了我人民炮兵的积极精神，真正做到弹无虚发，给敌人以毁灭性之打击，使步兵得以顺利冲锋，解决敌人，并减少我步兵之伤亡，发挥了步炮协同的强大威力，我们特代表全体指战员向你们表示衷心的感谢和崇高的敬意！"经过重炮阵地的步兵，总是赞许道："大炮打得好！"炮手们则以谦虚的口吻回答："步兵打得好！"

摘自《大众日报》1948 年 12 月 5 日

▲ 华野八纵炮兵团团长用电话命令炮兵向碾庄国民党军阵地急袭

▲ 炮兵配合步兵作战

▲ 被解放军击落于碾庄圩附近的国民党军轰炸机残骸

淮海战役以来，敌机损失 6 架

【淮海前线 23 日电】解放军于 17 日夜 12 时击落美造国民党机 B-29 型轰炸机一架。该机坠毁于碾庄圩东南 3 里许之北张庄，驾驶员当即毙命。此为我军自淮海战役以来击落及被迫降落敌机之第六架。

摘自《大众日报》1948 年 11 月 30 日

东北电影队来我纵

【本报讯】中央特派东北电影队由高振中同志率领，前来参加淮海战役拍摄影片，现已来我纵。总攻即将开始，同志们要好好打，保证活捉黄百韬，以便摄入镜头。将来送到各地放映，让毛主席、朱总司令也能亲眼看见咱作战的情形。

摘自华野九纵《胜利新闻》第 62 期 1948 年 11 月 18 日

听到了新华社广播后，敌七兵团部电台台长保全电台交给解放军

【本报讯】国民党军黄百韬兵团部电台台长李卫中，在该兵团被歼灭时，保全电台交给我军。11 月 19 日夜解放军总攻黄百韬兵团部所在地碾庄，下 1 点时黄匪准

备逃走，实行了罪恶的战犯的破坏行为：下令榴炮营的连长赵世昌把炮上的瞄准器卸下交给他，又令电台台长李卫中把电台破坏。但李卫中没有马上执行黄匪的命令，他因为从黄兵团被包围开始，他就每天听到陕北新华社广播电台的广播：要黄兵团马上投降，警告所有人员不要破坏武器及器材，妥为保管交给解放军者受奖。因此他想：器材应该保护，交给人民。“黄司令”即刻就变为光杆了，他的命令已不起作用。结果他借口一个电报还未发完，而把他的电台保全下来。待20日晨5点钟解放军到了他的掩蔽部时，他客气地把全部器材及一只夜明钟照数点交给了解放军。

（宫屏）

摘自《大众日报》1948年12月18日

▲ 碾庄难民逃到解放军阵地后在诉苦

▲ 碾庄难民祖孙三代向解放军记者纪航诉苦

▲ 占领碾庄后，华野某部战士在街道上行进

特纵炮一团五连驾驶排日夜工作不顾疲劳

炮一团五连驾驶排全体同志，在这次淮海战役全歼黄百韬兵团的战斗中，表现了高度的阶级友爱、团结、互助和英勇的工作精神。

碾庄黄百韬兵团部解决后，他们每班组成两个互助组，21日夜里去碾庄接收车炮。在飞机轰炸和大小院上蒋匪的枪炮疯狂的封锁下，他们通过遍地像蜂窝一样的工事、地堡群、交通沟，踏上死尸堆满的碾庄。他们有的去推开车旁死尸，发动车子，有的把敌人的8门美式一〇五榴炮拖出来，也有的去搞炮弹。他们分成两批，一批专门修理，一批向外拖运，子弹炮弹都在头上飞舞，但他们为了完成任务不怕牺牲。

王彪同志的手被方向盘打伤了，仍不休息。他说：“我原是炮五团中的汽车管理员，鲁南解放的，到现在已经两年了，但是进步不快，因为过来时生活过不惯，想到学校里还有个未婚妻，自己的东西丢光了，搞得‘人’‘财’两空，便很悲观，闹待遇，工作得过且过，看到很多比我晚来的同志都进步了，有的入了党，给我刺激很大，现在时局发展这样快，我决心全心全意为人民服务了，所以很愉快了！”他现在不但积极工作，还耐心地帮助同志，打破过去技术保守的思想了。

李洪同志，也几夜没有休息，眼都红肿了。鲁南解放的罗成军、柳河解放的唐俊宪、济南解放的李克顺、张东坤、童海山，甚至刚从碾庄解放的陆校祥、丁均隆、陈炳明等同志都积极的干。在撤出阵地时，他们还要完成转移的任务，不但把原来连里的车炮人员、弹药运走，当夜还要返回，再把新来的车炮、弹药运走。第二趟回来的路上碰着大雨，他们到处找门板高粱秸整路，衣服都湿透了，搞了一身泥，但还一样积极地干。

（杨玲）

摘自华野特纵《特种兵》第 74 期 1948 年 12 月 15 日

特纵人民驾驶兵——炮一团六连驾驶排在淮海前线的断片

要从碾庄开车出来，是不容易的。汽车一辆挨一辆靠着密密地傍着墙壁，周围全是深坑、防空洞，倒车就很困难，一发动就会跑到坑里去，就是白天来开也是怪麻烦，但他们从炮排里借来了大铁镐，大家齐动手，挖的挖，填的填，二三尺深的沟就填平了，但是在庄里到处是残垣断壁，深坑浅沟，空车子也不好开，何况有的同志还要拖着另一辆车跑出来呢。拖车比拖炮还难，炮架尾环紧扣着车后的卡口，车子一拐弯，它也随着拐，这个就不行，车与车中间是用钢丝绳连接着的，前面车拐弯它不能跟着转弯，同时开车还不能猛，如陡然一猛就会把钢丝绳挣断。停车同样，如突然一停，那后面的车子就会滑过去撞你，弄不好就能大翻身，并且还不许开灯，这真是难题，但是他们会用智慧来战胜困难。功臣汤志舵说：“夜间闭灯前进也没什么，就是夜间拖车也一样，只要机智细心，同样能不出毛病，只须大家紧紧跟着前面车子，注意它平稳不平稳，另方面再听它的声音，就可知道前面的地形高低与否。如遇到高阜就用加力档驾驶，如果走上了稀湿的洼地，同样前面车辆的动作和声音会告诉你的，自己车的声音也会不同，不下车就能知道路的好坏。如果是低洼的湿地马上可换低速档开，但第一辆车是要格外留意，要精密观察前面道路上的颜色，在晴天，白色是公路，黑色是低洼的坑和沟，天雨就相反，这样随时侦察前进就不会出毛病的。”是的，淮海战役开始后转战追击几千里，他们没有翻一辆车。

（汤淑颖）

摘自华野特纵《特种兵》第 83 期 1948 年 12 月 22 日

▲ 黄百韬兵团部之墙壁弹痕累累

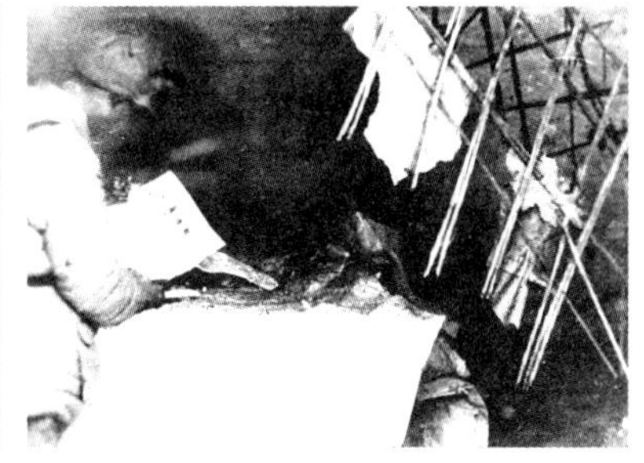

▲ 在黄百韬兵团部缴获了地图和文件

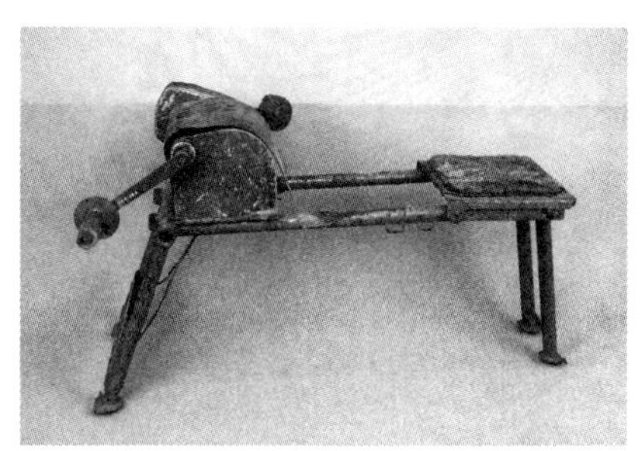

▲ 缴获黄百韬兵团部的手摇发电机

华野八纵日夜认真打扫战场
供给部工作队碾庄战役中搜集到很多枪炮弹药

供给部工作队在歼灭黄百韬战役中负责打扫战场搜集弹药物资，连续 4 天 4 夜很少休息，获得很大成绩，并做到一清二白两袖清风。

碾庄战斗结束后 2 点钟，大家便不顾飞机轰炸扫射进行搜集。王兴武同志犯肠胃病，一天没吃饭，仍捂着肚子积极工作。晚上看不到，用自己的津贴费买洋火照着找。别的同志扛步枪，柴文山同志就扛重机枪。卫生员房逢友到地窖里找物资，沾了一裤子血，一点也不嫌脏。因为大家忙着搜集物资，下午还没吃上早饭，王如连同志找到 3 包饼干，马上就交了公。有好几个同志鞋子破了漏着脚，虽搜集到很多新皮鞋，但没有一个穿的。炊事班副班长付成三去送饭，路上拾到一个瓷碗子，回来也马上交公。在搜集物资中，他们自己丢了大小物品 16 件，没有一个发怨言的。

从运河铁桥、碾庄圩、小院上、小贾庄等四处搜集到：迫击炮、六〇炮 11 门，轻重机枪 6 挺，步枪 9 支，各种炮弹 610 发，各种子弹 45666 发，枪榴弹、手榴弹 1882 个，电台 5 部，电话机 7 个，及其他弹药物资很多。

战后，王安武同志荣立二等功，黄国庆等 6 同志荣立三等功，并有 3 个同志记功。

（贾淑常）

摘自华野八纵《战旗报》第 227 期 1948 年 12 月 9 日

一个金元宝　一个金镏子

总攻碾庄圩的晚上，敌人晚上的值班机一架，失事落于我军阵地，侦通连三排长张书藻同志，奉命去搜索军用品。他在一个被烧了的驾驶员的布包里发现了一个金元宝和一个金镏子，共 1 两 7 钱重。他反复地看了看这个小元宝，心里想：这东西一定要交公，这是我党的政策，交公是能有很大的用处。于是他回来后，马上就报告了连部，交了上级，张排长这种坚决执行党的政策的精神是值得我全体同志学习的。

（文干　吕学思）

摘自华野九纵二十六师七十六团《战友报》第 204 期 1948 年 11 月 28 日

▲ 被俘的国民党第七兵团少将参谋长魏翱（右）和徐州视察第七组少将视察员黄炎（左）

▲ 被俘的国民党第二十五军少将参谋长陶修（右）和国防部少将部员刘嗣钦（左）

▲ 国民党军纷纷缴械投降

▲ 碾庄战场上的国民党军俘虏群

▲ 在碾庄战场，解放军担运队将国民党军遗弃的伤兵送往后方治疗

▲ 战后碾庄

▲ 黄百韬兵团被歼后，解放军缴获的大炮

▲ 缴获国民党军的汽车与火炮

▲ 在碾庄南门处缴获的国民党军汽车

碾庄巡礼

20日拂晓，记者沿着一条弯曲的战壕，向黄百韬司令部所在地的碾庄走去，飞机一个接一个地丢下照明弹，像要在这已将沉寂的战场上再找寻一个第七兵团出来似的。

沿碾庄西南的几条交通沟，突击队的同志走下来，他们在夜里11点钟，曾冒着敌人强烈的炮火抵抗，抢涉过两道4尺多深将要结冰的圩河，夺取了敌人前沿阵地，他们的棉衣，从肩膀以下全是湿的，到现在水还不断地往下流，整个交通沟的地上，被他们身上流下的水弄成一脚多深的泥泞。其中一位同志告诉我：他们突击时，因水太深，小同志过不去，一个大个子冒着敌人的炮火不怕寒冷一连把3个小同志运过去，就这样不到15分钟，他们夺取了敌人的前沿阵地。

整个碾庄像开了锅，抓俘虏的叫声隔三四里路都听得见，一股股红色火舌一片片白色烟雾，迎着清晨的阳光升起，炮弹仍在不断地爆炸着，成千成万的俘虏从突破口里带出来，所有的道路被塞得水泄不通，他们一边走一边哭诉着："同志呀！我们是投降的，我们已经有5天没得东西吃啦！"骡马一群一群的，都饿得不跑不叫了，许多已经被敌人割去了大腿或屁股去充饥了。在一切地方，从庄外到街道到院子到每一间屋子里，用一切东西，从泥土到砖瓦、到木头、到桌凳、到汽车、到炮弹的纸壳子，都筑成了密集重叠的防炮工事。满地满墙及每个防炮洞上都是炮洞和炮弹掀起的泥土，地上散着一层钢铁碎片，许多防炮洞被炮弹打得成了土坑，东场上的8门榴弹炮都被打成了麻了。在房子里，在街道上，在汽车底下，在防炮工事里，到处都是敌人的伤兵和尸体。街上到处贴着大字的记录"捷报"，其中最引人注目的一张是："……邱兵团不日即可与我会歼残匪军……"可是，飞机却整日在散发"告在共军中的国军官兵书"，希望他们重回国军去，可以"晋升授奖"，可是我把一张递给一个刚放下武器的士兵时，他摇摇头说："我受苦受够了，要不是当官的不让，我们早就投降过来了。"

黄百韬在我们部队还没有打到他司令部门口时，就偷偷由后面向东北仍正在被围歼中的几个残存据点逃跑了。兵团司令部原设在一家酒坊里，由于解放军进击围歼之速，这样高级司令部的门口，竟未来得及筑一个岗楼，只有几块砖垒了个像厕所似的掩墙，"黄司令"的绿色发亮的吉普车，也只好丢在街上遭弹片的袭击，黄百韬的房子上被炮弹开了5个天窗，一张军用地图坠落在地上，被炸弹炸开的窟窿，比用红笔标过的符号要多得多。在院子内一个盖有5尺多厚的土洞门口，丢着黄百韬一件笨重的美制大衣，旁边是他的参谋长魏翱准备焚烧而又来不及烧的一堆文件，甚至连日记及作战对策竟也丢了下来。洞里的灯仍旧点着，两张桌子上放着5部电话机，地上散乱地抛着文件和黄百韬的照片，他竟然连他的“铿字第一号”的符号，都撕下来丢在桌子上。一个药箱里添了许多药品，而最多的是“安睡宁神地阿路”。的确，“黄司令”这几天实在太需要“安睡宁神”了。

挂着“纠察队”符号的同志，在收集敌人的物资。又有一个一个整齐的连队，顺着一溜工事和圩墙向残存的敌人据点前进，战士们唱着歌谣：“往北逃（黄百韬），往南逃，解放军不让你逃……”

最后残敌于20日黄昏前被压缩在小费庄小院子里，在我发起总攻之时，敌企图乘黄昏向西逃窜，恰好全部落于我重重火网中，一时到处号声、枪声、抓俘声，吵成一团，到6时半战斗全部解决，敌无一漏网。

（郝世保）

摘自《中国人民解放军淮海大捷纪实》，中原新华书店1949年，第56—57页

五、黄百韬兵团的覆灭

歼灭了黄百韬兵团部，预示激烈的碾庄地区围歼战已接近尾声。11月21日，华野九纵攻击国民党第六十四军军部所在地大院上村，八纵攻击小院上等村，四纵在特纵配合下，合力围攻尤家湖。战至22日，攻击部队先后攻占了碾庄圩以东的大、小院上，又占领了碾庄圩以北的小吴庄、小费庄等几个村落，全歼国民党第二十五军、六十四军余部。第一五九师师长钟世谦率部投降。至此，黄百韬兵团全军覆灭，司令官黄百韬毙命。

战史摘要

华野四纵尤家湖战斗

（一）情况

尤家湖位于碾庄圩正北3里处，居民约60户。守敌为二十五军四十师师部、

师属山炮营（仅剩 3 门炮）、特务连、工兵连，一一八团全部、一二〇团一个营及一〇八师残部等共约 4000 余人，该敌全日械装备，战斗力一般。

该庄地形较高，其四周有高约 2 公尺的土围子，不易攀登。围子外有壕沟，阔 4 至 10 米不等，除正北及西北水深且阔，不易通过外，其余各处均能徒涉，村外地形开阔。

守敌利用庄四周之有利地形构筑了大小不等的 8 个独立支撑点，以集团堡群为骨干，外敷鹿砦，守备兵力多至一个营，少至一个加强排，作为外围抵抗阵地。以河堤一线，依托壕沿及围墙，构筑了高低三层的地堡群（低堡封锁水面），将壕内沿改成峭壁，并在壕外敷设大量鹿砦等障碍物。作为主要抵抗阵地，其纵深内工事不强，仅在要道口构筑了少数地堡，但掩蔽部较多，交通壕纵横连贯。该敌设防总的特点是：加强外围，企图以阵地前的严密火网及逐点固守来阻滞我之进攻。

（二）任务、决心

为迅速彻底歼灭敌第七兵团，我纵奉命首先攻歼尤家湖守敌，尔后东击，配合友邻，歼灭敌六十四军残部。纵队首长决心：集中纵队主力，集中全部炮火，在特纵坦克 4 辆配合下，于 21 日下午发起攻击。作战部署为：

十师（附野炮 9 门、山炮 3 门）主力，分由大兴庄、前楚墩阵地，自东北、正东两方向对敌展开攻击，以一个营插入尤家湖以东警戒，阻击可能由吴庄西援之敌六十四军。

十一师（附山炮 9、重迫击炮 4），由倪庄及其以南阵地，由西南、西、西北对敌展开攻击。

十二师以三十四团（附坦克 4 辆），由正南向尤家湖展开攻击，首先攻歼庄南之敌支撑点，尔后由南向北攻击尤家湖。

东兵团榴炮营归纵队指挥，位于刘圩子附近占领阵地，首先向尤家湖行压制射击，待步兵发起冲击后，压制吴庄、大小院上之敌，保障步兵顺利攻击。

（三）战斗准备

自 18 日起，各攻击部队分别进行了参战准备，其主要准备工作是：

1. 近迫作业：我各部队先后自大兴庄、前楚墩、倪庄、小牙庄对敌进行了近迫作业，至攻击开始前（21 日），共筑成总长约 4000 米的交通壕 7 条（分支未计），完全形成对尤家湖的包围，并迫近至敌前沿 30 至 50 公尺处。

2. 步炮协同：步炮指挥员均在现地进行了协同，明确了目标，并将抵近射击火炮（野炮 2、山炮 5）分别推进至距敌前沿 200 至 300 公尺处。

3. 战斗编组：各部队对突击部队均进行了加强的战斗编组，每个连编成 3 个突击排（有的以两个连合并编成），每排编 3 个爆破突击班，每班 9 至 11 人，有的突击连还增编了爆破、架桥班。同时，编组了营、连的火力队。

除此以外，各部队还周密地观察了地形，慎重地选择了运动道路及突破口，具体明确了支援火力的任务，准备了芦苇浮桥等越壕器材。至 21 日白天，各项准备已全部完成。

（四）战斗经过

20 日夜，我十师二十九团一营，利用近迫作业逐渐接敌的条件，以袭击手段，攻占了位于尤家湖东北的两个集团堡群，为次日自东北方向攻击，扫除了障碍。

21 日 16 时 30 分，我抵近射击火炮对敌前沿地堡实施有重点的破坏射击。由于炮兵事前进行了准确的标定，又是直接射击，经 30 分钟，敌前沿主要地堡大部被毁，我全部炮火当即转入全面急袭。此时，坦克自西南方向突然出动，我三十二团三营乘守敌惊慑时，不待攻击信号发出，即随坦克之后，以突然动作一举攻占敌西南角的集团堡群。当坦克向前运动经三十一团阵地时，该团一营亦乘机发起攻击，该营在炮火及坦克支援下，迅速炸开鹿砦，涉过外壕，突破围墙而突入尤家湖。与此同时，十师二十九团亦自东北角强行架桥，突入围子，十二师三十四团在坦克掩护下，一举攻占庄南之独立支撑点，并完成了对尤家湖的突破。

十一师三十一团突入后，三十二团及三十三团攻击部队，分别自三十一团突破口内进入纵深作战。十师二十九团一营及三十团 2 个营亦组织自东北投入，二十八团因攻错方向，歼敌外围一个排后，亦随后突入。我各攻击部队当即向敌纵深猛攻，三十团及三十四团部队勇猛攻击，炸开房屋，穿屋攻击，经一度短促的纵深交战后，我完全攻占尤家湖，全歼守敌。战斗于 19 时 30 分胜利结束，共歼敌 4600 余名（俘 4100 余名），我伤亡 457 名（内亡 103 名）。

摘自《中国人民解放军第二十三军第三次国内革命战争战史》，1960 年，第 73—74 页

▲ 华野某部派俘虏送信，向尤家湖国民党第二十五军残部发出警告

▲ 在尤家湖战斗中被俘的国民党军官兵

华野九纵大小院上战斗

攻占碾庄圩当天，我纵奉命协同兄弟纵队合击黄百韬兵团残部，我以第二十六师（附第二十七师八十一团）参战，攻击大小院上之敌。该师接令后当即积极作攻击准备，并向敌驻区进行近迫作业。

我纵当面之敌第六十四军，自 1947 年 8 月作为范汉杰胶东兵团主力入侵胶东，一年多时间内曾多次与我纵交手，从未遭受致命打击，故其军长刘镇湘十分骄狂。该军被围后，利用所占 10 个大小村落顽抗，给我东线攻击部队八纵造成很大伤亡。黄百韬兵团第四十四军、第一〇〇军等被歼后，第六十四军建制尚较完整，被我步步压缩于数个村庄内，败局已定，但仍不肯认输，叫嚷“发扬范家集作战之精神”，企图重振其日渐颓丧的士气，等待邱清泉、李弥两兵团援兵。黄百韬也企图以假投降争取时间，伺机突围。对此，我纵聂司令员、刘政委发出最后通牒，限刘镇湘等残部从速丢掉待援幻想，于 3 小时内向我军投降，否则决予消灭，但刘仍执迷不悟。在对敌劝降无效后，11 月 21 日黄昏，我全线总攻开始。友邻第四纵队攻击尤家湖，第八纵队攻击三里庄及小院上，我纵以第二十六师（附第八十一团）攻击敌第六十四军指挥所驻地大院上，以第八十一团二营位于大院上至小费庄间实施作业，以阻敌北逃。战斗发起后，守敌依仗蛛网状阵地和多层次交叉火力负隅顽抗。我以第七十七团在东南方向佯攻，以第七十六团附八十一团三营、第七十八团附八十一团一营分由西北、正西和西南方向顽强突击，战况十分激烈。战至 22 日凌晨 3 时 40 分，我第七十六团一连首先于大院上西南角一举突破敌前沿，旋即扩张战果，至 5 时许，一、二营全部突入。7时，我已突入5个营，与尚在顽抗之敌展开激烈巷战，并打退敌第六十四军直属队、第四七七团以及第二十五军四十师一二〇团的多次猖狂反扑。我第七十七团四、八两连于6时30分攻占了大小院上间一段交通沟，切断了两地之敌的联系，并俘敌一个排。大院上守敌在我连续猛烈攻击下渐渐不支，企图突围北逃。我第二十六师令第七十八、第八十一团全部出击，分割围歼逃敌。战至10时30分，大院上之敌第六十四军军部及一个多团兵力全部被歼。最后困守村北大庙之敌第一五六师四六八团两个营在我围困打击下，被迫由其副师长李振中率领全部放下武器。黄百韬、刘镇湘率领小股残敌突围北逃。大院上战斗中，我第七十六团一营副政教、华东一级人民英雄程远超不幸于21日夜中弹牺牲。

我第七十七团在发展进攻中，奉命配合第八纵队一部攻击小院上之敌。22日11时许，小院上之敌一小股突围北逃，我第七十七团四、五两连奋起追击。12时，小院上敌第一五九师残部在师长钟世谦率领下向我第七十七团投降，友邻第八纵队也受降一部。我第二十六师转以第七十七团向小费庄发展进攻。当日下午16时后，原逃沙墩之敌复逃至小费庄。黄昏时分，该庄之敌在我猛烈炮火打击下不支，连同吴庄之敌向西逃窜。在追击中，我第二十六师（附第八十一团）在碾庄西北一带协同兄弟部队将四散奔逃的残敌全部歼灭。我纵生俘敌第七兵团参谋长魏翱以及第六十四军副军长韦德、参谋长黄觉以下将校军官、士兵多人。

摘自《中国人民解放军陆军第二十七集团军军史》，1999年，第214—215页

▲ 华野四纵炮兵观察所坚守9昼夜，密切观察大小院上国民党军动向

▲ 人民解放军向负隅顽抗的黄百韬兵团发出最后通牒。图为派遣战俘去送“通牒”

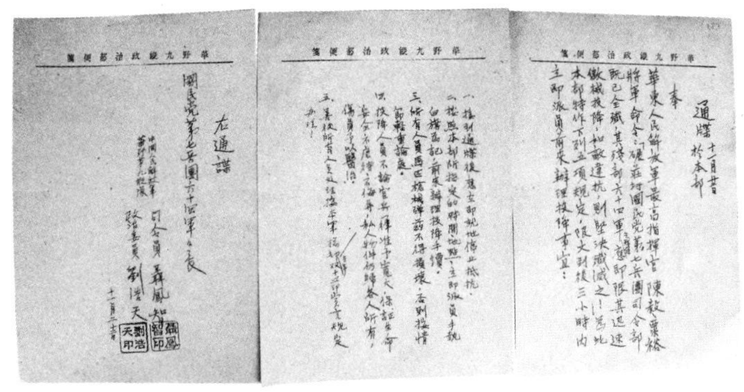

華野九縱政治部便箋

通牒　十一月廿三　於本部

奉

華東人民解放軍最高指揮官 陳毅 粟裕 將軍命令：碾莊圩國民党第七兵團司令部既已全殲，其殘部六十四軍，着即限其迅速繳械投降，如敢違抗，則堅決殲滅之！為此本部特作下列五項規定，限文到後三小時內主即派員前來辦理投降事宜：

華野九縱政治部便箋

一、接到通牒後應立即就地停止抵抗。

二、按照本部所指定的時間地點，立即派員手執白旗前來辦理投降手續。

三、所有人員馬匹槍械彈藥不得損壞，否則按情節輕重論處。

四、投降人員不論官兵一律准予寬大，保証生命安全，不虐待，不侮辱，私人物件仍歸各人所有，傷員予以醫治。

五、[illegible]

華野九縱政治部便箋

右通諜

國民党第七兵團六十四軍軍長

中國人民解放軍華野第九縱隊　司令員 聶鳳智　政治委員 劉浩天

十一月二十三

[illegible]

▲ 华野九纵令国民党第六十四军投降的通牒

▲ 华野某部刘政委（披大衣者）召见在小院上投降的国民党第一五九师（自左至右）副师长李振忠、师长钟世谦、参谋长谢丽文

战地报道

白旗——蒋匪一五九师投降一角

一面白色的旗子，突然从敌人工事里现露出来。一个光着脑袋，军官模样的敌人，高举着这面白旗，边喊边向我宋耿团五连走来。

“不要打了，我们要求投降啊！”

这是刚才一场激战的结果。早晨，我军将黄百韬兵团六十四军军部及其四六八团全部解决于大院上后，困守小院上、已经被我兄弟部队打得焦头烂额的该军一五九师立即遭受到来自四面八方的我军的严重打击。投降与覆灭的两条道路，明显地摆在他们的面前。我军宋耿团五连逼近西南角上敌人仅剩的工事前沿时，他们迅速地取决了前一条道路——投降。光着脑袋高举白旗的那个敌人，就是被该师师长钟世谦、副师长李振忠派来向我军乞降的一位副营长，名叫冯柏成，另外还有一个随同他来的姓张的参谋。

烟雾弥漫着整个小院上，稀落的枪声不知从什么地方无精打采地发射出来，白旗波浪似的摇摆不停，乞降的人恭敬地走进五连。

……王连长在匪副师长李振忠亲手写的求降书上写道：“一、立即命令一五九师所属四七七团、四七五团全部放下武器；二、解放军保证放下武器的官兵的私人财物，一律不加侵犯。”冯柏成两眼直盯着王连长写下的每个字，紧紧地握着王连长的手说：“只要你们不再打炮，其他方面没有关系。”一面白色的旗子，依然高举在他的手里。

在上级的许可下，张副连长随冯等去一五九师师部的隐蔽部，匪军官们肃立地接待着张副连长。匪师长钟世谦苦苦哀求道：“你们只要停止炮击，什么都好说！”×军官问张副连长：“我们不见你们的高级首领行吗？”张副连长干脆回答他们：“我是×纵×师的副连长，你们只要放下武器，人民解放军是会保证你们的生命安全。”这时，我军宋耿团于参谋也赶至，他又警告敌人要迅速放下武器，匪师长钟世谦乃慌忙下令给他的参谋长谢丽天：“快！快快集合队伍。”

集合的号声响了。广场上堆集起无数的枪支火器。匪军官们驯服地从隐蔽部里走出来。漫长的行列，跟随在他们的后面，走向我军前线指挥所。

（王克华）

摘自山东兵团《华东前线》第 61 期 1948 年 12 月 8 日

一个排的敌人交枪　华野八纵新同志喊话范例

五大队[①]九连周京起同志，是从一〇〇军解放来的，刚补到部队的第二天打小院上，他冲在最前头。进庄后，有的敌人还在打枪顽抗。周京起开始了喊话：“两广兄弟们！我也是刚解放来的，再不要打枪了，交枪留条命吧！”一个排的敌人开始动摇了，他接着又喊：“不论官兵，解放军里宽待俘虏，再顽抗为蒋介石死了不值得……”经过他几次有力的喊话后，一个排 20 多个敌人停止抵抗，交出了 1 挺机枪，20 多支步枪。战后评功会上，大家给他立了三等功。

（牟清阶）

摘自华野八纵《战旗报》第 229 期 1948 年 12 月 10 日

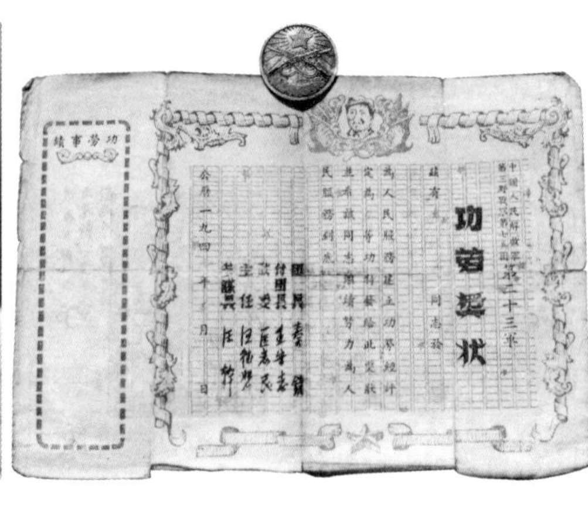

◀俘虏国民党第六十四军军长刘镇湘的华野四纵十二师三十四团炮连副班长郝振水及其荣获的功劳奖状

① 编者注：“五大队”为华野八纵二十三师六十八团。

▲ 被俘的国民党第六十四军中将军长刘镇湘（右）和第四十四军中将军长王泽浚（左）

▲ 被俘的国民党第六十四军少将副军长韦德（右）和第一三二师少将师长雷秀民（左）

▲ 碾庄地区歼灭战胜利结束，大批俘虏押出战场

▲ 解放军缴获大批武器

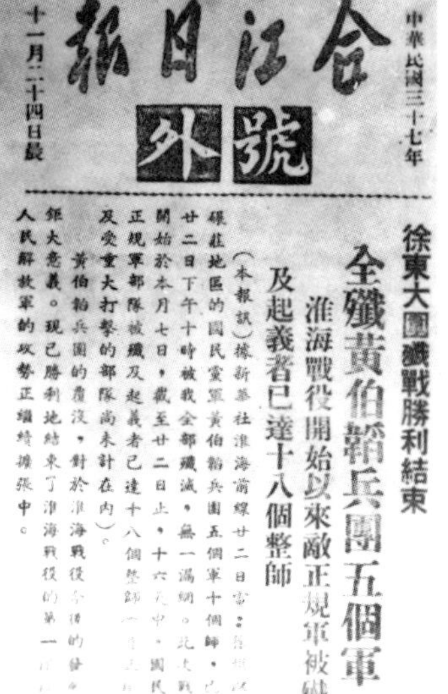

合江日報

中華民國三十七年

號外

十一月二十四日晨

徐東大圍殲戰勝利結束

全殲黃伯韜兵團五個軍

淮海戰役開始以來敵正規軍被殲及起義者已達十八個整師

（本報訊）據新華社淮海前線廿二日電：[illegible]碾莊地區的國民黨軍黃伯韜兵團五個軍十個師，[illegible]廿二日下午十時被我全部殲滅，無一漏網。此次戰[illegible]開始於本月七日，截至廿二日止，十六天中，國民[illegible]正規軍部隊被殲及起義者已達十八個整師[illegible]及受重大打擊的部隊尚未計在內）。

黃伯韜兵團的覆沒，對於淮海戰役今後的發[illegible]鉅大意義。現已勝利地結束了淮海戰役的第一[illegible]人民解放軍的攻勢正繼續擴張中。

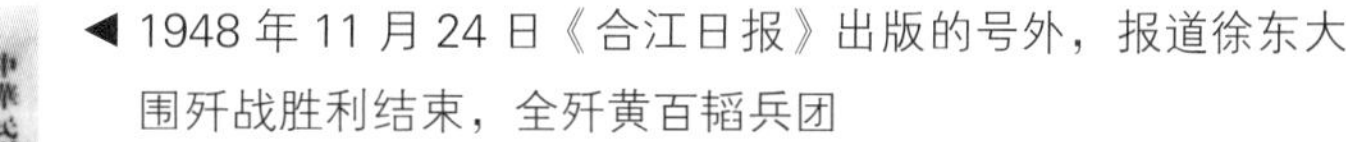

◀ 1948 年 11 月 24 日《合江日报》出版的号外，报道徐东大围歼战胜利结束，全歼黄百韬兵团

▼《华东画报》第 49 期载“匪黄百韬兵团全部覆灭”

華東畫報 49

★★★淮海戰役特輯★★★

匪黃百韜兵团全部覆滅

·華野前分來稿·

淮海戰役第一階段

5941

征程回忆

战俘对第七兵团作战经过的检讨

1. 一〇〇军首被歼灭

黄兵团之一〇〇军四十四师在未渡运河时，即被歼一三一、一三二两团。过河后，“徐总”以该军受创过巨，已无战斗力，令其先行撤至徐州整补。四十四师残部奉令后，西行抵八义集即发现道路已不通，全军连忙东缩，四十四师师部及一三〇团残部首先被我军追、围歼于曹八集。军部率六十三师进至彭庄一带，军部驻彭庄，六十三师一八九团驻贺台子。14 日晚 8 时，我军将四十四军之四五〇团歼于铁路以南后，四十四军全部北撤路北，我军乃由原四十四军之王家集阵地向北攻击。当时一〇〇军副军长杨荫曾向黄百韬建议向前后黄滩突围，黄不许，令其坚守彭庄，并令一八九团向彭庄增援，四十四军亦派二个营由黄滩向彭庄增援。我军在曹八集围歼四十四师时，黄匪曾捏造邱兵团已到曹八集，通报各部，企图维持其日益动摇之军心，鼓励该军坚守彭庄。至 15 日 10 时我军发起总攻，该军乃全部解决（据守贺台子的一八九团何时解决，因无该团俘虏提询，故不详）。

2. 四十四军作战经过

9 日，该军到碾庄站，始奉命归黄兵团指挥。曾一度西撤未果，乃受命固守 7 日待援。10 日构工事，至晚我九纵及淮海五旅由南及东向该军前沿四五〇团、四八四团进攻，曾突破四八四团阵地。11 日晚我全歼其四五〇团于西张庄后，余向板桥、新庄一线紧缩，我军乘势追击。12 日板桥一五〇师师部及四四九团不支，放下武器，我继续进攻新庄。13 日敌退前后黄滩，斯时该军长曾建议突围，未准（当时敌了解我九纵经板桥、新庄战斗后，已调去阻击邱兵团之增援）。该军乃利用一〇〇军在前屏障的一天构筑工事抵抗。14 日，一〇〇军溃退彭庄后，该四十四军前卫阵地暴露，只得积极加强工事。黄昏后我向该处炮击 2 小时后，又延伸射击敌阵地东面及背面工事。15 日晚激战展开，我一个营曾一度冲入西圩子。16 日我向四十四军阵地三面构壕包围，另一方面亦处我火力封锁下。至晚我工事更迫近敌阵并开始攻击，敌前黄滩守卫两营长均负伤。西圩子曾数次为我突破，但敌依靠背后师部、军部补充增援而恢复。当时我战车亦出现于敌阵前，但因未预先侦察，不明敌军驻守位置，未向敌阵冲入，据俘供威力不大。17日敌已不支，最后组织一个排突击，占我前沿梅花壕，经4小时，又为我夺回。至晚残部向东南我阵地突围即被全部歼灭。

该军高级战俘对战斗得失检讨。A. 敌军本身。（1）采取各个固守，友邻互不增援，以致被各个击破（友邻不肯增援之原因为害怕在增援途中被歼及失掉自己阵地）；（2）补给断绝，自9日至18日除自带粮食外，每连仅补到大米60斤，抢食民粮，也吃不饱；（3）行军中已拖垮一半，每团掉队有400—500人；（4）武器太坏，机枪只有一半能用；（5）工事未及作掩盖；（6）战术上单纯防御，无法应付我车轮战。

B. 对我军战术上提供意见。优点：（1）近迫作业快而好，一夜中能作壕700—800公尺，直逼敌阵，使敌行动困难，取水亦需付出很大代价；（2）火力好，尤其是重掷弹筒的威力最大。敌对我之“人海战术”印象已变为“火海战术”；（3）迫炮与山炮炮位掩蔽好（但威力不大，射击面小，目标分散，迫炮弹破片大而少，杀伤力不大）；（4）我军的坐地喊冲锋，吹冲锋号，威胁敌人士气（但不能常用）；（5）各纵轮回攻击，使敌无休息时间。

缺点：（1）板桥及碾庄车站之战中，12日晨敌一五〇师师部及四四九团投降后，我对敌军部位置兵力与地形了解不清，其实当时军部仅有一个搜索营保护，其阵地前水沟水深仅及膝，如果当时即刻跟进，军部必能解决；（2）我战车使用不够大胆，事先预备如地形选择和方向侦察等均不够好，结果此次的出动，仅在敌阵外兜了几圈子，未能冲进敌阵。同时，我战车曾停在敌阵地前射击，如遇敌有反坦克武器，则易受损失。

其他，该军高俘对我攻击纵队之评价为：（1）六纵强，狙击手技术佳，夜间教育差；（2）九纵硬，能猛冲。

3. 二十五军及兵团部被歼经过

二十五军于10日进入碾庄圩以北阵地，一〇八师师部驻大牙庄，部队在秦楼及大小牙庄一带。14、15、16三日晚我军攻克太平庄、秦楼等地，并由三面猛攻大小牙庄，一〇八师奉命固守，不许后撤。该部在16日曾向太平庄我军逆袭，师部炮兵协同四十师一一九团增援向我猛烈反扑，以极大代价夺回太平庄，旋即放弃。16日下午将非战斗员及炮兵重武器、辎重等撤至碾庄圩。17日晨，除该师三二四团已在运河东即被歼与少数炮兵、步兵撤退碾庄圩外，一〇八师即全部被歼。

一〇八师解决时，七兵团兵团部及二十五军军部、二十五军四十师全部仍据守碾庄圩及以北几个村庄，兵团部、军部及四十师一一八团在碾庄圩及以南不到半里之某庄，四十师师部及一二〇团在倪庄，一一九团在倪庄以西其庄。一一八团首先被歼，残部不到一个营乃退守碾庄圩东关，和兵团部隔一小河，因阵地尚不吃紧，故尚能据守。一一九团从北面调来增援原为一一八团防守之南关阵地，其三营向我已占阵地逆袭，一度曾夺回该地，由该团一营据守，但当晚又为我夺回，该团一营全部解决。16、17两晚，我有4门榴弹炮攻击碾庄圩，南关靠近兵团部着弹最多。到19晚为止，我曾发射近千发炮弹。敌兵团之榴弹炮及山炮有不少被我榴散弹击毁，炮火完全被压制，不能还击。19晚我即将据守南关之一一九团残部二个营解决，战斗至20日晨，敌七兵团兵团部、二十五军军部除在倪庄之四十师师部及一二〇团一个营外，全部被歼。仅黄匪百韬及二十五军军长等少数人员在我总攻前进至倪庄及六十四军阵地外，其余均被俘……

4. 六十四军被歼经过

该军9日过运河，10日晚抵碾庄东宿营。11日晚我八纵攻敌阎子桥四六六团一个营的阵地，敌不支，收缩至沙墩。12日沙墩竟晚激战。13日无战斗。14日我四纵曾攻大兴庄四六七团阵地，至17日该团仅存200余人，乃退至吴庄一五九师阵地，后又退至小院上。

碾庄圩子突破后，兵团部的主要官佐逃去六十四军阵地，由六十四军护送至小费庄（为当时的仅存阵地中心）。20日后我集中攻击敌军部驻地大院上，22日攻克大院上。敌残部集中小费庄、吴庄已无法支持，乃决定于是晚突围，先以一个团由小费庄经吴庄向尤家湖地区西突，黄百韬、刘镇湘等跟随其后，当时以一五六师残部为后卫，抵尤家湖西南、东南一带，即为我最后歼灭。

战俘对战斗得失检讨：A. 对敌军本身：（1）情况不明，未能及早判明我军意图；（2）陆空联络差，空中攻击未起一定效力，空投物品很多被我军取得。B. 对我军战术意见：（1）侦察周到，近迫作业好；（2）用炮火平射堡垒效力大，能抵爆炸；（3）机枪射击差，在该部最后突围时四面机枪激烈射击，但损伤不大。

本节材料，仅六十四军一五六师副师长陈庆斌一人供述。

5. 六十三军被歼经过

战前，该部发现我有6个纵队自泗水向郯城方向前进，至11月7日上午8时又发现我有两个纵队逼近该军驻地。时兵团部命令该军掩护四十四军全兵团西撤，7日下午11时该军开始向窑湾撤离，以保兵团侧翼之安全。斯时估计我已有17个纵队在运动中。由于在新安镇物资等撤退不及，该军自定延迟至8日上午11时开始行动；后又不及，乃延至8日下午2时撤离。其后卫五五六团于3时半离新安镇，至晚11时到达窑湾东北25里之堰头宿营，军部位堰头南5里的六围子。9日上午7时半军部被我围攻，二个团即损失大部。五五六团赶去解围后，乃继续退入窑湾。当时又接命令强渡运河西去，然我军已经在河西围着，未成，兵团部又命其固守待命。斯时，该军高级指挥官已无信心，战斗未结束即先行逃亡，至11日晚全部歼灭。

五、此次战役失败原因（俘官自我检讨）

（1）情况判断错误——初以为我军向蚌埠挺进，孤立徐州，而不知决心围歼黄兵团。

（2）“徐总”兵力不足，硬拉四十四军陆运徐州增援，以致延误黄兵团西撤时间，致遭全部被歼。当时如四十四军海运撤退，黄兵团可不等四十四军而及早西撤，战局发展当不一样。

（3）冯治安部起义，打乱了整个部署，使我军迅速插入黄兵团侧后，切断西撤徐州通路。

（4）死劲固守待援，不敢突围，致遭各个击破。

（5）黄百韬指挥犹豫，部队渡过运河到达碾庄一带时，未敢即行坚决向徐州攻击前进，致失却时机。因当时如能决心向徐州前进，部队当然要受损失，但决不至于全军覆灭。

摘自《战俘对第七兵团被歼经过及得失检讨》

◀ 华野九纵战地记者经纬在国民党第七兵团指挥部缴获的黄百韬照片及其铿字第1号胸章

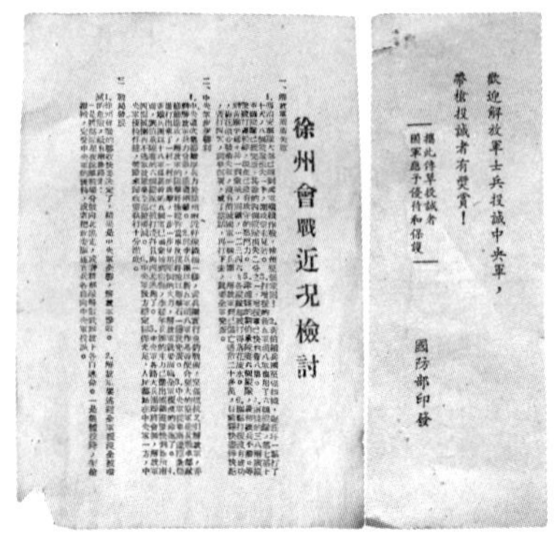

徐州會戰近况檢討

歡迎解放軍士兵投誠中央軍，帶槍投誠者有獎賞！

國防部印發

▲ 国民党军在碾庄地区散发的传单

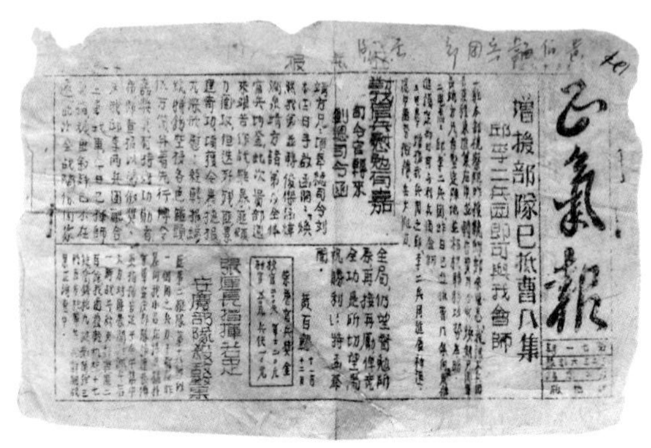

正氣報

增援部隊已抵曹八集

▲ 黄百韬曾以“荣誉官兵奖金”鼓舞士气，但未能挽救其覆灭的命运。这是刊载了黄百韬此项政策的《正气报》

黄兵團迭建奇功

黄伯韜獲二等雲麾勛章

有功將士分別予以嘉獎

〔軍聞社徐州十五日下午十時電〕徐州勦總劉總司令以此次黃伯韜兵團所屬各部將士，忠勇用命，迭建奇功，特撥發犒賞金十萬元，並以二等雲麾勛章頒授黃氏，其所屬各部隊有功將士，亦分別予以嘉獎。

◀ 国民党中央传媒密切关注“徐蚌会战”态势，连篇累牍吹嘘“胜利”。此为 1948 年 11 月 16 日《中央日报》关于黄兵团获胜得奖的报道

徐蚌战报

慷慨赴义，杀身成仁！黄百韬将军壮烈殉职

血战十昼夜歼匪逾十万　所部牺牲殆尽以死报国

【中央社讯】国军第七兵团黄司令官百韬在徐州会战中奉命固守陇海路曹八集北的碾庄圩，从 11 月 7 日拂晓起，开始同匪激战，所部 4 个军约 7 万余人。匪最先以 7 个纵队向我军猛烈攻击，嗣后又陆续增援，先后发现 13 个纵队的番号，敌匪参加围攻的兵力，约 20 余万人。从 11 月 8 日起到 17 日止，与匪激战了 10 昼夜，黄司令官亲临前线，与士兵共生活，同甘苦，指挥各军官兵，冲锋杀敌，再接再厉，前赴后继，10 天之内，共计毙伤匪 10 余万，俘匪万余，俘获步枪 8000 多支，轻重机枪千余挺，炮 20 多门，国军官兵伤亡将近 3 万。17 日匪集中全力，昼夜猛攻，

碾庄圩一处，落炮弹近万发。由于黄司令官英勇果毅，指挥若定，阵地虽然再三被匪突破，终能恢复，继续固守。但当时我军粮弹告罄，援军被匪阻击，未能即到，匪的增援部队续有增加。从 18 日到 21 日，4 昼夜间，战斗一天激烈一天。21 日的激战惨烈空前，我又伤亡官兵 2 万余，匪军伤亡当在我军一倍以上。

黄将军遗言：报答元首的知遇　维护革命军人格

当时黄司令官所部伤亡已超过十分之八，歼灭匪军大部之任务已经达成。22 日拂晓奉政府命令，同六十四军刘军长镇湘，及第二十五军杨副军长廷宴，率所部约 3 个团，同少数直属部队，向西突击，期与西线国军会师。当日下午到达碾庄、吴庄以西，部队被匪冲散隔离，刘军长失却联络，除一部安全与西进兵团会师外，随同黄司令官行动之部队官兵伤亡殆尽，随从卫士全数牺牲，仅杨副军长相随，但亦受伤。到下午 5 时许，黄司令官即停止行进，向杨副军长说："这回作战，我们已尽了最大的努力，现在我决定一死以报国家。如此方不负政府的重寄，对得起已死的官兵，方能报答总统、总长的知遇，维护我革命军人的人格。你已受伤，你可设法回去，把我们这回作战的经过，同我个人的情形，报告总统，并告诉各位长官同我的好友及家人。"说完之后，拿出名片一张，用钢笔写"民国三十七年十一月二十二日第七兵团司令官黄百韬同杨副军长廷宴，精忠报国"数十字交杨。杨再三劝阻，黄司令官严责杨应深明大义，发扬正气，即将杨携带的驳壳手枪取出，向头部连发数弹，最初二弹未中要害，第三弹方击中脑部。慷慨赴义，杀身成仁！黄司令官如此壮烈牺牲，实为我中华民国革命精神优良传统的发扬，千秋万世，都可作军人的模范。

黄氏履历

黄司令官百韬，字焕然，河北省天津县人，50 岁，民国五年毕业于河北省立工业专门学校，民十一年毕业于江苏陆军军官教育团第五期步科，二十七年十月毕业于陆军大学特三期。民初任排长、营长、参谋，民十七年升任少校参谋长，民十七年十二月任陆军四十八师一四二旅二八四团中校团副，民十八年三月升上校团长，民十九年升一四二旅上校副旅长，仍兼二八四团团长。是年八月，在河南战役有功，奉颁五等宝鼎章，民二十年五月任陆军四十一师一二三旅少将旅长，二十一年三月在鄂中剿匪受伤不退，蒙委员长蒋传令嘉奖。是年四月任陆军四十八师一四四旅少将旅长，二十二年率部克复洪湖，晋给四等宝鼎章，二十四年六月升任陆军第四十一师中将师长。是年七月二十八日解龙山之围，蒙委员长蒋记大功一次，二十五年任鄂湘川黔剿匪总司令部中将总参议，二十八年任冀察战区总司令部中将参谋长，民二十九年任军令部中将高级参谋，民三十年任第三战区司令长官司令部中将参谋长，民三十一年十月蒙颁一等绩学奖章一座，民三十五年任整编二十五师中将师长，民三十六年得光华勋章一座，黄泛区大捷，蒙授青天白日勋章，三十七年七月升任第七兵团司令官。

摘自《中央日报》1948 年 12 月 7 日

▲ 国民党第七兵团司令官黄百韬毙命处——尤家湖南

黃百韜追贈上將
總統昨明令褒揚
政務會議通過國葬黃氏

在美
定明招待

太原大雪

首都
文教

▲《中央日报》1948 年 12 月 9 日刊载：黄百韬追赠上将

◀ 蒋介石为黄百韬亲笔题词：河岳英灵。原载 1948 年 12 月 19 日《中央日报》

顾祝同电唁黄百韬夫人

【中央社上海 9 日电】参谋总长顾祝同，顷来电慰唁在沪之黄百韬将军夫人。原电如下：黄司令夫人金恕勤女士礼鉴：焕然此次率部在徐东区作战，歼匪众多，对战局贡献至大，厥功至伟，奈以苦战兼旬，壮烈成仁，此实为我革命军人千秋万世之楷模，其精神将永垂不朽，总统深为悼惜。同与焕然兄共事日久，尤深怆悼。

除已由中央决定国葬并另案办理抚恤等事外，特先电唁，仍望善抚遗孤，以慰忠魂。

【中央社上海 9 日电】黄百韬将军殉难消息证实后，在沪之黄夫人金恕勤女士，悲痛万分，今已在巨福路“二〇二号”公馆内设置灵堂，由黄氏生前友好照料一切。昨日前往慰唁者，有顾祝同夫人、上官云相、潘公展等数十人。

摘自《中央日报》1948 年 12 月 10 日

阵中日记

华野四纵十二师作战科科长的日记

11 月 20 日　天晴

碾庄圩之敌七兵团今晨已解决，晨 5 时许，敌有向西北突围模样，均为我各个解决歼灭。

8 时许，一批一批之俘虏群，由南向北开抵我后方，虽飞机在不断轰炸，但他们仍不顾一切向后方前进。

今日我师无任务，只有三十四团准备明日晚攻击尤家湖之敌。并配有坦克 7 辆，这是我们参加部队以来破天荒第一遭，这说明了我们力量的生长。大家真有说不出的兴奋。

11 月 21 日　天晴

今日我纵全线攻击尤家湖之敌，我师三十四团配合参加，由西南攻击高台子。因一个团参战，下午有黄参谋长亲自去督战，我未跟去。今日战斗发展很顺利，5 时开始炮击，6 时缺一点，开始总攻，我坦克配合，约半小时就突破，不到一小时，就解决战斗。此次伤亡很小，仅伤亡十数人，俘敌 600 余人，所剩之敌仅吴庄、小费庄、沙墩残敌。想明日定可解决，至此黄兵团已大势去矣！

夜 10 时，又奉命要我师继攻吴庄，本拟决定要三十五团、三十四团继任此任务，而三十五团因组织未调整好，有些支吾，故又改三十六团配合。实际该团因伤亡过重，很难继续胜任，好在胜利情况下，否则真成问题。

得纵队息，东面敌有突围模样。

11 月 22 日　天晴

晨 7 时许，天很雾。敌 1000 余人想乘雾西逃，至大小牙庄附近，遇三十六团部队截击，残敌一经接触，就举手跪下缴枪，真好有趣。三十六团未伤一卒，而俘副军长以下1000余人，真是一笔洋财。

11时许，又一批敌向西逃窜被我截击，俘敌600余。

吴庄本拟下午8时攻击，在6时，当我尚未炮击仅试射下，敌已仓皇投降。因事前未接洽好，敌一出庄，四面友邻炮火猛烈射击，敌伤亡甚重，我亦伤数十人，真是冤枉。是役我俘敌千余，六十四军［军］长，也为我俘获。

至此歼灭黄兵团任务，以完满完成。

记于后王庄前线

11月23日　天晴

半月来激烈战斗，已胜利闭幕。敌八个半军19个师，就这样送了终，长此下去，国民党有多少军队，正如中央估计5个月内解决长江以北问题，是毫无问题了。一年内解决中国问题，大概是不成问题之问题了。想到马上即将胜利，真有说不出的愉快。

晚上全部脱下衣服，半月来未换衣服，捉到十几个大虱子，小鬼通讯员对我调皮说，这是多么的革命虫呀！

今晚睡了一夜好觉。

摘自华野四纵十二师作战科科长陈震的日记

六、第一阶段的胜利

淮海战役第一阶段，自11月6日开始至22日结束，华野、中野紧密配合，协同作战，全歼黄百韬兵团，攻克宿县，斩断徐、蚌之间的联系，重创了国民党各路援军；解放城镇30余座，共歼灭国民党军1个兵团部、8个军部（含起义、投诚部队）、18个整师，计17.8万余人，使徐州的国民党军完全陷入孤立，为战役顺利发展创造了极为有利的条件。

战史摘要

华野司令部淮海战役第一阶段作战经过小结

敌黄百韬兵团自6日发现我军主力进至郯马、临枣以北地区，即仓卒向新安镇收缩，7 日即沿陇海铁路线向西逃窜，由于我各部队不顾疲劳猛力追击，将敌六十三军分割歼灭于堰头、窑湾地区（一、九纵），并克服一切困难通过邳县水洼地区，在运河车站、官湖之线歼敌掩护部队（四、八纵），都能迅速搜集船只争取时间渡过运河，拖住西窜之敌。

尤其是我北线沿津浦及其东侧向徐推进之谭王所部（七、十、十三纵），以迅雷不及掩耳之动作，逼近韩庄、台儿庄运河沿线，克服困难，迅速渡过运河。7日晚，七纵渡过 3 个团，十纵渡河两个连，十三纵渡过一部，迫敌冯治安部起义。并继续强渡不老河，首先是七纵渡过不老河两个团，占领小塔山，十三纵控制宿羊山（9日）。10 日，七纵首先夺取大许家、黄集铁路线，继之十三纵插至曹八集，截断黄百韬兵团与李弥兵团之联系，十纵占荆山铺、茅村镇，立即由荆山铺以东架桥（铁路已为敌破坏）渡河占大庙、侯集，直逼徐州，使李兵团龟缩东贺村地区，不敢东援，促成我追击部队完成对黄百韬兵团之包围。

自 11 日晚完成对黄百韬兵团包围之后，我攻击部队除初期存在轻敌思想。仓猝攻击未获大效增加了本身伤亡外，各部均能改变战法组织炮火，进行壕道作业，采取逐点攻击，终将敌由西向东卷席而干脆歼灭之。

我担任对由徐东援敌（邱、李兵团）之阻击部队（七、十、十一纵）能在敌人两个兵团主力以猛烈炮火、坦克掩护下的进攻，坚守阵地，堵住敌人。自 12 日至 22 日共 10 天时间，敌人以近万人的伤亡，换得南北不满 50 里的正面，东西不满 30 里之纵深阵地（包括我诱敌东进，放弃地区在内）。我能坚守，一点不放，敌人即无法夺取该点，这对我攻击部队起了决定性的保证作用。

摘自《华东野战军司令部关于淮海战役经过概述》，1949 年 1 月

文件选编

中共中央祝贺淮海战役第一阶段大捷电

刘伯承、陈毅、邓小平、饶漱石、张云逸、粟裕、谭震林诸同志，及华东野战军、地方军、中原野战军、地方军全体同志们：

你们自 11 月 7 日至 22 日在淮海战役第一阶段中，歼灭匪正规军黄百韬部 10 个师，刘汝明部 1 个师，孙良诚部 2 个师，宿县守军 1 个师，冯治安部半个师，共十四个

半师，及其他许多非正规匪军部队，争取冯治安部三个半师起义加入人民解放军方面，并给予邱清泉、李弥、孙元良诸匪以严重打击，切断徐州、蚌埠两处匪军的联系，解放徐州以南以东以北以西诸重要城、镇、车站，包括宿县、睢宁、大许家、碾庄、新安镇、东海、灌云、新浦、连云港、郯城、邳县、台儿庄、峄县、枣庄、临城、韩庄、贾汪、商丘、虞城、曹县、单县、鱼台、丰县、沛县、砀山、黄口、永城、萧县诸要地在内，使徐州之敌陷于完全孤立地位，使山东、苏北两大解放区连成一片。此种重要成就，深堪庆贺。切望团结全体军民，继续努力，为全歼当面匪军而奋斗。

中国共产党中央委员会

1948 年 11 月 25 日

摘自《淮海战役》，解放军出版社 1991 年，第 193 页

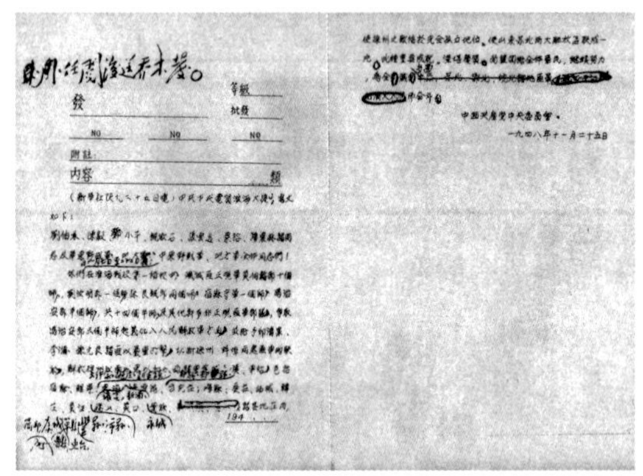
等級
發
批發
NO NO NO
附註
内容 類
中國共產黨中央委員會
一九四八年十一月二十五日

◀ 中共中央贺淮海战役第一阶段胜利的电文

淮海战役第一阶段战绩统计

<table>
<tr><td rowspan="8">消灭国民党军兵力</td><td>生俘</td><td>96616 人</td><td rowspan="9">缴获各种武器装备</td><td>火炮</td><td>1646 门</td></tr>
<tr><td>毙伤</td><td>50594 人</td><td>枪支</td><td>52989 支</td></tr>
<tr><td>投诚</td><td>7800 人</td><td>坦克</td><td>46 辆</td></tr>
<tr><td>起义</td><td>23000 人</td><td>飞机</td><td>6 架</td></tr>
<tr><td rowspan="5">合计</td><td rowspan="5">1 个兵团部、1 个绥靖区司令部、8 个军部、18 个师，共 178010 余人，其中高级军官 41 人。</td><td>汽车</td><td>231 辆</td></tr>
<tr><td>炮弹</td><td>27167 发</td></tr>
<tr><td>枪弹</td><td>4214866 发</td></tr>
<tr><td>通讯器材</td><td>834 部</td></tr>
<tr><td>马匹</td><td>1787 匹</td></tr>
</table>

编者整理

碾庄围歼战华野参战纵队伤亡人数

华野代司令员代政委粟裕在1948年年底写给毛泽东主席的报告中说："碾庄作战进到一周时，参战各纵至少已伤亡达5000人，原有战斗人员所剩无几，且大部为纵师团营之非战斗人员，及半战斗人员。"以下是当年华野参谋处作战股长秦叔瑾关于战役第一阶段华野攻打碾庄部队的伤亡统计：

第四纵队	5306人	第六纵队	3793人
第八纵队	6829人	第九纵队	7010人
第十三纵队	4291人	特种兵纵队	79人

编者整理

战地报道

前线记者评述淮海战役三个特点
中原、华东两支大军协同作战
蒋匪军兵力的继续大量被歼
大批国民党军的起义和投降

【淮海前线22日电】前线记者评述淮海战役目前显已可见的有三个特点：

第一是中原、华东两支强大的人民解放军的密切协同作战，不仅在战略上成为一对铁钳，可以随心所欲地钳击任何一点，而且在战役上直接配合，形成了对徐州的大包围，战斗彼此呼应，胜利相互映辉。

第二是蒋介石匪军兵力的继续大量被歼，这本是解放军秋季攻势以来即已具有的一大特点，淮海战役也不例外。现在统计一个战役中敌人被歼兵力的数字，已经不是一个军、几个师，或几千人、几万人，而是几个军十几个师和十数万人了。解放军在一个战役中所进攻的也已经不限于一个点，而是在数百里战线上同时发动进攻。在此情况下，不论蒋介石想尽什么方法来进行垂死的挣扎，放弃城市也好，"缩短战线"也好，迅速逃跑也好，固守待援也好，都已不能逃脱这种大量被歼的厄运。淮海战役开始前后，蒋介石即已一连串地放弃了像郑州、开封、商丘、海州、临沂、菏泽这样许多重要的战略城市，这自然绝不是什么"集中兵力，机动作战”，而只是为了想逃脱被歼的命运，但结果是仍然无济于事。仅仅半个月，蒋介石在徐州战场就已丧失了正规军18个师。当蒋介石带着满脸晦气从东北逃回，自以为接受失败的教训，马上命令黄百韬兵团赶快逃跑，及至逃跑不成，便又叫邱清泉、李弥等兵团拼命增援，但在解放军猛打猛追、坚强阻击之下，逃跑与增援都依然救不了黄兵团的活命。为什么蒋介石兵力会这样大量迅速地被歼呢？无疑的这是解放军更加空前强大无敌的证明。战争继续打下去，蒋介石现在还残存着的二百几十万军队，便会更加迅速地被歼灭。

第三是大批国民党军的起义和投降，这也是解放军秋季攻势以来即已显示的又一特点。在济南战役有吴化文部的起义，在东北有曾泽生部的起义和郑洞国的投降，在绥蒙有奇致中部的起义，在太原有赵瑞部的投诚，现在淮海战役又有冯治安部的起义和孙良诚部的投降，这就再一次为尚在蒋介石统治下的杂牌军乃至一切蒋介石的部队指明了一个前途：当蒋介石罪恶统治已经到了即将崩溃的时候，也应该是他们当机立断，最后选择自己道路的时候了。这条道路不是别的，就是勇敢而光荣地起义加入人民解放军，或则迅速放下武器向解放军投降。

摘自《大众日报》1948年11月28日